THE NEW MARKET WIZARDS

Copyright ⓒ 2008 by Jack Schwager
Published by arrangement with HarperCollins Publishers
All rights reserved.

Korean translation copyright ⓒ 2015 by IREMEDIA CO., LTD
Korean translation rights arranged with HarperCollins Publishers,
through EYA(Eric Yang Agency).

이 책의 한국어판 저작권은 EYA(Eric Yang Agency)를 통한 HarperCollins Publishers사와의
독점계약으로 한국어 판권을 (주)이레미디어가 소유합니다.
저작권법에 의하여 한국 내에서 보호를 받는 저작물이므로 무단전재와 복제를 금합니다.

주식, 선물옵션, 상품, 외환시장의 세계 최고 투자자 17인에게 배우는 투자비결

새로운 시장의 마법사들

잭 슈웨거 지음 | 오인석 옮김

내 가족 조 앤(Jo Ann), 대니얼(Danial), 사만사(Samantha)
그리고 내게 소중한 모든 분께 감사드립니다.

성공보다 실패에서 더 많이 배울 수 있다.
―프리모 레비(Primo Levi)

새로운 시스템은 스스로 만들어야 한다.
그렇지 않으면 다른 사람이 만든 시스템의 노예로 전락한다.
―윌리엄 블레이크(William Blake)

차례

머리말   010
감사의 글   012
프롤로그_보석세공사   014

매매를 바라보는 시각   PART 1

01… 원칙이 사라진 매매의 결과는 실패뿐이다   018
02… 후세인이 매매에 실패한 이유   027

세상에서 가장 큰 시장   PART 2

03… 외환시장의 술탄, 빌 립슈츠(Bill Lipschutz)   032

버라이어티 팩 시장   PART 3

04 ··· 선물시장, 기초부터 파악하기   096
05 ··· 베테랑 트레이더, 랜디 맥케이(Randy McKay)   100
06 ··· 터틀 트레이딩 시스템, 윌리엄 에크하르트(William Eckhardt)   132
  책속부록 거북이들의 침묵   171
07 ··· 작은 위험에서 얻은 최고의 수익, 먼로 트라우트(Monroe Trout)   184
08 ··· 인간 차트 백과사전, 앨 바이스(Al Weiss)   216

펀드 매니저와 마켓 타이머   PART 4

09 ··· 하향식 투자의 예술, 스탠리 드러켄밀러(Stanley Druckenmiller)   226
10 ··· 상향식 투자의 예술, 리처드 드리하우스(Richard Driehaus)   255
11 ··· 일관됨의 달인, 길 블레이크(Gil Blake)   276
12 ··· 시장도 늙는다, 빅터 스페란데오(Victor Sperandeo)   300

멀티마켓 플레이어　　　　　　　　　　　　　PART 5

13···침착함의 대명사, 톰 바소(Tom Basso)　　　　　　　　　　330
14···시장의 노래에 장단 맞추기, 린다 브래드포드 라쉬케(Linda Bradford Raschke)　346

돈을 찍듯 수익을 올리는 사람들　　　　　　　PART 6

15···컴퓨터 매매 시스템, CRT(Chicago Research and Trading)　　368
16···거래소의 신, 마크 리치(Mark Ritchie)　　　　　　　　　373
17···직감까지 뛰어난 분석가, 조 리치(Joe Ritchie)　　　　　　400
18···이기는 전략을 갖추어라, 블레어 헐(Blair Hull)　　　　　424
19···수학처럼 정교한 매매 전략, 제프 야스(Jess Yass)　　　　454

매매 심리학   PART 7

20⋯매매의 선과 예술, 수억 달러를 번 어느 트레이더   478
21⋯성공한 사람들의 사고방식, 찰스 포크너(Charles Faulkner)   481
22⋯잠재의식의 기능, 로버트 크라우츠(Robert Krausz)   511

마감을 알리는 종소리   PART 8

23⋯시장의 마법사들이 남긴 지혜   536

에필로그_트레이딩에 대한 회고   557

부록_옵션 | 기초부터 파악하기   559
용어 해설   563

머리말

《새로운 시장의 마법사들(New Market Wizards)》과 《시장의 마법사(Market Wizard)》를 출간하기 위해 전문가들을 인터뷰한 결과, 투자 세계에서 성공하려면 운에 기대지 말고 열심히 기술을 연마하고 훈련해야 한다는 사실을 더욱 확신하게 되었다. 내가 인터뷰한 사람들이 달성한 엄청난 실적은 대부분 한결같은 성공 법칙이 뒷받침되고 있다는 사실로 미루어 이들의 성공이 결코 우연이 아님을 알 수 있다. 《시장의 마법사들》이 투자 세계에서 성공하기 위한 훌륭한 길잡이 역할을 할 수 있으리라 믿는다. 그러나 일확천금을 꿈꾸는 사람은 이 책을 읽기 시작하는 순간부터 실망할 것이다.

나는 다음 두 부류 독자에 맞추어 책을 쓰려 했다. 한 부류는 매매를 업으로 하는 사람과 시장을 연구하는 학생이고, 나머지 부류는 금융시장에 관심을 갖고 있으며 대다수가 돈을 잃는 시장에서 어마어마하게 돈을 많이 번 사람들의 이야기를 궁금해하는 일반 독자이다. 일반 독자도 쉽게 읽을 수 있도록 어려운 주제는 피하고 적절한 설명도 덧붙였다. 그러면서도 중요한 아이디어를 넣어 시장 관련 실무 경험이 풍부한 사람들에게도 의미 있는 정보를 제공하려고 노력했다. 매매에서 성공하기 위한 조건들이 사실상 다른 모든 분야에도 적용될 수 있고, 의미 있는 목표를 달성하는 데에도 쓸모 있기 때문에 이 책은 전문가뿐만 아니라 일반 독자에게도 유익하리라 믿는다.

시장과 매매에 대한 내 의견

1. 시장은 무작위로 움직이지 않는다. 효율적 시장 가설을 믿는 학자들을 세운 줄이 달을 왕복하는 거리만큼 길다고 해도, 나는 여전히 이들이 틀렸다고 생각한다.
2. 시장은 인간의 행동에 따라 움직이고, 인간의 행동 특히 대중의 행동은 무작위적이지 않기 때문에 시장도 무작위로 움직이지 않는다. 시장은 한번도 무작위적이었던 적도 없고, 앞으로도 그렇지 않을 것이다.
3. 시장에 요술방망이는 없다. 하지만 돈을 벌 수 있게 해주는 패턴은 많다.
4. 시장에서 돈을 벌 수 있는 방법은 수만 가지다. 하지만 얄궂게도 이런 방법들을 찾기는 매우 어렵다.
5. 시장은 항상 바뀌면서도 늘 똑같기도 하다.
6. 시장에서 성공할 수 있는 비밀은 훌륭한 지표나 굉장한 이론을 발견하는 데 있지 않고 바로 자신의 마음속에 있다.
7. 매매에서 남보다 훨씬 앞서려면 재능도 있어야 하지만 놀랍게도 엄청난 노력도 필요하다. 이는 어느 분야든 마찬가지다. 300달러나 심지어 3,000달러짜리 최신 시스템을 사거나 최신 정보를 활용해 투자에서 성공하려는 사람은 결코 원하는 결과를 얻을 수 없다. 아직 문제의 본질을 이해하지 못했기 때문이다.
8. 매매 세계에서 성공하겠다는 목표도 좋지만 이는 성공한 삶(여기서 '성공한 삶'은 돈을 많이 번다는 의미가 아니다)과 함께해야 그 의미가 배가 된다.

감사의 글

고맙게도 인터뷰에 기꺼이 응해주시고 자신의 생각과 경험을 아낌없이 공유해주신 분들께 감사드린다. 이 분들께 완성한 원고를 드리며 첨삭을 부탁했을 때에도 나를 믿고 굳이 고치지 않겠다고 하신 점에 대해서도 고맙게 생각한다(면담 요청에 선뜻 응해주지 않은 사람들 이야기는 이 책에 싣지 않았다).

대다수의 트레이더들이 나와 인터뷰한다고 해서 금전적으로는 이득을 얻는 것은 없다. 적어도 그렇다. 이들은 공모펀드를 운용하지 않을뿐더러 투자자금을 더 이상 받지 않기 때문이다. 그런데도 적극 협조해주신 점에 대해 정말 감사드린다.

초고를 검토해준 아내 조 앤(Jo Ann)에게도 감사를 전한다. 아내가 해준 적절한 조언은 모두 책에 반영했다. 글을 쓰느라 함께 시간을 보내지 못했는데도 이를 잘 견뎌준 아내에게 고맙다는 말을 전하고 싶다. 더욱이 아내는 내가 밤새 집필하고 아침에 잠에 들 때면 아이들이 떠들지 않도록 배려해주었다. 책을 쓰느라 같이 놀아주지 못했는데도 나를 잘 이해해준 사랑하는 아이들 대니얼(Daniel), 재커리(Zachary), 사만사(Smantha)에게도 고마움을 전한다.

마지막으로 잠재 인터뷰 후보에 대해 제안과 조언을 아끼지 않은 놈 자데(Norm Zadeh), 오드리 게일(Audrey Gale), 더글러스 메이크피스(Douglas Makepeace), 스탠리 앵그리스트(Stanley Angrist), 토니 설라이바(Tony Saliba), 제프 그레이블(Jeff Grable)에게도 감사드린다.

보석 세공사

어느 추운 겨울 아침, 한 젊은이가 눈을 맞으며 8킬로미터를 걸어 보석 세공사 집에 도착했다. 이 젊은이는 문을 두드렸고, 보석 세공사는 손에 빗자루를 든 채 대답했다.

"어쩐 일이신지요?"

"보석 세공을 배우려고 찾아왔습니다."

"그러시군요. 추우니 어서 들어오시지요."

그들은 화롯가에 앉아 따뜻한 녹차를 홀짝였다. 세공사는 옥석을 젊은이 손에 꼭 쥐어주고는 개구리 세 마리에 대해 이야기를 시작하였다. 그러자 젊은이가 말을 가로막았다.

"죄송합니다만 저는 개구리가 아니라 보석 세공에 대해 배우려고 이곳에 왔습니다."

세공사는 젊은이에게 준 옥석을 돌려달라고 한 후 집으로 돌아가라고 했다. 그리고 일주일 뒤에 다시 오라고 했다. 일주일 뒤 젊은이가 다시 찾아왔다. 세공사는 다른 옥석 하나를 젊은이 손에 쥐어주고 개구리 이야기를 이어갔다. 그러자 젊은이는 또 말을 끊었다. 이에 세공사는 젊은이를 다시 집으로 돌려보냈다. 이런 식으로 몇 주 동안 반복되자 젊은이는 세공사가 이야기할 때 점점 덜 끼어들었다. 젊은이는 녹차를 끓이는 법, 부엌을 청소하는 방법, 바닥을 쓰는 법도 배웠다. 이윽고 봄이 찾아왔다.

어느 날 이 젊은이가 말을 꺼냈다.

"제가 가지고 있는 돌은 진짜 옥석이 아닙니다."

내가 이 이야기를 곱씹으며 의자를 뒤로 젖히는 순간 한 학생이 질문을 던졌다.

"이야기는 정말 재미있었습니다. 하지만 돈 버는 방법에 대한 이야기는 아니잖아요. 저는 시장에 대해 배우려고 왔거든요. 상승장과 하락장, 원자재, 주식, 채권, 콜옵션에 대해 배우고 싶습니다. 돈을 많이 벌고 싶거든요. 옥석에 대한 우화를 들려주셨는데 무슨 뜻인지요? 혹시……."

"오늘 수업은 이만 마치겠네. 가격그래프를 책상에 내려놓게나. 다음 주에 또 봄세."

한 달이 지났다. 내가 〈더 트레이더스 윈도우〉에 대한 얘기를 계속하는 동안 학생들의 질문이 차츰차츰 줄어들었다.

―〈더 트레이더스 윈도우〉로부터,
에드 세이코타

매매를 바라보는
시각

PART 1

01 | 원칙이 사라진 매매의 결과는 실패뿐이다
02 | 후세인이 매매에 실패한 이유

Chapter 01

원칙이 사라진 매매의 결과는 실패뿐이다

　이전 책인 《시장의 마법사들》을 출간한 후 강의를 다닐 때 자주 받던 질문이 있다. "세상에서 매매를 가장 잘하는 사람들과 인터뷰한 뒤 매매 실력이 크게 나아지셨습니까?" 물론 내가 매매 실력을 크게 향상시킬 수 있는 유리한 위치에 있었지만 나의 대답은 조금 구차했다. 나는 종종 이렇게 대답했다. "사실 잘 모르겠습니다. 여러분도 아시다시피 저는 지금 매매를 하지 않습니다."

　《시장의 마법사들》의 저자가 매매를 하지 않는다면 매우 이상하게 들릴지 모르지만 사실은 그만한 이유가 있다. 매매의 가장 중요한 원칙 가운데 하나는 잃을 준비가 되지 않았다면 매매하지 말라는 것이다. 사실 매매할 여유가 없을 때 매매하는 행위는 돈을 잃는 지름길이다. 매매하는 돈이 소중할수록 치명적 실수를 저지를 가능성이 크다. 이런 실수는 종종 처참한 결과로 이어지기 때문에 다른 훌륭한 투자 기회를 놓치는 결과를 낳는다. 시장이 예상과 반대 방향으로 움직이기 시작하면 서둘러 이익을 실현한다. 하지만 가격은 이내 다시 원래 예상했던 방향으로 간다.

얄궂게도 돈을 잃을까봐 지나치게 노심초사하면 공포감에 사로잡혀 의사결정을 내리지 못하는, 즉 손절하지 못하는 경우가 있다. 이는 마치 도로 한가운데 서 있는 사슴이 자동차 불빛에 놀라 꼼짝 못하는 상황과 같다. 목숨과도 같은 돈으로 매매를 하면 이러한 감정에 휩싸이기 쉬워 합리적인 의사결정을 내리지 못하기 때문에 사실상 실패는 불 보듯 뻔하다.

우연히도 《시장의 마법사들》을 완성한 시점에 우리 집도 완성되었다. 이 나라 어딘가에 처음에 예상한 예산에 딱 들어맞게 집을 지은 사람이 있을 수 있지만 그런 경우는 드물다. 집을 짓는 데는 다음과 같은 추가비용이 발생하는 경우가 허다하다. "음, 2,000달러만 더 있으면 충분하겠군." 하지만 실제 건축비는 훨씬 더 많이 든다. 추가 2,000달러가 더 필요했듯 계속해서 또 다른 추가비용이 발생한다. 나는 우리 집에 사치품이라고 할 수 있는 실내 수영장을 마련하기 위해 원자재 매매계좌를 청산했다. 그때 나는 위험을 감수할 수 있을 정도로 충분한 여유자금이 준비되기 전까지는 매매하지 않으려고 결심했다. 더욱이 집을 더욱 멋지게 꾸미려고 하다보니 다시 매매를 시작할 수 있는 시간은 더욱더 미뤄졌다. 이뿐만 아니라 하루 종일 일에 시달리면서 책까지 쓰다 보니 기진맥진해졌다. 매매하려면 에너지가 필요하기 때문에 힘에 부치지 않은 상태에서 다시 매매할 수 있으려면 더 기다려야 한다고 생각했다. 한마디로 당시에는 매매하고 싶지 않았다.

어느 날 오후 그래프를 살펴보다 영국 파운드화가 곧 폭락할 것이라는 확신이 들었다. 지난 2주 동안 파운드화는 기술적으로 반등하는 모습조차 보이지 않고 곤두박질쳤다. 그러다 최근 며칠 동안 좁은 구간에서 옆걸음하고 있었다. 내 경험상 이런 가격 움직임은 추가 하락으로 이어지는 경우가 많았다. 시장은 때때로 투자자들을 어리둥절하게 만들 때가 있다. 이런 상황에서는 파운드화를 매수했던 투자자는 대부분 자신의 결정이 틀렸음을 깨닫고 처분하려 한다. 물론 당장 팔지 않고 폭락 뒤 바로 이어지는 반등에 매도한다. 폭락 전에 매도하려고 마음만 먹고 처분하지 않았던 투자자들은 기차가 자기들을 태우지 않고 떠났다고 생각한다. 그리고 이번에는 꼭 매도하겠다고 마음먹고 반등을 기다린다. 명백한 사실은 투자자들은 시장이 급락한 직후에는 특히 맨 바닥에서는 결코 팔려 하지 않는다는 점이다. 결국 급락 직후에는 모두가 가격이 반등하면 처분하려고 하기 때문에 시장은 결코 오르지 못한다.

어쨌든 그래프를 보니 시장이 결코 오르지 못하리라는 확신이 들었다. 확신이 너무 강해 바로 매도 포지션을 취하고 싶은 욕심이 생겼지만 아직은 매매를 재개할 때가 아니라고 생각하며 자제했다. 시계를 보니 정확히 장 마감 10분 전이었다. 미적거리는 사이 장이 끝났다.

그날 밤 회사를 나오면서 내가 왠지 실수했다는 느낌이 들었다. 매매를 하고 싶지는 않았지만, 시장이 오르리라 확신했다면 매도했어야 했다는 후회가 밀려왔다. 그래서 24시간 거래하는 곳으로 찾아가 영국 파운드화 매도 주문을 냈다. 이튿날 아침 출근해서 보니 파운드화는 개장 직후 200포인트나 하락했다. 계좌에 돈을 조금 더 넣은 뒤 내가 매수한 가격 수준까지 시장이 반등하면 청산될 수 있도록 하는 자동손절주문을 냈다. 아직은 이익인데다 매수한 가격까지 반등하면 처분하려 생각했기 때문에 충분하지 않은 자본으로 매매해서는 안 된다는 원칙을 어기지 않았다고 나 자신을 합리화했다. 결국 매매하고 싶은 욕구가 크지 않았는데도 나도 모르게 다시 매매를 하고 있었던 것이다.

이 매매 이야기는 《시장의 마법사들》을 출간하기 위해 면담하면서 확인한 투자 원칙을 잘 보여주는 사례다. 수많은 투자 대가는 매매에서 성공하기 위한 아주 중요한 요소는 인내라고 강조한다. 이를 가장 극명하게 설명한 사람은 짐 로저스(James Rodgers)이다.

"저는 돈이 사방에 널릴 때까지 기다립니다. 오직 제가 할 일은 그곳에 가서 돈을 줍는 일뿐입니다. 그동안에는 결코 매매하지 않습니다."

본질적으로 나는 매매를 하지 않음으로써 무심코 기다림의 달인으로 탈바꿈했다. 기회를 놓치면 견딜 수 없을 만큼 훌륭한 투자 기회가 나타나기 전까지 참을 줄 알게 되면서 투자에서 성공할 확률을 크게 높일 수 있었다.

그 뒤 매매하던 몇 달 동안 예상이 잘 맞아떨어진 덕분에 수익을 꾸준히 올렸다. 내 계좌잔고는 제로(처음에 투자한 4,000달러는 이익금이 증거금을 넘어서자마자 인출했기 때문에 잔고에 포함시키지 않았다)에서 2만 5,000달러로 불었다. 하지만 출장을 간 사이 일이 틀어지기 시작했다. 출장을 떠나 이런저런 회의로 바쁘게 보내던 사이 서둘러 내렸던 매매 판단 대부분이 잘못된 것으로 드러났다. 단지 일주일 만에 그동안 벌었던 돈의 3분의 1이 사라졌다. 평소라면 이익이 어느 정도 줄어들면 브레이크를 밟는다. 즉 투자 포지션을 모두 처분하든지 아주 조금만 남겨둔다. 이익금이 많이 줄어들었기 때문에 이번에도 본능적으로는 원래 하던 대로 하려 했다.

그런데 그때 친구 하비(가명)로부터 전화가 한 통 걸려왔다. 하비는 업계에서 엘리어트 파동(Elliott Wave)* 이론에 정통하다고 알려진 전문가였다. 엘리어트 파동 이론은 장기적 가격 움직임을 분석해 시장을 예측하는 데 사용하는 복잡한 분석틀이다. 하비는 가끔씩 내게 전화해 시장에 대해 물은 후 꼭 자신의 의견을 덧붙였다. 남이 하는 말을 믿고 매매하면 실패하는 경우가 많다고 알고 있지만, 그동안 하비가 한 예측이 잘 맞아 떨어졌기 때문에 그의 말에 솔깃하고 말았다.

"잭, 내 말 좀 들어봐." 하비가 말했다. "지금이 바로 영국 파운드화를 매도할 시점이야." 당시 파운드화는 4개월 내내 지칠 줄 모르고 올라 최근 18개월 최고점을 향해 달려가고 있었다.

내가 대답했다. "하지만 가격이 장기 고점에 거의 근접했어. 나는 이렇게 강하게 치고 올라갈 때에는 절대 매도하지 않아. 고점을 찍었다는 신호가 나

---

* 엘리어트 파동 이론은 이름 그대로 시장분석을 하다 회계사가 된 엘리어트(R. N. Elliott)가 처음 개발했다. 엘리어트가 마무리한 이 이론은 그가 사망하기 2년 전인 1946년에야 평범해 보이는 제목인 《자연의 법칙 : 우주의 비밀(Nature's Law-The Secret of the Universe)》이라는 이름으로 출간되었다. 이 이론은 부득이 주관적으로 해석할 수밖에 없어 서로 다르게 해석한 책이 다양하게 나왔다(존 머피(John J. Murphy), 《선물시장 기술적 분석(Technical Analysis of Futures Market)》, New York Institute of Finance, 1986).

올 때까지 기다릴 거야."

하지만 그는 단호하게 말했다. "결코 그런 기회는 오지 않아. 지금이 엘리어트 상승 파동 5개 중 마지막 제5파야. (이 엘리어트 파동에 대한 설명은 이 이론을 추종하는 사람들에게는 의미가 있지만 일반 독자들에게는 자세히 설명하면 혼란만 가중할 것이다. 정말 그렇다.) 지금이 꼭대기야. 월요일 아침부터 갭 하락한 뒤 다시는 오르지 못해. (이 대화는 파운드화가 주중 고점에 있던 금요일 오후에 했다.) 틀림없이 내 예상이 맞아."

나는 곰곰이 생각했다. '나는 얼마 전 투자로 재미를 보지 못했어. 그런데 분석을 아주 잘하는 하비가 이번에는 아주 확신에 차 있어. 그가 말한 대로 투자했는데 예상이 맞아떨어지면 다시 쉽게 돈을 벌 수 있어.'

사실 여전히 망설였지만 이렇게 내뱉고 말았다. "좋아, 하비. 네 말대로 하겠어. 하지만 내 경험상 남의 말만 믿고 투자하면 실패하는 경우가 많았다는 사실을 말해주고 싶어. 네 말을 믿고 투자하면 내게는 언제 처분해야 하는지 판단할 수 있는 근거가 없어. 그러니 끝까지 네가 하자는 대로 하겠어. 네가 매도할 때 나도 매도할 테니 네 판단이 바뀌면 알려줘."

하비는 기꺼이 그렇게 하겠다고 약속했다. 결국 나는 장 마감 30분 전 파운드화를 매도했다. 그 뒤 가격이 야금야금 올라 주중 고점에 다가서며 장이 마감되는 모습을 지켜보아야 했다.

다음 주 월요일 아침 파운드화는 개장하자마자 220포인트나 치솟았다. 나는 투자 직후 당초 예상했던 방향과 반대로 크게 갭 상승하거나 갭 하락(갭 상승이나 갭 하락은 전일 종가보다 크게 높거나 낮게 가격이 시작하는 경우를 말한다)하면 바로 처분한다는 원칙이 있었다. 매매가 잘못된 듯했다. 바로 빠져나와야 한다고 직감했다. 그렇지만 하비의 분석을 바탕으로 투자했기 때문에 계속 그를 따라야 한다고 생각했다. 하비에게 전화했다. "파운드화 매도 결정이 썩 좋아 보이지 않아. 하지만 분석대로 하지 않는 전략은 바람직하지 않다고 생각해. 그래서 네가 청산할 때 함께 정리하려 하는데 어떻게 생각해?"

"내 예상보다 조금 더 올랐네. 하지만 파동이 약간 더 연장되었을 뿐이야. 이제 거의 꼭대기야. 계속 매도 포지션을 유지할 거야."

하지만 시장은 일주일 내내 오르기만 했다. 금요일 아침 부정적 경제 뉴스로 파운드화가 주춤거렸지만 오후 들어 다시 상승해 결국 전일보다 더 오른 수준에서 마감했다. 부정적 뉴스에도 오히려 가격이 올랐기 때문에 이는 분명 경고음이었다. 처분해야 한다고 직감했다. 하지만 이제 와서 전략을 바꾸고 싶지는 않아 하비에게 다시 전화했다. 예상대로 그는 아직도 파동이 연장되고 있다고 생각했고 파운드화는 떨어질 것이라고 확신했다. 그래서 나도 파운드화 매도 포지션을 그대로 두었다.

다음 주 월요일 아침 파운드화가 몇백 포인트 더 올랐지만 그리 놀랍지 않았다. 이튿날 시장이 야금야금 오르고 있을 때 하비로부터 전화가 왔다. 아직도 확신에 찬 그가 의기양양하게 말했다. "좋은 소식이 있어. 다시 분석해보니 고점이 거의 임박했어." 나는 혼자서 끙끙거렸다. 일어나지도 않은 사건에 지나치게 심취했다는 사실이 왠지 불길하게 느껴졌다. 이번 매매에 대해 자신감이 떨어질 대로 떨어졌다.

더 이상 고통스러운 얘기를 이어갈 필요는 없을 것 같다. 일주일 뒤 나는 하비의 의견과는 상관없이 두 손을 들고 말았다. 7개월 뒤에도 파운드화는 여전히 오르고 있었다.

놀랍게도 한 사람의 실수가 다른 사람에게 나쁜 영향을 끼치는 경우는 많다. 남의 말만 믿고 쉽게 손실을 만회하려는 욕심은 화근이 되었다. 매매할 때 타인의 의견에 휘둘리는 일은 현명하지 못하다고 굳게 믿었는데도 이 원칙을 따르지 않았다. 실수를 저지른 뒤 시장이 빨리 청산하라는 신호를 보냈는데도 이를 무시했다. 마지막으로 매매 의사결정 과정도 제3자에게 의존하다 보니 위험을 통제할 수도 없었다. 여기서 확실히 짚고 넘어가야 할 부분은 내가 조언을 잘못 받아 손해를 보았다는 점보다 시장흐름을 거역하면 반드시 가차 없이 처벌받는다는 사실이다. 손실 책임은 하비가 아니라 전적으로 내게 있다(많은 투자자가 신봉하는 엘리어트 파동 이론에 있지도 않다).

그 뒤 한 달간 조금씩 매매해 원금을 거의 회복한 뒤 더 이상 매매하지 않기로 마음먹었다. 내 계좌잔고는 빠르게 오르내리기만 했을 뿐 결국 매매 경험 이외에는 별다른 성과를 얻지 못했다.

몇 개월 뒤 에드 세이코타(Ed Saykota)가 모습을 드러낸 한 세미나에 나도 연사로 참여하게 되었다. 에드 세이코타는 내가 《시장의 마법사들》을 출간하기 위해 인터뷰했던 경이로운 선물매매 전문가 중 한 사람이다. 그는 과학적 분석, 심리, 익살 등을 교묘히 조합해 시장에 대한 자신의 의견을 내놓고 있었다.

에드 세이코타는 청중에게 여러 그래프를 보여주며 자신이 가져온 금융 관련 잡지 표지에 적힌 날짜와 일치하는 구간을 짚어보라며 강연을 시작했다. 그는 1980년대 초 이야기를 꺼냈다. 잡지 표지에는 이렇게 적혀 있었다. "이자율이 20퍼센트까지 오를까?" 분명 잡지 표지에 적힌 날짜는 채권시장이 바닥을 찍은 날과 거의 맞아떨어졌다. 강연을 이어가면서 그는 다시 이글거리는 태양 아래에서 시들어가고 있는 섬뜩한 들판 사진으로 표지를 장식한 잡지를 꺼냈다. 잡지 출간일은 1988년 가뭄으로 곡물시장이 고점을 찍은 시점과 일치했다. 이와 비슷한 시기의 잡지 표지를 하나 더 보여주었다. "원유가격이 얼마까지 오를 수 있을까?" 이 기사는 이라크가 쿠웨이트를 침공한 뒤 몇 개월 지나 원유가격이 폭등하던 시기에 실렸다. "원유가격이 고점을 찍은 듯싶습니다." 이는 당시 에드 세이코타가 했던 말이다. 그가 옳았다.

"시장에 변화가 임박했다는 중요한 정보를 신문과 금융 잡지에서 얻을 수 있다는 사실을 아셨을 것입니다. 하지만 표지만 읽으시고 안에 적힌 내용은 거들떠보지도 마세요."

이는 에드 세이코타가 어떻게 투자하는지 보여주는 전형적 사례다.

나는 에드 세이코타를 따로 만나 나의 매매 경험을 들려주고 조언을 얻고 싶은 마음이 간절했다. 하지만 불행히도 세미나 중간 쉬는 시간마다 우리 둘 다 청중에 둘러싸여 질문을 받기에 바빴다. 에드 세이코타와 나는 샌프란시스코 시내 작은 호텔에 머물고 있었다. 호텔로 돌아간 뒤 그에게 잠깐 나가 편하게 얘기를 나눌 수 있는지 물었다. 그는 피곤해 보였지만 흔쾌히 응해주었다.

편안한 선술집이나 카페 같은 곳을 찾아 주변을 돌아다녔지만 호텔밖에는 없었다. 결국 할 수 없이 호텔로 들어갔다. 라운지에서는 형편없는 가수가 시끄러운 밴드 음악에 맞춰 〈뉴욕, 뉴욕〉이라는 노래를 제멋대로 부르고 있었다(만약 거기가 샌프란시스코가 아닌 뉴욕이었다면 밴드는 아마도 〈내 마음은 아직 샌프란시스코에 있네(I Left My Heart in San Francisco)〉 정도의 노래를 불렀으리라). 우리는 바깥 로비에 자리를 잡았다. 하지만 음악 소리는 여전히 귀에 거슬릴 정도로 컸다. 한마디로 대화를 하기에는 최악의 상태였다. 조용히 이야기를 나눌 수 있으리라는 희망은 순식간에 사라졌다.

시끄러웠지만 막간을 이용해 에드 세이코타에게 나의 최근 경험담을 들려주었다. 매매하기 싫었지만 다시 매매에 이끌리게 된 이야기와 영국 파운드화를 매매하며 몇 년 전 이미 극복했다고 생각했던 끔찍한 실수를 되풀이한 사건을 털어놓았다. 영국 파운드화를 매매하기 직전 내 계좌에 2만 달러가 있었고 그즈음 딱 2만 달러짜리 자동차를 사려고 새 차를 둘러보고 있었다는 얘기도 전했다. 집을 짓는 데 돈을 거의 다 썼기 때문에 자동차 구매에 그 2만 달러를 사용하고자 하는 강한 유혹이 일었다. 자동차 구매는 큰 위험 없이 몇 개월 동안 매매를 잘한 나에 대한 보상이었기 때문이다.

"그런데 왜 거래를 그만두지 않으셨습니까?" 에드 세이코타가 물었다.

"음, 어떻게 그만둘 수가 있죠?" 내가 대답했다. 나는 몇 번 매매를 잘해 수천 달러를 10만 달러로 불리면 늘 더 이상 벌지 못했다. 이를 뛰어넘어 정말 큰돈을 벌어본 적이 없었다. 무엇인가를 구매하기 위해 어쩔 수 없이 현금화 결정을 내려야 할 때도 '지금 과연 내가 매매에서 목표를 거둬들일 시간일까'라는 생각을 할 정도이다. 물론 지나고 보면 이익을 실현해 돈을 인출하는 편이 훨씬 더 나은 결정이었지만, 그때는 기회를 놓쳐서는 안 된다고 생각했었다. 이 모든 얘기를 그에게 차분히 설명했다.

"바꿔 말하면, 손해를 보아야 매매를 그만둘 수 있겠네요. 그렇죠?" 에드 세이코타는 길게 설명하지 않았다. 《시장의 마법사들》을 쓰려고 그와 인터뷰했을 때 그가 했던 가장 기억에 남는 말은 '누구든 시장에서 자신이 원하는 것을 얻는다'였다. 그때 나는 매매하기를 원하지 않았고, 실제로 그것을 이룰 수 있었다.

이 이야기에서 배울 수 있는 교훈은 다음과 같다. 늘 매매할 필요가 없다는 점이다. 마음이 끌리지 않거나 무슨 이유에서든 매매가 잘못되었다고 생각하면 매매를 그만두어라. 매매 세계에서 승리하려면 매매하려는 욕구 못지않게 원칙 또한 필요하다. 탁월한 매매 전문가는 이 두 가지를 늘 겸비한 사람이라고 생각한다. 우리같이 평범한 사람들이 이 두 가지를 모두 갖추기란 쉽지 않다. 나에게는 원칙이 있었고 매매하고픈 마음도 없었다. 하지만 나중에는 이 두 가지 원칙 모두가 사라졌다. 다음에 매매할 때에는 이 두 가지 원칙을 반드시 갖출 계획이다.

Chapter 02

후세인이 매매에 실패한 이유

매매에서나 일상에서나 좋고 나쁜 판단을 구분 짓는 요소는 여러 면에서 매우 비슷하다. 이 책은 여러 사건들이 일어났던 걸프전 직전에 쓰기 시작했다. 사담 후세인(Saddam Hussein)의 행동(더욱 정확히 말하면 그가 하지 못한 행동)과 실패한 초보 투자자가 흔히 보이는 행동이 아주 비슷하다는 사실에 놀라지 않을 수 없다.

후세인을 투자자로 본다면 그의 매매는 쿠웨이트 침공으로 볼 수 있다. 처음에 후세인은 매매해야 하는 그럴듯하고 중요한 이유가 있었다. 종교를 개입시키고자 한 것은 나중의 일이다. 후세인은 쿠웨이트를 침략함으로써 석유수출국기구(OPEC)에서 정한 생산량 쿼터를 끊임없이 어긴 나라를 제거하고, 국제원유시장을 뒤흔들어 이라크에 유리하도록 원유가격을 끌어올릴 수 있었다. 더욱이 페르시아 만에 직접 다가갈 수 있을 뿐만 아니라, 쿠웨이트 유전 전부나 일부를 영원히 차지할 수도 있다. 마지막으로 앞서 말한 내용 못지않게 중요한 이유가 있었다. 침략은 그의 과대 망상적 야욕을 충족시킬 수 있는 훌륭한 수단이었다.

처음에는 기대수익에 비해 위험이 커 보이지 않았다. 나중에는 미국이 단호한 태도를 취했기 때문에 많은 사람이 기억하지 못하겠지만, 사실 이라크가 쿠웨이트에 으름장을 놓고 침공했을 때 미 국무부는 기본적으로 '내 일이 아니다'라고 반응했다. 후세인과 엇갈리는 정책으로 대응하는 것은 쳐들어오는 이라크 탱크에 붉은 융단을 깔아 환영하는 행위나 마찬가지였다.

그래서 초기에는 쿠웨이트 침략은 후세인의 눈에 기대수익은 크고 위험은 작은 훌륭한 매매 기회로 보였을 것이다. 그렇지만 늘 그러하듯 시장 상황이 바뀌었다. 부시 대통령이 군대를 보내 사우디아라비아를 지키겠다고 다짐하고 이라크 군을 쿠웨이트에서 철수시키기 위해 유엔 결의안을 통과시키는 데 앞장섰다. 이때 후세인은 쿠웨이트를 떠나는 대가로 분쟁지역 일부를 차지하고 항구 사용권을 얻으려고 협상을 시도함으로써 단기 수익을 챙길 수 있었다. 하지만 매매가 꼬이기 시작했는데도 후세인은 마음을 바꾸지 않았다.

그러자 부시는 40만 명으로 병력을 두 배로 증강시켜 더욱 강력하게 대응했다. 이는 사우디아라비아를 지키는 데 그치지 않고 쿠웨이트까지 무력으로 되찾겠다는 의도였다. 분명 시장은 변했다. 그렇지만 후세인은 시장이 보내는 신호를 무시하고 아무런 조치를 취하지 않았다.

부시는 유엔 결의안을 통해 이라크군 철수 시한을 1월 15일로 못 박았다. 한마디로 시장이 더욱 불리하게 돌아갔다. 이때 후세인이 이익을 얻을 수 있는 기회는 사라졌지만, 쿠웨이트 철군을 지시한다면 본전은 챙길 수 있었다. 그런데도 그는 고집스럽게 기존 매매 포지션을 유지했다.

1월 15일 철수 마감시한이 지나 미국과 연합국이 이라크에 대규모 공습을 개시하면서 걸프 전쟁이 벌어졌을 때에는 후세인의 매매계좌는 분명 손실을 기록하기 시작했을 것이다. 더욱이 하루하루 철군이 지연될수록 이라크의 파괴는 커져갔고, 시장은 날이 갈수록 폭락을 거듭했다. 그러나 이미 손해를 너무 많이 본 후세인이 이제 와서 어떻게 포기할 수 있겠는가? 날로 손실이 커지는 모습을 바라만 보며 어쩔 줄 몰라 하는 투자자처럼 그는 희박한 가능성에 기대를 걸었다. 즉 시간이 지나면 사상자 수가 늘어나 미국이 물러설 것이라고 생각했을 것이다.

하지만 미국이 다시 마감시한을 어기면 지상전을 불사하겠다는 내용의 최후통첩을 보내면서 상황은 더욱 악화되었다. 이 중차대한 시기에 후세인은 소련이 제시한 평화조건을 적극 검토하여 합의하려고 했다. 하지만 이전이었다면 아주 충분했을 합의안이 이제는 만족스러워 보이지 않았다. 후세인은 투자한 뒤 시장이 계속 하락하는 상황에서 다음과 같이 말하는 투자자와 똑같았다. "본전만 찾으면 빠져나올 것이다." 그 뒤 시간이 흐를수록 시장이 더욱 하락하며 고점이 계속 낮아질 때 이렇게 말하는 초보자 같았다. "이전 고점까지만 오르면 처분할 계획이야."

끝내 지상전이 벌어졌고 군사를 대부분 잃은 후세인은 항복했다. 그는 자신의 계좌잔고가 쪼그라들 때까지 계속 붙들고 있다가 끝내 절망에 빠져 브로커에게 이렇게 외치는 투자자 같았다. "어서 처분해주세요. 어느 가격이든 상관없으니 당장 팔아주세요!"

교훈 : 작은 손실을 받아들이지 않는다면 나중에 엄청난 손해를 감수해야 한다.

세상에서
가장 큰 시장

PART 2

03 | 외환시장의 술탄, 빌 립슈츠(Bill Lipschutz)

Chapter 03

외환시장의 술탄

빌 립슈츠(Bill Lipschutz)

세계에서 가장 큰 금융시장은 무엇일까? 주식시장일까? 아니다. 전 세계 주식시장을 다 합해도 가장 큰 금융시장이 되기는 어렵다. 채권시장이라고 생각할 수도 있다. 수많은 나라가 발행한 국채 규모가 엄청나다는 사실을 생각해보라. 그럴듯한 추측이지만 이번에도 틀렸다. 전 세계 채권시장을 다 합해도 이 시장에는 미치지 못한다. 정답은 외환시장이다. 거래 규모 면에서 주식시장과 채권시장은 외환시장에 비하면 새 발의 피다.

전 세계 외환시장 하루 평균 거래 금액은 1조 달러로 추정된다. 외환거래는 대부분 조직화된 시장이 아닌 은행 간 시장에서 이루어진다. 은행 간 외환시장은 말 그대로 전 세계에서 하루 24시간 동에서 서로 움직이는 해를 따라가며 열린다. 즉 미국 은행가에서 호주, 극동아시아, 유럽을 거쳐 다시 미국으

주 : 기본적인 옵션 용어를 알면 인터뷰 내용을 이해하기 편하다. 옵션을 전혀 알지 못하는 독자는 '부록 옵션기초부터 파악하기'를 먼저 읽어보기를 바란다.

로 이어진다. 외환시장은 출렁거리는 환에 대한 위험을 없애려는 기업 요구에서 시작되었다. 그러나 환율변동을 이용해 이익을 얻으려는 투기자들도 시장에 참여하고 있다.

이 거대한 시장에 큰손은 많지 않다. 이 큰손들이 수십억 달러씩 거래하지만 의외로 일반인은 물론 금융계조차도 이들을 잘 모른다. 빌 립슈츠는 이 큰손 가운데 한 명이다.

빌 립슈츠와 한두 차례의 긴 인터뷰는 그의 아파트에서 진행되었다. 빌 립슈츠는 시장을 늘 살펴볼 수 있도록 곳곳에 모니터를 설치했다. 거실에도 환율을 볼 수 있는 대형 모니터가 있었다. 작업실과 부엌은 물론이고, 잠자리에서도 가격을 확인할 수 있도록 침대 옆에 스크린을 설치해놓았다. 미국이 밤일 때 활발히 거래되는 다른 시장이 있기 때문에 실제로 그는 밤에도 가격을 자주 살펴보았다. 호가를 보여주는 모니터를 마주치지 않고는 화장실에 갈 수 없을 정도였다(화장실 소변기 위쪽 눈높이 벽에도 스크린이 있었다). 이 사람은 정말 진지하게 매매하고 있음이 틀림없었다.

처음에 나는 톰 왈렉(Tom Walek)이라는 홍보 전문가를 시켜 빌 립슈츠에게 접촉하도록 했다. 트레이더를 만나려고 홍보 대리인까지 동원하는 행동은 사뭇 이상해 보일 수 있다. 이런 식으로 빌 립슈츠를 접촉하는 행동은 더더욱 이상하게 보일 수밖에 없었다. 그는 외환시장에서 큰손으로 활동했지만 자신의 존재를 철저히 숨겨왔기 때문이다. 하지만 그때 빌 립슈츠는 살로먼브라더스(Salomon Brothers)에서 가장 큰손으로 8년을 성공적으로 보낸 뒤 외환매매회사를 차리려고 살로먼브라더스를 막 떠난 상태였다(처음에는 메릴린치 자회사로 출발했으나 나중에는 로웨이턴 캐피털 매니지먼트라는 회사로 완전히 독립했다). 홍보가 필요했던 것은 바로 그가 새로 만들려는 회사 때문이었다. 어쨌든 왈렉어 빌 립슈츠에게 나의 인터뷰 희망을 전한 뒤 얼마 지나 립슈츠가 공식적인 만남 전에 편하게 한번 보고 싶다는 의향을 전해왔다. 나와의 만남이 옳은 것인지를 알아보기 위함이었을 것이다.

빌 립슈츠와 나는 소호(Soho) 지역에 있는 바에서 만났다. 빌 립슈츠가 프랑스산 맥주를 몇 잔 마신 뒤 (프랑스산 맥주는 정말 훌륭하다.) 입을 열었다. "살로먼브라더스가 맨바닥에서 시작한 뒤 채 10년도 지나지 않아 외환시장의 가장 큰손으로 성장한 이야기는 흥미롭습니다." 이 말은 분명 인터뷰를 허락한다는 뜻이었기에 나는 마음이 놓였다. 사실 그의 이야기는 매우 구미가 당겼다.

공식적인 첫 만남은 그의 아파트에서 녹음기를 틀어 놓은 채 진행됐다.

"먼저 살로먼브라더스가 글로벌 외환시장의 큰손으로 화려하게 성장한 이야기를 들려주세요."

나는 멋진 일화와 식견으로 가득한 긴 성공담을 기대하며 편안하게 앉았다. 빌 립슈츠가 대답했다.

"통화옵션시장과 살로먼브라더스의 통화옵션 부서 그리고 저는 동시에 시작해 함께 성장하고 번성했습니다."

"그리고……."

그를 재촉하는 뜻으로 내가 말을 꺼냈다. 하지만 그는 방금 한 말을 되풀이할 뿐이었다. 그래서 다시 질문했다.

"알겠습니다. 일치하다니 정말 흥미롭군요. 조금 더 구체적으로 말씀해주실 수 있으신지요? 특별한 경험을 들려주시면 좋겠습니다."

하지만 그는 다시 두루뭉술하게 대답할 뿐이었다. 그와 정식으로 인터뷰할 수 있으리라는 희망이 순식간에 사라졌다. 나는 면담을 시작한 뒤 한 시간 정도 지나 인터뷰가 성공할 가능성이 거의 없다는 사실을 깨닫고 중간에 대화를 그만 둔 적이 몇 번 있었다. 하지만 이번은 달랐다. 대화를 시작한 뒤 한두 시간 동안 유익한 정보를 얻지 못했지만, 앞으로 무언가를 더 얻을 수 있을 것이라고 직감했다. 마른 우물이 아니라는 느낌이 들어 더욱 깊이 파봐야겠다고 생각했다.

인터뷰를 시작한 뒤 몇 시간이 지나 말이 통하기 시작하자 빌 립슈츠가 자신의 자세한 경험담이 담긴 보따리를 풀었다. 이 이야기는 뒤이어 인터뷰한 내용 중 가장 중요한 부분이다.

앞에서 말했듯 빌 립슈츠 집 거실에 설치된 대형 스크린에는 평소 외환시세가 나오고 화면 하단에는 로이터 뉴스가 보이도록 맞추어져 있었다. 빌 립슈츠는 대화에 완전히 집중하는 듯했지만 간간이 스크린을 보았다. 이야기하던 중 호주 재무장관이 아주 부정적 발언을 했다는 소식이 나오자 호주달러가 급락하기 시작했다. 시장이 폭락했지만 빌 립슈츠는 매도세가 지나치다고 판단했는지 주문을 내기 위해 잠시 중단했다.

"별일 아닙니다. 2,000만 호주달러를 사려고 합니다."

그의 말이 떨어지기가 무섭게 호주달러가 오르기 시작해 저녁 내내 상승했다. 하지만 그는 시장가격 바로 아래에 지정가 주문을 냈고 가격이 그 수준까지 내려가지 않은 탓에 그가 낸 주문은 결국 체결되지 않았다. 그리고 이렇게 말했다.

"기회를 놓친 일은 매매를 그르친 것 못지않게 나쁩니다."

두 번째 인터뷰를 하던 중 독일 마르크화를 매도하고 싶었던 빌 립슈츠는 마르크화가 조금 반등하는 시점을 기다리고 있었다. 하지만 기대와 다르게 마르크화가 줄곧 내려가자 투덜거리는 투로 말했다.

"매매 기회를 잡지 못할 듯싶습니다."

이 말을 듣고 나는 이렇게 물어보았다.

"지난 주 인터뷰하면서 지정가로 주문하는 바람에 호주달러 매수 기회를 놓쳤을 때와 비슷하게 말씀하십니다. 매매 기회를 놓친 일이 크게 마음에 걸리신다면 시장가격에 마르크화 매도 주문을 내시지 그랬어요?"

"뭐라고요? 매수/매도가격 차이만큼 돈을 더 내라는 말씀이십니까?"

빌 립슈츠가 목소리를 높였다. 그가 한 말이 진담인지 농담인지 분간할 수 없었다(우연히도 독일 마르크화는 계속 떨어지고 있었다).

우리는 미국 시장이 마감한 뒤 인터뷰했지만 글로벌 외환시장은 하루 24시간 열리기 때문에 빌 립슈츠는 쉬지 않고 매매했다. 하지만 그는 자신이 시장과 매매에 집착한다는 사실을 인정하면서도 아주 편안해 보였다. 빌 립슈츠가 종종 가격을 확인하고 전화로 매매 주문을 내지 않았다면 나는 그가 인터뷰하면서 시장을 주시하고 있었다는 사실을 알아차리지 못했을 것이다.

■ 건축학을 전공하셨다고 들었습니다. 그런데 어떻게 트레이더가 되셨는지요?

코넬대학에서 건축학을 공부하는 동안 할머니께서 세상을 떠나셨어요. 그때 저는 1만 2,000달러어치 주식 100종목 정도를 물려받았습니다. 여러 주식에 몇 주씩밖에 없어서 처분 비용이 만만치 않았습니다. 이 주식들을 팔아 마련한 돈으로 투자했습니다. 그 뒤 이래저래 주식시장에 기웃거리는 시간이 점점 더 많아졌습니다. 건축학에 흥미를 덜 느꼈다기보다 매매에 관심이 더 많았습니다. 더욱이 건축업은 아주 고리타분한 분야입니다. 이 나라에서는 자격증을 따려면 3년이라는 수습기간을 거쳐야 합니다. 그 뒤 몇 년 동안 실무 경험을 또 쌓아야 합니다. 결국 설계공정을 감독할 수 있는 수준까지 도달하려면 많은 시간이 필요합니다.

■ 결국 건축학 학위를 취득하셨나요?

네, 물론입니다. 사실 저는 학위 두 개를 땄습니다. 건축학 과정을 마치려면 총 5년이 걸립니다. 또 건축학을 전공하는 학생들은 복수 전공을 하는 경우가 많아 학위를 딸 때까지 오래 걸립니다. 저도 경영학 과목을 수강했고 MBA 학위도 취득했습니다.

▌코넬대학을 졸업하신 뒤 어떤 일을 하셨나요? 건축 관련 직업을 얻으셨나요?

아닙니다. 제가 방금 설명드린 대로 건축업은 수습기간이 너무 길어 건축 관련 일을 하지 않았습니다. 바로 살로먼브라더스에서 일을 시작했습니다.

▌살로먼브라더스에는 어떻게 들어가셨나요?

MBA 과정을 밟는 학생들은 보통 여름에 경영 관련 분야에서 인턴으로 일합니다. 1981년 여름 저는 살로먼브라더스에서 인턴으로 일했습니다. 그때 제 개인 계좌로 개별주식 옵션을 아주 적극적으로 매매했습니다.

▌유산으로 받으신 1만 2,000달러를 넣어둔 계좌 말씀이신가요?

네, 그때 돈을 약간 불렸습니다.

▌매매를 시작할 때 주식옵션에 대해 많이 알고 계셨나요?

아주 많이 알지는 못했습니다.

▌그렇다면 어떤 기준으로 매매 의사결정을 내리셨나요?

그 분야의 관련 자료를 닥치는 대로 읽었습니다. 기업의 연차보고서를 읽느라 도서관에서 많은 시간을 보냈습니다. 〈이코노미스트〉, 〈배런스〉, 〈밸류 라인〉 같은 금융 관련 정기 간행물도 탐독했습니다.

케이블 방송에 나오는 주가도 살펴보기 시작했습니다. 뉴욕 주 이타카(Ithaca) 지역은 산으로 둘러싸여 있어서 TV 수신 상태가 좋지 않았어요. 1970년대 초부터 케이블 TV를 시청했습니다. 그런데 한 채널을 보다 보니 실시간보다 15분 늦은 주식시세를 보여주더군요. 그 시세를 여러 시간 동안 보고 또 보았더니 주가 움직임에 대한 감각이 생기는 듯했습니다.

■ 그때 트레이더가 되기로 결심하셨습니까?

건축가의 길을 버리고 트레이더가 되겠다고 의도적으로 마음먹었던 적은 없습니다. 하다 보니 그렇게 되었습니다. 그러다 매매에 완전히 빠져들었습니다.

■ 살로먼브라더스에서 여름 인턴 시절 매매 관련 일을 하셨나요?

저는 코넬대학에 다닐 때 아내를 처음 만났습니다. 아내는 매우 적극적이었고 경제학 관련 지식 수준도 아주 높았습니다. 아내는 용케도 이전 해 여름, 채권 분석부에서 세계적으로 유명한 헨리 코프먼(Henry Kafuman) 박사를 돕는 일을 하게 되었습니다. 아내는 저에게 직속상사를 소개시켜 주었고, 그는 아내가 하던 일을 제가 할 수 있도록, 헨리 코프먼이 저를 인터뷰할 수 있도록 주선해주었습니다(그때 아내는 대학을 졸업하고 직장을 얻은 상태였습니다).

아이러니하게도 때마침 살로먼브라더스는 코넬대학에 채용담당자를 보냈습니다. 여름에 영업과 매매 분야에서 인턴으로 일할 수 있는 자리가 생겨서 뉴욕에서 인터뷰를 할 수 있는 기회를 얻었습니다. 회사 고유계정으로 주식옵션을 매매하는 부서를 총괄하던 시드니 골드(Sydney Gold) 씨가 저를 인터뷰했습니다. 다혈질인 그는 말이 무척 빨랐습니다.

시드니 골드 씨는 유리벽을 통해 커다란 트레이딩룸이 보이는 어느 사무실로 저를 데려갔습니다. 그 트레이딩룸 벽에는 가격을 보여주는 전자 시세 띠가 있었습니다. 저는 시세 띠를 등지고 앉았고, 시드니 골드 씨는 저를 인터뷰하는 내내 시세 띠를 주시하면서 질문을 마구 퍼부었습니다. 생전 처음 정장을 차려입고 공식 면접 자리에 선 어린 대학생이었던 저는 무엇부터 대답해야 할지 몰랐습니다. 그래서 일부러 천천히 대답했습니다.

약 10분 동안 인터뷰한 뒤 그가 갑자기 제 눈을 뚫어지게 쳐다보며 말했습니다. "쓸데없는 인터뷰는 집어치웁시다. 트레이더가 되고 싶군요. 인터뷰하는 친구마다 트레이더가 되기 원하죠. 직접 매매하고 있다고 했죠. 무슨 주식을 매매하고 있죠?"

"최근 엑손(Exxon)를 자주 매매했습니다."

제가 대답하자 그가 재빨리 되물었습니다. "그 주식은 모릅니다. 다른 주식을 말해보세요."

"쓰리엠(3M)도 꽤 거래했습니다."

"그 주식도 알지 못해요. 다른 주식을 예로 들어보세요."

"유에스 스틸(US Steel)도 매매했습니다."

"유에스 스틸은 제가 아는 주식이네요. 현재 가격이 얼마죠?"

"어제 30달러 50센트에 마감했습니다."

"방금 30달러 62.5센트에 거래되고 있다고 나오네요. 몇 달러에서부터 오르기 시작했나요?"

"28달러입니다."

"그 전에는 얼마에서 상승했나요?"

저는 조금 당황하며 내뱉듯 말했습니다. "아마 3년도 더 지난 듯합니다. 18달러 언저리에서 머무르다 올랐습니다."

그러자 그는 시세판을 더 이상 보지 않고, 천천히 이렇게 말하더군요. "나와 함께 일합시다."

이 말로 인터뷰가 끝났습니다. 몇 주 뒤 살로먼브라더스의 인사 담당자가 제게 전화했습니다. "우리 회사에는 채용 관련 프로그램이 여러 개 있습니다. 시드니 골드 씨는 당신을 채용하기 원하지만 코프먼 씨도 당신과 일하고 싶어 합니다. 그래서 저희가 양쪽에서 일할 수 있도록 조정했습니다."

결국 저는 여름 인턴 기간 중 절반은 코프먼 박사와 일하고 나머지 반은 시드니 골드 씨와 옵션 매매 분야에서 일할 수 있었습니다. 여름 끝 무렵 시드니 골드 씨가 저에게 같이 일하자고 제안했습니다. 하지만 저는 아직 MBA 여름 학기를 남겨두고 있었을 뿐만 아니라 건축학 논문도 준비해야 했었어요. 그래서 이듬해 봄에 학교로 돌아간다는 조건으로 가을 학기 동안 시드니 골드 씨를 돕기로 했습니다.

▌그때 주식옵션 부서에서 일하면서 유용한 옵션 매매 기법을 많이 배우셨습니까?

일반적인 매매 경험을 쌓는 데에는 분명 도움이 되었지만 당시 살로먼브라더스는 주식옵션을 매우 정성적인 방법으로 매매했다는 사실을 아셔야 합니다. 사실 지금 되돌아보면 참으로 기막힌 일이지만 그때 그곳에는 표준옵션 가격 결정 모델인 블랙–숄즈(Black-Scholes) 모델을 아는 사람이 없었습니다.

시드니 골드 씨는 월요일 아침 출근하자마자 이렇게 말한 적이 있습니다. "지난 주말 차를 한 대 사러 갔었는데 시보레 전시장이 사람들로 북적이더군요. 그러니 GM 콜옵션을 삽시다."

한마디로 이런 식이었습니다. 어느 날 어느 트레이더가 저를 한쪽으로 데려가더니 이렇게 속삭였던 말이 떠오릅니다. "이봐요, 시드니 골드 씨가 무엇을 가르쳐주었는지 모르지만 옵션을 매매할 때에는 한 가지만 알면 그만입니다. 어느 옵션이든 마음에 들면 사고, 싫으면 파세요."

▌다시 말해 옵션으로 레버리지 투자를 하셨군요.

네, 그렇습니다. 하지만 사실 전반적으로 이곳에서 매매하는 방식은 제가 시세 띠를 보며 매매하던 경험과 잘 들어맞았습니다.

▌코넬대학을 졸업하신 뒤 주식옵션 부서로 복귀하셨습니까?

여름부터 그곳에서 일하기 시작했지만, 곧 살로먼브라더스의 연수 과정을 밟았습니다. 신입사원은 반드시 거쳐야 하는 과정이었습니다. 살로먼브라더스의 연수 과정은 회사 중역을 만날 수 있다는 점에서 아주 좋았습니다. 살로먼브라더스에서 이름난 사람들은 모두 와서 이야기를 들려주면서 기본적으로 자신들이 어떤 사람인지 드러냅니다. 그러면서 살로먼브라더스 스타일에 세뇌되고 문화가 전수됩니다. 저는 살로먼브라더스에서 일하는 내내 살로먼브라더스의 문화를 이어가는 일이 아주 중요하다고 느꼈습니다.

1980년대 후반 그런 문화는 대부분 사라졌습니다. 연수 과정이 너무 커졌기 때문입니다. 제가 살로먼브라더스에 처음 들어왔을 때에는 매년 120명만 채용해 연수시켰습니다. 하지만 1980년대 후반에는 한 번에 250명씩 1년에 두 차례나 연수했습니다. 연수받는 신입직원들도 비슷비슷해 보였습니다. 1980년대 초까지만 해도 뭔가 색다른 직원을 채용하려고 많이 노력했었죠.

▌살로먼브라더스 연수 과정에서 회사 문화를 습득한 일 이외에 무엇을 더 얻으셨나요?
살로먼브라더스의 문화를 익힌 것이 전부입니다.

▌무엇인가 더 있지 않았습니까?
아닙니다. 하나부터 열까지 모두 회사 문화만 가르쳤습니다. 살로먼브라더스에서 근무해보지 않으셨죠? 살로먼브라더스는 회사 문화가 가장 중요합니다.

▌알겠습니다. 그러면 살로먼브라더스 문화에 대해 말씀해주시겠습니까?
살로먼브라더스는 주로 자기자본으로 매매하는 회사로서 오랜 세월 동안 아주 강력한 카리스마를 지닌 몇몇 사람이 이끌었습니다. 이들은 자기자본으로 직접 투자하고 위험을 감수하는 일이 무슨 뜻인지 잘 아는 실전 경험이 풍부한 사람들이었습니다. 특유의 기질, 대담함과 통찰력, 의심할 여지가 없는 정직함과 진실성이 회사 문화였습니다.

이 인터뷰는 살로먼을 뒤흔들었던 정부의 채권 매수 스캔들이 터지기 몇 개월 전에 진행됐다. 나는 이 사건 뒤 립슈츠에게 살로먼 문화를 설명할 때 정직함과 진실성이라는 표현을 계속 쓰겠냐고 물었다. 이 단어들이 최근에 밝혀진 내용에 비추어 아이러니하게 느껴질 수 있었기 때문이다. 하지만 그는 자신이 정말 그렇게 믿기 때문에 기존 표현을 유지해야 한다고 고집했다. 국채입찰 과정에서 윤리적 문제가 몇 차례 불거진 일로 진실성이 훼손되지 않았느냐고 묻자 그가 다음과 같이 대답했다. "그 일은 사실상 개인의 도덕 문제라고 생각합니다. 이는 거트프런드와 회사에 체화된 문화에 어긋나는 사건이었습니다."

살로먼브라더스는 이런 특성들이 뭉친 조직이었습니다. 회사의 핵심 인물들은 거의 바뀌지 않았습니다. 존 거트프런드(John Gutfreund) 회장은 날마다 매매할 수 있는 트레이딩 데스크에 있었습니다. 제가 살로먼브라더스에서 일하던 9년 동안 제 트레이딩 데스크는 회장의 데스크에서 6미터 이상 떨어진 적이 없었습니다. 존 거트프런드 회장과 했던 첫 대화가 생각납니다. 제가 정사원으로 채용된 지 채 1년이 지나지 않은 때였습니다. 자, 상상해보세요.

7월 3일 이른 아침이었습니다. 두 개 층을 쓰는 커다란 살로먼 트레이딩룸은 한때 세계에서 가장 컸습니다. 커다란 유리 창문으로 석양빛이 들어오고 있었습니다. 휴가철이어서 트레이딩룸에는 저와 회장 이외에는 거의 없어 사실상 트레이딩룸은 텅 비어 있었습니다.

"빌, 빌!" 어디선가 외치는 소리가 들렸습니다. 회장이 어떻게 제 이름을 알았는지는 잘 모르겠지만, 살로먼 브라더스는 원래 그런 곳이었습니다. 일에 열중하던 저는 갑자기 회장이 제 이름을 부른다는 사실을 깨달았습니다. 회장 데스크로 다가가 말했습니다. "회장님, 부르셨습니까?"

회장은 저를 바라보며 이렇게 물었어요. "프랑화가 얼마에 마감됐나?"

그 순간 질문을 하는 이유가 무엇인지 추측하면서 온갖 시나리오를 머릿속에 그렸습니다. 그를 바라보며 물었습니다. "스위스 프랑인가요? 프랑스 프랑인가요?"

회장은 왠지 강렬한 기운을 발산하는 인물이었습니다. 카리스마가 넘쳐 곁에 있으면 강한 기운을 느낄 수 있을 정도였습니다. 그는 망설이지 않고 저를 똑바로 쳐다보며 말했습니다. "둘 다일세." 그래서 평소보다 한 옥타브 더 높게 그에게 두 프랑화의 종가를 말해줬습니다.

그 뒤 1년 남짓한 어느 여름날 거의 똑같은 상황이 반복됐습니다. 저녁 햇살이 트레이딩룸을 비추고 있었습니다. 그곳에는 존 거트프런드 회장과 저 둘만 남아 있었습니다. 다시 제 뒤에서 소리가 들렸습니다. "빌, 빌."

그 순간 이전에 겪었던 일과 비슷하다는 느낌이 문득 들었습니다. 다시 그에게 다가가 말했습니다. "회장님, 부르셨습니까?"

"프랑화가 얼마에 마감됐나?" 그 질문에 저는 되물었습니다.

"어느 프랑화 말씀이십니까? 스위스 프랑인가요? 프랑스 프랑인가요?"

그는 무표정한 얼굴로 저를 똑바로 쳐다보며 바로 대답했습니다. "벨기에 프랑일세."

당시 저는 신출내기에 불과했던 반면, 그는 금융권에서 가장 잘나가는 회사 중 하나인 살로먼브라더스 회장이었습니다. 처음 대면한 지 1년이 지난 시점에 그는 태연한 척 저를 슬쩍 떠봤던 것입니다. 세월이 흘러 회장과 접촉하는 일이 많아지면서 그를 더욱더 잘 알게 되자, 이런 식의 대화가 저에게 어떤 영향을 미치는지 회장이 훤히 알고 있었다는 사실을 깨달았습니다. 회장은 이런 식으로 직원들에게 영향을 끼쳤습니다. 수습직원들과 자주 대화하고 주변 사람들에게 어떤 식으로든 도움을 주었죠.

▌존 거트프런드 회장도 트레이더였습니까?

존 거트프런드는 트레이더로 시작해 회장 자리까지 올랐습니다. 회장으로 일하는 동안에도 일이 어떻게 돌아가는지 알아보려고 날마다 트레이딩룸에서 지냈습니다. 우리는 늘 그가 100보 정도 떨어진 곳에서도 누가 돈을 날렸는지 알 수 있는 사람이라고 말했죠. 그는 우리가 어디에 투자했고, 결과가 어떠했는지 알기 위해 거래 현황을 확인할 필요가 없었습니다. 그는 우리 얼굴 표정만 보고도 돈을 잃고 있는지 벌고 있는지 알아차렸습니다.

살로먼브라더스의 문화는 다른 회사와는 딴판이었습니다. 사람들은 살로먼브라더스가 위험을 감수하기 좋아한다고 말합니다. 하지만 살로먼브라더스는 무작정 위험을 좇는 회사가 아닙니다. 그렇지만 투자 아이디어가 합리적이라고 판단되면 위험을 감수하거나 돈을 잃어도 크게 개의치 않는 회사라는 점은 분명합니다.

▎수습기간을 마친 뒤 주식 매매 부서로 되돌아가지 않고 외환 매매 부서로 옮기신 이유는 무엇인가요?

사실 저는 주식을 매매하고 싶었습니다. 하지만 주식 매매 부서를 맡고 있던 간부 한 명이 저를 따로 불러 이렇게 말했습니다. "자네는 너무 계량적으로 접근하네. 우리 주식 부서에 있을 필요가 없을 것 같네."

그는 제가 신설되는 외환 부서에서 일하도록 설득했습니다. 저는 수습기간 중 좋은 평가를 받은 덕분에 수습기간이 끝났을 때 신설되는 외환 부서를 포함해 여러 팀에서 저를 데려가려고 했습니다.

▎그런데 왜 외환팀을 선택하셨죠?

저는 직접 매매하고 싶었고, 사람들과도 잘 어울렸습니다. 하지만 그때 제게는 생각했던 만큼 선택권이 없었습니다.

▎무슨 의미인가요?

입사한 후 우리는 로비도 하면서 부서를 고르려 했지만, 결국 우리가 어느 부서에 배치되는지는 힘센 사람들의 뜻에 따라 결정되었죠.

▎그즈음 통화에 대한 지식은 조금이라도 있으셨나요?

독일 마르크화가 무엇인지조차도 몰랐습니다. 하지만 다시 말씀드리지만 그때는 부서에 통화에 대해 정통한 사람이 없었습니다.

정말입니까?

정말입니다. 이전에 은행에서 근무한 적이 있던 젊은 직원이 한 명 있기는 했습니다.

다른 통화 전문가가 정말 없었나요?

없었습니다.

외환 부서를 발전시키기 위해 외부에서 전문가를 데려올 생각은 왜 하지 않았을까요?

외부 전문가 채용은 살로먼브라더스의 방식이 아니었습니다. 살로먼브라더스는 늘 회사 안에서 인재를 키웠습니다. 살로먼브라더스에 잘 정리된 사업계획이 있다고 생각하시겠지만, 사실은 그렇지 않습니다. 어느 날 갑자기 몇 명의 임원이 모여 다음과 같이 논의했습니다.

"외환부서를 만들면 어떨까요?"

"그러시죠. 누구에게 맡기면 좋겠습니까?"

"길(Gil)이 담당하도록 하면 어떨까요?"

"좋습니다. 이봐요, 길. 신설 부서를 맡아줄 수 있죠?"

"물론입니다. 제가 이끌어보겠습니다."

길은 채권 차익거래 전문가였습니다. 통화 분야에는 경험이 없었죠. 그는 외부에서 통화 전문가를 몇 명 데리고 와서 부서를 꾸릴 생각이었습니다. 이들에게 외환상품을 매매하도록 하면서 돈을 얼마나 벌 수 있는지 알아보려 했습니다.

부서에 통화 전문가가 없다고 하셨는데 어떻게 경험을 쌓으셨습니까?

부서에 아주 외향적인 친구가 한 명 있었습니다. 그는 일주일에 서너 번 우리를 데리고 나가 국제 은행가와 함께 식사했습니다. 그때 저는 부끄러움을 많이 탔습니다. 그런데 어느 날 한 트레이더가 제게 모건개런티(Morgan Guaranty)에 전화해 독일 마르크화 매매 주문을 내라고 요청했습니다. 저는 불만스러운 투로 말했죠. "그쪽에는 제가 아는 사람이 아무도 없어요."

그러자 그는 이렇게 말했습니다. "아무도 모르다니요? 그냥 국제 외환딜러 명부인 함브로스(Hambros)를 뒤져 모건의 독일 마르크화 딜러를 찾아 전화하면 그만입니다."

그때 저는 제가 모르는 사람에게 어떻게 전화해야 할지 몰라 괴로워하며 10분 넘게 머뭇거렸습니다.

초창기 통화 매매 경험에 대해 말씀해주시겠습니까?

살로먼브라더스가 외환 부서를 만들 즈음 필라델피아증권거래소가 통화옵션 매매 시스템을 개발했습니다. 그때 저희 부서에 콜옵션과 풋옵션에 대해 아는 사람은 저밖에 없었죠. 옵션은 주식거래소 스페셜리스트 시스템을 통해 거래할 수 있었습니다. 저희 부서에서 주식을 잘 아는 사람은 저 혼자였고, 다른 직원들은 모두 42층에 있는 채권 부서 출신이었어요. 제가 일했던 주식 부서는 41층에 있었습니다. 주식 부서에서 일한 경험이 있는 사람은 저뿐이었죠.

저는 필라델피아거래소에서 일하는 스페셜리스트와 마켓메이커와도 잘 알고 지냈어요. 하지만 부서에 스페셜리스트가 무슨 일을 하는지 아는 사람이 아무도 없었습니다. 스페셜리스트 시스템이란 담당자 한 사람이 증권 매수/매도 주문을 중간에서 체결해주는 방식입니다. 객장에서 큰 소리로 호가를 외쳐 주문하는 개방 매매 시스템이죠. 제게 딱 맞는 방식이었습니다. 이 사실을 알고 있던 길이 거들었습니다.

"아는 사람이 자네밖에 없으니 알아서 잘 해보게."

제가 강조하고 싶은 점은 살로먼브라더스 외환 부서와 외환 트레이더 빌 립슈츠, 통화옵션이 동시에 시작해 함께 성장했다는 사실입니다. 서로 시너지를 냈던 아주 특이한 경험이었습니다.

■ **경험이 없었는데도 어떻게 통화 트레이더로 성공할 수 있었나요?**

외환은 관계가 가장 중요합니다. 유동성이 좋은 상품을 찾거나 유익한 정보를 얻으려면 주변 사람들과 친밀한 관계를 유지해야 합니다. 친분도 없는 은행에 전화해 "1,000만 마르크화를 매매하려는 데 가격이 얼마죠?"라고 물으면 상대방은 별 조치를 취하지 않고 무뚝뚝하게 이렇게 대답합니다. "마르크화 딜러가 화장실에 갔으니 나중에 전화하세요."

하지만 제가 오후 5시에 전화해 "이봐 조, 난 빌이야. 마르크화 가격 좀 알려줘"라고 부탁하면 완전히 다른 반응이 옵니다. "방금 나가던 참이었어. 하지만 당장 알아봐줄게."

■ **외환 분야는 처음이었는데 어떻게 거래처와 가까운 관계를 유지할 수 있었나요?**

당시에는 새로웠던 옵션에 대해 꽤 알고 있었다는 점이 커다란 도움이 되었습니다. "저 친구는 옵션을 꽤나 안다는군." 주변 사람들은 저에 대해 이렇게 쑥덕거렸습니다. 솔직히 저는 옵션에 대해 많이 알지는 못했습니다. 하지만 부서 내에서 옵션에 정통한 사람이 없었습니다. 동료들은 저를 이렇게 평가했습니다. "그 친구는 블랙-숄즈 옵션 모델을 계산할 수 있대. 천재가 틀림없어."

통화 업계에서 높은 자리에 있던 많은 사람이 자신의 거래처에서 옵션 거래가 이루어지길 원했기 때문에 저를 만나고 싶어 안달이었습니다. 옵션시장 동향을 빨리 파악해야 했기 때문이었습니다. 더욱이 저는 그때 신비로움의 대상이었던 살로먼브라더스에서 일하고 있었죠. 업계에 이런 말이 돌았습니다. "살로먼브라더스가 정확히 무슨 거래를 하는지는 잘 모르지만 어쨌든 돈은 엄청나게 많이 번대."

제가 투자은행에 근무하면서도 거만을 떨지 않았다는 점도 사람들이 저를 좋게 보는 이유 가운데 하나였습니다. 그 시절에는 투자은행에서 통화 매매를 하는 친구들은 대부분 채권 트레이더처럼 행세하려 했습니다. 외환 부서 직원들은 채권 트레이더들이 지나치게 점잔을 빼고 다닌다고 여겼습니다. 그들은 멜빵을 매고 헤르메스 넥타이를 매고 다녔죠. 근사하게 화이트 와인에 아루굴라 샐러드를 즐겨 먹었습니다. 외환 부서 직원처럼 마리나라 소스를 온몸에 묻혀가며 파스타를 먹으러 다니는 스타일도 아니었습니다. 저는 완전히 딴판이었죠. 배경도 달랐습니다.

살로먼브라더스 직원 가운데 집에 텔레레이트(Telerate) 시스템을 설치한 사람은 저밖에 없었습니다. 동료들은 믿기지 않는 듯 물었죠. "집에서도 스크린이 필요해? 제정신이야? 정말로 조금도 쉬지 않고 매매하려고?"

그러면 저는 이렇게 대답했죠. "외환은 하루 24시간 거래되잖아. 오후 5시에 퇴근해도 시장은 잠들지 않아. 시장은 밤새 쉬지 않고 열리거든."

■ 중요한 정보를 얻으려면 주변 사람들과 계속 접촉하는 일이 중요한가요?

물론입니다. 일을 잘하는 직원들은 보통은 업계에 끈이 있는 친구들이에요. 외톨이들은 외환시장에서 돈을 벌지 못해요. 이들은 시카고상업거래소에만 전화합니다. 시카고상업거래소도 외환을 취급하지만 은행 간 시장보다 훨씬 작죠. 이 친구들은 거래소에 전화해 이렇게 묻죠. "스위스 프랑이 어때 보입니까?"

거래소에 있는 직원이 실제 국제 외환시장에서 돌아가는 일을 어떻게 알겠어요. 반면에 저는 밤낮으로 동경, 런던, 프랑크푸르트, 뉴욕에 있는 은행의 거래 담당자들과 이야기를 나눕니다.

■ 이런 사람들과 접촉해 얻은 정보를 이용해 매매하시나요?

맞습니다. 외환 매매에서는 네트워크가 전부입니다.

■ 정보 흐름을 잘 읽어 매매한 사례를 말씀해주시겠습니까?

베를린 장벽이 무너졌을 때 시장에는 수많은 사람이 바로 돈을 싸들고 동독으로 몰려간다는 전망이 팽배했습니다. 사람들은 동독으로 자본이 엄청나게 흘러

들어가면 독일 마르크화가 강해진다고 생각했죠. 하지만 얼마 뒤 서독과 동독이 하나로 뭉치려면 생각보다 오래 걸린다는 사실을 깨닫기 시작했습니다.

어떤 계기로 전망이 바뀌었느냐고요? 콜 독일 수상이 성명을 발표했습니다. 베이커 장관도 한마디 거들었죠. 동독 실업률이 매우 높다는 통계도 나왔습니다. 사회주의체제에서 살던 동독 사람들이 불평하기 시작했습니다. "우리는 서독 사람들처럼 늦게까지 일하고 싶지 않아요. 그런데 어째서 정부가 의료비를 더 이상 지원해주지 않겠다는 거죠?"

투자은행에서 일하는 전문가들도 동유럽을 재건하는 일이 오래 걸린다고 생각하기 시작했습니다. 이런 견해가 더욱더 퍼지자 사람들이 독일 마르크화를 매도하기 시작했습니다.

▎장벽이 처음 무너졌을 때 선생님도 그렇게 판단하셨겠네요.
그때 그렇게 판단한 사람은 많지 않았다고 생각합니다. 설령 옳게 예측했더라도 이것은 그리 중요하지 않습니다. 그때마다 시장이 무엇을 중요하게 여기는지 파악하는 일이 더욱더 중요합니다.

▎외환시장 참가자들과 많은 이야기를 나누면서 정보를 얻으셨나요?
그렇습니다. 같은 시간, 같은 장소에 있어도 모두가 똑같이 판단하지는 않죠. 이 점을 이해하는 것이 중요합니다. 뉴스에 귀를 기울이고 시장이 돌아가는 상황을 파악해야 합니다. 예를 들어 어느 날은 외환시장이 두 나라 사이의 이자율 차이에 초점을 두다가도 이튿날에는 정반대로 가격 상승 가능성에 더욱 관심을 둘 수도 있습니다. 이자율 차이에 초점을 둔다는 의미는 투자자들이 이자율이 높은 선진국으로 자금을 옮긴다는 뜻입니다. 반면 가격 상승에 관심을 둔다는 말은 투자자들이 경제와 정치 전망이 양호한 나라에 투자한다는 뜻이죠. 이런 나라들은 이자율이 낮은 경우가 많습니다.

▎초창기에 통화를 매매하면서 특이했던 경우가 있었나요?

1983년 필라델피아거래소가 통화옵션을 개시한 지 얼마 지나지 않아 있었던 일입니다. 한 스페셜리스트가 어느 옵션가격을 분명 정상가격보다 100포인트나 낮게 제시하고 있었습니다. 저는 50계약을 매수했죠. 아주 깊은 내가격 옵션이었기 때문에 곧바로 이 옵션의 기초자산을 매도해 아무런 위험 없이 수익을 챙겼습니다. 깊은 내가격 옵션 매수는 이 옵션의 기초자산을 사는 전략과 비슷한 효과가 있습니다. 그러면서도 시장이 급변할 때 위험을 제한할 수 있다는 장점까지 있습니다.

브로커에게 전화해 그 스페셜리스트가 제가 조금 전 매수한 가격과 똑같은 가격에 옵션을 더 팔 수 있는지 물었습니다. "가능합니다. 같은 가격에 판답니다." 브로커의 말을 듣고 저는 추가 주문을 냈습니다. "50계약 더 사겠습니다."

당시 필라델피아거래소에서 주로 50계약씩 주문하는 사람은 저밖에 없었습니다. 시장에서 하루 동안 거래되는 규모가 고작 200~300계약에 지나지 않았죠. 저는 50계약씩 쪼개 150계약을 더 샀습니다. 그때 골드만삭스(Goldman Sachs)가 들어와 50계약을 매수했습니다. 순식간에 그 스페셜리스트는 300~400계약을 체결했죠. 그는 분명 위험 없이 이익을 챙겼다고 생각했지만 잘못 계산하고 있었습니다. 저는 그가 틀렸다는 사실을 정확히 파악하고 있었습니다. 결국 저는 브로커에게 연락했습니다.

"그 스페셜리트가 이 가격에 1,000계약을 추가로 더 매도할 수 있는지 물어봐주세요."

"조금만 기다리세요." 브로커가 대답했습니다. 그러고는 잠시 후 돌아와 말했죠. "같은 가격에 팔 수 있답니다."

그 스페셜리스트는 주춤했지만 분명히 호가를 거의 100포인트나 낮게 제시하고 있었죠. 마침내 제가 브로커에게 부탁했습니다. "그에게 제 다른 번호로 연락하라고 해주세요."

그 스페셜리스트가 저에게 전화를 걸어 다짜고짜 말했습니다. "도대체 무슨 일입니까?"

제가 되물었어요. "그 말은 제가 드리고 싶은 질문입니다."

그가 물었습니다. "정말 1,000계약 매수하시겠습니까?"

제가 답변했죠. "잘 들어보세요. 당신은 매도호가를 터무니없이 낮게 제시하고 있어요."

"뭐라고요?" 그가 소리쳤죠. 제가 그에게 가격이 왜 틀렸는지 차근차근 설명해주었습니다. 설명을 채 마치기도 전에 그가 말했어요. "이만 가봐야겠습니다." 그리고 전화가 끊겼습니다.

저도 수화기를 내려놓고 몇 분 동안 고민했습니다. 이 가격에 거래를 체결시키면 이 스페셜리스트는 파산할 테고 그러면 거래소뿐만 아니라 이제 막 거래가 크게 늘기 시작한 통화옵션 상품에도 나쁜 영향을 끼치리라 판단했습니다. 그래서 브로커에게 전화해 말했습니다. "첫 50계약만 빼고 나머지 주문은 모두 취소시키세요."

거의 동시에 저의 다른 전화기에서 소리가 울렸습니다. 전화를 걸어온 사람은 그 스페셜리스트였습니다. "믿을 수 없는 일이 벌어졌네요!" 엄청난 실수를 저질렀다는 사실을 깨달은 그가 괴로워하며 소리쳤습니다. "이 거래가 취소되지 않으면 저는 파산합니다."

제가 그를 안심시켰죠. "걱정하지 마세요. 처음 50계약을 제외하고 나머지는 모두 철회하겠습니다."

하지만 골드만삭스는 주문한 150계약을 취소하지 않겠다고 버텼습니다. 몇 년 뒤 스페셜리스트가 일하던 회사가 파산했습니다. 그 스페셜리스트는 대형 시장 조성 회사의 우두머리 트레이더가 된 뒤 거래소 객장에서 골드만삭스에게 늘 까다롭게 굴었습니다.

그때 제가 거래를 취소한 일은 멀리 내다보고 내린 결정이었습니다. 당시에는 그 일에 대해 많이 신경 쓰지 않았지만 세월이 흐른 뒤 오랫동안 고민했습니다.

왜 그러셨죠?

저는 시장에서 가장 까다롭지는 않았지만 아주 깐깐한 인물로 유명했습니다. 제가 잘못 주문하면 물려줄 사람이 아무도 없다는 사실을 잘 알기 때문에 저도 결코 거래를 취소해주지 않습니다. 반대 상황이라면 틀림없이 아무도 우리에게 거래를 취소해주지 않겠죠. 저는 이것이 게임의 법칙이라고 늘 믿어왔습니다. 남에게 공짜로는 한 푼도 주지 않을 뿐만 아니라 받을 것도 기대하지 않습니다.

장외옵션 만기를 놓치는 바람에 옵션이 휴지조각으로 바뀐 사실을 뒤늦게 발견하고 전화하는 트레이더가 종종 있습니다. 그러면서 이렇게 수만 가지 변명을 늘어놓습니다. "미리 연락드리려고 했습니다", "깜빡 잊었습니다", "단지 몇 분 늦었는데 예외로 처리해주실 수 없는지요?"

제가 늦게 전화하면 제 변명을 들어줄 사람이 아무도 없다는 사실을 잘 압니다. 저는 만기를 결코 놓치지 않습니다. 저는 이렇게 주장합니다. "이보세요, 우리는 많은 돈을 들여 백오피스 시설에 투자했습니다. 실수를 막으려고 수많은 안전장치를 설치했습니다."

제가 메릴린치와 함께 관리회사 관련 비용에 대해 논의했을 때 메릴린치 사람들이 백오피스 실수를 대비해 마련해야 하는 예산이 얼마인지 제게 질문한 적이 있었습니다.

저는 잘라 말했죠. "예산은 전혀 필요 없습니다."

그들은 믿을 수 없다는 듯 되물었죠. "정말입니까?"

저는 이렇게 설명하죠. "전혀 없습니다. 우리는 백오피스에서 실수하지 않기 때문이죠."

그들이 다시 질문했습니다. "그럴 리가요? 백오피스에서는 당연히 실수할 수 있죠."

저는 자신 있게 답변합니다. "아닙니다. 우리는 실수하지 않아요. 안전장치를 충분히 두면 실수를 막을 수 있습니다."

제 생각은 이처럼 확고합니다. 따라서 규칙도 깨지 않으려 합니다. 저를 잘 아는 친구들은 이렇게 말합니다. "빌, 왜 그렇게 사사건건 까다롭게 굴어?"

저는 딱 잘라 말합니다. "이봐, 이것은 규칙이야. 게임은 규칙대로 해야 해." 제가 그 스페셜리스트를 구해준 일은 저로서는 아주 예외였습니다.

▎실수가 너무나 명백해서 그 스페셜리스트를 봐주셨나요? 아니면 거래를 취소하지 않으면 갓 성장하기 시작한 거래소와 외환 상품에 해가 된다고 생각했기 때문인가요?

거래를 없던 일로 하지 않으면 제가 하는 일에 좋지 않다고 생각했습니다. 멀리 내다보고 내린 결정이었습니다.

▎어떤 나쁜 영향을 미친다고 생각하셨죠?

당시 제가 거래하던 통화옵션은 폭발적으로 성장하고 있었고, 필라델피아거래소는 이 상품이 거래되는 곳이었죠. 그때는 통화옵션 장외 거래가 겨우 시작되는 단계였습니다.

▎그렇다면 사실상 거래소를 살리기 위해서 내린 결정이셨군요.

아닙니다. 저를 지키기 위해서였습니다.

▎시장을 보호하려는 목적이셨군요?

맞습니다.

▎그렇다면 거래소가 설립된 지 10년이나 지나면서 거래량도 엄청나게 많아져 선생님께서 취소했던 그 거래가 거래소의 존립에 크게 영향을 미치지 않았다면, 다르게 결정을 내리셨겠네요?

그렇습니다. 자선사업이 아니기 때문이죠.

▌실수가 자명했기 때문은 아니군요?

그 이유 때문이 아닙니다. 그때 저는 브로커에게 전화해서 이렇게 말했어요. "스페셜리스트에게 가격을 다시 확인해보라고 하세요. 정말 그 가격이 확실한지 물어보세요. 50계약을 추가로 거래하고 싶은지 물어봐주세요."

▌은행 간 시장에서 때때로 자기도 모르게 가격을 잘못 부르는 경우가 있지 않나요? 이를테면 실제 가격은 1.9140인데 1.9240으로 호가를 제시할 수 있겠죠. 실수가 명백한 경우에도 잘못된 가격에 거래하시나요?

관례상 솔직하게 확인해야 합니다. 뉴스가 이리저리 흘러나오고 시장이 정신없이 돌아가고 있어서 가격이 정확히 얼마인지 모른다고 칩시다. 이때 딜러가 가격을 1.9140으로 제시했는데 정상적인 가격이 1.9240이라고 확신한다면 이렇게 질문해야 합니다. "확실히 1.9140 맞습니까? 다시 확인해보세요."

그런데도 딜러가 "네, 네, 확실합니다. 이 가격에 거래하시겠습니까? 안 하시겠습니까?"라고 대답하면 그 가격은 성립한다고 볼 수 있습니다.

▌이런 일을 겪으신 적이 있으신가요?

네, 있습니다. 이런 일이 일어날 때마다 십중팔구 거래 상대방으로부터 연락이 옵니다. 이들은 거래를 취소하거나 호가 차이에 따른 손실을 저와 반반씩 나누고 싶어 합니다.

▌그러면 어떻게 대응하시나요?

그들의 요구를 거절합니다. 그리고 가격을 다시 확인해보라고 하죠.

주문했던 중국 요리를 먹느라 인터뷰를 잠시 중단했다. 식사하는 동안 시장에 대해 계속 이야기했다. 논의한 주제 가운데 하나는 분명 이 책에 쓰기 곤란한 내용이었다. 특정 거래소에 대해 많이 언급했기 때문이다. 하지만 많은 독자의 관심을 끌 수 있다고 판단한 나는 결국 빌 립슈츠를 설득해 대화 내용을 이 책에 기재할 수 있도록 허락받았다. 대신 약속한 대로 거래소, 시장, 트레이더는 익명으로 처리했다.

▌거래소에서 매매할 때에는 스톱 주문이 체결되는 경우가 많나요?

잘 아시다시피 저는 거래소 안에서는 거의 매매하지 않습니다. 주로 은행 간 시장이나 스페셜리스트 시스템을 사용하는 필라델피아거래소에서 거래합니다. 질문에 직접 대답하는 대신 1980년대 말 살로먼브라더스에서 일했던 친구 이야기를 하겠습니다.

제 친구는 거래량이 말라붙고 좁은 범위 안에서 등락을 거듭하고 있는 시장에서 매매하고 있었습니다. 그즈음 많은 스톱 주문이 이 가격 범위 바로 위에 설정되어 있었습니다. 어느 날 거래소 직원이 그 친구에게 말했습니다. "고객님, 내일 시장가격보다 높게 설정한 스톱 주문을 공격한다는 소문이 있습니다(단기 자금시장에 영향을 주는 휴일을 앞두고 유동성이 크게 줄어드는 경향이 있다)." 당시 스톱 가격은 40~50틱 정도밖에 높지 않았습니다.

이튿날 이 친구는 시장이 스톱가격까지 오르면 많은 금액을 매도할 생각이었죠. 이 스톱가격은 인위적으로 끌어올려야만 상승할 수 있는 수준이어서 이후 시장이 내릴 가능성이 크다고 믿었기 때문이었습니다. 오전에는 시장이 횡보하면서 크게 등락하지 않았죠. 그러다 오후 1시 즈음 시장이 급락하기 시작했습니다.

▌스톱은 시장가격보다 높게 설정되었다고 말씀하셨죠?

그렇습니다. 어쨌든 시장은 전일 종가보다 50포인트, 100포인트 하락하는가 싶더니 단 몇 분 만에 200포인트 넘게 급락했습니다. 알고 보니 거래소 내 트레이더들이 전일 종가보다 50포인트밖에 높지 않은 스톱을 사냥하는 대신 200포인트 낮게 설정된 스톱을 공격했던 것입니다. 모두들 위쪽에 설정된 스톱을 노리고 시장이 오르기만 기다리고 있었기 때문이었습니다. 즉 모두가 매수 포지선을 취하는 바람에 방향이 거꾸로 가면 급락할 수 있는 상황이었습니다.

시장이 폭락하자 제 친구는 시장이 지나치게 떨어졌다고 판단했습니다. 거래소 직원에게 외쳤죠. "매수해주세요. 매도 물량이 나오는 대로 사세요. 어서 매수하세요." 결국 전일 종가보다 200포인트도 더 하락한 수준에서 수천 계약을 매수한 사람이 많았는데도 이 친구는 수백 계약 주문을 냈지만 결국 전일 종가보다 100~200포인트 낮은 수준에서 50계약만 살 수 있었습니다.

▌어떻게 그런 일이 벌어질 수 있죠?

틀림없이 거래소 안에서 매매한 경험이 없으시군요. 거래소 안에서는 시장이 크게 변동할 때 똑같은 시간이어도 체결가격이 서로 다를 수 있습니다. 제 브로커 친구가 체결하려는 가격보다 더 낮은 가격에 매매한 경우가 있었던 것입니다. 패스트 마켓(Fast Market, 매수자와 매도자의 주문 건수가 왕성하여 가격이 급속하게 변화되는 시장) 상황이었죠. 패스트 마켓일 때에는 거래소 내 브로커들이 당일 가격 범위 안에서 거래를 체결하지 않아도 누구도 이를 문제 삼지 않습니다. 즉 패스트 마켓 상황에서는 거래소에 있는 브로커들이 평소와는 다르게 비정상적인 가격으로도 매매할 수 있습니다.

하지만 이런 일이 벌어진다는 사실을 증명할 수 없기 때문에 저는 결코 문제를 제기하지 않습니다. 소리쳐 주문하는 거래소 안에서는 이런 상황이 종종 일어날 수 있다고 생각합니다.

우리는 저녁 식사를 마치고 인터뷰를 계속 녹음하기 위해 거실로 돌아갔다.

▌처음으로 크게 거래했던 때를 기억하십니까? 그때 어떤 근거로 매매하셨나요?

영국 파운드화나 미국 달러로 상환받을 수 있는 채권 발행물을 매매했습니다. 발행가격은 분명히 정상가격보다 낮았습니다. 주간사인 살로먼브라더스가 가격을 잘못 계산했다는 점이 문제였습니다. 자세히 설명을 들은 저는 어떻게 가격을 잘못 산정했는지 믿을 수 없었습니다. 그때 저는 발행물량 전체를 매수했었거든요.

어떤 계산착오였나요?

그즈음 영국은 미국보다 금리가 많이 낮았습니다. 따라서 파운드화 선도환율은 현물환율에 아주 높은 프리미엄이 붙어 있었습니다.

실제 선도환율에 붙어 있는 프리미엄이 매우 컸는데, 중도상환 옵션이 있는 파운드화 채권을 발행하자 프리미엄이 없다고 가정했던 것입니다. 그래서 이 채권을 사고 프리미엄이 많이 붙어 있는 파운드화 선도환을 매도하면 이익을 챙길 수 있습니다. 참고로 채권 만기일에 가까워질수록 이 선도환율은 만기 때의 현물환율에 수렴합니다.

> **T·I·P**
>
> 보통 두 나라 사이에 이자율 차이가 크면 금리가 낮은 나라 통화의 선도환율은 언제나 현물환에 프리미엄이 붙어 거래된다. 프리미엄이 없다면 금리가 낮은 나라에서 돈을 빌려 금리가 높은 국가 통화로 환전해 이자율이 높은 나라 채권에 투자하면서 환위험을 피하기 위해 이자율이 낮은 나라의 선도환을 매수하면 이익을 챙길 수 있다. 그러면 이런 식으로 차익거래를 하는 사람이 많아져 결국 이자율이 낮은 나라 통화의 선도환 프리미엄은 양 국가 간 이자율 차이를 상쇄하는 수준까지 커진다.

채권 만기는 얼마나 길었나요?

네 종류가 있었습니다. 5년과 7년, 9년과 12년물이었습니다.

이해할 수 없군요. 기간이 그렇게 긴데도 환헤지를 할 수 있나요?

물론입니다. 선도환시장에서 헤지할 수 없어도 이자율 스왑을 하면 환헤지 효과를 볼 수 있습니다. 하지만 파운드와 달러 사이에는 선도환 거래가 아주 활발해 만기가 10년이 넘는 선도환시장이 분명 있습니다.

■ 채권 발행 규모가 얼마나 컸나요?

두 종류로 발행했습니다. 하나는 1억 달러, 다른 하나는 5,000만 달러였습니다.

■ 채권을 낮은 가격에 발행했다는 사실을 지적했을 때 어떤 일이 벌어졌나요?

처음에는 제가 계산을 잘못했다는 반응이었습니다. 그날 회사에서 숫자에 정통하다는 친구들을 모두 불러 아홉 시간 동안이나 분석한 결과 제가 옳다는 사실이 밝혀졌습니다.

■ 회사가 선생님께서 그 채권을 살 수 있도록 허용했습니까?

네, 제가 허락받았을 때에는 첫 발행물량 가운데 5,000만 달러어치가 이미 팔린 상태였습니다. 그 뒤 1~2년 동안 나머지 채권도 유통시장에서 매수하려고 애썼습니다. 그 채권을 사려고 날마다 매수 주문을 냈죠. 첫 발행물량을 매수한 곳을 아는 어느 세일즈맨의 도움을 받아 2년 동안 총 발행액 1억 5,000만 달러 가운데 1억 3,500만 달러어치를 살 수 있었습니다.

저는 그 채권을 사자마자 전체 발행물량의 절반을 파운드화 선도환시장에서 매도했습니다. 그때는 파운드화 선도환 프리미엄이 매우 컸습니다. 이후 그 채권은 1파운드당 1.3470달러로 상환받을 수 있었습니다. 당시 7년 만기 파운드화 선도환율은 1파운드당 1.47달러였고, 12년물은 대략 1.60달러였습니다.

> **T·I·P**
>
> 전체 물량의 반을 선도환시장에서 매도한 것은 사실상 절반은 파운드화 풋옵션으로 전환하고 나머지는 콜옵션을 들고 있는 것이나 마찬가지다. 다시 말해 절반은 콜옵션, 나머지 반은 풋옵션을 들고 있는 상황과 같다. 중요한 사실은 풋이 콜보다 가격이 훨씬 더 높다는 점이다. 기본적으로 이 차이가 확보된 이익이다. 그러면서도 추가 이익까지 얻을 수 있다. 예를 들어 7년 만기 채권의 파운드화 선도환율이 1.3470달러 밑으로 내려가거나 1.47달러 위로 올라가면 더 많은 이익을 챙길 수 있다.

어쨌든 마침내 영국 이자율이 올라 미국 이자율보다 더 높아졌습니다. 그 결과 영국 파운드화 선도환에 붙어 있던 프리미엄이 없어지고 선도환율이 오히려 현물환율보다 낮아졌습니다. 저는 들고 있던 포지션을 모두 청산해 이익을 엄청나게 챙겼습니다.

■ 특별히 기억에 남을 만한 다른 매매 사례가 있나요?

1985년 G7 회의가 있었던 때가 떠오르는군요. 이 회의 때문에 그 뒤 5년 동안 외환시장이 구조적으로 크게 바뀌었습니다. 이 모임의 주 목적은 주요 선진국들이 서로 공조해 달러 가치를 낮추는 일이었습니다.

■ 외환시장에 직접 몸담고 계셨던 선생님께서는 그런 변화가 곧 일어날 것이라고 예상하셨나요?

아닙니다. 서방국가들이 회의를 열어 달러 가치를 내리려 한다는 낌새를 알아챈 사람도 있었습니다. 하지만 이 모임으로 달러 가치가 얼마나 떨어질지 아무도 몰랐습니다. 회의 결과가 발표된 뒤 달러 가치가 하락했지만, 하락폭은 그 뒤 몇 개월 동안 내려간 수준에 비해 아주 작았습니다. 사실 처음에는 뉴질랜드달러와 호주달러 가치가 떨어진 뒤 미국달러 가치가 도쿄 외환시장에서 소폭 반등했습니다.

■ 그런 뉴스에도 가격이 많이 움직이지 않은 이유를 설명해주시겠습니까?

사람들은 무슨 일이 일어나고 있는지 잘 몰랐습니다. 그저 별 일 아니라는 듯 이렇게 말했죠. "중앙은행이 또 개입하는군." 하지만 중앙은행들이 몇 년 동안 시장에 개입했지만 그 효과가 없었기 때문에 이번 G7 회의를 열었다는 사실을 알아야 합니다.

▎1985년 회의는 어떤 점이 달랐나요?

선진 7개국이 모여 서로 협력하는 모습은 이번이 처음이었습니다. 어쨌든 G7 회의가 열릴 때 저는 다른 나라에 머물고 있었어요. 저는 휴가를 자주 가지 않는 편이지만 그 해는 실적이 아주 좋아서 이탈리아 사르디니아(Sardinia) 섬으로 휴가를 떠났죠. 사르디니아는 꽤 외진 곳이어서 국제 전화를 하려면 두 시간이나 걸렸습니다.

▎상황이 어떻게 돌아가고 있었는지 알고 계셨습니까?

G7이 무엇인지조차도 몰랐습니다. 당시 사람들은 그 회의가 그리 중요하지 않다고 여겼습니다. 관료들이 모여 말로만 달러 가치를 내리려고 한다고 생각했죠.

▎이전 G7 회의에서는 달러 가치에 크게 영향을 끼치지 않았나요?

전혀 없었습니다. 어쨌든 그때 저는 국제 외환시장에 난리가 났다는 사실을 까마득히 모른 채 해변에 누워 있었죠. 휴가가 끝나갈 무렵 저는 시장이 어떤지 알아보고 싶어졌습니다. 그래서 뉴욕시간으로 월요일 아침 일찍 전화를 해 제가 없는 동안 아무런 문제가 없는지 확인하기로 마음먹었죠. 매우 어렵게 뉴욕 사무실로 전화했지만 아무도 전화를 받지 않았습니다. 제 아래 직원이었던 앤디(앤드류 크리거)는 아침에 늘 일찍 출근하기 때문에 보통은 전화를 받아야 정상이었습니다. 저는 왠지 꺼림칙한 마음이 들었어요. 그래서 외환시장을 살피려고 런던 사무실로 연락했죠. "데니스, 외환시장이 어떻게 돌아가고 있어?"

"물론 G7 회의가 있다는 소식은 들었겠지?" 그가 되물었습니다.

제가 대답했죠. "듣지 못했어. 무슨 일이야?"

"응, 그 회의에서 달러 가치를 떨어뜨리겠다는 성명을 발표하는 바람에 달러 가치가 폭락하고 있어."

"앤디가 어디 있는지 알아?" 제가 물었습니다.

"아, 앤디가 아파 오늘 휴가를 냈어." 그가 대답했습니다.

앤디도 저도 아파서 휴가를 낸 적이 한 번도 없었기 때문에 왠지 이상하다고 생각했습니다. 이리저리 연락해 마침내 집에 있는 앤디와 연락할 수 있었습니다. 그는 감기몸살과 고열로 몸져 누워 있었죠.

G7 회의 당시 들고 있던 포지션이 있었습니까?

네, 약간의 달러 매도 포지션 이외에는 없었어요.

앤디가 스스로 매매할 수 있는 권한이 있었나요?

물론입니다. 그는 제 포지션을 점검해주었을 뿐만 아니라 스스로 큰 금액을 매매하기도 했습니다. 재미있는 점은 앤디가 G7 회담 소식을 접하자마자 뉴질랜드 시장에서 매매했다는 사실입니다. 그곳은 뉴욕시간 기준으로 주말 이후 처음으로 열리는 외환시장입니다. 그 시간대에는 뉴질랜드 외환시장에서 매매하는 사람이 많지 않아 거래량이 아주 작았습니다.

월요일 아침 살로먼브라더스는 종종 뉴질랜드 시장에서 2,000만~5,000만 달러 정도 매매했기 때문에 저는 앤디가 호가 정도는 확인할 수 있으리라 생각했습니다. 따라서 앤디나 제가 뉴질랜드에 전화하는 일은 이상하지 않았습니다. 뉴욕이나 유럽 트레이더 가운데 뉴질랜드 외환시장에 있는 사람들과 좋은 관계를 유지하는 경우는 아주 드물었지만 우리는 그곳 사람들과 돈독한 관계를 유지하고 있었습니다.

앤디는 뉴질랜드 시장에서 그 당시 기준으로는 엄청난 금액인 6,000만 달러를 매도했습니다. 이때 매수/매도호가 차이가 200핍스(Pips)로 아주 컸습니다.

이 시점에 빌은 앤디가 뉴질랜드 은행과 한 대화를 되풀이했다.

"2,000만 미국 달러를 팔려고 하는데 가격이 얼마입니까?"

"매수호가는 2.80 매도호가는 2.82입니다."

"이 가격에 2,000만 달러 팔겠습니다. 나머지에 대한 호가는요?"

"사자는 2.79, 팔자는 2.81입니다."

"2,000만 달러 더 팔겠습니다. 나머지는요?"

"매수호가는 2.78, 매도호가는 2.80입니다."

"2,000만 달러 또 팔겠습니다."

앤디는 금요일 종가보다 600핍스나 낮은 가격에 매도하려 했습니다. 저는 앤디가 그런 통찰력이 있다는 점에 깊은 인상을 받았습니다. 저라면 그렇게 하지 못했을 것입니다.

그때 사르디니아 호텔에 머물던 저는 뉴저지 이글우드에 몸져 누워 있던 앤디와 전화선을 여섯 시간 동안 열어놓았습니다. 국제전화를 하기가 너무 어려워 우리는 전화를 연결한 상태로 하루 종일 두었죠. 저는 앤디와 전화선을 연결했을 뿐만 아니라 저희가 통화옵션을 매매하던 필라델피아거래소와도 연결했습니다. 더불어 그는 아내에게 부탁해 전자제품 유통체인인 라디오색이 문을 열자마자 달려가 더욱더 긴 전화선을 사오도록 했죠. 그런 뒤 이웃집 전화선에 연결해 달러/마르크 현물 매매를 주선하는 브로커에게 연락해 현물 거래를 할 수 있도록 했습니다. 이런 식으로 우리는 여섯 시간 동안 매매했죠. 그날 600만 달러를 벌었습니다. 이는 우리가 그해 벌어들인 전체 이익의 4분의 1이 넘는 금액이었어요.

저는 부유한 유럽인들이 즐겨 찾는 호화스러운 휴양지에 머물고 있었습니다. 저희가 매매하는 동안 한 가지 재미있는 있이 벌어졌어요. 기업체 거물로 보이는 멋지게 차려입은 독일 노인 두 명이 딸들과 함께 그곳으로 휴가를 왔습니다. 얼굴을 완벽하게 그을린 그들은 10분마다 저희 방으로 찾아와 무슨 일인지 독일말로 물었죠. 제 아내가 통역했습니다. 그들은 외환시장에서 큰 일이 났다는 사실은 짐작했지만 자세히는 몰랐습니다. 사르디니아는 너무 동떨어진 곳이어서 어느 신문이든 이틀이 지나야 볼 수 있었습니다. 저는 바로 그런 곳에 머물고 있었죠.

▌아주 특별했던 매매 사례가 또 있습니까?

1987년 실제 포커 게임처럼 바뀐 흥미로운 매매 사례가 있었습니다. 저는 엄청나게 큰 옵션 스프레드 포지션을 취했습니다. 행사가격이 54엔인 콜옵션을 2만 3,000계약 매수하고 행사가격이 55엔인 콜옵션을 2만 3,000계약 매도했습니다. 어느 쪽이든 콜옵션이 만기에 내가격에서 모두 행사되면 현물 8억 달러 정도 매매한 효과가 있을 만큼 이 포지션이 당시로서는 어마어마하게 컸습니다. 제가 매매했을 때에는 두 콜옵션 모두 외가격이었습니다.

> 빌 립슈츠는 콜 스프레드를 설명하고 있다. 이 거래에서 이익을 거두려면 스프레드 비용을 상쇄할 만큼 엔화가 54엔 위로 충분히 올라야 한다. 하지만 콜옵션만 매수한 경우와는 달리 최대 이익은 1계약당 1포인트에 해당하는 금액을 넘을 수 없다. 행사가격이 54엔인 콜옵션 매수 포지션에서 얻을 수 있는 이익이 행사가격이 55엔인 콜옵션 매도 포지션에서 발생하는 손실로 일부 상쇄되기 때문이다. 행가가격이 55엔인 콜옵션 매도 포지션은 전체 포지션의 이익을 제한하지만 전체 거래비용을 줄여준다. 행사가격이 55엔인 콜옵션 매도에서 얻는 프리미엄 수익이 행사가격이 54엔인 콜옵션 매수 비용을 일부 상쇄하기 때문이다.
>
> 엔화가 55엔 위에서 끝날 때 이익이 최대가 된다. 이 경우 매수한 콜옵션 1계약과 매도한 콜옵션 1계약을 합한 스프레드 포지션 한 쌍마다 얻을 수 있는 최대 이익은 625달러에서, 두 콜옵션을 행사했을 때 행사가격이 54엔인 콜옵션과 55엔인 콜옵션의 가격 차이만큼의 금액이다. 엔화가 55엔 위로 오르면 빌 립슈츠가 취한 스프레드 포지션 전체에서 얻을 수 있는 최대 이익은 대략 1,300만 달러에 이른다.

이 거래는 엔화가 54엔과 55엔 사이에 있어 행사가격이 54엔인 콜옵션은 행사되는 반면, 행사가격이 55엔인 콜옵션이 행사되지 않고 남을 때에는 위험할 수 있습니다. 만기 때 이익일 수 있지만 도쿄 외환시장이 열리는 일요일 밤까지 현물 8억 달러를 들고 가야 한다는 뜻이기 때문입니다. 이는 주말에 가격이 원치 않는 방향으로 움직일 수 있는 엄청난 위험에 노출된다는 의미입니다.

▎만기 근처에서 포지션을 헤지할 수는 없습니까?

엔화가 행사가격인 55엔 위로든 아래로든 크게 벗어날 것이라고 확실히 예상할 수만 있다면 헤지할 수 있겠죠. 하지만 만기가 다가올 때 엔화가 행사가격 근처에서 움직인다면 어떻게 될까요? 이 경우 옵션이 행사될지 행사되지 않을지 확신할 수 없습니다. 각각 2만 3,000계약에 이르는 전체 매수/매도 포지션을 만기 근처에서 청산하고 싶은 사람은 없을 것입니다. 이때 포지션을 정리하면 엄청난 차액을 지불해야 하기 때문입니다.

엔화가 55엔 위에서 끝나리라 믿고(이 경우 상대방은 행사가격이 55엔인 콜옵션을 행사한 것이다), 행사가격이 54엔인 콜옵션을 헤지하지 않았다고 가정해봅시다. 그런데 엔화가 55엔 아래에서 마친다면 주말 동안 엄청나게 큰 매수 포지션을 들고 가는 꼴입니다. 반대로 엔화가 55엔 아래에서 마감하리라 확신하고 행사가격이 54엔인 콜옵션을 헤지했다고 가정해보죠. 그런데 엔화가 55엔 위에서 끝나고 상대가 행사가격이 55엔인 콜옵션을 행사한다면 저는 주말에 아주 큰 매도 포지션을 들고 가는 셈입니다. 결국 엔화가 55엔 위에서 끝날지 아래에서 마칠지 알지 못하기 때문에, 즉 상대방이 행사가격이 55엔인 콜옵션을 행사할지 행사하지 않을지 모르기 때문에 포지션을 헤지하는 일은 사실상 불가능합니다.

이 거래가 특히 흥미로웠던 점은 한 시장조성 회사가 이 스프레드 포지션 전체 중 2만 계약을 반대편에서 들고 있었다는 사실입니다. 한 거래소에서 이처럼 많이 매매할 경우 보통은 거래 상대방이 누구인지 압니다.

만기일에 접어들어 마감시간이 가까워지면 이 경우에 무슨 일이 벌어질까요? 엔화가 55엔 근처에서 움직인다면 포지션이 저와 반대인 시장조성 회사는 제가 행사가격인 54엔인 콜옵션 매수 포지션을 헤지했는지 안 했는지 알지 못합니다. 저도 상대방이 행사가격이 54엔인 콜옵션 매도 포지션을 헤지했는지 안 했는지, 또는 기존 포지션을 상쇄하려고 행사가격이 55엔인 콜옵션 매수 포지션을 행사할 계획이 있는지 없는지 모릅니다. 옵션이 행사되었는지 여부를 통보해주는 시점인 토요일 오전까지는 서로 상대방의 포지션을 알 수 없죠.

일요일 저녁 도쿄 외환시장에서 우리는 같은 포커 게임을 되풀이합니다. 상대방이 매수한 행사가격이 55엔인 콜옵션을 행사해도 (그러면 나는 이 옵션을 매도한다.) 상대방은 제가 헤지를 했는지 안 했는지, 즉 제가 엔화를 매도했는지 매도하지 않았는지 모릅니다. 반대로 상대편이 콜옵션을 행사하지 않았어도 제가 헤지를 했는지 안 했는지, 즉 저의 엔화 포지션이 매수인지 중립인지 알지 못합니다. 저도 상대방이 헤지를 했는지 안 했는지 모르기 때문에 그들의 엔화 포지션이 매수인지 매도인지 중립인지 모릅니다.

결과적으로 뉴질랜드와 호주 외환시장이 열릴 때 제가 엔화 8억 달러어치 매수 포지션을 들고 상대방이 같은 금액에 해당하는 매도 포지션을 보유하거나, 상대방이 그 금액만큼 매수 포지션을 갖고 제가 그만큼 매도 포지션을 들고 있을 수 있습니다. 상대방은 헤지를 했는데 둘 중 하나는 매수나 매도 포지션을 보유하고 있을 수도 있죠. 아니면 둘다 헤지를 한 상태일 수도 있습니다. 결국 서로 상대방의 포지션이 어떤지 정확히 알 수 없습니다. 당시 주말에 뉴질랜드나 호주, 도쿄 외환시장에서 우리만큼 많이 거래한 사람이 없었으므로 저와 상대방 둘만 게임을 한 셈이죠.

만기일인 금요일 오후 저는 저와 포지션이 반대인 회사가 현물시장에서 엔화를 매수하고 있다는 소식을 들었습니다. 상대가 패를 살짝 보여준 셈이죠. 저는 그들이 행사가격이 54엔인 콜옵션 매도 포지션을 헤지하지 않았고, 행사가격이 55엔인 콜옵션 매수 포지션을 행사할 의도가 없다는 사실을 알아차렸습니다.

오후 다섯 시 엔화가 55엔에서 1틱도 벗어나지 않은 수준에서 마감했습니다. 상대방이 현물시장에서 취한 행동으로 미루어 그들이 행사가격이 55엔인 콜옵션을 행하사지 않으리라 생각했지만 확신할 수는 없었습니다.

토요일에 상대방으로부터 전화가 왔습니다. "잘 지내시죠?" 제가 물었습니다.

"네 아주 잘 지냅니다. 그 쪽도 잘 지내시죠?" 그가 되물었어요.

"그 쪽 의도를 잘 모르겠습니다. 제게 말씀해주시지요." 제가 살짝 떠보았습니다. 일요일까지는 결과를 알 수 없다는 사실을 기억하실 것입니다. 이 대화는 토요일에 했습니다.

"어떤 거래를 하셨죠?" 제가 물었습니다.

상대방이 말했죠. "제가 무슨 거래를 했다고 생각하시나요? 절대 모르시겠죠."

"음, 금요일 오후 그 쪽에서 패를 조금 보여주었다고 생각합니다." 제가 답했습니다.

"그래요. 하지만 정말 어리석었습니다." 그가 말했습니다. 은행 간 시장에서 엔화를 매수한 결정은 그가 아니라 회사 위원회에서 내린 것이었습니다. 결국 그가 속내를 털어놓았습니다. "우리는 옵션을 행사하지 않을 계획입니다."

▎그가 옵션을 행사하지 않겠다고 솔직히 알려주려고 선생님께 전화했던 것입니까?

어쨌든 저는 뉴질랜드 시장이 열리기 전에 그 정보를 알았을 것입니다. 그는 제가 헤지를 했는지 하지 않았는지 알아내려 했던 듯합니다. 제 포지션을 알았다면 시장에서 어떤 조치를 취했겠지요. 결과적으로 저는 엔화 매수 포지션을 들고 헤지를 하지 않은 상태였습니다. 그가 이 사실을 알았다면 주말에 맨 처음 열리는 뉴질랜드 시장에서 저를 궁지에 빠뜨리는 쪽으로 매매했겠지요. 금요일 오후 그들이 엔화를 매도했을 때 그들의 패가 보였다고 말함으로써 제가 그들의 포지션을 안다고 믿게 했습니다. 즉 제가 그들의 포지션에 대응해 헤지를 했다고 믿도록 했습니다. 사실은 그렇지 않았지만 말입니다. 아무튼 주말에 나온 뉴스 때문에 외환시장이 열리자마자 달러화가 엔화 대비 급락했습니다. 이 덕분에 저는 이 거래에서 훨씬 더 많은 수익을 올릴 수 있었습니다.

▌그 거래에서 얼마나 버셨나요?

2,000만 달러를 벌었습니다. 정말 믿을 수 없는 금액이었죠. 그렇지만 이 거래가 정말 재미있었던 이유는 돈을 많이 벌었기 때문이 아니라 체스를 하듯 서로 머리싸움을 했기 때문입니다. 금요일 오후 사람들이 제게 전화해 저와 상대방 회사 사이에 무슨 일이 있는지 물었죠. 그날 시장에 눈에 띌 만한 다른 거래는 없었습니다. 우리의 거래 규모는 다른 시장 참여자들 거래 금액보다 100배가 넘을 정도로 가장 컸습니다.

▌특별히 기억에 남는 다른 거래가 또 있습니까?

제가 매매를 시작한 이래 정말 무서웠던 경우에 대해 말씀드리겠습니다. 1988년 가을 외환시장은 별일 없이 잠잠했습니다. 마르크/달러 환율은 아주 좁은 범위 안에서 조금씩만 움직였죠. 시장이 크게 움직이지 않을 때에는, 아주 흔한 일이지만, 포지션 규모를 점점 늘립니다. 이익은 평소와 같은 수준으로 내고 싶은데 가격 등락폭이 점점 작아지기 때문이죠. 결과적으로 제 포지션 규모는 평소보다 커졌습니다. 우리는 고르바초프가 유엔에서 연설한다는 사실은 알았지만 무슨 말을 할지는 몰랐습니다. 그때 저는 마르크/달러 환율 하락을 예상하고 달러화 가치 하락에 30억 달러를 건 상태였습니다.

▌30억 달러라고요? 선생님께서 그때까지 매매했던 거래 중 가장 컸나요?

이보다 더 크게 거래한 적도 있습니다. 하지만 30억 달러는 아주 큰 포지션이었죠. 환율이 좁게 1~2퍼센트 범위 안에서 움직이고 있었고, 저는 시장이 계속 횡보하리라 기대했습니다. 그런데 느닷없이 고르바초프가 군대를 철수한다고 발표했습니다. 그러면 곧 미군도 병력을 줄일 것이기 때문에 미국 재정적자가 줄어든다고 믿는 사람들이 많아졌습니다. 한마디로 달러가 아주 강해진다는 뜻이었죠. 뉴욕 외환시장에서 달러화 가치가 오르기 시작하자 달러화 매도세가 쪼그라들었습니다. 순식간에 달러화가 1퍼센트 절상되었고, 제가 큰 곤경에 처했다는 사실을 깨달았죠.

▎30억 달러의 1퍼센트이면 3,000만 달러네요! 반나절 만에 3,000만 달러가 사라졌군요?

단 8분 만에 날아갔습니다. 저는 오로지 거래량이 풍부한 도쿄 외환시장이 열리는 오후 7시까지 달러 가치가 더 이상 크게 오르지 않기만 바랐습니다. 30억 달러에 이르는 큰 금액을 환매수하는 일은 도쿄 시장에서나 가능했어요. 뉴욕 오후 장에서는 불가능했습니다. 큰 뉴스가 있는 날은 물론이고 평소에도 이 정도 규모는 한꺼번에 거래하기 어렵죠. 제게는 뉴욕 시장에서 달러화 가치가 많이 오르지 못하게 하는 일이 중요했습니다. 보통 뉴욕의 오후 장에서는 수억 달러를 팔면 더 이상 받아줄 물량이 없습니다. 저는 곧바로 3억 달러를 청산했고 시장은 이 물량을 바로 소화했습니다.

저와 함께 매매하는 동료 가운데 제 오른팔이라고 할 수 있는 로버트만 제 투자 포지션이 얼마인지 알고 있었습니다. 제가 로버트를 쳐다보고 말했죠. "그렇게 팔았는데도 달러화 강세 추세가 수그러들지 않는군, 그렇지 않나?" 그는 찡그린 표정을 지으며 머리를 좌우로 천천히 흔들었습니다. 저는 포지션을 모두 청산할 수 없었습니다. 정말 두려웠죠. 제 머리 뒤로 총알이 날아오는 듯한 느낌이었습니다.

회사 대표였던 톰 스트라우스는 저로부터 4~5미터 정도 떨어져 있었습니다. 그날 존 거트프런드 회장은 자리에 없었습니다. 저는 자리에서 일어나 톰 스트라우스 대표에게 다가가 상황을 솔직히 설명했습니다. "토미, 문제가 생겼습니다."

그는 저를 쳐다보며 조용히 물었습니다. "무슨 일이지?"

제가 대답했습니다. "시장 유동성을 잘못 판단하고 달러화 매도 포지션을 지나치게 많이 보유했습니다. 달러화가 오르지 않도록 노력하고 있지만 뜻대로 안 되는 상황입니다. 보유 물량을 처분할 수 없습니다."

대표는 아주 차분하게 물었습니다. "우리 손실이 어느 정도인가?"

"7,000만에서 9,000만 달러 정도입니다." (대표가 '자네'라는 말 대신 '우리'라는 표현을 썼다는 사실에 깜짝 놀랐던 기억이 아직도 생생합니다.)

"앞으로 어떻게 할 생각인가?" 그가 물었습니다.

제가 설명했습니다. "지금 청산하려 해도 이 사람 저 사람에게 조금씩밖에 처분하지 못합니다. 결국 많이 정리하지도 못하면서 가격만 우리에게 더욱 불리한 방향으로 움직이게 할 뿐입니다. 다음에 열리는 도쿄 시장은 유동성이 풍부합니다."

"어떻게 할 계획인가?" 대표가 물었습니다.

제가 대답했습니다. "도쿄 시장이 열리면 호가부터 확인할 생각입니다. 그때 제 포지션 절반을 청산한 뒤 상황을 살피면서 정리할 계획입니다."

그가 말했습니다. "우리는 이런 상황에 잘 대처해왔네. 필요한 조치를 취하게."

이것이 대화의 전부였습니다. 단 2분 만에 끝났죠.

며칠 뒤 로버트가 이 일을 떠올리며 말했습니다. "그런 표정은 처음이었어요."

제가 그 말이 무슨 뜻인지 묻자 그가 대답했습니다. "백짓장처럼 하얗게 질렸어요."

물론 저는 포지션을 어떻게 정리할지에 온통 신경을 쓰고 있었기 때문에 주변에서 무슨 일이 일어나고 있는지 전혀 알지 못했습니다. 나중에 안 일이지만 그날 오후 트레이딩 데스크는 쥐죽은 듯 조용했고, 로버트가 제 근처에 아무도 오지 못하게 했다고 합니다. 그때 저는 이를 전혀 의식하지 못했습니다.

로버트가 말을 이었습니다. "어떻게 톰 스트라우스에게 다가갔는지 모르겠어요."

제가 물었습니다. "왜? 자네라면 어떻게 했을까? 다른 방도가 없잖아. 톰 스트라우스에게 상황이 어떤지 알려야지."

로버트가 답했습니다. "9,000만 달러! 9,000만 달러나 손실이었잖아요. 그것이 무슨 뜻인지 모르세요?"

제가 되물었죠. "자네라면 어떻게 했을 것 같나?"

그가 답했습니다. "저라면 끝장이라 생각하고 바로 옷을 벗고 나갔겠죠. 그 자리에서 해고되어야 마땅했으니까요."

지금 생각해보면 그가 정말 그렇게 행동했을지는 잘 모르겠습니다. 하지만 그때 저는 옷을 벗고 나간다는 생각은 절대 하지 않았습니다. 회사를 떠나야 한다는 생각은 결코 들지 않았어요. 살로먼브라더스는 저를 낳고 키워준 회사였기 때문이죠. 살로먼브라더스를 그만 두는 일은 상상할 수 없었습니다. 그때에는 가장 먼저 제 포지션에 대해서만 생각했죠.

그다음은 경영진에게 보고해야 한다고 판단했습니다. 톰 스트라우스가 보였던 반응에서 확인할 수 있듯 우리가 나눈 대화에는 부정적 내용은 없었습니다. 이는 살로먼의 접근 방법과 정확히 일치합니다. 우리는 서로 침착하게 대화했습니다. 무엇이 문제였는지 따져야 한다면 이는 상황이 해결되고 난 뒤에 할 일이었죠.

▌결국 포지션을 처분하셨나요?

도쿄 시장이 열릴 무렵 달러 가치가 하락하고 있었습니다. 그래서 포지션 절반을 청산하려 했던 계획을 미루었죠. 달러 가치는 계속 폭락했고 저는 유럽 시장에서 포지션을 정리했습니다. 그날 결국 손실을 1,800만 달러로 줄일 수 있었죠. 엄청난 승리를 거둔 셈이었습니다.

▎선생님과 같은 상황에 처한 사람들이라면 대부분 도쿄 시장이 열렸을 때 손실을 어느 정도 만회했다는 안도감에 사로잡혀 포지션을 모두 정리했을 것입니다. 하지만 선생님은 분명 시장을 정확히 분석하는 데 집중하고 감정에 빠지지 않으셨습니다.

도쿄 시장이 열릴 때 포지션을 청산한다면 이는 잘못된 매매라 판단했기 때문입니다. 사실 저는 포지션이 유리할 때보다 불리할 때 더욱더 잘 매매합니다.

▎이 매매에서 교훈은 무엇인가요?

주로 회사와 저에 대해 많이 배웠습니다. 저는 살로먼브라더스가 시장에서 벌어지는 일을 기꺼이 이해하려 한다는 점을 높이 삽니다. 게임을 하다 보면 종종 누군가 암살당했다거나, 유엔에서 한 연설이 뉴스가 나오는 바람에 시장이 예상과 반대로 움직일 수 있습니다. 시장이란 원래 그렇죠. 우리가 예측할 수 없는 외생적 사건은 언제든지 일어날 수 있죠. 살로먼브라더스는 이를 아주 잘 이해합니다.

▎선생님은 자신에 대해서도 배웠다고 말씀하셨습니다. 그것에 대해 자세히 말씀해주시겠습니까?

매매할 때 제가 주변 사람들과 아주 다르다는 사실을 절실히 느꼈던 때는 이번이 처음이었습니다. 당시 저는 많이 무서웠지만 직장을 잃을 것을 우려했기 때문이 아니었습니다. 다른 사람이 저를 어떻게 생각할까 걱정했기 때문도 아니었습니다. 위험 수준이 받아들일 수 없을 만큼 지나쳤기 때문입니다. 다음에 무슨 일을 어떻게 해야 할지에만 집중했습니다. 의사결정 과정이 흐리지 않고 명확했습니다. 두려웠던 까닭은 제가 유동성을 완전히 오판했기 때문이었습니다. 방향을 맞추지 못해서가 아니었습니다. 언제든 시장을 잘못 예측할 수도 있으니까요. 제가 스스로 통제할 수 없는 상황으로 몰고 갔다는 것 때문이죠. 전에는 이런 일이 결코 없었습니다.

■ 고통스러웠던 경험이 또 없었나요?

제 개인 매매계좌에 대해서는 묻지 않으시는군요.

■ 알겠습니다. 계좌잔고가 늘었나요? 1만 2,000달러에서 시작했다고 기억합니다.

그렇습니다. 한때 25만 달러 정도까지 증가했죠.

■ 정말입니까? 많이 불리셨군요.

잔고를 그 정도로 늘리는 데 4~5년 정도 걸렸습니다.

■ 아직도 유지하고 계십니까?

네, 저는 매매로 꽤 많이 벌었죠. 하지만 단 며칠 만에 돈을 거의 다 날린 적도 있습니다.

■ 무슨 일이 일어났나요?

1982년 9월 23일 다우지수가 장중 30포인트 하락한 뒤 20포인트 오른 상태에서 마감했습니다. 이는 약세장이 끝나 시장이 바닥을 찍었음을 알리는 그 유명한 그랜빌 반전이었습니다.

■ '그랜빌 반전'은 그때 유명했던 투자 전문가 조 그랜빌이 매도하라고 추천한 뒤 강세장이 시작된 현상을 말하는 건가요?

그렇습니다. 저는 시장을 매우 부정적으로 전망했던 만큼 매도 포지션도 많이 취했습니다. 시장이 하락할 때마다 좇아가며 포지션을 늘렸죠. 아주 성급했습니다. 그리고 월요일 돈을 대부분 잃고 수요일에는 잔고가 바닥나 버렸죠.

■ 1만 2,000달러를 25만 달러로 불리는 데 4년 이상 걸렸는데 이를 며칠 만에

모두 날리셨군요. 매매하는 도중에 스스로 문제가 있는지 점검해보지 않으셨나요?

점검하지 않았습니다. 큰 실수였죠. 저는 트레이더로서 늘 자신감이 넘쳤습니다. 저는 살로먼브라더스에 자리 잡는 데 도움이 된 기본 매매 기법을 개발하고 익혔다고 생각했습니다. 그 과정에서 엄청난 행복을 느꼈습니다. 그런데 제 매매 방식이 실패로 이어지자 충격에 빠지고 말았습니다. 돈을 잃었기 때문이 아니었습니다.

▌이 경험으로 인해 바뀐 것이 있습니까?

살로먼브라더스에서 근무할 때는 회사 일에만 집중해야 하기 때문에 제 개인계좌로는 매매하지 않으려고 생각했습니다. 그 일이 있은 뒤 제 개인계좌로 결코 매매하지 않았습니다. 돈을 잃었기 때문이 아니라 집중할 수 없기 때문이었습니다. 사실 주변에서 그런 경우를 많이 보았거든요. 어쨌든 2주마다 급여를 받으면 아주 안전한 국채로 운용하는 머니마켓 계좌에 넣었습니다.

▌개인적으로 굴리던 돈을 순식간에 날린 일로 매매 스타일이 바뀌었나요?

위험을 더욱더 잘 관리하게 된 듯합니다. 저는 딱히 위험을 회피하는 성향은 아니었습니다.

▌'위험관리'에 대해 자세히 설명해주시겠습니까?

위험관리 규칙은 많습니다. "늘 자신의 상황을 정확히 분석하라. 규모가 큰 하나의 거래나 서로 상관관계가 아주 큰 여러 거래에 지나치게 집중하지 마라." 또 "투자한 시점이 아닌 현재 시점의 위험과 수익이 얼마인지 늘 점검하라."

다음과 같이 말하는 사람들이 있습니다. "나는 시장의 돈으로 게임할 뿐이야." 이는 제가 지금까지 들어본 말 중 가장 어처구니없는 말입니다. 위험관리 능력은 하루아침에 터득되지 않습니다. 저는 돈을 모두 날린 경험 덕분에 위험관리를 더욱 진지하게 생각하게 되었습니다.

▌계속 손실을 기록할 때에는 어떻게 위험을 관리하나요?

실패가 되풀이 되면 자신감 상실로 정보를 제대로 분석하고 소화하는 능력이 떨어지기 시작합니다. 자신감을 되찾기 위해서는 아주 열심히 노력해야 합니다. 투자 규모를 줄이면 자신감을 회복하는 데 도움이 됩니다.

▌살로먼브라더스에 애착이 강하셨는데 결국 왜 떠나셨나요?

부서를 처음 만들었던 길이 1988년에 회사를 떠났고 저도 1년 반 동안 하던 부서 관리 업무에서 손을 뗐습니다. 매매하기보다 수시로 전화를 받거나 직원을 관리하는 데 보내는 시간이 많았죠. 이곳저곳 출장 다니는 일도 썩 마음에 들지 않았습니다. 도쿄, 런던, 뉴욕에 있는 직원들을 관리하는 업무도 내키지 않았죠.

저는 부서를 함께 관리할 책임자가 필요했습니다. 제가 매매 부문을 책임지고 다른 사람이 행정 업무를 담당하기 원했죠. 하지만 이는 살로먼브라더스의 스타일이 아니었습니다. 그래서 회사는 제 위에 한 사람을 앉혔습니다. 처음에 저는 이 체제가 잘 굴러갈 것이라고 생각했죠. 하지만 제 위로 온 책임자는 외환 분야에는 문외한이었어요. 그는 채권 부서 출신이어서 모든 것을 채권 관점에서만 바라보았습니다. 그가 자주 이렇게 물었죠. "이봐, 외환시장이 국채시장과 똑같지 않나?" 그럴 때마다 저는 다음과 같이 대답하고 싶었습니다. "천만에요, 국채시장과는 전혀 달라요. 국채시장은 잊으세요."

▌선생님께서 지금 이끄는 회사와 살로먼브라더스의 매매 방식의 차이는 무엇입니까?

지금은 살로먼브라더스에서 일하던 때보다 매매 규모가 훨씬 작아 불리합니다.

▌매매 규모가 크면 왜 유리합니까?

잘 아시면서 물으시는군요.

▎**아니에요. 잘 몰라서 묻는 겁니다.**
시장에 큰손이 들어와 가격을 4퍼센트 이상 움직일 수 있다면 유리하다고 할 수 있죠. 하지만 그 큰손도 결국 포지션을 정리해야 하잖아요. 시장이 예상과 다른 방향으로 움직인다면 매매 규모가 크다고 해서 유리하지는 않은 것 같습니다. 포지션을 한꺼번에 정리할 필요가 없거든요. 외환시장은 심리가 크게 작용합니다. 우리는 시장이 균형에서 벗어나면 포지션을 정리하기 전에 곧 균형으로 되돌아온다고 믿죠. 하지만 꼭 그렇지는 않습니다. 즉 어느 큰손이 시장을 4퍼센트 움직이면 다음 며칠 동안은 심리까지 바뀔 수 있습니다.

▎**결국 매매 규모가 크면 유리하다는 말씀이시군요?**
네, 외환시장에서는 매우 유리합니다.

▎**살로먼브라더스에 계실 때 얼마나 큰 계좌를 운용하셨습니까?**
저희는 운용 규모를 미리 정해놓지 않습니다. 살로먼브라더스 같은 큰 회사는 금액을 따로 떼어놓고 매매하지 않았어요. 그런데 시간이 지나면서 트레이더와 재무담당자가 은행들로부터 자금을 빌릴 수 있는 한도가 늘어났죠. 살로먼브라더스는 큰 회사였기 때문에 은행들도 신용한도를 더욱더 높게 제공하려 했습니다. 이것도 규모가 크면 유리하다고 할 수 있는 예죠. 1990년 즈음 우리 부서가 은행들로부터 받았던 신용한도는 800억 달러에 이르렀습니다. 그렇지만 외환 매매를 위해 자금을 따로 분리하지는 않았습니다.

▎**선생님께서 가격이 움직이는 방향을 어떻게 예측하는지 알고 싶습니다. 알기 쉽게 독일 마르크화 전망을 예로 들어 설명해주시죠. 달러화가 독일 마르크화 대비 절상할 것이라고 전망했다고 알고 있습니다. 그 근거가 무엇인가요?**

먼저 통일이 독일 경제에 미치는 영향을 긍정적으로 전망하지 않았습니다. 동독에는 인프라 부족 문제가 심각했습니다. 인프라를 구축하려면 10년 넘게 걸릴 수도 있습니다. 더욱이 독일 중앙은행인 분데스방크가 옛 동독 중앙은행을 흡수 합병하는 과정도 쉽지 않다고 보았죠. 마지막으로 헬무트 콜 총리도 정치 기반이 튼튼하지 못했습니다. 이런 점들이 독일로 자본이 흘러들어가는 데 걸림돌이 된다고 판단했습니다.

이와 동시에 미국 연방준비제도이사회가 경제를 계속 부양하려고 이자율을 낮게 유지했을 뿐만 아니라, 미국 경제지표도 나아지고 있어서 미국 경제가 곧 침체에서 벗어날 것이라고 예상했죠. 그래서 사람들은 미국이 투자하기에 나쁘지 않은 곳이라 생각하기 시작했습니다.

▎달러화가 마르크화 대비 절상될 것이라고 전망하셨지만, 만약 전망을 바꾸신다면 그 이유에는 무엇이 있을까요?

제가 지적했던 문제를 독일 정부가 잘 해결하고 있다는 증거가 보인다든지, 미국 경제지표가 예상과는 다르게 좋지 않아 경제가 침체에서 벗어나는 데 시간이 더 걸린다고 판단하면 전망이 달라질 수 있습니다. 결국 제가 말씀드렸던 달러 강세의 근거가 뒤바뀌면 전망이 변경될 수 있습니다.

▎펀더멘털이 크게 바뀌지 않았는데도 달러 가치가 하락한다고 가정해보겠습니다. 이때 무엇을 보고 선생님이 틀렸는지를 판단하십니까? 그리고 손실이 커지지 않도록 하기 위해 어떻게 하시겠습니까?

상황이 제 시나리오대로 전개되리라 확신했는데 실제는 가격이 예상과 다르게 움직인다면 제가 포지션을 엄청나게 늘릴까요? 그렇지 않습니다. 포지션을 그대로 두거나 조금만 늘립니다. 투자 시점을 정확히 맞추지 못해도 큰 문제가 없지만 손실이 너무 커져 강제 처분당하면 곤란합니다. 따라서 적당한 규모로 투자해야 합니다. 저는 시장이 제가 예상한 방향으로 움직일 때마다 투자 금액을 점점 더 늘립니다. 저는 투자할 때 다음과 같이 착각하지 않습니다. "그래! 바로 지금이 바닥이야. 시장은 이 순간부터 급등할 거야."

저는 한꺼번에 투자하지 않고 늘 나눠서 투자하죠. 포지션을 정리할 때도 마찬가지입니다. 저는 '좋아, 이만큼 벌었으면 충분해. 이제 모두 청산해야겠어'라고 생각하지 않아요. 저는 펀더멘털이나 가격이 바뀌는 모습을 지켜보면서 조금씩 처분합니다.

▌조금씩 나눠서 포지션을 늘리거나 줄인 점이 매매에서 성공한 주요 요인이라고 생각하십니까?

그렇습니다. 이 덕분에 저는 다른 대부분의 트레이더들보다 이익이 나는 포지션을 더 오래 들고 갈 수 있었습니다. 많은 트레이더가 이익이 나면 포지션을 서둘러 정리하지만, 저는 그렇지 않습니다. 이익이 나는 포지션을 계속 유지할 수 있어야 합니다. 시장 방향을 50퍼센트 이상 맞추는 전략에만 의존해서는 꾸준히 돈을 버는 트레이더가 될 수 없습니다. 시장 방향을 20~30퍼센트만 옳게 예측해도 수익을 올릴 수 있어야 합니다.

▌조금 전 질문과 반대되는 질문을 드리겠습니다. 즉 달러화 가치가 예상한 대로 상승하기 시작했지만 펀더멘털이 처음에 투자했을 때와 달라졌을 경우 포지션을 계속 유지하십니까? 아니면 펀더멘털이 변했다는 이유로 포지션을 정리하시나요?

당연히 포지션을 정리합니다. 저는 펀더멘털이 바뀌었다고 판단했는데 시장은 그 반대로 인식한다면 제가 모르는 일이 벌어지고 있다고 생각합니다. 시장상황을 잘 파악하지 못했는데 포지션을 유지하는 것은 곤란합니다. 이는 상식이죠.

▌저는 미국과 세계 여러 나라 은행들이 어떻게 그 많은 트레이더를 거느리고

있는지 늘 궁금했습니다. 매매는 결코 쉽지 않은 일인데 이 많은 트레이더들이 모두 돈을 벌까요? 20년 넘게 시장에 몸담았던 제 경험에 비추어 보면 트레이더 대부분 돈을 잃는다고 알고 있습니다. 그런데 어떻게 은행들이 수익을 올리는 트레이더로 성장하는 그 많은 젊은이들을 찾을 수 있죠?

전 세계에 트레이딩룸을 70개나 보유한 대형은행도 있습니다. 사실 모든 은행이 매년 수익을 올리지는 못합니다.

▌대부분의 은행이 거의 해마다 수익을 낸다고 알고 있습니다. 은행이 수익을 올리는 이유는 고객과 거래할 때 제시하는 매수/매도가격 차이 덕분일까요? 아니면 자체적으로 매매를 잘했기 때문인가요?

사람들이 이에 대해 많이 연구했습니다. 몇 년 전 세계에서 외환거래 규모가 가장 크고 수익도 많이 올리는 시티은행 외환 분야에 대해 연구한 자료를 읽은 적이 있습니다. 시티은행은 보통 외환 분야에서 매년 3~4억 달러씩 벌었는데, 수익을 어떻게 올리는지에 대해 늘 논란이 많았죠. 시티은행 점포가 워낙 넓게 분포되어 있어 소액 투자자나 헤지하려는 사람들이 거래하고 싶을 때 가장 먼저 떠오르는 은행이기 때문이라고 주장하는 사람도 있었습니다. 사실 시티은행은 이런 투자자들에게는 마진을 많이 붙입니다. 또한 시티은행은 중앙은행이 없는 나라에도 많이 진출해 있습니다. 이 나라들에서는 외환거래를 대부분 시티은행에서 합니다. 결국 시티은행이 고객을 대상으로 하는 외환거래만 하고, 고유계정으로 외환 매매를 하지 않는다면 매년 6억 달러를 벌 수 있다는 결론이었습니다.

▌그렇다면 시티은행이 매년 자체 외환 매매에서 2~3억 달러를 잃는다는 뜻이군요. 결국 '수익을 올리는 트레이더로 성장하는 그 많은 젊은이들'이라는 표현은 틀린 말이군요. 제 설명이 맞나요?

그렇다고 봅니다. 하지만 시티은행 내부에 다음과 같이 주장하는 사람이 있을 것입니다. "그렇지 않습니다. 설령 그렇다 하더라도 자체적으로 외환 매매를 하지 않고 관련 정보도 생산해내지 않는다면 고객에게 서비스를 제대로 제공할 수 없습니다."

▌시티은행이 스스로를 합리화하려는 말처럼 들리는군요.

연간 250만 달러의 수익을 올려야 하는 어느 은행의 트레이더가 있다고 가정하죠. 이 금액을 연간 거래일수인 250일로 나누면 하루에 벌어야 하는 돈은 대략 1만 달러입니다. 1년에 한 번 거래하는 어느 평범한 고객이 집에 단말기가 없어 헤지거래를 하기 위해 은행에 찾아왔다고 가정해봅시다. 그러면 이 은행 트레이더는 마진을 많이 붙여 헤지거래를 해주고 순식간에 11만 달러를 법니다.

　이 트레이더는 그다음에 무엇을 할까요? 하루 종일 투기거래에 열중합니다. 뉴욕에 있는 외환 트레이더는 대부분 이와 같습니다. 이런 습관을 바꾸기란 거의 불가능하죠. 어느 날 운이 좋아 30만 달러를 벌었다면 그날 밤 술집에서 흥청망청 씁니다. 하지만 매매로 번 돈을 다시 토해내야 한다면 이렇게 말하죠. "제기랄, 오늘은 시장 때문에 망했어."

▌은행이 고객을 대상으로 한 외환거래로 차익을 남기는 부분을 제외하고 은행 고유계정 매매로 수익을 올릴 수 있다고 보십니까?

저는 은행들이 전통적인 고유계정 매매로는 수익을 올리지 못한다고 생각합니다. 그렇지만 아주 수익성 좋은 매매 방법이 있습니다. 트레이더 대부분이 날마다 고객에게 외환거래를 해주며 조금씩 마진을 챙깁니다. 그러다 가끔씩 20억 달러의 큰 금액을 거래하는 고객이 찾아오죠. 이때 트레이더는 21억 달러를 매도합니다. 시장이 1퍼센트 떨어지면 그 자리에서 100만 달러를 법니다.

▌그와 같은 거래를 불법으로 간주하는 곳이 많습니다. 이를 선행 매매라고 하죠.

은행 간 시장에서는 불법이 아닙니다. 고객보다 먼저 주문을 내지 않았기 때문입니다. 은행자금을 고객 돈에 묻어 매매했을 뿐입니다.

■ 이때 고객 돈과 같은 가격에 주문을 냅니까?

보통은 같은 가격에 주문합니다. 다만 은행 돈 1억 달러를 먼저 매매하죠. 이는 시장 관행입니다.

■ 이런 거래와 보통 선행 매매라고 일컫는 거래가 서로 다릅니까?

네, 다릅니다. 이런 거래를 불법으로 간주하는 시장도 있습니다.

■ 법률적 관점에서 대답을 해주셨군요. 하지만 저는 매매할 때 차이가 있는지 질문했습니다. 실제 거래할 때 서로 어떻게 다르죠?

차이가 없지만 은행의 입장에서 설명해드리겠습니다. 은행이 외환시장에서 고객이 맡긴 20억 달러를 매매할 경우 은행은 신용위험을 떠안을 뿐만 아니라, 거래를 성사시키기 위해 유동성과 편의를 제공하죠. 대신 고객은 20억 달러를 매도하겠다는 정보를 은행에 줍니다. 이런 점에서 은행이 지나치게 자기를 합리화했다고 할 수 없습니다.

■ 20억 달러라는 엄청나게 큰 주문을 어떻게 실행하죠? 이렇게 큰 금액을 매수하거나 매도하려는 상대방을 어떻게 찾습니까?

실제 어떻게 처리하는지 말씀드리겠습니다. 5억 달러가 넘는 주문이 들어왔다고 가정하죠. 이때 딜러가 일어서서 이렇게 외칩니다. "매수자를 구해주세요!" 그러면 곧바로 딜러, 주니어 딜러, 사무원, 통신원까지 40명이 전화를 합니다. 이들 각자 담당 연락처가 있어 같은 은행에 중복으로 전화하는 경우는 없습니다. 1인당 3군데에 전화를 한다면 모두 120군데에 접촉하는 셈이죠. 연락은 단 몇 분 만에 끝납니다. 딜러가 중간에서 조율하죠. 각자 딜러에게 매수호가를 제시하면 그 딜러가 대답합니다. "당신에게 팔겠습니다! 이쪽 분에게도 팔겠습니다! 저쪽 분에게도 팔겠습니다!" 이렇게 외치며 매도 금액을 더해가며 모두 팔죠. 대형은행은 이런 방법으로 엄청나게 큰 금액의 주문을 바로 소화합니다.

▎알고 보니 외환거래 수익은 사실상 매수/매도가격 차이에서 얻고, 거래 규모가 큰 고객 돈에 얹혀 투자해서도 올리는군요. 이제 확실히 알겠습니다. 저는 어떻게 은행들이 대학을 갓 졸업한 풋내기들을 트레이더로 고용해 돈을 버는지 궁금했습니다. 매매는 하루아침에 잘할 수 없다고 생각하거든요.
제 불만이 무엇인지 아십니까? 방금 말씀하신 거래가 진정한 트레이딩이라고 생각하십니까? 직원 모두 트레이더라고 알려진 살로먼브라더스에도 실제 위험을 감수하며 매매하는 트레이더는 대여섯 명뿐입니다. 나머지는 주로 매수/매도가격 차이에서 마진을 얻는 거래를 합니다. 사람들은 이 내막을 모르죠.

▎아까 말씀하신 은행 간 시장과 관련된 신용위험에 대해 묻겠습니다. 매매하실 때 거래 상대방의 신용도를 중요하게 여기십니까? 또 거래처의 신용도가 떨어지면 돈을 회수하나요?
그렇습니다.

▎선생님께서 그런 일을 직접 겪으신 적이 있나요?
없습니다.

▎그런 일이 일어나면 어떻게 해야 할까요?
만약 의심스러워 보이는 사람과 거래하게 된다면 증거금을 더 확보하라고 요구할 수 있습니다.

▎신용도가 높은 은행이 느닷없이 어려워질 수 있습니까?

갑자기요? 그렇지는 않습니다. 가장 심했던 사례로 드렉셀을 들 수 있을 겁니다. 살로먼브라더스는 드렉셀이 파산하기 1년 반 전에 외환거래를 중단했습니다.

■ 신용위험이 그리 크지 않다는 말씀입니까?

어느 정도 위험은 있습니다. 하지만 콘티가 하루아침에 망했나요? 우리는 연방준비은행이 콘티에 구제 금융을 지원하기 5개월 전에 거래를 끊었습니다.

■ 그렇지만 마지막 몇 개월 동안에도 콘티와 거래했던 곳이 있었습니다. 그들은 정보가 충분하지 않았기 때문인가요?

꼭 그렇지는 않죠. 그들은 위험을 감수하려 했습니다. 망하기 전 몇 개월 전 즈음에는 콘티가 시장에서 거래하지 않는다는 사실을 확실히 알 수 있죠. 그래서 이자율이 상식적인 수준이라면 어느 은행에서나 돈을 빌려줍니다. 일이 터졌다는 사실을 나중에 갑자기 아는 경우는 없습니다. 왜냐하면 문제가 생기면 바로 알려주기 때문입니다. 따라서 대출담당자는 문제가 있다 싶으면 즉시 정보를 공유합니다.

■ 꿈속에서 매매해본 적이 있으신가요?

아주 특이한 경우가 있었죠. 무역수지가 발표되기 전날 밤 아주 생생하게 꿈을 꾸었습니다. 꿈속에서 무역수지가 발표되었고 이전 무역수지 수정치도 공표되었습니다. 달러 가치가 오르자 저는 달러화를 매수했죠. 달러 가치가 한 단계 더 상승하자 달러화를 더 샀습니다. 또 오르자 더 매수했습니다. 그 수준에서 다시 올랐을 때 청산하고 싶었지만 오히려 또 샀습니다.

다음날 실제로 무역수지가 발표되었고 그 수치는 제가 꿈에서 보았던 숫자와 똑같았습니다. 수정치도 마찬가지로 정확히 일치했습니다. 달러화가 단계별로 오르는 모습도 꿈에서 본 내용과 그대로 맞아떨어졌습니다. 차이가 있다면 제가 실제 매매하지 않았다는 점뿐이었습니다.

왜 실제로 매매하지 않으셨습니까?

저는 꿈이나 소문에 의존해 매매하지 않기 때문입니다. 저는 펀더멘털 분석을 바탕으로 매매합니다. 정보를 수집하고 분석해 시나리오가 어떻게 전개될지 알려고 노력합니다. 아무 노력도 하지 않고 꿈에 기대어 매매하는 행위는 어리석습니다. 제 아래 직원에게 꿈 이야기를 하면서 서로 웃었죠. 그가 말했습니다. "선배님께서 꿈에 의존해 매매하는 날이 오면 그날은 바로 회사를 떠나야 하는 날일 것입니다."

달러화 움직임을 보니 꿈속에서처럼 오르는 가격 수준에서도 충분히 진입할 만했습니다. 역설적이지만 제가 매매하는 꿈을 꾸지 않았다면 실제 달러를 매수했을 것입니다.

깨어 있는 상태에서는 항상 기본 투자 원칙을 지키시는군요. 그렇죠?

물론입니다.

꿈에 기대어 매매한다는 인상을 주기 싫기 때문인가요?

사실 그렇습니다. 꿈에서 보았던 일이 그대로 현실에서 일어나 아주 혼란스러웠습니다. 정말 이상한 경험이었죠.

비몽사몽 같은 느낌이셨나요?

그와 아주 비슷했죠. 믿을 수 없었습니다. 제 아래 직원과 저는 서로 바라만 보았습니다. 무역수지 통계가 꿈속에 나타난 대로 발표되었을 때 그가 이렇게 말했죠. "우와, 숫자를 어떻게 아셨죠?"

이와 비슷한 경험을 하신 적이 또 있습니까?

방금 말씀드린 꿈이 가장 생생했습니다. 다른 때에도 비슷한 경험을 했지만 기억이 가물가물 합니다.

▌제가 논리적으로 설명해볼까요?

네, 정말 듣고 싶습니다. 어떻게 꿈에서 숫자를 정확히 맞출 수 있는지 설명해주세요.

▌선생님은 한마디로 시장과 함께 일하고 쉬고 먹고 잡니다. 머릿속에는 수많은 펀더멘털 정보와 기술적 분석 내용이 저장되어 있습니다. 남이 했던 말이나 다른 사람들이 취한 매매 포지션, 아니면 다른 무엇이든 무심코 듣거나 본 정보 때문에 무역수지가 예상과 다르게 나올 수 있다고 생각했다고 가정해보도록 하죠.

하지만 이런저런 이유로 이 예상치를 근거로 매매하고 싶지 않다고 생각합니다. 이 경우 예상치가 비합리적으로 보여 이에 의존해 매매해서는 곤란하다고 생각할 수도 있겠죠. 아니면 과거 좋지 않았던 기억 탓에 정부 통계치 발표에 앞서 매매하고 싶지 않았을 수도 있습니다. 이유가 무엇이든 이는 중요하지 않습니다. 그저 사례를 들었을 뿐이니까요. 중요한 점은 발표되지 않은 정부 통계치를 선생님께서 어떻게 정확히 예상할 수 있는지, 그리고 그 예상치가 왜 꿈에 나타났는지 추측하기 쉽다는 사실입니다.

선생님께서 시장 방향을 어떻게 예측하는지 설명하기는 훨씬 더 쉽죠. 선생님은 매매 경험이 아주 풍부하기 때문에 무역수지 통계수치가 얼마에 발표될지 아는 순간 어렵지 않게 시장 방향을 맞출 수 있죠. 시장 움직임에 대한 감각이 탁월하시니까 꿈속에서 본 가격 수준이 실제 가격과 일치한다고 해서 이상하다고 할 수 없습니다. 사실 며칠 전 선생님께서는 인터뷰 도중 호주 달러화가 정확히 돌아서는 시점에 매수한 적이 있었습니다.

제가 드리고 싶은 말씀은 이 모든 정보가 머릿속에 있는데, 무슨 이유에서든 실제 매매로 옮기지 않았기 때문에 대신 꿈에 나타난 것입니다. 특별히 신비스러운 일도 아니죠. 예지 능력이 있어서가 아닙니다.

이런저런 시나리오를 구상하는 일이 제 일상이라는 의미군요. 사실 이는 기본적 분석을 토대로 매매하는 트레이더라면 날마다 하는 일입니다. 이 일이 벌어지면 어떻게 될까? 저 사건이 터지면 무슨 일이 생길까? 그 사건에 대해 시장은 어떻게 반응할까? 시장이 어느 수준까지 움직일까? 그래서 시나리오를 구상했는데 이를 매매로 옮기지 않으면 자기도 모르게 꿈속으로 나타날 수 있다는 거군요.

▌종종 그런 일이 생깁니다. 저는 이 분야 전문가도 아니고 심리학자도 아닙니다. 하지만 제 주장은 설득력이 있다고 생각합니다. 제 경험을 말씀드리겠습니다. 몇 년 전 저는 캐나다달러가 장기 강세장 초기 국면에 진입했다고 확신한 적이 있었습니다. 캐나다달러 가치가 한 차례 오르는가 싶더니 다시 좁은 범위 안에 갇혔습니다. 더 상승하리라 믿었지만 저는 이미 4계약이나 보유하고 있었습니다. 전체 투자 자금에서 꽤 큰 비중이 있는 시장에 투자하고 있었죠. 그날 밤 저는 캐나다달러 가치가 급등하는 꿈을 꾸었습니다. 다음날 아침 일어나자마자 4계약 더 매수해 포지션 규모를 두 배로 늘렸죠. 실제 가격이 쭉 올라갔죠.

　꿈에 나타난 이유는 이성적으로는 제 경험상 이런 거래는 하지 말아야 한다고 판단했기 때문이라고 생각합니다. 이성적으로 이렇게 판단했겠죠. "시장이 아무런 조정도 없이 폭등했는데 투자 규모를 어떻게 두 배나 늘릴 수 있지?" 물론 잘 알다시피 급등했을 때 매매하기란 매우 어렵습니다. 이와 관련된 질문 하나를 더 드리겠습니다. 탁월한 트레이더들은 시장을 예측하는 능력이 있다고 생각하십니까?

보통 훌륭한 트레이더는 느낌으로 매매하거나 기분 내키는 대로 투자하지 않습니다. 특히 오래 살아남는 트레이더는 더욱 그렇죠. 저는 매매하기 전에 심사숙고하고 투자 아이디어가 타당한지 검토합니다. 트레이더가 요모조모 따지는 습관을 들이면 감에 의존해 투자하지 않습니다. 저 역시 매매를 실행하기 전에 늘 이렇게 자문합니다. "잘못되면 어떻게 청산하지?" 이 질문은 특히 매매 규모가 클수록 더욱 중요합니다. 어떻게 매매해야 투자 아이디어가 가장 빛날지 살피는 일도 중요합니다. 저는 보통 단순히 매수나 매도만 하지 않기 때문에 옵션을 어떻게 조합해야 위험 대비 수익이 가장 나을지 꼼꼼히 분석합니다. 이 모든 사항을 고려하다 보면 당연히 감에 의존해 투자하는 일은 일어나지 않죠.

저는 보통 철저한 분석을 바탕으로 투자하지만 직감으로 투자할 때도 있습니다. 예를 들어 지난 번 선생님께서 이곳에 계셨을 때 제가 호주달러를 사려 했던 경우를 떠올려보세요. 당시 호주 재무장관이 성명을 발표하는 바람에 호주달러 가치가 하룻밤 사이에 10퍼센트나 급락했죠. 선생님이라면 그 상황에서 어떻게 대응하시겠습니까? 이렇게 시장이 공포에 휩싸일 때에는 직감이 개입됩니다. 저는 성명 발표 뒤 시장이 혼란스러질 때 호주달러가 10퍼센트나 떨어질 리 만무하다고 판단했고, 곧 큰손이 들어와 가격을 끌어올릴 것이라 생각했습니다.

▎매수 주문을 냈을 때 호주달러 가치가 몇 퍼센트나 떨어져 있었나요?

5퍼센트 정도였죠. 뉴스 영향으로 타격받은 매수 포지션이 있었지만, 단기적으로는 시장이 반등하리라고 생각했습니다.

▎공포가 언제 끝나는지는 어떻게 알 수 있을까요?

경험과 타고난 감각이 어우러져야 알 수 있습니다. 통화 트레이더는 대부분 손절 규칙을 지킵니다. 즉 어느 정도 손실을 보면 포지션을 무조건 청산하죠. 이리저리 따져 결정을 내리지 않는다는 뜻입니다. 또 미리 세운 원칙에 따라 움직인다는 뜻이죠.

매도세가 거의 끝나는 시점을 어떻게 잡아낼 수 있냐고요? 그것은 아마 이전에 겪었던 경험이 무의식 속에 녹아 있었기 때문에 가능한 것이라고 봅니다. 이런 점으로 붙어 직감은 잠재의식 속에 내재된 경험이라고 해야 맞지 않을까 싶습니다.

▮탁월한 트레이더들은 어떤 특징이 있다고 생각하십니까?

비유를 들어 설명하겠습니다. 저는 대학 시절 똑똑한 학생은 열심히 하지 않아도 공부를 아주 잘할 수 있다고 생각했습니다. 반대로 뛰어나지 않아도 많이 노력하면 잘할 수 있다고 믿었죠. 하지만 매매는 다릅니다. 두 가지 모두를 갖추고 있어야 합니다. 제가 아는 최고 트레이더들은 아주 명석할 뿐만 아니라 어느 누구보다도 더 열심히 노력합니다.

여기서 열심히 일한다는 의미는 몰두하고 집중한다는 뜻입니다. 말하자면 엄청나게 공을 들인다는 말이죠. 시나리오를 구상한 뒤 재검토할 뿐만 아니라 정보를 수집한 후 재평가합니다. 끊임없이 자문하죠. 내가 잘하고 있나 못하고 있나? 어떻게 하면 더욱 잘할 수 있을까? 더 많은 정보를 얻으려면 어떻게 해야 하나? 이런 질문에 온통 신경을 쓰죠.

▮깨어 있는 시간 내내 그렇게 분석하시나요?

물론입니다. 사생활과 업무를 분리해 주말에는 일은 완전히 잊는다고 말하는 트레이더들이 있습니다. 하지만 저는 그들이 하는 말을 절대 믿지 않습니다. 요트 안에서 편히 쉬고 있는 동안에도 어느 순간은 시장을 생각할 수밖에 없습니다.

▮골프를 즐기신다고 들었습니다. 골프장에서도 시장에 대해 생각하십니까?

어느 정도는 생각합니다. 최고 트레이더들은 몇 시간째 일하고 있는지, 주말이 언제 오는지 신경 쓰지 않습니다. 완전히 몰입하는 것만큼 행복한 일은 없습니다.

▮트레이더 지원자들을 인터뷰할 때 그들이 전념하는 친구인지 아닌지 어떻게

아십니까?

바로 눈에 띌 때가 있습니다. 예를 들어 인터뷰 도중 이렇게 묻는 친구가 있습니다. "아침에 몇 시까지 출근해야 하나요?" 이 질문은 제게 이상하게 들릴 뿐입니다. 스스로 적절하다고 생각하는 시간에 와야죠. "저녁에 몇 시까지 남아 있어야 합니까?" 퇴근하고 싶을 때 가면 됩니다. 저는 언제 출근하고 퇴근해야 하는지 말해주지 않습니다.

▎엄청나게 몰두하고 명석해야 한다는 점 이외에 뛰어난 트레이더에게 필요한 또 다른 중요한 자질은 무엇입니까?

용기입니다. 대중과 다르게 통찰력이 있다는 점만으로는 부족합니다. 통찰력을 근거로 매매하고 그 포지션을 유지할 수 있어야 하죠. 대부분의 시간을 대중과 다르게 보내기란 매우 어렵습니다. 하지만 정의상 트레이더로 크게 성공하려면 늘 일반인과는 다르도록 노력해야 합니다.

　　몇 가지 규칙만 알면 트레이딩을 잘할 수 있다고 착각하는 사람들이 많습니다. 이럴 때에는 늘 이렇게 하고, 저럴 때에는 항상 저렇게 하면 된다고 생각하죠. 트레이딩에 '항상'이란 말은 있을 수 없습니다. 상황이 계속 바뀌기 때문입니다. 몰두하지 않거나 고통스런 과정을 거치지 않으면서 훌륭한 트레이더가 되기를 원하는 사람들이 많습니다. 탁월한 트레이더가 되려면 많은 고통을 감수해야 합니다.

▎어떤 고통을 말씀하시는 건가요?

많은 것을 포기해야 합니다. 모두 다 가질 수는 없죠. 모두 잠든 한밤중에 일어나 화면에 나타난 숫자를 고통스럽게 바라보아야 할 때가 있습니다. 시장이 내 포지션과 반대 방향으로 움직이는데 펀더멘털이 바뀌어서인지, 그저 별 의미 없는 단기 변동에 불과한지 것인지 모를 때는 아주 괴롭죠.

▌밤중에 꼬박꼬박 일어나실 정도로 트레이딩이 몸에 아주 배어 계신 것 같습니다. 조금 전 표현하신 대로 이런 몰입 탓에 부부 사이가 나빠지지는 않으셨습니까?

전혀 그렇지 않습니다. 제 아내는 여러 해 동안 골드만삭스에서 채권영업을 했습니다. 그녀가 트레이딩을 했다면 훌륭한 트레이더가 될 수 있었다고 생각합니다. 자질이 충분했지만 매매하기를 원치 않았죠. 그저 아내가 고분고분하기 때문에 저를 이해해주었다고 말하고 싶지 않습니다. 저를 정말 잘 이해해주었을 뿐만 아니라 제 상황을 훤히 알고 도와주기까지 했으니까요. 제가 하는 일을 도우면서 벅찬 짜릿함을 느꼈을 것이라고 생각합니다.

▌트레이딩은 왜 하십니까?

저는 게임을 좋아합니다. 해볼 만한 도전이라 생각하죠. 더군다나 트레이딩은 점수 내기 쉬운 게임입니다.

▌밤낮을 가리지 않고 거의 온종일 매매하시는 데도 여전히 재미있습니까?

믿기 힘들겠지만 엄청나게 재미있습니다. 날마다 색다르기 때문에 정말 흥미진진합니다.

▌금전적 보상이 없어도 계속 매매하시겠습니까?

물론입니다. 의심할 여지없이 보상이 없어도 매매하겠습니다. 이제 제 나이 서른여섯입니다만 여태껏 일을 많이 하지 않았다고 생각합니다. 기본적으로 복잡한 게임을 하면서 돈까지 엄청나게 벌 수 있다는 사실이 믿기지 않을 때가 있습니다. 반면 지난 여러 해 동안 제가 트레이딩으로 번 돈을 생각하면 제 보수는 엄청나게 적죠.

위대한 트레이더를 인터뷰할수록 적어도 어느 정도는 이들이 성공한 이유가 선천적으로 능력이 탁월하기 때문이라고 더욱 확신하게 되었다. 빌 립슈츠가 대표적 인물이다. 사실 빌 립슈츠는 대학에서 모의투자 과정을 이수하며 투자를 처음으로 접했다. 모의투자를 시작했을 때 10만 달러였던 투자 원금이 과정이 끝날 때에는 놀랍게도 2,900만 달러로 늘었다. 물론 실전이 아니었고 현실에서처럼 레버리지를 크게 제한하지 않았기 때문에 어느 정도는 에누리해서 평가해야 하겠지만, 어쨌든 성과는 어마어마했다.

빌 립슈츠는 유산으로 물려받은 1만 2,000달러를 종잣돈 삼아 매매를 시작해 4년 만에 25만 달러로 불렸다. 하지만 레버리지를 과도하게 쓰는 치명적 실수를 저지른 탓에 돈을 모두 날렸다. 그렇더라도 그 뒤 성과를 꾸준히 내는 데 필요한 실력이 줄어든 것은 아니었다.

더욱 중요한 점은 빌 립슈츠가 외환 분야에는 문외한이었는데도 외환 매매를 시작한 첫해 엄청난 수익을 올렸을 뿐만 아니라, 이후 7년 동안에도 탁월한 실적을 달성했다는 사실이다. 그는 정확한 수치를 밝히기 꺼렸지만 살로먼브라더스에서 일하던 8년 동안 총 5억 달러가 넘은 수익을 창출했을 것으로 추정된다.

빌 립슈츠는 기본적으로 엄청나게 노력하고 늘 시장에 전념한 덕분에 성공했다고 말한다. 열심히 한다고 해서 모두 훌륭한 트레이더가 될 수는 없지만, 세계적으로 위대한 트레이더들은 끊임없이 노력한다. 빌 립슈츠는 빼어난 지능도 트레이딩의 주요 성공 요소라고 믿는다. 하지만 빅터 스페란데오(Victor Sperandeo)를 포함해 내가 인터뷰한 사람들 중 일부는 빌 립슈츠의 의견에 동의하지 않는다.

세계 최고 트레이더들과 면담하면서 깨달은 사실은 이들 모두 트레이딩을 일이 아닌 흥미진진한 게임으로 여긴다는 점이다. 빌 립슈츠는 트레이딩이 정말 재미있는 게임이어서 보수를 받지 않아도 기꺼이 할 수 있다고 말한다.

빌 립슈츠의 매매 스타일에서 얻을 수 있는 교훈 하나는 포지션을 취하거나 처분할 때 한꺼번에 하지 말아야 한다는 점이다. 그는 매매할 때마다 조금씩 사거나 판다. 대부분의 트레이더에게 유익한 조언 하나를 제시하면 "시장 방향을 완벽하게 맞추려는 유혹에 빠지지 마라"이다. 예를 들어 시장이 오를 것이라고 확신하고 매수하려 하는데 가격이 벌써 많이 올랐다고 가정해보자. 보통은 시장이 강할 경우 많이 빠지면 모두 투자하겠다고 마음먹는다면 기회를 놓치기 십상이다. 하지만 분할 매수 전략을 바탕으로 처음에 조금만 산 뒤 가격이 하락할 때마다 야금야금 나눠 매수하는 전략을 세우면, 이후 시장이 계속 올라도 적어도 일부는 투자할 수 있게 된다. 그리고 시장이 쭉 뻗어 많이 올라간 상태에서 전체 자금을 모두 투자할 위험도 없어진다.

다른 예를 하나 더 들어보자. 매수한 뒤 이익이 많이 났는데 시장이 곧 떨어지지나 않을까 걱정한다고 가정해보자. 이때 포지션을 모두 처분했는데 시장이 계속 오르면 수익을 더 낼 수 있는 기회를 잃게 된다. 반대로 포지션을 조금도 청산하지 않았는데 시장이 떨어지기 시작하면 그동안 벌었던 이익을 토해내야 한다. 하지만 분할 매매 전략을 쓰면 최대 수익을 얻지는 못하더라도 최악의 결과는 피할 수 있다. 더욱이 확신이 지나쳐 한꺼번에 투자할 위험도 사라진다.

빌 립슈츠에게서 배울 수 있는 또 다른 교훈이 있다. 시장 방향에 대해 강하게 확신했는데 어떤 뉴스 때문에 시장이 반대쪽으로 많이 움직였다고 가정해보자. 이때 지나치게 오르거나 내린 수준에서 위험을 감수하고 진입하는 전략은 아주 훌륭한 매매라는 점이다. 가장 좋은 예는 빌 립슈츠와 그의 동료가 G7 회담 직후 매매했던 경우다.

《시장의 마법사들》에서 마티 슈워츠는 걱정했던 수준만큼 시장이 나쁘지 않으면 포지션을 청산하지 말라고 조언했다. 시장이 우려하는 방향으로 계속 움직이지 않으면 원래 예측했던 근거를 뒷받침하는 힘이 매우 강하다는 뜻이다(우리가 우려하는 사항들은 기본적 이유든 기술적 이유든 다른 많은 사람의 걱정도 시장에 충분히 반영되었기 때문이다). 이에 대한 아주 좋은 예는 빌 립슈츠를 겁먹게 했던 매매 사례에 잘 드러나 있다. 그는 독일 마르크화 대비 달러 가치가 하락할 것이라고 예상하고 엄청나게 많은 금액을 투자한 적이 있다. 그 뒤 달러화 가치가 느닷없이 급등했을 때 보유 포지션을 청산할 수 있을 만큼 유동성이 충분한 도쿄 시장이 열릴 때까지 기다려야만 했다. 하지만 도쿄 시장이 열렸을 때 달러화가 절하되어 포지션을 처분할 필요가 없어진 덕분에 곤경에서 벗어날 수 있었다. 아주 노련한 트레이더였던 빌 립슈츠는 상황을 정확히 판단하고 포지션 청산시기를 늦춰 손실을 대부분 회복할 수 있었다.

정말 믿기지 않는 사실 하나는 빌 립슈츠가 자신의 주식계좌로 4년간 꾸준히 수익을 올린 뒤 단 며칠 만에 모두 날렸다는 사실이다. 역설적이게도 이 시점과 그가 살로먼브라더스에서 일하기 시작한 시기가 일치한다. 흥미롭게도 빌 립슈츠는 인터뷰에서 밝혔듯 자기 개인계좌와 회사계좌를 동시에 운용하기를 꺼렸다. 개인계좌를 없앤 덕분에 이해상충 문제가 발생할 여지가 완전히 없어졌다. 인터뷰하면서 드러난 사실이지만 빌 립슈츠는 개인 계좌잔고를 모두 날렸을 즈음 살로먼 브라더스에서 연수를 받고 있었기 때문에 그 뒤 트레이더에게 생길 수 있는 이해상충 문제에 대해 알지 못했다고 밝혔다.

빌 립슈츠는 인정하지 않는 흥미로운 경구가 떠오른다. "사람들 모두 시장에서 자신이 원하는 것을 얻는다."* 빌 립슈츠의 잠재의식 속에는 생각보다 깊은 통찰력이 숨어 있는 듯하다. 어쨌든 개인 투자에서 돈을 다 날렸던 그가

---

* 이는 《시장의 마법사들》에 나오는 에드 세이코타가 한 말이다.

살로먼브라더스에서 아주 훌륭한 매매 실적을 올렸다는 사실은 아이러니하다. 이 해석이 억지이든 아니든지 다음 한 가지는 확실하다. 빌 립슈츠는 실제 자신이 원하는 것을 얻었다. 완벽한 직업도 얻었고 매매로 엄청난 수익도 올렸다. 더욱 좋은 것은 빌 립슈츠 자신과 회사 사이에 생길 수 있는 이해상충 문제도 없었다.

버라이어티 팩 시장

PART 3

- **04** | 선물시장, 기초부터 파악하기
- **05** | 베테랑 트레이더, 랜디 맥케이(Randy Mckay)
- **06** | 터틀 트레이딩 시스템, 윌리엄 에크하르트(William Eckhardt)
  - 책 속 부록 | 거북이들의 침묵
- **07** | 작은 위험에서 얻은 최고의 수익, 먼로 트라우트(Monroe Trout)
- **08** | 인간 차트 백과사전, 앨 바이스(Al Weiss)

Chapter 04
선물시장, 기초부터 파악하기

오늘날 전 세계 주요 채권과 주식, 통화와 금속, 에너지와 농산물시장은 선물시장이 있다. 선물시장 기초자산의 예로는 미 재무성 채권과 S&P500 지수, 일본 엔화와 금, 원유와 옥수수 따위가 있다. 선물시장은 농산물 선물에서 시작되었지만 이제는 농산물 선물거래량은 전체 선물시장 거래량의 5분의 1에 불과하다. 지난 20년 동안 통화, 채권, 주가지수 관련 선물 상품이 쏟아져 나오면서 이 세 분야를 더한 선물시장 규모가 전체의 약 60퍼센트를 차지하기에 이르렀다. 에너지와 금속 선물시장이 나머지 40퍼센트의 절반 정도 차지한다. 과거에는 '원자재'라는 용어가 선물시장을 뜻했지만 이제는 그 의미가 부적절해졌다. 거래가 활발한 금융 관련 선물시장의 기초자산인 주식이나 채권, 통화는 원자재가 아니다. 또한 선물시장이 없는 원자재도 많다.

주 : 이 장은 《시장의 마법사들》에 나오는 내용을 일부 고쳐 썼다.

지난 세대 동안 선물시장 거래량은 폭발적으로 늘었다. 1991년 미국 전체 선물시장 거래량은 2억 6,300만 계약이 넘는다. 한 계약당 4만 달러라고 보수적으로 가정해도 전체 거래 금액은 10조 달러를 상회한다. 100억 달러가 아니라 10조 달러다!

선물시장은 이름을 잘 살펴보면 그 본질을 알 수 있다. 선물거래는 금 같은 원자재나 미 재무성 채권 같은 금융상품을 현재가 아닌 미래 일정 시점에 인수도하는 계약의 일종이다. 예컨대 자동차 제조업체가 자동차를 만드는 데 필요한 구리를 사려고 한다면 구리 생산업체로부터 직접 구리를 매수할 수 있다. 하지만 이 자동차 제조업체가 6개월 뒤 구리가격이 많이 오를까 봐 걱정스럽다면 구리선물을 매수함으로써 6개월 후의 구리 구입비용을 고정시킬 수 있다. 이와 같이 미래 가격 변동 위험을 없애려는 거래를 헤지라고 한다. 향후 6개월 간 구리가격이 오르면 헤지 목적으로 매수한 선물에서 얻은 이익으로 6개월 뒤 구리를 실제로 비싸게 사야 하는 데서 야기될 수 있는 비용 증가분을 벌충할 수 있다. 반대로 구리가격이 내려가면 헤지하려고 매수한 구리선물에서 손실이 발생하지만, 미리 고정시키려 했던 가격보다 더 싸게 구리를 살 수 있다. 앞에서 예로 든 자동차 제조업체와 같은 헤저는 가격이 원하는 방향과 반대로 움직일 위험을 줄이려고 선물시장에 참여한다. 반면 트레이더는 가격 변동을 이용해 수익을 올리기 위해 시장에 참가한다. 사실 많은 트레이더가 다음과 같은 여러 이유로 현물시장보다 선물시장을 더 선호한다.

첫째, 표준화된 계약 : 선물 계약은 수량과 질이 표준화되어 있다. 그래서 트레이더는 자신의 포지션을 청산하기 위해 매수나 매도 상대를 찾아다닐 필요가 없다.

둘째, 유동성 : 주요 선물시장 대부분 유동성이 아주 풍부하다.

셋째, 간편한 매도 : 선물시장에서는 매수뿐만 아니라 매도 포지션도 편리하게 취할 수 있다. 예를 들어 주식시장에서 개별주식을 공매도하려면 주식을 빌려야 한다. 뿐만 아니라 가격이 직전 수준으로 올라올 때까지 기다려야 한다. 반면 선물시장에는 이런 제약이 없다.

넷째, 레버리지 : 선물시장에서는 지렛대 효과가 아주 큰 거래를 할 수 있다. 보통 선물거래 초기 증거금은 계약 금액의 5~10퍼센트 정도다(애석하게도 선물시장에서도 개별주식시장에서 사용하는 마진이라는 용어를 사용하는 바람에 아주 혼란스럽다. 선물시장에서 쓰는 마진이라는 말에는 일부만 지급한다는 뜻이 포함되어 있지 않다. 만기 전에는 실제 물리적 거래가 없기 때문이다. 이는 사실 선의로 맡기는 돈이다). 선물시장은 레버리지가 커서 트레이더가 많이 참여하지만 레버리지는 양날의 칼이라는 사실을 기억해야 한다. 선물시장에서 트레이더가 돈을 잃는 가장 큰 이유는 레버리지 투자를 어설프게 하기 때문이다. 사실 선물시장은 기초자산, 즉 개별주식보다 변동성이 크지 않다. 선물거래가 위험하다고 알려진 이유는 레버리지 투자를 할 수 있다는 사실 때문이다.

다섯째, 적은 거래비용 : 선물시장은 거래 비용이 아주 적게 든다. 이를테면 주식 포트폴리오 매니저가 위험을 줄이려 할 때 개별주식을 파는 대신 같은 금액만큼 주가지수 선물을 매도하면 거래 비용을 많이 줄일 수 있다.

여섯째, 쉬운 청산 : 가격이 위로든 아래로든 제한폭에 걸려 움직이는 못하는 경우가 발생하지 않은 한 장중에 언제든지 청산할 수 있다(몇몇 선물시장은 일일 상한가 제도를 두고 있다. 가격이 제멋대로 움직이도록 놓아두었을 때 일일 제한폭 밖에서 균형가격이 형성되는 경우에는 시장이 가격 제한폭까지 움직인 뒤 사실상 거래가 멈춘다).

일곱째, 거래소의 보증 : 선물시장에서는 트레이더가 거래 상대방의 재정 상태에 대해 걱정할 필요가 없다. 왜냐하면 모든 선물거래는 거래소에서 보증하기 때문이다.

선물시장은 구조적으로 선물의 기초자산과 밀접하게 연결되어 있기 때문에, 선물가격은 기초자산의 현물가격과 거의 비슷하게 움직인다. 두 가격의 차이가 벌어지면 차익거래자가 시장에 들어오기 때문에 바로 차이가 줄어든다. 선물거래가 대부분 주식, 채권, 통화선물에 집중되어 있다는 사실을 감안할 때 선물거래자는 거의 주식, 채권, 통화도 매매한다고 볼 수 있다. 이런 맥락에서 뒤에 기록한 선물 투자자 인터뷰 내용은 주식이나 채권만 아는 투자자에게도 유용할 것이라고 생각한다.

Chapter 05

베테랑 트레이더

랜디 맥케이(Randy McKay)

선물 매매로 수천 달러를 수천만 달러로 불린 트레이더는 드물다. 잃지 않고 계속 수익을 올린 투자자는 더욱 드물다. 더 나아가 20년 연속 꾸준히 수익을 낸 트레이더를 찾는 일은 테디 케네디를 지지하는 공화당원을 찾는 일만큼이나 어렵다. 바로 랜디 맥케이가 오랫동안 수익을 올린 바로 그 트레이더다. 물론 나는 그의 정치 성향을 잘 모른다.

랜디 맥케이의 트레이딩 경력은 우연히도 통화선물거래 개시 시점과 맞물려 시작되었다. 현재 통화선물은 가장 활발한 선물이 되었으나 초기에는 있으나마나한 상태였다. 당시 통화선물 객장이 너무 한산해 매일 거래소 안에서 일어난 일들을 활발했던 순서대로 나열한다면 신문 읽기와 보드 게임보다도 순서가 훨씬 뒤에 있을 것이다. 초기에 통화선물시장이 과연 살아남을 수 있을지 의문이 들었지만, 랜디 맥케이가 트레이더로 성공하리라는 사실을 의심하는 사람은 결코 없었다. 거래가 한산했지만 랜디 맥케이는 첫해 단 7개월 만에 2,000달러를 7만 달러로 불렸다.

그는 매년 전년보다 더 많은 수익을 거두며 승승장구했다. 랜디 맥케이가 거래소 객장에서 매매하는 대신 집에서 트레이딩하기로 마음먹었을 때에야 해마다 수익이 증가하던 기록이 멈췄다. 하지만 그는 새로운 환경에 재빨리 적응함으로써 집에서 매매하기 시작한 이듬해 처음으로 100만 달러 수익을 기록했다. 그 뒤 1986년 첫 손실을 기록하기 전까지 해마다 수익을 올렸다. 그때까지 7년 연속 매년 100만 달러 넘게 벌었다.

랜디 맥케이는 전체 20년 매매 경력 가운데 18년간 수익을 기록했다. 그가 벌어들인 총수익은 줄잡아 수천만 달러에 이르렀다. 그는 가족과 친구의 계좌도 운용했다. 1982년부터 굴리기 시작한 가장 오래된 계좌 두 개는 각각 1만 달러에서 시작해 100만 달러 넘게 불렸다.

랜디 맥케이는 투자세계에서 엄청나게 성공했는데도 자신의 존재를 거의 드러내지 않았다. 최근까지도 업계에서 그를 아는 사람은 나를 포함해 몇 명밖에 없다. 하지만 랜디 맥케이는 어느 정도는 대중에게 이름을 알려야 하는 자산운용업계에 발을 들여 놓기로 마음먹었다.

인터뷰는 장이 열리는 시간 그의 사무실에서 진행했다. 인터뷰 도중 간간히 매매하기도 했지만 실제 매매결정을 내릴 때 이외에는 대화에 집중했다. 랜디 맥케이는 자신의 경험뿐만 아니라 시장 움직임에 대한 예측과 대응 방법까지도 숨김없이 털어놓았다.

언제 투자업계에 발을 들여놓게 되었습니까?
1970년 베트남 전쟁에 참여한 뒤 돌아와서부터였습니다.

매매를 계속하기 전 군대에 자원하셨는지 징집되었는지 궁금합니다.

징집되었습니다. 대학 2학년 때 브리지 게임을 배운 뒤 카드 게임에 푹 빠져 있었죠. 수업을 빼먹고 밤낮으로 게임에만 몰두했습니다. 결석을 많이 하는 바람에 여섯 과목에서 F학점을 받았죠. 결국 퇴학을 당했고, 바로 해병대에 징집되었습니다.

▌해병대에도 징집제도가 있는지 몰랐습니다.
평소에는 그렇지 않죠. 하지만 1968년 4월과 5월 두 달간은 징집이 허용되어 8,000명이 해병대에 징집되었습니다.

▌징집을 피하려 하지는 않으셨습니까?
징집을 면할 수 있었습니다. 제 아버님은 예비역 대령이셔서 제가 예비군에서 편하게 근무할 수 있도록 하실 수도 있었죠.

▌그런데 왜 징집을 피하지 않으셨죠?
당시 군복무를 해야 한다고 생각했습니다. 저는 고지식한 젊은이였습니다. 미국 시민이라면 책임을 질 줄 알아야 한다고 여겼습니다.

▌당시 베트남 전쟁에 대해 개인적으로 어떻게 생각하셨나요?
어리석은 전쟁이라고 판단했지만 우리가 뽑은 리더가 내린 결정에 따라야 한다고 생각했습니다.

▌시민으로서의 책임이라고 여기셨군요.
베트남 전쟁 전에는 바로 그렇게 생각했죠. 하지만 전쟁 도중과 이후에는 생각이 완전히 바뀌었습니다.

▌어떻게 바뀌었나요?

베트남 전쟁에 참여했을 때 보직과 상관없이 누구나 보초를 서야 했습니다. 경계 근무 도중 숲에서 부스럭거리는 소리가 나면 무엇일까 궁금해하면서 온갖 생각을 했습니다. 물론 적이라면 몰래 다가와 저를 죽일 수 있다고 생각했죠. '적이라면 내가 먼저 죽여야 해.' 그러다가 문득 이런 생각도 들었습니다. '적도 나와 똑같은 젊은이일 수 있어. 나를 미워하지도 않아. 그도 상사가 시키는 대로 할 뿐이야.' 이렇게도 상상했습니다. '우리가 무슨 짓을 하고 있지? 겁먹은 젊은이 둘이 서로 죽이려 하잖아.'

전쟁은 미친 짓이라는 사실을 깨닫기 시작했습니다. 젊은이들을 적국으로 보내 상대를 모조리 죽이고 땅을 차지하도록 함으로써 정치적 분쟁을 해결하려는 행위를 정말 이해할 수 없었죠. 베트남에 오래 머무를수록 이런 생각을 더욱더 많이 하게 되었고, 전쟁은 무모한 짓이라는 생각이 더욱 확고해졌습니다.

▌전쟁 탓에 파시스트가 되신 듯합니다.
정말 그렇습니다.

▌다른 부대원들은 어떻게 생각했죠? 그들 사이에 팽배했던 의견은 무엇이었나요?
부대원들 사이에 의견은 갈렸지만 대부분 전쟁을 지지했죠. 옳은 일을 한다고 생각했습니다. 베트남 사람들을 공산주의로부터 구해내야 한다고 생각했죠. 투자 세계에서 자기 포지션을 변호하듯, 자기 위치 때문이었는지 정말로 그렇게 믿었는지 모르겠습니다.

▌독특한 전쟁관 때문에 싸움에 연루된 적이 있으셨나요?
다투지 않으려고 노력했습니다. 해병대원은 대부분 자원입대했다는 사실을 상기해보십시오. 이들은 자신이 하는 일에 대한 신념이 강합니다. 배경이 저와는 아주 다르죠. 대학교육을 받은 사람은 드물었습니다. 건달 출신이 대부분이었어요. 감옥에 가는 대신 군 복무를 택한 사람도 있었죠.

외톨이가 되었다고 느끼셨나요?

네, 그렇습니다. 저는 포병대에서 근무했습니다. 한 시간마다 날씨 보고를 받으면 이를 토대로 바람의 방향과 속도, 공기 밀도, 온도, 지구 회전 따위를 기록하고 조준 각도를 계산해야 했습니다. 기상 보고를 받을 때마다 누가 빨리 계산해내는지 시합했죠. 제가 부대에 배치되기 전에는 가장 빠른 기록이 19초였습니다. 하지만 제가 부임한 지 이틀 만에 기록을 깬 뒤 마침내 9초로 단축했죠. 저는 사방에 적을 만들고 있었다는 사실을 모른 채 엄청나게 기뻐했죠. 선임들은 풋내기 신참이 오면 이것저것 가르쳐주며 우쭐해했었습니다. 그런데 자기들보다 더 빠르고 능숙한 대학물 먹은 새내기가 굴러들어 왔으니 오죽했겠어요. 저는 부임한 지 4개월 만에 세 단계나 특진하는 신기록까지 세웠거든요. 그러니 제가 그들에게 눈엣가시로 보일 수밖에요. 시간이 지나면서 잘나가는 대학 출신이라는 점이 득보다 실이 더 많다는 사실을 깨달았죠. 그래서 적당히 하면서 병사들과 더욱더 잘 어울리려고 애썼습니다.

부대가 적으로부터 공격받은 적이 있습니까?

물론입니다. 이틀마다 박격포와 로켓 공격을 받았죠. 진지를 지키려고 적과 전투를 벌인 적도 열댓 번 있었습니다. 대체로 베트콩의 주 공격 목표가 포병대였기 때문에 우리는 늘 조심해야 했습니다.

민간인으로 살다가 늘 목숨이 위태로운 상황에 처하게 되면서 정서적으로 어떻게 바뀌었나요?

두 가지 감정이 나타났습니다. 첫째는 무서움입니다. 다낭에 도착해 비행기에서 내렸을 때 사방에서 날아오는 총알을 피해 지프 뒤로 뛰어갔던 기억이 생생합니다. 차를 타고 기지로 가는 내내 총격전이 끊이지 않았죠. 우리에게도 총이 있었지만 사람에게 쏜 경험이 전혀 없었어요. 저는 공포에 휩싸였죠.

　　몇 개월이 지나자 공포감은 사라지고 지루함을 느끼기 시작했습니다. 죽을 수도 있다는 생각에 익숙해지고 나자 엄청나게 열악한 상황에서 하루 16시간 넘게 근무해야 하는 상황에 맞닥뜨려야 했습니다. 섭씨 40도가 넘는 모래바람을 마주하거나 장마철에 무릎까지 빠지는 진흙탕에서 오들오들 떨어야 하는 경우도 있었습니다.

▌시간이 지나면서 공포가 사라졌습니까?

늘 두렵지만 어느 정도는 익숙해졌습니다. 적의 공격을 환영할 때도 있었어요. 지루함을 달랠 수 있기 때문이죠. 그렇다고 제가 목숨을 가볍게 여긴다고 생각하지는 마세요. 적의 공격을 받아 죽거나 팔다리를 잃은 동료도 있었으니까요. 하지만 몇 개월이 지나면 공포보다 따분함이 더 극복하기 어려운 문제가 됩니다.

▌싸우면서 적을 직접 죽인 경험이 있으십니까?

그렇기도 하고 아니기도 합니다. 사람을 죽이기는 했지만 제가 사람을 직접 겨누어 쓰러뜨린 적은 없었습니다. 실제 전투는 텔레비전에 나오는 모습과는 다릅니다. 실제는 표적에 한 발씩 쏘지 않아요. 자동 모드로 설정해놓은 뒤 마구 갈기죠. 제가 쏜 총이나 박격포로 적을 죽인다는 사실은 알지만 운 좋게도 제가 발사한 총탄이나 포탄을 맞아 피를 흘리며 죽어가는 적을 보지는 못했습니다. 참 다행이라고 생각합니다. 지금까지도 악몽에 시달리지만 적을 제 손으로 직접 죽이는 경험을 했다면 더욱더 심한 악몽을 꾸었겠죠.

▌적을 죽이는 꿈인가요? 아니면 적에게 쫓기는 악몽인가요?

쫓기는 악몽입니다. 지금까지도 총을 든 적군에게 쫓기는 악몽에 시달리고 있습니다. 진흙탕에 빠져 빨리 달릴 수 없는 제가 적에게 잡히는 꿈에 시달립니다.

▎베트남에 계실 때 살아 돌아올 수 있으리라고 생각하셨나요? 어려운 상황에서도 늘 낙관적으로 생각하는 스타일이신 것 같은데요.

저는 무사히 귀환할 수 있으리라 믿었지만 사실 살아남지 못한 친구들이 정말 많았습니다. 그렇지만 늘 불안에 떨며 살 수는 없는 노릇이잖아요. 결국 죽거나 다리를 잃을 수도 있다는 생각에 익숙해진 채 살아갈 수밖에 없었습니다.

▎베트남 전쟁 참여로 어떻게 생각이 바뀌셨습니까?

규칙을 무작정 따르기보다 스스로 생각하는 사람으로 바뀌었죠. 국가 지도자들은 자신들이 무슨 짓을 저지르고 있는지 모를 수 있다는 사실을 깨달은 뒤에는 더욱더 독립적으로 생각하는 쪽으로 바뀌었습니다.

▎무사히 귀환한 지금 돌이켜보면 전쟁을 치른 일이 유익한 경험이었다고 생각하십니까?

신병훈련소에서 엄격한 훈련을 받은 경험과 전쟁이 미친 짓이라는 사실을 깨달은 점은 유익했습니다. 그 외에는 2년간 허송세월을 보냈다고 생각합니다. 포병 조준 분대에서 함께 근무하던 동료와 자주 철학적 논쟁을 벌였습니다. 저는 적과 싸우느니 차라리 2년 내내 잠을 자겠다고 주장했죠. 그는 전쟁이 가치 있는 일이라고 우겼습니다.

▎지금은 어떻게 생각하시는지요?

그때와 같습니다. 제 인생에서 2년을 도둑맞았다고 생각합니다. 베트남에 있었을 때 '세상'은 다른 곳을 가리키는 말이었습니다. "세상에는 무슨 일이 벌어지고 있을까?", "세상으로 돌아가고 싶군." 우리는 가족과 친구뿐만 아니라 온 세상과도 떨어져 있는 듯 느꼈습니다. 다른 세상에 머물고 있는 듯했죠.

▎베트남을 떠나던 때 생애 최고의 날이었겠네요.

물론입니다. 그때 기분을 결코 잊을 수 없습니다. 비행기 안에서 창가 쪽에 앉았죠. 다낭 공항이 점점 멀어질수록 천국으로 가고 있다는 느낌이었습니다.

▌이야기가 잠시 삼천포로 빠졌군요. 옆길로 새기 전에 제가 어떻게 트레이더가 되셨는지 질문했습니다.

베트남으로 떠나기 전에 대학을 마치지 못했기 때문에 일하면서 학교도 다닐 수 있는 직장이 필요했습니다. 제 형 테리는 당시 시카고상업거래소에서 브로커로 일하고 있었어요. 형은 제가 거래소 객장에서 심부름꾼으로 일할 수 있도록 주선해주었습니다. 그래서 오전에는 일하고 오후에는 학교 수업을 듣고 저녁에는 공부를 했죠. 2년간 거래소에서 심부름꾼으로 일하면서 매매 관련 일을 하겠다는 생각은 전혀 하지 않았습니다. 그때는 임상 심리학자가 되려고 공부했습니다.

▌어느 순간에 마음을 바꾸셨는데, 어떤 계기가 있었나요?

대학을 마친 1972년에 때마침 시카고상업거래소에 외환을 매매하는 국제통화시장 부문이 생겼습니다. 당시 거래소 회원권은 10만 달러였는데 현재 가치로 환산하면 50만 달러가 되죠. 가격이 천문학적이어서 객장에서 일하는 트레이더가 된다는 생각은 감히 할 수 없었습니다. 거래소가 국제통화시장 부문을 신설했을 때 이쪽 신규 회원을 유치하려고 회원권을 단 1만 달러에 팔았습니다. 기존 거래소 회원에게는 국제통화시장 회원권을 무료로 나눠주었죠. 회원이었던 제 형은 이 회원권을 받았습니다. 국제통회시장 회원권에 별 관심이 없던 형은 제게 그 회원권을 쓰겠냐고 물었습니다.

　객장에서 일하는 동안 시장이 돌아가는 원리에 더욱더 흥미를 느꼈습니다. 저는 늘 숫자를 가지고 놀거나 브리지, 체스 같은 전략 게임을 좋아했습니다. 오르내리는 가격을 보는 것과 시장 움직임을 맞춰보는 일이 즐거웠습니다. 매매가 흥미로울 수 있겠다 싶었죠.

▎**임상 심리학자가 되기 위해 공부하셨다고 말씀하셨는데 심리와 시장이 서로 관련되어 있다고 보십니까?**

관련이 있습니다. 2년 동안 객장에서 일하면서 가격이 매매하는 사람의 심리에 따라 움직인다는 사실을 깨달았습니다. 시장에는 불안, 욕심, 공포가 녹아 있죠. 고객의 심리상태가 주문으로 이어져 결국 시장가격의 움직임으로 나타나는 과정을 지켜보는 일은 정말 흥미로웠습니다. 크게 매혹되었죠.

그래서 형의 제안을 받아들였습니다. 형은 제게 회원권을 쓰도록 했을 뿐만 아니라 5,000달러도 빌려줬습니다. 저는 생활비로 쓰기 위해 3,000달러는 은행에 넣어두고 나머지 2,000달러로 매매했습니다.

▎**처음 몇 년 동안은 통화선물거래가 한산했던 걸로 기억합니다.**

그렇습니다. 시장을 처음 연 뒤 몇 주 동안은 거래량이 꽤 많았습니다. 하지만 참신한 맛이 사라지자 거래가 뚝 끊어졌죠. 통화선물시장을 개설하는 데 앞장선 레오 멜라메드 거래소 대표는 이 시장을 살리려고 애썼습니다. 날마다 가축선물시장이 끝나면 그곳 트레이더를 불러 통화선물시장에서 매매하도록 꼬드겼습니다. 그래서 통화선물시장은 하루 종일 한산하다 가축선물시장 종료 뒤 잠깐 활기를 띠었죠. 하지만 대부분 하루 종일 앉아 체스를 두거나 주사위 놀이를 했습니다.

▎**그토록 거래가 한산했는데 어떻게 매매를 하셨죠?**

증권회사에서 가격을 정해 주문하는 지정가 주문이 종종 들어왔습니다. 당시만 해도 주문가격을 칠판에 적었죠. 누군가 스위스 프랑화를 매수하는 주문을 내면 저는 그 주문을 보고 독일 마르크화를 매수했습니다. 하지만 전체적인 가격 움직임을 예상하지 않고 그냥 따라서 매수했어요. 하루 평균 두 번 거래했습니다.

■ 거래가 드물었군요. 거래량이 많지 않은 상황에서 매매로 돈을 좀 버셨습니까?

통화선물은 1972년 5월에 시작되었습니다. 그해 12월까지 7만 달러를 벌었죠. 꿈도 꾸지 못할 만큼 큰 금액이었습니다.

■ 거래가 한산한 시장에서 그렇게 많이 버셨다니 대단하군요.

그렇습니다. 그때는 통화시장에 대해 아는 사람이 매우 드물어 가격이 비효율적으로 움직였습니다. 예를 들어 저희는 은행이 통화선물시장과 비슷한 선도환시장에서 매매한다는 사실조차 몰랐습니다.

■ 그 뒤에도 계속 성공했나요? 처음 몇 년 동안 기억에 남을 만한 매매 사례가 있었나요?

저는 선생님께서 저술한 《시장의 마법사들》을 읽었습니다. 인터뷰하신 트레이더들은 제가 매우 존경하는 사람들입니다. 그들은 대부분 성공하기 전에 두세 번 파산했더군요. 하지만 저는 그런 경험이 없습니다. 거만하게 들릴지 모르겠지만 저는 처음부터 매매를 잘했습니다. 물론 전환점이 있었죠. 20~40계약씩 매매하다 수백 계약을 매매하게 된 계기가 있었습니다.

1976년 영국 정부가 파운드화 환율이 파운드당 1.72달러 위로 올라가지 못하도록 하겠다고 발표했습니다. 영국 정부는 파운드화가 비싸지면 수입이 늘어날까봐 걱정했죠. 당시 파운드화는 1달러당 1.65달러 수준에서 움직이고 있었습니다. 정부 발표 뒤 놀랍게도 파운드화는 바로 1.72달러까지 치솟았죠. 1.72달러까지 오르면 다시 내려가는 일이 되풀이되었지만 그때마다 하락폭은 점점 줄었습니다. 그러다가 1.72달러 바로 아래 수준으로 수렴했어요.

지인들 대부분이 이렇게 말했습니다. "영국 정부가 파운드화를 1.72달러 위로는 오르지 못하게 하니까 파운드화를 팔아야 해. 투자하는 건 위험해." 하지만 저는 다르게 생각했습니다. 그 가격이 제게는 상한가처럼 보였습니다. 많은 선물시장에는 일일 가격 등락폭을 제한하는 규정이 있습니다. '가격 제한폭'이란 하루에 가격이 오를 수 있는 최대폭을 뜻합니다. 시장에서 자연스럽게 형성되려는 균형가격이 이 제한폭 위에 있더라도 가격은 이 수준에서 멈추죠. 따라서 이 가격에서 거래가 그칩니다. 이 가격에서 사려는 사람은 많은데 팔려는 사람은 없기 때문입니다.

정부가 파운드화 가치가 일정 수준을 넘지 못하게 하겠다고 선언한 뒤 환율이 그 선 위로 올라가지 못한다면 이는 파운드화를 사려는 잠재수요가 엄청나게 크다는 뜻이라고 판단했습니다. 그래서 속으로 생각했죠. '이는 일생일대의 기회야.' 그때까지 저는 많아봤자 30~40계약 정도밖에는 거래하지 않았습니다. 하지만 이번에는 파운드화를 200계약이나 매수했습니다.

제가 옳게 판단했다고 확신했는데도 이는 제가 평소 거래하던 규모에 비해 엄청나게 컸기 때문에 너무나 무서웠습니다. 그때는 환율 정보를 제공하는 로이터나 다른 정보제공 회사가 없었습니다. 거래 규모가 큰 탓에 너무 걱정스러워 매일 새벽 다섯 시에 일어나 영란은행에 전화해 환율이 얼마인지 물었죠. 시티은행이나 해리스 트러스트에서 근무하는 직원이라고 둘러대며 빨리 환율을 알아야 한다고 말했죠. 제가 중요한 사람인 양 속이고 영란은행 직원과 주로 통화했습니다. 그 직원은 제게 환율을 알려주었습니다.

어느 날 아침 부엌에서 영란은행으로 전화해 환율이 얼마인지 묻자 그 직원이 대답했습니다. "환율이 1.725달러입니다."

제가 반문했죠. "뭐라고요? 1.715달러라고요?"

"아닙니다. 1.725달러입니다." 그가 확인해주었습니다.

정말 1.725달러였습니다. 그즈음 저는 제 형과 친구들의 돈을 맡아 운용하고 있었습니다. 너무 흥분한 나머지 이 소식을 그들 모두에게 전화로 알려주었죠. 확신에 차 있던 저는 더 투자했습니다. 그 뒤 자리에 편안히 앉아 파운드화가 1.90달러까지 쭉 뻗어 오를 때까지 지켜보았습니다.

■ 파운드화가 그 수준까지 오르는 데 얼마나 걸렸나요?

3~4개월 정도 걸렸습니다.

■ 도중에 이익을 실현하고 싶은 마음이 생기지 않았나요?

환율이 1.72달러를 넘어서자 시장은 터진 둑으로 넘쳐흐르는 물처럼 거침없이 움직였습니다. 아주 많이 오르리라 예상했죠.

■ 왜 1.90달러 수준에서 차익실현하려고 마음먹으셨죠?

끝이 영으로 끝나는 숫자여서 심리적으로 중요한 가격이라 판단했습니다. 또 1.90달러는 그래프 상에서 가격이 꺾이는 지점이라고 생각했죠.

    포지션을 처분하던 그 날은 제 인생에서 가장 들떴던 날이었습니다. 지인들 모두에게도 파운드화를 사라고 알렸던 터라 처분해야 했던 규모는 총 1,400계약에 이르렀습니다. 그날 아침 차익거래자를 포함해 세상 사람 모두 파운드화를 매수하는 듯했습니다. 객장으로 가 매수 주문을 받아 처분하기 시작했죠. 전부 매도하는 데 45분 정도 걸렸습니다. 너무 흥분한 나머지 제가 팔려 했던 규모보다 400계약 더 매도했죠. 제 매도 규모가 너무 커 결국 은행 간 시장에도 영향을 끼쳐 파운드화가 약 100포인트 떨어졌습니다. 그 결과 추가로 매도한 400계약에서도 돈을 벌었습니다.

■ 전체 1,400계약 가운데 원래 가지고 있던 돈은 얼마였습니까?

400계약은 제 돈이었습니다.

■ 이 매매로 얼마나 버셨습니까?

130만 달러 정도 벌었습니다.

■ 이전에 가장 많이 벌었던 금액은 10만 달러에 미치지 못했다고 알고 있습니다.

그렇습니다. 하지만 중요한 점은 이 거래를 계기로 제가 100계약 단위로 거래하는 트레이더로 성장했다는 사실입니다. 당시 제 목표는 하루 빨리 큰손이 되는 것이었습니다. 그때는 돈을 벌기가 정말 쉬워 그처럼 땅 짚고 헤엄치는 상황은 오래갈 수 없다고 판단했습니다. 운 좋게도 그때 저는 앞을 내다보는 통찰력이 있었죠. 지금은 그때보다 훨씬 더 매매하기 어렵습니다.

▌당시에는 지금보다 매매로 돈 벌기가 정말 쉬웠다는 통찰력 말씀이십니까?

그렇습니다. 그때 제가 알던 사람들 대부분 그런 식으로 계속 쉽게 돈을 벌 수 있다고 여기고 버는 족족 쓰기 바빴죠. 저는 그들과는 달리 언젠가는 그런 기회가 사라지지라 믿었습니다.

▌상황이 언제 바뀌었습니까?

1980년대에는 거래하기가 더욱 어려워졌습니다. 1970년대에는 인플레이션이 높아 가격이 크게 오르내렸고 시장에 참여한 개인들도 많았죠. 하지만 1980년대 들어서 인플레이션이 안정되자 가격이 크게 움직이는 경우는 드물어지고 조금씩만 등락하는 경우가 잦아졌습니다. 더욱이 가격이 내려가는 일이 빈번했습니다. 그래서 늘 매도보다는 매수하기 좋아하는 개인들 거래가 줄어들었습니다. 결국 점점 전문가들끼리 경쟁하는 상황에 맞닥뜨리게 되었죠.

▌인플레이션 압력이 크지 않고 전문 투자자가 시장을 지배하는 요즘은 어떻습니까? 매매하기 더욱 어렵죠?

매매가 훨씬 더 어려워졌을 뿐만 아니라 매매 패턴도 바뀌었습니다. 1970년대에는 가격이 크게 움직였기 때문에 추세에 올라타기만 하면 돈을 벌 수 있었습니다. 타이밍은 그리 중요하지 않았죠. 하지만 이제는 추세만 옳게 예측해서는 돈을 벌 수 없습니다. 물론 돈을 벌 확률을 높이기 위해서는 방향을 잘 예측해야 합니다. 하지만 이뿐만 아니라 진입과 청산 시점을 잡는 일에도 더욱 주의를 기울여야 합니다. 1970년대에는 시장 방향 예측이 90퍼센트, 매수/매도 시점 잡기가 10퍼센트를 차지했다면, 지금은 방향을 맞추는 일이 25퍼센트, 매매 시점을 잘 잡을 노력이 75퍼센트를 이룬다고 볼 수 있죠.

▌아까 말씀하신 영국 파운드화 매매 사례는 가격 움직임을 훌륭하게 예측한 경우였습니다. 보통은 가격을 어떻게 예측합니까?

펀더멘털을 배경으로 가격이 어떻게 움직이는지 봅니다. 남들처럼 펀더멘털만 보지 않죠. 즉 이렇게 생각하지 않습니다. '공급량이 너무 많으니 가격이 떨어지겠지.' 대신 시장이 펀더멘털에 어떻게 반응하는지 주시하죠.

▌구체적인 사례를 말씀해주시겠습니까?

지난 1~2년 동안 정부가 받아들이기 힘든 수준으로 경제가 침체되었습니다. 대공황 이후 최악의 부동산 거품 붕괴에 전쟁까지 있었죠. 더욱이 시장이 지난 9년 동안 쉬지 않고 올랐기 때문에 언제든지 꺾일 수 있는 상황이었습니다. 그렇지만 이런 부정적 뉴스에도 시장이 좀처럼 무너지지 않고 아직도 사상 최고가 바로 아래에서 움직이고 있습니다. 주식시장이 생각보다 강하다는 사실은 앞으로 더 오를 수도 있다는 뜻이죠.

▌다른 예를 하나 더 들어주시겠습니까?

미국이 이라크 공습을 감행하기 전날 밤 금가격은 온스당 400달러 주변에서 거래되고 있었습니다. 이라크를 공습하기 시작하던 날 밤 금은 극동아시아 시장에서 397달러에서 410달러로 오른 뒤 390달러로 마감했죠. 이튿날 모두가 예상한 대로 400달러를 상향 돌파했습니다. 하지만 미국이 전쟁에 돌입했는데도 그날 저녁 금가격은 다시 크게 하락했습니다. 그 다음날 아침 시장이 열리자 금가격이 폭락했고, 그 뒤 몇 개월 동안 쉬지 않고 내려갔습니다.

▌사례가 더 있다면 또 말씀해주시면 좋겠습니다.

지난 여름 대두가격은 6달러 바로 밑에서 낮게 거래되고 있었습니다. 곧 곡식이 자라는 시기가 다가오는 중요한 상황에서 가뭄이 닥쳤습니다. 더욱이 소련과의 관계도 크게 개선되어 소련으로 곡물을 더욱더 많이 수출할 가능성도 커졌죠. 수출 증가와 가뭄은 곡물가격을 밀어 올리는 중요한 두 요소입니다. 그런데 이 두 요소가 동시에 나타나는 상황인데도 가격은 상대적으로 낮은 수준에 머물러 있었죠. 대두가격이 잠깐 오르는가 싶더니 다시 내려갔습니다. 이런 상황이라면 최근 밀렸던 5.3달러까지 다시 하락할 수도 있었죠. 소련으로 곡물을 엄청나게 많이 수출할 수 있을 뿐만 아니라 가뭄이 곧 닥치는 상황인데도 가격이 올라가지 못한다면 어떻게 급등을 기대할 수 있겠어요?

▌영국 파운드화 매매 사례 이외에 지난 20년 동안 아주 훌륭했던 거래가 또 있나요?

제가 아주 즐겼던 매매 가운데 하나는 1980년대 초 캐나다 달러가 85센트에서 70센트로 내려가던 기간에 캐나다달러를 매도했던 일입니다. 5년 전까지만 해도 캐나다 정부는 자국 통화 가치를 유지하려고 시장에 적극 개입하는 정책을 추구하지 않았습니다. 따라서 120, 130, 140포인트처럼 캐나다달러가 미 달러 대비 눈에 띄는 수치에 이를 때에만 며칠 동안 개입을 하는 둥 마는 둥 한 뒤 그냥 내버려두었죠. 따라서 예측하기 아주 쉬웠습니다. 캐나다달러가 줄곧 하락하던 5년 내내 평균 1,000~1,500계약 정도 보유하고 있었습니다.

▌캐나다 정부가 캐나다달러 가치를 떠받치는 데 성공하지는 못했지만, 이를 위해 외환시장에 개입한다는 소식으로 받아들여 정부 의도와는 반대쪽으로 매매하려는 선생님의 투자 전략이 더욱 확고해졌습니까?

물론입니다. 하지만 강력하게 개입하는 경우에는 조심해야 합니다. 그렇지만 제가 말씀드렸듯이 당시 캐나다 정부의 개입은 단호하지 못했습니다. 하지만 캐나다달러가 뜻대로 움직이지 않자 정부의 의지가 아주 강력한 쪽으로 바뀌었습니다. 캐나다달러가 끝내 67센트로 떨어졌습니다. 하지만 그 와중에도 120포인트 높게 시작한 뒤 이튿날 또 120포인트 오르며 개장한 날도 있었습니다. 이틀 만에 이익이 100만 달러 넘게 줄어들자 정신이 번쩍 들었죠. 셋째 날 로이터 화면에 멀로니 총리가 한 말이 소개되었습니다. 총리는 "우리는 시카고거래소 투기꾼들이 우리의 통화 가치를 좌지우지하지 못하도록 하겠습니다. 굳건한 우리 통화가 도박꾼들 손에 놀아나는 일이 없도록 하겠습니다"라고 말했어요. 한 대 얻어맞은 꼴이었죠.

▍그때 포지션을 청산하셨군요.

그렇습니다. 그때 모두 정리했습니다. 매매하기 쉬울 때 진입하고 그렇지 않을 때 나오려 했죠. 사실 이 전략이 저의 평소 매매 철학입니다. 쉬운 쪽에서 매매하기를 원했죠.

▍'쉬운 쪽'이 무엇인지 자세히 설명해주시겠습니까?

등락폭의 가운데 부분을 말합니다. 가격이 움직이기 시작할 때에는 방향에 대해 확신할 수 없기 때문에 매매하기 어렵습니다. 추세가 끝날 때에는 사람들이 이익을 실현하기 시작하고, 시장이 크게 움직이지 않기 때문에 매매하기 힘들죠. 추세의 중간 부분에서는 매매하기 쉽습니다.

▍바꿔 말하면 바닥과 천장을 가장 싫어하시는군요.

맞습니다. 저는 결코 바닥에서 사고 천장에서 팔려고 하지 않습니다. 운 좋게 바닥을 짚어낼 수 있더라도 시장이 그 수준에서 몇 년간 머물러 자금이 오래 묶일 수도 있습니다. 추세가 나타나기 전에 진입하는 전략은 좋지 않습니다. 대신 추세를 확인한 뒤 투자하는 쪽이 더 낫죠.

▎많은 트레이더가 바닥이나 꼭지를 잡으려고 지나치게 애쓰는 실수를 범한다는 사실을 잘 알고 계시죠?

물론입니다. 시장이 움직이기 전에 방향을 미리 예측하려는 트레이더가 많죠.

▎보통은 중앙은행이 원하는 방향과 반대로 투자하면 유리하다고 방금 말씀하셨습니다. 하지만 정부가 아주 강력하게 개입하는 상황을 가정해보죠. 1978년 11월 카터 미 대통령의 달러구제계획을 예로 들겠습니다. 주말에 이 계획이 발표되자 밤 사이 외환시장이 크게 흔들렸습니다. 추세를 추종하는 트레이더이신 선생님께서는 이 소식을 들으신 뒤 달러를 매수했으리라고 생각합니다.

달러가 매우 강해지리라 확신했지만 일주일 전에 이미 포지션 절반을 청산한 상태였습니다.

▎이해할 수 없군요. 포지션 일부를 처분한 근거가 무엇이었습니까? 제 기억으로는 달러구제계획 발표 전에 달러 약세 징후가 없었거든요.

그때 시장은 올랐지만 상승 속도는 증가하지 않고 하락했습니다. 가격이 계속 올라 사상 최고가를 기록하더라도 시장 체력이 약해질 수 있습니다. 당시 저는 독일 마르크화와 영국 파운드화 매수 포지션을 들고 있었죠. 하지만 마르크화는 처분하고 파운드화는 계속 보유했습니다.

▎월요일 아침 시장이 열리자마자 폭락했을 때 어떻게 대응하셨는지 설명해주시겠습니까?

시장이 열리기 훨씬 전부터 시장이 급락하리라 예상했습니다. 정말 다행스럽게도 가격 제한폭에 걸린 통화선물시장에서 200계약을 처분할 수 있었죠.

(통화현물시장에서는 선물시장 가격 제한폭보다 훨씬 더 낮게 거래되고 있었기 때문에 선물시장에서 하한가에 팔리는 사람은 많지만 사려는 사람은 없었다. 결국 선물시장

은 거래가 중지되었다. 그런데도 선물시장이 열렸을 때 현물시장 거래가격이 선물시장의 일일 가격 제한폭의 3배나 낮다는 사실을 모르는 순진한 투자자가 매수 주문을 내기도 했다. 이들이 랜디 맥케이가 낸 매도 주문을 일부 받아주었다).

저는 은행 간 시장에서 전일 종가보다 1,800포인트 낮은 가격에 나머지 포지션을 청산했습니다(이 가격은 통화선물시장에서 3일 연속 가격 제한폭까지 떨어진 수준과 같다).

▎**월요일 하루 만에 1,800포인트나 손해 봤군요.**
그렇습니다.

▎**통화선물시장이 정상적으로 거래될 때까지 기다리셨다면 손실이 더 컸을까요?**
조금 더 컸을 듯합니다.

▎**갑작스런 소식으로 선물시장이 가격 제한폭까지 떨어지고 현물시장은 선물시장이 며칠 연속 가격 제한폭까지 떨어진 수준을 반영해 거래되는 최악의 상황일 때, 선물시장이 정상적으로 거래될 때까지 기다리지 않고 바로 처분하면 더 유리합니까?**
저는 결코 그런 식으로 결정을 내리지 않는다는 원칙을 갖고 있습니다. 투자한 뒤 시장이 반대로 움직여 큰 손실을 보면 바로 빠져나옵니다. 가격을 불문하고 즉시 처분합니다. 큰 손실을 기록할 때에는 매매를 잘할 때보다 의사결정이 훨씬 덜 객관적이기 때문이죠. 시장이 급등해 1,800포인트 위에서 끝났더라도 전혀 개의치 않습니다. 손실이 엄청난데도 우물쭈물 망설이다가는 곧 울며 겨자 먹기 식으로 처분해야 하는 상황으로 몰리게 됩니다.

■ 그날 지난 밤 발표된 뉴스로 결국 얼마나 손해 보셨나요?

손실 금액은 150만 달러 정도였습니다.

■ 그때까지 기록한 손실 중 가장 컸군요.

그렇습니다.

■ 그때 기분이 어떠했는지 말씀해주실 수 있으십니까?

포지션을 들고 있는 동안에는 많이 불안합니다. 하지만 처분하고 나면 거래했던 내용을 잊어버리죠. 머릿속에서 지울 수 없다면 매매를 계속할 수 없죠.

■ 지금까지 매매하시면서 무슨 이유에서든 아주 두드러진 매매 사례가 또 있습니까?

성공한 사례와 실패한 경우 모두를 말씀하시는지요?

■ 물론입니다.

(웃으며) 1979년 금가격이 폭등하기 시작해 1980년 초 정점을 찍은 적이 있습니다. 저는 그때 투자하지 못해 불안발작증세를 겪기도 했습니다.

■ 왜 기회를 잡지 못하셨는지 말씀해주시겠습니까?

제가 매수하지 못한 상태에서 시장이 거침없이 내달렸습니다. 매일 생각했죠. "어제 매수했더라면 참 좋았으련만." 하지만 문제가 겹쳤습니다. 첫째는 제가 원자재 역사상 가장 큰 상승장에 편승하지 못했다는 점이었죠. 둘째는 은행에 넣어둔 현금이 인플레이션 때문에 구매력이 계속 떨어진다는 사실이었습니다. 이런 상황이 정말 끔찍하게 느껴졌습니다. 결국 정확히 최고점에서 금을 사고 말았습니다. 50계약을 매수했죠. 이튿날 개장 직후 150달러로 하락했습니다. 하룻밤 사이에 75만 달러를 잃었지만 마침내 고통이 사라졌기 때문에 오히려 마음은 편안했습니다. 돈을 잃었지만 개의치 않았죠. 사실 마음속으로는 시장이 떨어지기만 바라고 있었습니다.

■ 한마디로 고통을 멈추려고 매수한 셈이군요.
맞습니다.

■ 기회를 놓친 고통이 시장 방향을 잘못 예측한 아픔보다 훨씬 더 크다고 생각하시는군요.
거래를 시작한 뒤 몇 년 동안은 그랬습니다. 하지만 이제는 더욱 노련해져서 그렇게 느끼지는 않습니다.

■ 그 일로 얻은 교훈은 무엇입니까?
기회를 놓쳤더라도 후회하지 말고, 투자했다면 그 포지션에 집중해야 한다는 교훈을 배웠습니다. 그때까지는 이를 깨닫지 못했죠. 그때는 제 포지션 규모가 작으면 시장이 오히려 제 포지션과 반대쪽으로 움직이기를 원했습니다.

■ 눈에 띄는 실패 경험이 있으신가요? 가장 많은 손해를 본 사례를 말씀해주시겠습니까?
가장 많이 손해 본 경우는 말이죠. (그는 기억을 더듬느라 이 말을 느릿느릿 되풀이하며 웃음 지었다.) 1988년 캐나다달러가 80센트를 상향돌파하자 이후 아주 많이 오를 것이라고 예상했습니다. 캐나다달러를 꾸준히 매수하기 시작해 결국 매수 포지션이 2,000계약에 이르렀죠.

■ 캐나다달러가 아주 강해지리라고 예상한 근거가 무엇이었나요?
저는 캐나다달러 거래로 늘 재미를 보았습니다. 시장이 아주 강하게 움직이면서 심리적 한계선인 80센트를 뚫고 올라갔죠. 그래서 시장이 더욱 상승하리라고 확신했습니다.

저에게는 이번 매매가 마지막에서 두 번째 거래라고 생각했습니다. 저는 매매를 처음 시작한 이래 5,000만 달러를 벌면 매매를 그만두어야겠다고 생각했습니다. 2,500만 달러는 은행에 넣은 뒤 이자를 받아 떵떵거리며 살 생각이었습니다. 나머지 2,500만 달러로 신문사나 야구 구단을 사려고 했죠. 그 시절에는 그 금액으로 야구팀을 살 수 있었습니다.

저는 트레이딩에 발을 들여놓을 때부터 마지막 거래에서는 5,000계약을, 마지막에서 두 번째에서는 2,500계약을 매매하려고 계획했습니다. 그래서 이번이 마지막에서 두 번째 거래일 거라고 생각했죠. 캐나다달러가 87~88센트에 이를 때까지 포지션을 보유할 계획이었습니다. 그 가격에서 처분하면 1,500만 달러를 벌 수 있었죠. 그다음 거래에서는 3,000만 달러를 번 뒤 매매를 그만 두려고 결심했습니다.

하지만 계획대로 되지 않았습니다. 그때 저는 자메이카에 집을 짓고 있던 터라 공사 진행상황을 감독하기 위해 몇 주에 한 번씩 그곳에 가야 했습니다. 어느 일요일 아침 마이애미를 거쳐 자메이카로 가는 비행기를 타려고 문을 나서면서 극동아시아 시장에서 거래되는 캐나다달러 환율을 확인했습니다. 평소 캐나다달러는 극동아시아 시장에서 크게 움직이지 않거든요. 그런데 놀랍게도 가격이 100포인트나 떨어져 있었습니다. 그때 저는 짐을 싸들고 대기하고 있던 리무진에 타려던 참이었어요. 그리고 속으로 이렇게 중얼거렸습니다. "극동아시아 시장에서는 캐나다달러가 100포인트 넘게 움직일 리 없어. 20포인트도 떨어지기 어렵지. 틀림없이 호가를 100포인트 낮게 잘못 제시했을 거야." 이렇게 생각한 뒤 문을 나섰습니다.

하지만 가격은 정확했습니다. 이튿날 아침 캐나다달러는 전일 종가 대비 150포인트나 낮게 출발했죠. 엎친 데 덮친 격으로 집에는 전화도 없었습니다. 할 수 없이 근처 호텔로 가 공중전화 박스 앞에서 줄을 서야 했습니다. 전화가 연결되었을 때에는 제 포지션의 평가 손실은 300만 달러에 이르렀습니다.

▌왜 느닷없이 캐나다달러가 폭락했습니까?

한 달 뒤 캐나다에서 선거가 있을 예정이었습니다. 당시 멀로니 수상이 퀘벡 지방을 독립시키자는 주장을 포함해 극단적 자유주의를 표방하는 터너 후보에 크게 앞서 있었습니다. 그런데 일요일 밤에 벌인 토론에서 터너 후보가 멀로니 수상을 크게 압도했습니다. 이튿날 아침 발표된 여론조사를 보니 멀로니 수상과 터너 후보 사이의 격차가 24퍼센트 포인트에서 8퍼센트 포인트로 크게 줄었습니다. 멀로니 수상의 승리가 불 보듯 뻔했던 판세가 하룻밤 사이에 갑자기 박빙의 승부로 둔갑했죠. 설상가상으로 당시 캐나다와 미국이 조심스럽게 무역협상을 벌이고 있었는데, 터너가 승리하면 이 협상이 무산될 수 있는 상황이었습니다. 이렇듯 갑작스럽게 정치 상황이 매우 불확실해지자 시장이 혼란에 빠진 것입니다.

▌그때 포지션을 정리하셨나요?

400계약 정도 처분했습니다. 그렇지만 시장이 너무 많이 빠졌기 때문에 더 이상 내려가기 어렵다고 보았습니다. 하지만 그 뒤 2~3일 동안 더 많이 하락했습니다. 그때 제 계좌의 평가 손실은 700만 달러였습니다. 손실 금액을 확인한 순간 브로커에게 전화했죠. "모조리 처분해주세요."

▌처분하셨을 때 가격이 바닥이었나요?

정확히 바닥이었습니다. 그런데 한 달도 채 지나지 않아 가격이 두 후보가 논쟁을 벌이기 전 수준으로 되돌아왔습니다.

▌그 뒤로 캐나다달러가 오르는 동안 투자하지 못했나요?

기회를 전혀 잡지 못했습니다. 캐나다달러는 결국 제가 예상했던 가격을 넘어섰습니다. 처음에는 200만 달러를 벌었지만 이후 포지션을 계속 늘린 상태에서 시장이 급락한 탓에 700만 달러를 잃었습니다. 결국 1,500만 달러를 벌기는

커녕 오히려 500만 달러를 잃었습니다.

▌지금까지 매매하면서 가장 괴로웠던 때가 자메이카에 계실 때 손해를 본 경우입니까?

아닙니다. 그 매매에서 돈은 가장 많이 잃었지만 제일 심하게 괴로워하지는 않았습니다.

▌가장 괴로웠던 경우는 언제였나요?

아까 말씀드렸던 1978년 파운드화 매매 때가 가장 견디기 힘들었습니다. 그렇게 많은 돈을 잃었던 경우는 처음이었으니까요.

▌기억에 남는 매매 사례가 또 있으신가요?

1982년 어느 날 저녁 다우지수가 연일 오른다는 뉴스를 접했습니다. 주식시장이 급등하리라는 느낌이 늘기 시작했죠. 선물시장 이외의 다른 시장을 보고 폭등을 직감한 경우는 그때가 처음이었습니다. 하지만 주식은 제 전문 분야가 아니었기 때문에 제가 직접 주식을 고르고 싶지 않았습니다.

그래서 브로커로 일하는 제 친구를 찾아가 주식계좌를 개설한 뒤, 시장이 전반적으로 오를 것이라고 예상되니 여러 업종의 주식을 골고루 사달라고 부탁했습니다. 당시 저는 그의 종목 선정 방식이 제 선물 매매 원칙과는 정반대라는 사실을 몰랐습니다. 그 친구는 가장 많이 하락한 종목이 제일 많이 오를 수 있다는 생각에 가장 힘없는 주식만 좋아했습니다. 분명 제 투자 원칙과는 맞지 않았죠. 결국 그는 자신이 지난 10년 동안 사랑해온 종목 3개만 샀습니다.

다우지수는 3개월 내내 오르는데 제 계좌잔고는 오히려 줄어드는 모습을 지켜만 볼 수 없어 결국 그에게 보유 종목들의 주가 그래프를 보내달라고 요청했습니다. 저는 원래 오르는 종목을 매수하는 성향인데 그는 계속 바닥에서 맴도는 종목들만 매수했다는 사실을 알게 됐죠. 그 친구에게 계속 돈을 맡기면 곤란하겠다 싶어 계좌를 해지했습니다.

전화번호부를 뒤적여 시카고 미시건 가와 와커 가가 만나는 모퉁이에 있는 메릴린치 증권을 찾아냈습니다. 어느 여름날 오후 시장이 마감한 뒤 은행에 가서 100만 달러짜리 자기앞수표 한 장을 인출했죠. 그러고는 메릴린치 증권을 찾아가 물었습니다. "책임자를 뵐 수 있을까요?" 지점장이 나오자 이렇게 말했죠. "이곳에서 가장 경험이 적은 상담직원을 소개받고 싶습니다." 정말 진심어린 부탁이었습니다. 저는 자기 고집대로 하지 않는 사람이 필요했습니다.

지점장은 제게 스물셋 즈음 보이는 젊은이를 소개시켜 주었습니다. 저는 그 젊은이에게 100만 달러짜리 수표를 내밀며 말했습니다. "주식계좌를 개설하고 싶습니다. 하지만 제가 부탁하는 대로 해주셔야 합니다. 먼저 75만 달러로 사상 최고가 근처에서 움직이는 주식을 골고루 매수해주세요. 그리고 매주 업종별로 사상 최고가에 근접한 순으로 주식 목록을 정리해 보내주세요."

그는 제가 시킨 대로 정확히 따라했고 저는 이런 식으로 고른 주식에 투자해 재미를 톡톡히 봤습니다. 하지만 같은 해 시카고상업거래소가 S&P500 주가지수선물을 도입한 덕분에 주식시장이 전반적으로 상승할 것이라고 예상됐고, 번거롭게 여러 개별 주식에 투자할 필요가 없어졌습니다.

저는 그 젊은이에게 그동안 수고해줘서 고맙다고 말하고 계좌를 해지한 뒤 대신 S&P500 주가지수선물을 매매하기 시작했습니다. 그는 제가 지시하는 대로 정확히 처리해주었기 때문에 계좌를 해지할 때 그에게 미안한 마음이 들었죠. 그는 업종별로 가장 상승 탄력이 강한 주식을 매수해주었습니다.

▎**미안해하지 마세요. 그 젊은이에게 시장이 대해 많이 가르쳐주셨잖아요. 주가지수 선물시장으로 옮긴 뒤 재미를 보셨습니까?**

재미를 톡톡히 봤습니다. 운 좋게도 S&P500지수가 120포인트에서 300포인트까지 상승하는 내내 거의 투자하고 있었으니까요.

▌왜 주식시장이 강하게 오르리라 믿었는지 자세히 말씀해주시겠습니까?

특별한 호재가 없는데도 주가가 연일 올랐습니다. 사실 부정적 뉴스가 더 많았죠. 인플레이션과 이자율, 실업률 모두 아주 높았습니다. 더욱 중요한 사실은 지난 20년 동안 물가가 엄청나게 치솟았는데도 주가지수는 20년 전 수준에 머물렀다는 점이었죠. 따라서 실질 가치로 따지면 주가는 터무니없을 정도로 저렴했습니다. 더욱이 전문가들 대부분 시장을 별로 좋게 보지 않았다는 점이 마음에 들었죠. 당시 아주 유명한 애널리스트였던 조 그랜빌은 매우 우스꽝스러운 전망을 제시했습니다. 시장이 고점을 경신할 때마다 더욱 부정적인 전망을 내놓았죠. 그는 기술적으로만 분석하는 사람이었습니다!

▌큰 교훈을 줄 만한 실패 사례가 있습니까?

처음으로 크게 잃은 사례를 말씀드리죠. 독일 마르크화가 가격 제한폭까지 상승했을 때 저는 마르크화 매도 포지션을 들고 있었습니다. 그 가격에 청산할 수 있었지만 실행에 옮기지 못했죠. 이튿날 시장은 또 가격 제한폭까지 올랐습니다. 손실이 두 배로 커졌을 뿐만 아니라 원금을 회복하는 데 두 달이나 걸렸죠. 바로 손절해야 한다는 교훈을 뼈저리게 배웠습니다. 매매할 때마다 감당할 수 있는 손실을 정하는 일도 중요합니다. 하지만 손실이 크면 두려움 때문에 많은 금액을 투자할 수 없어 돈을 벌 기회를 놓칠 수 있다는 점도 생각해야 합니다.

▌지난 10년간 전문 투자자가 엄청나게 많이 늘었다고 말씀하셨는데 이로 인해 시장이 어떻게 바뀌었나요?

장기적으로는 비슷하게 움직입니다. 하지만 단기적으로는 과거와 정반대로 움직이죠. 주가가 오르기 위해서는 사려는 세력이 많아야 합니다. 시장 참여자들이 미숙했던 과거에는 주가지수가 고점을 경신하고 주식시장 뉴스가 신문 머리기사를 장식할 때까지 기다렸다가 매수하면 그만이었죠. 반면 요즘 시장을 지배하는 전문 투자자들은 가격이 반대방향으로 움직일 때 삽니다. 그 결과 큰 추세 전에 나타나는 가격 움직임이 과거와는 아주 다르죠. 전문 투자자들이 초보 투자자들과는 다르게 매매하기 때문입니다.

▌이런 변화를 고려해 이전과 다르게 매매하시나요?

과거에는 돌파가 나올 때 사거나 팔았습니다. 돌파란 일정한 가격 범위를 벗어나는 움직임을 말합니다. 기술적 분석가들은 돌파를 가격이 돌파한 방향으로 더 뻗어간다는 신호로 해석합니다. 하지만 요즘은 돌파가 거짓으로 드러난 경우가 많습니다. 사실 가짜 돌파가 진짜 돌파보다 더 많습니다. 따라서 이제 저는 돌파한 방향으로 추격 매수하는 전략은 더 이상 쓰지 않죠. 요즘에는 커다란 추세가 형성되기 전에 가격이 반대방향으로 급격히 밀리는 경우가 많습니다. 저는 늘 하던 대로 전체적인 시장 체력을 토대로 시장 방향을 예측합니다. 몇몇 예외는 있지만, 요즘은 떨어질 때 사고 오를 때 팝니다.

▌항상 시장이 밀릴 때까지 기다렸다 매수하려면 큰 추세를 놓칠 위험이 있지 않나요?

물론입니다. 하지만 그래도 전혀 개의치 않습니다. 저는 화면에 38개 시장을 띄워 놓습니다. 10개의 시장에서 기회를 놓쳐도 거래할 수 있는 다른 시장 10개가 또 있죠. 가장 나쁜 사례는 방향은 옳게 예측했는데 돈을 잃는 경우입니다. 요즘은 오를 때 추격 매수하거나 밀릴 때 매도하면 위험합니다.

▌체스 게임 같군요. 상대가 농부이거나 치과의사일 때에는 이렇게 매매하고, 전문 투자자일 때에는 저렇게 거래하시는군요.

물론입니다. 정확히 보셨습니다. 바뀌는 상황에 계속 적응해야 합니다.

▌더 이상 거래소에서 매매하지 않은 이유는 무엇입니까?

첫 아이가 태어났을 때 아이와 함께 하고 싶었기 때문입니다. 잠자리에 들기 전에 아기 얼굴을 잠깐 보는 바쁜 아빠가 되기 싫었습니다. 집에서 매매하면 돈을 벌면서 사생활도 즐길 수 있다고 생각했죠.

▌매매 장소를 거래소에서 집으로 옮긴 뒤 어려움은 없으셨나요?

처음에는 많이 힘들었습니다. 트레이딩을 시작한 첫 12~13년 동안 전년보다 수익을 덜 올렸던 해는 집에서 매매하기 시작하던 때밖에 없었습니다. 거래소에서는 가격이 정상적인 수준을 벗어나는 경우를 재빨리 잡아내 매매했습니다. 하지만 거래소 밖에서는 이런 이점이 없기 때문에 더욱 장기로 매매해야 합니다. 거래소 밖에서 매매하기 시작한 첫 해에도 매년 전년보다 돈을 더 많이 벌 수 있다고 자만했던 점이 제 실수였습니다. 그해 별 볼일 없는 실적을 기록한 뒤 더욱더 힘을 쏟고 집중해야 한다는 사실을 깨달았죠. 이듬해부터는 각오를 더욱 단단히 해 처음으로 100만 달러 넘는 수익을 올렸습니다.

▌매매를 시작한 이래 매년 수익을 올렸다고 말씀하셨습니다. 특별한 비결이 있습니까?

트레이딩을 시작한 첫 몇 년간 매매 내역을 하나하나 분석한 점이 도움이 되었습니다. 날마다 매매 내역을 복사해 집으로 가져가 다시 들여다보았죠. 매매를 하다 보면 수익을 올리는 경우도, 손실을 보는 경우도 있습니다. 수익이 난 까닭과 손실이 발생한 이유를 분석해야 합니다. 원인을 알면 가려서 매매할 수 있기 때문에 손해 보기 쉬운 거래를 피할 수 있습니다.

▌트레이더에게 줄 만한 교훈이 또 있으신가요?

가장 중요한 교훈은 손실이 걷잡을 수 없을 정도로 커지게 놔두어서는 안 된다는 점입니다. 매매에서 20~30번 연속으로 돈을 잃어도 계좌에 투자 자금이 남아 있도록 해야 합니다. 저는 매매할 때마다 손실이 계좌잔고의 5~10퍼센트를 넘지 않도록 관리합니다. 첫 매매에서 손실을 기록하면 다음 매매에서는 시장 방향에 대한 확신이 아무리 강하더라도 손실이 계좌잔고의 4퍼센트를 넘지 못하도록 관리합니다. 둘째 매매에서 또 돈을 읽으면 다음에는 손실 한도를 잔고의 2퍼센트로 줄입니다. 계속 손해를 보면 손실 한도를 또 내립니다. 한 번에 3,000계약까지 매매했다가 손실이 이어짐에 따라 매매 규모를 10계약으로 줄인 뒤 다시 투자 규모를 늘린 적도 있습니다.

▌매매 규모를 과감히 바꾸는 전략이 성공의 핵심 요소였나요?
물론입니다. 누구든 손해를 보는 경우가 있기 때문이죠.

▌한마디로 본인을 추세처럼 여겨 잘할 때에는 투자 규모를 늘리고, 못할 때에는 줄이셨군요.
당연합니다. 이 전략에는 논리적으로 타당한 근거가 있습니다. 매매를 잘할 때에는 심리상태도 좋습니다. 반면 그렇지 않을 때에는 바람과 희망을 섞어 시장을 바라보죠. 그러면 객관적 분석을 토대로 투자하는 대신 감정에 치우쳐 매매하게 됩니다.

▌말하자면 마음의 평정을 되찾기 전까지 투자하지 않고 기다리시는군요. 그리고 평정심은 매매에서 수익을 올려야 얻을 수 있다는 말씀이시고요.
맞습니다.

▌선생님께서는 거래소 안팎에서 많은 트레이더를 보셨을 텐데요. 성공한 트레이더와 실패한 트레이더를 구분 짓는 뚜렷한 특징이 있습니까?
아주 흥미로운 사실은 제가 아는 성공한 트레이더들 모두 자신의 성격에 맞는 매매 스타일을 유지한다는 점입니다. 예를 들어 제 형은 매우 부지런하고 꼼꼼합니다. 매년 4월 15일이 다가올 즈음이면 책상에 앉아 연필을 깎아 놓고 소득

세 신고서를 작성합니다. 사실 3월에 연필을 모두 깎아 놓습니다.

▎정말 보기 드문 사람임에 틀림없군요.

그렇습니다. 어쨌든 제 형은 스프레드 전략에만 집중하는 트레이더입니다. 이 투자 방식은 형의 성격과 아주 잘 맞아떨어졌습니다. 스프레드 전략이란 한쪽 방향으로 매수하거나 매도하는 대신 서로 연관된 두 자산을 동시에 매수/매도 하면서 이 자산들의 가격 차이에서 나오는 이익을 노리는 투자 방식입니다. 형은 이 전략에 능숙합니다. 형에게 다가가 어느 자산이든 스프레드가 얼마인지 물으면 그 자리에서 바로 대답할 수 있죠. 형은 제가 하는 것처럼 위험이 따르는 매매는 절대 하지 않습니다. 자신이 하고 싶은 스프레드 거래에만 집중하죠.

한편 위험이 많이 따르는 매매를 즐기는 제 친구들은 당장이라도 라스베이거스로 날아가거나 아프리카에 있는 산에 오를 수 있는 스타일입니다. 요점은 성공한 트레이더들은 매매 스타일이 자신들의 성격과 맞는다는 점입니다.

▎성격이 어떻습니까? 선생님은 매매 스타일이 잘 맞나요?

아주 잘 어울린다고 생각합니다. 저는 천주교를 믿는 보수적인 집안에서 자랐습니다. 사실 목사가 되려고 신학대학에서 4년간 공부도 했습니다. 아까 말씀 드린 대로 저는 해병대에 자원입대했죠. 한마디로 모범생이었습니다. 어른이 되고 돈을 벌어 생활에 여유가 생기자 모험을 즐기는 성격으로 바뀌었습니다. 15년 전에 사람들이 드물게 찾던 아프리카도 여행했죠. 인생은 짧으니 살아 있는 동안 마음껏 즐겨야 한다고 생각하고, 할 수 있는 한 많은 경험을 하려고 했습니다.

제 매매 스타일은 서로 상반되는 이 두 가지 성격이 섞여 있습니다. 모험을 즐기는 성격에 맞게 트레이더가 된 반면, 보수적 스타일에 어울리게 자금을 관리합니다. 저는 자금을 매우 보수적으로 관리합니다. 제 전체 자금은 물론이고 제 계좌잔고 전부가 위험해질 정도로는 결코 매매하지 않습니다.

■ 성격이 어떻든 매매 스타일과 맞으면 전혀 상관없다는 말씀이시군요.

맞습니다. 전혀 관계없습니다. 세상에는 각양각색의 매매 스타일이 존재하고 각자에게 어울리는 매매 방식이 늘 있기 때문입니다.

■ 실패하는 트레이더에게 해주고 싶은 조언이 있으신가요?

트레이더들이 종종 돈을 잃는 까닭은 자신에게 어울리는 매매 방식이 무엇인지 충분히 따져보지 않기 때문입니다. 잘 분석한 뒤 자신이 잘하는 거래에만 집중하면 성공할 수 있습니다. 하지만 자신의 스타일에 맞게 매매했는데도 돈을 벌지 못하면 다른 분야를 찾는 편이 낫습니다.

　　가장 중요한 매매 원칙은 무엇일까? 매매를 시작하려는 사람은 무엇보다도 자신의 취향과 잘 어울리고 마음에 드는 매매 방식을 찾아야 한다. 랜디 맥케이는 이 원칙이 매매에서 성공하는 자와 실패하는 자를 구분 짓는 가장 중요한 요소라고 주장했다. 각 투자자는 시스템 트레이딩과 자기 판단으로 하는 트레이딩, 펀더멘털 분석과 기술적 분석, 포지션 트레이딩과 스프레드 트레이딩, 단기투자와 장기투자, 공격적 접근과 보수적 접근 사이에서 자신에게 맞는 방식을 골라야 한다. 이러한 상반되는 여러 투자 방식 가운데 하나는 한쪽은 자신에게 맞는 반면, 다른 쪽은 어울리지 않을 것이다.

　　그런데 자기 취향에 맞는 투자 방식을 골라야 한다는 원칙이 그리 대단해 보이지 않는다고 생각하고 이렇게 물을 수도 있다. "결국 모든 트레이더가 자신의 성격과 일치하는 투자 방식을 선택하지 않나요?" 전혀 그렇지 않다. 이와 관련한 내 경험은 이 책 마지막 장에 자세히 설명해놓았다.

　　일반적으로 자신의 성격과 전혀 어울리지 않는 방식으로 투자하는 사람은 놀라우리 만큼 흔하다. 매매 시스템을 잘 만들었는데도 그 시스템을 자꾸 뜯어고치는 바람에 낭패를 보는 투자자도 있다. 원래 장기투자가 어울리지만 참을성이 부족하고 '무엇인가 해야' 한다는 충동에 사로잡혀 단기투자만 하는 사람도 있다. 직관력이 타고나 이를 발휘하기에 알맞은 거래소 객장에서 매매하면 좋은데도 거래소를 떠나 평범한 포트폴리오 매니저가 된 트레이더도 있다. 복잡한 저위험 차익거래를 능숙하게 할 수 있을 만큼 이론에 정통한데도 수익을 잘 내려면 부담스러우리만큼 큰 위험을 감당해야 하는 방향성 매매에 전념하는 투자자도 있다.

위 사례는 모두 각자에게 어울리는 투자 스타일이 있는데도 종종 정서적 욕구를 충족시키려고 정반대 스타일로 매매하는 경우다. 다시 말해 상식적으로 자신의 성향과 투자 스타일을 서로 맞춰야 하는데도 이 원칙을 지키는 경우는 드물다. 하지만 이 개념이 얼마나 중요한지는 사실 성공한 트레이더 모두 자신의 스타일에 맞게 투자했다는 랜디 맥케이의 주장에 잘 드러나 있다.

랜디 맥케이의 매매방식 가운데 가장 중요한 요소는 매매 규모를 탄력적으로 조절한다는 원칙이다. 투자를 잘해 성공확률이 클 때에는 매매 규모를 크게 늘린다. 반대로 투자가 잘 안 될 때에는 매매 규모를 많이 줄인다. 심지어 매매 규모 차이가 100배가 넘는 경우도 많다. 이 전략을 쓰면 잘 못할 때 조금 잃고, 잘할 때 많이 벌 수 있다. 매매 규모가 늘 일정한 투자자는 블랙잭 카드 게임을 할 때 들어온 패에 무관하게 아무 생각 없이 늘 똑같은 금액을 베팅하는 사람과 같다.

위험관리도 랜디 맥케이 투자 방식의 핵심 요소다. 사실 훌륭한 트레이더 대부분 위험을 잘 관리한다. 앞에서 설명한 대로 랜디 맥케이는 매매에서 계속 손실을 기록하면 투자 규모를 많이 줄일 뿐만 아니라 잘못된 포지션은 바로 청산한다는 원칙도 지킨다. 앞에서 언급한 캐나다달러 매수 사례에서처럼 그는 스스로 세운 중요한 투자 원칙을 어기고 그답지 않게 꾸물거리다 손실을 350만 달러에서 700만 달러로 키운 적이 있다.

랜디 맥케이는 주로 기술적 분석을 토대로 매매하지만 기본적 분석도 중요하게 여긴다. 하지만 그는 기본적 분석을 약간 색다르게 적용한다. 랜디 맥케이는 펀더멘털이 튼튼하지 약한지를 보려 하지 않는다. 펀더멘털 관련 지표 자체가 좋게 나왔는지 나쁘게 발표되었는지도 중요하게 생각하지 않는다. 펀더멘털 뉴스에 시장이 어떻게 반응하는지에 초점을 둔다. 예를 들어 부정적 뉴스가 쏟아져 나오는데도 시장이 무덤덤하면 랜디 맥케이는 강세장이 임박했다는 증거로 판단한다.

Chapter 06

터틀 트레이딩 시스템

윌리엄 에크하르트(William Eckhardt)

　　윌리엄 에크하르트는 투자업계에서 전설적 인물이지만 아직 대중에게는 거의 알려져 있지 않다. 유명한 트레이더들이 다른 분야의 두드러진 사람들만큼 우리에게 친숙하다면 옛날 아메리칸 익스프레스 광고에 윌리엄 에크하르트가 나오는 장면을 상상해볼 수 있다(이 광고에는 훌륭하지만 이름은 잘 알려지지 않은 배리 골드워터의 러닝메이트인 부통령 후보가 나온다).

　　"제가 누구인지 아세요? 저는 현재 가장 유명한 선물 트레이더인 리처드 데니스와 함께 일하는 사람입니다. 매매 기술은 타고나는 것이기 때문에 후천적으로 습득할 수 없다고 생각하는 저는 리처드 데니스와 내기를 걸었습니다. 매매업계에서 거북이로 알려진 투자집단은 누구 주장이 맞는지 확인하려는 과정에서 탄생했습니다."

　　이 순간 윌리엄 에크하르트라는 이름이 화면 아랫부분에 잠깐 나타난다.

　　윌리엄 에크하르트라는 사람은 누구인가? 그는 박사학위를 받기 직전 진로를 바꿔 트레이딩에 뛰어든 뒤 적어도 공식적으로는 학계로 되돌아가지 않은 수학자다. 그는 처음에 거래소 객장에서 매매했다. 하지만 결국 반사적으로 매매하는 방식을 버리고 더욱 분석적으로 접근하는 시스템 매매 쪽으로 자연스럽게 방향을 틀었다. 지난 10년 동안 직접 개발한 시스템에서 나오는 신호에 자신의 판단을 조금 덧붙이는 매매 방식으로 자신의 투자 자금을 엄청나게 불렸다. 지난 5년간은 다른 여러 계좌도 운용하면서 연평균 62퍼센트라는 놀라운 수익을 올렸다. 가장 못했던 1989년에 7퍼센트 손실을 기록했지만 가장 잘했던 1987년에는 234퍼센트라는 어마어마한 수익을 달성했다. 1978년부터 자기 계좌를 운용하면서 연평균 60퍼센트가 넘는 성과를 올렸다. 오직 1989년에만 손실을 기록했다.

좀처럼 얼굴을 드러내지 않던 윌리엄 에크하르트는 인터뷰할 즈음 더욱더 많은 투자자로부터 자금을 모집해 운용하려고 준비하고 있었다. 그는 왜 세상의 이목을 받으면서까지 공모펀드를 운용하려고 할까? 왜 그동안 해오던 대로 자신과 몇몇 지인의 계좌만 운용하려 하지 않는 것일까? 윌리엄 에크하르트는 다음 장에 나오는 거북이라 부르는 트레이더들을 언급하며 자신의 심정을 이렇게 드러냈다. "제가 적은 돈을 운용하는 사이 제 학생들은 수억 달러나 굴리고 있었습니다. 결국 학생들을 부러운 눈으로 쳐다보고만 있을 수는 없었죠." 그는 수확할 때에 이르렀다고 판단했음이 틀림없다.

그는 분명 트레이딩 시스템 분석을 즐겼다. 그러면서 자연스럽게 시스템 매매로 밥벌이를 했다. 하지만 그가 정말 열정을 보인 분야는 과학이다. 사실 어느 의미에서는 매매와 매매 관련 분석은 에크하르트가 자신의 호기심을 자극하는 과학 프로젝트를 위한 연구비용을 마련하는 수단이었다. 그는 과학자들이 늘 당혹스러워하는 중요한 역설을 탐구하는 일에 끌렸다. 상식을 거부하는 벨 부등식 때문에 양자역학도 그의 관심을 사로잡았다. 벨 부등식이란 두 입자 사이에 다른 영향이 개입되지 않는 상황에서도, 한쪽 입자에 대한 측정이 아주 멀리 떨어진 다른 곳에 대한 측정에 영향을 미친다는 사실을 증명한 정리다.

그는 진화론에도 관심을 보여 유성생식이라는 수수께끼를 풀기 위해 연구했다. 왜 자연은 유전자가 절반만 유전되는 유성생식으로 진화할까? 그리고 왜 무성생식에서는 유전자가 100퍼센트 유전될까? 에크하르트는 시간 개념을 이해하는 데에도 엄청나게 노력한 듯하다. 에크하르트를 인터뷰할 때 그는 시간의 본질에 대한 책을 쓰고 있었다. 그는 기본적으로 시간의 경과를 환상이라고 전제했다. 에크하르트는 매우 정교한 트레이딩 시스템을 만들려고 온갖 노력을 기울였다. 그는 거래소 안팎에서 여러 해 동안 매매한 경험이 있었고 분석력도 아주 뛰어났을 뿐만 아니라 수학도 조예도 깊어 트레이딩 시스템 설계를 어느 누구보다도 잘할 수 있었다.

▎어떻게 리처드 데니스와 함께 일하게 되었습니까?

리처드 데니스와 저는 고교시절부터 알고 지내던 사이였습니다. 우리는 시장에 대한 공동 관심사 때문에 만났지만 서로 친해진 이유는 매매 때문이 아닙니다. 리처드는 대학 시절부터 트레이딩을 시작했죠. 저는 학교에 계속 머물며 수리논리학 박사논문을 준비했습니다. 하지만 1974년 지도교수가 바뀌는 바람에 곤경에 처하고 말았습니다.

▎곤경에 처하신 이유는 무엇이었죠?

저는 시카고대학에서 세계적으로 유명한 수학자의 지도를 받으며 수리논리학 박사논문을 쓰고 있었습니다. 우연히 전문 분야가 수리논리학인 한 교수가 저희 대학에 오기 전까지는 모든 일이 순조로웠습니다. 수리논리학 박사논문을 준비하는 학생은 저뿐이었기 때문에 사실 그 교수가 저를 지도해야 마땅했죠. 아니나 다를까 그가 제 지도교수로 지정되었습니다. 그런데 그가 저에게 논문

주제를 바꾸라고 했습니다. 저는 모든 필수과목을 이수하고 시험도 치른 뒤 3학기 동안 논문까지 준비했지만 갑자기 난관에 봉착하고 말았죠.

그때 리처드 데니스가 저에게 휴학하고 거래소에서 매매를 해보라고 권유했습니다. 결국 제 친구 말을 따랐고, 그 뒤 학교로 돌아가지 않았습니다.

▎수학을 전공하던 대학원생이 트레이더로 변신하다니 너무 갑작스러워 보입니다.

그렇습니다. 저는 왜 가격이 투기적으로 움직이는지 늘 궁금했었지만 수학적 사고 방식은 매매에 별 도움이 되지 못했습니다. 오히려 시장이 돌아가는 원리에 대한 선입견만 지나치게 많이 지닌 채 매매에 뛰어들었습니다.

▎어떤 선입견이었나요?

수학을 공부하면서 터득한 분석도구를 시장에 바로 적용할 수 있다고 생각했습니다. 하지만 오산이었습니다.

▎말씀하신 수학적 분석도구를 적용하려 하셨나요?

거래소 밖에서 매매하는 트레이더들은 시장에 대한 판단이나 시스템에 따라 성과가 좌우됩니다. 하지만 거래소 안에서는 그렇지 않습니다. 시장에서 한두 틱 오차가 발생할 때를 잘 잡아내기만 하면 됩니다. 이 기술을 터득하기만 하면 이론적 기반이 튼튼하지 않아도 살아남을 수 있습니다. 거래소에는 이동평균이나 태음주기를 비롯해 신만 아는 아주 복잡하고 그럴듯해 보이는 분석 시스템을 사용하는 트레이더들이 많습니다. 이들은 시스템에서 나오는 신호대로 사고팝니다. 이들은 수익을 올린 달이 있다면 늘 시스템 덕분이라고 합니다.

그렇지만 이런 분석 시스템은 터무니없는 경우가 많습니다. 저도 아마 이들과 비슷한 시스템을 사용했을 것입니다. 저는 투기와 매매에 대해 아이디어가 많았고 실제 거래하면서 좋은 성과를 올렸습니다. 하지만 제가 정말 시장을 제대로 분석해서 돈을 벌었다고는 단정하기 어렵습니다.

▎거래소 객장 안에서 투자하실 때 어떤 근거로 매수/매도하셨습니까?

저는 기본적으로 통설만 믿고 매매하는 개인 투자자들과는 반대로 매매했습니다. 뒤돌아보면 제 성공이 이 전략 덕분이었던 것 같습니다. 적정이론 가격이 매수호가와 매도호가 사이에 있다면, 매수호가 수준에서 사면 적정가격보다 약간 더 싸게 사는 셈이죠. 마찬가지로 매도호가 수준에서 팔면 적정가격보다 조금 더 비싸게 파는 셈입니다. 그 결과 저는 투자 전략에 관계없이 수익을 올릴 수 있었습니다. 사실 주로 이 방법으로 수익을 올렸습니다.

▎정말 그렇게 생각하십니까?

제가 거래소에서 매매하면서 돈을 벌 수 있었던 까닭은 조금이라도 더 낮은 호가에 사고 높은 호가로 팔았기 때문이라고 생각합니다. 소액 투자자들의 계좌 잔고가 줄어드는 주요 원인은 그들의 투자 판단이 틀렸기 때문이라기보다 거둔 수익이 거래비용을 넘어서지 못하기 때문입니다. 여기서 거래비용은 매매 수수료뿐만 아니라 매매호가를 조금 더 유리하게 내지 않아 발생하는 비용도 포함됩니다. 저는 이들 반대편에서 더욱 낮은 호가로 사고 높은 호가로 팔았습니다.

▎박사학위 논문을 준비하던 수학자가 트레이딩 분야로 전업할 때 지적으로 도전할 수 있는 기회를 놓쳤다는 생각은 안 하셨나요?

처음에는 그렇게 생각했습니다. 하지만 나중에 가격에 대해 깊이 연구해보니 대학원에서 하던 연구 못지않게 힘들었습니다.

▎매매 시스템을 개발하는 데 수학이 유용한가요?

물론입니다. 특히 통계가 많이 도움이 됩니다. 원자재시장을 분석할 때에는 고

전적 통계 추론의 함정에 빠질 수 있습니다. 충분한 기본 지식 없이 통계를 사용하면 곤경에 빠지기 쉽죠.

대부분의 전통적 응용통계 기법은 데이터가 정규 분포하거나 특정하게 분포한다는 가설에 바탕을 두고 있습니다. 따라서 데이터가 정규 분포한다는 가정이 맞으면 전통적 응용통계 기법으로 도출한 결과는 정확합니다. 하지만 정규 분포한다는 가정이 조금이라도 빗나가면 통계 추정치가 완전히 틀릴 수 있습니다. 이럴 경우에는 오히려 자료군 일부에 변화가 있어도 통계치가 크게 바뀌지 않는 로버스트 추정치가 더욱더 정확할 수 있습니다. 일반적으로 통계학자들이 중요한 의미를 도출하려고 데이터를 추가로 넣어 실시하는 정교한 테스트는 매매에서는 사용하지 않습니다. 그리 정교하지 않은 로버스트 통계 기법이면 충분합니다.

▌'로버스트'에 대해서 자세히 설명해주시겠습니까?

로버스트 통계 추정치는 데이터 분포에 대한 가정이 약간 틀려도 오류가 크지 않은 추정치를 뜻합니다.

▌매매 시스템 분석에는 왜 이런 통계적 추정 기법이 더욱 적절하다고 생각하십니까?

가격 분포가 정규 분포와는 아주 다른 모습이기 때문입니다.

▌조금 더 알기 쉽게 설명해주시겠습니까?

예를 들어 가격은 정규 분포보다 더욱 넓게 분산되어 있습니다. 비정수 차원이라는 개념을 창시한 브누아 망델브로는 가격변동 분포가 사실상 무한분산 형태를 띨 수 있다고 추론했습니다. 그는 데이터를 추가할수록 표본분산(가격의 내재 변동성)은 더욱더 커질 뿐이라고 했습니다. 이 추론이 사실이라면 가격에 대한 대부분의 표준편차 통계 분석은 무용지물이 됩니다.

▎이해할 수 없군요. 어떻게 분산이 무한대가 될 수 있죠?

어떤 분포의 평균이 어떻게 무한대가 될 수 있는지 간단한 예를 들어 설명하겠습니다. 참고로 분산은 각 변수와 평균의 차이를 제곱한 값의 평균입니다. 동전을 던져 앞면과 뒷면이 나오는 경우를 따지는 단순한 일차원 무작위 행보를 가정하죠. 동전을 던져 앞면이 나오는 횟수만큼 연이어 뒷면이 나왔을 때, 이런 경우가 다시 발생할 때까지 동전을 던져야 하는 횟수의 평균값을 구해봅시다. 실제 동전을 던져보면 보통 이 평균값은 작아지는 경향이 있습니다. 그리 놀라운 일이 아니죠. 늘 동전의 앞면이 나오는 횟수만큼 연이어 뒷면이 나오는 시점에서 출발하기 때문에 또 이렇게 연달아 같아지는 경우까지는 오래 걸리지 않습니다.

그러나 드물기는 하지만 동전을 던졌을 때 앞면만 계속 나올 때가 가끔 있습니다. 그러면 동전의 앞면이 나오는 횟수만큼 연이어 뒷면이 나오는 경우가 되풀이되기까지 걸리는 시간이 엄청나게 길어질 수 있습니다. 한쪽 면만 계속 나온 상태에서 동전을 추가로 던졌을 때 이 차이가 좁아질 확률만큼이나 벌어질 확률도 있기 때문이죠. 결국 동전을 던지는 실험을 해보면 이 차이가 상대적으로 작은 경우가 대부분이지만 가끔씩 이 차이가 엄청나게 클 때가 있습니다.

평균값은 어떨까요? 놀랍게도 이 분포에는 평균값이 없습니다. 평균값이 무한대라고 말할 수도 있죠. 물론 표본 데이터가 일정하면 표본의 평균값은 유한하지만, 표본 데이터가 많아지면 많아질수록 평균값도 계속 커집니다. 그래서 표본 데이터를 충분히 많이 추출하면 평균값을 얼마든지 크게 만들 수 있습니다.

▎동전 던지기 사례에서 컴퓨터를 돌려 평균값이 무한대라고 결론지을 수 있을 만큼 엄청나게 큰 표본을 만들어내셨군요. 하지만 어떻게 원자재 가격분포의 분산이 무한대라고 단정할 수 있나요? 그렇게 결론짓기에는 데이터가 충분하지 않을 텐데요?

가격변동의 분산이 무한대인지 아닌지 결정하는 데에는 통계상의 문제가 있습니다. 어떤 면에서 이 문제는 지구 온난화를 확인할 때 직면하는 문제와 비슷합니다. 지구 온난화 문제가 있다는 징후는 있지만 지구 온도가 정말로 올라갔는지 아니면 일시적 온도 변화 현상이 무작위로 나타났는지 구분하기 어렵습니다. 가격변동의 분산이 무한대라는 점을 확인할 수 있을 만큼 많은 데이터를 구하려면 100년이 걸릴 수도 있습니다.

▎분산이 유한값이 아니라는 점이 함축하는 현실적 의미는 무엇입니까?

분산이 무한대라면 우리가 생각지도 못하는 극단적 시나리오가 어딘가에 숨어 있다는 뜻입니다. 대부분의 통계 기법의 바탕을 이루는 정규 분포 가정으로는 설명할 수 없는 아주 극단적 사례가 발생할 수 있습니다. 실제 우리는 1987년 10월 19일 S&P500지수가 하루 만에 8,000포인트나 하락하는 경우를 목격했습니다. 정규 추정 이론에 따르면 이렇게 엄청난 변동은 천 년에 한두 번 나타날까 말까 합니다. S&P500지수 관련 파생상품 거래가 시작된 지 채 10년도 지나지 않아 이런 일이 발생했죠. 이는 가격의 분산이 유한하지 않을 경우 변동성을 전통적 방식으로 추정하면 값이 엄청나게 과소평가될 수 있다는 사실을 보여주는 아주 좋은 예입니다.

▎트레이더가 단순하게 통계적으로 계산한 경우보다 더욱 보수적으로 위험을 관리해야 한다는 뜻이군요. 정규 확률 분포를 가정하는 방식과 상반되는 로버스트 접근법을 사용한다는 말이 함축하는 현실적 의미가 또 있습니까?

시장을 분석하는 데 여러 지표를 사용할 때에는 이 의미가 중요합니다. 이때에는 여러 지표를 가장 효과적으로 섞는 방법을 찾는 일이 중요합니다. 꽤 정교한 통계 기법을 토대로 각 지표마다 비중을 다르게 적용할 수도 있습니다. 하지만 이 방법은 각 지표들 사이에 존재하는 상관관계에 대한 많은 가정이 필요합니다.

로버스트 통계학 교본에는 대부분의 경우 지표들 간의 최적 비중을 찾는 대신 지표마다 모 아니면 도 방식으로 접근하는 방법이 가장 좋다고 나옵니다. 다시 말해 각 지표를 채택하거나 채택하지 않는 방식입니다. 어느 지표가 정말 사용할 만하다면 다른 지표들과 비중을 같게 할 만큼 좋다고 보아야 합니다. 반대로 지표가 기준에 미치지 못한다면 사용할 필요가 없죠.

이 원칙은 투자 대상을 고를 때에도 적용할 수 있습니다. 운용 자산을 어떻게 배분하면 좋을까요? 이때에도 각 자산마다 비중이 같도록 배분해야 합니다. 정말 투자하기 좋은 대상이라면 최대한 활용해야 하고 그렇지 않다면 거들떠봐서는 안 됩니다.

▌앞에서 시장을 분석할 때 빠지기 쉬운 함정을 조심해야 한다고 말씀하셨습니다. 주의해야 할 오류가 또 있습니까?

어느 분석 기법이든 의미가 있으려면 단위가 바뀌어도 결과값이 변하지 않아야 합니다. 터무니없게도 이 원칙을 따르지 않는 봉 차트 분석 기법이 종종 있습니다. 차트 분석 기법 가운데 단순하게 45도 각도를 사용하는 방법도 있고, 무리하게 정오각형을 그리는 방식도 있습니다. 이들 모두 각도를 사용한다는 공통점이 있죠. 매매 기법을 소개하는 많은 교재뿐만 아니라, 심지어 수준이 높다고 하는 교본에서도 마찬가지로 각도를 활용합니다.

하지만 조금만 분석해보더라도 각도를 쓰는 이런저런 기법이 모두 쓸모없다는 사실을 바로 알 수 있습니다. 봉 차트에 그리는 각도는 눈금이 바뀌면 그 크기가 달라지죠. 예를 들어 가격 차트의 저점에서부터 45도 각도를 그려 분석하는 경우를 생각해보죠. 똑같은 두 차트라도 시간과 가격을 표시하는 눈금이 다르면 45도로 그린 선이 가리키는 곳도 달라집니다. 즉 이 선이 통과하는 지점의 가격이 달라지죠. 사실 가격 차트에서 두 가격을 연결하는 선의 각도는 결코 가격 움직임을 설명하는 요소가 될 수 없습니다. 이 각도의 크기는 차트에 가격과 시간에 어떤 단위로 표시하는지에 따라 크게 달라지기 때문에 결국 순전히 자의적일 수밖에 없습니다. 좋은 분석 기법도 많지만 그렇지 않은 방식도 많습니다. 하지만 이런 각도를 사용하는 도구들은 쓸모가 없습니다.

덧붙이자면 두 개나 그 이상의 가격을 연결하는 추세선은 각도의 크기로 정해지는 것이 아니기 때문에 본질이 바뀌지 않습니다. 다시 말해 눈금이 달라지면 추세선의 기울기가 달라지지만, 이 선이 가로지르는 가격은 언제나 똑같습니다.

트레이더가 차트 분석에서 각도를 직접 사용하지는 않더라도 차트에 나오는 각도의 본질을 잘 모르면 큰 실수를 저지를 수 있습니다. 차트에서 추세의 기울기에 따라 매매할 때 심리적으로 다르게 영향을 받을 수 있기 때문이죠. 이 영향에서 벗어나지 못하면 솜씨 있고 멋들어지게 만든 차트 때문에 매매를 그르칠 수 있습니다. 어느 추세선이라도 가격 눈금을 바꾸면 완만하게도 급하게도 만들 수 있습니다.

이 예를 보면 컴퓨터를 활용한 매매가 얼마나 좋은지 분명하게 드러나죠. 컴퓨터는 무시하지 말도록 지시된 것 이외는 모두 무시합니다. 컴퓨터 시스템이 선의 기울기를 인식하기를 원하면 이를 프로그램에 입력해야 합니다. 이제 기울기 값은 전적으로 시간과 가격 축의 단위와 눈금에 따라 달라진다는 사실을 확실히 아셨으리라 생각합니다.

▎저는 눈금에 따라 차트 각도가 달라진다는 점이나 이의 영향을 너무나 많은 사람이 모르고 있다는 점을 늘 의아하게 생각했습니다. 이러한 각도 분석 기법은 원래 자의적이라는 사실을 너무나 잘 알고 있어서 갠 차트 분석이나 이를 떠받드는 사람들의 분석 기법에는 단 5분도 허비하지 않았죠. 매매 시스템을 고안할 때 주의해야 할 오류가 또 있습니까?

시스템을 설계할 때 빠지기 쉬운 함정들이 많습니다. 먼저 사후예측 오류는 아주 빠지기 쉬운 함정이죠.

■ '사후예측 오류'가 무엇인지 설명해주시겠습니까?

실제 상황이 발생한 뒤에야 얻을 수 있는 정보를 사용하는 오류를 말합니다. 프로그램을 짤 때 이런 뻔한 오류를 저지르는 경우가 있습니다. 예를 들면 장 마감 전에 매매할지 말지를 판단하는 프로그램을 설계할 때 종가를 사용하는 경우입니다. 이런 식으로 짠 프로그램으로 시뮬레이션한 성과가 비현실적으로 우수하게 나온다면 실제로는 결과가 십중팔구 좋지 않습니다. 하지만 포착하기 어려운 사후예측 오류도 있습니다. 당연하지만 최고 가격이 나온 뒤에는 이보다 낮은 가격이 나옵니다. 이런 최고 가격들로 매매 규칙을 만들거나 이들을 계절성 분석에 슬그머니 끼워 넣는다면 결과는 사후적으로만 잘 나올 뿐입니다.

■ 다른 오류가 또 있습니까?

표본 데이터에 비해 너무 많은 매개 변수를 사용하는 과대 적합 오류도 자주 지적됩니다. 사실 자유도가 높을수록 시스템을 가격 시리즈에 더욱 적합하게 적용할 수 있습니다.

■ 수학을 어려워하는 독자를 위해 '자유도'를 쉽게 설명해주시겠습니까?

가장 알기 쉽게 말해 자유도는 허용된 각 값마다 서로 다른 시스템을 만드는 숫자, 즉 매개 변수입니다. 예를 들어 이동평균 시스템은 이동평균을 계산하는 날짜 수에 따라 달라집니다. 이것이 바로 자유도이며, 자유도는 양의 정수입니다. 하지만 자유도가 숨겨진 경우도 있습니다. 시스템 안에는 서로 다른 형태를 띠는 구조가 있을 수 있습니다. 여러 다른 형태를 테스트하다 보면 시스템이 과거의 특이한 데이터도 포함하는 경우도 생깁니다.

시스템에서 너무 많은 자유도를 사용해도 위험하지만 '나쁜' 자유도를 사용해도 곤란합니다. 시스템이 매매하는 방식에는 영향을 주지 않으면서, 아주 드물게 나타나는 지나치게 큰 추세에만 크게 영향을 끼치는 특정 자유도를 가정해봅시다. 커다란 추세에서 많이 벗어나는 일부 데이터까지 감안해 보정할 경우에는 전체 자유도 개수가 관리 가능한 수준이더라도 과대 적합 문제가 매우 커질 수 있습니다.

▎**실제 시장 움직임을 예측하기보다 과거 데이터에 지나치게 중점을 두는 과대 적합 문제가 시스템에 어느 선까지 영향을 미치도록 허용할지는 어떻게 결정하십니까?**

가장 좋은 방법은 수백 가지 사례를 살펴보는 일입니다. 시스템에 자유도를 추가한 뒤 결과가 어떻게 달라지는지 확인합니다. 가짜 자유도도 넣어서 결과를 봅니다. 이런저런 시도를 해보는 방법 이외에는 없습니다. 많은 시스템을 시도해봐야죠. 괜찮아 보이는 시스템도 실험해보고 터무니없어 보이는 시스템도 테스트해봐야 합니다. 매개 변수가 몇 개밖에 없는 시스템도 시험해보고 매개 변수로 넘쳐나는 시스템도 시험해보아야 합니다. 그러면 미래 성과를 예측하기 위한 과거 성과의 신뢰도와 자유도가 서로 상충한다는 사실을 추론할 수 있습니다.

▎**시스템에 자유도를 얼마나 쓸지 정해놓으셨습니까?**

7~8개도 많습니다. 3~4개면 충분하죠.

▎**최적화(과거 데이터를 집어넣어 여러 시스템을 실험한 뒤 실제 매매에서 가장 좋은 성과를 낼 수 있다고 판단되는 시스템을 고르는 과정)에 대해서는 어떻게 생각하십니까?**

시스템 매매에서는 최적화를 잘하면 좋은 성과를 낼 수도 있습니다. 하지만 최적화 방법에 주의를 기울이지 않으면 반복적으로 우수한 결과를 얻을 수 없습니다.

▎**그런 오류를 어떻게 피하십니까?**

서로 부딪히는 두 극단 사이에 끼여 있어 고민스럽습니다. 최적화 노력을 전혀 하지 않으면 최적화한 시스템에 비해 성능이 크게 뒤떨어집니다. 그렇지만 지나치게 최적화하면 미래 가격을 예측하기보다는 주로 과거에만 잘 들어맞는 시스템이 될 수 있죠. 어떻게든 이 두 극단 사이에서 적절한 타협점을 찾아야 합니다.

▍지금까지 해주신 조언 이외에 매매 시스템을 개발하려는 사람들에게 해주고 싶은 말씀이 또 있으십니까?

시스템으로 얻은 성과가 눈에 띌 정도가 아니라면 이를 계속 쓸 가치가 없다고 보아야 합니다. 시스템으로 돌린 성과는 뛰어나야 합니다. 하지만 훌륭한 성과가 나오더라도 정교하고 가정이 많이 들어가는 통계 기법을 사용했다면 프로그램의 성능을 의심해야 합니다.

보통은 시스템으로 돌린 결과를 믿으면 안 됩니다. 시스템이 좋아 보일수록 문제가 있는지 더욱 냉정하게 살펴야 합니다. 이런 노력은 시스템에서 얻은 과거 성과를 더욱 보기 좋게 하려는 인간의 본성과 부딪힙니다.

칼 포퍼는 정립된 이론을 확증하기보다 반증하려고 노력해야 지식이 발전한다고 주장했습니다. 이 가설이 맞든 틀리든 훌륭한 트레이딩 시스템을 만들려면 이런 자세가 꼭 필요합니다. 결과가 틀렸다고 입증하기 위해 최선을 다해야 합니다. 하찮은 작품은 버리려고 노력해야 합니다. 시스템에서 틀릴 수 있거나 의심스러운 부분은 모조리 찾아내야 합니다. 잘못된 부분을 찾아내려고 성심성의껏 노력한다면 시스템은 더욱 믿음직스러워지겠지요.

▍선생님 시스템에서는 차트 분석 기법을 사용하십니까?

멋있게 보이는 차트는 대부분 사용합니다. 하지만 98퍼센트는 쓸모없습니다.

▍그 이유는 무엇이죠?

인간의 두뇌는 패턴을 만들어내도록 설계되어 있습니다. 무작위 데이터에서도 패턴을 찾아내지요. 세기 전환기의 통계학 교본에는 다음과 같은 문구가 있습니다. "패턴을 지나치게 열심히 찾다보면 무엇이든 패턴으로 보인다." 다시 말해 실제는 패턴이 아닌 모양도 패턴으로 보일 수 있다는 거죠.

이뿐만 아니라 우리는 데이터를 있는 그대로 보지 않습니다. 즉 인간의 눈이 차트를 훑어볼 때 데이터마다 같다고 여기지 않죠. 대신 눈에 띄는 특정 부분에만 집중하고 이에 특별한 의미를 부여합니다. 인간의 본성은 특정 분석 기법의 놀라운 성과에만 끌리고 우리를 파산시킬 수 있는, 날마다 생기는 작은 손실은 간과하는 특징이 있습니다. 그래서 차트를 꽤 깊이 분석하는 사람조차도 매매 시스템이 실제보다 더 우수하다고 착각하기 쉽죠. 한 단계 더 깊게 면밀히 검토해도 여전히 편향된 결과가 나올 가능성이 큽니다. 사실 이런 편향은 모든 과학 연구 과정에서 나타나기 때문에 연구할 때 까다롭게 이중삼중으로 검증합니다. 가장 공정하다고 알려진 연구가조차도 자신의 가설에 유리한 쪽으로 편향되는 특징이 있습니다. 어쩔 수 없습니다. 저는 직접 분석할 때에는 결과값을 20~50퍼센트 깎아내리겠다는 자세로 임합니다.

샌프란시스코에서 뉴욕으로 가는 비행기 안에서 있었던 일이 생각납니다. 그때 아주 흥미로운 시스템 매매 아이디어가 떠올라 컴퓨터 없이 미리 시험해보고 싶었습니다. 이는 스톡캐스틱 같은 전통적 지표를 새로운 방식으로 사용하는 아이디어였습니다. 이 아이디어를 여러 시장에 적용해보았는데 결과가 기가 막히게 좋았습니다. 하지만 나중에 컴퓨터로 돌려보았더니 실제로는 돈을 잃는 것으로 드러났습니다. 차트 아래쪽에 있는 지표와 위쪽에 있는 가격 사이에 하루 이틀 차이가 났기 때문이었습니다. 가격이 크게 오르내릴 때 신호가 나타나는 방식이었기 때문에 하루 차이로 결과가 크게 달라질 수 있었습니다. 즉 S&P500지수가 500포인트 오르거나 내리는 날을 반대로 잘못 적용할 수 있다는 뜻이었습니다. 그러면 위아래로 1,000포인트, 가격으로 치면 5,000달러나 차이날 수 있었죠. 훌륭한 듯 보였지만 결국 아무짝에도 쓸모없는 시스템으로 드러났습니다.

그 뒤로 손으로 시스템을 시험해 결론을 이끌어내는 데에는 아주 신중합니다. 이제는 컴퓨터로 돌린 결과를 얻을 때까지 기다립니다. 패턴을 찾으려는 욕망은 미신이나 점성술, 점쟁이 말을 믿고 싶은 마음과 비슷합니다. 실패보다 성공만 놀라워 보이죠. 신의 계시가 딱 들어맞았을 때는 잘 기억합니다. 하지만 예언이 틀리거나 의심스러웠던 경우는 쉽게 잊죠.

▌차트를 분석할 때 함정에 빠지기 십상이고 근거 없는 가정을 세우기 쉽다는 말로 들리는군요.

그렇습니다. 차트를 잘 분석하는 사람도 있습니다만 저는 분명 그렇지 못합니다. 패턴을 토대로 매매하는 사람 모두 자신이 탐탁지 않게 여기는 패턴보다 정말 좋아하는 패턴에 더욱더 많이 투자하죠. 하지만 보통 이런 투자 방식은 좋지 않습니다. 한 가지 아이디어에 자금을 모두 투자해서는 안 됩니다. 특정한 아이디어가 좋아 보인다고 다른 거래보다 훨씬 더 많이 집중 투자해도 곤란합니다. 차트를 보는 눈이 있어 차트 분석으로 돈을 벌 수 있다고 생각하고 투자했다가 실제 손해를 보면 엄청난 책임감을 떨쳐내기 어렵습니다.

▌정말 좋지 않겠군요.

그렇습니다. 마음이 많이 흔들릴 수밖에 없습니다.

▌하지만 기계적인 시스템이 있으면 문제가 없겠군요.

맞습니다. 시스템만 따르면 그만이기 때문입니다. 시스템에서 나오는 신호대로 했다가 손실이 나더라도 있을 수 있는 일이라고 여겨야 합니다. 시스템의 장기 성과로 평가해야지 한두 차례 결과로 판단해서는 곤란합니다.

▌기계적 접근 방법(물론 효과적이라고 가정하고)이 심리적인 면에서 유리하다는 점을 확실히 알겠군요. 하지만 매매할 때 차트를 사용하는 아이디어를 탐탁

지 않게 여긴다고도 말씀하시지 않으셨던가요?

차트 패턴에 기초한 투자 아이디어가 있으면 컴퓨터에서 검증할 수 있는 알고리즘으로 단순화하려고 노력합니다. 아이디어가 정말 쓸모 있다면 컴퓨터로도 설명할 수 있어야 하죠. 정확히 정의할 수는 없을망정 패턴을 비슷하게나마 설명하는 알고리즘을 짜낼 수 있어야 합니다. 자주 있는 일이지만 알고리즘을 작동한 결과 기대수익률이 제로에 가까울 경우, 적절히 설명할 수도 없는 어떤 변수 덕분에 패턴이 가치 있을 수도 있다고 자신을 속이면서 패턴이 쓸모 있다고 여겨서는 안 됩니다.

▍바꿔 말하면 컴퓨터는 거짓말을 하지 않는다는 말씀이군요. 패턴을 그럴싸하게 여기는 직감보다는 차라리 컴퓨터를 믿으라는 뜻이군요.

그렇습니다. 아까 말씀드렸듯이 인간은 있지도 않은 패턴을 찾아내려는 본성이 있기 때문입니다.

▍시스템을 절대적으로 따르십니까? 아니면 때때로 시스템에 개입하나요?

지금 단계의 컴퓨터 매매 시스템은 기계적 알고리즘을 사용하는 수준입니다. 복잡한 듯 보이지만 사실은 여전히 단순합니다. 제가 아는 시스템 모두 큰 규모로 거래하면 종종 아주 위험한 상황에 빠질 수 있습니다. 물론 조금만 거래하면 위험이 줄어들죠. 최악의 상황을 대비해 아주 조금만 거래할 수도 있습니다. 하지만 이는 전체적인 성과 면에서 값비싼 해결 방법이죠. 따라서 적절한 수준에서 거래해야 합니다. 위험에 너무 많이 노출되면 시스템을 무시하고 거래 규모를 줄입니다. 더욱이 훌륭한 시스템도 가끔 어리석은 매매를 지시할 때가 있어요. 이럴 때에는 자신의 판단이 아주 중요합니다.

하지만 보통은 시스템이 좋다면 원래 설계한 목적에 어긋나지 않는 한 이를 무시하면 안 됩니다. 날이면 날마다 시스템에 개입하는 버릇이 생기면 곤란합니다. 시스템에 간섭하는 데 들이는 재능과 창의성을 다른 연구에 쏟아야 합니다.

▎시스템이 원래 설계한 대로 신호를 발생하지 않은 경우가 있나요?

1987년 10월 19일 주식시장이 폭락하던 날 저는 S&P500지수와 유로/달러 매도 포지션을 들고 있었습니다. 그날 S&P500지수는 8,000포인트가 추락했지만 유로/달러는 5포인트밖에 떨어지지 않았죠. 제 생각에는 S&P500지수가 급락했으니 유로/달러가 적어도 40~50포인트 정도는 하락했어야 한다고 여겼죠. 시스템에는 유로달러를 계속 매도해야 한다는 신호가 나왔지만 저는 시장 움직임이 마음에 걸렸기 때문에 포지션을 정리했습니다.

▎옳은 판단으로 드러났습니까?

그렇습니다. 이튿날 시장이 거의 300포인트나 높게 시작했습니다.

▎방금 말씀하신 유로/달러 사례처럼, 말로 설명할 수 있는 이유로 시스템이 최적의 신호를 나타내지 않을 때에는 시스템을 상황에 맞도록 고치나요?

이러한 문제가 연이어 발생하거나 시스템에 구조적 문제가 있다고 판단하면 시스템을 바꿔야 합니다. 하지만 원치 않은 결과가 나올 때마다 바꾸면 곤란합니다. 시스템을 아무리 합리적이고 정교하게 설계하더라도 어떠한 상황에서도 설계자가 의도한 결과가 나올 수 있다고 기대해서는 곤란합니다. 시스템 설계자가 모든 상황을 예견할 수 없기 때문입니다. 설령 그렇다고 치더라도 1년에 한 번 일어날까 말까 한 사건 때문에 시스템에 자유도를 덧붙이는 행동은 어리석다고 생각합니다.

▎시스템을 무시했던 기억에 남는 사례가 또 있으신가요?

네, 걸프 전쟁 때 그랬습니다. 걸프전은 아주 전례 없는 전쟁이었죠. 시한을 정해놓고 전쟁을 벌인 경우는 처음이었습니다. 본능적으로 거래하면 안 된다고 생각했지만 한 가지 걱정이 있었습니다. 저는 아주 좋은 기회를 놓치는 아픔이 매매를 잘못하는 고통보다 더 크다고 생각합니다. 시스템이 믿을 만하다면 방향이 틀렸을 때 빠져 나올 수 있는 수단을 포함해 수많은 보호 장치가 있습니다. 반면 훌륭한 기회를 잡지 못하면 보통 자신을 보호할 방법이 없습니다. 즉 결국 시장에 확실히 뛰어들 수 있도록 해주는 시스템이 없습니다. 더욱이 계속 손실을 보고 있는 기간에 돈을 벌 수 있는 기회를 잃으면 의기소침해지고 마음이 흔들립니다. 매매를 잘못한 많은 경우와 마찬가지로 손해를 보거나 돈을 벌지 못한 고통 이상으로 타격이 크죠. 돈을 많이 벌 수 있는 기회를 놓치면 오랫동안 마음이 심란합니다. 마음이 평온을 되찾을 때까지 여러 주가 걸리기도 하죠. 이런 이유 때문에 매매해야 한다고 판단했습니다.

▮ 하지만 방금 말씀하신 내용이 시스템을 무시한 사례라고 생각하는데요?

결국 매매는 했지만 매매 규모를 절반 수준으로 줄였습니다.

▮ 결과는 어땠나요?

호되게 당했습니다. 엄밀히 말하면 절반만 당한 셈이죠.

▮ 결국 이번에도 시스템에 개입한 덕분에 손실이 줄었군요. 시스템을 무시한 탓에 처참한 실패로 끝난 적은 없나요?

많습니다. 가장 두드러진 사례는 몇 년 전에 겪었던 일입니다. 그때 저는 평소보다 오랫동안 돈을 잃고 있었습니다. 당시 저는 통화선물 매수 포지션을 들고 있었죠. 그런데 주말에 국제 상황이 긴박하게 돌아가는가 싶더니 제가 매수한 통화선물 가격이 급등했습니다. 월요일 아침 눈을 떠보니 횡재했다는 기분이 들었죠. 변동성이 커졌기 때문에 포지션 규모를 줄여야 한다고 생각하고 포지션 절반을 처분했습니다. 사실 그때 저는 여러 시장에 조금씩 나눠 투자하고 있어서 통화선물시장에 더 투자해도 별 문제가 없는 상태였습니다. 하지만 오랫동안 돈을 잃은 뒤 이익이 난 상황이었기 때문에 이익을 토해내지 않으려는 마음이 앞섰죠. 사실은 통화 가치가 충분히 올랐다고 판단했습니다. 시장 흐름에 역행하는 판단이었죠. 하지만 곧 통화 가치가 처음에 올랐던 폭보다 더 크게 폭등했습니다. 팔고난 뒤 가격이 더 오르니 돈을 잃었을 때보다도 더 속이 쓰렸습니다.

▌평균적으로 시스템에 개입한 결과가 좋았습니까, 나빴습니까?
저는 전체 매매 경력 동안 제 개인계좌도 동시에 운용했습니다. 더불어 지인들 계좌도 맡아 기계적 시스템으로 운용했죠. 제 개인 계좌도 성과가 좋았지만 순전히 기계적 시스템으로만 운용하는 계좌가 분명 성과가 더 나았죠.

뜻밖의 행운이 찾아오는 해에는 시스템으로 운용하는 방식이 제 개인 판단으로 운용하는 방법보다 더 많은 수익을 올린다고 알고 있습니다. 하지만 그렇고 그런 해에는 그 반대라고 생각합니다. 한두 번은 제가 더 나은 성과를 올릴 수도 있겠지만 제 시스템은 지난 몇 년 동안 꾸준히 나아졌습니다. 이 경험은 시스템에 간섭하는 것이 좋지 않다는 사실을 보여주는 사례입니다.

▌이런 뜻하지 않은 실험을 하기 전에는 시스템에 개입하면 성과를 개선할 수 있다고 생각하셨군요.
그렇습니다. 시스템보다 더 나은 방법이 있다고 생각하고 시스템에 자주 개입하는 버릇이 들었기 때문이죠. 우리는 날마다 야금야금 생기는 손실은 잊기 쉽습니다. 그렇지 않다고 생각했지만, 시스템에 개입한 결과 분명 비용이 발생했습니다.

▌그 뒤 시스템에 개입하면 좋다는 생각을 바꾸셨나요?
물론입니다. 지금은 몇 년 전과는 달리 가려서 시스템에 개입해야 한다고 생각하죠. 열정이 끓어오르고 독창적 아이디어가 떠오르면 이를 시스템에 심으려하지 말고 오히려 연구하는 쪽으로 발산해야 합니다. 뜻밖의 상황에 맞닥뜨릴 때에만 아주 신중하게 개입해야 합니다. 날이면 날마다 시스템에 간섭하고 있다면 이는 분명 시스템에 입력해야 했으나 실제는 그렇지 못한 무엇인가가 있다는 신호입니다.

▍시스템 매매 이외에 투자 대상을 고르는 방법이 있으십니까?

가격이 하락할 때 사는 전략은 좋아하지 않습니다. 시장이 올라갈 때 매수해야 한다고 생각합니다. 시장이 밀릴 때까지 기다리기보다는 매수세가 강할 때 사야 합니다. 하락할 때 사는 전략은 이전보다 더 싼 가격에 살 수 있기 때문에 심리적으로는 매력적으로 보일 수 있습니다. 하지만 이 방법은 독약보다 더 나쁘다고 봅니다. 가격이 엄청나게 하락하면 더욱 싸게 사서 차익을 많이 남길 수 있다고 생각할 수도 있지만, 사실은 가격이 떨어지기 전보다 상황이 더욱 나빠진 것입니다. 물론 싸게 투자한 뒤 가격이 오를 수도 있지만, 이렇게 상승한 뒤에는 다시 하락할 가능성이 더 큽니다. 더욱 큰 문제는 가격이 밀릴 때 사려고 했다가는 종종 매수할 기회를 놓치거나 더욱 비싼 가격에 추격 매수하는 일이 생긴다는 사실입니다. 하락할 때 사는 방식은 실제 수익을 가져다주기보다는 만족감만 줄 뿐이죠. 보통은 마음을 편하게 해주는 투자 전략은 피해야 합니다. 쓸데없는 만족감만 주기 때문입니다.

▍추세추종 전략이 좋다는 점을 합리적으로 설명해주시겠습니까?

사람들은 가장 그럴듯해 보이는 몇몇 주요 이슈에만 관심을 기울이는 반면, 일어날 확률이 작은 시나리오는 무시하는 경향이 있습니다. 사실은 이런저런 다양한 사건이 일어나다 보면 일어날 확률이 작아 무시했던 사건도 불쑥 튀어나올 수 있습니다. 이를 '문지방 현상'이라고 합니다. 시장가격은 이런 불연속적 사건이 일어날 수 있는 가능성도 반영해야 합니다. 분명 추세추종 전략이 통한다는 말은 갑작스럽게 생기는 커다란 가격 움직임이 불연속적으로 나타나 엄청난 추세의 시작이 될 확률이 크다는 뜻입니다. 물론 추세추종 시스템은 큰 추세의 시작과 무작위적 가격 움직임을 구별할 수 있어야 합니다.

▮ 대중에게 팔리는 매매 시스템에 대해 잘 아십니까?

한때 대중에게 팔리는 시스템을 파악하려고 애썼지만, 너무 많은 것을 살펴야 하는 쓰레기 같은 시스템이 짜증스러웠습니다. 복잡하기만 하고 쓸모없는지 꼼꼼히 조사해야 하기 때문이었죠. 차라리 그 시간에 연구하고 분석하는 편이 더 낫습니다.

▮ 왜 대중에게 팔리는 시스템이 쓸모없다고 생각하시나요?

과거 데이터에 지나치게 의존하기 때문이죠.

▮ 시스템 특성이 원래 그런가요? 아니면 더 많이 팔아먹으려고 그런 건가요?

요즘에는 대부분 부정직하다고 봐야 합니다.

▮ 다른 매매 시스템을 몇 개나 보셨나요?

50개 정도 봤습니다.

▮ 50개 중 몇 개나 쓸모 있었죠?

1개입니다. 사실 그마저도 시스템으로서는 가치가 없었습니다. 하지만 제가 나중에 활용할 만한 요소가 있었죠.

▮ 그 뒤 시스템을 사면 돈 낭비라고 여기셨습니까?

십중팔구 돈 낭비입니다. 좋은 시스템을 찾기 위해 돈을 허비한다고 생각하면 끔찍합니다. 시스템을 시험할 돈과 시간이 있다면 차라리 아이디어를 개발하는 데 쓰는 편이 낫죠. 시스템을 사라고 추천하고 싶지 않습니다.

▮ 시스템이 수익을 잘 내고 좀처럼 변덕을 부리지도 않으며 오래 사용할 수 있다면, 이를 팔아 돈을 벌려고 할 수 있지 않을까요?

가끔 정말 좋은 시스템을 만들었지만 돈이 필요해 파는 경우가 있습니다. 하지만 제 경험으로는 훌륭한 시스템은 고속버스 안에서 차트만 몇 개 훑어본다고 만들어지지는 않습니다. 몇 년에 걸친 각고 끝에 나옵니다. 보통은 엄청난 시간과 돈을 투자해 시스템을 고안했다면 이를 팔지 않고 개발자 자신이 사용한다고 보아야 합니다.

▍추세에 역행하는 투자 전략에 대해 어떻게 생각하십니까?

추세에 역행하는 매매 전략은 대다수 시장 참여자와 반대방향으로 매매하려는 투자 방법입니다. 이론적으로는 시장에 대한 정보가 올바르다면 이 방식도 쓸모 있겠지만, 사실은 추세를 거스르는 투자자가 활용하는 정보가 정말 쓸 만한지 의심스럽습니다.

 시장조사로 얻은 컨센서스 수치를 예로 들어보죠. 이 수치는 시장 뉴스레터, 자문 서비스를 제공하는 기관 등의 추천을 토대로 작성합니다. 그들은 시장 뉴스레터를 바탕으로 거래하는 대표성 없는 트레이더 집단을 모델로 삼죠. 저는 도대체 이들이 누구인지 모르겠습니다. 어쨌든 실제 컨센서스 수치를 활용해 돈을 번 사람이 있는지 확인해보아야 합니다. 저희가 연구한 결과, 낙관적 전망이 아주 팽배했을 때 (팔지 않고) 사서 올릴 수 있는 수익은 쥐꼬리만큼 작다는 것이 밝혀졌습니다.

▍과매수나 과매도를 기초로 하는 상대강도지수나 스톡캐스틱 같은 기술적 지표에 대해서는 어떻게 생각하십니까?

그런 지표들은 사실상 쓸모없습니다. 그렇다고 이런 지표들을 분석하지 말라는 뜻은 아닙니다. 이런저런 잡다한 지표를 분석해볼 수는 있지만 매매에 활용하면 곤란하다고 생각합니다.

▍조사해보니 이런 지표들이 엉터리였다는 말씀인가요?

그렇죠. 이런 지표들을 사용해 돈을 벌 확률은 거의 제로에 가깝습니다. 이 지표를 사용하면 시장이 떨어질 때 돈을 벌 수 있겠지만, 추세가 형성될 때에는 번 돈을 다 토해내야 합니다.

이런 지표들이 실제 매매에는 무용지물인데도 인기를 끄는 이유가 무엇이라 생각하십니까?

먼저 이 지표들을 가격 차트에 겹쳐 놓으면 실제보다 더 좋게 보입니다. 인간은 이 지표들이 자잘한 고점이나 저점을 정확히 맞추는 경우에만 시선을 집중합니다. 반면 거짓 신호는 모두 놓치기 때문에 추세가 형성될 때에는 이 지표들이 쓸모가 없어지죠.

전문적으로 말하면 이런 실수는 사전확률과 사후확률을 혼동하기 때문에 생깁니다. 예컨대 시장이 극단적으로 움직일 때에는 반전이 나타나는 경우가 매우 많습니다(여기서 반전이란 시장이 신고점(신저점)을 찍은 뒤 방향을 바꿔 직전일이나 그 이전 종가보다 낮게(높게) 끝나는 경우를 말한다). 여기서 알 수 있는 것은 가격이 극단적으로 움직일 때 반전이 나타날 확률뿐입니다.

하지만 우리가 정말 알고 싶은 것은, 반전은 있다 치고, 시장이 한쪽으로 급격히 쏠리는 극단적 움직임이 나타날 확률입니다. 이 확률들은 아주 다릅니다. 어느 한 확률이 크다고 해서 다른 확률도 크다고 할 수는 없죠. 모든 고점과 저점이 X라는 특징을 가질 확률이 85퍼센트라고 해서 이 X라는 특징이 다른 경우에도 자주 나타난다고 착각하고 이를 투자지표로 삼아 투자하면 망하기 십상입니다.

더욱이 이 지표들은 추세를 거스르거나, 추세추종 매매에서 빨리 이익을 실현하도록 하는 인간의 강한 본능에 호소하는 매력이 있습니다. 우리는 늘 엉성한 신호에도 훌륭한 매매 포지션을 청산하려는 마음이 생기기 쉽죠.

고점과 저점을 집어내는 데 사용하는 순환주기 분석 방법은 어떻습니까?

아주 강력한 과학적 순환주기 분석 방법이 있습니다. 그중 19세기 열전달 주기를 알아내기 위해 개발한 푸리에 분석이 유명합니다. 19세기 후반 프랑스 수학자 루이 바슐리에를 시작으로 푸리에 분석을 시장 분석에 응용하려는 시도가 이어져왔습니다. 이런저런 과학적 분석을 수없이 시도했지만 가격 데이터에 체계적 주기성이 있다는 점을 밝혀내는 데 실패했죠. 그래서 순환주기를 바탕으로 하는 매매 시스템이 쓸모없다는 주장이 큰 힘을 얻었습니다. 주기를 찾아내려는 분석은 추세를 찾는 기법보다 훨씬 더 앞서 있지만, 주기를 발견해내는 일은 과학적 숙원 과제입니다.

■ 그럼 가격 순환주기를 발견했다고 주장하는 각종 연구는 무엇인가요?

시장은 늘 오르고 내립니다. 그래서 대충 순환주기가 있다고 말할 수는 있습니다. 문제는 순전히 무작위적인 가격 패턴에도 사인곡선을 딱 맞게 겹칠 수 있다는 데 있습니다. 수많은 순환주기론자(엄밀히 말하면 엉터리 순환주기론자)들이 하듯 순환주기를 줄이거나 늘리든지, 파동을 건너뛰든지 뒤집든지 하면 이 주기를 출렁이는 데이터 계열에 맞출 수 있죠. 푸리에 분석처럼 통계적으로 정밀하게 분석하면 엉터리 주기론자들이 떠드는 순환주기가 사실상 무작위적이라는 것을 입증할 수 있습니다.

■ 인공지능을 매매에 응용하면 성공할 수 있다고 보십니까?

결국 매매를 포함한 모든 일에서 인공두뇌장치가 인간보다 잘할 수 있다고 믿습니다. 사람이 탄소와 인으로 만들어졌다고 해서 실리콘이나 구리가 할 수 없는 일을 할 수 있다고는 생각하지 않죠. 인공두뇌장치는 인간이 지니는 제약이 없기 때문에 언젠가는 사람보다 더 잘할 수 있다고 봅니다. 결국 세계 최고의 트레이더 자리는 로봇이 차지하리라는 점을 의심하지 않습니다. 당장 그런다는 뜻은 아니지만 아마 몇 세대 안에 현실화될 수 있다고 생각합니다.

▎많은 학계 전문가는 가격이 본질적으로 무작위로 움직이기 때문에 장기적으로는 시장을 이기는 매매 시스템을 만들 수 없다고 주장합니다. 이런 견해에 대해 한 말씀 해주시죠.

시장이 무작위 행보를 한다는 이론을 무너뜨리는 증거들은 엄청나게 많습니다. 수많은 트레이더와 매니저가 가격을 토대로 하는 기계적 시스템으로 수익을 올려왔습니다.

▎수많은 사람이 매매하다 보면 적어도 몇 명은 우연으로라도 돈을 벌 수 있다는 주장에 대해서는 어떻게 생각하십니까?

그럴 수도 있겠지요. 하지만 우연으로 돈을 번 사람들이 우리가 그동안 이루었고, 앞으로도 꾸준한 성공을 이어갈 확률은 제로에 가깝습니다. 우리는 시스템을 활용해 오랫동안 수익을 올렸습니다. 이 시스템을 다른 사람들에게 가르쳤고 그들도 이 시스템으로 돈을 벌었죠. 그 뒤 그들이 이 시스템으로 다른 사람들의 돈을 굴려 수익을 냈습니다. 이런 연이은 성공이 우연일 수도 있지만, 우연일 확률은 거의 제로에 가깝습니다.

 사실 이 문제에 대한 학계의 견해가 엄청나게 많이 바뀌었습니다. 제가 이 업계에 처음 발을 들여놓았을 때만 해도 기계적 매매는 터무니없다고 여겨졌습니다. 그 뒤 가격이 무작위 행보를 한다는 이론이 틀렸다는 증거를 내세우는 이론들이 꾸준히 등장했습니다. 시스템 매매는 보잘것없는 아이디어에서 벗어나 새로운 정통 이론으로 자리 잡았죠. 시스템 매매에 정말 쓸만한 요소가 없었다면 이런 변화가 생기지 못했겠죠. 하지만 별 볼 일 없는 아이디어로 시작해 일반 통념으로 바뀌었다는 얘기는 듣기 거북합니다.

▎물론 가격이 무작위 행보를 한다는 주장을 증명할 수는 없겠죠?

맞습니다. 부정명제를 증명해야 하는 어려움이 있기 때문입니다. 시장이 무작위 행보를 한다는 주장은 긍정명제이지만, 사실은 부정명제처럼 증명해야 합니다. 즉 가격이 규칙적으로 움직이지 않는다는 명제를 증명해야 하죠. 부정명제를 증명하는 일은 매우 어렵습니다. 어떤 것이 없다는 점을 증명해야 하기 때문이죠. 예컨대 목성 주위를 공전하는 초콜릿 케이크가 없다라는 부정명제를 가정해봅시다. 이 명제는 사실이지만 증명하기 아주 어렵습니다.

무작위 행보 이론은 부정명제라는 단점이 있습니다. 그런데도 이를 반박할 만한 증거가 없다면 이 이론은 그럴듯한 주장으로 남아 있을 수 있겠지요. 하지만 지금은 이를 무너뜨릴 수 있는 증거가 많습니다. 따라서 아직도 시장이 무작위 행보를 한다고 주장하는 학자들은 현실을 제대로 파악하지 못하고 있다고 봐야 합니다.

▎최근 추세추종 전략을 사용하는 시스템 매매 전문가가 운용하는 자금이 엄청나게 늘었습니다. 이렇게 운용 규모가 커지면 노다지를 캐는 시스템 매매가 없어질까요?

운용 규모가 큰 시스템 트레이더 수가 급격히 증가했기 때문에 시스템 트레이딩의 수익성이 떨어졌다고 결론짓기 어렵습니다. 서로 상충하는 결론을 뒷받침하는 서로 다른 두 가지 증거가 있기 때문입니다. 한편에는 시스템 매매가 효과가 있다는 정량적 통계 증거가 있습니다. 다른 편에는 시스템 트레이더가 많아지면 시스템으로는 더 이상 수익을 뽑아내기 어려운 시장으로 바뀐다는 정성적 주장이 있습니다. 다시 말하면 무작위 행보 이론가들이 최후의 승리자가 될 수도 있다는 주장이죠. 두 주장의 종류가 서로 달라 같은 잣대로 판단하기 어렵습니다. 결국 어느 한쪽이 더 나은지 결론을 내릴 수 없습니다.

▎두 주장이 모두 옳을 수는 없겠죠. 선생님께서는 어느 쪽을 믿으시나요?

여전히 시스템 트레이더들에게는 중요한 오랜 동반자가 있습니다. 인간의 본성은 바뀌지 않기 때문에 직감을 믿고 투자하는 트레이더가 아직도 많다는 뜻이죠. 하지만 분명 게임이 이전보다 훨씬 더 어려워지기는 했습니다.

진화생물학에서는 무성생식과 반대되는 유성생식이 왜 그렇게 많은가에 대한 답으로 붉은 여왕 가설을 제시합니다. 이는 현재 있는 자리에 계속 머무르기 위해 있는 힘껏 달려야만 하는 《이상한 나라의 앨리스》에 나오는 인물에 기초를 두고 있습니다. 이 가설은 경쟁이 너무 심하기 때문에 하나의 종이 계속 생존하려면 최대한 빨리 진화해야 한다는 주장이죠. 그리고 유성생식이 진화를 촉진시키는 방법이라는 가설입니다. 마찬가지로 시스템 매매업계도 경쟁이 아주 치열하기 때문에 살아남으려면 좋은 시스템을 더 빨리 개발해야 합니다.

▍**매매업계에서 전문가의 비중이 더욱 커져 기존에 잘나가던 시스템으로는 더 이상 돈을 벌기 어려워질 수 있다는 식으로 시장이 바뀔 수 있나요?**

네, 그럴 수 있습니다. 그래서 저는 이론적으로는 성능이 약간 떨어져도 다른 시스템에서 대부분 사용하는 변수와는 다른 특징이 있는 시스템을 더 좋아합니다.

과거 데이터를 아무리 많이 분석해도 앞으로 시장이 바뀌면 무용지물이 될 수 있다는 점을 시스템 설계자들에게 주장하면 이들은 하나같이 최근 데이터로 분석하면 된다고 말합니다. 그리고 그 방법이 아주 쉬운 해결책인 양 대답합니다. 하지만 이 방식에는 심각한 문제가 있습니다. 최근 데이터만 사용하는 방식은 기본적으로 데이터 수가 적기 때문에 장기간의 데이터를 사용하는 방법보다 통계적으로 신뢰도가 떨어집니다. 최근 데이터만을 토대로 개발한 시스템은 엉성할 수밖에 없습니다. 이는 부정할 수 없는 사실입니다.

▍**처음부터 다시 시작하신다면 다르게 하고 싶은 부분이 있으신가요?**

자금관리에 더욱더 집중하겠습니다. 유감스럽게도 제가 초기에 간과했던 부분이 자금관리였습니다. 역설적이게도 자금관리가 가격 모델보다 더 중요하지만 수학적으로는 다루기 더 쉬운 문제입니다.

■ 자금을 관리하는 특별한 방법이 있으신지요?

많은 자금관리 기법이 로그효용함수를 고집한다는 점은 문제입니다. 기본적으로 로그효용함수 모델은 부가 증가하는 비율이 같으면, 부가 한 단위 증가했을 때 얻는 효용 증가분도 항상 똑같다고 가정합니다. 이 모델은 한계를 설정하지 않는다는 점이 문제입니다.

한계를 설정하지 않은 효용함수를 기술적으로 반박한 논리가 세인트피터즈버그 역설입니다. 간단한 예를 들어 설명하겠습니다. 우리 재산이 10억 달러라고 가정해봅시다. 우리의 효용함수에 한계가 없다면 전체 재산 10억 달러를 걸고 동전 던지기를 기꺼이 할 만큼 엄청난 효용을 줄 수 있는 규모의 판돈이 있어야 합니다. 정상적인 경우라면 10억 달러를 걸고 동전을 던질 수 있을 만큼 충분한 판돈이 없습니다. 마찬가지로 돈이 아닌 시간을 예로 든다면 수백 년을 살 수 있는 사람은 없습니다. 결국 한계를 설정하지 않은 효용함수는 문제가 있습니다.

우리는 자금을 관리할 때 한계를 설정한 효용함수만 사용합니다. 우리가 채택한 특별한 효용함수는 재산 규모 절대치와는 관계없이 최적 투자비율을 유지하도록 하는 점이 장점입니다.

■ 개별 매매에 얼마나 많은 위험을 감수하십니까? 길잡이로 삼는 규칙이 따로 있나요?

한 매매에서 허용하는 손실 한도가 전체 자산의 2퍼센트를 넘지 않아야 합니다. 물론 시장이 갭 하락해 계획한 손절가격을 벗어나면 손실 금액이 더 커질 수 있겠지요.

적정 투자 규모에 대해 말씀드리죠. 가로축에 포지션 규모, 세로축에 실적을 표시한다면 이 두 변수 사이의 관계는 오른쪽을 향하고 있는 이마가 넓은 고래 윗부분의 윤곽선과 비슷합니다. 거래 규모가 상대적으로 작을 때에는 기울기가 직선입니다. 즉 이 영역에서는 투자 규모가 늘어날 때 실적도 직선으로 상승하는 기울기를 따라 일정 비율로 커집니다. 하지만 거래 규모가 일정 금액을 넘어서면 기울기가 평탄해집니다. 이곳에서는 거래에 따르는 최대 손실폭이 점점 커지고, 연이어 손실을 기록하면 회복하기 어려워 포지션 규모를 줄일 수밖에 없기 때문입니다. 이론상 최적 규모는 고래 숨구멍이 있는 꼭대기입니다. 이 최적 지점 오른쪽에서는 그래프가 내려가는 모습입니다. 이곳에서는 이론상 최적 규모를 조금이라도 넘어설 때마다 마이너스 성과를 보입니다.

포지션 규모를 최적화하려고 하면 곤란합니다. 최적 지점이 벼랑 바로 앞에 있기 때문입니다. 대신 실제 포지션 규모는 그래프 꼭대기 주변이면서 오른쪽에 평탄한 부분이 어느 정도 남아 있는 수준이 적당합니다.

▎매매에서 지능이 얼마나 중요합니까?

훌륭한 트레이더와 지능 사이에 높은 상관관계가 있다는 말은 들어보지 못했습니다. 탁월한 트레이더 중에는 아주 명석한 사람도 있지만, 그렇지 않은 사람도 있습니다. 총명한 사람들 가운데 매매를 정말 못하는 트레이더도 많죠. 보통 수준이면 충분합니다. 그밖에 감정을 제어하는 능력을 보완하는 일이 더욱 중요합니다.

▎거북이라 불리는 견습생(거북이 견습생에 대해서는 169~172페이지 참고)들에게 가르쳐준 시스템을 개발했다고 들었는데, 맞습니까?

네, 맞습니다.

▎제가 알기로는 거북이 교육 프로그램을 실시한 계기가 선생님과 리처드 데니스 사이에 훌륭한 매매 기법을 전수할 수 있는지 없는지에 대해 의견이 갈렸기 때문이라던데요?

네, 그렇습니다. 저는 매매 기법을 전수할 수 없다고 생각했습니다. 무슨 일을 능숙하게 한다고 해서 그 일을 꼭 잘 가르칠 수 있다고 생각하지 않았거든요.

더욱이 트레이더는 기계적 프로그램에 집어넣을 수 없는 그 무언가를 가지고 있다고 믿었죠. 하지만 제가 틀렸습니다. 거북이 프로그램은 대성공이었습니다. 대부분의 거북이 견습생들이 트레이딩 기법을 배워 훌륭한 성과를 이뤄냈습니다. 매매 기법을 전수할 수 있는지 없는지에 대한 답은 명백합니다. 확실히 전수할 수 있습니다.

■ 견습생 20명이 새로 들어와 선생님과 리처드 데니스가 기존 거북이 견습생들에게 제공했던 시스템을 그대로 사용하고 있기 때문에 시스템 성능이 떨어졌다고 생각하시는지요?

운용하는 자금이 수억 달러에 이르기 때문에 기존 시스템을 그대로 사용하고 있다면 성과가 이전만 못할 수 있습니다. 그렇지만 거북이 견습생들이 그 시스템을 어느 정도까지 사용하고 있는지는 잘 모르겠습니다. 아마도 지금은 다르게 운용하지 않을까 싶습니다.

■ 매매 기법을 가르칠 수 있다면 지능이 보통인 사람도 매매 기법을 배울 수 있나요?

누구나 배울 수 있습니다. 복잡한 과학이 아니기 때문입니다. 실제 트레이딩을 하는 것보다 트레이딩을 배우는 일이 훨씬 더 쉽습니다. 훌륭한 시스템일수록 인간의 본성에 반하는 경향이 있습니다. 매매에 대한 기본을 다진 사람들 가운데 오직 몇 사람만 성공합니다.

여러 사람이 모여 오랫동안 내기를 하면 결국 한 사람이 다 땁니다. 특별한 기술을 쓴다면 판돈을 몇 사람의 손아귀에 몰아넣는 과정을 가속시킬 수 있겠죠. 시장에서도 이와 비슷한 일이 벌어집니다. 전반적으로 돈이 소수에게로 쏠리는 현상이 지속되고 있습니다. 결국 다수는 돈을 잃습니다. 이는 트레이더가 성공하려면 소수처럼 행동해야 한다는 뜻입니다. 평범한 습관과 방식으로 매매하면 자연스럽게 다수에 속하게 되어 돈을 잃을 수밖에 없습니다.

▮ 결국 돈을 잃게 하는 보통 사람들의 습관이 무엇인지 자세히 설명해주시겠습니까?

한 심리학자가 사람들에게 확실한 것(당장의 이익이나 손실)과 복권 중 하나를 고르도록 하는 실험을 했습니다. 실험 결과 사람들 대부분 복권의 기대이익이 당장의 이익보다 더 큰데도 복권 대신 당장의 이익을 선택했습니다. 하지만 손실인 경우에는 복권의 기대손실이 당장의 손실보다 더 큰데도 당장의 손실 대신 복권을 골랐습니다. 이런 인간의 본성은 매매할 때 이익은 빨리 실현하고 손실은 늦게 정리하는 습성으로 이어져 결국 트레이딩을 망칠 수 있습니다.

기회는 잡고 역경에 굴하지 말라는 속담도 이와 비슷한 습성을 조장합니다. 트레이더에게 필요한 조언은 이렇습니다. 이익은 느릿느릿 실현하고 손실은 산토끼처럼 잽싸게 정리하라.

'이익을 실현하면 망하지 않는다'라는 매매에 대한 격언이 있습니다. 하지만 이는 잘못된 것입니다. 실제로 이 격언대로 하면 망하기 십상이죠. 아마추어는 미적거리다 더욱 커진 손실을 늦게 정리하는 바람에 빈털터리가 되고 전문가는 이익을 너무 빨리 실현해 망합니다. 한마디로 인간은 본성 때문에 이익을 극대화하지 못합니다. 대신 이익을 얻을 수 있는 기회를 극대화하려 합니다. 매매에서 수익을 내는 횟수는 늘리고 손해를 보는 횟수를 줄이려는 욕망은 트레이더에 불리하게 작용합니다. 전체 매매 횟수 중 수익을 내는 횟수가 많으면 많을수록 돈을 더 많이 벌 수 있다라고 생각하면 오산이죠. 오히려 돈을 잃을 수도 있습니다.

▮ 매매에 걸림돌이 되는 인간의 본성이 또 있습니까?

'역 추세의 유혹'이라 부르는 것이 있습니다. 사람들은 수많은 인지적·감성적 요인 탓에 어떤 일을 할 때 자기도 모르게 추세에 역행합니다. 예를 들어 싸게 사서 비싸게 팔려는 욕구도 사실 추세에 역행하는 것입니다. 싸거나 비싸다는 개념이 성립하려면 비교 대상이 있어야 합니다. 하지만 사람들은 익숙해 있던 가격 수준을 정상가격으로 여기기 때문에 가격이 익숙해 있던 수준에서 벗어나면 비정상으로 간주합니다. 이런 생각 탓에 가격이 기존 수준을 벗어나 새로운 추세를 만들더라도 결국 정상가격으로 여기는 이전 가격 수준으로 되돌아가기를 바라면서 추세를 거슬러 매매합니다. 이런 본성대로 매매하면 망하기 십상입니다.

▌트레이딩에서 성공하는 데 걸림돌이 되는 인간의 본성이 또 있습니까?

정말 중요한 것은 매매 기술, 시스템, 절차를 토대로 얻는 장기적 성과입니다. 하지만 심리적으로는 현재 보유한 포지션의 성과가 가장 중요해 보이죠. 통계적으로 보면 그렇지 않은데도 지금 가진 포지션이 제일 중요하다고 생각합니다. 지금 하고 있는 매매에서 돈을 벌려는 마음이 앞선 나머지 규칙을 어기기 쉽죠. 그러면서 막연히 앞으로 더 잘 매매해 수익을 올릴 수 있을 것이라고 기대합니다. 매매할 때 저지르는 가장 나쁜 행위 두 가지, 즉 너무 늦게 손절하고 너무 빨리 수익을 챙기려는 시도는 당장의 이익에 눈이 먼 나머지 장기적 성과에 해를 끼치는 행위입니다.

▌트레이딩에서 살아남는 트레이더와 그렇지 못한 트레이더를 많이 보셨을 텐데, 이 두 무리를 구분 짓는 특성은 무엇인가요?

살아남는 트레이더들은 매매하다 돈을 잃으면 초조해진 나머지 더욱더 실수를 저지르는 악순환을 피하는 사람들입니다. 이들도 손실의 고통을 느낍니다. 손실의 아픔을 느끼지 못하는 사람은 아픔을 느끼지 못하는 불행한 장애인과 같습니다. 손을 뜨거운 난로 위에 얹으면 손이 데입니다. 하지만 이런 고통을 느끼지 못한다면 세상을 살아갈 수 없죠. 마찬가지로 매매하다 손해를 봐도 고통을 느끼지 못한다면 살아남을 확률이 거의 없습니다.

　제 주변에 재산을 물려받아 매매를 시작한 백만장자 몇 명이 있었습니다. 이들 모두 돈을 잃었을 때 고통을 느끼지 못한 탓에 투자 금액을 모두 날렸죠.

매매를 시작하고 몇 년 동안에는 여유가 있으니 손해를 봐도 별 문제 없다고 생각했죠. 트레이딩을 시작할 때에는 여유가 없다고 생각하고 허리띠를 졸라 매는 자세가 훨씬 낫습니다. 저는 수백만 달러로 매매를 시작하는 사람보다는 수천 달러로 시작하는 트레이더에게 돈을 걸겠습니다.

■ 돈을 잃는 트레이더가 자신을 변화시킬 수 있는 방법은 무엇인가요?
두 경우를 말씀드리겠습니다. 트레이더가 손해를 보는 이유를 알지 못한다면 무엇이 문제인지 찾아내지 못하는 한 어쩔 도리가 없습니다. 무엇이 잘못인지 안다면 제 충고는 매우 간단합니다. 잘못된 점을 고쳐야 합니다. 잘못을 고칠 수 없는 사람이라면 기계적으로 매매하는 시스템 트레이딩 쪽으로 방향을 틀어야 합니다.

■ 아주 고통스러웠던 매매 사례가 있었나요?
제가 매매를 시작한 해 어느 날 상한가 바로 밑에서 대두 선물을 매수했습니다. 하지만 곧 상한가 부근에서 하한가로 폭락했죠. 단 3분 만에 일어난 일이었습니다. 이에 저는 매도해야 한다고 확신하고 하한가에서 선물을 매도했죠. 하지만 2분 뒤 가격이 상한가로 급반등했습니다.

■ 그 경험에서 배운 교훈은 무엇입니까?
위험관리를 잘해야 한다는 교훈을 얻었죠. 5분 만에 일어났던 두 매매에서 계좌잔고의 절반을 잃었습니다.

■ 그 뒤 어떻게 손실을 복구하셨나요?
대박을 노려 한꺼번에 큰 금액을 투자하지 않고 자잘하게 수없이 매매했습니다.

■ 크게 손해를 본 정신적 충격을 극복하는 데 많이 힘들었습니까?

심리적으로는 손실이 컸을 때보다 수익이 많을 때가 더 위험합니다. 엄청난 수익을 올려도 절대 들떠서는 안 됩니다. 제가 가장 크게 손해를 보았을 때에는 연이어 수익을 올린 뒤였습니다. 매매할 때마다 계속 수익을 올리다 보면 자신이 특별히 잘하고 있다는 착각에 빠져 자기도 모르게 의기양양해집니다. 그러다 결국 형편없는 결정을 내려도 괜찮다고 여기기 시작합니다. 그 뒤 무슨 일이 벌어지는지는 상상에 맡기겠습니다. 보통 손해를 보면 더욱 강해지고, 이익을 올리면 더욱 약해집니다.

▎**범위를 넓혀 질문을 드리겠습니다. 엄청나게 손실을 보거나 수익을 올렸을 때 침울하거나 들뜬 감정을 극복하기 어려웠습니까?**

매매는 금전적으로는 돈을 버는 게임일 수 있지만, 심리적으로는 기쁨보다 고통이 더 큰 게임입니다. 저는 가끔 다음과 같은 일을 겪습니다. 시장이 열릴 때 제가 아주 많이 투자한 시장이 제 포지션과 반대방향으로 크게 움직여 가격이 거의 손절 수준에 다다르는 경우가 있습니다. 이때는 정말 참담하죠. 심지어 제가 손절가격을 잘못 설정하지 않았나 의심까지 합니다. 그런데 기적처럼 손절당하지 않고 오히려 장 중반에 반대방향으로 돌아서 개장 때 기록한 손실폭만큼 이익을 보입니다. 이때 기분이 어떨까요? 물론 기쁘지만 아침에 겪은 고통을 보상할 정도는 아닙니다. 물론 수익이 크지만 아침에 손실을 기록할 때 겪는 고통만큼 많은 즐거움을 가져다주지 못합니다.

  심리적인 부분을 약간 과장해 말씀드렸습니다만 고통이 기쁨보다 크다는 점은 확실합니다. 가격이 예상과 반대로 움직여 손절가격 수준에 다다르면 가격이 곧 되돌아오리라고 기대해서는 안 됩니다. 손절하지 못하는 이유는 바로 이런 막연한 희망 때문입니다. 물론 시장이 예상과 다른 쪽으로 움직이지 않고, 다시 원하는 방향으로 반등할 수 있습니다. 그렇지만 시장에서 빠져 나와야 할 때에는 이처럼 안이하게 생각하면 안 됩니다. 반대로 시장이 예상한 쪽으로 크게 움직였다고 가정해보죠. 이때는 시장이 잠깐 되돌릴 수 있다고 생각해도 괜찮습니다. 가격이 급격하게 움직인다는 말은 변동성이 커졌으니 뜻밖의 횡재가 한순간에 사라질 수도 있다는 뜻이니까요.

이 두 상황은 비대칭적입니다. 손실을 기록하고 있을 때 시장이 되돌릴 수 있다고 생각하면 편안해집니다. 하지만 이렇게 편안하게만 생각하면 곤란합니다. 반면 많은 수익을 올리고 있을 때 가격이 되돌아간다고 생각하면 왠지 불편합니다. 그렇지만 가격이 불편한 쪽으로 움직일 수 있다고 생각해야 합니다. 결국 매매는 기쁨이나 편안함보다는 고통이나 불편함이 더 큰 게임입니다.

▎트레이딩이 불편하거나 고통스러운데도 계속하는 이유는 오로지 돈 때문인가요?

돈을 벌 수 없다면 매매하려는 사람이 아무도 없겠죠. 매매로 무일푼에서 거부가 된 사람들이 종종 있습니다. 리처드 데니스는 겨우 수백 달러로 매매를 시작했지만 20년 만에 수억 달러로 불렸죠. 아주 고무적인 이야기입니다.

편안한 쪽으로 매매하면 돈을 잃을 수밖에 없습니다. 기분 좋게 해주는 일은 하면 안 되는 경우가 많기 때문이죠. 리처드 데니스가 가끔 우스갯소리로 이렇게 말합니다. "기분 좋게 하는 매매는 하지 마라." 사실 거북이 견습생들에게 다음과 같은 규칙을 가르쳤죠. "다른 조건이 똑같다면 가장 하기 싫은 것을 하라." 매매하는 목적이 재미인지 성공인지 처음부터 딱 부러지게 정해야 합니다. 돈이든 다른 무엇이든 매매에서 이기려면 꼭 성공하려는 마음가짐으로 임해야 합니다.

매매는 아주 중독성이 강합니다. 행동심리학자가 조건을 달리하여 강화계획에 대한 여러 실험을 실시한 적이 있습니다. 실험 결과 쥐가 막대를 건드렸을 때 만족스러울지 고통스러울지 모르는 경우처럼 긍정적 강화와 부정적 강화가 무작위로 되풀이될 때가 긍정적 강화만 지속될 때보다 중독성이 더 강하다는 사실을 밝혀냈습니다. 이는 선물 트레이더뿐만 아니라 상습 도박꾼에게도 해당됩니다. 차이점이라면 아마도 트레이더는 돈을 벌 수 있다는 점뿐입니다. 그렇지만 원자재 선물을 매매하다 보면 마음이 들썩거리는 경우가 많아 중독성이 강한 탓에 늘 실패할 위험이 있습니다. 많은 사람이 돈을 엄청나게 벌고도 끝내 파산하는 이유는 중독성 때문입니다.

▌매매에 따르는 심리적 함정을 극복하려면 어떻게 해야 합니까?

감정이 통제할 수 없는 상태로 치닫지 않도록 잘 조절하는 사람이 있습니다. 저는 그런 부류에 속하지 않습니다. 어느 노련한 트레이더가 제게 이렇게 말한 적이 있습니다. "시장이 어떻게 움직일지에 대해 고민하지 마시오. 우리가 절대 통제할 수 없기 때문이라오. 그 대신 시장이 움직였을 때 어떻게 대응할지 연구하시오."

시장이 자기가 원하는 방향으로 움직이는 장밋빛 상황을 상상하며 시간을 허비하면 안 됩니다. 그런 상황에서는 우리가 더 이상 할 일이 없기 때문이죠. 대신 정말 펼쳐지면 곤란한 시나리오를 생각하고 그에 대한 대응방안을 고민해야 합니다.

▌매매할 때마다 돈을 잃으면 어떻게 해야 합니까?

돈을 잃었다고 상심하면 안 됩니다. 심란할수록 연구에 더욱 몰두해야 합니다. 리처드 데니스와 제가 함께 세운 시앤드디(C&D)에서 일하던 여러 해 동안 이루었던 획기적 발전은 돈을 잃었을 때였습니다.

▌그때 트레이딩 방법을 개선하려는 동기가 가장 컸기 때문입니까?

그런 듯합니다.

▌오랫동안 보아온 시장과 매매 사례 가운데 특별히 놀랍거나 직관에 어긋난 경우가 있습니까?

몇 년 전 어느 회사가 가격 맞추기 대회를 열었습니다. 정해진 날짜 안에 여러 선물의 결산일 가격을 예상하는 시합이었습니다. 대회에 참가한 데일 델루트리라는 저희 직원이, 저는 장난이라 생각했지만, 무작위 행보 모델을 쓰기로 했죠. 그냥 마감일 가격을 결산일 가격으로 예상했습니다. 아슬아슬하게 1위를 놓쳤죠. 하지만 50명 남짓한 입상자 가운데 5위 안에 들었습니다. 이 대회 참가자가 수백 명이었으니 전체 참가자 95~99퍼센트가 무작위로 예상한 경우보다 못한 결과를 얻은 셈이죠. 데일 델루트리가 얻은 성과는 대단했습니다.

이 같은 극단적 결과는 제가 오랫동안 보아왔지만 원인을 찾기 어려운 현상을 명백히 뒷받침합니다. 즉 대부분은 순전히 무작위로 매매하는 경우보다 성과가 더 나쁘다는 사실입니다.

▌선생님 주장은 트레이더 대부분이 기존 매매 기법을 사용하지 않고 대신 다트를 던지면 더욱더 좋은 성과를 올릴 수 있다는 도발적 가설입니다. 그 근거를 말씀해주시겠습니까?

시장은 매매 기법을 잘 가르쳐주지 않으려는 경쟁자와 같습니다. 물론 시장이 실제 가르치려 한다는 뜻은 아닙니다. 진화론이 적절한 비유가 될 듯합니다. 우리는 진화가 의도한 방향으로 진행된다고 말합니다. 예를 들어 새가 날려고 진화했다고 하지만 이는 원칙적으로 틀린 말입니다. 새는 진화론자 주장대로 진화하지 않았습니다. 날개를 만들기 위해 의도적으로 진화한 새는 결코 없습니다. 그런데도 자연선택 과정에서 종들이 유리한 방향으로 작정하고 진화한 것이라고 생각합니다.

시장도 이와 비슷하다고 할 수 있죠. 매매 경험이 어느 정도 쌓이다 보면 시장이 사람과 비슷한 특성이 있다고 생각하기 시작합니다. 종종 나를 잡아먹으려 한다고 여기며 시장을 인격화하죠. 이렇게 착각하는 근거는 충분합니다. 시장은 마치 나쁜 매매 습관에 젖어들도록 가르치려는 선생처럼 행동합니다. 트레이더 대부분 이를 뼈저리게 느낄 것입니다.

▎조금 더 자세히 설명해주시겠어요? 시장이 어떻게 가르칩니까?

자잘하거나 크지 않은 이익은 사라지기 쉬우니 없어지기 전에 서둘러 이익을 실현하라고 가르칩니다. 시장이 추세를 형성하는 기간보다 횡보하는 기간이 더 길기 때문에 떨어지면 사고 오르면 팔라고 하죠. 시장이 일정한 수준에서 계속 맴돌거나 이를 벗어나도 오래 기다리기만 하면 언젠가는 되돌아오기 때문에 지금 손해가 크다고 해도 손절하지 말라고 가르칩니다. 더욱이 특정 기법을 사용하면 성공할 확률이 아주 높다고 유혹하지만, 길게 보면 파산으로 몰고 가는 사례가 많죠. 평소에 잘 맞아떨어지는 방법이 장기적으로는 그 반대라고 보면 거의 맞습니다.

    윌리엄 에크하르트가 한 말에 담겨 있는 핵심 주제는 기분 좋게 해주는 일은 대부분 하면 안 되는 일이라는 점이다. 한 예로 의사결정 이론가들이 증명한 것처럼 늘 사람들은 기대수익이 더 큰 모험보다 확실한 현금을 더 좋아하고, 모험의 기대손실이 당장의 손실보다 더 큰데도 모험을 선호한다. 이런 인간의 본성은 손실을 서둘러 정리하고 이익은 늦게 실현해야 하는, 매매에서 성공하기 위한 가장 중요한 원칙과 맞부딪친다. 이 격언은 판에 박힌 문구지만 아주 중요한 말이다.

    본능과 상충하는 다른 예로 윌리엄 에크하르트가 이름 붙인 '역 추세의 유혹'이 있다. 오를 때 팔고 내릴 때 사려는 이유는 싸게 사고 비싸게 팔려는 인간의 욕구 때문이다. 이렇게 매매하면 그 순간에는 기분이 좋을지 모르지만 결국 추세를 역행하는 전략은 실패할 수밖에 없다(그렇다고 이와는 반대되는 추세추종 전략이 꼭 성공한다고 보장할 수는 없다. 두 전략 모두 거래비용이 들기 때문이다).

    현재 포지션에 지나치게 집착하다 보면 다시 마음이 편해지도록 매매하는 방향으로 끌릴 위험이 있다. 시장이 이익을 빼앗아가지 못하게 하려고 목표가격에 이르기 전에 이익을 실현하는 행위, 시장이 잠깐 반대방향으로 움직일 뿐이라는 희망을 버리지 못하고 손절 수준이 넘었는데도 포지션을 계속 유지하는 행동, 손실에 대한 두려움 때문에 손절가격에 이르기 전에 포지션을 청산하는 행동 모두 현재 포지션에 너무 집착하기 때문에 일어난다. 하지만 이렇게 하면 장기 성과는 나빠진다.

인간의 본능은 시스템 트레이딩도 망가뜨린다. 옛날 데이터가 더 잘 들어맞을수록, 과거 시뮬레이션 결과가 더욱 훌륭할수록 트레이더는 시스템을 더욱더 편안하게 여긴다. 하지만 얄궂게도 어느 선을 넘어서면 과거 데이터가 더 잘 들어맞도록 애쓸수록 실제 성과가 더욱 나빠질 수 있다. 시스템을 멋지게 만들려는 마음이 앞서면 좋게 나온 시뮬레이션 결과를 자세히 검증하지도 않고 덜컥 받아들인다. 시뮬레이션 결과가 지나치게 좋으면 오류가 있거나 설계가 너무 단순하기 때문인 경우가 너무나 많다. 윌리엄 에크하르트는 나타날 수 있는 문제들은 모조리 점검한 뒤에야 시스템을 믿으라고 충고한다.

더불어 편안한 쪽으로 결정을 내리려는 본능대로 하면 무작위로 매매하는 경우보다 못한 결과가 나온다고 지적한다. 사실 많은 트레이더가 돈을 잃는 까닭은 매매 기법이 무작위보다 못한 탓이기도 하지만, 본능에 이끌린 나머지 무작위로 매매한 결과보다 저조한 실적이 나올 수밖에 없는 행동을 하기 때문이라고 주장한다. 정말 가슴에 와 닿는 말이다. 윌리엄 에크하르트 말에는, 나는 그의 주장을 믿지만, 본능대로 하면 엉뚱하게 매매할 수밖에 없다는 중요한 뜻을 담고 있다. 결국 트레이더가 성공하려면 먼저 본능대로 편안함만 좇아 매매하지 않고 올바르게 트레이딩하도록 습관을 새로 들여야 한다.

거북이들의 침묵

책 속 부록

오크 목재로 꾸민 영국풍 거실을 상상해보라. 엄청나게 돈 많은 두 신사가 안락의자에 앉아 파이프 담배를 입에 물고 활활 타는 난로를 바라보며 매매 철학에 대한 논쟁을 벌이고 있다.

"콜린, 난 누구든 배우기만 하면 훌륭한 트레이더가 될 수 있다고 생각해. 매매에 마법 같은 것은 없어. 남다른 재능이 필요하지도 않지. 적절한 규칙을 배우고 이를 따르기만 하면 그만이야. 나는 어떤 사람을 데려와도 매매 기법을 가르쳐 떼돈을 벌 수 있게 할 자신 있어."

"터무니없는 소리야, 덩컨. 시스템이 좋아 성공했다고 생각하는 모양인데 넌 특출한 재능이 있다는 사실을 알지 못하는군. 매매 규칙을 대문짝만 하게 써놓고 사람들에게 이를 1년 내내 읽도록 해도 결코 너만큼 매매를 잘할 수 없어. 너는 재능이 뛰어나서 성공했어. 배운다고 잘할 수는 없어."

"글쎄, 콜린. 아마 이번이 백 번째 벌인 논쟁 같아. 이제 그만 다투고 10명을 뽑아 매매 규칙을 가르쳐보세나. 한 사람에게 100만 달러씩 줘서 매매하도록 한 뒤 결과를 지켜보자고."

"정말 좋은 생각이야, 덩컨. 10명을 선발해 가르친 후 이들이 1년 동안 기록한 평균 수익률이 25퍼센트 아래면 내게 100만 파운드를 줘. 너는 보통 1년에 이보다 두세 배 높은 수익률을 올리니까 25퍼센트는 적당한 수치겠지. 이들이 거둔 수익률이 25퍼센트를 넘으면 내가 100만 파운드를 주겠어."

덩컨과 콜린은 창가로 다가가 행인을 바라보며 실험을 할 후보를 물색했다. 후보에 대해 합의할 때마다 집사를 시켜 그 사람을 불러오도록 했다.

이 대화는 소설이나 영화에 나오는 흥미로운 이야기처럼 들릴 수 있다. 사실 이 내용은 《100만 파운드짜리 수표》라는 소설에서 영감을 받아 각색한 것이다. 무대를 런던에서 시카고로 옮기고 돈 내기 부분을 없앤 뒤 후보를 고르는 과정을 더욱 정교하게 꾸미면 실제 이야기로 둔갑한다. 몇백 달러를 2억 달러로 불렸다고 소문 난 리처드 데니스라는 전설적 트레이더는 앞장에서 인터뷰한 공동 창업자 윌리엄 에크하르트와 이와 똑같은 논쟁을 벌였다. 리처드 데니스는 매매 규칙을 잘 습득하면 큰돈을 벌 수 있다고 내세운 반면, 윌리엄 에크하르트는 이에 콧방귀를 뀌었다.

리처드 데니스와 윌리엄 에크하르트는 이 논쟁을 끝내기 위해 이와 비슷한 실험을 하기로 결심하고 〈월스트리트저널〉에 매매를 배우는 데 관심 있는 사람을 찾는다는 광고를 냈다. 지원서를 검토하고 시험 결과를 살펴본 뒤 최종 후보를 면담한 결과 1,000명 남짓한 지원자 가운데 13명을 추려냈다. 약 2주에 걸쳐 리처드 데니스와 윌리엄 에크하르트가 이 운 좋은 무리에게 시스템과 매매 규칙을 낱낱이 가르쳤다. 교육을 마친 뒤 리처드 데니스는 이들에게 자금을 주어 각자 매매하도록 했다.

첫해 이 교육생들이 아주 좋은 성과를 내자 이듬해 리처드 데니스는 두 번째 교육생 10명을 또 뽑아 같은 실험을 되풀이했다. 이 두 무리는 업계에서 거북이라고 알려졌다. 이 희한한 이름은 리처드 데니스가 교육하는 동안 아시아로 여행을 갔을 때 착안한 별명이다. 어느 날 거북이 농장에 갔는데 거북이들이 엄청나게 큰 통 안에서 자라고 있었다. 리처드 데니스는 거북이 수천 마리가 어마어마한 통 속에서 꿈틀거리며 자라는 모습이 마치 교육생들과 같다고 생각했다. 여기서 거북이라고 이름을 지었다.

리처드 데니스 주장이 옳았을까? 누구든 매매 기법을 배우면 훌륭한 트레이더로 탈바꿈할 수 있을까? 이 질문에 대답하기 위해 거북이 훈련 프로그램을 시작한 뒤 6년이 지난 시점을 골랐다. 그때 나는 이 책을 쓰려고 준비하고 있었다. 먼저 인터뷰 후보를 골라야 했다. 그래서 〈매니지드 어카운트 리포트〉라는 계간지에 나오는 선물 매매 분야 요약 보고서를 살펴보았다. 그곳에는 수많은 상품 거래 자문가마다 실적이 한 장으로 정리되어 있었다.

각 장 아래에는 연평균 수익률, 최대 하락폭, 위험 대비 수익을 나타내는 샤프지수, 돈을 번 개월 수, 20~30퍼센트나 50퍼센트 손실을 기록할 확률 따위를 요약한 표가 있었다. 객관성을 높이려고 페이지를 넘기면서 일부러 위에 있는 자문가 이름은 보지 않고 요약 표만 살펴본 뒤 실적이 눈에 띄는 경우에만 이름을 표시해두었다. 결국 100명 남짓한 자문가 가운데 18명을 추려냈다. 확인해보니 18명 가운데 8명인 44퍼센트가 거북이 견습생 출신이었다. 정말 놀라운 결과였다. 리처드 데니스가 확실히 옳았다. 물론 이듬해였다면 결과가 그리 탁월하지 못했을 것이다. 1991년에는 많은 거북이 견습생 출신들이 어려움을 겪었기 때문이다.

매매를 성공으로 이끄는 요소를 찾고자 한다면 꼭 거북이 견습생 출신들을 찾아가 봐야 한다는 생각이 들었다. 리처드 데니스의 실험이 아주 독특해 똑같이 훈련받은 사람들이 어떻게 다르게 매매하는지 알 수 있는 보기 드문 기회라고 생각했다.

생각은 그럴 듯해 보였으나 실행하기가 아주 어려웠다. 먼저 거북이 견습생 출신 대부분 인터뷰를 딱 잘라 거절했다. 나는 이렇게 사정했다. "물론 말씀하시기 어려운 사정은 충분히 압니다. 그렇지만 책을 내기 전에 인터뷰 내용을 보여드린다고 약속하겠습니다. 더욱이 비밀스런 매매 기법을 무심코 흘리시더라도 그 내용을 책에 싣지 않겠습니다. 모든 책임은 제가 지겠습니다. 제가 모든 인터뷰를 진행하고 편집을 마치더라도 선생님께서 이를 거부할 수 있으니까요. 그러니 선생님께서 손해 보실 일은 없잖습니까?"

이 정도로 안심시켰는데도 거북이 견습생 대부분 인터뷰할 마음이 털끝만큼도 없는 듯 요청을 단연코 물리쳤다.

인터뷰 요청을 거절한 사람들만 문제가 아니었다. 더 큰 문제는 나머지 사람들도 이해관계가 걸린 문제에 대해서는 입을 꾹 다물었다. 이들이 시스템 내용을 누설하지 않겠다고 서약했다는 사실은 잘 알기 때문에 신의를 저버리기는커녕 비밀을 흘릴 것이라고 기대하지도 않았다. 그래서 인터뷰하면서 시스템 세부 내용에 대해서는 일부러 묻지 않았다. 불행히도 거북이 견습생 출신들이 지나치게 신중한 나머지 시스템과 조금이라도 관련된 내용은 입 밖에 내지 않으려 했다. 마치 2차 세계대전을 다루는 전쟁영화에서 불시착한 미국인 조종사가 심문당할 때마다 계급, 소속, 군번만 되풀이하는 장면을 떠올리지 않을 수 없었다. 다음은 인터뷰 내용을 맛볼 수 있게 하려고 대표적 사례를 정리한 글이다.

▌투자 대상은 어떻게 고르십니까?
기본적으로 시스템을 사용합니다. 더 이상 말씀드릴 수 없습니다.

▌시스템에 대해 자세히 말씀하실 수 없다는 점은 이해합니다. 그렇지만 다른 수많은 추세추종 시스템보다 월등히 높은 수익률을 거두는 이유가 무엇인지 대략적으로라도 말씀해주실 수 있습니까?
다른 시스템에 대해서는 전혀 모릅니다.

▌그러시군요. 비교 차원에서 전형적인 추세추종 방식인 이동평균 시스템을 예로 들어보죠. 보통 볼 수 있는 이런 이동평균 시스템과 리처드 데니스가 가르친 시스템이 서로 어떻게 다릅니까? 비밀스런 내용은 자세히 말씀하실 수 없으실 테니 개념적 차이 정도만 설명해주시겠습니까?
대답하기가 곤란합니다.

▌꼭 지키는 매매 규칙은 무엇입니까?
어디서나 들을 수 있는 일반적인 규칙들입니다. 더 이상 특별한 비결은 없습니다.

▍구체적 상황을 예로 듭시다. 최근 미국이 이라크를 상대로 전쟁을 벌이는 바람에 밤 사이 시장이 크게 흔들렸죠. 그때 투자하고 계셨습니까? 우리 시간으로 밤에 열리는 시장을 주시하고 계셨나요?

그때는 운이 좋았습니다. 원유 선물시장에서 빠져나왔거든요.

▍당시 가격이 크게 반전한 금을 보유하고 계셨나요?

네, 금에 투자하고 있었습니다.

▍리처드 데니스 투자 기법은 기본적으로 추세추종 방식이라는 사실은 누구나 알고 있습니다. 분명 이라크 공습 이전에 꽤 오랫동안 시장이 오르고 있었으니 그때 선생님은 틀림없이 매수 포지션을 들고 있었을 텐데요. 밤에 공습을 개시하자마자 금가격이 오르는가 싶더니 이튿날 아침에는 30달러나 떨어졌죠. 밤에 시장을 살피고 계셨는지요? 그렇다면 어떻게 대응하셨습니까?

처분하고 나왔습니다.

▍전쟁이 터졌으니 금가격이 올라야 하는데도 처음에 약간 오른 뒤 다시 내려갔기 때문인가요? 즉 시장이 긍정적 소식에 미지근하게 반응해서인가요?

답변을 드릴 수 없습니다.

▍비밀스런 매매 기법도 아니잖아요. 시장이 중요한 소식에 적절히 반응하지 않으면 이를 중요하게 여겨야 한다는 점은 제가 6년 전 책에 썼던 내용입니다. 이는 분명 저 이외에도 많은 사람이 이야기하고 있죠. 서둘러 손절한 까닭이 이 때문인지, 아니면 다른 이유가 더 있는지 알고 싶을 뿐입니다.

더 있습니다만, 말씀드릴 수 없습니다.

▍성공적인 매매를 위한 사고방식이나 철학에 대해 우리가 나누지 않은 이야

기 가운데 말씀하시고 싶은 부분이 있습니까?

(한참 생각한 뒤에) 없습니다. 정말입니다. 도무지 생각이 나지 않네요.

　　이 정도면 감 잡았으리라 본다. 매매에서 손절 규칙을 적용하듯 거북이 견습생 출신 몇 명만 인터뷰한 뒤 그만두었다. 이들은 리처드 데니스가 가르쳐준 매매 기법이 자기도 모르는 사이에 조금이라도 흘러나갈까봐 극도로 예민했다. 다른 트레이더들과 즐겼던 꽤 진솔한 대화를 나누기에는 넘어야 할 장벽이 너무 높았다.

　　하지만 거북이 견습생 출신 두 명과 인터뷰한 내용 중 짧게 발췌해보았다. 다음 글을 읽으면 이들의 경험을 조금이나마 느낄 수 있고 쓸모 있는 교훈이나 조언 몇 마디를 얻을 수 있으리라 믿는다.

거북이 견습생 1.
마이클 카(Michael Carr)

나는 거북이 견습생 출신들에게 인터뷰를 요청했지만 무례하다 싶을 정도로 그 자리에서 거절당해 피해망상까지 겪은 상태여서 마이클 카의 태도는 정말 기쁨과 안도감을 주기에 충분했다. 그는 인터뷰 요청을 정중히 받아들였을 뿐만 아니라 내가 하늘을 찌를 정도로 열정이 가득하다는 사실을 깨닫고 친절하게도 자기 집 근처를 지나는 아이스에이지 트레일 안내 책자까지 보내주었다.

　　마이클 카는 리처드 데니스가 가르친 첫 번째 거북이 견습생 중한 명이다. 그는 1984년 매매를 시작한 이래 리처드 데니스 밑에서 4년간 일하면서 연평균 57퍼센트라는 탁월한 성과를 거뒀다. 하지만 리처드 데니스가 거북이 교육 프로그램을 중단한 1988년 3분기에 처음으로 작은 손실을 기록했다. 그 뒤 1989년 8월 자신의 상품 거래 자문회사를 차리기 전까지 매매하지 않았다. 1989년부터 8월부터 1991년 말까지 거둔 실적은 총 89퍼센트에 이르렀다.

마이클 카를 위스콘신에 있는 그의 집에서 인터뷰했다. 그의 집은 사실상 호수로 둘러싸여 있었고, 육지와는 아주 긴 진입로로 연결되어 있었다. 막 폭풍이 몰려올 즈음 그의 집에 도착했다. 사무실은 사방이 유리벽이어서 어느 쪽으로든지 호수를 볼 수 있었다. 사방이 호수인데다 때마침 폭풍까지 몰려와 장관이 따로 없었다. 하지만 불행히도 우리가 나눈 대화는 훌륭한 광경에는 미치지 못했다. 마이클 카는 아주 친절했지만 다른 거북이 견습생 출신처럼 지나치게 신중한 탓에 대화는 진척을 보이지 못했다.

▌어떻게 거북이 견습생이 되셨나요?

저는 던전스 앤드 드래곤즈라는 비디오 게임으로 유명한 TSR이라는 회사의 창조경영팀에서 일했습니다. 제가 처음 일하기 시작할 즈음에는 전체 직원이 몇 명에 지나지 않았죠. 그러다가 회사가 눈부시게 성장해 한때 종업원이 300명을 넘기도 했습니다. 그 뒤 경영난에 부딪히자 직원을 엄청나게 해고했죠. 저도 동료 200명과 함께 회사를 떠나야 했습니다. 〈월스트리트저널〉 한 부를 집어 들었을 때가 바로 그즈음이었습니다. 역설적이게도 그날이 바로 리처드 데니스가 견습생을 찾는다는 광고를 낸 날이었죠.

▌그 전에 원자재시장에 투자한 경험이 있으셨나요?

트레이딩 경험이 전혀 없었습니다. 하지만 TSR에서 일하는 동안 원자재 게임 아이디어를 낸 적이 있습니다. 저는 원자재시장에는 원자재 게임이 성공하는 데 필요한 모든 요소가 있다고 생각했죠. 그래서 배경 지식을 쌓으려고 상업거래소에서 발간하는 간행물을 우편으로 주문해 구독했습니다. 또 원자재 브로커가 저녁에 가르치는 공개 강의도 여섯 차례 들었죠. 하지만 원자재시장에 대한 지식은 초보적인 수준을 넘지 못했습니다.

▌1,000명이 넘는 지원자 가운데 오로지 13명만 뽑혔다고 들었습니다. 선생님께서 선발된 이유가 무엇이라 생각하십니까?

제가 알기로는 게임회사에서 일한 경력이 있는 사람은 저뿐이었습니다. 제 경력이 다른 지원자들과 다르다는 점 때문에 제가 눈에 띄었다고 생각합니다. 더욱이 원자재 매매는 게임 이론이나 확률을 토대로 하는 경우가 많습니다. 그래서 이 분야에서 일한 사람이라면 뭔가 도움이 될 것이라고 생각할 만했죠.

▌선생님을 인터뷰한 사람이 누구였습니까?

리처드 데니스와 그가 데리고 있던 직원 두어 명이 저를 인터뷰했습니다.

▌뽑히는 데 도움이 되었다고 생각하는 답변을 기억하시는지요?

딱히 그런 답변은 없었습니다. 하지만 제가 매매 분야에 배경지식이 없었는데도 질문은 예리하게 하고 대답도 적절히 했다고 생각합니다. 하지만 예외가 있었죠. (그는 회상하며 웃었다.) 리처드 데니스에 대해 전혀 알지 못한 지원자는 아마 저뿐이었을 겁니다. 나중에 알았지만 그는 기술적 분석으로 세계적으로 유명한 트레이더였죠. 인터뷰 도중 제가 물었죠. "기본적 분석과 기술적 분석 가운데 어느 방식으로 매매하십니까?"

웃음이 터져 나왔죠. 리처드 데니스가 대답했습니다. "기술적으로 매매합니다."

제가 되물었습니다. "기본적 분석 방법은 더 이상 쓸모없습니까?"

그가 웃으며 답했죠. "분명히 그렇지 않았으면 좋겠습니다."

▍경험이 없었는데도 문제 삼지 않았군요.

나중에 알았지만 뽑힌 13명 가운데 3분의 1은 경험이 없었고, 나머지 3분의 1은 경험이 풍부했으며, 마지막 3분의 1은 경험이 조금 있었습니다.

▍교육받은 내용을 자세히 밝힐 수 없다는 점은 잘 알고 있습니다. 하지만 말씀해주실 수 있는 일반적 교훈이 있나요?

'매매하는 사람이라면 누구든, 시장이 어떻게 움직일지 걱정하지 말고 시장 움직임에 어떻게 대응할지 고민하라'입니다. 조언은 새겨들어야 합니다.

▍심리나 태도에 대해 조언해주시겠습니까?

절대 투자해서는 안 되는 유형의 사람이 많다고 생각합니다. 선뜻 도박을 예로 들기 망설여지지만, 심리 면에서 도박은 투자와 아주 비슷하다고 생각합니다. 현명하고 신중한 도박사는 매매할 때에도 마찬가지입니다. 돈을 한 발짝 떨어져 바라보는 거죠. 반면 판돈에 집착하는 사람들은 도박에서든 투자에서든 돈을 잃으면 마음이 크게 흔들리기 쉽습니다.

▍매매하는 목적이 무엇인가요?

물론 먹고살려는 이유도 있죠. 하지만 트레이딩에는 게임과 비슷한 면이 많습니다. 게임에 늘 관심을 보이는 저 같은 사람에게는 이보다 더 나은 직업은 없다고 생각합니다.

거북이 견습생 2.
하워드 세이들러(Howard Seidler)

분명 하워드 세이들러는 내가 인터뷰한 거북이 견습생 가운데 가장 열정이 넘쳐흐르는 사람이었다. 말이나 감정에서도 매매를 즐긴다는 분위기가 물씬 풍겼다. 인터뷰 내내 매매에 대해 아주 열을 올리며 이야기하는 바람에 나는 그가 연이어 수익을 올리고 있다고 확신했다. 나중에 알았지만 놀랍게도 그는 인터뷰 직전 6개월간 마이너스 16퍼센트라는 최악의 실적을 기록했다. 가장 낙천적인 거북이 견습생에게 상을 준다면 그 상은 단연코 하워드 세이들러가 받아야 한다고 생각한다. 그는 매매하기 시작한 1984년 이래 연평균 34퍼센트라는 놀라운 실적을 기록했다.

▌언제 트레이딩에 발을 들여놓으셨습니까?

아버지께서 조금씩 투자하고 계셔서 사실 어릴 때부터 시장에 관심이 많았습니다. 고등학교 다닐 때 선물시장에 대해 알기 시작했죠. 선물은 매수뿐만 아니라 매도도 할 수 있다는 대칭성 때문에 아주 매력 있게 보였습니다. 더군다나 레버리지 투자도 할 수 있다는 점에도 마음이 끌렸죠. 선물시장에 대한 자료를 읽어보니 한마디로 다음과 같은 느낌이었습니다. "마치 돈을 따는 사람이 없는 게임 같군." 그래서 한번 도전해보고 싶었습니다.

▌실제 언제부터 매매하기 시작하셨나요?

고등학교 다닐 때부터였습니다. 물론 너무 어린 탓에 제 이름으로 계좌를 개설할 수 없어서 아버지 이름으로 계좌를 만들었죠.

■ 얼마로 시작하셨죠?

1,000달러로 시작했습니다. 눈을 치우거나 잔디를 깎고 이런저런 집안일을 도우며 푼돈을 모았죠. 하지만 1년이 조금 지나자 돈을 모두 날렸습니다.

■ 계좌잔고가 아주 적은데다 완전 초보였다는 점에 비해 꽤 오래 버티셨군요.

그렇죠. 하지만 그때는 잘했다고 생각하지 않았습니다. 하지만 세월이 흐르자 나이나 경험에 비해 꽤 잘했다는 사실을 깨달았죠. 경험을 얻었으니 돈을 잃었어도 분명 그만큼 가치가 있었던 셈이었죠.

■ 교훈이 될 만한 눈에 띄는 거래가 있습니까?

정말 다행스럽게도 실제 수익을 거둘 기회를 놓친 사례가 있습니다. 나름대로 분석한 결과 감자시장이 곧 급락할 것이라는 결론을 얻었죠. 감자 선물 한 계약을 매도한 뒤 시장이 하락하기 시작했습니다. 조금 수익이 나자 투자 규모를 두 배로 늘리기로 마음먹었죠. 그렇지만 제 계좌 규모가 너무 작아 선물 한 계약만 투자해도 자금이 쪼들리는 상황이었습니다. 더 이상 투자하지 말아야 했죠.

매도 포지션을 한 계약 더 늘리자마자 시장이 오르기 시작했습니다. 돈을 잃지나 않을까 걱정한 나머지 손해를 감수하고 둘째 계약을 정리했죠. 하지만 이 손실 때문에 첫 계약도 제가 설정했던 목표가격에 이르기 훨씬 전에 처분해 버렸습니다. 계약을 정리한 뒤 이틀이 지나자 시장은 제가 원래 예상했던 대로 폭락했습니다.

■ '다행스러웠다'라고 표현하셨는데 왜 그렇게 말씀하셨는지 잘 이해가 되지 않습니다.

두 계약 모두 계속 들고 있어서 끝내 수백 퍼센트에 이르는 수익률을 기록했다면 제가 정말 뛰어나다며 우쭐했겠지요. 훌륭한 트레이더가 되려면 꼭 배워야 하는 교훈이 있습니다. 그 가운데 하나는 걱정스러울 만큼 레버리지 투자를 하면 성공할 수 없다는 점입니다. 그때 이 교훈을 배우지 못했다면 언젠가 더 많이 투자하다 훨씬 더 비싼 대가를 치렀을 것입니다.

▎거북이 견습생이 되기 전에 다시 매매하셨나요?
〈월스트리트저널〉에서 리처드 데니스가 낸 광고를 보기 직전 전업 트레이더가 되기 위해 경제 자문가로 일하던 직장을 그만두었습니다.

▎100명 중 한 사람 꼴로 견습생이 선발되었는데, 선생님께서 뽑힌 까닭이 무엇이라고 생각하십니까?
그들이 매매 경험이 없는 사람도 찾았지만, 이는 뒤집어 생각하면 트레이더 출신이라고 배제하지 않는다는 뜻이었습니다. 저는 투자 경험도 있고 매매 철학이 리처드 데니스 투자 원칙과 비슷하다는 점이 도움이 된 듯합니다. 순전히 제 추측입니다만, 리처드 데니스가 저처럼 MIT에서 학위를 받은 사람이 어떤 성과를 낼지 궁금했을 것이라고 생각합니다.

▎이 업계에서 성공하고 싶은 사람에게 줄 수 있는 교훈이 무엇일까요?
오로지 계획만이 가장 중요하다고 생각합니다.
    첫째, 계획이 있어야 규율을 준수하기 쉽고 꼭 규율을 지켜야 매매에서 성공할 수 있습니다.
    둘째, 계획은 성과를 잴 수 있는 잣대 구실을 합니다.

▎실제 탁월한 성과로 불린 자산이 이를 증명하는군요.
길게 보면 그렇습니다. 하지만 매매 규칙을 그대로 따르고도 돈을 잃을 수 있습니다. 그렇더라도 트레이딩을 잘못했다고 판단하면 곤란합니다. 매매 규칙을 꾸준히 지키면 성공 확률이 높아져 결국 남들보다 앞설 수 있다는 점이 가장 중요하죠. 오늘이나 내일 계좌잔고가 늘거나 줄어드는 데 신경 쓰기보다 매매 원칙을 준수하는 일이 훨씬 더 중요합니다.

▌매매에서 성공하는 데 중요한 원칙이 또 있습니까?
매우 어려운 일이지만 날이면 날마다 자신의 투자 원칙을 꾸준히 지키도록 애써야 합니다.

▌원칙을 지키는 일이 왜 어렵죠? 성공으로 이끄는 원칙에서 벗어나고 싶을 때도 있나요?
우리는 인간이기 때문입니다. 단기적으로 손실이 크면 무리하게 복구하려는 유혹에 빠지기 쉽죠.

▌다른 교훈은 또 없나요?
시장을 존중하는 마음과 두려워하는 마음을 구별하는 일이 중요합니다. 자본을 지키려면 시장을 존중하는 자세가 꼭 필요하지만, 돈을 잃지나 않을까 지나치게 걱정하면 시장을 이길 수 없습니다. 걱정이 크면 올바른 판단을 내릴 수 없습니다.

이 장에서 무엇이 거북이 견습생 무리를 엄청난 성공으로 이끌었는지 명확한 답을 제시하지는 못했다. 그런데도 매매에 관심이 많은 사람에게 정말 중요한 메시지를 남겼다고 생각한다. 그 메시지는 시장을 크게 이길 수 있는 시스템을 개발할 수 있다는 점이다. 또한 그런 매매 규칙을 찾아 따르려고 열심히 노력하면 타고난 소질이 없어도 성공할 수 있다.

Chapter 07

작은 위험에서 얻는 최고의 수익

먼로 트라우트(Monroe Trout)

몇 년 전 먼로 트라우트를 처음 만났다. 먼로 트라우트 증권계좌를 유치하려던 우리 회사 브로커가 그를 우리 회사로 초빙했을 때였다. 당시 생소하던 상품 거래 자문가라는 사실 이외에는 먼로 트라우트에 대해 그리 많이 알지 못했다. 실적이 탁월한 젊은 상품 거래 자문가 가운데 먼로 트라우트라는 이름이 자주 거론된다고 듣기는 했지만, 이 책을 쓰기 전까지는 그가 얼마나 뛰어난지 몰랐다.

이 책에 담을 인터뷰 대상을 고르려고 〈매니지드 어카운트 리포트〉라는 계간지를 뒤적거리던 중 잡지에 수록된 100명 남짓한 매니저 가운데 위험 대비 수익 면에서 먼로 트라우트가 거둔 성과가 가장 뛰어나다는 사실을 발견했다. 먼로 트라우트보다 연 수익률이 더 높은 매니저가 몇 명 있기는 했지만 최대 하락폭이 그보다 더 작은 매니저는 거의 없었다. 물론 수익률에서 이들이 먼로 트라우트보다 훨씬 못했다. 어쨌든 위험 대비 수익 면에서 먼로 트라우트가 단연 으뜸이었다.

그의 5년간 성과를 조사했더니 연평균 수익률이 67퍼센트였다. 그런데 더욱 놀라운 것은 전체 기간 중 최대 하락폭이 8퍼센트에 지나지 않았다는 것이다. 성과가 꾸준한 점도 눈에 띄었다. 5년의 전체 개월 수의 87퍼센트에 이르는 달에서 수익을 냈다. 같은 기간 중 폴 튜더 존스 같은 전설적 트레이더조차도 위험 대비 수익 면에서는 먼로 트라우트만 못했다는 사실에 깜짝 놀랐다.

먼로 트라우트가 자신의 성공을 자랑하지 않았다는 점도 마음에 들었다. 예컨대 몇 년 전 그를 처음 만났을 때를 되돌아보면 당시 이미 우수한 성과를 거두고 있었는데도 자신의 실적에 대해서는 한마디도 꺼내지 않았다.

먼로 트라우트는 자신을 고객의 돈을 불려주는 사업가로 여겼다. 그는 이렇게 말했다. "신발을 만들어주는 사람이 있고, 집을 지어주는 사람이 있듯 우리는 돈을 벌어줍니다. 사람들은 우리가 돈을 벌어주면 기꺼이 대가를 지불합니다."

▎언제부터 시장에 관심을 기울이기 시작하셨나요?

17살 때 제 고향인 코네티컷 뉴케이넌에 살던 빌라 켈리라는 선물 트레이더 밑에서 일했습니다. 그는 애플 컴퓨터를 가지고 있었지만 그때(1978년)까지만 해도 데이터를 디스켓에 담아 파는 가게가 없었죠. 설령 데이터가 있었어도 그는 어디서 사는지 몰랐습니다. 하지만 신문에서 모은 수많은 가격 데이터를 컴퓨터에 입력하고 싶었습니다. 그래서 저를 고용해 시급 몇 달러를 주고 데이터를 입력하도록 했죠.

▎정말 따분하고 고된 일이었겠군요.

그랬죠. 하지만 빌라 켈리는 제게 선물시장과 컴퓨터 프로그래밍에 대해 이것저것 알려줬죠. 그때까지만 해도 개인용 컴퓨터는 아주 신기로운 기기여서 컴퓨터를 배운 일은 정말 쓸모 있었습니다.

여름에 잠깐 하던 일은 시장에 대한 제 호기심을 강하게 불러일으켰습니다. 하버드대학 2학년 때부터 트레이더를 꿈꾸기 시작했죠. 시장과 관련된 과목은 모조리 수강했습니다. 졸업 논문도 주가지수 선물시장에 대해 썼습니다.

▌졸업 논문의 결론은 무엇이었습니까?

가장 중요한 결론은 가격이 크게 움직일 확률이 아주 작을지라도 표준 정규 분포로 가정하는 경우보다 훨씬 크다는 점이었습니다. 따라서 통계적으로 거의 불가능해 보이는 상황까지 대비해 위험을 관리해야 합니다. 실제로 그런 상황이 일어날 수 있기 때문이죠.

▌1987년 10월과 1989년 10월처럼 시장이 급격하게 움직였을 때가 딱 들어맞는 예라고 생각하는데요.

물론입니다. 가격이 정규 분포한다고 가정하면 가격이 하루에 그처럼 격렬하게 요동칠 확률은 거의 제로에 가깝게 나옵니다. 하지만 실제는 그렇지 않죠.

▌이론을 현실에 맞게 이해하신 덕분에 그렇지 않았을 때보다 더 작게 매매하셨군요.

그렇습니다. 그리 공격적으로 레버리지를 쓰지 않습니다.

▌논문에 다른 중요한 결론이 또 있나요?

가격이 서로 독립적이지 않다는 사실을 발견했습니다. 다시 말해 통계적으로 의미 있는 패턴이 있었습니다.

▌졸업 후 대학원에 진학하셨습니까?

아니요.

■ 하버드대학을 우등으로 졸업하셨으니 미국에 있는 어느 대학이나 진학할 수 있었을 텐데요. 대학원 진학을 포기하실 때 망설이지는 않으셨나요?

전혀요. 저는 꼭 트레이더가 되고 싶었거든요. 대학원에 가면 제 꿈을 이룰 수 있는 시간이 멀어질 뿐이었습니다. 그래서 전혀 망설이지 않았습니다.

■ 이 업계에 발을 들여 놓은 계기가 무엇이었는지요?

하버드대학의 잭 리어던 운동부장이 뉴욕 트레이딩 회사인 NCZ커머디티 대표 빅터 니더호퍼를 잘 알고 있었습니다. 1964년 하버드대학을 졸업한 빅터 니더호퍼는 유명한 스쿼시 선수였습니다. 한때 세계에서 이 사람을 당할 자가 없었습니다. 잭 리어던은 제가 트레이딩에 관심이 많다는 점을 알고 빅터 니더호퍼를 만나도록 주선해주었습니다. 그는 저를 보자마자 마음에 들어 해서 바로 같이 일하자고 했죠. 얼마 지나지 않았는데도 제가 많은 일을 맡게 되어 정말 좋았습니다.

■ 무슨 일을 맡으셨는지요?

2주도 채 지나지 않아 주가지수를 매매하는 뉴욕선물거래소 객장에서 매매했습니다. 빅터 니더호퍼는 이런저런 회원권을 많이 가지고 있었고, 자기를 대신해 매매해줄 사람이 필요했습니다.

■ 그가 주문한 매매를 체결시켰나요?

조금요. 하지만 대부분 제가 하고 싶은 대로 스캘핑했습니다. 제가 올린 수익 일부는 제가 가져가는 식으로 계약했습니다. 스캘핑은 객장에서 일하는 브로커가 조금씩 수익을 올리기 위해 초단기로 매매하는 거래 방법입니다. 수익을 내는 방법에는 두 가지가 있습니다. 하나는 고객 반대편에 서서 매수/매도 스프레드를 챙깁니다. 다른 하나는 서로 관련된 상품들(예컨대 3월 만기와 6월 만기 주가지수 선물) 사이에 잠깐 생기는 작은 가격 차이에서 수익을 올립니다.

▍그때는 학교를 막 졸업한 사회 초년생이셨을 텐데 어떻게 하루아침에 스캘핑하는 법을 배우셨나요?

질문을 정말 많이 하시는군요. 객장 안에는 말을 걸 만한 사람들로 가득했습니다. 그래서 마음만 먹으면 얼마든지 빨리 익힐 수 있습니다. 물론 어느 수준에 이르면 더 이상 배울 게 없습니다. 하지만 그곳에는 트레이더가 수백 명이나 있기 때문에 이 업계에 처음 발을 들여놓는 사람에게는 정말 배우기 좋은 장소입니다. 시장도 잘 알고 남을 가르치는 데 인색하지 않은 사람들과 친하게 지내면 아주 빨리 배울 수 있죠.

▍처음 시작하실 때 배운 교훈을 기억하시는지요?

제대로 알지 못하고 달려들면 하루아침에 돈을 날릴 수 있다는 교훈을 터득했습니다.

▍실제로 망하는 사람들을 직접 보셨습니까?

물론입니다. 오늘 옆에서 같이 일했던 사람이 내일 보이지 않는 경우는 늘 있습니다. 거래비용이 중요하다는 점도 깨달았습니다. 저는 이런저런 거래에 대해 거래비용을 꽤 정확히 계산할 수 있습니다. 거래비용에 대한 정보는 제가 개발한 트레이딩 모델에서 기대할 수 있는 잠재수익을 추정하는 데 아주 중요합니다.

▍예를 들어 설명해주시겠습니까?

채권을 예로 들겠습니다. 거래소 밖에 있는 사람들은 채권을 매매할 때 수수료를 제외한 거래비용이 적어도 매수/매도 스프레드 이상이라고 여깁니다. 채권 매매 스프레드는 1틱 31.25달러죠. 하지만 사실은 브로커를 잘 만나면 스프레드를 0.5틱으로 줄일 수 있습니다. 대부분 참고 기다리면 스프레드가 반으로 줄어든 가격에도 매매가 체결되기 때문이죠. 브로커를 잘못 만나면 1틱을 내야 합니다. 잘만하면 매매비용이 생각보다 적게 들 수 있습니다. 그래서 기대 수익이 작다는 이유로 사용하는 미 재무성 채권 매매 시스템이 사실은 쓸모 있을 수도 있죠. 물론 우리처럼 거래비용을 줄일 수 있다는 전제가 있어야 합니다. 반면 주식시장은 정반대입니다. 보통 매수/매도 스프레드는 1틱 25달러이지만, 실제 거래비용이 이보다 많은 경우가 아주 많습니다. 매도호가에 사려고 해도 다른 사람이 먼저 체결해가는 탓에 그 호가가 순식간에 사라지기 때문입니다.

▌객장에서 또 무엇을 배우셨나요?
사람들이 어느 가격에 손절을 설정하려는지 알았죠.

▌사람들이 주로 어디에 손절가격을 정하나요?
전일 최고가 바로 위나 최저가 바로 밑에 설정합니다.

▌최고가 한 틱 위나 최저가 한 틱 아래 말씀이신가요?
그렇습니다. 하지만 두세 틱 위나 아래에서 정할 때도 있습니다.

▌기본적으로 사람들이 보통 손절가격을 그 수준에 몰아 설정한다는 뜻이죠? 손절가격을 특정 가격대에 집중적으로 설정하는 행위는 객장에서 일하는 브로커에게 표적을 대놓고 알리는 것 아닌가요?
맞습니다. 그 덕분에 많은 장내 트레이더들이 돈을 벌죠. 이들은 손절가격이 어디에 설정되어 있는지 찾아내려 애씁니다. 알아내는 과정에서 법을 어기지 않는 한 누구도 문제 삼을 수 없습니다.

▌그런 경험을 하고 거래소에서 나오셨으니 사람들이 설정하기 좋아하는 가격대에서는 손절을 설정하지는 않으시겠죠?

실제 미리 손절 주문을 내는 경우는 많지 않습니다. 대신 머릿속으로 손절 수준을 정해놓죠. 다시 말해 머릿속에 경보장치를 설치해놓습니다. 손실이 날 것 같으면 경고음이 울려 포지션을 정리하기 시작합니다.

▌장내 트레이더들이 스톱 주문이 몰려 있는 가격대로 시장을 움직인다는 사실에서 우리가 배울 수 있는 교훈은 무엇인가요?

누구나 아는 가격에는 손절을 설정하지 말아야 합니다. 예를 들어 전일 최고가보다 1틱 위에서 손절 주문을 내면 곤란합니다. 대신 전일 최고가보다 10틱 아래 수준에 설정하면 실제 손절당했을 때 손실을 줄일 수 있습니다. 10틱 위에 설정해도 시장이 이 수준까지 오르지 않아 손절당하는 일을 피할 수 있죠. 꼭 손절 주문을 내야 한다면 남들이 다 아는 가격대는 피하는 전략이 상책입니다. 100퍼센트 보장할 수는 없지만 꽤 좋은 방법이죠.

▌거래소 객장에서 일한 경험을 디딤돌 삼아 탁월한 성과를 거두셨다고 생각하십니까?

그렇습니다. 저는 심지어 거래소 밖에서도 어디에 손절을 내야 하는지 잘 알고 있어 손절에 대해서만큼은 일가견이 있습니다. 저는 가격이 그 수준에 이르기 전에 진입하려고 노력합니다. 심지어 몰려 있는 손절 주문들이 체결되도록 힘쓰기도 합니다. 실제 제 뜻대로 스톱이 걸리면 시장은 날아가겠죠.

▌보통 전일 최고가 바로 위나 아래는 손절 주문이 몰리는 뻔한 곳이라고 말씀하셨습니다. 인기는 있으나 눈에 덜 띄는 손절가격대가 또 없을까요?

끝자리 수가 영으로 끝나는 곳입니다. 예를 들어 다우지수가 3,000포인트를 향해 꾸역꾸역 오르기 시작할 때 저는 다우지수가 3,000포인트를 뚫는다고 기대하고 매수하기 시작합니다. 3,000포인트는 자석과 같죠.

■ **그러니까 시장이 끝자리 수가 영으로 끝나는 숫자에 끌린다는 뜻이군요. 시장이 보통 그 수준에 이릅니까? 아니면 바로 그 아래에서 멈추나요?**

십중팔구 끝자리 수가 영인 곳에 도달합니다. 그래서 그 수준까지 가기 전에 사는 전략이 가장 좋습니다. 저는 이를 '자석 효과'라고 부르죠. 이를테면 다우지수가 2,950포인트일 때 곧 3,000포인트에 이르리라 기대하고 다우지수 인덱스를 매수합니다. 하지만 지수가 실제 3,000포인트에 다가서면 신경을 곤두세워야 합니다. 저는 트레이딩룸에 있는 직원마다 서로 다른 브로커에게 연락해 장내 분위기를 자세히 살피도록 합니다. 사람들이 얼마나 들떠 있는지, 거래 규모는 얼마인지 파악하기 위해서죠. 장내가 차분하고 거래 대금도 적으면 시장이 곧 떨어진다는 신호로 여기고 포지션을 청산하기 시작하죠. 반면 사람들이 아우성치고 거래 규모도 크면 그대로 보유합니다.

■ **장내 분위기가 좋은 지표 구실을 했던 최근 사례를 말씀해주시겠습니까?**

페르시아만 위기로 원유가 배럴당 20달러에 이르렀을 때 장내는 정말 시끄러웠고 시장도 그치지 않고 올랐죠.

■ **장내에서 일하면서 배우신 교훈이 또 있습니까?**

장중 거래량이 가장 많은 때가 언제인지 배웠죠. 한 계약 거래할 때에는 거래량이 중요하지 않습니다. 그렇지만 수천 계약 매매할 때에는 아주 중요합니다.

■ **장중 언제 유동성이 가장 풍부합니까?**

개장할 때입니다. 개장 후 시간이 흐르면서 거래량이 줄어들죠. 그다음으로 유동성이 많은 때는 마감 직전입니다. 결국 하루 거래량 추이를 그래프로 표시하면 U자 모양이 됩니다. 개장 직후 거래량이 급증한 뒤 차츰차츰 줄어 한

낮에는 아주 드물지만, 이후 다시 늘어 마감 직전에는 하루 중 두 번째로 많은 거래량을 기록하죠. 보통 이런 현상은 거의 모든 시장에서 나타납니다. 정말 신기하죠.

장중 언제 거래가 한산한지도 알아야 합니다. 그때가 자기에게 유리한 쪽으로 시장을 떠받칠 수 있는 좋은 시점이기 때문이죠. 예를 들어 제가 S&P500 지수선물 1,000계약 매수 포지션을 들고 있는데, 시카고 시각 오전 11시 30분이라면 시장가 아래쪽으로 1틱마다 10계약씩 매수 주문을 쭉 내놓으면 시장이 떨어지지 않도록 지탱할 수 있습니다. 그 시각에는 거래가 한산해 시장을 떠받치는 비용이 많이 들지 않죠. 시장을 오랫동안 지탱하면 할수록 제게 더욱 유리합니다.

▎시장을 떠받치려 해봤자 소용없지 않나요? 지탱하려고 노력하든 안 하든 결국 시장은 원래 방향대로 움직이니까요?

길게 보면 그렇습니다. 하지만 분명 짧게는 트레이더가 자기가 원하는 쪽으로 시장을 떠받칠 수 있다는 데에는 이견이 없죠. 저는 날마다 제게 유리한 쪽으로 시장을 움직입니다. 예를 들어 S&P500지수가 전일 최고가 바로 밑에 머문 상황에서 지수선물 매수 포지션을 많이 처분하고 싶다면 지수를 전일 최고가까지 밀어올림으로써 시장이 더욱 들떠 거래량이 늘어나도록 할 수 있습니다. 거래량이 많아지면 제 포지션을 정리하기 훨씬 쉬우니까요.

▎왜 거래소를 떠나셨습니까?

저는 거래소에서 포지션 매매를 잘했습니다. 대학 시절 컴퓨터로 트레이딩 모델을 개발한 적이 있었죠. 장이 끝날 때마다 사무실로 돌아가 트레이딩 모델 개발에 몰두했습니다. 빅터가 친절하게도 이 모델을 쓰도록 허락한 덕분에 저는 꽤 꾸준히 수익을 올릴 수 있었죠. 거래소에서는 한 시장만 매매할 수밖에 없기 때문에 거래소 밖에서 매매한다면 돈을 훨씬 더 많이 벌 수 있다고 생각했습니다.

▌모델로 매매할 때에는 투자기간이 보통 어느 정도였습니까?
짧게는 하루, 길게는 한주였습니다.

▌제 경험으로는 투자기간이 일주일을 넘지 않는 초단기 트레이딩 모델로는 비용을 감당할 수 없었습니다. 고객을 끄덕이시는 모습을 보니 분명 제 의견에 동의하시는군요. 선생님 모델이 특별히 다른 점은 무엇입니까?
먼저 제 모델은 통계를 아주 많이 활용합니다. 다음은 거래비용이 이 업계 어느 누구보다도 적죠. 한번 사고팔 때 드는 수수료를 저희보다 적게 지출하는 펀드는 거의 없다고 봅니다.

▌비결이 무엇입니까?
저희는 운용 자산이 수억 달러인데다 매매 회전률도 높기 때문에 사실상 거래 규모가 그 어느 누구보다도 큽니다. 그래서 수수료가 더욱 싸게 들도록 협상할 수 있죠. 더욱이 저희는 객장 밖에서 매매하는 트레이더 가운데 주문을 가장 잘 체결시킨다고 생각합니다. 여러 브로커를 쓰면서 이들을 계속 검증해 솎아냅니다. 즉 잘하지 못하는 브로커는 갈아치웁니다. 반면 정말 잘하는 브로커에게는 주문량을 늘려주죠. 저는 많은 사람을 알고 있습니다. 제가 마음만 먹으면 전화 한 통으로 열 명을 모을 수도 있습니다. 이뿐만 아니라 주문가격과 실제 체결가격 차이인 슬리피지(Slippage, 매매 주문 시 체결 오차 현상이 발생하여 원하는 가격에 현물이나 선물을 매수할 수 없을 때 발생하는 비용)가 얼마나 큰지 면밀히 살핍니다. 매일 장이 끝날 때마다 부하직원이 각 시장의 슬리피지 요약 현황을 제게 보고합니다.

▌주문을 낼 때 가격을 어떻게 정하십니까?

트레이더가 주문한다는 말을 입 밖에 내는 순간 화면에 보이는 가장 최근 체결 가격을 기준으로 삼습니다. 예를 들어 화면에 뜬 채권가격이 17달러인데 18달러에 주문한다면 슬리피지는 마이너스 1이라고 기록하죠.

▎가격이 순식간에 바뀔 텐데 슬리피지를 어떻게 추적할 수 있죠?
우리는 장기적으로는 시장이 주문가격 위나 아래, 즉 양쪽으로 움직인다고 가정합니다. 그래서 시장이 우리가 원하지 않는 쪽으로 가 슬리피지가 커질 수 있지만, 원하는 쪽으로 움직여 슬리피지가 작아질 수도 있다고 봅니다. 수천 번 매매하다 보면 적절한 슬리피지 수준이 얼마인지 알 수 있을 뿐만 아니라 누가 슬리피지를 줄인 훌륭한 브로커인지 파악할 수 있죠.

▎그렇다면 기본적으로 슬리피지도 작고 수수료도 적어 결국 매매비용이 아주 적기 때문에 겨우 이익을 낼까말까 하는 시스템으로도 수익을 올릴 수 있겠군요.
그렇습니다. 예를 들어 어느 시스템을 사용하는데 채권을 한 번 사고팔 때마다 수익이 40달러라고 가정하죠. 이때 수수료가 10달러 밑이고 슬리피지가 1틱 16달러이면 이 시스템으로 끊임없이 돈을 벌 수 있겠죠. 하지만 수수료가 30달러이고 슬리피지가 1틱 16달러면 똑같은 시스템인데도 밑 빠진 독에 물 붓는 격입니다.

▎전체 벌어들인 이익 가운데 거래비용을 절약해 얻은 비율이 얼마입니까?
브로커를 잘 고르고 살펴 슬리피지를 줄임으로써 연 6퍼센트 정도 절약했다고 추산합니다. 여기에 한 번 사고팔 때마다 수수료를 20달러 대신 10달러만 냄으로써 연 6퍼센트 추가로 절감했다고 생각합니다.

▎빅터가 운영하는 회사를 떠난 까닭이 무엇입니까?

이유는 두 가지입니다. 먼저 출근하는 데 1시간 45분이나 걸려 힘들었어요. 또 단기적으로는 빅터의 회사에서 일할 때보다 돈을 더 벌지 못할 수도 있지만 장기적으로는 수익을 더 많이 올릴 수 있다고 자신했기 때문입니다.

▎매매 성과는 무엇으로 측정하십니까?

1년 동안 일간 데이터로 계산한 샤프지수가 커야만 잘했다고 할 수 있습니다.

> 참고로 샤프지수는 벤치마크 대비 초과수익을 위험으로 나눈 값이다. 여기서 위험은 수익률의 변동성으로 계산한다. 예를 들어 A와 B라는 두 트레이더가 운용하는 자금 규모가 똑같고, 매매도 똑같이 한다고 가정하자. 매매할 때마다 주문 금액이 A가 B의 두 배라면 수익은 A가 B의 두 배이지만, 위험도 A가 B의 두 배에 이른다. 그래서 샤프지수는 똑같다.* 보통 샤프지수는 월간 데이터로 계산하기 때문에 위험도 자산의 월간 변동성으로만 측정한다. 먼로 트라우트는 한발 더 나아가 위험뿐만 아니라 자산 규모의 일일 등락폭까지 고려해 매매 성과를 평가해야 한다고 강조했다.

▎트레이딩에서 성공한 요인이 무엇이라 생각하십니까?

첫째, 철저한 분석이 우리 경쟁력입니다. 둘째, 자금을 합리적이고 실질적으로 관리합니다. 셋째, 지불하는 수수료가 아주 작습니다. 넷째, 슬리피지가 업계에서 가장 작습니다. 다섯째, 이곳에서 일하는 사람들 대부분이 개인 자금을 우리가 운용하는 펀드에 투자합니다. 저도 제 돈의 95퍼센트 이상을 우리 펀드에 넣었습니다.

▎개인 자금을 펀드에서 빼지 않으시는군요.

---

* 엄밀히 따지면, 국채 수익률 같은 무위험 수익률까지 감안해야 하기 때문에 조금 차이가 날 수 있다.

한 푼도 찾지 않았습니다. 콘도는 빌리고 값싼 차를 몹니다.

▌돈을 버는 일보다 좋은 성과를 올리는 데 중점을 두고 계십니까? 아니면 얼마까지 벌어야겠다는 목표가 있으신지요?

현재는 좋은 성과를 내는 데 초점을 맞추고 있습니다. 당장 그만두어도 이자만으로 평생 먹고사는 데 지장이 없기 때문이죠. 저는 매매를 정말 좋아합니다. 어렸을 때부터 게임을 즐겼죠. 지금은 아주 흥미로운 게임을 하면서 돈까지 넉넉히 법니다. 솔직히 말씀드리면 이보다 더 재미있는 일은 없습니다. 매매가 즐겁지 않거나 수익을 올릴 수 없다고 생각하는 순간 그만두어야겠지요.

▌이 업계에 발을 들여 놓으신 이래 시장이 어떻게 바뀌었나요?

좋은 현상이지만 거래량이 엄청나게 늘었습니다. 더불어 시장이 더욱 효율적으로 바뀌는 듯합니다. 제가 즐겨 쓰던 전략을 다른 사람들이 따라 하면서 그 효력이 떨어지기 시작했지만요.

▌이제 쓸모없어진 전략 하나를 예로 들어주시겠습니까?

저는 이틀 전에 가격이 움직인 쪽으로 즐겨 매매했죠. 예를 들어 월요일에 시장이 오르면 수요일에 매수했습니다. 하지만 이제는 더 이상 먹히지 않습니다.

▌선생님의 시스템은 과거 데이터에 많이 의존하는 듯 보입니다. 패턴을 수없이 살피다 보면 각 패턴이 나올 확률이 정규 분포할 경우 그 중 몇 개는 연이어 수익을 낼 수 있겠죠. 다시 말해 1만 명이 각자 동전을 열 번씩 던질 경우 열 번 모두 앞면이 나오는 경우도 있겠죠. 하지만 동전을 또 던졌을 때 계속 앞면이 나올 것이라고 보장할 수 없죠. 시장에 존재하는 비효율을 실제 패턴에 반영해 보다 보면 필연적이거나 우연히 나타나는 패턴을 어떻게 구분하시나요?

패턴에 의미가 있어야 합니다. 예를 들어 40일 전의 영국 파운드화 가격 변화가 오늘의 S&P500지수를 예상하는 데 통계적으로 의미가 있다고 해도 이를 믿지 않죠. 40일 전 영국 파운드화 가격이 오늘의 S&P500지수에 영향을 끼치는 이유가 명백해야 합니다. 결국 통계적으로 확률이 아무리 높아도 이런 의미 없는 패턴은 대부분 버립니다.

▌그런데도 그런 패턴도 테스트하는 이유는 무엇입니까?
사실 개별 조합을 따로따로 테스트하는 방법보다 시장의 모든 조합과 데이터 사이의 관계를 테스트한 뒤 통계적으로 의미 있어 보이는 조합을 찾는 일이 더 쉽습니다.

▌매매할 때 통계도 중요하게 여기십니까?
맞습니다. 우리가 늘 합리적으로 판단하는 데 도움이 되기 때문이죠. 저희는 패턴을 실제 활용하기 전에 과거에 잘 들어맞았는지 살피기를 좋아합니다.

▌한 번에 돌리는 모델이나 패턴이 총 몇 개입니까?
12개입니다.

▌분산 효과를 얻기 위해서인가요?
그렇습니다. 최대한 분산하려고 애씁니다. 저는 매매 전략뿐만 아니라 시간도 분산하기를 좋아합니다.

▌시간을 분산할 때 시간, 일간, 주간 데이터를 똑같은 모델에 적용하십니까?
맞습니다. 이는 시장이 열리는 시간을 쭉 이어 분석해 원하는 모습이 나타나면 하루 중 언제든지 매매할 수 있다는 의미이기 때문입니다.

▌특정 패턴이나 시스템을 돌려 자동으로 매매하는 비율은 전체에서 몇 퍼센트나 차지합니까?

절반 정도입니다. 어느 날 시스템에서 1,000계약을 매수하라는 신호가 나와도 언제 사는지는 제가 결정하기 때문에 정확하게 말씀드리기 어렵습니다.

▌그렇다면 선생님께서 내리는 진입과 청산 결정이 성과에서 중요한 부분을 차지한다는 말씀이시군요?

물론입니다.

▌선생님께서 사는 시점을 직접 고르지 않고 장이 시작하거나 끝날 때, 아니면 장중 일정한 간격으로 시스템에서 자동으로 매수하도록 한다면 한 달에 성과가 얼마나 나빠질까요?

답변을 드리기 아주 어렵지만 시스템으로만 자동 매수한다면 수익률이 지금보다 절반 정도 떨어질 것이라고 봅니다. 더 내려갈 수도 있겠네요. 상품 거래 자문가 10명에게 우리 시스템을 사용하게 한다면 그들 가운데 몇 명은 한 푼도 벌지 못할 수 있다고 생각합니다.

▌시스템에 의존하지 않는 비율이 절반이라고 말씀하셨는데, 시스템으로 매매하지 않는 경우를 말씀해주시겠습니까?

저는 아까 말씀드렸던 자석 효과를 즐겨 사용합니다. 시장이 끝자리가 영인 수나 어느 임계점에 다가갈 때 시장이 원하는 수준으로 갈 것이라고 기대하고 매매하기 좋아합니다.

▌그 매매 전략을 시스템으로 만들려고 시도해본 적이 있나요?

없습니다. 시스템으로 만들 수 없다고 생각하기 때문이죠. 특정 수준이 중요한 가격이라는 생각이 불쑥 들 수도 있고, 그런 정보가 거래소에 있는 사람들과 이야기하다 나올 수도 있습니다. 거래소에서 일하는 우리 직원에게 늘 이렇게 묻습니다. "사람들이 지금 관심을 기울이는 숫자가 무엇이죠?"

▎시스템에 기대지 않고 스스로 판단하는 사례가 또 있나요?
우리는 거래소에서 정보를 끊임없이 얻습니다. 그곳에 있는 우리 직원들이 1분마다 한 번 꼴로 전화합니다.

▎어떻게 돌아가는지 꼼꼼히 알려주는군요.
그렇습니다.

▎그렇게 얻은 정보가 쓸모 있습니까?
그렇습니다. 이름 난 트레이더들이 공통적으로 특정 거래를 한다는 소문이 돌면 우리도 바로 따라 합니다. 이들이 매매하는 쪽의 포지션을 우리가 이미 들고 있다면 투자 규모를 더 늘리죠.

▎시스템에 의존하지 않는 투자 사례가 또 있습니까?
저희는 거래소 비회원이 언제 가격을 움직이는지 알아내 이를 활용하여 매매하기를 좋아합니다. 거래소에는 우리 정보원들이 널려 있어서 비회원들이 어떻게 매매하는지 확인할 수 있죠. 그다음 그들의 반대쪽에 서서 매매합니다. 비회원들은 장 마감 전 그날 포지션을 정리하는 습성이 있습니다. 이들이 포지션을 처분할 때 시장이 원래대로 되돌아가죠. 비회원 대부분은 매일 퇴근하기 전에 포지션을 모두 정리합니다.

▎수많은 트레이더가 선생님을 돕고 있군요. 하지만 선생님만 매매 판단을 내리시는 것 같은데요. 트레이더들을 어떻게 활용하십니까? 선생님께서 시장을 살피시고 매매는 나머지 직원들을 시킬 수는 없나요?

이곳에는 제가 일일이 추적해 분석할 수 없을 정도로 정보가 넘쳐납니다. 트레이더들에게는 어떤 중요한 사건이 터지면 제게 바로 알리라고 지시해놓았죠. 이들은 기본적 지표나 뉴스로 인해 시장이 크게 출렁거릴 거라고 판단되면 제게 보고합니다. 1월 9일 짐 베이커 미 국무장관이 기자회견을 열었을 때가 좋은 예죠. 1991년 1월 9일은 짐 베이커 장관이 전쟁을 피하려고 이라크 대사를 만난 날이었습니다. 당시 이라크는 강경하게 나와 봤자 손해 볼 수밖에 없는 상황이었기 때문에 회담이 순조롭게 진행되리라고 예상할 만했죠. 회의 직후 열린 기자회견에서 장관이 "애석하게도"라는 말을 입 밖에 내자마자 트레이더들은 그다음 단어를 듣지도 않고 매도 주문을 쏟아내 주식시장과 채권시장이 크게 흔들렸습니다.

▎선생님께서도 '애석하게도'라는 말을 듣자마자 매도하셨나요?

너무 늦었습니다. 우리의 큰 포지션을 정리하려 했을 때에는 상황이 이미 끝난 상태였죠. 30분 동안 S&P500지수가 1,200포인트 추락했지만 첫 10초 동안 하락폭이 가장 컸습니다. 그때 우리는 매수 포지션을 700계약이나 들고 있었죠. 그래서 매도 주문을 냈다면 시장이 더욱 크게 밀려 결국 그날 최저가에 처분할 수밖에 없었겠지요.

▎어떤 뉴스가 느닷없이 나올 때, 바로 빠져나올지 공포에 질린 매도세가 수그러든 뒤 처분할지를 어떻게 구분해 판단하십니까?

거래 규모에 따라 크게 달라집니다. S&P500 주가지수선물 10계약만 들고 있었다면 바로 청산했겠지요. 즉 '애석하게도'라는 말이 떨어지자마자 팔았을 것입니다.

▎하지만 선생님께서는 그렇게 적게 거래하지 않으시잖아요. 늘 크게 거래하기 때문에 시장이 크게 흔들리면 일단 이를 악물고 기다리시겠네요?

견딜 수 있는 손절 한도를 넘었다면 시장이 잠잠해질 때까지 기다렸다 청산하기 시작합니다.

■ 결국 그날 어떻게 움직이셨나요? S&P500 주가지수선물을 모두 정리하셨나요?

네, 하루 종일 조금씩 나눠 팔았습니다. 개별 거래에서 발생한 손실이 전체 운용 자산의 1.5퍼센트를 넘으면 바로 청산한다는 위험관리 원칙이 있었기 때문에 망설일 이유가 없었죠.

■ 다른 위험관리 원칙이 또 있으신지요?

하루 손실이 4퍼센트에 이르면 다음날 다시 사는 한이 있더라도 모두 청산합니다. 이 원칙에 따라 손절한 경우는 지난 2년 동안 단 두 번 있었죠. 그 가운데 하나는 하루 4퍼센트 손절 원칙에 걸려 포지션을 모두 청산했던 1월 9일이었습니다.

■ 그날 손실 금액이 얼마였습니까?

약 950만 달러였습니다.

■ 순식간에 엄청나게 잃으셨군요?

사실상 그 돈 대부분을 단 10초 만에 날렸습니다.

■ 눈 깜짝할 사이에 그렇게 큰돈을 잃었을 때 기분이 어떠셨나요?

이 경우는 너무나 순식간에 벌어진 일이어서 할 말을 잃었죠. 보통 돈을 잃으면 화가 치밀어 오릅니다. 대체로 처음에는 분노에 휩싸이죠.

■ 화를 시장에 내시나요, 아니면 자신에게 내시나요?

주로 시장에 냅니다. 하지만 시장은 인격체가 아니니 제가 화를 내도 반응할 턱이 없죠. 그러니 시장에 분노해봐야 아무런 소용이 없습니다. 저는 할 수 있는 한 감정을 억누르려고 합니다. 훌륭한 트레이더가 되려면 합리적으로 판단하고 감정을 억제할 수 있어야 합니다. 돈을 잃어도 전혀 화내지 않으려고 오랫동안 노력했지만 인간인 이상 어쩔 수 없다는 사실을 깨달았죠. 죽을 때까지 분노를 억제하기 위해 노력은 할 수 있겠지요. 그렇더라도 돈이 눈앞에서 사라지는데 아무런 감정 없이 침착하게 바라볼 수는 없다고 생각합니다.

▎분노 탓에 매매를 그르치는 경우가 있습니까?

없습니다. 저는 감정을 잘 다스리는 편입니다.

▎1월 9일 사례에서 할 말을 잃었던 순간이 지난 뒤 어떻게 대처하셨습니까?

하루 만에 4퍼센트 넘게 손실을 기록했다는 사실을 깨달은 후 장 마감 전까지 조리 있게 빠져나올 궁리를 했죠. 이런 경우 저는 질서정연하게 청산할 수 있도록 처분 계획을 짠 뒤 트레이딩룸에서 나옵니다. 실행은 제 트레이더들에게 맡깁니다.

▎그날 밤 잠은 푹 주무셨나요?

평소 저는 깊게 못 잡니다. 불행히도 이는 트레이더가 치러야 하는 대가죠. 그렇지 않기를 바라지만 어쩔 수 없습니다.

▎손실을 기록한 날보다 수익을 올린 날 더 잘 주무십니까?

꼭 그렇지는 않습니다. 사실 돈을 번 날은 너무 기뻐 잠이 잘 오지 않죠.

▎그날 얻은 충격에서 완전히 벗어나 다시 일어서기까지 얼마나 걸렸나요?

이튿날부터 조금씩 잊기 시작해 며칠 만에 다 털어냈습니다.

▎다음에도 이렇게 큰 손실을 보게 된다면 그 고통이 며칠이나 이어질까요? 한 일주일 뒤 아픔에서 완전히 벗어나실까요?

일주일 안에 극복할 수 있다고 생각합니다. 저는 충격을 극복할 수 없을 정도로 손실이 커지는 상황에 빠지지 않으려고 애씁니다. 그래서 위험을 더욱 철저히 관리하죠. 돈을 잃어도 내일 바로 일어설 수 있도록 관리합니다.

▎일단 손절한 뒤에는 돈을 잃었어도 시장에서 빠져 나왔다는 사실에 마음이 편해지나요?

그렇습니다. 손실 금액이 정해지면 고통이 끝나기 때문입니다. 안도의 한숨 같은 느낌이죠.

▎손실이 똑같이 4퍼센트라고 하더라도 100만 달러를 거래했을 때보다 1억 달러를 매매했을 때가 고통이 더 큰가요?

물론입니다. 금액이 많으면 고통도 커집니다. 제가 아는 트레이더 가운데 누적 수익률이 엄청나다고 자랑하는 사람이 많죠. 5년 누적 수익률이 1,000퍼센트가 넘는다고 떠드는 사람도 있습니다. 하지만 수익률이 플러스일 때와 마이너스일 때를 금액으로 가중해 계산하면 결국 손실인 경우도 있습니다.

▎투자 금액이 적을 때 수익률이 높고 거래 금액이 많을 때 손실을 기록하기 때문이군요.

맞습니다. 저는 상품 거래 자문가를 고르는 일은 하지 않습니다. 하지만 자문가를 선별하는 업무를 맡는다면 가장 먼저 그들이 얼마나 벌었는지를 보겠습니다. 즉 각자가 매매로 거둔 총액이 얼마인지 살펴보는 것입니다. 누적 수익률이 아무리 높아도 결국 돈을 잃었으면 고려 대상에서 제외하겠습니다.

▎하루 손실 한도 4퍼센트 원칙이 1월 9일에도 효과가 있었나요?

그날만큼은 그렇지 않았습니다. 이를 악물고 조금 더 참았다면 결과가 더 나았을 것입니다.

▌그래도 손절 원칙을 바꾸지 않으셨죠?

바꾸지 않았습니다. 이런 원칙이 없다면 1987년 10월 19일 같은 날에도 S&P500 주가지수선물 매수 포지션을 계속 들고 있었겠죠. 그날 꾸물거렸다면 엄청난 재앙을 겪었을 것입니다.

▌지금까지 개별 포지션의 손실 한도는 1.5퍼센트, 전체 운용 자산의 하루 손실 한도는 4퍼센트로 정해두었다고 말씀하셨습니다. 다른 위험관리 원칙이 또 있나요?

운용 자산 전체의 월간 손실 한도는 10퍼센트입니다. 어느 달이든 손실이 이 한도를 넘으면 다음 달 첫날에 거래를 다시 시작할 수 있도록 포지션을 모두 청산합니다. 하지만 다행히도 그런 일은 일어나지 않았습니다.

    네 번째 위험관리 원칙은 이렇습니다. 매월 초 시장마다 투자할 수 있는 한도를 정한 뒤 시장 전망이 좋든 나쁘든 이 한도를 넘겨 투자하지 않습니다. 이 원칙 덕분에 무리하게 투자하지 않습니다.

▌매매하실 때 그래프를 사용하십니까?

그래프는 주로 트레이더들이 관심을 기울이는 가격을 찾는 데에 사용합니다. 저는 이들이 어떤 패턴을 좋아하는지 잘 압니다.

▌스스로 판단을 내리기도 하고 매매 시스템을 사용하기도 하시는군요. 각 방법의 장단점을 설명해주시겠습니까?

어느 쪽이든 경쟁력이 있어야 합니다. 훌륭한 시스템이 있으면 남보다 앞설 수 있겠지요. 그렇지만 시스템으로만 매매할 때 운용 규모가 커지기 시작하면 거래비용이 수익을 갉아먹을 수 있습니다. 보통은 시스템에 사람의 판단을 곁들이는 방법이 가장 낫습니다. 아까 말씀드렸듯이 시스템을 이용하면서 진입이나 청산 시점은 사람이 결정하는 것이 좋습니다.

▌시중에서 팔리는 시스템을 살펴보신 적이 있나요?
물론입니다. 시스템을 여러 개 사봤습니다. 과거에는 구매한 시스템을 제가 직접 살펴보았지만 이제는 제 직원들에게 보라고 부탁합니다. 하지만 이 시스템을 결코 그대로 사용하지는 않죠. 우리 시스템을 만드는 데 활용합니다.

▌시스템을 사려는 대중에게 해주고 싶은 조언이 있으신지요?
클럽 3000에 가입하면 좋습니다. 이 클럽은 회원들이 시스템뿐만 아니라 매매 아이디어를 다룬 뉴스레터를 발행합니다. 클럽 이름은 회원들이 3,000달러를 주고 산 시스템이 엉터리라고 밝혀지자 실망한 나머지 서로 뭉쳐 시스템들에 대한 정보를 나누자는 데에서 따왔습니다. 저도 시스템 사용 후기가 들어 있는 〈선물〉, 〈주식과 원자재 기술적 분석〉, 〈원자재 선물 소비자 보고서〉 같은 잡지를 구독합니다. 시스템을 산 뒤에는 꼭 데이터를 직접 넣어 테스트해봐야 합니다.

▌다시 말해 시스템 판매회사 말을 곧이곧대로 믿으면 곤란하다는 말씀이시군요. 판매되는 시스템들의 장점이 많이 부풀려져 있기 때문인가요?
그렇습니다.

▌일부러 과장하나요? 아니면 대부분 몰라서 그런 건가요?
시스템 판매회사들 주장이 때로는 옳기도 합니다. 하지만 보통은 통계적으로 의미가 있을 만큼 데이터를 충분히 사용하지 않죠. 더군다나 수익률이 좋게 나온다면 증거금이 거의 없어도 된다는 가정에 근거를 둔 경우도 많습니다.

▎알겠습니다. 레버리지를 엄청나게 많이 일으키는데도 수익률만 강조하고 위험에 대해서는 설명하지 않는군요.

맞습니다. 저는 졸업논문을 쓸 때 똑같은 실수를 저질렀습니다. 계좌잔고가 증거금의 두 배라고 가정하고 수익률을 계산했죠. 아주 틀린 가정이었습니다. 실제 이 가정을 토대로 매매한다면 하락폭이 너무 크기 때문에 도중에 파산할 수밖에 없습니다.

▎누군가 정말 훌륭한 시스템을 개발했다면 다른 사람들에게 이 시스템을 팔지 않을 것이라고 생각하십니까?

어느 정도는 그럴 수 있다고 생각합니다. 시스템을 개발한 사람이 돈에 쪼들리는 경우도 있겠죠. 하지만 시스템이 정말 좋다면 친구와 가족은 물론이고, 다른 사람들까지 설득해 돈을 끌어와 매매할 수 있겠지요.

▎보통 사람들이 쓰는 기술적 분석 가운데 쓸모 있는 지표들이 있습니까?

이동평균은 쓸모 있습니다. 위험관리만 제대로 한다면 유용하죠. 영리하게 쓰기만 하면 이동평균 분석으로도 남보다 나은 성과를 거둘 수 있다고 봅니다.

▎과대평가되었다고 생각하시는 지표들이 있나요?

피보나치 되돌림 분석, 갠 각도, 상대강도지수, 스톡캐스틱을 포함한 기술적 지표 대부분이 그렇습니다. 이 지표들은 아무런 쓸모가 없습니다.

▎더 이상 수익을 낼 수 없을 정도로 날이면 날마다 수익을 낸다면 투자 규모를 줄이시겠습니까?

사실 수익을 많이 거둘수록 더욱더 많이 투자합니다. 돈을 잃을수록 더 적게 매매하죠.

▎연이어 수익을 낼 수 있다고 생각하십니까?

네, 매매뿐만 아니라 대부분 일상생활에서도 마찬가지입니다. 어느 팀이 여덟 경기 연속 이겼다면 그 팀이 아홉 번째 경기에서 진다고 베팅하지는 않겠죠.

▎매매하면서 배운 피해야 하는 실수가 있으십니까?

저는 스톱 주문을 그리 좋아하지 않습니다. 큰손이라면 스톱 주문을 낼 때 아주 조심해야 합니다.

▎스톱 주문으로 된통 혼쭐이 난 뒤 이 교훈을 얻으셨나요?

저는 매매하기 시작한 이래 지금까지 스톱 주문을 많이 하지 않았지만 과거에는 지금보다 조금 더 많이 했습니다.

▎스톱 주문을 냈을 때 시장이 손절가격까지 움직여 포지션이 자동 청산되는 경우가 많았나요?

스톱 주문을 많이 내면 스톱에 걸릴 뿐만 아니라, 시장이 스톱을 건 쪽으로 더욱 크게 움직일 수 있습니다. 그래서 스톱에 걸리면서 스톱가격보다 훨씬 더 손해 보는 가격에 체결됩니다.

▎지금은 거래 규모가 크니 뻔히 드러나는 스톱 주문은 내지 않으시겠네요.

맞습니다. 때때로 시장이 일정 수준까지 움직일 것이라고 기대하고 투자하면서 스톱 주문을 내지만, 가격이 제가 원하는 수준에 가까워지면 스톱 주문을 취소합니다. 자주 그렇게 하죠. 사실 오늘도 취소했습니다. 오늘은 문제없었지만 잘못 되면 원하지도 않는 채권을 보유하게 되는 경우도 있죠.

▎매매로 수익을 올릴 수 있다고 자신하시는군요. 매매할 때 늘 확신에 차 있으신지요?

4년 전부터 자신감이 생긴 듯합니다.

▎선생님을 제외한 보통 사람의 경우 자신감과 탁월한 성과 사이에 상관관계가 긴밀하다고 보십니까?

어느 정도 상관관계가 있지만 결코 100퍼센트에 가깝지는 않습니다. 경쟁력이 없으면 자신감만으로는 아무런 소용이 없습니다. 결국 돈을 잃을 수밖에 없죠.

▎자신 있다 해도 훌륭한 트레이더가 될 수는 없다는 의미이군요. 그렇지만 탁월한 트레이더는 모두 자신에 차 있지 않나요?

맞습니다. 사실상 뛰어난 트레이더 모두 자신의 능력을 믿는다고 봐야죠.

▎자신의 능력을 믿기 시작한 때가 언제인지 기억나십니까? 어떤 전환점이 있었나요?

제 계좌를 운용하려 마음먹었을 즈음 꽤 자신감에 차 있었습니다. 하지만 그 때는 집세를 내기 위해 돈을 벌어야만 하는 형편이었죠.

▎자신감은 수익을 꾸준히 거두면서 생겨났습니까?

그렇습니다. 그즈음 저는 통계적으로 의미 있는 성과를 내고 있었습니다.

▎수학을 깊이 공부하셨고 시장 관련 논문까지 쓰셨습니다. 학계에는 아직도 효율적 시장가설을 지지하는 사람이 많다는 사실을 잘 아실 것입니다. 그러나 이 가설이 옳다면 분명 선생님께서는 이토록 뛰어난 성과를 거두지 못했겠지요?

시장은 결코 무작위로 움직이지 않습니다. 효율적 시장가설에서는 어느 누구도 시장 수익률을 능가할 수 없다고 가정합니다. 하지만 시장 수익률보다 더 높은 수익률을 기록하는 사람들이 있기 때문에 시장은 효율적이지 않습니다.

이런 이유로 저는 효율적 시장가설을 믿지 않습니다.

■ 하지만 아직도 수많은 교수가 효율적 시장가설을 믿고 있죠.

그렇습니다. 아마 그 믿음의 차이 때문에 그들은 교수로 남아 있고 저는 매매로 돈을 벌고 있는 거죠. 더욱이 저는 실제 매매할 때에는 놀라운 일도 해낼 수 있다고 생각합니다. 연구만 하는 사람은 있을 수 있는 모든 경우를 테스트했다고 착각합니다. 하지만 실제 투자를 하다 보면 꽤 창의적으로 생각하기 시작합니다. 검증해야 하는 새로운 변수가 늘 나타나기 때문입니다. 시장이 효율적이지 않아 돈을 벌 수 있는 경우가 많겠지만, 학계는 아직 이런 경우까지 다 테스트하지는 못했습니다. 단지 연구를 조금 했다고 해서 결코 의미 있는 결과를 얻을 수 없습니다. 이는 자명한 사실입니다. 실제 그렇다면 누구나 많은 돈을 벌겠죠. 날마다 시장을 분석하고 시스템 지원까지 적절히 받는다면 수익을 거둘 수 있는 방법을 찾을 수 있습니다.

■ 돈을 잘 버는 트레이더들은 어떤 특징이 있나요?

합리적으로 판단하고 분석하기 좋아하며 노련할 뿐만 아니라 감정도 잘 조절합니다. 더불어 이익을 내려고 늘 노력합니다.

■ 트레이더가 되려는 친구가 있다면 어떤 조언을 하시겠습니까?

통계를 많이 공부해야 합니다. 컴퓨터를 쓰는 법도 배우라고 조언하고 싶습니다. 잘 작동하는 시스템을 골라야 합니다. 마지막으로 간단한 위험관리 원칙을 개발하라고 말하고 싶습니다.

■ 다른 사람들에게 추천할 만한 시장 관련 책이 있습니까?

우리는 처음 시작하는 트레이더에게 세 권의 책을 줍니다. 목록은 이렇습니다. 《선물시장 완전정복(The Complete Guide to the Futures Markets)》(잭 D. 슈웨거, John

Wiley & Sons, 1984), 《선물시장 핸드북(The Handbook of Futures Markets)》(페리 카우프만, John Wiley & Sons, 1984), 《원자재 선물 게임 : 누가 벌고 누가 잃는가? 그 이유는 무엇인가?(The Commodity Futures Game: Who Wins? Who Lose? Why)》(리처드 J. 튤리스, 프랭크 J. 존스, McGraw-Hill, 1987), 그리고 《시장의 마법사들》 같은 재미있는 책들도 추천합니다. 이렇게 책을 읽게 하면 동기를 유발하는 데 큰 도움이 되죠. 도서실에 책을 많이 준비해놓고 원하면 언제든지 읽도록 합니다.

▍사람들은 어떤 식으로 시장을 오해하나요?

조금만 노력해도 돈을 엄청나게 벌 수 있다고 생각합니다. 주말에 잠깐 연구하면 1년에 100퍼센트 수익을 올릴 수 있다고 착각하죠. 한마디로 터무니없는 생각입니다.

▍게임이 어렵다는 점은 과소평가하고 보상은 과대평가한다는 뜻입니까?

맞습니다. 더욱이 돈을 잃을 때 남들만 탓하는 사람들도 있습니다. 저는 얼마 전 어떤 사람이 돈을 잃었다는 핑계로 증권회사를 상대로 소송해서 이겼다는 〈월스트리트저널〉 기사를 읽고 분개한 적이 있었습니다. 문제는 증권회사가 그에게 투자 권유를 잘못한 것이 아니라 그가 스스로 판단해 거래했다는 데에 있었습니다! 그는 자기가 매매하지 못하도록 증권회사가 막았어야 했다며 증권회사를 상대로 소송했습니다. 자유주의 국가에서는 매매하고 싶으면 마음대로 매매할 권리가 있습니다. 하지만 돈을 잃으면 스스로 책임져야 합니다.

▍사람들이 매매할 때 주로 저지르는 실수는 무엇입니까? 매매에 대한 오해가 아니라 실제 거래할 때 범하는 실수가 무엇인지 말씀해주십시오.

먼저 남보다 더 잘하지도 못하면서 시장에 뛰어드는 사람들이 많습니다. 시장이 오른다는 브로커 말만 믿고 투자하죠. 한마디로 경쟁력도 없으면서 매매에 뛰어듭니다. 하지만 사실 소액 투자자 대부분은 너무 공격적으로 투자하거나 계좌 규모가 너무 작아 돈 버는 방법을 터득하기도 전에 시장에서 쫓겨나고 맙니다.

▌사실 수익을 올릴 수 있는 아이디어가 있는데도 처음부터 무리하게 투자하기 때문에 아이디어를 검증하기도 전에 나가떨어진다는 말씀이시군요.

맞습니다.

▌때때로 밤을 새워 매매하십니까?

우리는 24시간 내내 매매할 수 있는 시스템이 있습니다. 더불어 휴대용 시세단말기를 들고 다니기 때문에 집에서도 시장 상황을 살필 수 있습니다.

▌지나치게 빡빡하다고 생각하지 않으십니까?

사실 그렇습니다. 매일 밤 시세를 살피지만, 일부러 너무 자주 보지 않으려고 노력합니다. 저는 한번 마음먹으면 하지 않고는 못 배기는 성격입니다.

▌중요한 사건이 일어나면 한밤중이라도 밤에 근무하는 직원들이 선생님께 전화해 깨우도록 지시해놓으셨나요?

네.

▌밤에 주무시다 연락받고 깨시는 경우가 잦나요?

자주 그러지는 않습니다. 1년에 네 번 정도입니다.

▌쉬실 때에는 주로 무엇을 하십니까?

스포츠 경기를 보러 가기도 하고 책도 꽤 많이 읽습니다. 특히 심리학과 철학에 관심이 많죠. 자기계발서도 많이 탐독합니다. 하지만 지나치게 몰두하는 습성이 있어서인지 기억력 향상에 관한 책을 읽으면 읽을수록 오히려 제 기억력은 떨어지는 듯합니다.

■ **아직도 농구를 즐기십니까**(먼로 트라우트는 대학시절 농구팀 주장이었다)? **농구하던 때가 그립지 않나요? 한때 농구가 선생님 삶에서 꽤 중요한 부분을 차지했던 걸로 알고 있습니다.**
그렇지는 않습니다. 매매라는 아주 중요한 일을 하니까요.

■ **프로 농구선수가 되겠다는 꿈을 품은 적이 있으신가요?**
고등학교를 졸업하면서 농구선수가 되려는 희망을 품었었고 실제로도 가능할 거라고 생각했습니다. 그렇지만 대학에 들어가 1년 정도 뛰어보니 농구를 잘 하는 친구들이 너무나도 많았습니다. 제 실력이면 유럽에서는 뛸 수 있겠다 싶었는데, 사실 함께 운동하던 동료 가운데 유럽에서 활동하는 친구들이 꽤 있었습니다. 하지만 이들 중 몇 명은 연봉이 1만 달러에 지나지 않더군요. 그래서 아예 마음을 접었죠.

■ **가끔씩 휴가를 떠나십니까?**
1년 반 동안 3일밖에 쉬지 못했습니다.

■ **휴가를 가 있는 동안 매매를 하지 못해 벌지 못하는 돈이 하루에 얼마인지 생각나기 때문인가요?**
어느 정도는 그렇습니다. 게다가 매매를 제대로 하고 있는지 살펴야 하고 직원들도 관리해야 하기 때문입니다.

■ **가끔 자신이 만든 울타리에 갇혔다는 느낌이 들 때가 있으십니까? 몇 주 정도 모든 일을 잊고 어디론가 훌쩍 떠나고 싶기도 하신가요?**
그럴 때도 있지만 트레이딩으로 돈을 벌려면 쉴 수가 없습니다. 1년에 열흘 정도는 쉬겠다고 계획하지만 마음먹은 대로 쉰 적은 단 한 번도 없습니다. 밝은 햇빛에 늘 어두운 그늘이 따라다니는 것이 세상 이치잖아요.

▋금과옥조로 삼는 매매 원칙이 있나요?

반드시 경쟁력을 갖추고 자신만의 무기가 있어야 합니다. 아까 말씀드렸듯이 엄격한 위험관리 규칙도 마련해야 합니다. 일단 매매를 시작한 이상 돈을 벌려면 앞선 경쟁력과 훌륭한 자금관리가 필수입니다. 자금을 잘 관리한다고 저절로 경쟁력이 생기지는 않죠. 자금관리 원칙이 아무리 좋아도 매매 전략이 엉터리라면 돈을 잃습니다. 그렇지만 돈을 벌 수 있는 투자 전략이 있는 상태에서는 자금관리가 성공과 실패를 판가름할 수 있죠.

▋현재 목표는 무엇인가요?

최대 하락폭이 10퍼센트가 넘지 않도록 하면서 1년에 30퍼센트의 수익률을 올리고 싶습니다.

▋마지막으로 하시고 싶은 말씀이 있으신지요?

매매에 대한 희망과 자신감을 가지세요. 저는 이렇게 느끼지 못하는 순간 매매를 그만두려고 합니다.

먼로 트라우트는 믿을 수 없을 정도로 탁월한 성과를 거두었다. 연 수익률이 엄청나게 높은데도 하락폭은 아주 낮았다. 물론 수익률이 높으면서 위험이 낮은 경우는 드물기는 하지만 그리 특별하지도 않다. 사실 이 책과 《시장의 마법사들》을 쓰기 위해 인터뷰한 트레이더 가운데 먼로 트라우트처럼 우수한 성과를 올린 사람은 많다. 그런데도 그가 거둔 성과를 말할 때 왜 '믿을 수 없을 정도'라는 표현을 쓰는 것일까? 소문에 따르면 그는 주로 컴퓨터에서 나오는 기술적 분석에 의존해 매매하기 때문이다.

나는 여러 해 동안 기술적 분석 도구를 개발하고 평가해왔다. 먼로 트라우트와 비슷한 수준으로 이익을 내는 시스템도 있었지만 이들은 예외 없이 변동성이 아주 컸다. 하락폭이 25퍼센트에 이르는 시스템이 허다했을 뿐만 아니라 심지어 50퍼센트인 경우도 있었다. 물론 운용 자산 10만 달러당 매매하는 계약 수를 조절하는 방법 등을 사용해 레버리지를 줄이면 변동성이 작아진다. 하지만 이렇게 하면 수익률이 그렇고 그런 수준으로 떨어진다.

위험 대비 수익 면에서 먼로 트라우트 꽁무니라도 따라오는 시스템은 이제까지 본 적이 없다. 사실 내가 인터뷰한 사람 가운데 위험 대비 수익이 탁월한 트레이더들은 하나같이 자기가 직접 매매 판단을 내렸다. 다시 말해 이들은 컴퓨터에서 나오는 신호를 그대로 사용하지 않고 시장 정보를 조합해 매매결정을 내렸다. 그렇다면 먼로 트라우트는 어떻게 했을까?

그와 인터뷰하면서 이 질문에 대한 답을 찾았다. 먼로 트라우트는 일반적 추세추종 방식과 달리 주로 통계적 분석을 기초로 하는 시스템을 사용했다. 하지만 그의 주요 성공 요인은 진입하고 청산하는 시점의 판단이 워낙 뛰어났기 때문이다. 실제 그가 거둔 수익의 절반은 그의 탁월한 판단 덕분이다.

먼로 트라우트는 다음과 같이 말했다. "상품 거래 자문가 열 명에게 우리 시스템을 사용하게 한다면 그들 가운데 몇 명은 한 푼도 벌지 못할 수 있습니다." 이는 거래소 사람들이 흥분하는 정도 등 시스템에 심을 수 없는 정보를 잘 활용해 뛰어난 성과를 냈다는 사실을 반영한다. 다시 말해 먼로 트라우트는 매매 기회를 시스템 트레이딩과 비슷한 방식으로 포착했지만 실행은 자신의 번뜩이는 판단을 따랐다.

먼로 트라우트가 말하는 핵심 요지는 두 가지다.

첫째, 시장보다 더 높은 수익률을 거두려면 경쟁력이 있어야 한다. 경쟁력이 가장 중요하다. 자금을 아무리 잘 관리해도 남보다 앞설 수 있는 전략이 없으면 결국 돈을 벌 수 없다. 아주 당연한 말처럼 들리지만 경쟁력도 없으면서 시장에 뛰어드는 트레이더가 너무나 많다.

둘째, 경쟁력을 갖췄다면 위험을 철저하게 관리해야 한다. 레버리지를 지나치게 많이 쓰는 계좌를 단숨에 쪼그라뜨릴 수 있는 급격한 가격 변동에 대비해야 하기 때문이다. 이런 사건은 아주 가끔씩 일어나지만 먼로 트라우트가 논문에서 밝혔듯이 가격이 느닷없이 크게 오르내릴 확률은 표준 정규 분포를 가정한 경우보다 훨씬 더 크다. 그래서 위험관리가 매우 중요하다. 가격이 포지션 반대방향으로 갑작스럽게 솟구치거나 추락해 순식간에 돈을 다 날린다면 이는 단순히 운이 없어서가 아니다. 이런 사건은 미리 대비해야 할 만큼 자주 일어나기 때문이다.

먼로 트라우트와 블레어 헐이 전하는 메시지를 비교하는 일은 유익할 듯싶다(파트 6 참조). 먼로 트라우트는 스스로 판단해 매매하는 트레이더인 반면, 블레어 헐은 차익거래 전문가여서 매매 방식이 서로 딴판이다. 하지만 사실상 이들이 주장하는 핵심 성공 요인은 똑같다. 즉 우수한 경쟁력과 엄격한 위험관리 원칙이다.

Chapter 08

인간 차트 백과사전

앨 바이스(Al Weiss)

　　단위 위험당 수익으로 따진 장기 운용 성과 면에서 앨 바이스가 상품 거래 자문가 가운데 가장 뛰어나다. 바이스가 AZF 커머디티 매니지먼트에서 1982년부터 매매를 시작한 이래 거둔 수익률은 연평균 52퍼센트다. 1982년에 1,000달러 투자했다면 1991년 말에는 5만 3,000달러로 불어난 셈이다. 하지만 수익률은 이야기의 절반에 지나지 않는다. 바이스가 올린 실적이 정말 탁월하다고 할 수 있는 까닭은 수익률이 엄청났는데도 최대 하락폭이 아주 작았기 때문이다. 전체 운용기간 중 개별 거래에서 발생한 최대 하락폭은 1986년에 겪었던 마이너스 17퍼센트다. 바이스는 4년(1988~1991년) 동안 놀라우리만큼 뛰어난 위험관리 능력을 보여줬다. 이 기간 중 연평균 수익률이 29퍼센트였는데도 연간 최대 하락폭은 5퍼센트에 지나지 않았다.

　　바이스는 정말 모범적인 성과를 거두었는데도 자신을 잘 드러내지 않았다. 그는 1991년까지 인터뷰 요청을 계속 거절했다. 거절 이유를 다음과 같이 설명했다. "탁월한 성과가 적어도 10년 넘게 이어지지 않고는 잘한다고 할 수 없습니다." 더욱이 인터뷰를 하면 성가신 투자자들까지 돈을 맡기겠다고 나설 수 있다고도 했다. 지금 이 부분은 그에게 걱정거리가 아니다. 현재 바이스는 성과를 해치지 않고 운용할 수 있는 최대 한도(약 1억 달러)까지 굴리고 있기 때문이다. 바이스는 새로운 투자자가 돈을 맡기겠다고 할 때마다 거절하지만 가끔 예외를 두면서 이렇게 말한다.

"정말 진지한 사람이라면 때때로 10만 달러도 받습니다. 아직도 작은 계좌를 불리는 재미가 쏠쏠합니다. 얼마 전 어느 투자자가 상품 거래 자문가를 고르기 위해 500명 넘는 자문가의 실적을 둘러보았다는 말에 감명받아 그의 자금을 받아들였습니다. 얄궂게도 이 투자자와 이야기하던 바로 그때 3,000만 달러를 맡기고 싶다는 프랑스 은행으로부터 전화가 왔습니다. 이 요청은 거절했지만 10만 달러는 받아들였습니다."

바이스는 원래부터 혼자 있기를 좋아해 자기 이름을 알리기 싫어했다. 투자자가 맡긴 돈을 10년째 운용하면서도 만난 고객은 5명뿐이었다고 털어놓았다. 그는 전화할 때에는 외향적인 듯 들렸지만 실제 만나보니 수줍음이 많았다.

앨 바이스는 다른 트레이더 계좌에 즐겨 투자했다. 한 달에 하루 이틀은 트레이더를 고르는 일에 할애한다. 지난 몇 년 동안 살펴본 트레이더가 대략 800명이 넘는다. 자신의 돈을 맡기기 위해 이 가운데 20명을 골랐다. 가장 뛰어난 트레이더 한 명만 고르지 않고 포트폴리오 수익률을 높이면서 하락폭은 작게 하기 위해 여러 트레이더를 적절히 섞었다. 흥미롭게도 이들에게 배분해 얻은 성과는 앨 바이스가 거둔 실적과 쏙 빼닮았다. 1988년부터 1991년까지 이들이 올린 평균 수익률은 연 19퍼센트였다. 같은 기간 연 최대 하락폭은 단 3퍼센트에 지나지 않았다. 최대 하락폭 대비 수익률(19÷3=6.3)은 같은 기간 앨 바이스가 기록한 실적(29÷5=5.8)과 비슷했다.

앨 바이스와 한 인터뷰는 지금까지 시도했던 인터뷰 가운데 가장 어려웠다. 솔직히 말하면 그의 실적이 두드러지지 않았다면 이 글을 쓰는 일을 포기했을 것이다. 앨 바이스는 내가 질문을 던질 때마다 옆길로 한참을 샜다가 다시 정신을 차린 뒤 말을 멈추고 "더 이상 딴 길로 새지 않도록 나를 붙잡아주세요"라고 말하는 표정으로 나를 빤히 쳐다보았다. 인터뷰가 제대로 진행되지 않아 잠시 쉬고 저녁식사를 하기로 했다. 다른 인터뷰 때에는 자꾸 주제에서 벗어나는 상황에 대비해 녹음기를 들고 나와 어디까지 인터뷰했는지 확인해야 했다. 하지만 이번에는 녹음기도 쓸모없어 보여 일부러 방에 두고 나왔다. 세상 사는 이런저런 이야기를 하면 어색함을 누그러뜨리는 데 도움이 될 듯했다.

저녁식사를 마치고 산책을 하면서 이야기를 이어가 보기로 했다. 주변 분위기는 대화하기에 정말 좋았다. 그리 춥지 않은 겨울 저녁 플로리다 해변 건너편에 있는 조그마한 섬에서 조용한 거리를 거닐 수 있었기 때문이었다. 그런데도 인터뷰는 여전히 들쭉날쭉했다. 녹음기를 껐다 켜기를 되풀이할 수밖에 없었다. 다음은 우리가 한 대화에서 이것저것 긁어모으고 인터뷰 뒤 서신을 주고받으며 정리한 내용을 덧붙인 글이다.

▎어떻게 트레이더가 되셨습니까?

하루아침에 되지 않았습니다. 매매를 본격적으로 시작하기 전 4년 동안 열심히 공부했습니다. 말 그대로 수천 시간을 들여 얻을 수 있는 과거 데이터를 모두 모아 그래프를 그리며 분석했습니다. 그랬더니 마침내 제 매매 전략의 토대를 이루는 패턴을 찾아내기 시작했습니다.

▎매매를 시작하기도 전 4년 동안이나 연구하셨군요.

그렇습니다. 저는 위험을 싫어합니다. 시작하기 전에 제 접근 방법이 정말 옳은지 확인하고 싶었습니다.

▎그래프를 분석할 때 과거 어느 시점까지 살펴보셨습니까?

시장에 따라 다릅니다. 때로는 그래프를 그릴 수 없는 경우도 있습니다. 곡물 시장을 연구할 때에는 1840년대까지 거슬러 올라갔습니다.

▎꼭 그렇게 아주 먼 옛날 데이터까지 분석해야 하나요?

물론입니다. 장기 그래프 분석에서 가장 중요한 점은 경제순환주기가 다르면 시장도 다르게 움직인다는 사실을 깨닫는 일입니다. 장기 패턴이 반복하는지, 달라지는지 알려면 오래 전 데이터까지 분석해야 합니다. 지금이 경제순환주기에서 인플레이션 국면인지 디플레이션 상황인지 파악하는 일이 그에 맞게 달라지는 그래프 패턴을 이해하는 데 가장 중요하죠.

▎시장 분석에 몰두하던 4년 동안 생활비는 어떻게 마련하셨나요?

20대 초반 우레탄으로 스케이트보드 바퀴를 처음 만들어 돈을 많이 벌었습니다. 이 사업으로 번 돈을 투자한 부동산에서도 수익이 많이 났습니다. 그 결과 시장 분석에 전념할 수 있을 만큼 돈이 충분히 있었습니다.

▎기본적으로 기술적 분석 시스템에 주로 의존하는 트레이더라고 알고 있습니다. 다른 상품 거래 자문가들도 이와 비슷한 시스템을 사용하는데도 선생님 성과가 이들보다 훨씬 뛰어난 이유가 무엇이라고 생각하십니까? 선생님께서 사용하시는 시스템에 내재되어 있는 큰 하락폭을 피하는 비결이 무엇인지 궁금합니다.

매매 결정을 내릴 때 기술적 분석을 사용합니다만, 저희 방법과 다른 트레이더들이 대부분 쓰는 방식에는 몇 가지 커다란 차이가 있습니다.

첫째, 데이터를 과거 100년은 고사하고 30년까지 거슬러 분석하는 트레이더는 거의 없습니다. 둘째, 같은 그래프라도 늘 똑같이 해석하지는 않습니다. 현재가 장기 경제순환주기에서 어디쯤인지도 감안합니다. 이 한 가지만으로도 제가 분석해 내린 결론과 다른 트레이더들이 연구해 얻은 결과 사이에 엄청난 차이가 있을 수 있습니다. 마지막으로 머리어깨 패턴, 삼각 패턴 같은 전통적 패턴을 따로 떼어 분석하지 않습니다. 그 대신 다른 패턴과 묶어서, 다시 말해 패턴 안에 패턴을 넣고, 그 안에 패턴을 또 집어넣어 분석합니다. 이렇게 복잡하게 여러 개를 엮어 분석하면 성공확률을 높일 수 있습니다.

▎흔히 사용하는 그래프 패턴 가운데 맞아 떨어지는 비율이 50퍼센트에 그치는 패턴은 무엇입니까?

거의 다입니다. 성공확률이 50퍼센트밖에 안 되도 쓸모없지는 않습니다. 50퍼센트만 맞아도 위험을 잘 관리하면 돈을 꽤 벌 수 있습니다.

▎기술적 분석은 예술입니까, 과학입니까?

예술이면서도 과학입니다. 서로 다른 트레이더 10명에게 머리어깨 패턴을 설명해달라고 부탁하면 모두 다르게 해석한다는 면에서는 예술이죠. 그렇지만 트레이더가 누구이든 이 패턴을 수학적으로 정밀하게 설명할 수 있습니다. 다시 말해 그래프를 분석해 매매하는 트레이더는 예술가이지만 패턴을 수학적으로 분석해 시스템에 심는 순간 과학자가 되는 것입니다.

▎기본적 분석을 곁들이지 않고 순전히 기술적 분석만으로 매매하는 이유가 무엇입니까?

수많은 경제학자가 기본적 분석을 토대로 원자재시장에 투자했으나 대부분 돈을 벌지 못했습니다. 문제는 시장이 기본적 분석보다는 주로 투자심리에 따라 움직인다는 데 있습니다. 이를테면 기본적 분석 결과 은가격이 1온스에 8달러라는 결론에 이르렀다고 할 경우 이 평가가 정확할 수도 있습니다. 그렇지만 예를 들어 인플레이션 압력이 아주 큰 시기에는 은가격이 잠시나마 8달러 위로 치솟을 수 있죠.

1980년대 절정으로 치달았던 원자재가격 폭등 시기에는 은가격이 50달러까지 뛰었습니다. 이는 기본적 분석으로는 도저히 설명할 수 없는 수준이었습니다. 물론 궁극적으로는 가격이 적정 가치로 되돌아옵니다. 사실 원자재시장 역사를 살펴보면 적정가격으로 복귀하지 않았던 경우는 단 한 차례도 없었습니다. 하지만 이렇게 적정가격에서 벗어난 동안 기본적 분석만을 바탕으로 매매했다면 모두 파산하고 말았을 것입니다.

■ 기억에 남는 특별한 거래가 있으신가요?

저는 휴가 중에도 그래프를 분석합니다. 1990년 여름 바하마로 휴가를 떠났을 때 야자수 밑에 놓인 휴대용 탁자에서 그래프를 살피고 있었죠. 그런데 모든 에너지시장에서 매수 신호가 나왔습니다. 여름에 난방용 오일에서 매수 신호가 뜨는 경우는 아주 드물기 때문에 포착된 매수 신호들이 매우 이상하다고 생각했죠. 망설이지 않고 전화로 매수 주문을 냈습니다. 사흘 뒤 이라크가 쿠웨이트를 침공했고 원유가격이 폭등했습니다.

■ 시스템을 무조건 믿으십니까? 아니면 시스템에서 나오는 신호를 가끔 무시하시나요?

열에 아홉은 시스템을 따릅니다만, 제가 시스템을 앞서려 할 때도 있습니다. 그렇지만 시스템을 벗어나더라도 아주 조심스럽게 판단을 내린 덕분에 성과는 전체적으로 더 나아졌습니다.

■ 시스템에서 나오는 신호대로 투자하지 않은 사례를 말씀해주시겠습니까?

1987년 10월 주식시장이 거듭 폭락하고 있을 때 손실이 커진 고객들이 안절부절 어쩔 줄 몰라 전화하기 시작했습니다. 저는 연초부터 그날까지 37퍼센트 수익을 거두고 있으며 손실이 투자 자산의 4퍼센트를 넘지 않도록 관리하고 있다고 차분히 설명했죠. 하지만 사람들이 엄청나게 불안에 떤 나머지 주식을 내다팔고 국채를 사려 한다는 느낌을 떨칠 수 없었습니다. 그래서 시스템에서는 미국 국채를 매수하라는 신호가 나오지 않았는데도 국채 매도 포지션을 모두 청산했습니다. 곧바로 국채가격이 급등했기 때문에 결과적으로 옳은 결정이었습니다.

▌조금 전에 분명 경제순환주기를 고려한다고 말씀하셨습니다. 좀 더 자세히 설명해주시겠습니까?

만물은 돌고 돕니다. 기후, 파도, 시장도 마찬가지입니다. 장기적으로 가장 중요한 사이클은 인플레이션과 디플레이션이 되풀이하는 순환입니다. 두 세대, 즉 47년에서 60년마다 디플레이션이 찾아옵니다. 원자재시장을 예로 든다면 지금 우리는 1980년에 시작한 디플레이션 국면 안에 있습니다. 지난 200년을 분석했더니 디플레이션은 보통 8년에서 12년 주기로 발생했습니다. 올해가 원자재가격 디플레이션이 시작한 지 12년째이니 머지않아 원자재가격이 바닥을 찍을 것이라고 봅니다.

사이클을 분석할 때 시장마다 주기가 많이 다를 수 있다는 점도 꼭 기억해야 합니다. 예를 들어 기후에 크게 의존하는 곡물시장은 20년마다 커다란 강세장이 다섯 번 정도 있습니다. 하지만 금시장은 대형 강세장이 100년 동안 세 차례나 다섯 차례밖에 없었죠. 그래서 금 같은 시장에 투자하는 트레이더들은 다음 강세 국면을 기다리다 지쳐 쓰러집니다.

▌시장에 대해 꼭 알아야 할 사항이 무엇이라 생각하시는지요?

시장은 결국 사람의 심리에 바탕을 두고 있다는 사실을 꼭 기억해야 합니다. 그래프를 그리는 일도 따지고 보면 인간 심리를 도식으로 나타내는 작업에 지나지 않습니다. 그리고 가격 그래프에 숨어 있는 뜻을 분석하는 데에는 사람이 컴퓨터보다 더 뛰어나다고 믿습니다.

앨 바이스의 분석 방식은 아주 독특해 널리 사용되기 쉽지 않다. 분명 그가 말한 내용은 순환주기를 즐겨 분석하는 사람들을 고무시키기에 충분하지만 윌리엄 에크하르트 같은 다른 탁월한 트레이더들이 앨 바이스와 상반되는 주장을 꽤 설득력 있게 제시했다는 사실을 덧붙이고 싶다. 앨 바이스에게서 배울 수 있는 가장 중요한 점은 늘 하던 대로 그래프를 따로 떼어 분석하지 않고 다른 여러 그래프와 섞어 연구하면 흔히 사용하는 패턴으로도 돈을 벌 확률이 크게 올라간다는 지적이다. 그는 그래프 분석하는 법을 배울 때 보통 다루는 기간보다 훨씬 더 먼 과거 데이터까지 살펴야 한다는 점도 강조했다. 앨 바이스는 데이터를 구할 수 있는 경우에는 150년 전 데이터까지 찾아 분석했다.

앨 바이스가 성공한 이유는 그가 그래프 분석에 온 힘을 기울였을 뿐만 아니라 상대적으로 복잡한 패턴까지 찾아내는 솜씨를 발휘했기 때문이다. 결국 앨 바이스처럼 그래프를 잘 읽는 능력을 갖추면 성공할 수 있다고 추론할 수 있다. 별로 특별한 결론은 아니다. 그렇지 않은가? 하지만 앨 바이스가 하락폭은 작게 유지하면서도 높은 수익률을 연이어 올렸다는 사실은 그래프만 잘 분석해도 아주 탁월한 실적을 올릴 수 있다는 점을 확실히 보여주는 것이다.

펀드 매니저와 마켓 타이머

PART 4

09 | 하향식 투자의 예술, 스탠리 드러켄밀러(Stanley Druckenmiller)
10 | 상향식 투자의 예술, 리처드 드리하우스(Richard Driehaus)
11 | 일관됨의 달인, 길 블레이크(Gil Blake)
12 | 시장도 늙는다, 빅터 스페란데오(Victor Sperandeo)

Chapter 09

하향식 투자의 예술

스탠리 드러켄밀러(Stanley Druckenmiller)

스탠리 드러켄밀러는 수십억 달러라는 거금을 운용하는 세계에서 손꼽히는 매니저다. 1억 달러로 연 40퍼센트 가까운 수익률을 거두는 일도 쉽지 않은데 수십억 달러로 그런 성과를 올렸다니 믿기지 않는다. 자신의 스승이자 우상인 조지 소로스가 운용하던 퀀텀펀드를 떠맡은 뒤 3년 동안 20~35억 달러를 운용하면서 연평균 수익률 38퍼센트를 실현했다.

스탠리 드러켄밀러는 대학원을 그만두고 세상에 뛰어든 이래로 계속해서 승승장구했다. 그는 피츠버그내셔널은행에서 주식 애널리스트로 일을 시작한 지 채 1년이 지나지 않아 주식 리서치 이사로 승진했다. 그렇지만 명석하기는 하나 괴짜 같은 상사 때문에 이사 자리를 갑작스럽게 그만두었다. 하지만 그 뒤 스탠리 드러켄밀러가 이룬 업적을 눈여겨보면 이사직을 버린 다른 이유가 있었다고 추측할 수 있다. 이후 채 1년이 안 되어 그를 뽑은 본부장이 회사를 떠나자 이 자리를 노리던 부서 선배들을 뛰어넘어 본부장으로 승진했다. 그로부터 2년 뒤인 1980년 28살밖에 되지 않았던 스탠리 드러켄밀러는 은행을 떠나 듀케인 캐피털 매니지먼트라는 회사를 차렸다.

1986년 그는 드레이퍼스로 옮겨 펀드 매니저로 일하기 시작했다. 그때 고용 계약서에 특별조항을 넣어 듀케인 펀드를 계속 운용할 수 있도록 했다. 드레이퍼스에 들어갈 때에는 주식을 사서 계속 보유하는 전통적 운용방식에서 벗어나 주식, 채권, 통화까지 아울러 위아래 양쪽으로 투자하는 전략으로 바꾼 상태였다. 회사는 스탠리 드러켄밀러의 타고난 운용 실적에 홀딱 반한 나머지 펀드 몇 개를 만들어 그에게 맡겼다. 이 가운데 가장 이름난 펀드는 스트레티직 어그레시브 인베스팅 펀드였다. 1987년 3월부터 이 펀드를 운용하기 시작한 스탠리 드러켄밀러는 회사를 그만둔 1988년 8월까지 업계에서 가장 높은 성과를 거두었다.

스탠리 드러켄밀러는 드레이퍼스에서 인기가 치솟는 바람에 맡은 일이 더욱더 많아졌다. 결국 자신의 듀케인 펀드뿐만 아니라 드레이퍼스에서 출시한 펀드를 일곱 개나 운용하는 처지에 놓였다. 업무가 과중한데다 당시 가장 위대한 투자자로 알려진 소로스와 함께 일하고 싶은 열망에 못이겨 마침내 드레이퍼스를 떠나 소로스 매니지먼트로 옮겼다. 그 뒤 얼마 지나지 않아 소로스가 폐쇄경제 체제인 동유럽과 구소련 국가가 개방하도록 돕는 데 몰두하기 위해 자신이 운용하던 펀드를 스탠리 드러켄밀러에게 넘겼다.

스탠리 드러켄밀러가 가장 오랫동안 운용한 펀드는 자기 자금을 굴리는 듀케인 펀드다. 1980년부터 이 펀드를 운용하기 시작한 이래 연평균 37퍼센트라는 탁월한 성과를 거두었다. 하지만 그는 운용 초기에 이룬 성과는 따로 떼어 계산해야 한다고 강조한다. 1986년 중반 운용 전략을 바꿔 지금처럼 투자 대상을 가리지 않고 위아래 양쪽으로 투자하기 때문이다. 이런 방식으로 운용하기 시작한 1986년부터 따지면 수익률이 연평균 45퍼센트에 이른다.

날짜를 평일로 잡아 스탠리 드러켄밀러의 조합아파트에서 그를 인터뷰했다. 스탠리 드러켄밀러를 보는 순간 너무 젊어 깜짝 놀랐다. 세계에서 가장 큰 펀드를 몇 년째 운용하고 있는 사람이 아직도 30대일 줄은 꿈에도 생각하지 못했다. 우리는 거실에 편히 앉아 그가 어떻게 운용 업계에 발을 들여 놓았는지를 시작으로 이야기의 실마리를 풀어나갔다.

▌대학원에 진학하셨는데, 어떻게 하다 트레이더가 되셨나요?
경제학을 더욱 깊이 연구하려고 대학원에 들어갔습니다. 하지만 내용을 보니 실생활에 응용하는 부분은 많지 않고 지나치게 정량적이고 이론적이었습니다. 실망이 큰 나머지 2학기를 다니다 그만두었죠. 그 뒤 피츠버그내셔널은행에 들어가 관리자 특별 과정을 밟았습니다. 이 과정을 밟으면 시야가 넓어져 앞으로 어떤 일에 집중해야 할지 더욱 쉽게 알 수 있으리라 기대했습니다.

은행에서 일한 지 7개월쯤 지났을 때 신탁부에서 근무하는 관리자가 제게 전화했습니다. "미시건대학을 졸업하셨더군요." 제가 그렇다고 말하자 그가 짤막하게 대답했죠. "좋아요." 그 관리자는 제가 MBA 학위를 취득했는지 물었고 제가 학위를 따지 못했다고 답하자 다음과 같이 제안했습니다. "그러면 더 좋습니다. 우리와 같이 일합시다. 당신을 스카우트하겠소."

▌그 관리자가 선생님께 어떤 일을 하라고 했나요?
은행과 화학 업종을 맡아 분석하라고 시켰습니다.

▌그 업무는 선생님께서 바라던 일이었나요?
무슨 업무를 맡을지 전혀 몰랐습니다. 관리자 특별 과정에 뽑힌 신입직원 대부분이 그랬던 것처럼 대출 업무를 원했습니다. 대출담당 책임자가 제가 대출 업무로는 결코 성공할 수 없다고 말할 때까지만 해도 제가 아주 잘하는 줄 착각했습니다. 그는 대출 업무도 따지고 보면 영업인 반면, 저는 회사가 실제 어떻게 돌아가는지에만 온통 관심을 기울인다고 말했습니다. 그는 제가 무뚝뚝해 영업에 적합하지 않다고 판단했습니다. 저는 특별 과정을 밟는 내내 정말 잘하고 있다고 생각했던 터라 성공하지 못한다는 말을 듣고 크게 낙담했습니다.

▮ 주식 애널리스트로 일하기 시작했을 때 겪었던 일을 말씀해주세요.

저를 스카우트한 사람은 스페로스 드렐러스 투자 담당이사였습니다. 그는 똑똑하고 남을 가르치기 좋아했지만 성격은 아주 별났습니다. 제가 회사에서 일한 지 1년밖에 지나지 않았던 스물다섯 살 때 스페로스 드렐러스가 저를 사무실로 불러 주식 리서치 담당이사로 승진시키겠다고 말했습니다. 그는 쉰 살이었고, 회사에서 25년 넘게 일하고 있었기 때문에 제 승진은 정말 뜻밖이었습니다. 더욱이 함께 근무하던 애널리스트 모두 MBA 학위도 있고 저보다 더 오래 일하고 있었습니다.

"내가 자네를 승진시키려는 이유를 알겠지?" 그가 물었습니다.

"모릅니다." 제가 답했습니다.

"열여덟 살 젊은이를 전쟁터에 보내는 이유와 같네."

"왜 그래야 하죠?" 제가 반문했습니다.

"저 친구들은 너무 둔해서 어떻게 투자해야 하는지 모르지." 스페로스 드렐러스가 말을 이어갔습니다. "중소형주는 10년째 하락하고 있지(이 대화는 1978년에 했다). 하지만 나는 1980년대에는 엄청난 유동성 장세가 펼쳐진다고 믿고 있다네. 솔직히 말해 나는 지난 10년간 쓰라린 손실을 맛보았지만 자네는 그렇지 않아. 자네는 경험이 별로 없는 초보니까 이것저것 닥치는 대로 사면 곤란하다는 사실을 모를 테니 나와 함께 일하면 서로 많이 보완할 수 있어." 그러고는 내 직속 상사인 주식 리서치 담당이사를 가리키며 말했습니다. "저기 앉아 있는 친구는 나와 똑같이 무뎌졌어."

▮ 한마디로 직속 상사를 뛰어넘어 승진하셨는데요. 그때 상사가 기분 나빠

하지 않았나요?

아주 크게 화를 내서 저도 꽤 기분이 좋지 않았습니다. 돌이켜 생각해보니 제 상사는 그런 상황에서도 잘 참았다는 생각이 듭니다만 기분은 엄청나게 상했을 것입니다. 하지만 저는 그가 얼마나 비참했을지 분명 그때보다는 지금 더 잘 이해할 수 있습니다. 만약 12년 뒤 스물다섯 풋내기가 제 자리를 차지한다면 저는 제 상사처럼 잘 견뎌낼 자신이 없을 것 같습니다.

▎분명 스페로스는 선생님이 젊다는 이유만으로 주식 리서치를 맡으라고 하지는 않았으리라 봅니다. 틀림없이 다른 까닭이 있었겠죠.

저는 기업 분석에는 타고난 소질이 있었죠. 제가 분석한 은행업 보고서를 보고 그가 감동받았습니다. 예를 들어 시티코프가 외국에 미친 듯 대출해줄 때 저는 시장이 크게 하락한다고 전망하는 보고서는 내놓았는데 결국 제 예측이 맞아떨어졌습니다. 저는 경영학을 전공하지는 않았지만 경제 논리를 꽤 명쾌하게 설명했습니다. 국제 자금흐름을 잘 파악한 점이 그에게 깊은 인상을 심어준 듯합니다.

▎분석한 내용은 어떻게 활용하시나요?

애널리스트는 자신의 아이디어를 7명으로 구성된 주식선정위원회에 제시합니다. 그 뒤 이어지는 까다로운 질의응답 시간에 애널리스트는 추천 사유를 논리적으로 설득해야 합니다.

▎추천한 종목을 위원회에서 논의한 뒤에는 어떻게 처리합니까?

위원 대다수가 승인하면 투자 대상 목록에 올립니다. 포트폴리오 매니저는 이 목록에 포함된 주식만 살 수 있죠. 이 목록에 없는 주식은 매수할 수 없습니다.

▎주식을 분석했는데 가격이 떨어진다고 예상되면 어떻게 하죠?

위원회를 통해서 승인 목록에서 지웁니다.

▎주식을 분석하는 일이 즐거우셨나요?

정말 재미있었습니다. 아침 여섯 시에 출근해 밤 여덟 시까지 일했습니다. 증권회사에서는 늘 이렇게 근무하죠. 하지만 제가 증권회사가 아닌 은행에서 근무했다는 사실을 생각해보세요. 흥미롭게도 스페로스 드렐러스도 은행에서 30년간 일했지만 저와 비슷한 시간에 출퇴근했습니다.

▎주식을 어떻게 분석하셨습니까?

처음에는 주식과 업종을 여러 각도로 샅샅이 분석했습니다. 보고서를 위원회에 제시하기 전에 미리 리서치 담당이사에게 제출해야 했죠. 은행업을 다룬 보고서를 그에게 건넸을 때 기억이 생생합니다. 저는 정말 잘 썼다고 자부했지만 그는 보고서를 훑어보고는 다음과 같이 말했죠. "쓸모없군. 그래서 주가가 오른다는 건가? 내린다는 건가?" 그의 말에 자극받았죠. 그 뒤로는 기업을 낱낱이 분석하는 대신 주가와 상관관계가 깊은 요인들만 분석하는 데 몰두했습니다. 솔직히 말해 오늘날에도 주가가 왜 오르내리는지 모르는 애널리스트가 많습니다.

▎그래서 주가를 움직이는 주 요인을 찾으셨나요?

대부분 가장 중요한 요인은 기업 이익입니다. 은행은 더욱 그렇습니다. 그렇지만 화학회사는 아주 다르게 움직이죠. 화학 업종은 최대 생산능력이 가장 중요합니다. 화학주를 사기에 가장 좋은 시점은 기업들이 생산설비를 감축했는데 수요가 늘기 시작할 때죠. 반대로 최적의 매도 시점은 이익이 줄어들 때가 아니라 기업들이 증설한다고 발표하는 시기입니다. 설비를 확장한다는 말은 2~3년 뒤 기업 이익이 떨어진다는 뜻이기 때문이죠. 주식시장은 이를 선반영하는 경향이 있습니다.

기술적 분석도 주가 움직임을 예측하는 데 쓸모 있다는 점도 터득했습니다. 스페로스 드렐러스는 기술적 분석을 즐겨 사용했고, 저는 같이 일하는 다른 어느 누구보다도 그의 기술적 분석 방법을 잘 받아들였습니다. 스페로스 드렐러스는 그래프를 모두 분석해 보관하고 있어서 사람들은 그를 괴짜로 여겼죠. 그렇지만 저는 기술적 분석이 효과가 아주 크다고 생각했습니다.

┃선생님이 아주 젊고 경험이 별로 없는데도 주식 담당이사로 승진했을 때 다른 애널리스트들이 이를 순순히 받아들였습니까?

그들은 스페로스 드렐러스가 한번 마음먹으면 절대 바꾸지 않는다는 사실을 잘 알고 있어서 그가 내린 결정을 받아들일 수밖에 없었습니다. 하지만 그해 말 스페로스 드렐러스가 회사를 떠나자 저를 지켜줄 사람이 없어졌죠. 저는 스물다섯인데 다른 부서장들은 모두 40~50대였죠. 스페로스 드렐러스가 회사를 떠난다는 소식이 흘러나오자마자 부서장들이 그의 자리를 놓고 서로 다투기 시작했습니다.

매일 아침 다른 부서장들과 저는 투자 경험이 없는 변호사 출신인 신탁본부장에게 각자 의견을 제시했습니다. 그는 이를 스페로스 드렐러스 후임을 정하는 잣대로 삼았죠. 분명 모두가 제가 후보에서 탈락할 것이라고 예상했습니다. 제가 스페로스 드렐러스 자리를 차지하기는커녕 기껏해야 제 자리도 지킬 수 없을 것이라는 의견이 지배적이었죠.

스페로스 드렐러스가 떠난 직후 이란에서 국왕자리가 찬탈되었습니다. 이때 바로 저의 경험 부족이 오히려 빛을 발했습니다. 국왕이 폐위되자 저는 운용하던 전체 자산의 70퍼센트를 오일 관련 주식에 집중하고 나머지는 경기방어주에 투자해야 한다고 판단했습니다. 이 결정은 아주 논리적으로 보였기 때문에 다른 대안이 없다고 생각했죠. 그때 저는 분산투자가 왜 중요한지 몰랐습니다. 리서치 담당이사였던 저는 제가 좋아하는 주식만 골라 위원회에 올릴 수 있는 권한이 있었습니다. 결국 이를 이용해 주로 오일 관련 주식과 경기방어 주식만 골라 위원회에 제안했습니다.

매일 아침 신탁본부장에게 보고하는 자리에서도 제 투자 전략을 제시했습니다. 예상대로 다른 부서장들이 제 주장에 무조건 반대했습니다. 제가 말하는 족족 헐뜯었습니다. 그렇지만 살다 보면 하는 일마다 잘 풀릴 때가 있죠. 그때가 그랬습니다. 물론 지금이라면 포트폴리오의 70퍼센트를 오일 관련 주식에 집중하는 결정은 꿈에도 내리기 못하겠지만, 그때는 그 전략이 가장 좋다고 굳게 믿었습니다. 다행히도 그 결정은 가장 훌륭한 판단으로 드러나 S&P500지수 수익률보다 몇 배나 더 높은 수익을 올렸습니다. 9개월 뒤 놀랍게도 제가 스페로스 드렐러스 자리를 물려받는 투자 부문 총괄이사로 선정되었습니다.

▎은행은 언제 그만두셨습니까?

1980년 설명회가 있어서 뉴욕에 간 적이 있습니다. 설명회가 끝나자 어느 청중이 제게 다가와 큰 소리로 물었습니다. "지금 은행에 계시죠? 담당 업무가 무엇입니까?"

제가 대답했습니다. "다른 무슨 일을 하겠어요? 솔직히 저는 경험이 많지 않아 이곳에서 일할 수 있는 것만으로도 과분합니다."

몇 분 뒤 그가 제안했습니다. "회사를 차려보지 않겠습니까?"

"어떻게요? 시작할 자본도 없는데요." 제가 되물었죠.

그러자 그가 이렇게 제의했어요. "회사를 차리신다면 선생님께 언제든지 자문을 구할 수 있는 조건으로 매월 1만 달러를 드리겠습니다. 기업 분석 보고서는 쓰지 않으셔도 됩니다."

이 금액이 얼마나 큰지 알기 쉽게 설명하자면 1977년 제가 은행에 처음에 들어왔을 때 받은 월급은 900달러였습니다. 리서치 이사로 승진했을 때 연봉이 고작 2만 3,000달러였죠. 제게 보고하던 애널리스트들이 저보다 급여가 많았습니다. 스페로스 드렐러스가 떠난 자리를 차지한 뒤에도 연봉이 4만 8,000

달러에 지나지 않았죠. 제가 펀드를 운용해 더 벌 수 있는 돈까지 감안하지 않더라도 1만 달러라는 월급은 정말 매력적으로 보였습니다. 설령 제가 회사를 차렸다 실패해도 현재 은행에서 받는 보수보다 더 많이 주는 직장에 들어갈 수 있다고 생각했습니다.

1981년 2월 애널리스트와 비서 한 사람씩 채용해 듀케인 캐피털 매니지먼트라는 회사를 차렸습니다. 처음에 100만 달러를 운용하면서 보수로 연 1만 달러를 받았죠. 중소형주 급등에 잘 편승해 처음에는 운용 실적이 아주 훌륭했습니다. 1981년 중반 주가가 과거 적정가격 범위 꼭지에 이르렀고 이자율은 19퍼센트까지 치솟았습니다. 주식시장 역사상 이보다 더 명백한 매도 시점은 없다고 여겼습니다. 운용 자산 절반을 처분해 현금으로 바꿔놓았습니다. 그때는 정말 과감한 조치라고 생각했습니다. 하지만 1981년 3분기에 완전히 망했습니다.

■ 이해할 수 없군요. 절반을 현금으로 들고 계셨는데도 망하셨다니요?

우리가 들고 있던 나머지 주식에서 망했다는 말입니다.

■ 그렇지만 다른 모든 사람처럼 절반만 잃었을 텐데요.

은행에서는 늘 전부 투자해야 하는 원칙이 있었습니다. 그래서 은행을 떠났어도 분명 은행에 있을 때처럼 운용해야 한다는 생각의 틀에서 벗어나지 못했습니다. 1981년 6월 제가 시장이 무너질 것이라고 확신했다고 말씀드렸죠. 제 판단이 옳았는데도 3분기 실적이 12퍼센트 손실로 끝나자 동료에게 말했습니다. "어처구니가 없군. 시장이 고꾸라진다고 이보다 더 굳게 확신한 적이 없었는데도 돈을 잃다니."

그 순간부터 우리는 시장이 꺾인다고 예상하면 주식을 모두 팔아 100퍼센트 현금으로 보유할 수 있도록 투자 원칙을 바꿨습니다.

1981년 4분기 시장이 조금 반등했습니다. 하지만 그때에도 시장이 떨어진다고 확신하고 주식을 모두 처분했죠. 절반은 현금, 나머지는 채권으로 보유했습니다. 채권은 금리가 15퍼센트인데다 연방준비제도이사회가 긴축 정책을 강하게 펼치는 바람에 물가가 가파르게 떨어지고 있어서 이보다 더 좋을 수 없었습니다. 일종의 선물과도 같았습니다.

운용 성과가 훌륭한 덕분에 1982년 5월 운용 자산이 700만 달러로 늘었습니다. 하지만 어느 날 아침 출근해보니 우리가 자문하던 드라이스데일 증권회사가 파산했더군요. 서둘러 담당자에게 전화했으나 그는 더 이상 그 자리에 없었습니다.

문제가 터졌다는 사실을 알았죠. 저희 연간 운영비가 18만 달러였는데 운용 수수료는 700만 달러의 1퍼센트인 7만 달러에 지나지 않았습니다. 수지를 어떻게 맞출지 막막했죠. 그때 회사 자본은 5만 달러에 조금 미치지 못했습니다. 이자율이 떨어질 것이라고 굳게 믿은 저는 남아 있던 자본을 모두 국채선물에 투자했죠. 사흘 만에 돈을 다 날렸습니다. 얄궂게도 저희가 망한 뒤 일주일도 지나지 않아 이자율이 꼭지를 찍고 장기 하락 추세를 이어갔습니다. 그 뒤 이자율이 이보다 높게 올라간 적이 없었습니다. 시장방향을 옳게 판단해도 지나치게 레버리지를 쓰면 망할 수 있다는 교훈을 그때 터득했습니다.

그즈음 아주 젊은 나이에 소프트웨어 회사를 처분한 고객이 있었습니다. 그는 꽤 많던 매각 대금을 어느 증권회사 직원에게 맡겼지만, 그 직원이 옵션에 투자해 원금을 절반이나 잃었죠. 증권회사 직원은 절망한 나머지 자기 고객을 제게 넘겼습니다. 다행히 저는 그 돈을 정말 잘 굴렸습니다. 다른 자금은 모두 연금계좌인 반면, 이 계좌는 개인 자금이어서 주식시장에서 매도 포지션을 취할 수 있었습니다. 채권도 샀습니다. 양쪽 모두 성과가 아주 좋았고, 그 고객계좌도 크게 불어났죠.

마지막 수단으로 이 고객을 찾아가 회사 지분을 일부 줄 테니 운용 자금을 끌어 모을 수 있겠느냐고 제안했습니다. 그때는 제 제의에 응하는 일은 가장 바보 같은 짓처럼 보였습니다. 자기자본이 마이너스 4만 달러이고 연간 고정비가 11만 달러인데다 운용 경력이 채 1년도 안 되는 이름도 없는 스물여덟 살 젊은이가 이끄는 회사였으니까요. 저는 그에게 회사 지분 25퍼센트를 15만 달러에 팔았습니다. 그 돈이면 12개월은 버티기에 충분하겠다 싶었습니다.

한 달 뒤 강세장이 시작되었고 1년 안에 운용 자산이 4,000만 달러로 늘었습니다. 1983년이 제가 처음으로 비서보다 돈을 더 많이 받았던 해였다고 기억합니다. 1983년 중반부터 1년 정도 조금 주춤했지만 이후 연이어 좋은 성과를 거두었습니다. 특히 1985년 주가가 치솟아 아주 훌륭한 실적을 올릴 수 있었습니다.

▎차리신 회사에서 성공하셨는데 왜 드레이퍼스 펀드 매니저로 옮기셨나요?

1985년 드레이퍼스와 자문 계약을 맺도록 주선한 하워드 스테인을 만났습니다. 끝내 그의 설득에 못이겨 드레이퍼스에 정식으로 들어가 펀드 두세 개를 맡았습니다. 회사는 새로 만든 드레이퍼스 펀드를 제 투자 스타일에 맞도록 조정해주기까지 했습니다. 고용 계약서를 쓸 때 회사에 근무하면서 제 듀케인 펀드도 운용할 수 있도록 했죠. 사실 지금까지도 듀케인 펀드를 운용하고 있습니다.

▎1987년 주식시장 대폭락 전후 겪었던 일을 말씀해주시겠습니까?

그해 상반기에는 주식시장이 예상대로 쭉 뻗어간 덕분에 실적이 아주 좋았습니다. 하지만 6월 저는 전략을 바꿔 매도 포지션을 조금 취했습니다. 그 결과 두 달 동안은 시장과 싸워야 했기 때문에 아주 어려웠습니다. 가격이 쉬지 않고 오르고 있었으니까요.

▎왜 시장이 더 이상 오르지 않고 꺾인다고 보았습니까?

여러 요인이 겹쳤습니다. 주가가 지나치게 비싸져 배당 수익률이 2.6퍼센트로 내려갔고 주가장부가비율도 사상 최고 수준으로 올랐죠. 연방준비제도이사회도 계속 긴축 정책을 펴고 있었습니다. 마지막으로 기술적 분석을 해보았더니 시장이 힘이 약해졌다는 사실을 알 수 있었죠. 다시 말해 주로 대형주만 오르고 있었고, 나머지 중소형 종목들은 힘이 없었습니다. 종합해보니 거품이 곧 터질 듯했습니다.

▎매수/매도 시점을 잡는 데 적정가격 분석은 어떻게 활용하십니까? 포지션 방향을 바꾸기 전부터 시장은 한참 동안 비싼 상태가 아니었나요?

매매 시점은 결코 적정 가치 분석으로 결정하지 않습니다. 대신 시장 유동성과 기술적 분석을 바탕으로 합니다. 적정 가치 분석은 시장이 어떤 기폭제 때문에 방향을 틀었을 때 얼마나 뻗어갈 수 있는지 판단하는 데에만 쓸모 있습니다.

▎기폭제에는 어떤 것들이 있나요?

유동성이 중요합니다. 기술적 분석으로도 기폭제 같은 요인을 찾아낼 수 있다고 봅니다.

▎1987년 유동성 상황은 어땠나요?

연방준비제도이사회가 1987년 1월부터 긴축 정책을 이어가고 있었고, 달러화는 약세였습니다. 한마디로 연방준비제도이사회가 더욱 긴축할 수 있다는 의미였죠.

▎매수에서 매도 쪽으로 포지션을 바꾸기 전인 1987년 상반기에 펀드 수익률은 어땠나요?

펀드마다 달랐습니다. 그때 저는 운용 전략이 서로 다른 헤지펀드 다섯 개를 운용하고 있었습니다. 시장이 아래쪽으로 방향을 튼다고 보고 포지션을 바꾸기 전까지 올린 수익률이 적게는 40퍼센트, 많게는 85퍼센트였습니다. 실적이 가장 좋았던 펀드는 드레퍼스 스트레티직 어그레시브 인베스팅 펀드였을 것입니다. 펀드를 운용하기 시작한 2사분기에 올린 수익률이 40퍼센트였습니다.

그때까지는 성과가 정말 훌륭했죠. 연초에 수익이 많이 나면 이익을 실현하고 연말까지 더 이상 운용하지 않는 매니저가 많습니다. 하지만 저는 공격적으로 운용할 수 있을 만큼 수익을 많이 거두면 더욱더 공격적으로 운용해야 한다는 원칙을 지켰고, 이 철학은 조지 소로스의 영향으로 더욱 굳어졌습니다. 연초에 돈을 많이 버는 해는 더욱더 공격적으로 투자해야 하는 때라고 믿었죠. 이미 수익을 많이 올린 상태여서 당분간 시장과 싸울 여력이 있다고 보았습니다. 강세장이 곧 끝날 것이라고 예상은 했지만 정확히 언제인지는 알 수 없었습니다. 더군다나 시장이 지나치게 비싸졌기 때문에 일단 하락세로 돌아서면 정말 걷잡을 수 없을 정도로 추락할 것이라고 생각했습니다.

▎몇 개월 뒤 시장이 꼭지를 찍을 때까지 매도 포지션을 고수하셨죠.

맞습니다. 1987년 10월 16일까지 2,700포인트까지 올랐던 다우지수가 2,200포인트까지 떨어졌습니다. 매도 포지션을 취한 덕분에 직전에 잃었던 돈을 만회하고도 남아 연간으로 이익이 많이 났죠. 하지만 그때 제 경력에서 가장 쓰라린 실수를 저지르고 말았습니다.

기술적으로 분석한 결과 다우지수가 1986년 내내 2,200포인트 근처에서 움직였기 때문에 이 수준에서 단단하게 지지될 수 있다고 판단했습니다. 그래서 시장이 이 수준 아래로는 내려가지 않으리라 확신했습니다. 연초 매수 포지션으로 돈을 벌었을 뿐만 아니라 그 뒤 매도 포지션으로 수익을 챙겼기 때문에 여유가 충분한 상태였습니다. 그래서 매도 포지션을 130퍼센트 매수 포지션으로 바꿨죠. 100퍼센트를 넘는다는 말은 레버리지를 쓴다는 뜻입니다.

▎포지션은 언제 바꾸셨습니까?

1987년 10월 16일 금요일 오후에 바꿨습니다.

▎주가 대폭락 하루 전 매도에서 레버리지 매수 포지션으로 바꾸셨군요. 농담

처럼 들립니다.

맞습니다. 그날 포지션을 바꿀 수 있을 만큼 현금이 충분했습니다.

▎놀랍지는 않지만 약간 헷갈립니다. 선생님께서는 기술적 분석을 중요하게 여긴다고 여러 번 강조하셨습니다. 시장이 수직으로 떨어지는 그 순간 기술적 지표가 매수 포지션이 위험하다는 신호를 나타내지 않았나요?

여러 기술적 지표를 분석해보니 그 정도면 시장이 지나치게 떨어진 수준이라고 나왔습니다. 더욱이 2,200포인트 주변에서 거래가 엄청나게 많았기 때문에 그 가격대에서는 단기적으로라도 매수세가 엄청나게 강할 것이라고 판단했습니다. 제 예상이 완전히 빗나가도 월요일 아침에는 2,200포인트 아래로 밀리지는 않을 것이라고 믿었습니다. 그래서 월요일 아침 장이 열리면 30분 정도 지켜본 뒤 시장이 반등하지 못하면 처분할 계획이었습니다.

▎판단이 틀렸다는 사실을 언제 깨달으셨나요?

금요일 오후 장이 끝난 뒤 우연히 조지 소로스와 이야기할 기회가 있었습니다. 그는 폴 튜더 존스가 분석한 내용을 저에게 보여주고 싶다고 했습니다. 조지 소로스 사무실로 찾아가자 그는 폴 튜더 존스가 한두 달 전에 분석한 보고서를 보여주었습니다. 역사적으로 기울기가 위로 올라가는 파라볼릭 곡선이 꺾일 때마다 주식시장이 아래로 더더욱 미끄러지는 경향이 있는데, 최근 이 곡선이 꺾였다는 내용이었습니다. 더군다나 1987년과 1992년 주식시장 사이에 상관관계가 엄청나게 깊다는 분석도 있었습니다. 한마디로 시장이 폭락 직전이라는 결론이었습니다.

그날 저녁 집으로 돌아갔을 때 위에 경련이 일어났습니다. 제가 엄청난 실수를 저질렀고 시장이 곧 추락할 것이라는 사실을 깨달았습니다.

▎오로지 폴 튜더 존스가 분석한 내용을 보고 판단을 잘못했다고 깨달으셨습

니까?

사실 중요한 이유가 또 있었습니다. 그해 8월 초 프랑스로 막 휴가를 떠나려던 한 여자가 제게 전화했습니다. "제 오빠는 시장이 곧 폭락한다고 말했어요. 그런데 저는 몇 주 휴가를 떠나야 합니다. 제가 돌아올 때까지는 괜찮겠죠?"

저는 다음과 같이 말하며 안심시키려 했습니다. "시장이 떨어질 수는 있지만 그렇게 빠른 시일 안에 하락하지는 않으리라 봅니다. 걱정 말고 다녀오세요."

"제 오빠가 누구인지 아세요?" 그녀가 되물었죠.

"모릅니다." 제가 답했습니다.

"잭 드레이퍼스예요." 그녀는 제게 자신의 오빠 이름을 알려줬습니다.

제가 알기로 잭 드레이퍼스는 의료재단을 운영하느라 지난 15~20년 동안 시장을 살필 여유가 없었습니다. 그 다음주 하워드 스테인이 우리 사무실로 손님을 한 분 데리고 왔죠. "이분은 잭 드레이퍼스입니다." 하워드 스테인이 소개했습니다.

잭 드레이퍼스는 카디건을 입고 있었고, 아주 정중하게 말했습니다. "S&P500 주가지수선물 계약에 대해 알고 싶습니다. 아시다시피 저는 지난 20년간 시장을 들여다보지 않았습니다. 그런데 최근 브리지 게임을 하던 중 누군가 한 말을 듣고 걱정이 아주 커졌습니다. 사람들 모두 주식시장에서 돈을 벌었다고 떠들고 다닙니다. 그래서 1929년 주식시장 대폭락에 대한 책에 있던 내용이 생생하게 떠올랐습니다."

잭 드레이퍼스는 시장이 곧 1929년처럼 추락한다고 보고 그 증거를 찾고 있었습니다. 한 예로 증거금만 내고 레버리지로 투자하는 사람이 많으면 자신의 예상이 맞아떨어질 수 있다고 여겼죠. 주식시장 통계를 보니 증거금을 내고 레버리지로 투자하는 사람이 그렇게 많지는 않았습니다. 그렇지만 그는 증거금을 10퍼센트만 내고 S&P500 주가지수선물을 매수해 주식현물을 사는 것과 같은 효과를 누리려는 사람이 많다는 기사를 읽었다고 했습니다. 한마디로 마진 거래가 선물시장으로 번지고 있다는 말이었습니다. 그는 자기 판단을 검증하려고 제게 S&P500 주가지수선물시장에 비정상적으로 많은 투기적 매수세가 있는지 알아보라고 했습니다.

바로 구할 수 있는 데이터가 없어 분석을 마치기까지 꽤 오래 걸렸습니다. 얄궂게도 1987년 10월 16일 금요일 오후 연구를 끝냈습니다. 요약하자면 1987년 7월까지는 투기세력이 계속 매도 포지션을 구축했지만 그 뒤 점점 더 강하게 매수 포지션으로 돌리고 있었습니다.

1987년 10월 17일 토요일 분석 결과를 들고 잭 드레이퍼스를 찾아갔습니다. 기억하다시피 8월에 그는 시장에 대해 크게 걱정하고 있었습니다. 그리고 저는 조지 소로스가 보여준 폴 튜더 존스 연구 내용을 보고 벌써 걱정이 태산처럼 커졌습니다.

잭 드레이퍼스가 분석 내용을 살핀 뒤 말을 꺼냈습니다. "제가 우려한 대로 움직이기에는 너무 늦은 듯합니다." 정곡을 찌르는 말이었습니다. 제가 잘못 투자했다는 사실이 명백해졌습니다. 월요일 아침 다우지수가 30포인트 떨어지는 수준에서 지지되지 않고 바로 오르지 못하면 포지션을 모두 청산할 계획이었습니다. 하지만 장이 열리자 다우지수가 200포인트나 폭락했습니다. 무조건 빠져 나와야 했습니다. 다행스럽게도 개장 직후 주가지수가 잠깐 반등한 덕분에 제 포지션을 모두 처분하고 매도 포지션까지 취할 수 있었습니다.

그날 오후 4시 5분 전 잭 드레이퍼스가 찾아와 말했습니다. "미리 말씀드리지 못해 죄송합니다. 하지만 이미 저는 제 주식을 헤지하려고 S&P500 주가지수선물을 매도했습니다.

"얼마나 매도하셨죠?" 제가 물었습니다.

"충분히 대비했습니다." 그가 대답했습니다.

"언제 매도하셨나요?" 제가 되물었습니다.

"두 달 전쯤입니다." 다시 말해 그는 정확히 최고점에서 매도했던 것입니다. 그즈음이 바로 주식시장이 곧 크게 떨어질까봐 걱정하던 그의 여동생을 제가 안심시켰던 때였습니다. "지금 포지션을 정리해야 한다고 생각하시나요?" 잭 드레이퍼스가 물었습니다.

당시 다우지수가 벌써 1,700포인트까지 500포인트나 떨어졌는데도 주가지수 선물은 다우지수 기준으로 1,300포인트까지 밀린 상태였습니다. 그래서 이렇게 대답했죠. "당장 포지션을 처분해야 합니다. S&P500 주가지수선물은 다우지수로 따지면 4,500포인트나 할인된 상태입니다." 잭 드레이퍼스가 저를 쳐다보며 말했습니다. "엄청난 할인이군요!"

■ **그때 잭 드레이퍼스가 포지션을 처분했나요?**

물론입니다. 정확히 바닥에 팔았습니다.

■ **경력에 대해 다시 묻겠습니다. 왜 드레이퍼스를 떠났습니까?**

운용하는 펀드가 일곱 개였는데, 너무 많다고 생각했죠. 실제 펀드를 운용하는 일 이외에도 펀드마다 구두보고를 포함해 다른 잡다한 업무도 해야 했습니다. 이를테면 펀드마다 1년에 4번 이사회 보고가 있었습니다.

■ **그 일을 다 할 수 있었나요?**

없었습니다. 그래서 회사를 그만두었습니다. 저는 회사에서 일하는 내내 조지 소로스와 자주 만나 이야기했습니다. 조지 소로스와 많은 대화를 나누면서 사람들이 그에 대해 오해하고 있다는 사실을 깨달았습니다.

■ **사람들이 조지 소로스에 대해 어떻게 말하고 다녔나요?**

조지 소로스가 직원들을 너무 자주 갈아치운다는 소문이었습니다. 보수는 많이 주지만 얼마 지나지 않아 해고하는 습성이 있다는 평판이었습니다. 조지 소로스가 저를 고용하려 한다고 제 선배들에게 말할 때마다 그들은 기를 쓰고 말렸습니다.

조지 소로스는 저를 채용하기도 전에 자신의 후계자라고 말하고 다녔습니다. 인터뷰하려고 그의 집에 찾아갔을 때 그의 아들은 제가 자기 아버지의 '열 번째 후계자'라고 귀띔해주었습니다. 그러면서 오래 버틴 후계자가 단 한 사람도 없다고 우스운 듯 말했습니다. 이튿날 조지 소로스 사무실에 갔을 때 직원들 모두 저를 '후계자 님'이라고 불렀죠. 그들은 하나같이 정말 우습다는 표정이었습니다.

▎드레이퍼스를 그만둔 뒤 옛날로 돌아가 듀케인 펀드만 운용하겠다고 마음 먹지는 않으셨나요?

분명 그럴 수도 있었습니다. 사실 저는 드레이퍼스 펀드를 운용하며 훌륭한 실적을 거둔 덕분에 이름이 많이 알려졌습니다. 그래서 별로 홍보하지 않았는데도 듀케인 펀드 운용 규모가 엄청나게 늘었습니다.

▎그런데 왜 듀케인 펀드 운용에만 전념하지 않고 조지 소로스와 일하기로 결심하셨나요?

간단합니다. 조지 소로스가 제 우상이었기 때문입니다. 그는 제가 하는 투자 방식을 20년 먼저 실행한 사람이었습니다. 즉 핵심 종목에 대해 매수와 매도 포지션을 취하고 레버리지를 사용해 S&P500 주가지수선물, 채권, 통화를 매매하는 전략을 사용했습니다. 그와 이야기만 해도 엄청나게 많이 배울 수 있었습니다. 조지 소로스와 함께 일한다고 해서 잃을 것이 없다고 생각했습니다. 최악의 경우 1년 만에 해고된다 해도 최고의 운용 기법을 전수받을 수 있다고 판단했습니다. 게다가 듀케인 펀드에는 운용할 수 있는 옵션도 있었습니다. 반대로 잘되면 누이 좋고 매부 좋을 수도 있었으니까요.

▎조지 소로스와 함께 일하기 시작한 뒤 그와의 관계가 어땠나요?

첫 6개월은 정말 힘들었습니다. 우리는 투자 철학이 서로 비슷했지만 실제 운용할 때에는 잘 섞이지 못했습니다. 조지 소로스 회사에서 운용을 시작할 때 그가 저를 지도하면서 공격적으로 하라고 밀어붙였습니다. 저는 그가 역사상 가장 위대한 투자자라고 생각했습니다. 하지만 세계에서 가장 훌륭한 투자자가 가르친다 해도 매매 리듬이 깨질 정도로 너무 깊이 참견하면 오히려 방해가 될 수 있죠. 사공이 둘일 수 없는 이치와 같습니다. 한마디로 제대로 운용할 수 없었습니다. 그가 추천해도 제가 겁이 나 실행하지 못한 부분도 있기 때문에 어느 정도 제 잘못도 있었습니다. 하지만 어마어마한 성과를 올린 사람이 하는 말을 어떻게 거역할 수 있겠습니까?

제가 매수했던 채권을 1989년 8월에 조지 소로스가 모두 처분하면서 곪았던 종기가 터지고 말았습니다. 전에는 그런 적이 한 번도 없었습니다. 엎친 데 덮친 격으로 저는 제 포지션이 옳다고 굳게 믿고 있던 터라 두말 할 나위 없이 화가 머리끝까지 치밀어 올랐습니다. 그때 처음으로 서로 속내를 털어놓았습니다.

결국 조지 소로스는 그 뒤 6개월 동안 제 일에 간섭하지 않겠다고 다짐했습니다. 하지만 솔직히 그 말을 믿을 수 없었습니다. 아무리 개입하지 않으려 해도 관여할 수밖에 없는 성격이라고 생각했기 때문입니다. 하지만 1989년 말 동유럽을 뜨겁게 달군 사건 덕분에 일이 의외로 쉽게 풀렸습니다. 잘 아시다시피 최근 몇 년 동안 조지 소로스는 동유럽과 소련을 공산주의에서 자본주의 체제로 바꾸는 데 온 힘을 쏟고 있었습니다. 이 목적을 이루려고 11개 나라에 재단을 설립했습니다. 조지 소로스가 동유럽으로 떠났기 때문에 제 일에 간섭하고 싶어도 그럴 수 없었습니다.

그러면서 모든 일이 제대로 돌아가기 시작했습니다. 아무런 간섭도 받지 않고 펀드를 제 마음대로 운용할 수 있었습니다. 뿐만 아니라 아까 말씀드린 동유럽에서 벌어진 사건을 토대로 처음으로 조지 소로스 퀀텀 펀드에서 엄청나게 많이 투자했습니다. 베를린 장벽이 무너졌을 때 독일 마르크화를 매수해야 한다고 그 어느 때보다도 굳게 믿었습니다. 독일 마르크화가 절상한다고 확신한 이유 가운데 하나는 조지 소로스가 쓴《금융의 연금술》에서 주장한 급진적 통화 이론 때문입니다. 재정 적자는 심한데 확장재정 정책과 긴축통화 정책을 함께 펴면 그 나라 통화는 절상된다는 이론이었습니다. 실제 1981~1984년 사이 아주 똑같은 이유로 달러화 가치가 올랐습니다. 그때 미국은 대규모 재정 적자에 시달리고 있었기 때문에 달러화 가치가 떨어진다고 믿는 사람이 대부분이었습니다. 하지만 실제는 긴축통화 정책을 실시하는 나라로 자금이 옮겨가면서 달러화 가치가 확 치솟았습니다.

베를린 장벽이 허물어졌을 때 분명 미국과 똑같은 상황이 일어날 것이라고 확신했습니다. 서독은 동독을 재건하려면 자금이 어마어마하게 필요했기 때문에 재정 적자가 커질 수밖에 없는 상황이었습니다. 더군다나 독일중앙은행은 인플레이션을 용납하지 않으려 했습니다. 그래서 독일 마르크화 매수 포지션을 어마어마하게 취했습니다. 결과적으로 대성공이었습니다.

▎독일 마르크화 매수 포지션이 얼마나 컸나요?
20억 달러어치를 매수했습니다.

▎그렇게 많은 금액을 매수하는 데 별다른 어려움은 없었나요?
어렵지 않게 며칠에 걸쳐 나눠 샀습니다. 더욱이 그때는 독일 마르크화 가치가 떨어진다고 예상하는 사람들이 많았기 때문에 사기가 더욱 쉬웠습니다. 실제 베를린 장벽이 무너진 뒤 이틀간은 마르크화 가치가 하락했습니다. 재정 적자 규모가 커지면 통화에 나쁘게 영향을 미친다고 봤기 때문입니다.

▎많은 금액을 투자한 사례가 또 있나요? 매매결정을 어떻게 내리셨는지 아주 궁금합니다.
1989년 말 여러 이유로 일본 주식시장이 약세로 돌아설 것이라고 강하게 확신했습니다. 첫째, 연봉 차트를 보니 니케이지수가 지나치게 많이 올라 있었습니다. 과거 사례를 보면 이렇게 폭등하면 늘 매도 물량이 쏟아지거나 적어도 주가가 옆으로 움직였습니다. 둘째, 시장에 투기 자금이 과도하게 몰려 거품이 터지기 직전인 듯 보였습니다. 마지막은 앞의 두 이유보다 세 배나 더 중요했습니다. 즉 일본중앙은행이 긴축통화 정책을 강력하게 실시하기 시작했습니다. (그러면서 스탠리 드러켄밀러는 사상 최고치를 돌파하는 니케이지수와 폭락하는 일본 국채 그래프를 보여주었다.) 일본 주식을 매도하는 전략이 지금까지 했던 매매 가운데 위험 대비 수익이 가장 뛰어난 거래라고 판단됩니다.

▎**미국이 이라크를 공습하자마자 주식시장이 갑자기 치솟은 뒤 쉬지 않고 달렸을 때에는 어떠셨나요? 이 사건이 터지기 전에는 시장이 내려가기만 했기 때문에 매도 포지션을 들고 계셨습니까? 만약 그랬다면 그때 어떻게 대처하셨을까요?**

1991년에 접어들었을 때 제가 들고 있던 포지션은 그 뒤 몇 개월간 펼쳐진 가격 움직임을 생각하면 더 이상 나쁠 수 없었습니다. 미국과 일본 주식 매도 포지션이 30억 달러 정도였고, 미국 국채와 글로벌 채권 매도 포지션도 엄청났으니까요.

1991년 첫 2주 동안 저는 시장 전망을 바꾸기 시작했습니다. 미국 주식시장이 오랫동안 내리막길을 걷고 있었던 탓에 비관론이 갈 데까지 간 상태였습니다. 사람들 모두 미국이 이라크를 침공하면 시장이 크게 충격을 받을 것이라고 걱정했습니다. 사상 최저치를 기록한 종목 수도 많지 않았습니다. 다우존스지수가 사상 최저 수준으로 떨어졌는데도 뉴욕 주식시장에 상장된 주식 1,700개 가운데 오직 80개만 신저가를 기록하고 있었습니다.

그래서 1월 13일까지 S&P500 주가지수선물 매도 포지션을 모두 정리했습니다. 하지만 개별 주식 공매도 포지션은 계속 들고 있었습니다. 그날 배런즈가 후원하는 토론회에 참석한 뒤 막 돌아온 폴 튜더 존스와 얘기할 수 있는 기회가 있었습니다. 그는 토론회에 참석했던 펀드 매니저 여덟 명 모두 현금 비중을 10년 만에 가장 크게 유지하고 있다고 말했습니다. 그때 S&P500 지수가 310포인트였고 폴 튜더 존스는 지수 340포인트면 거저나 마찬가지라고 말했던 기억이 생생합니다. 이미 저는 시장이 돌아설 것이라고 보았지만 그 대화로 제 확신은 더욱 강해졌죠. 모두 팔 만큼 팔았기 때문에 전쟁이 터지면 시장이 오를 수밖에 없다고 판단했습니다.

▌전쟁이 일어날 때까지 기다리지 않고 매수한 이유가 무엇인가요?
사람들 모두 전쟁이 터지고 난 뒤 사려고 할 것이라고 판단했기 때문이었죠. 그래서 미국이 정한 마감시한인 1월 15일 이전에 사야 한다고 봤습니다.

▌이라크 공습 다음날 아침, 시장이 치솟기 전에 매도 포지션을 매수 포지션으로 모두 바꿔놓으셨나요?
유연한 전략을 펴는 듀케인 펀드에서는 그렇게 바꿔놓았죠. 조지 소로스 퀀텀 펀드에서는 S&P500 주가지수선물만 매도에서 매수로 포지션을 바꿨고, 현물에서는 여전히 공매도 포지션을 엄청나게 많이 들고 있었습니다. 주로 은행과 부동산 업종 주식을 공매도한 상태여서 정리하기 어려웠습니다. 하지만 전쟁이 터진 뒤 며칠 안에 매수 포지션으로 모두 바꿨습니다.

▌공습이 끝난 뒤 결과가 어땠나요?
예상대로 엄청난 성과를 거두었습니다. 전 세계 주식의 매도 포지션 30억 달러, 마르크화 대비 달러화 매도 포지션 30억 달러, 미국과 일본 국채에 대한 엄청난 매도 포지션 등 그 뒤 나타난 시장 움직임과는 정반대로 투자하면서 1월을 시작했습니다. 하지만 중간에 전략을 바꾼 덕분에 결국 수익을 낼 수 있었습니다.

▌독일 마르크화 대비 달러화 매도 포지션을 취한 까닭은 무엇입니까?

베를린 장벽이 무너진 뒤 1년에 걸쳐 자주 그렇게 매매했습니다. 주요 이유는 독일이 확장 재정 정책과 긴축통화 정책을 고집했기 때문입니다. 이 두 조합은 독일 마르크화 강세를 뜻했죠.

그런데 왜 대(對) 달러화 마르크화 매수 포지션을 정리했나요?

이유는 두 가지였습니다. 하나는 미국이 이라크와 전쟁을 벌이는 동안 안전자산 선호 현상으로 달러화가 좀처럼 밀리지 않았습니다. 어느 날 아침 후세인이 지상전을 시작하기 전에 항복할 수 있다는 뉴스가 흘러나왔습니다. 이 소식에 달러화가 마르크화 대비 가파르게 떨어졌어야 하는데도 조금밖에 하락하지 않았죠. 그래서 달러화 가치가 세다고 판단했습니다. 다른 하나는 독일이 세금을 더 거둔다는 얘기가 있었습니다. 다시 말해 확장재정 정책을 뒤집는다는 말이었습니다. 이로써 독일 마르크화를 사야 하는 가장 큰 이유가 없어진 셈이었죠. 그래서 하루아침에 마르크화 대비 달러화를 35억 달러어치 매수했습니다.

(인터뷰를 진행하던 1991년 12월) 미국은 오랫동안 경제침체에 허덕이고 있고 소비심리도 바닥으로 떨어진 상태입니다. 미국 경제가 장기적으로 어떠리라 전망하십니까?

저는 1980년대가 놀라우리만큼 1920년대를 빼닮았다고 생각합니다. 국민총생산(GNP) 대비 부채비율이 견딜 수 없는 수준까지 올랐습니다. 1980년대 말 대출을 받아 매수하던 열풍이 문제를 더욱 어렵게 만들었다고 봅니다. 이 때문에 빚이 감당하기 어려운 수준으로 불어났죠. 저는 지금과 같은 경기하강이 침체라고 생각한 적은 단 한 번도 없습니다. 사람들은 경기침체라 부르지만 저는 늘 이를 부채청산 문제라고 여겼습니다. 경제가 단순히 두 분기 정도 마이너스 성장하는 문제가 아니라는 뜻이죠. 여러 해에 걸쳐 누적된 문제여서 깨끗이 해결되기 전까지 경제를 오랫동안 짓누를 것이라고 봅니다. 빚은 한두 해 만에 청산하기 힘들기 때문이죠.

▎**장기적으로 미국 경제를 아주 나쁘게 보시니 국채 매수 포지션 규모도 크시겠네요?**

1991년까지만 해도 미국 국채 매수 포지션을 들고 있었습니다. 하지만 높아 보이는 금리만 보고 국채를 사면 곤란합니다. 1981년 사람들은 이자율이 연 21퍼센트인 단기 국채에 홀려 이자율이 연 15퍼센트인 30년 만기 국채를 엄청나게 내다 팔았습니다. 멀리 보지 못했죠. 지금은 단기 금리가 연 4.5퍼센트에 지나지 않은 탓에 멍청한 사람들이 장기 채권을 되사고 있습니다. 재정 적자가 연 4,000억 달러인 정부에 7.5퍼센트 이자율로 30년 동안 대출해주는 꼴이죠.

지금은 1981년과 정반대 상황입니다. 사람들은 1981년 볼커가 단기 금리를 연 21퍼센트까지 급격히 올린 조치를 아주 좋게 봤어야 했습니다. 금리를 가파르게 올리면 결국 장기 인플레이션이 내려가 채권과 주식가격이 상승하기 때문이죠. 그런데도 이들은 높은 단기 금리에 눈이 멀었죠. 지금은 반대로 경기 하강 국면이고 재정 적자가 눈덩이처럼 불어나고 있는데도 미 정부와 연방준비제도이사회가 손을 쓰지 못하는 상황입니다. 그래서 장기 채권 투자가 위험하다는 사실을 알아야 합니다. 그런데도 1981년에 연 15퍼센트나 주는 채권을 팔았던 이 사람들이 지금 연 7.5퍼센트밖에 주지 않는 장기 채권을 되사고 있습니다. 투자할 데가 없다고 생각하기 때문이죠. 한마디로 대중들은 길게 보지 못합니다.

▎**선생님께서는 장기 운용 성과가 업계 평균을 훨씬 앞섭니다. 그렇게 훌륭한 성과를 이룬 비결이 무엇인가요?**

조지 소로스는 저와 비슷한 투자 원칙이 있습니다. 장기적으로 좋은 성과를 내려면 원금을 지키면서 홈런을 쳐야 합니다. 돈을 많이 벌면 훨씬 더 공격적으로 투자할 수 있습니다. 그런데도 연 30~40퍼센트 수익을 올리면 아주 소극적으로 돌아서는 매니저가 많습니다. 예컨대 이들은 이미 벌어들인 이익을 지키려고 연말까지 매매하는 척만 하면서 아주 보수적으로 운용하죠. 하지만 정말 훌륭한 장기 성과를 거두려면 30~40퍼센트 수익을 올릴 때까지 열심히 매매한 뒤 확신이 섰을 때 연 100퍼센트 수익률을 위해 공격적으로 매매해야 합니다. 여러 해 동안 연 100퍼센트 수익률을 올리면서 손해 보는 해를 피하면 정말 탁월한 장기 성과를 이룰 수 있습니다.

조지 소로스에게서 또 무엇을 배우셨나요?

여러 가지를 많이 배웠지만 가장 중요한 교훈은 방향을 맞추는 일은 중요하지 않다는 점이었습니다. 대신 방향을 제대로 맞췄을 때와 맞추지 못했을 때 얼마나 벌고 잃었는지가 더 중요하다는 사실을 터득했죠. 조지 소로스가 저를 혼낸 적이 몇 번 있었는데 모두 제가 시장 예측은 잘했는데 기회를 최대한 살리지 못했기 때문이었습니다.

한 가지 예를 들겠습니다. 제가 조지 소로스와 함께 일한 지 얼마 지나지 않았을 때였습니다. 저는 달러화가 마르크화 대비 절하되리라 강하게 확신하고 달러화 매도 포지션을 엄청나게 취했습니다. 시장이 제 예상대로 움직여 저는 의기양양했습니다. 그런데 조지 소로스가 제 사무실로 찾아와 매매 포지션에 대해 물었습니다. "포지션 규모가 얼마나 큰가?"

"10억 달러입니다." 제가 대답했습니다.

"그까짓 규모를 포지션이라 할 수 있겠나?" 그가 무시하듯 내뱉었습니다. 그러고는 포지션 규모를 두 배로 늘리라고 했죠. 저는 시키는 대로 했고 결국 돈을 엄청나게 벌었습니다.

조지 소로스는 확신이 아주 강하다면 급소를 찌르듯 매우 공격적으로 매매해야 한다고 가르쳤습니다. 용기가 있어야 큰돈을 벌 수 있다는 말이었죠. 이익을 극대화하려면 레버리지를 엄청나게 쓸 수 있는 배짱이 있어야 합니다. 조지 소로스는 시장방향을 잘 예측했을 때 적당히 수익을 챙기고 나오는 사람이 결코 아니었습니다.

　　1985년 가을 프라자 합의가 이루어질 즈음 저는 소로스 매니지먼트에서 일하지는 않았지만 그곳에서 일하는 많은 트레이더가 조지 소로스를 따라 투자해 왔다고 들었습니다. 이들은 프라자 회의가 열리기 직전에도 그를 따라 엔화 매수 포지션을 취했다고 합니다. 월요일 아침 엔화가 800포인트 넘게 올라 시작했을 때 이들은 믿을 수 없을 만큼 횡재했다고 여기고 앞 다투어 이익을 실현하기 시작했다고 합니다. 아니나 다를까 조지 소로스가 문을 박차고 들어와 엔화를 팔지 말라고 지시한 뒤 자기가 대신 매매하겠다고 엄포를 놓았답니다. 트레이더들이 생전 처음 돈을 어마어마하게 벌었다며 자축하고 있을 때 조지 소로스는 더욱더 큰 그림을 보고 있었죠. 달러화 가치가 내년에도 떨어진다고 정부가 방금 알려주었는데 욕심쟁이가 되어 엔화를 더 매수하지 않을 까닭이 없었던 것이죠.

　　조지 소로스는 제가 지금껏 본 투자자 가운데 손실을 가장 잘 받아들이는 사람입니다. 이익을 내든 손실을 보든 크게 개의치 않습니다. 손실을 기록해도 다시 투자해 수익을 거둘 수 있다고 굳게 믿기 때문에 손실 포지션을 쉽게 정리합니다. 진열장에 신발이 많으니 자신에게 맞는 신발만 고르면 그만이었죠. 자신감이 넘치면 손해를 봐도 대수롭지 않게 넘길 수 있습니다.

▌수십억 달러 포트폴리오를 운용해야 하는 부담은 어떻게 극복하십니까?
몇 년 전보다는 부담이 훨씬 덜합니다. 매매는 언제든 포지션을 정리하고 새로 시작할 수 있다는 점이 좋죠. 상황을 통제할 수 있는 한, 즉 제 포지션을 언제든지 청산할 수 있는 한 걱정할 이유가 없습니다.

스탠리 드러켄밀러는 탁월한 성과를 이루려면 두 가지를 잘해야 한다고 했다. 즉 원금을 지키고 홈런을 쳐야 한다. 첫 번째는 누구나 잘 알지만 두 번째 비결은 제대로 인식하는 사람이 드물다. 포트폴리오를 운용하면서 정말 뛰어난 성과를 올리려면 남보다 훨씬 앞서 예측해야 하고, 예측이 잘 들어맞아 돈이 잘 벌릴 때 고삐를 최대한 당겨야 한다고 스탠리 드러켄밀러는 말한다. 그럴 때일수록 승리했다고 자축하지 말고 더욱더 치고 나가야 한다는 것이다. 훌륭한 성과는 손실을 기록하는 해가 없도록 하면서 몇 년 동안 두 자릿수나 세 자릿수 수익률을 올리면 이룰 수 있다. 개별 매매에서 홈런을 친다는 말은 드물기는 하지만 확신이 강하게 드는 기회가 왔을 때 배짱 있게 레버리지를 쓴다는 뜻이다. 스탠리 드러켄밀러는 이렇게 말했다. "용기가 있어야 큰돈을 벌 수 있습니다."

그와 인터뷰하면서 얻은 다른 중요한 교훈은 실수하면 바로 대응해야 한다는 점이다. 스탠리 드러켄밀러는 1987년 10월 19일 주가 대폭락 바로 전날 매도 포지션을 130퍼센트 매수 포지션으로 바꾸는 엄청난 실수를 저질렀지만 결국 그 달에도 이익을 냈다. 어떻게 수익을 올렸을까? 크게 잘못했다는 사실을 깨닫고는 10월 19일 아침 장이 열리자마자 한 시간 만에 매수 포지션을 모두 처분하고 매도 포지션까지 취했다. 시장이 거꾸로 움직인다는 신호가 보였을 때 고집을 부려 원래 포지션을 그대로 들고 갔다면, 또 시장이 반등할 것이라고 기대하고 꾸물거렸다면 어마어마한 손실을 기록했을 것이다. 하지만 결국 수익을 약간 거두었다. 자신의 포지션에 불리한 시장 움직임이나 사건처럼 불편한 진실을 받아들이고, 조금도 망설이지 않고 대담하게 대응하는 능력이야말로 훌륭한 트레이더의 특징이다.

스탠리 드러켄밀러는 적정 가치를 분석하고, 현재 시장이 반대로 방향을 틀 때 가격이 그쪽으로 얼마나 많이 움직일지 가늠하는 일이 중요하다고 한다. 그러나 이런 것들은 매매 시점을 잡은 데에는 쓸모없다고 강조한다. 그가 매매 시점을 정할 때 즐겨 사용하는 중요한 도구는 유동성 분석과 기술적 분석이다.

스탠리 드러켄밀러는 개별 주식을 분석할 때 그의 첫 직장 상사가 했던 충고를 회상한다. 그 상사는 어떤 주식을 분석하든 주가 움직임을 결정하는 요인부터 분석해야 한다고 가르쳤다. 그 요인은 업종마다 다르고 심지어 업종 안에서도 개별 회사마다 다를 수 있다.

스탠리 드러켄밀러의 매매 스타일은 우리가 아는 전통적 펀드 운용 방식과는 딴판이다. 그는 투자자나 펀드 매니저가 늘 주식에 모두 투자해야 할 이유가 없다고 생각한다. 분석 결과 약세장이 곧 다가온다고 판단하면 주식을 모두 처분하고 심지어 순매도 포지션으로 돌릴 수 있어야 한다고 생각했다. 1981년 중반 시장을 아주 비관적으로 본 예측이 정확이 맞아떨어졌는데도 주식을 운용하는 매니저는 늘 순매수 포지션을 들고 있어야 한다는 편견에 젖어 있던 탓에 돈을 잃었던 경험을 기억해보라. 스탠리 드러켄밀러가 주식 순매수 포지션 전략을 고집했다면 분명 장기 운용 수익률이 실제보다 엄청나게 낮고 최대 하락폭도 훨씬 더 컸을 것이다. 스탠리 드러켄밀러의 유연한 운용 스타일, 즉 매수뿐만 매도 포지션도 취하고 채권과 통화를 포함해 다른 주요 글로벌 시장으로 분산하는 전략은 분명 가장 중요한 성공 요인이다. 체스에서 모든 방향으로 움직일 수 있는 퀸이 앞으로만 갈 수 있는 폰(병사)보다 훨씬 더 강력한 것과 같은 이치다.

시장에 대한 진리, 엄밀히 말해 인간 본성에 대한 진리는 다음과 같다. 돈을 꼭 벌려는 마음이 앞서서 무턱대고 덤비면 돈을 잃는다는 사실이다. 트러켄밀러가 회사 재정 상태가 엄청나게 어려워지자 오로지 회사를 살리려는 애타는 마음으로 미국 국채에 무리하게 투자한 실수가 이에 딱 맞는 사례다. 그는 국채선물 가격이 역사상 가장 낮은 수준으로 떨어지기 일주일 전 국채선물을 매수했지만(투자 시점이 이보다 더 좋을 수는 없었다) 투자한 돈을 다 날렸다. 이 사례는 돈을 벌려는 마음만 앞서 레버리지를 지나치게 많이 쓰고 무턱대고 투자하면 실패할 수 있음을 보여준다. 시장은 자포자기하는 심정으로 아무렇게나 투자하면 용서하지 않는다는 교훈을 가르쳐주는 엄한 스승이다.

Chapter 10

상향식 투자의 예술

리처드 드리하우스(Richard Driehaus)

리처드 드리하우스는 어렸을 때부터 주식시장의 매력에 빠진 이래 시장에 대한 열정이 식었던 적이 없다. 리처드 드리하우스는 10대 초반 때부터 금융 칼럼니스트가 추천한 대로 투자해보았자 소용없다는 사실을 깨달았다. 그래서 동네 도서관을 찾아가 온갖 주식 관련 뉴스레터와 금융잡지를 닥치는 대로 읽으며 독학하기로 마음먹었다. 그가 추후 증권 애널리스트와 펀드 매니저로 일하면서 사용하던 핵심 접근 방식의 토대를 이룬 투자 철학을 다지기 시작한 때는 10대 초반이었다.

리처드 드리하우스는 대학을 졸업하자마자 시장 관련 직업을 물색해 리서치 애널리스트 자리를 구했다. 그는 일은 마음에 들었으나 영업직원들이 자신이 추천한 훌륭한 종목을 무시하는 바람에 실망했다. 하지만 A. G. 베커의 기관 트레이딩 부서에서 일하던 1970년, 처음으로 자금을 직접 운용할 수 있는 기회가 찾아왔다. 그런데 그가 낸 매매 아이디어가 실제로는 생각보다 훨씬 더 쓸모 있다는 사실에 놀랐다. 당시 가장 큰 펀드평가회사였던 베커스 펀드 평가 서비스 조사에 따르면 리처드 드리하우스가 A. G. 베커에서 3년 동안 올린 운용 성과가 업계 전체 포트폴리오 매니저 중 상위 1퍼센트 안에 들었다.

리처드 드리하우스는 A. G. 베커를 떠나 1980년 자신의 회사를 차리기 전 멀래니 웰스앤드컴퍼니와 제섭 래먼트에서 리서치 담당이사로 일했다. 1980년부터 12년간 매매 수수료와 운용 보수를 떼고도 연 30퍼센트를 넘는 수익률을 올렸다. 이는 같은 기간 S&P500지수 상승률 연 16.7퍼센트보다 두 배 가까운 성과였다. 하지만 리처드 드리하우스는 주로 소형주에 투자했기 때문에 S&P500지수는 적절한 비교지수라고 할 수 없다. 그가 탁월한 성과를 올린 이유가 소형주 실적이 좋았기 때문이라고 여길 수도 있지만, 사실 같은 기간 러셀2000지수는 연 13.5퍼센트 상승에 그쳤다. 참고로 드리하우스가 운용하는 포트폴리오 비교지수로 적합한 러셀2000은 미국 주식시장 시가총액 순위 1001~3000위에 해당하는 종목으로 구성된 지수다. 1980년 1달러를 러셀2000지수에 투자했다면 1991년 말 4.56달러로 늘어났겠지만, 드리하우스가 운용했던 소형주 펀드에 맡겼다면 24.65달러로 늘어났을 것이다.

드리하우스는 소형주 펀드를 대표 펀드로 운용했지만 영역을 넓혀 다른 전략으로 운용하는 펀드도 맡았다. 그는 특히 자신의 불앤드베어 파트너십 펀드에 깔린 운용 철학을 좋아했다. 이 펀드는 늘 개별 종목을 매수한 만큼 공매도해 주식시장 등락의 영향을 거의 받지 않도록 운용한다. 다시 말해 항상 주식 순매수 포지션을 제로로 유지한다는 뜻이다. 그래서 펀드 성과가 순전히 종목선정 능력에 좌우된다. 드리하우스는 이 펀드를 운용하기 시작한 1990년과 그 이듬해 성과 보수 20퍼센트를 차감하기 전 기준으로 각각 연 67퍼센트와 연 62퍼센트라는 탁월한 성과를 거두었다. 전체 운용기간 24개월 가운데 단 3개월만 손실을 기록했고 월 최대 손실폭도 4퍼센트에 그쳤다.

박애 사업은 드리하우스 삶에서 해가 거듭할수록 더욱 중요한 부분을 차지했다. 1984년 그는 TCBY(This Can't Be Yogurt에서 The Country's Best Yogurt로 사명 변경)로부터 100만 달러를 후원받아 리처드 드리하우스 재단을 설립했다. 그는 재단 기금을 운용하며 매년 기금의 5퍼센트를 여러 자선단체에 기부했다. 1991년 말에 재단 자본은 약 2,000만 달러로 늘어났다.

나는 드리하우스가 예술품 경매 때문에 종종 뉴욕에 올 때를 이용해 그를 만났다. 인터뷰는 시내 한가운데 있는 휑뎅그렁한 호텔식당에서 아침식사를 하면서 느긋이 진행됐다. 종업원 입장에서 보면 우리는 분명 너무 오래 앉아 있는 손님이었다. 그래서 근처 조용한 호텔 라운지로 옮겨 인터뷰를 이어갔다. 그곳은 온통 어두운 색 목재로 바닥부터 천장까지 장식한데다 곳곳에 고풍스런 장식품까지 달아놓아 100년 전 분위기를 자아냈다.

▎언제부터 주식시장에 관심을 기울이기 시작하셨습니까?

열세 살 때 신문배달로 모은 1,000달러를 주식시장에 투자하기로 마음먹었습니다. 처음에 금융 칼럼니스트와 증권 브로커가 추천하는 종목에 투자했지만 성과가 좋지 않았습니다. 순진하게도 전문가 조언대로 투자하면 돈을 벌 수 있다고 믿었습니다. 하지만 결과가 아주 실망스러웠습니다.

그래서 주가를 움직이는 요인이 무엇인지 스스로 찾아내겠다고 결심했습니다. 동네 도서관을 찾아가 금융 관련 간행물과 뉴스레터를 닥치는 대로 읽기 시작했습니다. 가장 인상 깊었던 잡지는 존 헤럴드의 〈미국에서 가장 빨리 성장하는 기업(America's Fastest Growing Companies)〉이었습니다.

▎그 잡지의 어떤 면이 인상 깊었습니까?

두 가지가 아주 마음에 들었습니다. 하나는 성장하는 주식을 사면 돈을 벌 수 있다는 점이었습니다. 헤럴드는 뉴스레터에 자신이 10년 전 추천한 이래 지금까지 10~20배 오른 종목을 소개했습니다. 정말 믿기지 않는 이야기였습니다.

다른 하나는 이익 증가율에 초점을 두는 헤럴드 분석 방법이 정말 그럴듯해 보였습니다. 기업 이익이 오랫동안 증가하면 주가도 같은 방향으로 움직인다는 논리가 그럴싸하다고 생각했습니다. 헤럴드는 10년 동안 엄청나게 올라가는 주가와 이익 그래프를 겹쳐 보여주었습니다. 장기적으로 주가와 이익이 같은 쪽으로 움직인다는 점을 보여준 그 그래프는 제 머릿속에 깊이 박혔습니다.

▌첫 직업은 시장에 관련된 일이었나요?

네, 대학 졸업 후 미 중서부에 있는 작은 증권회사에서 주식 애널리스트로 일을 시작했습니다. 하지만 실망스럽게도 제가 추천한 종목들이 고객 포트폴리오에 잘 반영되지 않았습니다.

▌이유가 무엇이었나요?

주가수익비율이 너무 높았기 때문입니다. 가장 훌륭한 성장주들은 이 비율이 높은 경우가 많아 선뜻 사기 어려웠습니다. 증권 브로커부터 이런 주식을 꺼린다면 고객들도 이를 살 리 없겠죠. 더욱이 브로커는 포트폴리오 매니저라기보다 주로 영업에 치중하는 사람들이었습니다. 제가 추천한 주식을 실제 고객들이 잘 투자하지 않아 아주 실망스러웠습니다.

    2년쯤 지나 A. G. 베커로 옮겨 기관 트레이딩부서에서 일했습니다. 당시 이 회사는 중서부 지방에서 아주 잘나가는 증권회사였습니다. 저는 고객들에게 제가 추천한 종목을 담은 뉴스레터를 발행했습니다. 회사 경영진은 제가 추천한 종목들이 회사 리서치 부서에서 추천한 종목뿐만 아니라 다른 포트폴리오 종목보다 수익률이 크게 앞선다는 사실을 알기 시작했습니다. 1970년 초 회사는 규모가 약 40만 달러인 A. G 베커 이익분배 펀드를 제게 맡겨 운용하도록 했습니다. 처음으로 제 투자 철학을 실행할 기회가 찾아와 날아갈 듯 기뻤습니다.

▌실제 자금 운용과 단순한 종목 추천이 실제로 얼마나 달랐습니까?

별로 다르지 않았습니다. 하지만 제가 펀드를 맡아 운용하기 시작했을 때는 약세장이었습니다. 결과적으로 초기에 커다란 손실을 겪어야 했습니다. 이 경험을 통해 성공하려면 투자 철학이 확고해야 한다는 좋은 교훈을 얻었습니다. 한 예로 제가 처음에 샀던 주식 가운데 밴닥이라는 회사가 있었습니다. 이 주식을 37달러에 샀는데 그 뒤 22달러까지 곤두박질쳤습니다. 그렇지만 1971~1972년 강세장이 왔을 때 10배나 폭등했습니다.

▌그 주식을 끝까지 들고 가셨나요?

불행히도 도중에 팔았습니다. 1년 뒤 출장을 떠났을 때 제 주식을 점검하려고 사무실로 전화했습니다. 그날 밴닥이 47달러로 5달러나 올라 사상 최고가를 기록했습니다. 떨어지면 되사겠다고 마음먹고 이익을 실현했습니다. 그 뒤 밴닥은 이듬해까지 쉬지 않고 240달러까지 치솟았습니다. 훌륭한 주식은 한번 팔면 되사기 어렵다는 교훈을 터득했습니다. 길게 투자하면 아주 유리할 뿐만 아니라 마음까지 편할 수 있다는 생각이 더욱 굳어졌습니다.

▌그렇지만 선생님은 평균 주식 보유기간이 다른 대부분 펀드 매니저보다 훨씬 더 짧다고 알고 있습니다. 왜 그렇죠?

제 포트폴리오에는 실적이 좋아 아주 오랫동안 투자하는 종목들도 많지만 탁월한 수익을 거두려면 우리가 보통 기대하는 수준보다 더 자주 포트폴리오를 바꿀 수 있어야 합니다. 현재 시점 기준으로 수익을 가장 많이 낼 수 있는 종목을 늘 찾아야 한다는 뜻입니다. 장기적으로 더 오를 수 있는 종목이라고 하더라도 그 사이 더 많이 오를 수 있는 종목이 있다면 바꿉니다.

▌다시 말해 지금 탄 말이 잘 달려도 더 빨리 뛰는 말이 있다면 갈아탄다는 말씀이시군요.

그렇습니다. 하지만 주가가 엉뚱한 방향으로 움직이기 시작했을 때 서둘러 말에서 내리는 민첩함이 더욱 중요합니다. 사람들은 대부분 회전율이 높으면 위험하다고 믿지만 저는 반대로 생각합니다. 커다란 손실을 피하려고 조금 손해났을 때 자주 손절하면 회전율은 올라갈망정 위험은 줄어듭니다. 기업 가치가 훼손되거나 가격이 무너지는 주식은 미련 없이 처분합니다. 이런 이유라면 회전율이 높아도 문제가 없다고 생각합니다. 위험이 줄면 줄었지 늘지 않기 때문입니다.

▌A. G. 베커에서 얼마나 오래 근무하셨나요?

1973년 가을 A. G. 베커를 떠나 멀래니 웰스앤드컴퍼니라는 작은 지방 증권회사로 옮겨 리서치 담당이사직을 맡았습니다.

▌옮긴 회사에서 선생님께 펀드를 운용하도록 맡겼나요?

아닙니다. 하지만 A. G. 베커는 제가 관리하던 계좌를 계속 운용하도록 허락했습니다. 그뿐만 아니라 A. G. 베커에서 매매 대금 정산 업무를 담당하던 한 여직원이 제가 주식을 잘 고른다는 사실을 알고 자신의 현금 자산 대부분인 10만 4,000달러를 제게 맡겨 운용하도록 했습니다.

▌제 기억으로 1973년 말은 주식에 투자하기에 좋지 않은 시기였죠.

맞습니다. 1973~1974년은 1930년대 이후 최악의 약세장이었습니다.

▌그때 운용하던 자금 모두 주식에 투자하셨나요?

네.

▌그렇다면 손실이 꽤 컸겠네요.

가장 나빴을 때 10만 4,000달러가 6만 달러 밑으로까지 떨어졌습니다.

▎그녀의 신뢰가 떨어졌나요?

정말 멋지게도 그렇지 않았습니다. 그녀는 저를 철썩같이 믿고 끈질기게 버텼습니다. 지금까지도 제게 돈을 맡기고 있습니다. 제가 어리고 실력이 입증되지 않았을 때 저를 변함없이 신뢰해준 그녀를 늘 고맙게 생각합니다.

▎지금 그녀의 계좌 잔고는 얼마죠?

세금을 제외하고 580만 달러입니다. 정말 성공했습니다.

▎오래 운용하시는 동안 빼어난 투자 사례가 있습니까?

지금까지 제 포트폴리오에서 가장 많이 투자했던 종목은 1986년에 매수한 홈쇼핑네크워크(종목코드 : HSN)입니다. 이 회사가 기업공개를 하기 몇 주 전 케이블 TV 회의장을 다녀온 애널리스트 한 명이 제게 이 주식을 소개했습니다. 아시다시피 홈쇼핑네트워크는 의류나 보석 같은 저가 상품을 케이블 TV로 소개해 팝니다. 이 회사는 상장하기 1년 전 사업을 시작한 뒤 첫 6개월 만에 매출액 6,400만 달러, 세후 이익 700만 달러를 기록했습니다. 신설 회사가 이렇게 훌륭한 성과를 기록한 사례를 본 적이 없었습니다. 더군다나 성장 가능성도 엄청났습니다. 상장할 즈음 고객이 많지 않았지만 신규 고객이 하루가 다르게 늘고 있었습니다. 케이블 TV도 이익을 일부 챙길 수 있어서 서비스를 제공하기 원했습니다. 그래서 홈쇼핑네트워크가 새로운 케이블 TV 회사들과 계약을 맺기 쉬웠습니다.

▎기업공개 때 이 주식을 사셨나요?

사고 싶었지만 물량을 따내기가 매우 어려웠습니다. 아마 100주밖에 배정받지 못한 듯합니다. 공모가는 주당 18달러였고 상장 첫날 40달러 초반에서 거래되었습니다. 대부분 40달러 초반에서 50달러 초반 사이에서 샀습니다.

▎가격이 공모가보다 훨씬 높아 사려는 마음이 선뜻 내키지 않으셨을 텐데요?

주저하지 않고 샀습니다. 매우 빠르게 확장하고 돈도 많이 벌었을 뿐만 아니라 성장 잠재력도 무궁무진했기 때문이었죠. 그래서 그 가격에 매수했어도 마음이 편했습니다. 그 뒤 5개월이 채 지나지 않아 100달러까지 치솟았습니다. 그 기간 중 신규 고객을 꾸준히 확보했고 잠재 고객을 창출하려고 TV방송국까지 매수했습니다. 그 결과 수익과 이익이 엄청나게 늘었습니다.

얼마나 오랫동안 보유했나요?

1987년 초 주가가 200달러까지 달렸습니다. 이 회사가 플로리다에서 개최한 기업 설명회에 제 애널리스트를 보냈습니다. 회사 경영진은 사업 전망을 낙관했지만 설명회에서 기존 고객의 구매 금액 증가는 신통치 않아 회사 성장을 주로 신규 고객에 의존하고 있다고 시인했습니다. 그즈음 주가도 기술적으로 꺾이기 시작한 모습이었습니다. 더 이상 설명이 필요 없었습니다. 바로 주식을 공격적으로 팔기 시작해 몇 주 만에 모두 처분했습니다.

선생님의 투자 스타일을 잘 보여주는 종목 선정 사례가 또 있습니까?

최근 투자한 사례가 유에스 서지컬(종목코드 : USS)입니다. 지금은 기관 투자자들이 이 종목을 아주 좋아합니다만 저는 운 좋게도 가격이 폭등하기 전인 1989년 말에 이 종목을 발굴했습니다. 그때까지만 해도 이 회사는 1990~1991년에 보여준 훌륭한 특징이 없었습니다. 즉 폭발적 매출과 이익 증가나 뛰어난 경쟁력을 보여주지 못했고 기관 투자자가 선호하는 종목도 아니었습니다. 하지만 아주 강력한 신제품이 있었습니다. 즉 업계에서 가장 경쟁력 있는 비침습성 수술장비를 개발하고 있었습니다. 이 의료 분야는 1990년대 가장 빠르게 성장할 수 있는 혁신적 영역이라고 판단했습니다. 남보다 앞서 이 주식을 사기 위해서는 비침습성 수술장비시장의 성장 가능성을 초기에 파악하는 일이 가장 중요했기 때문에, 유에스 서지컬은 기업을 자세히 들여다보는 제 투자 방식을 잘 보여주는 사례라고 할 수 있습니다.

1989년까지만 해도 이 새로운 수술 방식은 월스트리트의 애널리스들이 그다지 관심을 기울이지 않았습니다. 그때 이 회사는 왼쪽 뇌가 많이 다루는 성장률, 주가수익비율, 이익률처럼 겉으로 드러난 숫자는 별로였기 때문입니다. 대신 오른쪽 뇌가 주로 보는 성장 가능성과 관련이 많았습니다. 그래서 실적이 확 드러나기 전에 이 시장의 성장 잠재력을 이해해야 했습니다.

척추 이식물질 제조업체인 대넥그룹(종목코드 : DNKG)도 좋은 투자 사례입니다. 저는 이 기업을 1991년 5월 상장하자마자 매수하기 시작했습니다. 가파른 매출과 이익 증가, 빠르게 성장하는 시장에서의 독점 상품 같은 성장주의 특징을 모두 갖추고 있었습니다. 더욱이 투자 관점에서 대넥그룹은 관련 이슈가 있으면 모두가 매수하려고 달려드는 때에 경쟁력 있는 의료 제품을 만드는 회사였습니다.

1991년에는 헬스 케어 관련 주식은 모두 치솟았고 대넥그룹도 이 흐름을 아주 잘 탄 덕분에 상장 후 첫 3개월 동안 주가가 19달러에서 43달러까지 뛰었습니다. 그런데 미 식품의약청이 이 회사 제품에 딴지를 건다는 소문이 나돌았습니다. 근거가 없는 풍문이었는데도 며칠 만에 주가가 43달러에서 34달러로 곤두박질쳤습니다. 그때 저는 이 종목을 제 포트폴리오에서 두 번째로 많이 보유하고 있었습니다. 보통 저는 투자한 회사에 문제가 생기면 일단 일부를 처분합니다. 미 식품의약청 관련 문제는 분명 큰 이슈였습니다. 하지만 이번에는 소문을 믿지 않았고, 시장에서 의료 관련 주식에 대한 매수세가 아주 강해 주식을 단 한 주도 팔지 않았습니다. 결국 제 결정이 옳았음이 드러났습니다. 주가가 떨어지기 전 가격으로 되돌아왔을 뿐만 아니라, 1991년 말까지 60달러를 넘어 신고가를 기록했으니까요.

이는 주식 투자로 돈을 벌려면 매매 포지션을 적절히 다루는 일이 중요하다는 점을 보여주는 사례입니다. 펀드를 운용하다 보면 투자결정을 내릴 때도 있고 매매결정을 할 때도 있죠. 이 경우는 매매결정이 중요했습니다. 저는 원인이 다르면 판단도 다르게 내립니다. 예컨대 시장이 강하지 않았거나 의료제품에 대한 수요가 둔화되고 있었다면 저는 이 주식을 모두 정리했을 것입니다. 판단에 영향을 미치는 요인들은 수없이 많고, 언제나 통하는 의사결정 규칙은 없습니다.

▎눈에 띄는 사례가 또 있습니까?

비디오 대여 체인점을 운영하는 블록버스터 엔터테인먼트(종목코드 : BV)도 흥미로웠습니다. 이 사례는 한마디로 프렌차이즈 성장 스토리입니다. 저는 한 텍사스 증권회사가 아주 긍정적으로 쓴 분석 보고서를 보고 이 회사를 처음 알게 되었습니다. 얼핏 보기에 매출과 이익 증가율 추정치가 미덥지 않았지만 기술적 지표는 나아지고 있었고, 사업 모델도 믿을 수 없을 정도로 훌륭했습니다. 이 회사는 성공한 사업가인 웨인 후이젠가가 세웠기 때문에 더욱 믿음이 갔습니다. 더군다나 그는 웨이스트 매니지먼트를 설립해 회장까지 지낸 적이 있었습니다. 저는 일찍이 이 회사가 1970년대 초 상장했을 때부터 투자했습니다.

블록버스터가 다음 분기 예상 실적을 발표하자 더욱더 관심이 가기 시작했습니다. 성장률이 워낙 인상적이어서 이전에는 의심스러워 보이던 애널리스트 추정치가 달성 가능할 뿐만 아니라 보수적으로 보이기까지 했죠. 그래서 애널리스트를 시켜 기업을 더욱 자세히 분석하도록 했습니다. 후이젠가는 직영점뿐만 아니라 블록버스터 이름으로 프렌차이즈를 계속 확장하려고 계획했습니다. 이 회사는 사실상 비디오카세트를 수천 개나 보유한 슈퍼마켓이나 마찬가지였습니다. VCR 판매가 꽤 늘고 있었고 주요 경쟁사라고 해봤자 고작 준비해놓은 비디오카세트 수가 훨씬 더 적은 영세 비디오 가게 정도여서 블록버스터 사업 모델은 성공할 수밖에 없다고 확신했습니다. 그 뒤 몇 개월간 주식을 꾸준히 매집했고 주가가 두 배나 뛴 덕분에 돈을 많이 벌었습니다.

▎지금까지 말씀하신 사례는 모두 선생님께서 주식을 사기만 하면 바로 가격이 치솟는 경우였습니다. 주식을 매수했지만 주가가 밀린 뒤 결국 엄청나게

오른 경우도 있습니까?

1984년 여름 증권 브로커로 일하는 친구가 제게 전화해 이렇게 말했습니다.

"좋은 주식 하나 추천해줄게."

"좋아, 어떤 주식이지?" 제가 물었습니다.

"디스 캔트 비 요거트(TCBY)라는 회사야." 그가 답했습니다.

"어떤 회사인지 모르겠어. 더군다나 나는 요거트를 좋아하지도 않아." 제가 대꾸했습니다.

"걱정 마, 이 회사 요거트는 정말 맛있어. 투자 설명서 한 부 보내줄게." 그러면서 투자 설명서뿐만 아니라 견본 제품까지 보내주었습니다. 설명서를 읽어보니 이익이 70~80퍼센트나 증가하고 있어서 매우 흥미로워 보였습니다. 특히 요거트가 아이스크림처럼 맛있어 아주 마음에 들었습니다. 그래서 회사가 상장할 때 공모가격인 7달러에 꽤 많이 사들였습니다. 그 뒤 주가가 4달러로 추락했습니다. 그즈음 한 고객이 전화해 이 주식을 그렇게 많이 보유해도 문제가 없는지 물었습니다. 저는 회사 이익이 눈부시게 늘고 있기 때문에 주식을 계속 들고 가겠다고 대답했습니다.

▍이 회사 주식을 더 사셨습니까?

사실 매수하기는 했습니다만, 주가가 조금 반등할 때까지 기다렸다 샀습니다.

▍그때 주가가 왜 내려갔는지 아셨나요?

이유를 알 수 없었습니다. 제 추측으로는 시장에서 소형주가 지나치게 소외되어 다른 소형주들이 떨어지면서 이 회사도 함께 밀린 듯합니다.

▍이 회사 주가는 얼마까지 올랐나요?

결국 200달러까지 뻗어갔습니다.

▎주가가 반등한 계기가 무엇이었습니까?

환경이 바뀌었습니다. 시장에서 성장주에 대한 관심이 증가하기 시작했습니다. 회사도 괜찮았고 주변 여건도 좋았습니다. 이런 격언이 있습니다. "겨울에는 수확할 수 없다." 격언이 말해주듯 처음에는 상황이 나빴습니다. 소형주와 성장주에는 차가운 겨울이었습니다. 시장에서 이런 주식들에는 전혀 관심이 없었습니다. 그러다 사람들의 인식이 돌아서자 회사의 탁월한 실적에 초점이 맞춰지면서 주가가 폭등했습니다.

▎이익 증가율이 좋아 주식을 엄청나게 많이 샀는데 주가가 내려간 뒤 끝까지 회복되지 못한 경우도 있습니까?

물론입니다. 그런 일은 자주 벌어집니다. 주식을 산 뒤 주가가 바로 올라가는 경우보다 내려가는 사례가 더 많습니다. 하지만 가격이 밀리면 손절로 대응합니다.

▎손절 결정은 어떻게 내리십니까?

이익이 예상보다 적게 나오는 경우처럼 기업의 체력이 약해지거나 가격이 느닷없이 떨어질 때 손절합니다.

▎디스 캔트 비 요거트 같은 주식도 가격이 갑작스럽게 떨어지면 처분하시나요? 가격이 어느 정도 떨어지면 손절하십니까?

딱히 정해진 기준은 없습니다. 매니저의 판단도 중요합니다. 결국 회사에 대한 믿음과 가격 움직임 사이에서 적절히 균형을 잡아야 합니다.

▎디스 캔트 비 요거트의 기초 체력이 튼튼하다고 굳게 믿었기 때문에 다른 부정적 요인들을 무시하셨나요?

물론입니다. 회사를 얼마나 믿는지가 가장 중요합니다.

▎주가가 움직일 때에는 주로 무엇을 보십니까?

전체적인 이미지를 봅니다. 즉 주가가 특정 수준을 뚫었는지를 살피기보다는 가격이 어떻게 움직이는지를 주로 봅니다.

▎그래프를 살핀다는 말씀이시군요.

정확히 맞추셨습니다. 투자를 잘하려면 기술적 분석은 필수입니다.

▎그래프를 분석한지 얼마나 되셨나요?

25년 정도입니다. 그래프는 아주 쓸모 있을 뿐만 아니라 믿을 만하니까 그렇게 오랫동안 사용했겠죠. 주가 그래프를 보면 감정을 배제시키고 아주 객관적으로 분석할 수 있습니다.

▎주식을 매수하기 전에 늘 그래프를 분석하시나요?

물론입니다. 회사가 마음에 들어도 주가가 떨어지고 있으면 사지 않습니다. 가격이 어느 정도 안정될 때까지 기다린 뒤 매수합니다. 반대로 현재 보유하고 있는 주식을 처분할 때에도 주가 그래프를 살핍니다. 다시 말씀드리면 그래프를 보면 감정을 개입시키지 않고 객관적으로 현재와 미래 주가 움직임을 파악할 수 있습니다.

▎투자 아이디어는 기본적 분석을 토대로 찾지만 매수 시점은 기술적 분석으로 결정하시는군요.

일반적으로 그렇다고 할 수 있습니다. 하지만 기업의 기본적 지표 관련 뉴스를 듣고 매수하는 경우도 종종 있습니다. 예를 들어 최근 데이터램 코퍼레이션이 아주 양호한 실적을 발표했을 때 이 주식을 샀습니다. 개인용 컴퓨터와 워크스테이션에 들어가는 메모리를 만드는 이 회사는 분기 이익이 주당 32센트에서 75센트로 늘었고, 매출도 700만 달러에서 1,100만 달러로 증가했다고 발표했습니다. 전일 26.375달러로 마감했던 이 주식이 실적 발표 직후 4달러나 급등했습니다. 저희는 평균 30.25달러에 2만 5,000주 샀습니다.

▎이런 경우 지정가 주문을 내십니까?

아닙니다! 지정가 주문을 내면 주문은 결코 체결되지 않습니다. 이 기업은 실적이 아주 좋았고 시장에서 기술주에 대한 매매도 활발했기 때문에 주가가 크게 뛰었는데도 아주 편안하게 매수했습니다. 결국 이 회사 지분 4퍼센트 정도를 평균 31.5달러에 샀습니다. 지금은 58달러에서 거래되고 있습니다.

▎보통 어느 날 주가가 크게 움직이면 당분간 그쪽으로 계속 간다고 보면 맞습니까?

제 오랜 경험으로는 그렇습니다. 좋든 나쁘든 아주 중요한 뉴스로 주가가 많이 움직이면 그 방향으로 계속 가는 경향이 있습니다.

▎그래서 원래는 썩 내키지 않아도 사시는군요.

그렇습니다. 하지만 실행하기는 쉽지 않습니다.

▎그런데도 늘 잘 실행하셨나요?

익숙해지는 데 시간이 많이 걸렸습니다.

▎어느 주식이든 매수 후보에 들려면 주가흐름이 시장보다 더 강해야 합니까?

보통은 그렇습니다. 상대 강도가 전체 종목 가운데 상위 10~20퍼센트 안에 들어야 합니다.

▎주가수익비율이 높은 종목을 종종 산다고 말씀하셨는데요. 이는 주가수익비율을 그리 중요하게 여기지 않는다는 말씀이신가요?

여러 주식을 묶어 분석할 때에는 주가수익비율이 중요할 수 있습니다. 하지만 우리가 주로 사는 성장주나 소형주에는 그리 중요한 변수가 아닙니다. 오랫동안 빠르게 성장하는 기업은 종종 주가수익비율이 높습니다. 신생기업일수록 더욱 그렇습니다. 이 비율은 공포나 탐욕 같은 투자자의 심리를 잘 드러내기 때문에 아주 높거나 낮을 때에만 의미가 큽니다.

▌증권가에서 잘 들여다보지 않는 종목을 사면 유리하다고 보십니까?

물론입니다. 분명 그런 주식들은 정보가 주가에 충분히 반영되지 않았기 때문입니다. 어느 종목이든 분석하는 애널리스트가 많아질수록 초과 수익을 내기가 더욱 어려워집니다.

▌사람들이 주식시장에 대해 많이 오해하고 있는 내용은 무엇인가요?

사람들은 흔히 단기 변동과 장기 위험을 혼동합니다. 투자 기간이 길수록 주식 보유에 따른 위험은 줄어듭니다. 그런데도 사람들은 몇 주나 몇 개월간의 주가 움직임에만 지나치게 신경 쓰는 반면, 회사의 장기 성장 가능성에는 충분히 주의를 기울이지 않습니다. 더욱이 주가 등락을 나쁘게만 생각하지만 사실 꼭 그렇지는 않습니다. 변동성은 더욱 크지만 수익은 더욱더 많이 낼 수 있는 자산에 충분히 투자하지 않으면 정말 위험할 수 있습니다. 저는 단기적으로 변동성이 아주 작은 자산에만 투자하면 장기적으로 볼 때 아주 위험한 경우도 생길 수 있다고 생각합니다. 주가 변동이 크지 않다면 높은 수익을 거둘 수 없습니다.

사람들은 흔히 싸게 사서 비싸게 팔아야 한다고 말하지만 저는 그렇게 생각하지 않습니다. 비싸게 산 뒤 더욱 비싸게 팔면 훨씬 더 많이 벌 수 있습니다. 이미 가격이 오르고 있어도 사람들이 앞을 다투어 사려는 주식을 매수해야 한다는 뜻이죠. 저라면 가격이 떨어지는 주식을 사서 반등하기만 기다리기보다 가격이 나중에 내려갈 위험이 있어도 지금 당장 오르는 주식을 사겠습니다.

마지막으로 단기적 주가 움직임을 예측할 수 있다고 착각하고 자주 샀다

팔았다 하는 어리석은 사람들이 많습니다. 1980년 이후 주식시장은 연평균 17퍼센트 올랐습니다. 하지만 이 기간 중 주가가 가장 많이 오른 40일, 즉 전체 영업일 수의 2퍼센트에 해당하는 기간에만 투자하지 못해도 수익률은 연 4퍼센트로 떨어집니다. 이 통계에서 얻을 수 있는 교훈은 반드시 투자했어야 하는 기간에 투자하지 않으면 그 벌이 더 가혹하다는 점이죠. 이런 날에는 사람들이 본능적으로 투자를 꺼립니다.

▌이 업계에서 성공하는 사람들의 특징은 무엇입니까?

마음이 열려 있으며 사고방식도 유연합니다. 자신들이 하는 일에 대해 확신이 있기 때문에 위험도 꺼리지 않습니다.

▌선생님 회사에는 조그만 펀드를 운용하는 매니저가 여러 명이 있다고 알고 있습니다. 이들을 가르치셨나요?

네, 이들은 저와 함께 일하기 전에 매매 관련 일을 해본 적이 없습니다. 매니저가 3명인데 지금 모두 아주 잘하고 있죠.

▌제대로 배우면 훌륭한 트레이더가 될 수 있다는 뜻인가요?

마음만 열려 있다면요. 저는 늘 마음은 낙하산 같아서 활짝 펼쳐져야만 좋다고 말합니다. 물론 자신만의 투자 철학을 세워야 하고 기본 매매 원칙을 각자 성격에 맞게 다듬어야 합니다.

▌1987년 10월 주가가 곤두박질쳤을 때에는 어땠나요?

그달은 아주 힘들었습니다. 소형주 펀드 기준가가 34퍼센트나 떨어졌습니다. 하지만 다행스럽게도 그해 9월까지 거둔 수익률이 46퍼센트였습니다. 결국 그해 수익률은 마이너스 3퍼센트로 끝났습니다. 시장이 폭락하기 일주일 전 뭔가 심상치 않은 일이 벌어질 것이라고 직감했습니다.

■ 어떻게 직감하셨나요?

매수세가 마르고 시장에 공포가 드리워졌습니다. 포트폴리오 보험 기법을 사용하는 사람이 걱정스러울 정도로 급격히 늘었습니다. 제 포트폴리오가 위험에 더욱 노출될까봐 시장이 추락하기 전인 목요일과 금요일 매도 주문을 많이 냈습니다. 하지만 불행히도 원하는 만큼 충분히 처분하지 못했습니다.

■ 주식을 원하는 만큼 정리하지 못한 이유는 시장 분위기가 아주 나빴기 때문인가요?

네, 한마디로 겁에 질린 분위기였습니다.

■ 가격이 급격히 움직일 때에는 지정가 주문을 내면 주문이 체결되지 않는 경우가 많기 때문에 시장가 주문을 낼 필요가 있다고 말씀하셨습니다. 그런데 그때는 왜 시장가 대신 지정가 주문을 내셨습니까?

물론 주식을 처분하려고 애썼습니다. 하지만 거래량이 아주 적은 종목을 많이 들고 있었기 때문에 저희가 팔려 해도 시장이 물량을 다 소화할 수 없었습니다. 예를 들어 어느 주식은 매수호가가 36달러, 매도호가가 38달러였습니다. 저희는 전체 보유물량 3만 4,000주를 34달러에 처분하고 싶었지만 36달러보다 훨씬 낮은 가격에 쌓인 매수 잔량으로도 우리 물량을 다 소화할 수 없었습니다.

■ 10월 19일 월요일 출근하실 때 시장이 폭락하리라고 예상하셨나요?

네, 하지만 그토록 무섭게 곤두박질칠 줄은 몰랐습니다.

■ 그런데도 그날 주식을 처분하려 하셨나요?

네, 조금이나마 처분할 수 있었습니다.

■ 그날 시간이 흐르자 매도를 멈추셨나요?

얼마 뒤 너무 가파르게 떨어져, 금융시장이 끝장나지만 않는다면 매도해봐야 아무런 의미가 없는 듯 보였습니다.

▎폭락하던 날 마음 상태가 어떠했는지 말씀해주시겠습니까?
사실은 아주 침착했습니다. 초연한 듯 행동했지만, 동떨어진 느낌이었죠. 제 자신과 진행되는 상황을 멀리서 바라보는 듯했습니다.

▎10월 19일 시장 폭락 후 투자 자산의 3분의 1이 단 하루 만에 허공으로 사라졌을 때 기분이 어떠셨나요(드리하우스는 자기 돈의 대부분도 스스로 운용하는 펀드에 투자했다)?
(크게 웃으며) 잃은 돈을 꼭 회복해야 한다고 생각했습니다. 1973~1974년에는 손실이 훨씬 더 컸습니다.

▎그 경험이 도움이 되었습니까?
네, 물론입니다. 하늘이 무너질 듯한 폭락장에서도 살아남을 수 있다는 교훈을 일깨워줬죠. 다시 딛고 일어설 수 있다는 자신감과 꼭 그래야만 한다는 의지도 굳어졌습니다. 니체가 이렇게 말했죠. "어떤 고난이 닥쳐도 쓰러지지 않는다면 더욱 강한 모습으로 거듭날 수 있다."

▎1987년 10월 주가 대폭락처럼 아주 극단적 상황에서도 스트레스에 많이 시달리지 않으시는 듯합니다. 결국 일이 잘 풀릴 것이라고 믿으셨기 때문인가요?
잘 맞추셨습니다.

▎그런 자신감은 언제 얻으셨습니까?
저는 처음부터 제 투자 철학을 믿었습니다. 하지만 A. G. 베커에 있을 때 이 철학을 바탕으로 펀드를 운용한 결과 수익률이 전체 조사 대상 펀드 가운데 상위 1퍼센트 안에 든 뒤로는 자신감이 더욱 확고해졌습니다. 제 투자 철학이 그렇게 잘 들어맞을 줄 몰랐습니다. 그 뒤로는 전혀 흔들리지 않았습니다.

▍거의 20년간 펀드 매니저로 일하면서 부러울 정도로 꾸준히 업계 평균 수익률을 훨씬 뛰어넘는 성과를 기록하셨습니다. 탁월한 수익률을 그렇게 오랫동안 유지할 수 있었던 비결이 무엇인가요?

투자 철학이 가장 중요합니다. 투자 철학이 없으면 어려운 시기가 닥쳤을 때 포지션을 유지하거나 매매 계획을 고수할 수 없습니다. 그 철학을 훤히 꿰뚫고 굳게 믿으며 끝까지 지켜야 합니다. 이런 수준에 다다르려면 스스로 엄청나게 연구해야 합니다. 투자 철학은 가르친다고 배울 수 있는 것이 아닙니다. 오랫동안 뼈를 깎는 노력을 기울여 스스로 터득해야 합니다.

▍마지막으로 조언 한 말씀 해주십시오.

높은 곳에 닿으려고 열심히 노력하면 자기도 놀랄 만큼 훌륭한 성과를 거둘 수 있습니다.

　　기본적으로 리처드 드리하우스는 기업 이익이 증가하면 주가는 오른다고 믿는다. 그래서 이익이 가장 많이 늘어날 수 있는 기업에 투자해야 뛰어난 성과를 올릴 수 있다고 본다. 그 외의 것은 그리 중요하지 않게 여긴다. 흥미롭게도 리처드 드리하우스가 투자하는 성장주는 종종 주가수익비율이 엄청나게 높다. 그는 신중하게 투자한답시고 주가수익비율이 낮은 주식만 고르려 하다가는 엄청난 수익을 낼 수 있는 주식에 투자할 수 있는 기회를 놓친다고 생각한다. 리처드 드리하우스는 애널리스트가 아예 다루지 않거나 조금밖에 분석하지 않은 종목도 종종 투자한다. 이런 주식은 아직 정보가 주가에 반영되지 않았기 때문에 투자하면 아주 높은 수익을 올릴 수 있다고 믿는다.

리처드 드리하우스는 기본적 분석을 토대로 종목을 고른다. 하지만 주식을 정말 잘 골랐는지 확인하고 매수 시점을 잡기 위해서는 꼭 기술적 분석을 해야 한다고 생각한다. 더불어 아주 특별한 경우를 제외하고는 주식을 사기 전에 가격이 오르고 있는지, 주가가 상승하는 힘이 시장보다 더 센지 살핀다. 그가 사는 주식은 최근 고점에 가까운 경우가 많다. 더욱이 싼 주식을 사기보다는 달리는 말에 올라타야 많이 벌 수 있다고 믿는다.

리처드 드리하우스의 포트폴리오에 있는 종목은 대부분 일반 투자자가 선뜻 사기 쉽지 않은 비싼 주식이다. 리처드 드리하우스의 투자 철학을 신봉하는 어느 증권 브로커가 고객에게 권유하는 전화 내용을 한번 보자.

"안녕하세요? 스미스 씨, 좋은 주식을 하나 소개해드리려고 전화드렸습니다."

"주가수익비율이 얼마죠?"

"60배 정도입니다."

"최근 고점에서 얼마나 내려갔나요?"

"신고가를 경신하고 있습니다."

"……." (고객은 대답없이 전화를 끊었다.)

"스미스 씨? 여보세요? 스미스 씨?"

리처드 드리하우스 투자 방식에는 수익을 많이 내려면 인간이 본능적으로 꺼리는 것도 할 수 있어야 한다는 신념도 깃들어 있다. 간단히 말해 주가가 이전 저점에서 맴돌거나 주가수익비율이 아주 낮은 주식을 사는 식으로 마음 편하게 투자하려는 인간 본성 탓에 너무나 많은 투자자가 형편없는 성과를 기록한다.

리처드 드리하우스는 편하게 투자하려는 인간 본능을 극복하는 능력이 있다. 예를 들어 아주 긍정적인 뉴스에 가격이 치솟는 주식을 골라 투자해 높은 수익률을 올린다. 이런 상황에서 대부분의 투자자는 결코 오지 않는 조정을 기다리거나 설령 매수한다 해도 시장가격보다 낮게 지정가 주문을 낸다. 리처드 드리하우스는 뉴스가 분명히 호재라면 주식을 사는 방법은 눈 딱 감고 매수하는 길밖에 없다고 믿는다. 너무 신중하게 접근하면 기회를 놓칠 수 있다고 생각한다. 팔 때도 마찬가지다. 부정적 뉴스로 전망이 바뀌면 주가가 하루 만에 곤두박질쳐도 조금도 망설이지 않고 바로 처분한다. 한마디로 편한 대로 하지 말고 옳다고 믿는 대로 한다는 원칙을 지킨다.

리처드 드리하우스가 탁월한 성과를 올릴 수 있었던 이유는 승률은 낮지만 일단 방향을 맞추면 수익이 엄청났기 때문이라는 점도 중요하다. 투자할 때마다 수익을 낼 필요는 없다. 다만 방향을 제대로 예측했을 때에는 수익을 낼 수 있는 데까지 내야 한다. 그러려면 다음 두 가지를 잘해야 한다.

첫째, 정말 확신했을 때에는 더욱더 많이 투자해야 한다. 실제 그는 홈쇼핑 네트워크에 그 어느 때보다도 많이 투자했다.

둘째, 수익을 최대한 챙길 수 있도록 충분히 오랫동안 투자해야 한다. 이 말은 주가가 두세 배 뛰어도 기본적·기술적 분석 결과 주가가 더 오른다고 판단되면 이익을 실현하려는 욕구를 억눌러야 한다는 뜻이다.

수익이 무르익을 때까지 포지션을 유지할 수 있는 강철 같은 인내심은 시장의 마법사와 미숙한 투자자를 구분 짓는 특징이다. 리처드 드리하우스와 스탠리 드러켄밀러는 투자 방식이 서로 딴판이지만 일단 방향을 제대로 맞추면 대박을 터뜨린다는 점에서는 근본적으로 같다. 리처드 드리하우스 조언 가운데 꼭 새겨야 하는 말은 어느 시장에서든 성공하려면 자신만의 투자 철학을 갈고닦아야 한다는 점이다. 주가가 하락해도 끝까지 버틸 수 있을 만큼 자신감을 충분히 쌓으려면 반드시 엄청나게 연구하고 투자 철학을 혹독하게 검증해야 한다. 가장 성공한 트레이더도 늘 시련을 겪게 마련이기 때문이다.

Chapter 11

일관됨의 달인

길 블레이크(Gil Blake)

길 블레이크가 세운 운용회사 이름은 트웬티 플러스다. 이 이름은 명함과 문구류에 새긴 확률곡선 모양의 회사 로고 옆에 새겨 있다. 정확히 말해 확률곡선 중앙에서 왼쪽으로 표준편차 2배수만큼 떨어진 곳에 플러스 20퍼센트라고 써놓았다. 통계에 익숙하지 않은 사람들을 위해 숫자가 붙은 이 로고를 풀어 설명하면, 길 블레이크가 연평균 20퍼센트 넘게 수익을 올릴 확률이 95퍼센트라는 뜻이다. 이 확률곡선에서 수익률이 제로이거나 마이너스에 해당하는 부분은 선이 그려져 있지 않다. 이는 길 블레이크의 자신감이 엄청나다는 점을 암시한다.

이는 근거 없는 자신감이 아니다. 그가 트레이딩을 시작한 뒤 12년 동안 거둔 수익률은 연평균 45퍼센트다. 더욱 놀라운 점은 성과가 한결같다는 사실이다. 길 블레이크는 로고에 암시한 대로 단 한 해도 빠짐없이 연평균 20퍼센트가 넘는 수익을 냈다. 가장 낮은 수익률을 기록한 해는 1984년으로 연평균 24퍼센트였다. 하지만 그 해에도 12개월 내내 플러스 수익률을 기록해 스스로 위안할 수 있었다. 길 블레이크가 거둔 성과가 얼마나 꾸준했는지 알려면 월간 수익률을 살펴보아야 한다. 놀랍게도 전체 운용기간 139개월 가운데 96퍼센트인 134개월 동안 손실을 기록하지 않았다. 더욱이 65개월 연속해서 돈을 잃지 않기도 했다. 56경기 연속 안타를 친 전설적 야구선수였던 조 디마지오에 버금가는 기록이다.

그가 운용하는 펀드의 독특한 보수 체계에도 그의 자신감이 스며 있다. 그는 이익이 나면 4분의 1을 성과 보수로 가져간다. 하지만 아주 특이하게도, 손실을 기록하면 손실액의 4분 1을 고객에게 보상해준다. 이뿐만 아니라 신규 자금을 받아 운용하는 첫 12개월 동안 손해가 나면 손실 금액을 모두 보상해준다. 하지만 수익률이 좋아서 여태껏 실제 보상해준 경우는 단 한 번도 없었다.

이쯤에 이르면 여러분은 수표를 어디로 보내야 하는지 알고 싶을 것이다. 하지만 우표 값을 낭비할 필요가 없다. 길 블레이크는 5년 전부터 더 이상 신규 자금을 받지 않는다. 딱 두 번 예외가 있기는 했으나 모두 가까운 친구에게만 허용했다.

길 블레이크는 뮤추얼 펀드를 이리저리 갈아타는 선수다. 보통 이런 부류의 투자자들은 상황이 좋지 않을 때마다 손실을 피하기 위해 주식펀드나 채권펀드를 머니마켓펀드(단기 금융상품에 집중투자해 단기 실세금리의 등락이 펀드 수익률에 신속하게 반영될 수 있도록 한 초단기 공사채형 상품)로 바꾼다. 하지만 길 블레이크는 뮤추얼펀드와 머니마켓펀드 사이에서 왔다 갔다 하는 데 그치지 않는다. 가장 수익을 잘낼 수 있는 섹터펀드(특정 업종에만 투자하는 펀드)까지 찾아 갈아탄다. 길 블레이크는 그날그날의 최적 투자 기회를 찾을 때 오로지 기술적 분석만 한다. 펀드 보유기간은 보통 1~4일로 아주 짧다. 그는 투자한 펀드의 기준가격이 많이 하락할 때에도 빠르게 다른 펀드로 갈아탐으로써 매월 꾸준히 수익을 올릴 수 있었다.

길 블레이크는 월스트리트 출신이 아니라는 점을 자랑스럽게 여긴다. 그는 코넬대학을 졸업한 뒤 해군에 입대해 핵잠수함에서 장교로 3년 동안 복무했다. 제대 후 와튼 경영대학원에 들어가 수석으로 졸업했다. 대학원을 졸업 후 프라이스워터하우스에서 3년간 회계사로 일한 뒤 페어필드옵티컬에서 9년 동안 재무담당 최고책임자로 근무했다. 하지만 그때까지 트레이딩에 전념하겠다는 생각은 없었다. 더욱이 학교에서 배운 대로 랜덤워크 가설이 옳다고 믿었다. 하지만 이 가설로 시장 수익률을 뛰어넘는 성과를 내려고 해봐야 아무 소용없음을 알게 되었다.

그런데 어느 날 무심코 친구 사무실에 찾아간 뒤 그의 삶이 크게 바뀌었다. 친구가 시장이 랜덤워크 가설대로 움직이지 않는다는 증거를 보여주었던 것이다. 하지만 여전히 믿을 수는 없어서 자신이 직접 조사해보기로 했다. 그런데 정말 시장이 이 가설대로 움직이지 않는 경우도 많아 결국 놀라우리만큼 엄청난 수익을 올릴 수 있다고 확신하기에 이르렀다. 이를 계기로 길 블레이크는 대학원 졸업 후 15년이 지나서야 트레이더가 되었다.

위대한 트레이더는 타고나는 것일까, 아니면 노력하면 되는 것일까? 길 블레이크의 어머니가 자랑스럽게 여겨 고스란히 간직한 어린이집 선생님의 다음 메모를 보면 그가 어느 쪽인지 짐작할 수 있다. "그는 진흙으로 모양을 만들거나 그림을 그리거나 나무 조각을 쌓을 때 믿을 수 없을 정도로 정교합니다. 작은 물건을 가지고 놀기 좋아하며 무엇이든 완벽하게 하려고 합니다. 또래 아이들은 보통 무엇이든 눈에 띄게 크게 하나로 만들지만 길은 작은 조각 여러 개를 붙여 만듭니다. 숫자에도 남다르게 관심이 많으며 계산도 아주 잘합니다. 수학에 재능이 뛰어납니다."

어느 한가을 토요일 오후, 메사추세츠 교외에 자리 잡은 길 블레이크 집에서 인터뷰를 진행했다. 도착했을 때에는 점심시간이 바로 지난 뒤였다. 그는 내가 점심식사를 하지 못했다고 여겼는지 친절하게도 샌드위치를 내놓았다. 그는 자신을 잘 드러내지 않는 겸손한 사람이었다. 최고 트레이더 명단에 낄 자격이 충분하다고 칭찬하자 그는 정말 기분이 좋은 듯 보였다. 위험 대비 수익 면에서 그를 넘어서는 트레이더가 거의 없는데도 그의 겉모습에는 그런 분위기가 전혀 드러나지 않았다.

▎선생님께서는 뮤추얼펀드를 갈아타는 투자 전략이 인기를 끌기 훨씬 전부터 이 방법을 즐겨 사용하셨습니다. 계기가 무엇이었나요?

사실 친구 덕분이었습니다. 그날이 꼭 어제인 듯 아주 생생합니다. 어쩌다 친구 사무실에 들렀을 때 그가 말했습니다. "길, 이리와서 여기 좀 봐." 친구는 금리가 연 10~11퍼센트의 매력적인 비과세 지방채에 투자하는 채권펀드에 투자하고 있었습니다. 하지만 펀드에 편입된 채권 이자율이 높았는데도 펀드 순자산 가치 감소로 기준가격이 빠르게 떨어지고 있었습니다. 친구가 건네준 한 달 치 기준가격이 나온 자료를 살펴보니 하락 추세가 정말 뚜렷했습니다. 기준가격이 22일 연속으로 내려가고 있었죠.

친구가 물었습니다. "피델리티 펀드는 수수료를 내지 않고 언제든지 현금성 펀드로 갈아탈 수 있어. 기준가격이 밀리기 시작하면 현금성 자산으로 바꿨다가 다시 오르면 이 펀드로 옮기면 어떨까?"

저는 그의 생각이 터무니없다고 여기고 다음과 같이 되물었습니다. "닉, 생각만큼 쉽지 않아. 《월가의 랜덤워크이론(A Random Walk Down Wall Street?)》이라는 책 읽어봤니? 데이터 분석기간이 너무 짧아. 길게 분석해보면 그런 식으로 돈을 벌 수 없다는 사실을 알게 될 거야."

제 말에 친구는 더 오랜 기간의 데이터를 분석했습니다. 그런데 놀랍게도 그가 말한 대로 기준가격이 움직이는 추세가 뚜렷하게 보였습니다. 그래서 단숨에 지방채 펀드 기준가격이 분명 랜덤워크 가설대로 움직이지 않는다고 확신하기에 이르렀습니다.

■ 랜덤워크 가설대로 움직이지 않는다는 점을 어떻게 확인하셨습니까?

사실 가장 잘 증명하려면 아주 단순하게 접근해야 합니다. 정도가 지름길이란 말도 있잖아요. 2년간 데이터를 분석해보니 기준가격이 전일 종가보다 높게 시작하면 그날도 올라가고, 낮게 시작하면 내려간 경우가 대략 전체의 83퍼센트에 해당했습니다. 이를 확인한 저는 1980년 봄부터 피델리티 지방채 펀드를 매매하기 시작했습니다.

■ 생각대로 결과가 좋았나요?

네, 엄청나게 좋았습니다.

■ 믿기 힘들군요. 채권시장에서는 가격이 반대방향으로 움직일 때 포지션을 바꾸는 전략은 아주 좋지 않다고 알고 있거든요.

틀린 말씀은 아닙니다. 하지만 두 가지 변수가 있습니다. 하나는 펀드를 갈아타도 수수료를 물지 않습니다. 다른 하나는 지방채 펀드 매니저가 기준가격이 완만하게 움직이도록 조절합니다. 예를 들어 1981년 초 약 3개월간 채권가격이 오른 날이 꽤 있었지만 펀드 기준가격은 오히려 조금 내려가거나 그대로였습니다. 사실 지방채 펀드 모두 기준가격이 이처럼 움직였습니다.

■ 기준가격이 그렇게 움직인 이유를 설명해주실 수 있나요?

왜 그런지 저도 모릅니다. 시간이 흐르면 설명할 수 있는 사람이 나오겠죠.

■ 펀드를 공매도할 수는 없으니까 가격이 하락하는 기간에는 이익을 낼 방법이 없겠네요.

맞습니다. 그럴 때에는 현금으로 바꿔 놓습니다.

■ 시장이 크게 떨어질 때에도 펀드와 현금 사이에서 왔다 갔다 하는 전략만으

로 수익을 낼 수 있나요?

1980년 3월 지방채 펀드 기준가격이 약 10.5달러였습니다. 그 뒤 야금야금 떨어져 1981년 말에는 5.65달러로 거의 50퍼센트나 하락했습니다. 그런데도 펀드를 갈아타는 전략으로 올린 수익률이 연 20퍼센트였습니다. 이는 연 10퍼센트에 이르는 이자 수익은 포함하지 않는 수치입니다. 이 방법은 효과가 정말 커서 어떻게 하면 돈을 더 마련해 투자할까 궁리하기 시작했습니다. 결국 3년에 걸쳐 후순위 주택담보대출을 네 번이나 받았습니다. 미 북동부 지역 주택가격이 가파르게 오른 덕분이었습니다.

▎주택담보로 대출을 받아 펀드에 투자한다는 사실을 숨기지는 않으셨나요?

수익을 낼 확률이 높았기 때문에 굳이 숨기지 않았습니다. 물론 통념을 극복해야 했습니다. 펀드에 투자하려고 후순위 주택담보대출을 받는다고 하면 좋게 받아들이는 사람은 거의 없었으니까요. 그래서 얼마 뒤 더 이상 말하고 다니지 않았습니다.

▎매매 신호를 잡으려고 날마다 기준가격을 살핀다면 1년에 갈아타는 횟수가 엄청나겠네요.

그래도 한번 추세가 나오기 시작하면 꽤 오래갔기 때문에 실제 1년에 펀드를 옮기는 횟수가 20~30번 정도였습니다.

▎운용회사가 펀드를 바꿀 수 있는 횟수를 제한하지는 않습니까? 20~30회도 많아 보여서요.

피델리티가 1년에 4회로 제한하는 규정을 두었지만 이를 강제하지는 않았습니다. 사실 피델리티 직원과 이 문제를 논의했을 때 다음과 같이 주의를 받았습니다. "지나치게 자주 옮기지는 마세요."

"1년에 20~30번 바꿔도 괜찮나요?" 제가 물었을 때 이렇게 대답했습니다. "주변에 많이 알리지는 마세요." 그들은 이 규정이 만일의 경우에 대비하는 용도여서 크게 걱정하지 않는 것 같았습니다. 적어도 처음에는 그랬습니다.

몇 년 뒤 피델리티가 가끔 다음과 같이 경고문을 보내왔습니다. "고객님께서는 펀드를 1년에 4차례 넘게 갈아타셨습니다. 저희 규정을 준수해주시면 감사하겠습니다."

■ 그 경고 편지를 무시하셨나요?

아닙니다. 지방채 펀드에 4번, 고수익 채권펀드에 4번, 기간이 정해진 지방채 펀드에 4번 투자하는 식으로 규정을 지켰습니다.

■ 다른 펀드로 갈아탐으로써 펀드마다 1년에 네 번 투자할 수 있다는 규정을 지키셨군요.

그렇습니다.

■ 요즘에는 펀드 기준가격이 이전보다 더 자주 방향을 바꾼다고 알고 있습니다.

맞습니다. 결국 그렇게 될 수밖에 없는 일이지만 돈을 벌기 쉬웠던 가격 추세가 사라지기 시작하자 저도 다른 전략으로 바꾸기 시작했습니다.

■ 정말 기준가격이 전일과 같은 방향으로 움직일 확률이 줄어들었나요?

어느 정도는요. 하지만 더욱 중요한 점은 높은 변동성이 사라지기 시작했다는 사실이었습니다. 1979년부터 1984년 초까지 제가 투자하던 펀드들의 일일 변동성은 평균 0.25~0.5퍼센트였습니다. 하지만 끝내 0.1~0.2퍼센트까지 떨어졌습니다. 더군다나 가격이 전일과 같은 방향으로 움직일 확률도 80퍼센트에서 70퍼센트로 내려갔습니다.

▎기준가격이 전일과 같은 방향으로 움직일 확률도 줄고, 펀드 변동성도 가파르게 떨어지게 시작했을 때 결과는 어땠나요? 이전 방식으로도 여전히 수익을 낼 수 있었습니까?

네, 하지만 지방채 펀드 투자로 기대할 수 있는 수익률이 약 20퍼센트 정도로 내려가기 시작했습니다.

▎그 정도 기대 수익률은 만족스럽지 않았나요?

저는 더욱더 높은 수익률을 원했습니다. 지방채 펀드에서 수익을 낼 수 있는 비효율적 가격 움직임이 있다면 주식펀드에도 비슷한 기회가 있을 것이라고 생각했습니다. 1984년 가을부터 1985년 봄까지 동네 도서관에 틀어박혀 마이크로필름에 저장된 뮤추얼 펀드 수백 개를 찾아 여러 해 동안의 기준가격 추이를 분석했습니다. 서울에서 김 서방 찾는 격이었습니다.

마침내 주식펀드에서 수익을 낼 수 있는 가격 움직임을 찾았지만 기대 수익이 연 20~25퍼센트에 지나지 않았습니다. 변동성이 컸는데도 가격이 전일과 같은 방향으로 움직일 확률이 60퍼센트에 불과했습니다. 도서관에서 연구하던 내내 피델리티 섹터펀드는 전환 수수료가 50달러였기 때문에 제외했습니다. 수수료를 물리지 않는 펀드가 널려 있는데 굳이 수수료를 지불해야 하는 펀드를 찾을 필요가 없다고 생각했죠.

하지만 두 가지 덕분에 돌파구를 찾을 수 있었습니다. 먼저 금, 원유 같은 원자재펀드가 더욱 다양하게 투자하는 펀드보다 수익 기회가 더 많을 수 있다는 점을 발견했습니다. 더불어 기술주, 원유, 유틸리티 지수가 전체 시장보다 훨씬 더 비효율적으로 움직인다는 사실도 알아냈습니다. 그래서 섹터펀드들을 분석해보았더니 놀랍게도 제가 찾던 답이 숨어 있었습니다. 처음 연구를 시작할 때 섹터펀드를 무시했다는 사실이 믿기지 않았습니다. 기회를 정말 놓칠 뻔했습니다.

▎분석 결과 무엇을 찾아내셨나요?

일반적으로 하루 가격 변동폭이 평균보다 높을 때 이튿날도 가격이 같은 방향으로 움직이는 확률이 70~82퍼센트라는 사실을 찾아냈습니다. 섹터펀드는 변동성이 컸기 때문에 이 결과는 정말 흥미로웠습니다. 그즈음 하루 변동성이 지방채펀드는 0.1~0.2퍼센트까지 쪼그라든 반면, 생명공학 섹터는 0.8퍼센트, 금 섹터는 1.2퍼센트였으니까요. 따라서 똑같은 확률로 잠재 수익률이 5배 넘는 시장에 적용하는 셈이었습니다.

다른 펀드는 대부분 전환 횟수가 4회로 제한되는 반면, 섹터펀드는 얼마든지 전환할 수 있어 금상첨화였습니다. 전화 수수료 50달러만 내면 1년에 100번 넘게 교체할 수 있었습니다.

▎섹터펀드에 그렇게 유리한 수익 기회가 있다고 여긴 이유가 무엇인가요?

제가 정말 좋아하는 질문입니다. 제가 답을 알고 있어서라기보다 답을 이보다 더 수학적으로 해야 하는 경우가 없기 때문입니다.

개별 종목 가격 움직임을 분석해보았더니 가격이 시장보다 더 크게 움직였을 때 이튿날도 전날과 같은 방향으로 움직이는 확률이 55퍼센트였습니다. 수수료와 매수/매도호가 차이까지 감안하면 이 확률로는 수익을 내기에 부족합니다.

동전 던지기 비유를 들어 설명하겠습니다. 동전을 던졌을 때 앞면이 나올 확률이 55퍼센트인 동전이 한 무더기가 있다고 가정해보죠. 동전 9개를 한꺼번에 던졌을 때 뒷면보다 앞면이 더 많이 나올 확률은 62퍼센트입니다. 동전 99개를 동시에 던지면 뒷면보다 앞면이 더 많이 나올 확률은 75퍼센트로 올라갑니다. 이는 이항확률분포 함수입니다.

마찬가지로 주가지수가 오르지도 내리지도 않는 날에 평균 1~2퍼센트가 올라가는 화학주 99개가 있다고 가정합시다. 단기적으로 비슷한 부류의 종목들은 물고기 떼처럼 같은 방향으로 움직이는 경향이 있습니다. 이튿날 화학주한 종목이 오를 확률이 55퍼센트라면 99개 전체 화학주가 오를 확률은 75퍼센트입니다. 종목이 더욱 다양해지면 이런 현상은 나타나지 않는다고 생각합니다. 즉 한 개 섹터를 뛰어넘어 대상 종목을 더욱 넓히면 어느 날 주가가 크게 움직였을 때 이튿날에도 같은 방향으로 추세가 형성될 확률이 줄어들 수 있겠죠.

가장 중요한 점은 지수나 섹터를 구성하는 종목이 서로 비슷해야 한다는 사실입니다. 예를 들어 버드와이저, 팬암, 홀리데이인처럼 서로 비슷하지 않은 종목까지 다양하게 투자하는 피델리티 레저펀드는 모든 섹터펀드 가운데 추세가 이어지는 확률이 가장 낮았습니다. 반대로 편입 종목이 서로 비슷한 저축대부조합펀드나 생명공학펀드는 가격이 어느 한쪽으로 움직이기 시작하면 그 방향으로 계속 움직이는 모습이 가장 뚜렷했습니다.

▎펀드 전환 주문을 내실 때 섹터펀드의 일일 기준가격 움직임을 어떻게 예측하셨나요? 아니면 분석 없이 그냥 이튿날 전환 주문을 신청하셨나요?

섹터마다 10~20개 대표 종목의 주가 움직임을 살피면 그날의 펀드 기준가격이 어떻게 끝나는지 파악할 수 있었습니다. 이 분석 덕분에 이튿날 기준가격이 어떻게 움직일지 예상할 수 있었죠. 연구 결과 평균 보유기간이 고작 2~3일이어야 하고 수익의 50퍼센트는 주로 첫날에 난다고 밝혀졌기 때문에 이 예측은 정말 중요했습니다.

▎대표 종목을 어떻게 고르셨습니까?

처음에는 피델리티에서 제공하는 분기 보고서에 나온 주요 종목들을 골랐습니다.

▎펀드에서 투자하는 종목이 자주 바뀌지 않아 선생님께서 사용한 방식이 아주 적절했다고 생각합니다.

그 뒤에 확인해보았더니 이 방식이 다른 방법보다 더 낫지는 않았습니다. 피델리티 섹터펀드에서 보유한 주요 종목 15개도 섹터를 잘 대표했습니다. 하지만 제가 해당 섹터에서 직접 고른 종목 15개도 마찬가지였습니다. 섹터를 대표하는 종목 수가 충분히 많기만 하면 어떤 종목을 고르든 차이가 크지 않았습니다.

▎날마다 선생님 전체 잔고의 몇 퍼센트를 투자하셨나요?
모두 투자했습니다.

▎하루에 몇 개 섹터펀드에 투자하셨나요?
한 번에 한 개 섹터펀드만 투자했습니다.

▎여러 섹터에 나눠 투자할 생각은 하지 않으셨나요?
저는 분산투자를 신봉하지는 않습니다. 굳이 답변을 드리자면 연간 매매 횟수가 충분히 잦으면 그 자체가 분산투자라고 생각합니다. 가격 움직임을 맞출 확률이 70퍼센트이고 1년에 50번 정도로 잦게 매매하면 웬만하면 돈을 잃지 않습니다.

▎날마다 투자할 섹터를 어떻게 골랐습니까?
각 섹터펀드를 나타내는 신호등이 여러 개 있는 현황판을 상상해보세요. 빨간불이 들어오면 환매하거나 피하고, 초록불이 켜지면 매수하거나 보유하는 신호를 나타낸다고 가정해보죠. 변동성뿐만 아니라 한번 추세를 보이면 그 추세가 이어질 확률도 감안해 각 섹터마다 등급을 매깁니다. 기본적으로 가장 밝은 초록불이 들어오는 섹터를 골라 투자하고 그 초록불이 마침내 빨간불로 바뀌면 다음으로 밝은 초록불이 켜지는 섹터로 넘어갑니다. 하지만 대개는 하나의 섹터가 빨간불로 바뀌면 다른 섹터도 모두 빨갛게 바뀝니다.

▌모두 빨갛게 바뀌면 펀드를 현금으로 바꾸겠네요.

맞습니다. 하지만 하루에 초록등 한 개만 골라 투자합니다,

▌언제부터 고객 자금을 맡아 운용하셨습니까?

지금 제가 관리하는 고객은 대부분 사실 제가 지방채펀드로 매매할 때부터 투자한 사람들입니다. 1982년에 처음으로 고객 자금을 맡았습니다. 고객 자금 10만 달러를 운용하면서 이익이 생기면 이익금의 25퍼센트를 받고, 손실이 나면 손실액의 25퍼센트를 물어준다면 사실상 2만 5,000달러를 무이자로 빌리는 셈이어서, 더머니스토어에 있는 필 리주토로부터 연 15퍼센트 이자율로 대출을 받을 이유가 없었습니다. 제가 이 사업을 시작하기로 마음먹은 이유는 바로 이런 점 때문이었습니다. 그렇지만 대출금도 투자하고 싶어 후순위 담보 대출을 갚지 않았습니다. 그 돈을 굴려 매년 35~40퍼센트 수익을 거둘 수 있는데 굳이 이자율이 15퍼센트인 대출금을 갚을 이유가 없었습니다.

▌고객을 어떻게 유치하러 다니셨나요?

제 고객은 모두 친구이거나 이웃입니다. 종종 저녁에 이웃을 초대해 맥주를 마시며 말했습니다. "이 일을 몇 년째 해오고 있습니다. 결과가 어떤지 보여드리죠." 그러면 관심을 보이는 사람도 있고 그렇지 않은 사람도 있습니다.

  흥미롭게도 사람마다 돈 문제에 관심을 기울이는 정도가 매우 달랐습니다. 자세히 알아보지도 않고 그 자리에서 돈을 맡기는 사람이 있는가 하면, 무엇을 보여줘도 호주머니에서 단 한 푼도 꺼내지 않는 사람도 있습니다. 투자하기 전에 공부도 미리 하고 질문도 제대로 하는 사람도 있습니다. 누구든 이 세 부류 중 하나에 속합니다.

▌선생님 고객은 어느 부류에 속하나요? 분명 한쪽은 아닐 것 같습니다.

제 고객 대부분 제가 좋아하는 공부하는 부류입니다. 그들은 질문을 제대로

합니다. 위험을 어느 정도까지 감내할 수 있는지도 말하죠.

▍고객마다 맡긴 돈은 어느 정도인가요?

1만 달러에서 10만 달러까지 다양합니다.

▍계좌 보수 구조는 어떤가요?

이익금의 25퍼센트를 성과 보수로 받습니다. 하지만 손실금의 25퍼센트를 고객에게 보상해주기로 보장했죠. 더욱이 고객의 돈은 처음 맡은 뒤 12개월간 운용한 결과 손실이 생기면 그 손실액의 100퍼센트를 보상해주기로 약속했습니다.

▍돈을 벌었을 때 받는 성과 보수보다 손실이 났을 때 보상해주는 금액이 4배나 더 크군요. 이렇게 약속할 정도셨으니 수익을 낼 수 있다는 강한 확신이 있으셨겠네요.

1년에 50번 정도 잦게 매매하면 돈을 벌 확률이 높다는 점을 확신했습니다.

▍처음 고객 돈을 맡은 뒤 12개월 운용한 결과 손실이 나면 손실액을 100퍼센트 보상해준다는 약속은 얼마 동안 유지하셨습니까?

아직도 보장하고 있습니다. 하지만 지난 5년 동안 새로 받아들인 고객은 두 명뿐이었습니다.

▍그동안 올리신 성과를 감안했을 때, 신규 고객을 더 이상 받아들이지 않으시는군요.

5년 전부터 신규 고객을 받아들이지 않았습니다. 아주 친한 친구 둘만 예외적으로 받아들였습니다.

▌신규 고객을 더 이상 받아들이지 않은 까닭이 무엇이신가요? 운용 규모가 어느 선을 넘어서면 운용 성과가 나빠질 수 있다고 보셨기 때문입니까?

제가 다룰 수 있는 자금 규모에 한계가 있기 때문이 아닙니다. 받아들이고 싶은 성격의 자금만 맡아 운용하고 싶었기 때문입니다. 저는 펀드 매니저나 저처럼 들락날락하지 않는 투자자에게 나쁜 영향을 미치지 않도록 무척 신경 씁니다. 수억 달러짜리 펀드를 운용한다면 잦은 자금 유출입이 펀드 성과에 부정적으로 영향을 끼치지 않도록 입출금 규모를 몇백만 달러로 제한해야 한다고 생각합니다. 더군다나 제가 전환 주문을 내면 다음과 같이 반응하는 경우가 종종 있습니다. "정말 돈을 빼시려고요? 오늘 저희가 받은 전화는 대부분 입금하겠다는 문의였습니다."

▌그 말이 무슨 뜻이죠?

제가 대부분 사람들이 들락날락하는 쪽과 반대로 움직인다는 의미죠. 그래서 펀드를 자주 갈아타도 펀드에 미치는 부정적 영향은 그리 크지 않습니다. 더군다나 운용회사 직원들 말로는 고객이 펀드를 이리저리 옮기는 경우가 사실은 그대로 놓아두는 때보다 성과가 더 나쁘다고 합니다.

▌문제가 생기지 않도록 운용 규모를 일정 수준으로 제한하셨습니까?

가장 중요한 부분은 제가 부담하는 위험 수준입니다. 이익금의 25퍼센트와 손실금의 25퍼센트라는 비율은 전체 잔고에서 고객 자금이 차지하는 비율에 가장 잘 들어맞도록 짰습니다. 전체 잔고에서 제 돈과 고객 자금의 상대비율이 얼마이어야 적정한지 그리고 이 비율을 어떻게 꾸준히 유지하는지가 심리적인 면에서 아주 중요한 요소라는 사실을 처음에는 잘 몰랐습니다. 사실 앞으로는 제 돈 대비 고객 자금 비율을 줄이려고 합니다.

▌편안하게 여기는 규모를 넘어 운용한 적이 있으십니까?

1986년 신규 자금이 너무 빠르게 들어왔습니다. 자금의 50퍼센트밖에 투자할 수 없었습니다. 예를 들어 초록불이 들어왔을 때 잔고 40만 달러 가운데 20만 달러만 투자했습니다. 그러면서 이렇게 생각했습니다. "내일은 신규 자금이 20만 달러만 들어왔으면 좋겠군." 얼마 뒤 제가 신중했던 탓에 고객 수익률이 절반으로 줄어들고 있다는 사실을 깨달았습니다. 차라리 자금을 조금만 받아 모두 투자하는 방법이 더 낫겠다 싶었습니다.

처음에는 전체 잔고에서 실제 투자하는 자금비중을 줄였을 때 그 동기가 구체적으로 무엇인지 정확히 몰랐습니다. 위험이 커져 왠지 불안했기 때문이라는 사실을 나중에야 알았습니다. 방향을 제대로 맞추는 일도 중요했지만 투자 결과에 대해 제가 어떻게 느끼는지도 중요했습니다. 저는 이튿날 어떤 일이 일어났을 때 제 마음이 어떨까에 대해 미리 예상해보는 습관이 있습니다.

▌어떤 일을 예상하는 습관인가요?

손실이 확정되기 전인데도 손실이 났다고 가정하고 이를 받아들이는 연습입니다. 즉 손해가 나는 경우를 대비해 미리 마음의 준비를 합니다. 저는 투자할 때마다 최악의 시나리오가 펼쳐지면 어떨까에 대해 상상하기를 좋아합니다. 그렇게 하면 실제 그런 상황이 벌어졌을 때 혼란을 최소화할 수 있습니다. 저는 손실도 매매에서 아주 중요한 부분을 차지한다고 생각합니다. 실제로 손해가 날 때마다 이를 기꺼이 받아들일 수 있어야 합니다.

▌왜 그렇죠?

위험을 기꺼이 받아들이고 정말로 느껴 보면 다음에 생길 수 있는 손실이 덜 두렵습니다. 저는 24시간 안에 손해로 생긴 마음의 상처를 극복하지 못하면 다음에 너무 많이 투자하거나 잘못된 결정을 내립니다. 더군다나 손실이 생기는 경우를 미리 생각해본 뒤 실제 손해를 받아들이면 시간이 지남에 따라 위험 수준이 커져도 이에 적응하기 쉽습니다. 제가 운용하는 자금 규모는 해마다

15~20퍼센트씩 늘어납니다. 이는 제가 다뤄야 하는, 즉 금액으로 표시된 위험이 같은 비율로 증가한다는 뜻입니다. 이런 현실에서는 그때마다 위험을 미리 생각해보고 기꺼이 받아들이는 방법이 최선입니다.

▌운용 수익률이 연 30~40퍼센트인데 어떻게 운용 규모가 연 15~20퍼센트밖에 늘지 않죠?

2~3년 전까지만 해도 운용 규모는 매년 50퍼센트씩 증가했습니다. 하지만 최근 이를 제한하려고 애써 왔습니다. 해마다 제게 성과 보수를 지급하거나 소득세나 다른 고지서 요금을 내느라 자금을 인출하는 고객이 많아서 다행입니다. 더군다나 고객에게 계좌 수를 줄이라고 권장합니다. 실제로 몇몇 고객에게 여러 계좌를 하나로 묶으라고 부탁도 했습니다.

▌고객의 자금 운용을 완전히 망가뜨린 경우도 있습니까?

제가 잘 알지 못하는 어느 고객이 있었습니다. 다른 고객 소개로 제게 돈을 맡겼죠. 아내가 유산으로 받은 자금이어서인지 그 고객은 걱정도 많고 매우 신중했습니다. 처음부터 고객의 자금 운용을 이토록 망가뜨린 경우는 없었습니다. 1985년 가을 헬스케어 섹터에 두 번 투자해서 크게 손해를 봤습니다. 선진국들이 달러화 가치를 떨어뜨리겠다고 발표한 날 처음 투자했죠. 달러화 가치가 급락하고 제약주들이 치솟았습니다. 이튿날 달러화 가치 절하 계획이 제대로 실행되기 어렵다는 소문이 돌았습니다. 결국 달러화가 반등하면서 제약주가 폭락해 엄청나게 손해를 보고 빠져나왔습니다. 딱 일주일 뒤 헬스케어 섹터에 다시 투자했습니다. 하지만 이튿날 하스피틀 코퍼레이션 오브 아메리카가 예상을 훨씬 밑도는 실적을 발표하는 바람에 이 섹터가 다시 크게 곤두박질쳤습니다.

▌이 투자로 얼마나 손해를 보았습니까?

2~3퍼센트씩 손실을 기록했습니다. 특히 이 고객은 손해가 날까봐 안절부절 못하는 사람이었습니다. 잔고가 7만 달러에서 6만 7,000달러로 줄었습니다. 그래서 고객을 달랬습니다. "걱정하지 마십시오. 제가 손실금을 100퍼센트 복구해드리겠습니다." 그러고는 곧바로 은행으로 가서 3,000달러 자기앞수표를 찾아 그 고객에게 보냈습니다. 그러면서 이렇게 말했어요. "2주 뒤 3,000달러가 또 손해가 나면 수표를 또 보내겠습니다. 그냥 보관하고 계십시오. 현금이나 마찬가지니까요."

▍보통은 손해가 나면 연말에 보상해주지 않습니까?

맞습니다. 그렇지만 이 고객은 걱정이 너무 앞섰기 때문에 저는 그 고객이 원금 7만 달러를 늘 손에 쥐고 있기를 바랐죠. 약 한 달 뒤 계좌 잔고가 7만 달러로 복구되었습니다. 나중에 은행에 확인해보니 고객이 수표를 현금으로 찾아갔더군요. 1~2년 뒤 고객 수를 줄이는 작업을 했을 때 그 고객을 가장 먼저 내보냈습니다. 그가 한 행동으로 미루어 저를 믿지 못한다고 판단했기 때문이었습니다.

▍피델리티가 섹터펀드 사이에서 들락날락할 수 있도록 사실상 허용하던 정책을 바꿔, 펀드를 자주 갈아타지 못하도록 엄격하게 바꾼 이유가 무엇이라고 생각하십니까?

그들은 펀드를 갈아탐으로써 올린 수익이 기존 펀드 투자자 호주머니에서 나온다고 생각한 듯합니다. 하지만 그 수익은 대부분 잘못 옮겨 탄 사람들의 손실에서 나온 것입니다.

펀드로 단기 매매하는 행위에 대한 피델리티의 태도는 1989년 초 제가 피델리티 섹터펀드 매매로 수익을 엄청나게 올렸다는 기사가 실린 〈월스트리트 저널〉에 대한 그들의 반응에 잘 드러납니다. 기사가 나오고 이틀이 지나 펀드를 매수하려고 전화했을 때 다음과 같은 답변이 돌아왔습니다. "블레이크 씨,

죄송합니다만 에너지 섹터에 투자할 수 있는 한도는 시간당 10만 달러로 줄였습니다." 이전에는 펀드 순자산 총액의 1퍼센트나 50만 달러였죠. 그들이 뒷조사한 결과 제가 여섯 명의 고객 돈을 에너지 섹터에 투자해 아주 훌륭한 성과를 냈다는 사실을 알아낸 듯했습니다.

▎특히 에너지펀드를 자주 매매한 이유는 무엇이었나요?

에너지 섹터 기준가격이 가장 믿을 만한 패턴을 보였기 때문입니다. 1986년 피델리티가 이 펀드의 기준가격을 시간별로 발표하기 시작한 뒤 1년쯤 지나 기준가격 추이를 분석해보았더니 개장할 때 기준가격이 그날 최저가 수준에서 시작하는 현상이 아주 뚜렷했죠. 처음에 시간별 기준가격을 분석했을 때에는 고객별로 오전 10시, 11시, 12시에 매수 주문을 낸 뒤 장이 끝날 때 매도하면 돈을 벌 확률이 90~95퍼센트에 이르렀습니다. 정말 놀랍게도 이 펀드를 매매한 첫 한두 해에는 이 확률이 아주 높았습니다.

▎그렇게 단순한 패턴이 꽤 오랫동안 이어질 수 있었다니 정말 놀랍군요. 그런 패턴이 요즘에도 존재합니까?

있을 수는 있지만 이제는 돈을 벌기 쉽지 않습니다. 1989년 11월부터 피델리티가 30일 안에 인출하면 환매 수수료로 0.75퍼센트를 부과했기 때문입니다.

▎하루 일과에서 펀드를 운용하는 부분이 차지하는 비중이 아주 작을 듯합니다.

아주 작습니다. 대부분의 시간을 새로운 투자 방법을 개발하는 데 쏟습니다.

▎새로 개발한 투자 전략이 이전 방법보다 더 낫다고 여기면 투자 방식을 그에 맞게 바꾸십니까?

늘 그렇습니다.

▎아마 이제까지 개발하신 투자 전략을 한꺼번에 쓸 수는 없으니까 사용하지 않고 다락방에 처박아놓은 좋은 투자 방식이 많으시겠네요.

그렇습니다.

▎어떠한 일이 있어도 매매 신호를 꼭 지키십니까? 아니면 기계적으로 따르지 않은 적도 있습니까?

시스템을 믿고 따라야 한다고 생각합니다. 종종 있는 일이지만, 그렇지 않으면 돈을 벌든 잃든 꼭 실수를 저지르고 맙니다. 여러 해 동안 겪어 보니 그랬습니다. 그렇지만 투자 전략이 정말 옳은지 그른지에 대해 묻는다면 나쁘다고 할 수 없습니다. 때때로 이전 경험에 비추어 투자 전략이 옳지 않아 보일 수 있죠. 결론을 내리기 전에 필요한 연구를 한 결과, 문제가 있다고 드러나면 전략을 뜯어 고칩니다.

▎매매하는 펀드의 성과가 선생님의 운용 성과에 얼마나 중요합니까?

생각보다 중요하지 않습니다. 놀랍게도 기준가격이 1년에 20퍼센트 오르는 펀드와 20퍼센트 내리는 펀드를 운용함으로써 생기는 성과 차이는 작습니다. 예를 들어 어느 펀드의 일일 변동성이 1퍼센트이고, 연간 수익률이 20퍼센트라는 의미는 전체 영업일 수 가운데 기준가격이 오르는 날 비중이 대략 54퍼센트이고 내리는 날 비중이 46퍼센트라는 뜻입니다. 반대로 손실률이 20퍼센트라는 의미는 기준가격이 오르는 날 비중이 46퍼센트이고 내리는 날 비중이 54퍼센트라는 뜻이죠(일일 변동성이 1퍼센트이고 연 수익률이 20퍼센트이면 연간 총 영업일 수 250일 가운데 오르는 날은 135일이고 내리는 날은 115일이다. 여기서 250일의 54퍼센트는 135일이다). 제 투자 방식으로는 오를 확률이 54퍼센트인 펀드에 투자하든 46퍼센트인 펀드에 투자하든 성과에 큰 차이가 없습니다.

▎특히 기억에 남는 투자가 있으신가요?

투자를 맨 처음 시작했을 즈음 종가를 알려주는 전화를 받지 못한 날이 있었습니다. 그날 성과가 꽤 좋았다는 것을 알았지만 어느 정도인지는 몰랐습니다. 자다가 한밤중에 일어났는데, 자기 전에 종가를 확인하지 않았다는 기억이 떠올랐습니다. 바로 전화를 걸어 가격이 예상보다 두 배나 많이 올랐다는 사실을 확인했죠. 수익이 수천 달러였습니다. 그때는 제가 매매를 처음 시작했을 때였다는 사실을 기억하셔야 합니다. 너무 흥분한 나머지 잠을 이룰 수 없었습니다. 크리스마스 분위기에 한껏 들뜬 어린아이 같았습니다. 저는 그 기분을 결코 잊을 수 없습니다.

▎어떤 이유든 아주 눈에 띄었던 투자 사례가 있으신지요?

1986년 7월 7일 주식시장이 62포인트나 떨어졌습니다. 제 기억으로 사상 최대 하락이었습니다. 그날 아침, 장이 끝날 때 시장에서 빠져 나오겠다고 마음먹었습니다. 하지만 그때는 매 시간마다 펀드를 갈아탈 수 있는 규정이 생기기 전이어서 장중에는 어쩔 도리가 없었습니다. 그날 오후 윈드서핑을 처음 배우는 사람처럼 톡톡히 곤혹을 치렀습니다. 4시 훨씬 전에 매수 주문을 내 시장에서 빠져 나올 수 있으리라고 생각했습니다. 하지만 불행히도 저는 기술을 충분히 숙달하지 못해 파도에 휩쓸려 건너편으로 떠밀려가고 말았습니다. 시간에 쫓겨 온 힘을 다해 되돌아오려고 애썼습니다. 하지만 결국 시간에 맞추지 못해 손해를 보고 말았습니다.

▎생각나는 매매 사례가 또 있으십니까?

1987년 8월 금 섹터펀드에 투자했습니다. 펀드에 투자한 다음날 기준가격이 떨어져 신호등이 빨간불로 바뀌었습니다. 그런데도 환매하지 않고 포지션을 계속 유지했습니다.

▎왜 투자 포지션을 계속 유지하셨나요?

솔직히 잘 기억나지 않습니다. 어쨌든 그 다음날 기술주 섹터의 초록불이 제 눈에 들어오자 금 관련 주식들이 크게 떨어졌습니다. 금 섹터에 투자한 고객 자금이 많이 손실 난 상태에서 모두 환매하기 아주 어려웠다고 기억합니다. 아무튼 잃지 않았어야 하는 고객 돈을 손해 보았고, 인출해 이미 폭등한 기술주를 추격 매수해 위험을 떠안기가 정말 쉽지 않았습니다. 결정을 내리기 어려웠던 가장 큰 이유는 제가 규칙을 어겼기 때문이었습니다. 하지만 끝내 기술주에서 이익이 많이 낸 덕분에 금펀드 투자로 생긴 손실을 보충하고 남았습니다.

■ 그래서 결국 매매 원칙을 따랐나요?

그렇습니다만 하마터면 지키지 못한 뻔했습니다. 이 경험으로 원칙을 한번 어기면 다음에는 더욱더 쉽게 어길 수 있다는 교훈을 터득했습니다. 다이어트도 비슷합니다. 한번 지키지 않으면 예외를 두기 더욱 쉬워집니다.

■ 지난 10년 동안 시장이 바뀌었나요?

미시적으로 보면 바뀌었습니다. 하지만 거시적으로 보면 그렇지 않습니다. 기회도 바뀌고 투자 전략도 변하지만 사람과 심리는 그대로입니다. 추세추종 전략은 들어맞지 않지만 다른 전략은 잘 맞습니다. 늘 잃는 사람이 있는가 하면 버는 사람도 존재합니다.

■ 시장에 널리 퍼져 있는 근거 없는 믿음에는 어떤 것들이 있습니까?

월스트리트 사람들은 매년 20~30퍼센트 수익을 꾸준히 올리면서 시장을 이길 수 있는 사람은 아무도 없다고 말합니다. 반면 증권 영업사원들은 그런 정도의 수익은 누구든지 올릴 수 있다고 떠들고 다닙니다. 둘 다 틀린 말입니다.

■ 트레이더가 돈을 잃는 이유가 무엇이라고 생각하시나요?

먼저 이기는 투자 전략이 없는 투자자가 대부분입니다. 설령 훌륭한 투자 전략이 있어도 그 전략을 따르지 않는 사람이 많습니다. 매매는 인간의 약한 본능을 짓누르고 아킬레스건을 찾아내려는 것 같습니다.

▌어떻게 하면 훌륭한 트레이더가 될 수 있습니까?

틀에 얽매이지 않아야 합니다. 예술적 기질과 과학적 특성을 골고루 갖춰야 합니다. 상상하고 탐구해 투자 전략을 창조할 수 있는 예술적 기질이 필요합니다. 더불어 아이디어를 확고한 매매 규칙으로 바꾸고 이를 실행할 수 있는 과학적 기질도 있어야 합니다.

▌매매 시스템을 구입해 사용하면 돈을 벌 수 있을까요?

다른 사람이 개발한 시스템을 구입해 사용하기보다 자신이 직접 개발해 사용하는 것이 더욱 쓸모도 있고 성공도 할 수 있다고 생각합니다. 자기 스타일에 맞춰야 한다는 뜻이죠. 그렇지 않으면 시스템을 믿고 사용할 수 없습니다. 다른 사람이 만든 투자 전략이 자신의 성격과 맞아떨어지기 어렵습니다. 훌륭한 트레이더는 다른 사람이 만든 시스템을 사용하는 스타일이 아닌 경우가 많죠. 더군다나 성공한 트레이더는 보통 자기가 만든 시스템을 팔지 않습니다.

▌《월가의 랜덤워크이론(A Random Walk Down Wall Street)》를 쓴 버턴 말킬에 대해 어떻게 생각하십니까?

사실 저는 그의 가설에 반대하기보다 동의하는 편입니다. 시장은 대부분 무작위로 움직이지만 사람들은 대부분 시장을 이기거나 단기 움직임을 예측해 돈을 벌 수 있다고 착각하죠. 100명의 펀드 매니저가 있다면 모두 시장 수익률을 꾸준히 뛰어넘을 수 있다고 믿습니다. 하지만 제 생각에는 100이 아니라 0(제로)에 가깝죠. 사람들이 대부분 바라는 대로 매매로 돈을 벌기란 쉽지 않습니다. 예술적인 면이 더 많기 때문이죠.

▌초보 투자자에게 한 말씀 해주시겠습니까?

훌륭한 트레이더에 이를 수 있는 단계는 다음 다섯 가지입니다. 첫째, 자신에 잘 들어맞는 투자 수단과 전략, 기간을 정해야 합니다. 둘째, 시장은 대부분 무작위로 움직인다는 사실을 받아들이고 무작위적이지 않은 가격 움직임을 찾아내야 합니다. 셋째, 발견한 투자 기회가 통계적으로 유효하다면 이를 굳게 믿어야 합니다. 넷째, 매매 규칙을 세워야 합니다. 다섯째, 규칙을 지켜야 합니다. 결국 독립성과 원칙이 있어야 한다는 것입니다. 이는 다음 한 문장으로 요약할 수 있습니다. "틀에 얽매이지 말고 자신에 맞는 투자 전략을 개발한 뒤 이를 따라야 한다."

길 블레이크가 성공한 가장 큰 이유는 처음부터 끝까지 틀에 얽매이지 않고 마음을 열어놓았기 때문이다. 처음에 그는 시장이 무작위로 움직인다고 굳게 믿었다. 하지만 자신의 생각과 부딪히는 증거와 맞닥뜨렸을 때 보통 사람과 달리 고집부리거나 우기지 않았다. 대신 문제를 다시 살핀 뒤 자신의 주장이 틀렸다는 사실을 깨닫고 생각을 과감히 바꿨다. 자신의 고정관념을 바꿀 수 있는 능력이야말로 훌륭한 트레이더를 특징짓는 중요한 요소다. 독단적이고 융통성 없는 사람은 시장에서 성공할 수 없다.

길 블레이크가 성공할 수 있었던 다른 이유는 변화하는 상황에 잘 적응했기 때문이다. 시장은 늘 바뀐다. 그래서 진화하는 시장에 맞게 투자 전략을 고치고 바꿀 수도 있어야 수익을 꾸준히 올릴 수 있다. 길 블레이크는 처음에 지방채펀드를 매매했다. 하지만 지방채펀드 기준가격이 추세를 유지하는 힘이 약해져 돈을 벌 기회가 줄어들었을 때 과거에 잘 들어맞았던 투자 전략을 아무 생각 없이 그대로 따라 하지 않았다. 대신 바뀐 시장 환경을 디딤돌 삼아 더욱더 깊이 연구하기 시작했다. 그 결과 전혀 새롭고 훨씬 더 유용한 투자 전략을 개발해냈다.

피델리티 섹터펀드에서 매 시간 펀드를 갈아탈 수 있도록 허용되었을 때 자신의 전략을 그에 맞게 고쳤다. 그 뒤 피델리티가 수수료를 많이 부과해 사실상 펀드를 옮겨 다니지 못하도록 했을 때에도 전략을 수정해 투자 대상을 다른 펀드로 바꿨다. 투자 환경이 크게 바뀌었을 때 그에 맞게 잘 적응한 덕분에 오랫동안 탁월한 성과를 올릴 수 있었다.

길 블레이크가 전하는 메시지는 놀랍도록 뛰어난 그의 성과에 녹아 있다. 그의 탁월한 성과는 시장이 무작위로 움직이지 않는다는 명백한 증거다. 물론 무작위적인 움직임은 뻔히 드러나지 않는다. 훤히 보인다면 우리 모두 백만장자가 되었을 것이다. 하지만 길 블레이크가 손해 본 달이 있을 때마다 훌훌 털고 일어나 놀랍게도 25개월 연속으로 수익을 거둔 결과를 보면 이런 말을 할 수 있을 듯하다. "시장을 이길 수 있어! 아무렴, 그렇고말고!"

어떻게 하면 시장을 이길 수 있을까? 분명 다른 사람이 만든 시스템을 구입해 사용한다고 해서 이길 수 없다. 돈을 벌어줄 수 있는 시스템을 사더라도 보통은 자신에 맞지 않거나 그 시스템을 따를 자신이 없다. 한마디로 지름길은 없다. 시장이라는 수수께끼는 자신이 직접 풀어야 한다. 물론 그런 노력 대부분 실패로 끝날 수도 있다. 그렇지만 시장에서 무작위로 움직이는 모습을 찾아내고 그 움직임이 쓸모 있다는 사실을 확실히 증명할 수 있다면 다음 두 단계만 더 가면 성공할 수 있다. 즉 자신만의 투자 원칙을 개발하고 그 전략을 따르는 길뿐이다.

Chapter 12

시장도 늙는다

빅터 스페란데오(Victor Sperandeo)

빅터 스페란데오는 고등학교를 졸업한 뒤 바로 월스트리트에서 일하기 시작했다. 처음에는 최저 임금을 받아가며 호가를 불러주는 직원으로 초라하게 출발했다. 그 뒤 월급을 조금 더 주는 스탠더드앤드푸어스로 옮겨 숫자를 다루는 사원으로 근무했다. 하지만 단순히 숫자를 복사해 옮기는 일이어서 '진저리쳐질 정도로 따분했다.' 지겨운 일에 매달려야 하는 처지가 너무 힘들었다. 하지만 다행히도 너무 많이 실수했다는 이유로 해고당한 덕분에 지겨운 일을 그만둘 수 있었다.

그 뒤 월스트리트에 있는 금융회사 회계부에서 매매와 관련 없는 일을 잠깐 하다가 윗사람을 잘 설득해 옵션 매매를 할 수 있는 자리로 옮길 수 있었다. 이후 2년 동안 장외 옵션시장에서 매수자와 매도자 사이에서 중개 역할을 하는 딜러로 일했다.

1969년 시장이 한창 약세일 때 자신이 매매 결정을 더욱 자유롭게 내릴 수 있는 자리를 찾아 회사를 옮겼다. 이 회사는 이전 회사처럼 정해진 급여를 주지 않는 대신 옵션 거래로 수익을 내면 수익의 일정 부분을 주겠다고 제안했다. 그렇지만 약세장이 이어진 탓에 임금 정책이 더욱 까다로워져 고정급은 주려하지 않았다. 빅터 스페란데오는 매매로 올린 수익의 일정 비율을 챙길 수 있으면 급여가 훨씬 늘어날 수 있다고 확신하고 제안을 기꺼이 받아들였다.

그 뒤 6개월 동안 빅터 스페란데오는 5만 달러를 챙길 수 있었다. 그런데 어느 날 연봉 5만 달러인 상사가 그를 불러 이렇게 말했다. "빅터, 일을 정말 잘했네. 이제부터 자네에게 월급을 주기로 했네." 수익금을 나누는 대신 연봉 2만 달러에 애매모호하게 성과급을 지급하겠다는 제안이 왠지 마음에 들지 않았다. 결국 3주 뒤 회사를 옮겼다. 하지만 불행히도 새로운 회사도 무늬만 달랐지 속은 같았다. 월간 급여명세서를 받아 보니 그가 벌어들인 수익금이 이런저런 비용으로 크게 줄어들어 있었다.

결국 6개월 뒤, 보상을 제대로 받으려면 스스로 회사를 차리는 수밖에 없다고 결론을 내렸다. 마침내 1971년 함께 출자할 파트너를 찾아 래그나 옵션즈라는 회사를 설립했다. 빅터 스페란데오에 따르면 래그나는 처음으로 지나치게 비싼 프리미엄을 부과하지 않고 옵션 호가를 보장한 회사라고 한다. 시장에 고객이 사려는 옵션(이를 회사가 산 뒤 웃돈을 얹어 되판다)이 없으면 그에 맞는 옵션을 만들어주었다. 그때는 지금처럼 거래소에서 옵션을 표준화해 만들지 않고 고객이 원하는 대로 그때그때 맞춰 발행했다. 빅터 스페란데오는 래그나가 합리적으로 호가를 제시한 정책 덕분에 6개월 만에 세계에서 가장 큰 장외 옵션 딜러로 성장했다고 밝혔다.

하지만 래그나는 월스트리트에 있는 다른 회사에 합병되었다. 빅터 스페란데오는 합병 회사에 조금 머무른 뒤 1978년 인터스테이트 시큐리티즈로 옮겼다. 이곳에서 회사 고유계정과 몇몇 고객 계좌를 맡아 운용하며 비용과 수익을 회사와 반반씩 나눴다. 그야말로 완벽한 직장이었다. 운용 자금을 받아 어느 시장에서든 자기 마음대로 투자한 뒤 수익과 비용을 적절히 나눌 수 있었기 때문이다. 하지만 1986년 말 회사가 상장하자 트레이딩 부서를 없애기로 결정하면서 꿈 같았던 계약 조건이 끝나고 말았다. 그 후 1년 남짓 자신의 계좌를 운용한 뒤 랜드 매니지먼트 코퍼레이션이라는 운용회사를 세우기로 결심했다.

빅터 스페란데오는 운용을 시작할 때부터 현재까지, 수익을 많이 올리기보다 손실을 피하는 데 더욱 중점을 두었다. 1990년 처음으로 손실을 기록하기 전까지 18년 연속 수익을 거두면서 대체로 자신의 목적을 이루는 데 성공했다. 이 기간에 기록한 수익률은 연평균 72퍼센트였다. 1990년처럼 35퍼센트 손실을 기록한 해도 있었지만 100퍼센트 넘는 수익률을 거둔 해도 다섯 번이나 있었다.

빅터 스페란데오는 굳이 학점을 모두 이수할 필요가 없다고 여겨 야간대학 학위를 따지는 못했지만 지난 세월 동안 책을 어마어마하게 많이 읽었다. 시장 관련 책뿐만 아니라 경제학, 심리학, 철학 서적까지 다양하게 섭렵했다. 이런 분야의 책을 2,500권 정도 읽었다고 한다.

인터뷰는 빅터 스페란데오 집 지하에 있는 그의 '사무실'에서 진행했다. 사무실 주요 부분은 75명이 앉을 수 있는 자리, 4~5미터 길이의 바, 고급 음향 시스템까지 완비한 라운지로 개조되어 있었다. 어디선가 빌 머레이가 불쑥 나타나 토요일 밤 생방송 프로그램을 진행할 듯한 분위기였다. 고지식한 연금펀드 관리자가 빅터 스페란데오에게 자금을 맡기기 전에 회사를 실사하는 듯한 모습이 떠올라 웃음을 참을 수 없었다. 그는 누구라도 첫눈에 좋아할 만큼 아주 느긋하고 사근사근했다.

▎**거의 20년간 독립적이거나 준독립적인 트레이더로 생활하다가 왜 운용회사를 만들기로 결심하셨습니까?**

1987년 주식시장이 크게 곤두박질칠 때 기회를 잘 잡아 수익을 엄청나게 올렸습니다. 그 뒤 제 이름이 알려지면서 큰돈을 운용해달라는 제안을 여러 곳에서 받았습니다. 제 개인계좌를 굴리기보다 고객 자금을 맡아 운용했다면 돈벌이가 훨씬 더 좋을 수도 있을 것이라고 생각했습니다.

▌운용회사를 설립하신 뒤 성과가 어떠했습니까?

회사가 출범한 1989년에는 실적이 좋았습니다만 그 이듬해 손실을 기록했습니다. 정말 얄궂게도 지식을 그 어느 때보다도 많이 쌓은 뒤 손해를 보았습니다.

▌이유가 무엇이라고 생각하시는지요?

인간이기 때문이지요. (그는 큰 소리로 웃었다.)

▌어떻게 트레이더가 되셨나요?

원래부터 포커를 매우 좋아했습니다. 10대에는 사실상 포커로 용돈을 벌었습니다. 포커를 처음 시작했을 때 게임에 대한 책은 모조리 읽어 게임에서 이기려면 확률을 잘 관리해야 한다는 사실을 터득했습니다. 다시 말해 확률이 높을 때에만 돈을 걸고 그렇지 않을 때에는 베팅하지 않으면 잃을 때보다 딸 때가 더 많아집니다. 좋은 패 조합이 나올 확률을 모조리 외운 덕분에 게임에서 돈을 많이 딸 수 있었습니다.

저는 카드 게임은 아주 잘했지만 전문 도박사가 되고 싶은 마음은 없었습니다. 20세에 이르렀을 때 〈뉴욕타임스〉 구인광고란을 샅샅이 살핀 뒤 초봉이 2만 5,000달러가 넘는 직업 세 개를 발견했습니다. 물리학자, 생물학자, 장외시장 트레이더였습니다. 솔직히 장외시장 트레이더가 무슨 일을 하는지 전혀 몰랐습니다. 그렇다고 물리학자나 생물학자를 할 만큼 그 분야의 전문지식도 없었습니다. 하지만 장외시장 트레이더는 카드 게임처럼 확률과 관련이 있는 듯 보여 월스트리트라는 곳에서 경력을 쌓아보기로 마음먹었습니다. 결국 퍼싱앤드컴퍼니에서 호가를 불러주는 사원으로 일하기 시작했습니다.

▎**어떻게 시장에 대해 배우고 트레이딩을 익히셨나요? 옆에서 가르쳐주는 사람이 있었습니까?**

없었습니다. 당대 전설적인 트레이더인 밀턴 리즈가 같은 회사에서 근무했습니다. 그를 보고 영감은 받았지만 그 밑에서 일하지는 않았습니다. 기본적으로 시장과 매매에 관한 책은 닥치는 대로 읽으며 독학했습니다.

▎**사실상 언제 처음으로 트레이더가 되셨습니까?**

월스트리트에 들어가 3년 동안 퍼싱과 다른 몇몇 회사에서 일한 뒤 직접 트레이딩을 해보기로 결심했습니다. 먼저 어떤 분야에서 트레이딩할지 고민했습니다. 주식은 지루하고 채권은 더욱 따분했습니다. 그렇지만 옵션은 아주 복잡했습니다. 1960년대는 주식 브로커 100명 가운데 옵션을 아는 사람이 한 사람 정도밖에 없었던 때였습니다. 몇몇 사람만 아는 분야에서 전문가가 된다면 큰돈을 벌 수 있겠다 싶어 결국 옵션 트레이더를 선택했습니다.

▎**그때 옵션에 대해 얼마나 알고 계셨습니까?**

전혀 몰랐지만 정말 하고 싶었습니다. 인터뷰할 때 사장에게 깊은 인상을 심어주려고 제가 천재라고 말했습니다.

"정말인가?" 그가 물었습니다.

"한번 본 이미지는 사진처럼 기억합니다." 사실 그 정도는 아니었습니다.

"증명해보게." 그가 말했습니다.

주식 종목 코드를 모두 외운다고 장담했습니다. 사실 저는 종목 코드를 모두 암기하고 있었습니다. 몇 년 전 기억력 수업을 받은 적이 있었거든요. 35년 동안 월스트리트에 몸담고 있던 사장도 종목 코드를 모두 외우지는 못했습니다. 제가 모두 맞추자 결국 저를 채용했습니다.

▎**트레이딩과 카드 게임이 서로 비슷한 면이 있어 마음이 끌렸다고 말씀하셨**

습니다. 직접 접해보니 정말 트레이딩이 도박처럼 보였나요?

도박이라는 말은 잘못된 표현입니다. 확률이 낮은데도 위험을 무릅써야 도박입니다. 이를테면 복권을 사거나 슬롯머신 게임을 하면 도박이죠. 제대로 하는 매매나 포커 게임은 도박이라기보다 투기라고 할 수 있습니다. 제대로 하는 투기는 확률이 높을 때 위험을 무릅쓰는 행위입니다. 포커 게임에서 어느 패에 돈을 걸어야 하는지 알아야 하듯 트레이딩에서도 확률이 높을 때가 언제인지 알아야 합니다.

▎트레이딩에서 '확률'은 어떻게 정의할 수 있습니까?

1974년 10월과 11월 주식시장이 엄청나게 상승했는데도 기회를 잡지 못했습니다. 그 실수를 디딤돌 삼아 2년 동안 미친 듯 공부했습니다. 다음과 같은 질문에 대한 답을 찾으려고 애썼습니다. '장세장과 약세장이 얼마 동안 이어지는가?', '시장이 꼭지나 바닥을 찍을 때까지 평균 몇 퍼센트 정도 움직이는가?' 연구 결과 시장 움직임이 사람과 비슷한 면이 있다는 사실을 발견했습니다. 다시 말해 위험 지표로 활용할 수 있는, 인간 수명과 비슷하게 중요한 통계적 특징이 있습니다. 이를테면 다우지수는 장기 상승 추세 도중에 나타나는 중기적 상승세에서는 평균 20퍼센트 오릅니다. 하지만 시장이 20퍼센트 오른 뒤 반드시 꺾인다는 뜻은 아닙니다. 20퍼센트까지 상승하기 전이나 후에 돌아설 수도 있습니다. 그렇지만 시장이 20퍼센트 넘게 오르면 더 상승할 확률이 크게 떨어진다는 뜻입니다. 그래서 시장이 20퍼센트 이상 오르고 꼭지에 다다르고 있다는 증거가 보이기 시작하면 고점 징후가 무엇인지 주의 깊게 살펴봐야 합니다.

가격 움직임을 사람의 수명을 다루는 생명보험에 빗대어 설명해드리겠습니다. 생명보험을 팔 때 보험 계약자가 스무 살인지 여든 살인지에 따라 차이가 매우 커집니다. 스무 살 청년이라면 건강이 좋지 않아도 몸이 나아질 확률이 꽤 높다고 말할 수 있습니다. 하지만 여든 살 노인에게는 선뜻 보험을 팔기 어렵겠죠. 물론 이 노인이 팔굽혀펴기를 200번 하고 영국해협을 헤엄쳐 건넌

잭 라레인(전설적인 보디빌더)처럼 팔팔하다면 이야기가 달라질 수 있겠죠. 하지만 날마다 담배를 세 갑이나 피우고 위스키를 서너 잔씩 마시는데다 폐렴까지 앓는 사람에게는 보험을 팔기 싫겠죠. 나이가 들수록 몸은 더욱더 허약해질 테니까요.

마찬가지로 시장이 노년기에 접어들면 오르는 추세나, 꺾이는 징후가 무엇인지 자세히 살펴보는 일이 정말 중요합니다. 보험에 비유해보면 주식에 투자하는 사람들 대부분이 보험 계약자가 스무 살인지 여든 살인지 구분할 줄 모릅니다.

수많은 기술적 분석이 잘 들어맞지 않는 이유는 이를 시도 때도 없이 가리지 않고 사용하기 때문입니다. 예를 들어 시장이 스무 살 젊은이처럼 팔팔하다면 머리어깨 패턴이 나와도 쉽게 무너지지 않습니다. 그렇지만 여든 살 노인이라면 이 패턴이 나타났을 때 정확히 고점일 확률이 높습니다. 시장이 얼마나 늙었는지 확인하지 않고 투자하는 행위는 계약자가 스무 살인지 여든 살인지 구분하지 않고 보험료가 똑같은 생명보험을 파는 것과 같습니다.

▎역사적으로 시장이 강하게 움직일 때마다 평균 20퍼센트씩 상승한다고 말씀하셨습니다. 여기서 시장이 강하게 움직인다는 말을 자세히 정의해주시겠습니까?

장기 상승 추세에서 나타나는 중기적 상승세를 말합니다. 이 상승세는 아주 드문 경우를 제외하고 평균 3주에서 6개월 정도 이어집니다. 물론 시장이 강세장인지 약세장인지, 단기인지 중기인지 장기인지, 첫째 파동인지 둘째 파동인지에 따라 상승폭이 달라질 수 있습니다.

그런데 1896년 이후 데이터를 모조리 분석해보았더니 시장이 오를 때마다 놀랍게도 평균 20퍼센트씩 상승했습니다. 1945년까지만 분석한 결과를 봐도 19퍼센트로 거의 같았죠. 늘 20퍼센트 가까이 오른 이유는 두 가지라고 생각합니다. 하나는 가치와 관련되어 있습니다. 로저 이보슨이 60년 동안의 데이터를 분석해 자산별 수익률을 비교했습니다. 주식 수익률은 배당을 포함해 연 9.2퍼센트였습니다. 그래서 중기적 상승세의 평균 지속기간인 107일 동안 20센트 오른다면 아주 짧은 기간에 너무 많은 가치를 뽑아낸 셈이죠. 그 결과 시장 전체적으로 가치가 떨어집니다.

다른 하나는 심리적 요인 때문입니다. 샐러드 재료를 사러 가게에 간다고 해봅시다. 그날은 상추 한 포기도 1달러이고 토마토 1파운드도 1달러였는데, 일주일 뒤에 가보니 상추는 1달러인데 토마토는 1.5달러로 올랐다면 사람들은 토마토의 대체재를 찾겠죠. 그러면서 이렇게 말하겠죠. "토마토를 사는 데 그렇게 많은 돈을 쓸 수는 없지." 저도 연소득이 100만 달러가 넘었을 때 이처럼 생각했습니다. 하지만 50센트가 정말로 큰돈인가요? 큰돈이 결코 아닙니다. 하지만 일정한 선을 넘으면 왠지 돈을 쓰고 싶지 않습니다.

▎20퍼센트가 심리적으로 중요한 숫자라는 말씀이시군요?

저는 그렇다고 생각합니다. 물론 증명할 수는 없습니다.

▎선생님께서는 목표 투자 수익률이나 기간을 정할 때 과거 평균 통계치를 이용하십니까?

아닙니다. 과거 통계치를 이용해 시장이 돌아서는 시점을 정확히 맞추려는 행위는 보험회사가 보험을 팔면서 계약자가 언제, 어떻게 죽을지 안다고 장담하는 것과 같습니다. 꼭 그렇게까지 하지 않아도 수익을 올릴 수 있습니다. 즉 확률만 알아도 돈을 벌 수 있습니다.

▎그렇다면 시장이 과거 평균 상승 지속기간을 지났을 때는 상황이 어떠하다고 판단하십니까?

상승 추세가 과거 평균 상승 지속기간을 넘어서면 분석 틀이 기본적 분석이든 기술적 분석이든 시장 예측 정확도는 훨씬 올라갑니다. 예를 들어 그래프 패턴 분석 결과, 시장이 꼭지라고 예상되어도 이전 바닥에서 10퍼센트밖에 오르지 않았을 때에는 이 분석이 틀릴 확률이 아주 높죠. 하지만 시장이 25~30퍼센트 오른 상황이라면 이 패턴 분석 결과를 더욱더 중요하게 여겨야 합니다.

▎1974년 10월(그 뒤로 시장이 이보다 더 아래로 떨어진 적이 없었다)처럼 시장이 바닥을 찍고 돌아서는 때를 놓친 뒤에는 어떻게 시장에 다시 들어가시나요?
시장은 늘 쉬어가며 오르기 때문에 한 차례 크게 밀릴 때까지 기다립니다. 1974년 10월 바닥을 잡지는 못했지만 그 뒤 12월 6일에 엄청나게 투자했죠. 바로 그날이 바닥이었습니다. 하지만 얄궂게도 그 투자에서 돈을 벌지는 못했습니다.

▎정말 얄궂은 일이 벌어진 이유가 궁금하지만, 먼저 투자한 시점이 바닥이라고 확신한 까닭이 무엇인지부터 말씀해주시기 바랍니다.
먼저 다우 이론으로 분석해보니 시장이 바닥이라는 신호가 나왔습니다. 다시 말해 다우존스지수는 사상 최저치를 기록하고 있었는데 운송업지수와 S&P500지수는 그렇지 않았죠. 거래량도 많지 않았습니다. 시장이 오랫동안 약세여서 비관론도 팽배했습니다. 더군다나 악재가 나와도 시장이 무덤덤했습니다. 나쁜 소식이 나와도 시장이 좀처럼 밀리지 않았습니다.

▎이제 1974년 12월 바닥에 투자했는데도 손해를 본 이유를 말씀해주십시오.
그해에는 12월에 투자하기 전까지 올린 수익이 엄청났습니다. 번 돈의 3분의 1을 1월 만기 여러 외가격 옵션에 투자했습니다. 예를 들어 코닥 주가가 64달러일 때 행사가격이 70달러인 1월 만기 콜옵션을 1달러에 샀습니다. 옵션 만기일인 1월 27일 코닥이 69달러까지만 오르는 바람에 제가 산 옵션은 결국 휴지조각으로 바뀌고 말았죠. 일주일 뒤 코닥 주가는 80달러까지 치솟았습니다. 다른 옵션에서도 이런 식으로 손해를 보았습니다.

▌시가보다 행사가격이 지나치게 높고 만기가 너무 짧은 외가격 옵션에 투자했기 때문입니까?

행사가격이 시가보다 너무 높아서가 아니었습니다. 만기까지 여유가 충분하지 않았다는 점이 문제였습니다. 시장의 평균 상승기간과 상승률에 대해 깊게 연구하기 전이어서 실수를 저질렀습니다. 1976년 연구를 마치고 나서야 두 번째 상승이 연장되는 특징이 있다는 사실을 알았죠. 1976년 이후에 투자했다면 1월 만기 대신 4월 만기 옵션을 샀겠죠. 하지만 1974년에는 시장이 확률적으로 어떻게 움직이는지에 대한 지식이 충분하지 못했습니다.

▌그 뒤 다시 어떻게 투자하셨습니까?

1975년 2월 다시 투자해 많은 수익을 올렸습니다. 하지만 선뜻 투자하기가 아주 어려웠습니다. 가격이 1월 옵션 만기 때보다 훨씬 높았기 때문이었습니다.

▌도대체 선생님께서 분석하신 평균 상승기간 통계치가 무엇인지 모르겠습니다. 1982년부터 인터뷰하고 있는 지금(1991년 4월)까지 시장은 9년째 오르고 있습니다. 이는 선생님께서 말씀하신 평균 상승기간을 훨씬 뛰어넘는 기간 아닙니까? 고점을 찍는 시점을 너무 빨리 잡았다고 생각하지 않으십니까?

저는 전혀 다른 각도에서 바라보았습니다. 제 분석으로는 강세장이 1982년에 시작해 1983년 11월에 끝났습니다.

▌그렇다면 강세장들을 객관적으로 어떻게 분류하십니까?

상승 추세를 어떻게 정의해야 할까요? 상대적으로 큰 하락세까지 고려해 정의해야 합니다. 두 번 출렁이면서 내려간 약세장은 1983년 6월부터 1984년 7월까지 이어졌습니다. 이처럼 꽤 큰 하락세를 제외하면 곤란합니다. 저는 적어도 6개월에 걸쳐 15퍼센트 넘게 하락해야 약세장이라고 정의합니다. 1983년 6월 꼭지부터 1984년 7월 바닥까지의 하락세는 이 두 조건을 충족했습니다. 따라서 제 기준으로는 1984년 7월부터 나타난 상승세가 새로운 강세장의 시작이었습니다.

▌선생님의 분석에 따르면 1984년 7월에 시작한 강세장이 언제 끝났습니까?
1989년 10월에 끝났다고 생각합니다. 이는 1896년 이래 두 번째로 긴 강세장이었죠. 이 강세장은 1987년 8월에 끝났다고 할 수 없습니다. 그때는 하락세가 3개월밖에 이어지지 않았기 때문입니다. 하락폭은 엄청나게 컸지만 고점에서 바닥까지의 기간이 6개월을 넘어야 한다는 조건을 충족하지 못했습니다.

▌자금을 관리하는 특별한 비결이 있습니까?
네, 저는 가격이 오르내리는 기간과 폭으로 위험을 관리합니다. 이를테면 시장이 대략 107일 만에 20퍼센트 넘게 오르면 더 오를 것이라고 확신해도 전체 자금 가운데 50퍼센트까지만 투자합니다. 역사적 평균 상승기간과 폭을 넘었기 때문입니다.

▌다시 말해 위험 정도에 따라 투자 규모를 조절하시는군요. 특별한 손절 기준이 있습니까?
위험을 관리할 수 있도록 손실 한도를 늘 미리 정해놓습니다.

▌'미리 정해놓는다'는 말씀은 투자하기 전부터 어느 수준에서 빠져나올지 정한다는 뜻입니까?
맞습니다. 이 원칙이 왜 중요한지 예를 들어 설명하겠습니다. 브로커로부터 매매 권유 전화를 받는 경우를 생각해보죠. 브로커가 전화합니다. "고객님, 믿을 만한 소식통에 따르면 XYZ가 합병된다고 합니다. 지금 주가가 20달러인데 합병되면 60달러까지 오를 수 있습니다." 이런 전화를 받은 투자자가 주식을 삽니다. 하지만 2주 뒤 주가가 18달러로 떨어지죠. 잘못 투자한 듯싶지만 손절하지 않고 원금만 되면 빠져 나오겠다고 마음먹습니다. 한 주 더 지나 주가가 17달러로 내려가자 슬슬 불안해지기 시작합니다. 그래서 다음과 같이 다짐합니다. "반등하면 나올 테야." 일주일이 또 지나 15달러로 미끄러지자 마진 거래를 한 이 투자자는 원금 절반을 잃었다는 사실을 깨닫습니다. 이틀 뒤 다시 14달러로 밀리자 절망한 나머지 전화기를 붙들고 외칩니다. "무조건 팔아주세요." 주문은 바닥인 13달러에 체결됩니다. 많이 듣던 이야기죠?

이 과정에 드러난 투자자 심리상태를 살펴보겠습니다. 처음에 투자자는 돈을 쉽게 벌 수 있다는 유혹에 빠졌습니다. 그러나 주가가 18달러로 떨어졌을 때 뭔가 잘못되었다고 느꼈습니다. 그리고 17달러로 내려가자 슬슬 불안해지기 시작했습니다. 15달러로 미끄러졌을 때에는 공포에 휩싸였습니다. 끝내 주식을 처분했을 때에는 아이러니하게도 원금의 70퍼센트를 날렸는데도 안도의 한숨을 내쉽니다. 이 과정을 보면 투자자가 전혀 이성적으로 대응하지 않고 감정에 휩쓸렸다는 사실을 알 수 있습니다. 투자하기 전에 어느 선에서 빠져나올지 계획하면 감정에 휘둘리는 일을 막을 수 있습니다.

▎지난 수년 동안 손절 지점을 미리 정하고 투자하셨습니까?

이 업계에 발을 들여 놓기 시작할 때부터 늘 그랬습니다. 투자하기 전에 빠져나와야 하는 가격을 미리 해놓습니다.

▎손절할 때 마음이 흔들리시나요?

아닙니다. 손절한다고 마음이 흔들리는 일을 결코 없습니다. 평가손실이 적을 때에도 손절합니다.

▎마음이 흔들린 경우가 전혀 없었다고요? 위험관리 원칙에서 벗어난 적은 있습니까?

네, 1984년 11월에 한번 있었습니다. 결국 100만 달러를 잃은 아주 기억에 남는 투자였죠. 그때 연방준비제도이사회가 돈을 풀고 있어서 저는 강세장이 이어질 것이라고 확신했습니다. 그런데 의회가 세법을 바꾼다는 소문에 시장이 밀리기 시작했습니다. 그렇지만 세법이 바뀌어도 세수 규모는 바뀌지 않는다는 기사가 나오자 매수하기로 마음먹었습니다. 돈을 많이 벌고 있을 때 더욱 더 많이 투자하는 스타일인 저는 그해 그 시점까지 수익을 아주 많이 올리고 있던 터라 엄청나게 많이 투자했습니다. 온갖 옵션을 매수해 거래 현황이 노트 두 페이지를 꽉 채울 정도였습니다. 작게는 100계약부터 크게는 2,000계약까지 샀습니다.

세법이 개정되면 전체 세수는 바뀌지 않지만 사실 기업이 내는 세금은 늘어나고 개인이 내는 세금은 줄어든다는 사실을 몰랐습니다. 누구든 주식을 살 때 기업으로부터 돈을 빼앗아가는 계획을 좋아할 리 없겠죠. (그는 이 말을 하며 웃었다).

주가 하락 나흘째 제가 틀렸다는 사실을 깨달았습니다. 빠져 나와야 한다고 생각했습니다. 하지만 주가는 하염없이 미끄러지기만 했습니다. 결국 하락 엿새째 처분했습니다. 나흘째 털고 나왔다면 손실은 절반 정도로 줄었을 것입니다.

▌손절 원칙이 있지 않았습니까?

네, 있었습니다. 원칙대로 했다면 나흘째 빠져 나왔겠죠.

▌원칙을 어기셨군요?

네, 그렇지만 시장이 더 오를 것이라고 기대해서가 아니었습니다. 지나치게 떨어졌다고 판단했기 때문입니다. 빠져 나오려고 계획은 하고 있었지만 반등할 때까지 기다렸다는 점이 문제였습니다.

▌끝내 시장이 바닥일 때 빠져 나오셨나요?

아닙니다. 사실 시장이 9일 내내 미끄러졌습니다.

■ 이 경험에서 어떤 교훈을 배우셨습니까?

세법이나 다른 법 개정으로 상황이 불확실해질 때마다 바로 빠져 나옵니다. 시장은 늘 확실해질 때까지 옆걸음질치죠.

■ 널리 사용할 수 있는 일반적 교훈이 있나요?

네, 자금을 모두 투자한 뒤에는 바로 수익을 올려야 합니다.

■ 이를 테면 포지션 규모가 클 때에는 가격이 바라던 방향으로 바로 움직이지 않으면 투자 규모를 줄여야 한다는 뜻인가요?

맞습니다. 많이 투자할 때에는 손절에 관해 촉각을 곤두세워야 합니다. 매매를 시작할 때 제 목표는 돈을 많이 버는 일보다 계속 매매하는 것이었습니다. 이 둘은 차이가 아주 큽니다. 돈을 다 잃어 매매를 할 수 없으면 결코 돈을 벌 수 없으니까요. 그래서 많이 투자할 때에는 특히 조심해야 합니다.

■ 기억에 남는 투자 사례가 또 있습니까?

1985년인지 1986년인지 가물가물합니다만 옵션 만기일에 있었던 일입니다. S&P지수와 OEX지수 사이의 차이 때문에 대규모 매수세가 들어올 것이라고 확신했습니다. 그때 MMI(Major Market Index)지수가 대략 349포인트였습니다. 행사가격이 355포인트인 콜옵션 4,000계약을 0.125달러에 사고, 350포인트인 콜옵션 5,000계약을 1.75달러에 매수했죠.

장 마감 30분 전인 3시 30분 즈음 시장이 오른 덕분에 행사가격이 355포인트인 옵션은 2달러로, 350포인트인 옵션은 5.5달러로 폭등했습니다. 그때 행사가격이 350포인트인 옵션 500계약을 팔아 원금에 이익까지 챙기고 나머지는 여유롭게 그냥 두었죠. 그런데 느닷없이 월스트리트의 대형 금융기관이 엄청나게 팔아치우는 바람에 시장이 고꾸라졌습니다. 남아 있던 포지션은 만기가 30분 밖에 남지 않은데다 외가격 옵션(시장가격이 행사가격보다 불리한 경우)이었기 때문에 사려는 사람이 아무도 없었죠. 결국 시장이 곤두박질친 채로 끝났습니다.

장 마감 후 마이클스윈이라는 술집에 들러 바텐더에게 했던 말이 떠오릅니다. "술 좀 주세요. 한 시간 전까지만 해도 80만 달러를 벌 수 있었는데 끝내 10만 달러밖에 벌지 못했습니다."

▎운용 내역을 보니 1980년대에 꽤 많은 자금을 인출하셨더군요. 그렇다고 돈을 펑펑 쓰시는 분이 아니라고 알고 있습니다. 그렇다면 인출한 돈을 다른 곳에 투자하셨다는 뜻인데, 도대체 어디에 투자하셨나요? 성과가 그렇게 뛰어났는데 왜 번 돈을 재투자하지 않으셨습니까?

운용회사를 만드는 데 주로 썼어요. 트레이더를 고용해 그들에게 제가 한 대로 가르친 뒤 투자 자금을 주고 매매하도록 했습니다.

▎왜 그러셨습니까?

저 자신만을 위해 혼자 매매하기 싫었습니다. 트레이딩 업계의 맥도널드처럼 되고 싶었습니다. 물론 맥도널드같이 크게 번창하지는 못했습니다. (이렇게 말한 후 큰 소리로 웃었다.)

▎결과가 어떠했습니까?

5년간 38명을 가르쳤습니다. 이들을 하나하나 제 옆에 두고 여러 달 동안 제가 아는 모든 기법을 훈련시켰습니다. 38명 가운데 5명이 돈을 벌었습니다.

▎훈련생들을 어떻게 선발하셨나요?

과학적 방법을 써서 선발하지는 않았습니다. 기본적으로 얼핏 보기에 매매를 잘할 듯싶으면 뽑았습니다. 뽑힌 사람들의 배경은 서로 매우 달랐습니다.

▌지능과 매매를 잘하는 일 사이에는 상관관계가 있다고 생각하십니까?

물론입니다. 하지만 생각만큼 긴밀하지 않습니다. 예를 들어 제가 골랐던 사람 가운데 고등학교 중퇴자도 있었습니다. 저는 분명 그가 알파벳도 모른다고 생각했지만 그 친구는 수익을 엄청나게 많이 낸 다섯 사람 가운데 한 명입니다.

▌그를 왜 뽑으셨나요?

그는 아메리칸거래소에서 제 전화를 받아주던 친구였습니다. 아주 적극적이고 재빨랐죠. 베트남 전쟁 때 옆에서 수류탄이 터지는 바람에 췌장에 파편이 박히는 아픔도 겪었습니다. 그 경험 때문인지 걸핏하면 불안해했습니다. 매매할 때에도 수익보다 손실에 더욱더 민감했습니다. 한마디로 잽싸게 손절했습니다.

그와는 정반대로 천재도 있었습니다. IQ가 180인 이 친구는 〈제퍼디〉라는 퀴즈 프로그램에 출연해 문제를 모두 맞힌 적도 있었습니다. 하지만 매매하던 5년 내내 한 푼도 벌지 못했습니다.

지식만 전수해서는 매매를 잘하도록 만들 수 없다는 사실을 깨달았습니다. 매매에서 성공하려면 감정을 잘 다뤄야 합니다. 돈 버는 일과 지능은 아무런 관계가 없습니다. 월스트리트에 똑똑한 사람이 얼마나 많은지 생각해보세요. 지능이 가장 중요하다면 매매로 돈을 번 사람이 즐비하겠죠.

▌지능이 매매에서 성공하는 데 걸림돌이 될 수 있다는 의미처럼 들리기도 합니다. 왜 그런지 설명해주시겠습니까?

하버드대학을 수석으로 졸업한 천재가 있다고 가정해봅시다. 최고 투자회사에 들어가 1년 동안에 500만 달러를 받아 운용한다고 해보죠. 이때 이 친구는 어떻게 생각할까요? 십중팔구 자신이 아주 똑똑하니 잘 운용할 수 있다고 여기겠죠. 그런데 실제로 투자했는데 시장이 예상과 반대방향으로 움직이면 어떻게 반응할까요? '내가 옳아'라고 생각합니다. 왜 그럴까요? 이제까지 살면서 하는 일마다 자기 뜻대로 이루어졌기 때문입니다. 그래서 자기가 시장보다 더 똑똑하다고 생각하죠.

매매에서 성공하려면 실수를 받아들일 줄 알아야 합니다. 아주 영리한 사람들은 실수를 많이 저지르지 않습니다. 보통 그들이 옳게 판단한다는 뜻이죠. 하지만 매매에서는 잘못을 기꺼이 받아들이는 사람이 성공합니다.

매매만큼 잘못했을 때 실수를 인정해야 하는 직업은 거의 없습니다. 예를 들어 중요한 재판을 하루 앞두고 여자 친구와 밤늦게까지 논 변호사가 있다고 해봅시다. 이튿날 졸리기도 하고 제대로 준비하지 못한 이 변호사는 재판에서 졌어요. 그때 의뢰인에게 다음과 같이 말할까요? "죄송합니다. 지난 밤 밖에서 너무 오랫동안 있었습니다. 몽롱하지만 않았다면 재판에서 이겼을 것입니다. 여기 돈을 돌려드리겠습니다." 결코 이렇게 말하지 않겠죠. 늘 핑계거리를 찾습니다.

아니면 다음과 같이 말하겠죠. "최선을 다했습니다만 배심원들이 공정하지 못했습니다." 이렇게 자신의 잘못을 결코 인정하지 않습니다. 자신 이외에는 진실을 아는 사람이 아무도 없을 테니까요. 사실 진실을 잠재의식 속에 꼭꼭 숨겨 자기가 잘못해 재판에서 졌다는 사실을 받아들이지 않습니다.

매매에서는 실수를 숨길 수 없습니다. 계좌잔고가 그날그날 성과를 그대로 드러내기 때문입니다. 손실을 아주 극단적인 사건 탓으로 돌리려는 트레이더는 실수에서 결코 교훈을 얻지 못합니다. 트레이더에게 자기 합리화는 실패로 가는 지름길입니다.

▎**훈련생들을 가르칠 때 얼마씩 주셨습니까? 그리고 얼마를 잃었을 때 매매를 그만두게 하셨나요?**

대부분 2만 5,000달러에서 5만 달러로 시작하도록 했습니다. 드물게 처음부터 25만 달러를 준 경우도 있었죠. 돈을 다 잃으면 매매를 그만두었죠. (그가 웃음을 지었다.) 자포자기했기 때문에 따로 해고할 필요가 없었습니다.

▌훈련생들에게 가르친 결과 결국 돈을 잃었습니까?

아닙니다. 38명 가운데 성공한 5명이 벌어들인 이익금이 나머지 훈련생들이 날린 돈보다 더 많았기 때문입니다. 불행히도 이 다섯 사람 모두 돈을 정말 많이 버는 바람에 그만두었습니다. 처음에는 미처 생각하지 못했던 일이었습니다.

▌하지만 결국 돈을 버셨잖아요.

그렇지만 들인 공을 생각하면 꼭 그렇다고는 할 수는 없습니다. 다시 할 생각은 결코 없습니다.

▌가르친 훈련생 대부분 돈을 잃은 까닭이 무엇이라고 생각하십니까?

한마디로 감정을 잘 다스리지 못했기 때문입니다. 매매 결정을 내릴 때 감정을 개입시키지 않는 능력이 모자랐습니다. 다이어트를 예로 들어 설명하겠습니다. 사람들 대부분 어떻게 하면 몸무게를 줄일 수 있는지 잘 압니다. 다시 말해 체중을 줄이려면 운동을 하고 지방 섭취량을 줄여야 한다는 사실쯤은 누구나 알죠. 하지만 몸무게를 줄이려는 사람들 대부분 실패하고 맙니다. 왜 그럴까요? 그 이유는 자신을 다스리지 못하기 때문입니다.

▌물론 그럴 일은 결코 없겠지만 훈련생 교육 프로그램을 되풀이하신다면 성공할 수 있는 후보를 더욱더 잘 뽑을 수 있다고 생각하십니까?

네, 다시 한다면 심리적 특징을 토대로 뽑을 것입니다.

▌구체적으로 어떤 특징이 있는 사람을 찾으시겠습니까?

기본적으로 실수를 받아들이고 서둘러 손절하는 능력을 갖춘 사람을 찾겠습니다. 사람들 대부분 돈을 잃으면 자존심에 상처를 입었다고 생각합니다. 그 결과 손절을 미루죠. 더불어 손실을 인정하지 않으려고 온갖 핑곗거리를 찾습니다. 마음속으로만 손절하려 하지만 실행에 옮기지는 못하죠. 그리고 결국 미리 짰던 손절 계획을 버립니다.

▌사람들이 시장에 대해 가장 잘못 생각하고 있는 점이 무엇이라고 생각하십니까?

주식을 사서 오랫동안 들고만 있으면 늘 돈을 벌 수 있다고 생각하는 점이 가장 큰 문제라고 생각합니다. 구체적으로 예를 들겠습니다. 1896년 바닥과 1932년 저점 사이에 주식을 샀다면 돈을 벌지 못했습니다. 다시 말해 주식을 사서 36년 동안이나 보유해도 돈을 잃었죠. 이는 기회비용을 포함하지 않았습니다. 최근 예를 들자면, 1962년 바닥과 1974년 저점 사이에 산 사람도 돈을 잃었습니다.

어떤 일이 한번 일어나면 그 일이 다시 일어날 수 있다고 봐야 합니다. 사실 저는 어떤 일도 생길 수 있다고 생각합니다. 하지만 전에 벌어진 일이면 분명 다시 벌어질 수 있죠. 1929년부터 1932년까지 주식시장이 94퍼센트나 폭락했습니다. 사실 최근에도 비슷한 일이 일어났죠. 1973~1974년 사이 니프티 우량 종목 50개가 평균 75퍼센트나 추락했습니다.

▌생각보다 훨씬 더 무서운 약세장이 올 수 있다는 말씀이신가요?

그렇습니다. 주식을 사서 오랫동안 들고만 있다가는 망할 수도 있습니다.

▌시장이 80~90퍼센트 폭락할 때에는 선생님께서 밝혀내신 평균 지속기간과 등락폭은 쓸모 없어지지 않을까요?

전혀 그렇지 않습니다. 제가 사용하는 통계 분석은 여러 도구 중 하나에 지나지 않습니다.

▌연이어 돈을 잃을 때에는 어떻게 대응하십니까?

누구든 투자할 때마다 예측이 빗나가는 때가 있습니다. 저는 예상이 잘 들어맞을 때에는 더욱더 많이 투자합니다. 반대로 돈을 잃기 시작할 때에는 투자 규모를 줄이죠. 계속 손실을 기록하는 동안에는 할 수 있는 한 손해를 최소화해야 하기 때문입니다. 손실이 클 때에는 늘 보수적으로 대응합니다. 돈을 잃는 달에는 늘 조금만 투자합니다. 전체 자금의 1퍼센트만 투자할 때도 있습니다.

연이어 손실을 기록하면 논픽션 책을 즐겨 읽으며 새로운 무엇인가를 배웁니다. 그러면 두 가지 면에서 좋죠. 첫째도 매매를 잠시 잊을 수 있습니다. 둘째도 지식이 늘어 자부심도 커집니다. 무엇인가 긍정적인 일을 해야 합니다.

▎시장을 거들떠보지도 않을 때도 있으십니까?

네.

▎얼마 동안이나요?

한두 달까지 떠나 있는 때도 있습니다.

▎그렇게 오랫동안 떠나 있는 습관이 좋다고 생각하십니까?

물론입니다. 앉아서 계속 돈을 잃을 수는 없습니다. 그러면 자신감만 떨어지기 때문이죠.

▎어떻게 다시 매매를 시작하십니까?

어느 날 타이콥이 왜 슬럼프에 빠지지 않는지 질문받은 적이 있었습니다. 그는 슬럼프에 빠질 듯싶으면 억지로 잘 치려 하지 않고 일부러 데드 볼을 맞으려 했다고 합니다. 이를 매매에 빗대어 설명한다면, 슬럼프에 빠지면 자신감을 회복할 때까지 참고 기다리며 조금씩만 거래해야 한다는 뜻입니다. 이때는 돈을 많이 벌려 하지 말고 올바르게 결정함으로써 자신감을 되찾는 일을 목표로 삼아야 합니다.

▌투자하는 사람들 대부분 돈을 잃는 까닭은 무엇일까요?

누구나 다 아는 흔한 말이지만 사람들이 금융시장에서 돈을 잃는 가장 큰 이유는 재빨리 손절하지 않기 때문입니다. 이 규칙을 보여주는 책을 아무리 많이 읽어도, 이 조언을 해주는 전문가가 아무리 많아도 신기한 인간 본성 때문에 늘 똑같은 실수를 저지릅니다.

▌사람들이 저지르는 실수에는 또 무엇이 있나요?

매매를 업으로 생각하지 않습니다. 늘 저는 트레이딩을 사업으로 여깁니다.

▌그렇다면 사업 계획은 무엇이십니까?

저는 매매라는 사업에서 목표를 3단계로 정했습니다. 가장 중요한 첫째 목표는 원금을 지키는 일입니다. 매매를 처음 시작할 때 이렇게 묻지 않습니다. "얼마나 벌 수 있을까?" 대신 다음과 같이 질문합니다. "손실을 얼마까지 견딜 수 있을까?" 둘째, 쌓인 손익에 따라 위험 수준을 조절함으로써 돈을 꾸준히 벌려고 애씁니다. 돈을 많이 버는 일보다 꾸준함을 유지하는 일이 훨씬 더 중요합니다. 셋째, 두 가지 목표를 이룬 다음에는 뛰어난 수익을 거두려고 노력합니다. 오로지 수익을 거둘 확률이 높을 때에만 투자 규모를 늘리죠.

다시 말해 최근 수익을 엄청나게 올렸다면 더욱더 많이 투자함으로써 이익을 더 많이 내려고 노력합니다. 물론 시장이 예상대로 움직인다는 전제입니다. 재산을 쌓으려면 원금을 지키고 엄청난 수익을 올릴 수 있는 기회가 나타날 때까지 참고 기다리는 자세가 중요합니다.

▌그래프를 분석해 투자하는 사람들에 대해 어떻게 생각하십니까?

저는 기본적 분석으로 돈을 엄청나게 벌었기 때문에 기본적 분석가들처럼 기술적 분석을 무시하지는 않습니다. 하지만 시장을 제대로 분석하고 매매하려면 기술적 분석만으로는 충분하지 않습니다.

1974년 어느 날 기술적 분석가 한 사람이 제게 다가와 기술적 분석을 하면 투자 수익률을 더욱더 올릴 수 있다고 설득했습니다. 그 말에 넘어가 일주일에 125달러를 주기로 하고 그를 고용했습니다. 더불어 그가 추천한 대로 투자해 수익을 거두면 수익금도 일부 떼어주기로 했습니다. 사실 그 친구는 아주 부지런했습니다. 하루 16시간씩 일하면서 제가 지금도 이해할 수 없을 만큼 복잡하게 그래프를 분석했습니다. 하지만 구체적으로 언제 사고팔아야 하는지 물으면 제게 그래프를 보여주면서 이렇게 말했습니다. "이 주식은 곧 꼭지를 찍을 듯합니다." 사야 하는지 팔아야 하는지 물으면 똑바로 대답한 적이 결코 없었습니다. 그 친구가 늘 소매가 해진 셔츠를 입고 참치 샌드위치 도시락을 싸 왔다는 기억밖에는 떠오르지 않습니다.

▌그래프도 분석해 활용하십니까?
네, 그렇지만 간단하게 사용합니다. 3단계로 이루어진 중요한 추세 변화를 분석할 때 주로 사용하죠. 상승장에서 꼭지를 집어내는 경우를 예로 들겠습니다. 상승 추세선이 꺾이는 곳까지가 추세 변화 1단계입니다.

▌제 경험으로는 추세선이 특별히 믿을 만하지는 않았습니다.
추세선을 정확히 긋는 일이 중요합니다. 사람들 대부분 추세선을 틀리게 긋습니다.

▌어떻게 하면 추세선을 올바르게 그릴 수 있습니까?
상승 추세선을 그릴 때에는 가장 아래쪽 저점과 꼭지 바로 밑에 있는 가장 위쪽 저점을 이어야 합니다. 이때 두 점을 연결한 선이 가격 그래프에 닿지 않도록 주의해야 합니다.

▌말씀 도중 끼어들어 죄송합니다. 중요한 추세 변화를 분석하실 때 3단계로

구분한다고 하셨는데 나머지 두 단계는 무엇입니까?

일단 오르던 가격이 추세선을 하향 돌파하면 최근 고점을 다시 넘어서려는 시도가 실패하는지를 살핍니다. 이런 실패는 직전 고점을 다시 상향 돌파하지 못하고 꺾이는 모양으로 나타나거나 다시 최근 고점을 살짝 위로 뚫었다가 되밀리는 모습을 보이기도 합니다. 가격이 최근 고점을 돌파한 뒤 다시 밑으로 돌아서면 직전 고점 돌파 시도가 실패했다고 단정할 수 있습니다. 추세 전환의 마지막 세 번째 단계는 최근 저점을 하향 돌파할 때 완성됩니다.

▎두 번째 단계인 직전 고점 상향 돌파 시도가 실패하는 경우는 최근 고점에 미치지 못하고 꺾이는 모양과 바로 전 고점을 살짝 위로 뚫은 뒤 다시 밀리는 모습을 보인다고 말씀하셨습니다. 이 둘 중 직전 고점을 살짝 상향 돌파한 뒤 다시 아래쪽으로 돌아서는 형태가 더욱더 믿을 만합니까?

실제 그렇습니다. 사실은 종종 이 모양 하나만으로 꼭지나 바닥을 정확히 집어낼 수 있습니다. 저는 이런 형태의 돌파 시도가 가장 신뢰할 만한 중요한 그래프 패턴이라고 생각합니다. 때때로 이런 유형의 돌파 시도 실패가 중요한 추세 전환을 알리는 신호인 이유는 거래소 안의 역학 구조와도 관련이 있습니다. 이런 패턴은 크고 작은 추세 전환에 모두 적용됩니다.

　　스톱 주문이 특정 가격대에 몰려 있을 때에는 거래소 내 트레이더들이 이 정보를 안다고 간주해야 합니다. 가격이 고점 바로 위에 엄청나게 몰려 있는 매수 역지정가 주문 지점에 다가서면 객장 안 트레이더들이 매수하려는 경향이 있습니다. 반대로 가격이 저점 바로 밑에 쏠려 있는 매도 역지정가 주문 지점에 이르면 파는 특징이 있죠. 이들은 엄청나게 쌓여 있는 스톱 주문이 체결되는 순간 가격이 살짝 더 뻗어가는 점을 활용해 이익을 챙기려 합니다. 즉 가격이 더욱 뻗어나가는 순간을 활용해 포지션을 재빨리 청산함으로써 수익을 올리죠. 결국 엄청나게 밀집된 스톱 주문이 실행되면 객장 안 트레이더들에게는 유리해집니다.

가격이 이전 고점이나 저점을 돌파할 만한 타당한 이유가 있는 경우에는 가격이 더욱 뻗어나가는 경향이 있습니다. 그렇지만 거래소 내 트레이더들의 움직임 때문에 신고가나 신저가를 경신하는 경우에는 스톱 주문이 체결된 뒤 가격이 이전 고점 아래로 밀리거나 이전 저점 위로 반등하는 특징이 있죠. 사실 스톱 주문이 체결되는 순간은 시장이 마지막 숨을 몰아쉬는 때라고 할 수 있습니다.

방금 말씀드린 현상은 공개 호가 방식을 사용하는 선물시장에서도 똑같이 일어납니다. 하지만 스페셜리스트들이 시장을 조성하는 주식거래소 같은 곳에서도 비슷한 일이 벌어지죠. 스페셜리스트들은 한 개나 여러 종목을 맡아 거래가 원활하게 이루어질 수 있도록 시장을 조성합니다. 이들은 시장을 조성하는 대가로 100주마다 정해진 수수료를 받죠. 대량 주문이 체결되기 쉬운 지점으로 가격이 움직이면 분명 이들에게 유리합니다. 이 지점은 보통 직전 고점 바로 위나 직전 저점 바로 아래입니다. 시장이 조성되는 종목이 어느 가격대에 주문이 쌓여 있는지 스페셜리스트들은 미리 알고 있다는 사실을 기억해야 합니다. 선물거래소 트레이더와 마찬가지로 주식거래소 트레이더도 스톱 주문이 체결되어야 유리합니다.

제가 강조하고자 하는 점은 중요한 그래프 패턴이 거래소 안에 있는 전문가들의 행동에 기반을 둔 경우가 많다는 것입니다.

▍기술적 지표도 사용하십니까?

보조지표로 사용합니다. 주식시장에서 가장 중요한 기술적 지표는 200일 이동평균입니다. 이를 매매 결정을 내리는 유일한 지표로 사용하면 곤란하지만 다른 분석 방법에 덧붙여 사용하면 쓸모가 있습니다. 어느 연구 자료를 보니 지난 50년간 200일 이동평균을 이용해 투자한 경우 수익률이 연 18퍼센트였습니다. 단순히 사서 계속 들고 있는 경우보다 수익률이 두 배나 높았습니다.

▍경제학 관련 서적을 수백 권 읽으며 독학하셨다고 들었습니다. 순전히 지식만 쌓였나요? 아니면 실제 매매에 도움이 되는 경우도 있었나요?

경제학이나 경제사 관련 지식이 시장에서 수익을 올리는 데 쓸모 있는 경우가 많았습니다. 자칭 사회주의자라 일컫던 프랑수아 미테랑이 1981년 프랑스 대선에서 예상 밖으로 승리했을 때가 대표적 사례입니다. 미테랑은 일부 산업을 국유화하고 대규모 사회복지 프로그램을 도입한다는 공약을 내걸었죠. 미테랑이 내건 공약은 프랑화에는 아주 나쁘게 영향을 미친다는 사실을 알았습니다. 서둘러 프랑화를 매도했죠. 그때 프랑화/달러 환율은 4대1 정도였습니다. 단 3주 만에 환율이 6대1로 바뀌었을 때 포지션을 정리했습니다. 저는 이 매매로 거의 확실히 벌 수 있다고 판단했죠. 프랑화 가치는 끝내 10대1 수준까지 주저앉았습니다.

▍선생님의 가장 잘 알려진 시장 전망 중 주식시장 대폭락 한 달 전인 1987년 9월 〈배런스〉에 하신 주식시장 고점 예측인 듯합니다. 왜 주가가 곧 무너질 것이라고 확신하셨습니까?

1987년 8월까지 단 96일 만에 주가가 23퍼센트나 올랐습니다. 이는 중기적 강세장 때 나타나는 역사적 평균 상승폭과 기간이 거의 맞아떨어졌습니다. 이는 단지 조심하라는 신호였습니다. 다른 긍정적 요인들이 많았다면 시장이 더 오를 수 있었으니까요. 다시 말하자면 시장은 잭 라레인이 아닙니다. 8월 다우존스공업지수가 신고가를 경신했지만 오르는 종목보다 내리는 종목이 더 많아 약세 다이버전스가 나타났죠. 주가수익비율도 25년 최고치를 넘었습니다. 정부, 기업, 가계 부채도 사상 최고치를 기록했죠. 사실상 어느 지표로 보나 시장이 곧 곤두박질 수밖에 없는 모습이었습니다.

▍1987년 10월 19일 대폭락 때 매도하셨나요? 그렇다면 진입 시점을 정할 때 어떤 지표를 참고하셨습니까?

중요한 매도 신호가 10월 5일에 나왔습니다. 앨런 그린스펀 연준 의장이 인플레이션 공포가 금융시장을 '뒤덮는다면' 이자율을 '무서울 정도로 높게' 올릴 수 있다는 〈월스트리트저널〉 기사가 나왔을 때였습니다. 앨런 그린스펀은 자신의 우려가 타당하지 않을 수도 있다고 했지만 인플레이션 우려를 누그러뜨리기 위해 할인율을 올려야 할 수도 있다는 점도 넌지시 알렸습니다. 10월 15일 다우 이론을 분석했더니 매도 신호가 나왔습니다. 그래서 매도하기 시작했습니다.

그런데 제임스 베이커 국무장관이 독일을 비판한 발언이 결정타였습니다. 그는 독일이 경기부양 정책을 써야 한다고 촉구했습니다. 독일이 거부하자 주말에 베이커 장관이 미국은 '달러 가치를 미끄러뜨릴 수 있다'고 엄포를 놓았습니다. 저는 분명 이 발언이 10월 19일 주가 대폭락을 촉발했다고 생각합니다. 통화 가치가 얼마나 떨어질지 모르는 상황을 감당하려는 외국인 투자자는 없을 것입니다. '미끄러뜨릴' 수 있다는 말이 무슨 뜻일까요? 5퍼센트? 10퍼센트? 20퍼센트 내린다는 뜻일까요? 도대체 얼마나 떨어뜨린다는 의미일까요? 달러표시 증권을 들고 있던 투자자들은 '미끄러뜨릴' 수 있다는 말의 뜻을 정확히 알기 전까지 달러 증권을 팔겠죠.

그때 저는 달러가 얼마나 절하될지 모르는 상황이었기 때문에 주식시장이 폭락할 것이라고 확신했습니다. 월요일 아침 다우존스지수가 전일 종가 대비 200포인트나 낮게 시작했는데도 매도 규모를 늘렸습니다.

▌**1989년 시장이 급락했을 때에도 매도하셨다고 알고 있습니다. 1987년과 비슷하게 분석하셨습니까?**

맞습니다. 1989년 10월까지 시장이 200일 동안 조정 없이 오르기만 했습니다. (빅터 스페란데오는 15일 이상 하락하는 경우를 조정으로 간주했다.) 이는 역사적 평균 상승 기간인 107일을 훌쩍 넘는 기간이었습니다. 더군다나 시장이 24퍼센트나 올랐습니다. 과거 사례를 분석해보니 그 정도로 올랐던 여덟 차례 가운데 일곱

번은 오르기 전 가격 밑으로 되밀렸습니다. 한마디로 상승 추세를 이어갈 확률이 아주 낮았죠. 끝내 매수 포지션을 정리하고 폭락 신호에 맞춰 잘 대응했습니다. 통계적으로 봤을 때 당시 시장은 87세 노인 같았습니다.

▌마지막으로 조언 한마디 부탁드립니다.

트레이딩을 하려면 엄청난 열정과 노력이 필요합니다. 그렇지만 평생 매매만 하며 살 수는 없죠. 때로는 쉬어야 합니다. 사랑하는 사람과 함께 시간을 보내며 균형 있게 살아야 합니다.

제가 과거 주가지수 추이를 밤낮으로 분석할 즈음 딸 제니퍼는 유치원에 다니고 있었습니다. 그 시기는 아이 발달에 아주 중요할 뿐만 아니라 부모가 놀아주기에 딱 적당한 시기죠. 하지만 불행히도 저는 프로젝트에 몰두한 나머지 집에 돌아와 저녁식사를 마치면 곧장 연구에 매달렸습니다. 딸이 가끔 제게 다가와도 짬을 내지 못했습니다. 지금도 후회할 만큼 큰 실수였습니다.

어떤 트레이더는 평생 매매만 합니다. 이들은 돈을 벌겠지만, 그를 위해 더욱 폭넓고 만족스러우며 균형 있는 삶을 희생할 수밖에 없습니다.

어쨌든 매매에서는 확률이 가장 중요하다. 이길 확률이 높지 않으면 결국 돈을 잃는다. 참가비를 내야 하는 게임과 마찬가지로 주문 체결 오차가 있고 수수료까지 지불해야 하는 트레이딩에서도 확률이 절반을 넘지 못하면 끝내 돈을 잃을 수밖에 없다. 빅터 스페란데오는 보험 계리인처럼 확률을 아주 꼼꼼히 따졌다. 보험회사들이 보험 계약자를 위험 등급에 따라 분류함으로써 확률이 자신들에게 유리하도록 설계하듯, 빅터 스페란데오도 주식시장 국면을 위험한 정도에 따라 나눴다. 이를테면 주식시장이 스무 살 젊은이인지 여든 살 노인인지 구분했다.

시장 상황에 따라 투자 규모를 크게 조절한 점도 빅터 스페란데오가 성공하는 데 도움을 주었다. 새로운 추세가 나타났을 때 다른 여러 지표들도 이를 확실히 뒷받침하면 그렇지 않은 경우보다 훨씬 더 많이 투자했다. 이렇듯 확률이 아주 높다고 판단하면 운용 자금을 모두 투자했다(우연히도 블랙잭에서도 돈을 벌려면 이 전략이 꼭 필요하다. 자세한 내용은 블레어 헐 인터뷰를 참조하기 바란다). 하지만 투자 규모가 클 때에는 투자하자마자 돈을 벌 수 있어야 한다는 점을 강조했다. 그렇지 못하면 매매 규모를 바로 줄여야 한다고 했다. 자신이 바라던 방향으로 시장이 움직일 것이라고 확신했는데 결국 예측이 틀릴 때 돈을 다 날리지 않고 살아남기 위해 꼭 이렇게 해야 한다.

일반적 견해는 아니지만, 빅터 스퍼란데오는 트레이딩에서 돈을 버는 데 지능이 중요하지 않다고 여긴다. 그는 38명을 가르친 경험을 토대로 사실상 지능과 뛰어난 트레이딩 사이에 상관관계가 없다고 결론지었다. 트레이딩으로 돈을 버는 데 훨씬 더 중요한 요소는 실수를 인정하는 능력이라고 말한다. 시장을 잘못 예측한 일을 두고 자존심에 상처를 입었다고 여기는 사람은 시장이 자신이 바라는 방향과 반대로 움직일 때 십중팔구 손절하지 못한다.

주식을 사서 오랫동안 들고만 있으면 돈을 벌 수 있다는 말을 신조로 삼는 사람이 많다. 하지만 빅터 스페란데오는 이 주장이 완전히 틀렸다고 본다. 실제 그는 정말 오랫동안 보유해도 망할 수 있다는 사실을 보여주었다.

멀티마켓 플레이어

PART 5

13 | 침착함의 대명사, 톰 바소(Tom Basso)
14 | 시장의 노래에 장단 맞추기, 린다 브래드포드 라쉬케(Linda Bradford Raschke)

Chapter 13

침착함의 대명사

톰 바소(Tom Basso)

솔직히 톰 바소는 이 책을 쓰려고 인터뷰한 사람이 아니었다. 그가 올린 성과는 꾸준했지만 결코 놀라운 수준은 아니었기 때문이다. 톰 바소는 1980년부터 주식계좌를 운용하며 거둔 수익률은 연 16퍼센트로서 S&P500지수 수익률을 연 5퍼센트 정도 앞섰다. 지수보다 못한 성과를 기록하는 펀드 매니저가 대다수라는 점을 감안하면 꽤 존경할 만하지만 전설적인 수준에는 미치지 못한다. 1987년부터 지수선물을 운용하였는데, 변동성을 꽤 낮게 유지하면서 연 수익률 20퍼센트를 기록했다. 업계 평균보다는 훨씬 높지만 탁월하지는 않다. 하지만 어떤 의미에서는 톰 바소는 인터뷰한 사람 가운데 가장 성공한 트레이더라고 할 수 있다. 최근의 광고 문구를 빌려 설명하겠다. 성공을 한마디로 줄인 말이 '엄청난 돈'이라면 톰 바소는 그리 성공한 편은 아니다. 하지만 '많은 돈과 멋인 삶'이라면 그만큼 성공한 사람은 드물다.

톰 바소를 처음 만나자마자 그가 정말 편하게 매매한다는 사실에 깜짝 놀랐다. 매매하다 손해가 나도 이를 대수롭지 않게 여겼을 뿐만 아니라 감정적으로도 흔들리지 않았다. 더군다나 마음이 전혀 흔들리는 일 없이 즐겁게 매매하면서도 용케 수익도 거두었다. 이런 점에서 톰 바소보다 더 닮고 싶은 트레이더는 없었다. 그를 만난 뒤 몇 분 지나지 않아 그에 대한 이야기를 이 책에 꼭 실어야겠다고 마음먹었다. 더욱이 오로지 숫자에만 의존해 인터뷰 대상을 고른 내 판단이 현명하지 못했다는 생각마저 들었다.

톰 바소는 몬산토에서 엔지니어로 일을 시작했다. 하지만 그곳에서는 열정이 솟아나지 않아 틈나는 대로 투자 분야를 기웃거렸다. 금융시장에서 첫발을 내디딘 곳은 원자재 선물시장이었지만 얼마 지나지 않아 쓰라린 실패를 맛보았다. 선물시장에서 수익을 내기까지 오랜 세월이 걸렸지만 끝내 불굴의 의지로 성공을 거두었다.

톰 바소는 투자클럽에 들어간 뒤 우연히 기회를 잡아 1980년부터 고객의 주식계좌를 운용하기 시작했다. 1984년부터는 운용 분야를 선물시장으로 넓혔다. 선물계좌는 2만 5,000달러 계좌처럼 소액이 대부분이어서 변동성이 클 수밖에 없었다. 충분히 분산투자하고 변동성도 합리적인 수준까지 줄이려면 계좌 가입 최저 한도를 크게 올려야 한다는 사실을 깨달았다. 결국 1987년 최저 한도를 100만 달러로 올리고 이에 미달하는 소액 계좌는 모두 되돌려줬다. 톰 바소는 지금도 주식과 선물계좌를 운용한다.

톰 바소와 나는 반 타프 박사와 에이드리엔 토그레이가 주최하는 심리투자 세미나에서 만났다. 세미나는 뉴저지 뉴어크라는 왠지 투자 세미나와는 어울리지 않는 곳에서 열렸다. 인터뷰는 근처 식당에서 점심을 먹으며 진행했다.

▌첫인상이 매매를 믿을 수 없을 정도로 편안하고 즐겁게 하는 느낌이었습니다. 보통 트레이더와는 완전히 딴판이었습니다. 정말 늘 편안하고 즐겁게 매

매하십니까?

전혀 그렇지 않습니다. 아직도 처음 매매했던 기억이 생생합니다. 1975년 2,000달러로 선물계좌를 개설했죠. 옥수수 선물을 두 계약 사자마자 600달러를 잃었습니다. 속이 뒤틀렸습니다. 일에 집중할 수 없었습니다. 저는 그때 엔지니어로 일하고 있었습니다. 너무 초조하여 한 시간마다 브로커에게 전화했습니다.

▎그때 무슨 근거로 투자하셨는지 기억하십니까?

아주 드문 특정한 그래프 패턴 뒤에는 꼭 가격이 오른다는 연구 결과를 믿고 투자했습니다. 참 멍청했죠. 몇 년 뒤 선생님께서 강연에서 '표본 선택'에 대해 말씀하셨던 적이 있습니다. 선생님께서 그 표현을 쓰셨을 때 꼭 제 첫 매매 사례를 두고 하시는 말씀 같아 속으로 웃었습니다.

> 나는 톰 바소가 말하는 표본 선택 문제와 관련해 황당한 일을 겪은 적이 있다. 표본 선택 이론은 사실상 어느 시스템이든 잘 들어맞는 데이터를 집어넣으면 얼마든지 그럴싸하게 보이는 결과를 얻을 수 있다는 개념이다. 1980년대 중반 나는 어느 간단한 매매 시스템을 해부한 기사를 읽고 이 개념을 처음 알았다. 그즈음 나는 꽤 정교한 시스템을 개발하려고 온 힘을 기울이고 있었다. 하지만 놀랍게도, 적어도 분석한 기간만큼은, 간단한 그 시스템이 내가 오래 공들여 훨씬 더 세련된 시스템보다 수익률이 더 좋았다.
>
> 나는 그 기사를 빠짐없이 읽고 또 읽었다. 그 단순한 시스템은 두 가지 조건으로 이루어졌다. 나와 함께 시스템을 개발하며 온갖 프로그래밍 작업을 한 노먼 스트램과 나는 이전에 위 두 조건 가운데 하나를 테스트한 적이 있었다. 첫째 조건은 뛰어나지는 않았지만 그런대로 수익은 올릴 수 있는 매매 규칙이라고 알고 있었다. 둘째 조건으로는 수익을 거둘 확률이 아주 낮다고 판단해 테스트조차 하지 않았다. 그렇지만 기사에는 그 시스템이 정말 좋다고 나와 있었고 정말 그렇다면 우리가 거들떠보지도 않았던 둘

째 조건까지 포함해야 뛰어난 수익률이 나올 수 있으리라 판단했다.

당연한 일이지만 둘째 조건을 테스트했다. 기사에 나온 대로 성과가 탁월했다. 하지만 우연히도 테스트 기간은 전체 10년 가운데 가장 많이 오른 해였다. 더군다나 테스트한 시장도 전체 25개 시장 중 성과가 가장 뛰어났다. 그러니 시스템이 좋아 보일 수밖에 없었다. 시장이 25개이고 기간이 10년이면 조합이 총 250개가 나오는데 이 가운데 가장 좋은 표본만 골라 테스트했기 때문이다. 우연인 듯 보였으나 사실은 눈속임이 틀림없었다.

하지만 여기가 끝이 아니다. 나머지 기간에서는 수익률이 보잘것없었다. 사실 10년 전체를 테스트한 결과 25개 시장 가운데 17개 시장에서 거래비용 차감 후 손익이 마이너스였다. 그 뒤로는 매매 시스템을 설명하는 기사나 광고는 결코 믿지 않는다.

▮ 시스템을 파는 사람들이 표본 선택 문제를 안다고 여기시는지요? 아니면 선생님께서 첫 번째 매매에서 그랬듯 그들도 모른다고 생각하시는지요?

둘 다라고 생각합니다. 시스템이 쓰레기인 줄 알고 파는 사람도 있고 실제로는 좋지 않은데 쓸모 있다고 속이고 파는 사람도 있죠. 이런 식으로 자기를 기만하는 사례가 가끔 일어납니다. 과거 성과가 아주 뛰어난 시스템을 만들면 심리적으로 안정감을 주기 때문이지요. 개발자들이 과거 성과가 탁월한 시스템을 만들려는 욕심에 테스트 조건을 비현실적으로 좁히는 경우가 종종 있습니다. 문제는 미래는 과거와 똑같지 않다는 데 있습니다. 결론적으로 과거의 좋은 표본을 사용해 만든 모델은 실제는 쓸모없습니다.

산전수전 다 겪은 저는 할 수 있는 한 모델을 유연하게 만들려고 노력합니다. 멋진 영화 시나리오에나 나올 법한 사건까지 고려합니다. 예를 들어 미국 정부가 무너져 재무성 채권이 부도 난다든지, 미 달러화 가치가 하룻밤 사이에 50퍼센트나 곤두박질치는 경우도 가정합니다.

▮ 그런 극단적 상황에 대처할 수 있는 시스템을 정말 만들 수 있습니까?

굳이 그런 시스템을 개발하지는 않습니다. 하지만 극단적 시나리오가 일어났을 때 제 투자 포지션이 어떻게 영향을 받을까 상상해봅니다.

▍그렇게 하면 왜 좋죠?

일어날 수 있는 여러 상황에 대처하는 데 도움이 됩니다. 그러면 무슨 일이 벌어져도 잘 대응할 수 있습니다.

▍첫 번째 매매에서 손해를 봤을 때 초조와 불안으로 가득했다고 말씀하셨습니다. 그런데 어떻게 지금처럼 정말 평정심을 유지하는 트레이더로 발전할 수 있었습니까?

매매로 돈을 잃을 때마다 경험을 통해 하나라도 더 배우려 했고, 손실을 트레이딩 대학이라는 곳에 내야 하는 수업료라고 생각했습니다. 손실을 기록해도 무엇인가 배울 수 있다면 사실 이것은 손실이 아닙니다.

▍언제부터 그런 마음가짐으로 매매하기 시작하셨나요?

아주 초기 시절부터였습니다. 옥수수 매매 바로 뒤인 듯합니다.

▍쓸모가 있었습니까?

물론입니다. 그런 마음가짐으로 트레이딩하니까 손실이 문제로 보이지 않고 저를 한 차원 높게 끌어올릴 수 있는 기회로 보이기 시작했습니다. 그 뒤 5년 동안 차츰차츰 나아져 손실이 해마다 줄었습니다.

▍매매를 시작하자마자 5년 연속으로 손해를 기록하셨을 때 아무리 노력해도 매매를 잘할 수 없다고 생각하지는 않으셨습니까?

결코 그렇게 생각하지 않았습니다.

■ 자신 있었던 이유가 무엇입니까? 시장에서는 분명 자신감을 얻지 못하셨을 텐데요.

손실이 점점 줄면서 자신감이 생겼습니다. 손익분기점에 거의 다가섰죠. 더군다나 손실도 견딜 수 있는 수준이었습니다. 생활에 지장을 주지 않을 정도로 아주 조금만 투자했습니다.

■ 한 해 동안 정해놓은 손실 한도를 넘기는 바람에 매매를 그만두신 적이 있습니까?

그런 적은 결코 없습니다. 저는 매매를 그만두어야 할 정도로 지나치게 위험하게 투자하지 않는다는 원칙을 세워놓았습니다. 손실을 기록해도 다시 투자할 여력이 있을 정도로 위험 수준을 늘 제한합니다.

■ 트레이딩 하는 동안 가장 기억에 남는 경험 한 가지를 말씀해주시겠습니까?

매매를 시작한 뒤 4년쯤 지났던 1979년에 정말 뼈아픈 경험을 했습니다. 뉴욕 시러큐스에 살던 부모님이 저를 찾아와 일주일간 머무신 적이 있었습니다. 그때 여행 가이드를 하느라 매매를 제대로 하지 못했죠. 그런데 제가 한눈 파는 사이에 은가격이 치솟았습니다. 그 다음주에 자세히 살펴보니 제가 은 매수 신호를 놓쳤다는 사실이 드러났습니다.

■ 그즈음 트레이딩 시스템을 사용하고 계셨습니까?

네, 그때 저는 9개월 내내 그 시스템에서 나오는 신호대로 매매하고 있었습니다. 다시 말하자면 제가 은가격 움직임을 볼 수 있는 시간이 있었다면 틀림없이 시스템이 안내하는 대로 은을 매수했을 것입니다. 그 뒤 몇 개월 동안 은가격이 하늘을 찌를 듯 올랐습니다. 은 선물 한 계약당 3만 달러를 벌 수 있는 기회를 놓친 셈이죠.

▮ 그때 매매계좌 규모는 어느 정도였습니까?

5,000달러로 아주 작았습니다. 만약 은 선물을 매매했다면 계좌 크기를 6배로 불릴 수 있었습니다. 그 뒤로는 늘 어떤 시스템을 사용하든 매매 신호를 모두 잡아내려고 합니다.

▮ 매매 원칙을 세우는 데 도움을 준 의미 있는 매매 사례가 또 있으신지요?

1987년 저희 부부는 잔고가 13만 달러인 계좌 하나를 가지고 있었습니다. 우리는 은가격이 치솟았을 때 은 선물을 몇 계약 매수했습니다. 한 달 사이에 계좌잔고가 50만 달러로 솟구친 뒤 단 일주일 만에 이익의 80퍼센트를 토해내는 과정을 지켜봤습니다.

 이 매매로 감정을 다스리는 일이 매우 중요하다는 사실을 배웠습니다. 투자한 뒤 자신이 예상한 쪽으로 가격이 움직여 계좌잔고가 늘어나면 마음이 한껏 들떴다가, 반대로 움직이면 절망하기 쉽죠. 이렇듯 감정에 휘둘리면 결코 훌륭한 트레이더가 될 수 없습니다. 잔고가 늘거나 줄어드는 폭을 적절히 관리함으로써 어떤 상황에서도 평정심을 유지하는 일이 매우 중요합니다. 저는 이 매매 경험을 계기로 각 시장에 투자하는 계약 수를 감당할 수 있는 수준으로 줄임으로써 이익과 손실 한도를 제한하는 원칙을 세웠습니다. 핵심은 시장 변동폭에 맞춰 투자 계약 수를 조절해야 한다는 사실입니다.

▮ 첫 번째 질문으로 다시 돌아가겠습니다. 매매할 때 평정심을 유지할 수 있는 비결이 무엇인지 말씀해주시겠습니까?

어느 날이든 제 포트폴리오의 위험과 변동성은 하루 전, 일주일 전, 한 달 전과 똑같습니다. 늘 위험 수준이 똑같기 때문에 감정에 휘둘릴 까닭이 없죠.

▮ 시스템을 깊이 신뢰하시기 때문에 그런 평정심을 유지할 수 있다고 생각합니다.

시스템을 얼마나 믿고 마음 편히 사용하느냐가 중요합니다. 예를 들어 제 시스템을 선생님께 그대로 드리면 분명 한 달도 지나지 않아 저의 시스템을 선생님 스타일에 맞게 고칠 것입니다. 이런저런 이유로 제가 드린 시스템이 불편하기 때문이죠.

    매매 규칙을 숨긴 채 매수/매도 신호만 알려주는 블랙박스 같은 시스템을 드렸다면 문제는 더 심각해집니다. 한마디로 미쳐버립니다. 프로그램을 어떻게 짰는지 알 수 없기 때문에 이 시스템으로 매매해 연이어 돈을 잃으면 시스템을 버릴 수도 있겠죠. 그러면서 이렇게 중얼거릴 것입니다. "톰 바소는 좋은 친구야. 하지만 그럴싸한 표본만 골라 시스템을 개발했는지 어떻게 알아?"

▌시스템을 구입해 사용해도 바로 이런 이유 때문에 십중팔구 돈을 잃는다고 생각합니다. 운이 좋아 뛰어난 시스템을 구입하더라도 돈을 많이 잃는 경우가 생기면 시스템을 믿지 않습니다. 어느 시스템이든 손실을 볼 때가 꼭 있는데도 그렇게 생각합니다.

정말 맞는 말씀입니다.

▌"저는 수익도 올리고 손절도 합니다. 그렇지만 아직도 매매할 때마다 마음이 흔들리고 손해가 나면 참을 수 없습니다." 이렇게 호소하는 트레이더에게 어떻게 말씀하시겠습니까?

이런 트레이더에게는 각 매매가 앞으로 해야 할 1,000차례 매매 가운데 하나에 지나지 않는다고 생각하라고 말해주고 싶습니다. 그렇게 생각하기 시작하면 어느 순간 개별 매매가 아주 하찮게 보입니다. 한번 잃거나 버는 일이 얼마나 대수롭겠습니까? 수많은 매매 중 하나일 뿐입니다.

▌평정심을 유지하기 위해 특별한 연습을 하십니까? 아니면 이제는 완전히 컴퓨터화했기 때문에 그럴 필요가 없으신 겁니까?

정신 수양을 이전보다 훨씬 더 많이 합니다. 아침마다 출근하면서 편안한 마음을 유지하는 훈련을 하죠. 그날 일어날 수 있는 최악의 상황도 마음속으로 그려봅니다. 일터로 가면서 마음의 준비를 하고 긴장을 푸는 연습을 하면 아주 긍정적인 마음으로 하루를 시작할 수 있습니다.

▌다시 말하면 일어날 수 있는 상황을 모두 마음속으로 그려보고 어떻게 대응할지 생각해보시는군요. 그래서 실제 그런 상황이 발생해도 정신적 압박에 시달리지 않으시는군요?

맞습니다.

▌평정심을 유지하는 일이 시험대에 오른 적이 있었습니까?

최근에 벌어졌던 걸프 전쟁이 좋은 예입니다. 미국이 이라크를 공습하던 1991년 1월 16일 저녁, 저는 컴퓨터 작업을 하려고 사무실로 가고 있었습니다. 사무실에 머무르는 동안 전쟁이 터졌다는 소식이 흘러나왔고 원유가격이 40달러로 솟구쳤죠. 그때 저는 원유 매수 포지션을 아주 많이 들고 있었습니다. 그때 처음 떠오른 생각은…….

▌'내일은 굉장한 날이 되겠군'이라고 생각하셨군요.

사실 그때 언뜻 이런 생각이 들었습니다. '내일 시장이 크게 오르내리겠군. 위험을 알리는 경고음이 울릴 테니 미리 준비하는 게 좋겠어.' 그리고 집에 머물던 조지 이사에게 전화해 상황을 숙지하라고 일러두었습니다.

그가 대답했습니다. "알고 있습니다. 모든 방송에서 이 소식을 내보내고 있습니다. 아침 일찍 출근하겠습니다."

이튿날 아침 아내가 방에서 뉴스를 보고 있는 동안 저는 샤워를 마치고 머리를 말리고 있었습니다. 뉴스 캐스터가 원유가격이 22달러라고 말한 듯했습니다. 물론 그 숫자를 믿을 수 없었죠. 속으로 생각했습니다. "42달러 아닐까?

아니면 32달러일 수도 있어." 침실로 들어가 아내에게 물었죠. "캐스터가 22달러라고 말했어?"

아내가 답했죠. "미안해, 듣지 못했어."

원유 관련 뉴스가 다시 나올 때까지 기다려 원유가격이 정말 22달러라는 사실을 확인했습니다. 바로 조지에게 전화해 물었죠. "뉴스 들었나요? 우리가 훈련해온 것을 오늘 아침에 제대로 시험할 수 있겠군요."

조지와 저는 일찍 출근해 프로그램을 모두 돌려 위험 수준이 얼마인지 계산한 뒤 장이 열리기 전에 모든 주문을 냈습니다. 계획대로 척척 준비해 9시 30분까지 일을 모두 처리했습니다. 즉 모든 주문을 내 체결가격도 받았으며 새로운 포지션 규모까지 확인했습니다. 자리에 편히 앉아 안도의 한숨을 내쉬며 조지에게 물었습니다. "오늘 얼마나 잃었나요?"

"15퍼센트 정도인 듯합니다." 그가 답했습니다.

"맞아요, 저도 그 정도라고 생각했어요." 제가 맞장구쳤습니다.

잠깐 자리에 앉아 어젯밤과 오늘 아침에 벌어진 일과 우리의 대응 조치를 하나하나 되짚어보았습니다. 다르게 대처했어야 하는 일이 하나도 없다고 생각했습니다. 하룻밤 사이에 계좌잔고의 15퍼센트나 잃었는데도 이상하게도 기분이 좋았습니다.

▌모든 일을 계획대로 처리했기 때문인가요?

맞습니다.

▌전날 밤 잠자리에 들 때 원유가 여전히 40달러 위에서 거래되고 있었나요?

그렇습니다.

▌이튿날 아침 원유가격이 그보다 더 오르리라 예상하셨습니까?

물론입니다.

▎원유가격이 전날 밤 8달러 올랐다가 이튿날 아침 10달러나 떨어졌을 때 엄청나게 충격을 받으셨을 것이라고 생각합니다. 하룻밤 사이에 이익이 엄청난 손실로 둔갑한 사실을 아셨을 때 심정이 어떠셨습니까?

원유선물 한 계약이 하루에 1,000달러에서 1만 8,000달러까지 움직이는 상황을 제 프로그램이 잘 다룰 수 있을지 걱정스러웠습니다. 설레기도 하고 두렵기도 했죠. 대참사에 잘 대응할 수 있기를 바랐습니다.

▎하지만 속으로는 고통스럽거나 침울하지 않으셨나요?

그렇지 않았습니다. 고통스럽다거나 침울하기보다 잘 대응할 수 있을지가 더 궁금했습니다.

▎정말 훌륭한 자세이군요. 포트폴리오가 전날 밤 높은 수익률을 거두다가 이튿날 아침 15퍼센트 손실로 둔갑했습니다. 보통 사람이라면 엄청나게 침울했겠지요. 어떻게 평정심을 유지할 수 있으셨는지요?

멀리 내다보아야 합니다. 저는 늘 수십 년 동안 매매하겠다는 마음가짐으로 임합니다. 목숨이 붙어 있는 한 50년이든 60년이든 매매하며 살다 죽을 생각입니다. 그렇게 오랫동안 매매하다 보면 크게 손해 볼 때도 있을 것이고, 믿을 수 없을 만큼 엄청나게 수익을 올릴 때도 있을 것입니다. 또 그렇고 그런 성과를 거두는 경우도 있겠지요. 여러 충격적 상황에 대처하는 모습을 머릿속으로 그려보았다면 실제로 그런 사건이 일어날 때 생각했던 대로 잘 대응할 수 있을지 궁금해집니다.

▎머릿속으로 그려본 대로 잘 대처할 수 있을지 궁금하다는 말씀이신가요?

그렇습니다. 이전에 영화를 본 듯한 느낌과 비슷하죠. 그리고 그 영화대로 장면이 펼쳐질지 궁금합니다.

▍머릿속으로 어떻게 훈련을 하십니까?

충격적 상황을 머릿속으로 그리는 훈련은 의사가 환자를 분류하는 일과 비슷합니다. 의사가 전쟁터에 있는 임시 응급실에 있는데 부상병 수십 명이 실려왔다고 가정해봅시다. 일부는 죽을 테고 나머지는 살아남겠죠. 의사는 이런 상황에 대처하는 방법에 익숙합니다. "이 환자는 1번 수술실로 보내세요", "저 환자는 옆에 대기시키세요"라고 한 명 한 명에 대한 판단을 내리죠. 의사는 긴장하지 않고 차분하게 환자를 분류합니다. 병사를 최대한 많이 살리는 방법을 알고 있죠. 모두 살릴 수는 없지만 있는 자원을 활용해 최선을 다할 것입니다.

▍해야 할 일에만 몰두하시는군요.

그렇습니다.

▍그렇게 집중하면 쓸데없는 감정에 휘둘리지 않습니까?

그럴 수도 있습니다. 하지만 그 순간에는 감정에 휩싸일 틈이 없습니다. 이익이 나는 경우에도 마찬가지입니다.

사실 돈을 벌었다고 들뜨면 좋지 않습니다. 어느 트레이더가 감정 기복 문제를 이렇게 털어놓은 적이 있죠. "돈을 잃었을 때에는 돈을 잃었기 때문에 화가 납니다. 돈을 벌면 번 돈을 지키지 못할까봐 걱정합니다." 매매할 때 감정은 기분을 한껏 들뜨게 했다가 가라앉히는 봄과 같습니다. 봄은 우리를 설레게 하기도 하고 침울하게 만들기도 하지만 끝내 지나가죠. 결국 허탈해지고 감정에 휩싸이는 일이 쓸데없다는 사실을 깨닫습니다. 평정심을 유지하면 훨씬 더 즐겁다는 사실을 알게 될 것입니다.

▍그런 평정심을 유지하는 비결은 무엇입니까?

온통 매매 자체에만 몰두하고 결과는 크게 신경 쓰지 않습니다.

■ 자신을 제3자 관점에서 바라본다는 말씀 같군요.

고교 시절에는 급우들 앞에 나가 발표하는 일을 정말 두려워했습니다. 그야말로 다리가 후들거렸습니다. 하지만 결국 제3자 관점에서 저를 바라봄으로써 두려움을 이겨낼 수 있었습니다. 그 뒤 긴장할 때 저를 객관적으로 바라보게 되었습니다. 두려움에 떨고 있으면 스스로 이렇게 말합니다. "톰, 떨 이유가 없잖니? 긴장 풀어. 너무 빠르니 조금 더 차근차근 말해."

이를 통해 저 자신을 제3자 관점에서 바라볼 수 있는 능력이 생겼습니다. 자신이 하는 모든 행위를 객관적으로 바라보고 있으면 마치 영화를 보고 있는 듯한 느낌이 듭니다. 자신이 인생이라는 영화에 출연한 배우처럼 보이죠.

■ 자신을 객관적으로 바라보라는 조언은 일반인들에게도 해주고 싶은 말씀이신가요?

물론입니다. 적극 추천합니다. "이 매매를 하겠어"라고 생각하기보다 "내가 이 매매를 어떻게 하는지 보겠어"라고 말한다면 자기도 모르게 매매가 훨씬 쉬워집니다.

■ 자신을 제3자 관점에서 바라보면서 매매하면 왜 유익합니까?

제3자 관점에서 다음과 같이 말할 수 있기 때문입니다. "이 매매에서 돈을 벌려는 마음이 너무 앞서 있어. 자제해." 강세장과 약세장을 나타내는 지표들이 서로 혼란스럽게 뒤섞여 어떻게 해야 할지 모를 때에는 이렇게 조언하기도 합니다. "이번에는 쉬면 어떨까? 늘 매매할 필요는 없잖아."

매매뿐만 아니라 일상에서도 자신을 동떨어져 바라보라고 조언하고 싶습니다. 스트레스를 받아가면서까지 긴장하며 살 이유가 없으니까요.

■ 하지만 제3자 관점에서 자신을 바라보면 너무 초연해져 삶을 즐길 수 없을 것 같습니다.

많은 사람이 그렇게 생각합니다만 사실은 그렇지 않습니다. 인생을 오직 한 번밖에 볼 수 없는 영화라고 생각해보세요. 한번 지나친 장면은 결코 다시 볼 수 없기 때문에 영화에 푹 빠져 즐겨야 합니다.

▍스트레스를 받는 사람들에게 해주고 싶은 말씀이 있으신지요?

먼저 길게 봐야 합니다. 우주는 영원합니다. 우리가 태어나기 전에도 있었고 죽은 뒤에도 존재합니다. 그런 시각에서 보면 우리가 골머리를 앓고 있는 문제도 사실은 하찮게 보일 수 있죠. 이뿐만 아니라 우리 삶을 영화처럼 객관적으로 바라볼 수 있습니다. 비디오 대여점에서 공포 영화를 빌려 볼 때에는 공포에 떨지 않죠. 그저 영화에 지나지 않는다는 사실을 알기 때문에 스트레스를 받지 않습니다. 이처럼 자신을 제3자 관점에서 보며 살면 좋지 않을까요?

▍선생님께서는 50~60년 동안 매매한다는 자세로 임한다고 말씀하셨습니다. 정말 늙어서까지 매매할 계획이신지요? 목표로 한 돈을 번 뒤 매매를 그만두 겠다고 생각한 적이 있으십니까?

사실 몇 년 전 매매를 그만두겠다고 생각한 적이 있었습니다. 그때 아내가 물었습니다. "매매를 그만두면 무슨 일을 하려고?"

제가 대답했죠. "으음, 집에 컴퓨터와 시세 모니터를 설치하려고 해. 매매는 조금만 하고 새로운 매매 시스템을 연구하고 개발하는 데 대부분의 시간을 보낼 거야. 매일 아침 〈월스트리트저널〉이나 다른 금융잡지도 읽겠지."

제 말을 끝까지 들은 뒤 아내는 이렇게 말했습니다. "지금 하고 있는 일과 똑같네. 다른 점이라고는 휴가 때 일을 대신 봐줄 수 있는 직원이 없다는 점뿐이네."

물론 아내 말이 맞았습니다. 저는 정말 하고 싶은 일을 하고 있어서 은퇴 뒤에도 어쩔 수 없이 같은 일을 할 수밖에 없다는 사실을 새삼 깨달았습니다.

▎주로 컴퓨터 시스템으로 매매하시는데요, 매매할 때 완전히 기계적으로 하십니까, 아니면 자의적 판단도 내리시나요?

시장에 대한 제 직감은 틀릴 때보다는 맞을 때가 더 많습니다. 그렇지만 운용 결과를 살펴보았더니 제가 가장 우려하면서 봤던 매매 신호가 가장 훌륭한 신호로 드러나는 경우가 종종 있었습니다. 그래서 길게는 시스템을 의심하지 말고 따라야 가장 좋은 성과를 낼 수 있다고 생각했죠.

순전히 시스템으로만 매매하면 좋은 이유가 또 있습니다. 마음의 부담을 덜 수 있습니다. 오늘 돈을 잃어도 제 탓이 아니라 시스템 문제라고 여길 수 있습니다. 자신과 동떨어져 생각한 덕분이죠. 그 시스템을 자신이 개발한 것이라고 하면 손해를 보아도 덜 심각하게 받아들입니다. 적어도 저는 그렇습니다. 완전히 컴퓨터로 매매하면 감정에 덜 휘둘립니다.

매 순간 오르내리는 가격을 들여다볼 필요가 없기 때문에 시간도 많아져 여러 연구도 할 수 있고, 취미도 즐길 수 있습니다. 그러다 보니 삶이 더욱 행복해졌습니다.

▎지금처럼 많은 경험을 쌓은 후 매매를 처음 시작하신다면 이전에 매매를 시작하셨을 때와 어떻게 달라질까요?

이전에 처음 매매를 시작했을 때에는 제 시스템에 대해 가장 많이 걱정했습니다. 그다음으로 신경 쓴 부분은 위험관리와 변동성 관리였습니다. 마지막으로 중점을 둔 부분은 투자심리였습니다. 하지만 이제 다시 시작한다면 순서를 완전히 뒤집겠습니다. 투자심리를 가장 중요하게 여기고, 위험관리를 그다음으로 신경 쓰겠습니다. 어느 가격에 사고팔지 문제는 세 가지 가운데 가장 덜 중요하게 여기겠습니다.

《시장의 마법사들》에서와 마찬가지로 이 책에서도 되풀이되는 한 가지 교훈은 매매에서 성공하려면 감정을 잘 다스려야 한다는 점이다. 이 점은 톰 바소와의 인터뷰에서도 여러 번 강조되었다. 하지만 더욱 중요한 교훈이 있다. 인생에서 성공하려면 평정심을 유지해야 한다는 점이다. 그렇지 않으면 매매에서 성공해도 큰 희생이 따른다.

다른 일이나 매매를 하면서 걱정하거나 두려워하거나 좌절하거나 침울하거나 화를 내면, 성공하지 못한 경우에는 물론이거니와 설령 일반적 의미에서 성공했다 하더라도 무엇인가 문제가 생기기 마련이다. 매매는 즐거야 한다. 왜냐하면 매매를 하면서 나쁜 감정에 휘둘리면 돈은 벌어도 게임에서는 진 것이나 마찬가지이기 때문이다.

톰 바소는 운용 성과 면에서는 내가 인터뷰한 트레이더들 중에서 결코 뛰어난 편은 아니었다. 그렇지만 그는 내가 가장 본받고 싶은 사람이다. 기본적으로 그를 본받는다는 말은 다음과 같이 하라는 의미이다. "최고 트레이더로 발돋움하기 위해서는 원칙을 지키며 열정과 에너지를 모아 집중하라. 이렇게 하면 쓸데없는 일로 괴로워할 필요가 없어진다. 시장에서 일어나는 사건을 영화의 장면이라고 여겨라. 장기적 관점에서 옳게 판단했다면 시장이 잠깐 반대 방향으로 움직여도 크게 걱정하지 마라. 아직 초석처럼 단단한 매매 원칙을 개발하지 못했다면 손실에서 배우고 손실액을 매매 수업료라고 생각하라. 단 늘 견딜 수 있는 수준을 넘어서는 매매는 하지 말아야 한다."

'인생을 영화 보듯 하라'는 톰 바소의 충고는 사전적 의미에서 수동적이고 피상적 표현으로 보일 수도 있지만 사실은 그렇지 않다. 톰 바소 자신이 실제로 체득한 교훈이다. 톰 바소는 영화에 몰입할 때처럼 삶을 느끼고 즐기면서도 영화를 보듯 제3자 관점에서 자신을 바라볼 수 있어야 한다고 말한다. 개인적 문제에 너무 집착하지 말라는 의미이다. 우주는 내일도 존재하기 때문이다.

Chapter 14

시장의 노래에 장단 맞추기
린다 브래드포드 라쉬케(Linda Bradford Raschke)

　　린다 브래드포드 라쉬케는 매매에 푹 빠져 출산 바로 전날까지 매매를 했다. "산고를 겪는 동안에는 매매하지 않죠?" 내가 농담반 진담반으로 물었을 때 그녀가 다음과 같이 대답했다. "네 맞아요. 새벽 4시에는 시장이 열리지 않았으니까요. 하지만 딸을 낳은 지 3시간 뒤에는 매매했죠. 그날 만기인 통화선물 매도 포지션이 있었거든요. 수익을 낼 수 있는 좋은 기회라고 생각했기 때문에 만기를 익월로 연장하지 않을 수 없었죠." 말한 대로 린다 리쉬케는 매매에 관한 한 정말 진지하다.

　　린다 라쉬케는 어렸을 때부터 시장 관련 일을 하고 싶었다. 대학 졸업 후 주식 브로커로 일하고 싶었지만 뜻을 이루지 못하자 매일 아침 출근길에 퍼시픽 코스트 증권거래소에 들렀다. 이렇듯 날마다 거래소 객장에 들른 까닭은 시장에 매료되었기 때문이었지만 그녀가 하루도 쉬지 않고 거래소에 들른 덕분에 마침내 트레이더가 될 수 있는 기회가 찾아왔다. 거래소에서 일하는 어느 직원이 린다 라쉬케와 가까워져 그녀에게 옵션의 기초를 가르쳐주었다. 그리고 린다 라쉬케의 열정과 빠른 이해력에 감명받은 그 직원이 그녀에게 자금을 주고 거래하도록 했다.

린다 라쉬케는 6년간 장내 트레이더로 일했다. 처음에는 퍼시픽 코스트 증권거래소에서 일한 뒤 필라델피아 증권거래소로 옮겼다. 초기에 크게 손해 본 일을 제외하면 장내 트레이더로 일하는 동안 꾸준히 수익을 올렸다.

1986년 말 사고를 당해 어쩔 수 없이 거래소 밖에서 매매해야만 했을 때 거래소 밖에서 매매하면 훨씬 더 편하다는 사실을 알게 되었다. 그 뒤 집에서 매매하기 시작했다. 객장에서 매매하다 밖으로 나가면 첫해에 어려움을 겪는 트레이더가 많았지만 린다 라쉬케는 거래소를 떠난 해에 가장 뛰어난 수익을 올렸다. 그 뒤로도 해마다 꾸준히 수익을 거두었다.

린다 라쉬케를 처음 만났을 때 그녀의 자신만만한 태도에 감명받았다. 그녀가 늘 활력이 떨어지는 엡스타인바 증상에 시달리고 있다고 밝혔을 때 나는 크게 충격받았다. 린다 라쉬케가 털어놓았다. "제가 이곳에 올 수 있을 만큼 원기를 돋우려고 지난 나흘 동안 열심히 노력했다는 사실을 모를 겁니다." 사실 내가 린다 라쉬케 집을 방문해 인터뷰하겠다고 요청했지만, 그녀는 굳이 뉴욕까지 오겠다고 했다. 그녀가 병을 앓고 있는데도 이렇게 활달한데 병이 완치되면 어떤 모습일지 도저히 상상할 수 없었다.

린다 라쉬케는 자신을 너무 혹사한 탓에 엡스타인바 병에 걸렸다고 믿었다. 하루 종일 일한 뒤 집에 돌아와 아기도 돌봐야 했고 집을 리모델링하느라 일꾼을 부리면서도 빠지지 않고 말을 길들이고 승마를 했기 때문이라고 생각했다. 그녀는 자신의 병을 긍정적으로 받아들였다. "병을 얻은 덕분에 좋은 점도 참 많이 생겼어요. 서른다섯 전에 모든 일을 다 이루려고 애썼지만 그럴 필요가 없다는 사실을 깨달았습니다. 제 나이 이제 서른셋이니 앞날이 창창하잖아요."

처음 몇 시간은 내 사무실에서 인터뷰했다. 그 뒤 월스트리트 쪽에 있는 레스토랑으로 옮겨 이야기를 이어갔다. 저녁식사를 하며 인터뷰하는 내내 시계를 보며 서둘러 대화를 이끌어갔다. 그녀가 버스를 놓치면 네 시간을 기다려야 했기 때문이다. 린다 라쉬케는 별로 개의치 않은 듯 보였지만 그녀를 포트 오소리티 버스터미널에서 그렇게 오래 기다리게 할 수는 없었다. 터키 감옥과 같은 곳에서 네 시간을 보내기보다 훨씬 더 좋은 곳은 많다.

▌언제 시장에 발을 들여놓으셨습니까?
제 아버지는 돈을 벌지는 못했지만 매매를 정말 즐겼습니다. 네 남매 가운데 첫째였던 저에게 아버지는 주가 그래프 수백 개를 살피고 특정 패턴을 찾으라고 했습니다. 옥시덴털대학에 들어갔을 때 처음으로 시장을 직접 접할 기회가 찾아왔습니다. 해마다 학생 10명을 뽑아 익명의 기부자가 신탁한 기금을 관리하게 하는 프로그램이 있었습니다.

▌그때 시장에 대해 많이 아셨습니까?
많이 알지 못했습니다. 철저히 기본적 분석을 바탕으로 의논했습니다. 동료 가운데 누구든 아이디어를 낼 수 있었고, 대다수가 동의하면 실행에 옮겼습니다.

▌그 프로그램에 참여해 기금을 운용해보니 어떠셨나요?
엄청나게 재미있었습니다.

▌대학 졸업 후 시장과 관련된 직업을 얻었습니까?
대학을 졸업한 뒤 주식 브로커로 일하고 싶어 샌프란시스코로 갔습니다. 그곳에 있는 거의 모든 증권회사에 지원했지만 제게 관심을 보인 곳은 아무 곳도 없었습니다. 그들은 저를 하찮게 여겼습니다. 대학을 갓 졸업한 애송이로 보고 4~5년 뒤에 다시 오라는 말만 되풀이했습니다. 결국 크라운 젤러바흐라는 제 지회사에 들어가 재무담당자로 일하기 시작했습니다.

운명의 장난인 듯 제 사무실에서 두 블록만 가면 퍼시픽 코스트 증권거래소가 있었습니다. 거래소는 7시 30분에 열었고 회사 출근시간은 8시 30분이었기 때문에 매일 아침 한 시간 동안 거래소에서 보낼 수 있었죠.

▌그곳에서 무엇을 했습니까?

처음에는 거래소가 어떻게 돌아가는지 지켜보기만 했습니다. 얼마 뒤 사람들이 저를 알아보고 이것저것 설명해주기 시작했습니다. 어느 트레이더는 옵션 가격이 어떻게 결정되는지 알려주었습니다. 저는 속으로 생각했죠. '음, 나도 할 수 있겠군.' 그리 어려워 보이지 않았습니다. 사실 거래소 안에 들어가 보면 트레이더의 배경이 다양하다는 사실을 알 수 있습니다. 머리가 뛰어나지 않아도 트레이더가 될 수 있습니다. 사실 거래소 친구 가운데 가장 수익을 많이 올리는 트레이더는 서핑 광이었습니다. 정규 교육과 트레이딩 기술 사이에는 관계가 별로 없는 듯 보였습니다.

▌기웃거리기만 하다 어떻게 매매할 기회를 얻으셨습니까?

옵션 기초를 설명해주었던 친구가 제가 매매를 잘할 수 있다고 여기고 저를 도와주기로 마음먹었습니다. 그때 저는 MBA 과정을 밟으려고 경영대학원에 지원한 상태였습니다. 혼자서 고민했습니다. "경영대학원에 들어가 MBA 학위를 딸까? 아니면 거래소에서 매매할까?" 무엇을 해야 할지 결정을 내리기 쉽지 않았습니다.

▌그 사람은 무슨 근거로 선생님을 지원하기로 마음먹었나요?

저는 훈련시키고 지원할 사람을 고를 때 저를 감명시킬 정도로 관심이 많다는 점을 중요하게 여깁니다. 관심과 욕구가 충분히 강하다면 어떤 난관도 극복할 수 있습니다. 시장에 대한 제 관심이 아주 커 그의 마음이 움직였다고 생각합니다.

▌그가 운용 자금을 얼마나 지원해주었습니까?

트레이더가 다른 트레이더를 지원하는 평소 관행대로 우리는 합자회사를 세웠습니다. 저는 무한책임사원으로 그는 유한책임사원으로 참여했습니다. 그가 2만 5,000달러를 출자하고 수익금을 반씩 나누기로 했습니다.

▌매매 의사결정을 어떻게 내렸습니까?

싼 옵션을 사거나 비싼 옵션을 판 뒤 다른 옵션이나 주식으로 포지션을 헤지했습니다.

▌그때 초보였던 선생님께서는 비슷하게 거래하는 더욱 노련한 브로커들과 경쟁하기 어렵지 않으셨습니까?

어렵지 않았습니다. 1980년대 초에는 옵션시장이 믿을 수 없을 정도로 비효율적이었습니다. IQ가 100인 사람도 돈을 벌 수 있었으니까요. 거래를 시작한 뒤 3개월 만에 2만 5,000달러를 벌었습니다.

그즈음 고평가 상태인 시티서비스라는 주식의 콜옵션을 팔았습니다. 왜 고평가되어 있었느냐고요? 인수합병 후보였기 때문입니다.

▌인수합병 소식을 알고 있었습니까?

물론입니다.

▌인수합병 소문이 가격에 어떻게 반영되는지 아셨습니까?

안다고 생각했습니다. 그때 시티서비스는 32달러에 거래되고 있었습니다. 옵션을 판 뒤 만기 전까지 주가가 55달러만 넘지 않으면 문제가 없다고 생각했습니다. 하지만 불행히도 옵션 만기일 전날 오후 시티서비스 인수합병 소식이 발표되면서 주가가 34달러에서 65달러로 치솟았습니다. 느닷없이 하룻밤 사이에 8만 달러를 날렸습니다.

▎**하루 만에 자본금과 그동안 거둔 수익을 모두 잃고 3만 달러 자본잠식까지 당했군요. 자본잠식을 메울 책임은 누구에게 있었습니까?**
제게 있었습니다. 무한책임사원이었으니까요.

▎**그때 심정이 어떠했는지 기억하십니까?**
많이 비참하지는 않았습니다. 느닷없는 인수합병 때문에 훨씬 더 큰 손해를 본 트레이더도 보았기 때문입니다. 그들은 수백만 달러를 잃고도 재기했습니다. 그에 비하면 제 손실은 그리 크지 않았습니다. 더군다나 그렇게 빨리 돈을 날릴 수 있는 사업이라면 잃은 돈을 회복할 수도 있어야 한다고 생각했습니다.

▎**손실을 대수롭지 않게 넘기신 듯합니다.**
손해 본 경험을 가볍게 여기고 싶지 않았습니다. 스물두 살에 빚이 산더미처럼 쌓였다고 생각하면 끔찍했기 때문이죠. 사실 대학을 졸업할 때 빚이 1만 달러 정도 남아 있었습니다. 다행히도 다른 후원자의 지원을 받아 모든 일이 순조롭게 해결되었습니다. 아픈 경험을 극복하고 나니 앞으로 어떤 어려움이 닥쳐도 극복할 수 있다는 자신감이 생겼습니다.

▎**그 뒤 성과가 어떠했습니까?**
꾸준히 수익을 올렸습니다.

▎**왜 거래소 객장에서 매매하지 않고 사무실에서 매매하기로 마음먹으셨나요?**

1986년 말 승마하던 중 크게 다쳤습니다. 갈비뼈가 부러지고 폐에 구멍이 생긴데다 어깨까지 탈골되었습니다. 객장에 서 있기조차 힘들었습니다. 그때 처음으로 위층에 앉아 호가가 나타나는 화면을 보면서 매매했습니다. 매우 흥미로웠죠. 여러 시장과 지표를 한꺼번에 볼 수 있었기 때문입니다. 그때 점차 S&P500 주가지수선물을 매매하는 방식도 터득했습니다.

매매 스타일을 어떠십니까?

주로 단기 매매로 돈을 법니다. 때때로 장기로 매매하면서 수익을 보태죠. 저는 단기적인 가격 움직임만 정확히 예측할 수 있다고 믿습니다. 예측기간이 길수록 정확도가 급격히 떨어진다고 생각합니다. 저는 혼돈 이론을 신봉하죠.

> 혼돈 이론은 기본적으로 날씨나 시장처럼 결코 일정한 상태를 유지하지 않고 늘 바뀌는 불규칙적인 시스템에서는 변수나 측정값이 조금만 바뀌어도 넓은 기간에 걸쳐 엄청나게 영향을 끼칠 수 있다는 이론이다. 초기 조건에 따라 결과값이 크게 달라지는 이런 현상은 나비효과로 더 잘 알려져 있다. 제임스 글레이크는 《혼돈 : 새로운 과학을 만들다》라는 명저에서 이렇게 설명했다. "날씨를 예로 들어 나비효과를 설명하자면, 오늘 베이징에서 나비가 퍼덕이면 다음달 뉴욕에서 폭풍우가 몰아칠 수 있다."

두 달이면 예상할 수 없는 일이 수없이 일어납니다. 제게 가장 알맞은 매매 기간은 열흘입니다. 하지만 매매할 때마다 2~3일 만 보유한다고 생각합니다. 가격이 어느 쪽으로 움직일지 예측할 수는 있지만 얼마만큼 오르내릴지는 모릅니다. 그래서 목표가격을 설정하지 않습니다. 가격 변동폭보다는 시장의 흐름을 살피고 포지션을 처분합니다. 시장이 허락하는 만큼만 수익을 얻겠다는 마음가짐이 필요합니다. 시장이 수익을 조금만 주겠다면 작은 수익에 만족하고 미련 없이 빠져 나와야 합니다.

저는 가장 좋은 가격에 진입하기 위해 많은 노력을 합니다. 이 부분이 제

강점입니다. 단기 매매에서는 반드시 진입가격이 좋아야 합니다. 시장이 어떻게 반응하는지 살필 여유가 생기기 때문입니다. 시장이 오른다고 생각하고 샀는데 가격이 예상과 다르게 옆으로 움직이면 바로 빠져 나와야 합니다. 매매하면서 시장 상황을 살피는 일이 중요합니다. 매매 시점이 좋으면 방향이 틀려도 많이 잃지 않을 수 있습니다.

모두 공포에 떨 때 종종 훌륭한 매매 기회가 찾아옵니다. 군중은 시장에서 아주 어리석게 행동할 때가 많기 때문입니다. 시장은 균형점 위아래로 오르내리는 고무줄처럼 움직입니다. 고무줄을 세게 당겼다 놓으면 결국 제자리로 되돌아옵니다. 저는 단기로 매매하면서 고무줄이 지나치게 당겨질 때까지 참고 기다립니다.

▎시장이 한쪽으로 지나치게 쏠렸을 때를 어떻게 찾아내십니까?

저는 시장이 이틀이나 나흘마다 상대적 저점과 고점 사이에서 움직이는 패턴을 잘 활용합니다. 이런 패턴은 인간의 행동 때문에 나타납니다. 시장이 며칠 내내 오르면 정말 좋아 보입니다. 이때 대중은 사려고 달려들지만 저 같은 전문가들은 팝니다. 반대로 시장이 며칠 연속 떨어지면 사람들이 비관적으로 바뀝니다. 저는 바로 그때 삽니다.

저는 여러 지표를 살펴봅니다. 이 지표는 좋고 저 지표는 나쁘다고 생각하지 않습니다. 자기에게 맞는 지표를 찾아 잘 활용하면 그만입니다. 저는 개인적으로 틱(가장 최근 가격이 오른 주식 수와 가격이 내린 주식 수의 차이), 트린(오른 주식 수와 거래량, 내린 주식 수와 거래량을 모두 측정), 프리미엄(주가지수선물과 이론 현물지수 사이의 할증이나 할인 상태를 측정) 지표를 자세히 살핍니다. 예를 들어 틱이 지나치게 낮은 수준에서 –480, –485, –490, –495처럼 내려가다 –495, –495, –495처럼 머무르고 다른 지표에서도 과매도임이 확인되면 시장에 뛰어들어 매수합니다. 종종 이런 식으로 틱이 낮을 때 삽니다.

저는 시장이 떨어질 때 사거나 오를 때 파는 일을 전혀 두려워하지 않습니다. 물론 시장이 계속 한쪽 방향으로 움직이면 S&P500 주가지수선물에서 1포인트 넘게 손해 볼 때도 있습니다. 하지만 그런 상황에서도 기다리면 돈을 잃지 않고 빠져 나올 수 있는 수준으로 가격이 되돌아오기도 합니다. 잘못된 거래에서는 돈을 벌려고 애쓰지 말고 그저 빠져 나오기 가장 좋은 가격을 찾으려고 노력하는 일이 가장 중요합니다.

▮ 거래를 잘못했다고 판단했을 때 바로 처분하지 않으시는군요.

그렇습니다. 조금만 참으면 더 좋은 가격에 처분할 수 있는 경우가 많습니다. 제가 투자한 이유는 시장이 지나치게 한쪽으로 쏠렸기 때문에, 곧 반작용이 있을 것이라고 보았기 때문입니다. 일단 포지션을 처분하면 다시 진입하기 쉽습니다. 더 높은 가격에 다시 사면 이를 새로운 거래로 간주합니다.

▮ 언제부터 집에서 매매하기 시작하셨습니까?

거래소를 떠난 뒤 3개월이 지났을 즈음이었습니다.

▮ 거래소에서 사람들에 둘러싸여 여러 해를 보내신 뒤 집에서 홀로 매매할 때 적응하기 어렵지 않으셨습니까?

거래소를 떠난 뒤 첫 4년은 정말 좋았습니다. 방해하거나 참견하는 사람이 없었기 때문입니다. 하지만 작년부터는 홀로 매매하는 일이 지겨워지기 시작했습니다. 한마디로 외로웠죠. 낮에 다른 트레이더들에게 전화도 해보았지만 오히려 마음만 뒤숭숭해지고 생산성이 떨어졌습니다. 그래서 다른 트레이더와 사무실을 함께 쓰기도 했습니다. 아주 좋았지만 얼마 지나지 않아 그 친구가 운용회사를 차리려고 뉴욕으로 떠나고 말았습니다. 저를 도울 직원도 써보았지만 별 도움이 되지 못했습니다.

요즘에는 매매하지 않는 날에 이런저런 다른 프로젝트에도 관여하며 외로움을 달래려 애쓰고 있습니다. 기술적 분석가 협회에 가입해 모임이 있을 때마다 꼬박꼬박 참석합니다. 프로그래머와 함께 신경망 투자지표도 개발하고 있습니다. 실제로 시장을 분석할 때 이 지표를 쓰죠. (신경망 프로그램은 고정되어 있지 않고, 데이터에 반응하면서 진화하는 것이 주요 특징이다.) 이 프로젝트를 하면서 신경망을 트레이딩에 응용하고 있는 사람을 찾아 전국 곳곳에 전화하기도 합니다.

홀로 매매하다 보니 점점 외로워져 해결 방법을 찾으려고 이것저것 시도해 보고 있습니다. 결국에는 다른 트레이더 한두 명과 함께 매매하지 않을까 생각합니다.

▍선생님께서는 주로 주가지수선물을 매매하셨죠. 1987년 10월 주가 대폭락 때에는 어떠셨는지 궁금합니다.

얄궂게도 대폭락 한 달 전 매매를 멈췄습니다. 그해 50만 달러가 넘는 엄청난 수익을 올렸습니다. 1986년에 거둔 수익보다 두 배나 많았습니다. 매매를 기가 막히게 잘했습니다. 시장이 크게 움직일 때마다 수익을 올렸으니까요. 돈이 너무나 쉽게 벌려 과욕을 부리면 곤란해질 수도 있다는 생각이 들었습니다. 때마침 함께 일하는 말 조련사로부터 말을 길들이는 법을 배울 기회가 찾아왔죠. 매매를 잠시 멈출 수 있는 좋은 기회라고 생각했습니다.

▍그래서 1987년 10월 주가 대폭락 때에는 매매하지 않으셨습니까?

꼭 그렇지는 않았습니다. 시장이 고꾸라지던 주 첫날에는 포지션이 없었습니다. 하지만 매매를 하지 않는 동안에도 매일 아침 남편에게 전화해 시장이 어떻게 돌아가는지 확인했습니다. 그때 남편은 필라델피아증권거래소에서 시장조성자로 일하고 있었습니다. 주가가 폭락하던 날 아침 마구간에서 남편에게 전화했을 때 그가 다그쳤습니다. "집에 돌아가 시장을 살펴봐! 온 세계 주식시장이 곤두박질치고 있어. 다우존스지수가 200포인트 넘게 떨어지기 시작할 듯해!" 그 말을 들었을 때 속으로 생각했죠. '와우, 엄청나군. 기다리던 매수 기회야.'

서둘러 집에 들어가 뉴스를 살폈습니다. 모두 공포에 질려 있었죠. 저는 역발상 투자를 하는 어리석은 노인처럼 이렇게 생각했습니다. "엄청나군. 시장이 얼마나 낮게 시작하는지 궁금해." 아시다시피 그날 시장은 줄곧 미끄러졌습니다. 서둘러 사려는 욕구를 억눌러야 했습니다. 오후에 이르자 더 이상 참을 수 없었습니다. S&P500 주가지수선물을 한 계약 샀습니다. 주가가 밀리던 장 마감 전 한 시간 동안 지수선물을 연이어 매수했습니다. 장이 끝날 때까지 10계약을 샀습니다.

▎그날 시장이 끝났을 때 손실이었습니까?

물론입니다. 그날 주가지수가 거의 최저가로 끝났으니까요. 손실이 10만 달러 정도였습니다.

▎손실 때문에 괴로우셨습니까?

전혀 그렇지 않았습니다. 물론 조금 더 참지 못한 점은 아쉬웠습니다. 더 기다렸다면 평균 매입 단가를 더욱 낮추었을 테니까요. 하지만 손해가 났어도 별로 개의치 않았습니다. 지수선물이 현물에 비해 지나치게 쌌기 때문에 이튿날 높은 가격에 시작할 것이라고 확신했죠. 실제로도 그랬습니다.

▎이튿날 시장이 그 전날보다 높은 가격에 시작했을 때 포지션을 처분하셨습니까?

포지션 일부를 정리해 수익을 챙겼습니다. 나머지는 계속 보유할 생각이었습니다. 이전에도 사람들이 어리석게도 가치 있는 주식을 내던지는 경우를 본 적이 있었기 때문에 지금 주가가 바닥일 수밖에 없다고 판단했습니다. 예를 하나 들겠습니다. 제가 처음 필라델피아증권거래소에 갔을 때 살로먼브라더스 주가는 32달러에 거래되고 있었습니다. 나중에 주가가 60달러를 넘어섰죠. 그런데 이번에 시장이 폭락하면서 주가가 22달러까지 곤두박질쳤습니다. 가격이 그 정도로 낮게 평가된다는 사실이 믿기지 않았습니다.

▌그 주 시장을 휩쓸었던 공포를 전혀 대수롭지 않게 여긴 듯합니다.

시장이 고꾸라지던 날 S&P500 주가지수선물을 10계약 샀을 때 위험을 과소평가하지는 않았다고 생각합니다. 하지만 되돌아보니 저는 순진하게도 시장, 청산회사, 은행들이 문제없이 잘 돌아가리라고 확신했습니다. 연방준비제도이사회가 시장에 공격적으로 개입하지 않았다면 제 투자 자금을 결제하는 청산회사와 다른 여러 은행이 파산해 제 돈이 모두 사라졌을 수도 있었다고 생각하니 정말 끔찍했습니다.

▌돈을 잃었을 때 전혀 개의치 않으셨습니까?

전혀요. 돈을 잃어도 언제라도 수익을 올릴 수 있다고 믿었기 때문에 대수롭지 않게 여겼습니다. 저는 어떤 상황에서도 투자할 돈이 조금만 있으면 매매로 먹고살 수 있다고 확신하니까요.

▌매매하면서 교훈으로 삼을 만한 실수가 있었다면 말씀해주시겠습니까?

제 약점은 늘 서둘러 투자한다는 점입니다. "개척자는 맨 먼저 화살을 맞는다"라는 말이 있습니다. 참고 견디고 인내해야 한다는 점을 배웠습니다. 상황이 무르익을 때까지 진입하지 않고 기다리려고 애씁니다. 그리고 거래할 준비가 끝나면 전화하기 전에 열까지 느릿느릿 셉니다. 투자 아이디어보다 진입 시점이 더욱 중요합니다.

저는 종종 한꺼번에 여러 시장에 투자하는 실수도 저지릅니다. 이럴 때에는 십중팔구 결과가 좋지 않습니다. 제가 손해를 많이 본 경우는 투자 규모가 작았을 때였습니다. 주의를 많이 기울이지 않았기 때문입니다. 당연히 포지션이 크면 더욱더 신경 쓰지만 투자 규모가 작으면 무관심해지기 쉽습니다. 이 문제를 잘 알기 때문에 적게 투자할 때에도 조심합니다.

저도 인간이니까 늘 실수를 저지릅니다. 그래서 실수를 줄일 뿐만 아니라 빨리 파악해 서둘러 고치려고 노력합니다.

▎전체 매매 횟수 가운데 수익을 올리는 비율은 어느 정도입니까?
대략 70퍼센트입니다.

▎돈을 잃을 때 이익금 평균치가 돈을 잃을 때 손실금 평균치보다 큽니까?
단기 매매로 돈을 벌 때 이익금 평균치는 약 450달러입니다. 장기 매매를 포함하면 더 큽니다. 돈을 잃을 때 손실금 평균치는 200달러가 조금 넘습니다.

▎수익을 거둘 확률도 손실을 기록할 확률보다 두 배가 넘고, 평균 이익도 평균 손실보다 두 배를 상회하니 달마다 돈을 버시겠군요.
매달이라고요? 저는 날마다 수익을 올리려고 노력합니다. 매일 벌지는 못하지만 하루도 빠짐없이 수익을 내려고 애씁니다. 매주 단위로는 돈을 법니다. 제 돈을 들여 먹고살려고 매매한다는 사실을 잊지 마세요. 트레이더도 기술자처럼 끊임없이 솜씨를 익혀야 합니다. 피아노를 치든 기술을 배우든 완벽할 수는 없습니다. 피아노를 연주할 때 완벽할 수 없듯 매매할 때에도 바닥에 사서 꼭지에서 팔 수 없습니다. 하지만 날마다 갈고닦으면 꾸준히 수익을 올릴 수 있습니다.

▎꾸준히 수익을 내는 비결 가운데 하나는 시장을 유심히 살펴보았기 때문인 듯합니다. 매매를 시작하셨을 때에는 시장을 꼼꼼히 들여다보셨더군요. 그렇게 하면 한꺼번에 여러 시장에 투자하기 힘드실 듯합니다. 한 번에 몇 개 시장에 투자하십니까?
상황에 따라 다릅니다. 시장을 스무 개 정도 분석하지만 한꺼번에 여섯 개 넘게 투자하지는 않습니다. 날마다 모든 시장에 투자하면 좋겠지만 물리적으로 불가능합니다.

▌직원을 두고 선생님께서 살피지 못하는 시장을 살펴보도록 할 수는 없으셨습니까?

그렇게도 해보았습니다. 직원을 한 사람 채용해 1년 정도 가르쳤습니다. 보기 드물게 정말 좋은 사람이었습니다. 그를 마다할 조직이 없다고 여길 정도였습니다. 대단히 열심히 일하고 충실하기까지 했습니다. 몸도 완벽했습니다. 잘 먹고, 가라테도 매일 했습니다. 성품도 훌륭해 다른 사람에게 화낸 적이 한번도 없었습니다.

온 정성을 기울여 그를 가르쳤습니다. 실제로 투자를 해봐야 매매를 배울 수 있다고 생각했기 때문에 그에게 계좌를 직접 운용하도록 했습니다. 하지만 불행히도 실패하고 말았습니다.

▌무엇이 문제였습니까?

그는 매매에 열정이 없었습니다. 진입할 시점에도 투자하지 못했습니다. 두려운 나머지 위험을 감수하지 못했습니다.

린다 라쉬케는 그와 평소 어떻게 이야기했는지 들려주었다.

"스티브, 오늘 계획이 무엇이죠?"

"오늘은 밀 선물을 사볼까 합니다." 그가 투자 근거를 덧붙이며 대답합니다.

"훌륭해요!"

"밀 선물을 샀나요?" 시장이 끝났을 때 제가 묻습니다.

"아니오." 그가 대답합니다.

"그럼, 무엇을 했나요?"

"가격이 오르는 동안 지켜만 보았습니다."

린다 라쉬케는 그와 나눈 이야기를 떠올리며 크게 웃었다.

■ 트레이더로서 어떤 점이 뛰어나다고 생각하십니까?

저는 가격 패턴을 보는 능력이 가장 뛰어나다고 생각합니다. 패턴을 잘 파악하는 소질은 제가 음악에 많은 시간을 투자한 데서 비롯한 듯합니다. 다섯 살 때부터 스무한 살이 될 때까지 하루도 빠지지 않고 하루에 몇 시간씩 피아노를 쳤습니다. 대학에서는 경제학과 작곡을 복수로 전공했습니다. 악보는 사실상 기호와 패턴입니다. 날마다 몇 시간씩 앉아 악보를 분석한 덕분에 패턴을 인식하는 능력이 발달했다고 생각합니다. 매일 피아노를 여러 시간 연주하다 보니 절제력과 집중력도 늘었죠. 이 두 가지는 트레이딩에 아주 쓸모가 있습니다.

■ 음악과 시장 사이에 있는 비슷한 점을 더욱 자세히 설명해주시겠습니까?

악곡은 구조가 명확합니다. 조금씩 달라지기는 하지만 일정한 패턴이 되풀이됩니다. 마찬가지로 시장에도 조금씩 바뀌지만 반복되는 패턴이 있습니다. 악곡에는 조용히 쉬는 부분이 있는가 하면 주제가 펼쳐짐에 따라 점점 강해지면서 절정에 이르는 모습이 나타납니다.

이와 비슷하게 시장에도 조정 장세가 있는가 하면 큰 추세가 형성되면서 가격이 쭉 뻗어 꼭지나 바닥에 다다르는 모양도 생기죠. 악곡이 펼쳐질 때까지 기다려야 하듯 매매 시기가 무르익을 때까지 참아야 합니다. 아무리 연습해도 완벽하게 연주할 수 없듯 결코 맨 바닥에 사서 꼭지에 팔 수 없습니다. 어제보다 더 잘 치거나 매매할 수 있기를 바랄 뿐이죠. 음악에서도 매매에서도 긴장을 풀어야 가장 잘할 수 있습니다. 더불어 흐름도 잘 탈 수 있어야 합니다.

마지막으로 제가 좋아하는 단기 매매에 대해 비유를 들어 설명하겠습니다. 피아노를 칠 때 악보 전체를 연주하기 전에 음표 하나하나를 읽을 수 있어야 하고, 음절마다 연습해야 합니다. 그래서인지 저는 장기 분석 대신 주로 단기 매매에 에너지를 쏟습니다.

■ 전업 여성 트레이더는 드뭅니다. 여성이 이 분야에 발을 들여놓는 데 걸림돌

이 있다고 생각하십니까?

제가 존경받고 인정받으려면 남자보다 두 배 더 열심히 노력해야 한다고 생각할 때가 있습니다. 하지만 솔직히 이는 객관적 근거가 없는 제 개인적 의견일 뿐입니다. 돌이켜보면 제가 여자이기 때문에 피해를 본 적은 없었습니다. 사실 여성 트레이더가 아주 드물기 때문에 오히려 사람들이 저를 조금이라도 더 많이 도와주려고 했죠.

물론 뉴욕에 있는 대형 기관이나 은행처럼 여성이 진출하기 어려운 곳도 있습니다. 제가 아는 여성 가운데 성차별 때문에 매매 부서에서 일할 기회를 얻지 못한 경우가 있습니다. 하지만 저는 그런 어려움을 겪은 적이 없습니다.

꼭 트레이더가 되려는 여성이 있다면 적극적으로 열심히 노력하라고 권하고 싶습니다. 운용 업계는 다른 업종 못지않게 실적이 중요합니다. 주로 운용 성과를 보지 성별은 중요하게 여기지 않습니다. 돈을 잘 벌면 자금도 든든하게 지원받을 수 있습니다. 반대로 트레이더로서 능력을 보여주지 못하면 아무리 남자라고 해도 소용없습니다.

더욱이 트레이더가 여자이면 남자일 때보다 근본적으로 유리한 점이 있습니다. 여성은 매매를 자신의 존재감을 드러내는 도구로 쓰지 않습니다. 시장을 뒤흔들어 보겠다는 욕심으로 무리하게 투자하지 않습니다. 저는 이런 식으로 투자해 실패한 남성 트레이더를 수없이 보았습니다. 제가 아는 여성 트레이더들은 투자 규모가 커도 절제하며 자신을 좀처럼 드러내지 않습니다.

▎남성 트레이더와 여성 트레이더가 어떻게 다릅니까?

여자가 남자보다 직감력이 더 뛰어납니다. 저는 분명 남들이 보지 못하는 패턴을 볼 수 있습니다. 하지만 제가 여자이기 때문인지는 잘 모르겠습니다. 저는 남자보다는 여자의 직감이 더욱 잘 맞아떨어진다고 생각합니다. 실제 매매에서도 직감이 중요하죠. 예를 들어 저는 호가를 보면서 결코 이렇게 말하지 않습니다. "우와, 시장이 정확히 62퍼센트나 떨어졌군. 이제 사야겠어." 대신 다음과 같이 생각하죠. "으음, 시장이 충분히 밀렸으니 더 이상 내려가지 않겠지. 그러니 사는 편이 좋겠군."

▌선생님과 처음 통화할 때 다른 사람들과 매매 기법을 공유한다고 말씀하셨습니다. 매매 기법을 공개하면 그들이 선생님의 기법을 활용하기 때문에 운용 성과가 떨어질 우려는 하지 않으십니까?

제 비법을 모두 나눠줘도 제 운용 성과에 결코 영향을 미치지 못합니다. 사람들 대부분 자신의 감정을 통제하지 못할 뿐만 아니라 제 시스템을 그대로 활용하지도 못하기 때문입니다. 더군다나 사용하는 방법을 하나하나 가르쳐줘도 제 방식이 그들에게 맞지 않는다고 여기기 때문에 제 시스템을 따르지 않죠. 시스템을 저만큼 편안하고 자신 있게 사용하지 못합니다. 실제로 제 투자 방식을 다른 트레이더에게 공개함으로써 제가 따르는 패턴이 바뀐다고 가정해 보죠. 하지만 기존 패턴이 바뀌어 새로운 패턴이 생겨도 저는 이를 찾아낼 수 있습니다.

▌초보 트레이더에게 해주고 싶은 조언이 있으십니까?

시장을 배우려면 여러 해가 걸린다는 점을 명심해야 합니다. 매매에만 집중하고 나머지는 모두 버려야 합니다. 성공한 트레이더와 최대한 가깝게 지내면서 대가를 받지 않고 도와주면 좋습니다.

자신에게 맞는 영역을 찾아 집중해야 합니다. 한 시장이나 패턴을 골라 훤히 꿴 뒤 분야를 넓혀야 합니다. 저는 초보 트레이더에게 늘 한 시장만 고르라고 말한 뒤 일중 차트를 보지 말고 장 시작부터 마감까지 5분마다 가격을 적으라고 합니다. 일주일 내내 이 일을 시키며 패턴을 찾으라고 합니다. 지지선과 저항선이 어디에 있는지, 가격이 이 수준에서 어떻게 반응하는지, 장 마감 30분 동안 어떤 일이 벌어지는지, 가격이 장중에 얼마나 뻗어 나가는지 살피도록 하죠. 이 연습을 하면 믿을 수 없을 정도로 실력이 향상됩니다.

시장을 두려워하면 곤란합니다. 실수도 무서워할 필요가 없습니다. 잘못 매매하면 헤지거래를 덧붙이는 식으로 포지션을 복잡하게 하지 말고 바로 빠져나와야 합니다.

시장에 적극적으로 참여해야 합니다. 모니터 앞에 멍하니 앉아 있거나 그래프만 바라봐서는 아무짝에도 쓸모없습니다. 오랫동안 수익을 올리는 수많은 노련한 트레이더도 손으로 직접 일중 P&F(Point and Figure) 차트를 그립니다. 이들은 하루도 빠짐없이 차트를 그립니다. 시장지표를 골라 규칙적으로 기록하는 습관을 들이는 것이 중요합니다.

욕심은 금물입니다. 때로는 손해를 기꺼이 감수해야 합니다. 원하는 가격에 사지 못했다면 미련 없이 포기하고 다음 기회를 노려야 합니다.

마지막으로 트레이더는 열심히 노력하고 자신만의 계획을 세우며 스스로 결정을 내려야 한다는 사실을 명심해야 합니다. 독립적으로 행동하고 생각하는 트레이더만이 좋지 않은 거래를 식별할 수 있습니다. 다른 사람의 의견을 구하고 싶은 유혹이 생긴다면 이는 분명 자신의 포지션을 청산해야 한다는 신호입니다.

목표가 무엇입니까?

피아노이든 시장이든 연주를 잘해야 가장 만족스럽습니다. 제가 얼마나 발전했는지 판단하는 기준은 돈이 아니라 시장 패턴을 예측하는 기술입니다. 즉 진입 시점과 청산 시점을 잘 짚어내는 기술을 연마하려고 노력합니다. 저는 어느 시장에서든 호가 화면만 가지고 매매해도 트레이더 100명 가운데 1~2등은 할 자신이 있습니다. 향후 10년 안에 매매 규모를 크게 늘리고 싶습니다. 저는 세상에서 가장 뛰어난 트레이더가 될 수 있다고 확신합니다.

인터뷰한 사람들 모두 하나같이 성공할 수 있다는 자신감이 가득했다. 린다 라쉬케도 다른 트레이더 못지않게 성공할 수 있다고 확신했다. 나는 그녀가 약간의 돈만으로도 어느 시장에서든 뛰어난 실적을 기록할 수 있다는 점을 조금도 의심하지 않는다. 린다 라쉬케는 자신이 가장 뛰어난 트레이더가 될 수 있다고 굳게 믿는다. 나도 그녀가 훌륭한 트레이더가 되리라고 확신하다.

린다 라쉬케 같은 트레이더들이 매매를 잘하기 때문에 자신감이 가득할까? 아니면 자신감이 넘치기 때문에 매매를 잘할까? 모두 맞는 말이다. 하지만 탁월한 실적을 거둔 이유는 충만한 자신감 이외에도 엄청난 노력이 더해졌기 때문이라는 점을 꼭 기억해야 한다.

인터뷰를 하다 보면 종종 내 생각을 재평가해야 할 때가 있다. 나는 시장이 단기적으로는 무작위로 움직이기 때문에 예측할 수 없지만 장기적으로는 예측할 수 있다고 오랫동안 믿어왔다. 그렇지만 린다 라쉬케는 시장은 날씨 같아서 단기 움직임은 꽤 정확히 예상할 수 있지만, 장기 움직임은 사실상 예상할 수 없다고 믿는다. 그녀는 남들이 보지 못하는 패턴을 보는 능력 덕분에 실제는 일정한 패턴을 보이지 않는 단기적 가격 움직임을 이용해 확률법칙이 무색할 정도로 꾸준히 수익을 올렸다. 그녀 덕분에 나는 하루나 며칠 동안의 짧은 가격 움직임에도 예측할 수 있는 패턴이 있다고 확신하게 되었다.

린다 라쉬케는 뛰어난 트레이더들은 열심히 노력하고 스스로 판단을 내리는 사람들이라는 사실을 상기시켜 주었다. 그녀는 다른 사람의 의견을 구하려는 유혹에 이끌렸다면 이는 포지션을 정리해야 하는 신호라고 아주 통찰력 있게 지적했다.

린다 라쉬케는 훌륭한 트레이더가 되려면 반드시 다음 요소를 갖추어야 한다고 했다. 열정, 스스로 투자 아이디어를 찾고 결정을 내리는 능력, 위험을 기꺼이 감수할 수 있는 자세 그리고 (언제든 실수할 수 있기 때문에) 실수를 바로 고칠 수 있는 유연함을 길러야 한다고 했다. 마지막으로 참고 견디며 인내해야 한다고 강조했다.

돈을 찍듯 수익을
올리는 사람들

PART 6

15 | 컴퓨터 매매 시스템, CRT(Chicago Research and Trading)
16 | 거래소의 신, 마크 리치(Mark Ritchie)
17 | 직감까지 뛰어난 분석가, 조 리치(Joe Ritchie)
18 | 이기는 전략을 갖추어라, 블레어 헐(Blair Hull)
19 | 수학처럼 정교한 매매 전략, 제프 야스(Jess Yass)

Chapter 15

# 컴퓨터 매매 시스템
CRT(Chicago Research and Trading)

"당신들은 날마다 수익을 올리는군요." 어느 거래소 브로커가 CRT라는 회사를 가리키며 마크 리치에게 말했다. 그의 목소리에는 부러움과 역겨움, 찬사가 뒤섞여 있었다. 그 브로커는 매수 포지션을 들고 있었지만 시장이 가격 제한 폭까지 떨어지는 바람에 오도 가도 못하는 상황이었다. 가끔씩 찾아오는 이런 폭락장에서는 아무리 뛰어난 트레이더라도 골머리를 앓는다. 그런데 놀랍게도 화난 이 브로커는 거의 과장하지 않았다. CRT는 매일이나 매주 돈을 벌지는 못할지라도 매달 수익을 거둔다. 한번 상상해보라!

CRT 이야기는 투자 세계에서 가장 믿기 어려운 스토리다. 이 회사를 세우고 이끌어온 조 리치(마크 리치의 형)는 15년 전까지만 해도 양복을 살 돈이 없어 시카고거래소를 찾아갈 때 동생 양복을 빌려 입어야 했다. 하지만 그는 지금 직원 800명을 거느린 운용회사 사장이다. 국채 프라이머리 딜러인 이 회사가 그동안 벌어들인 돈은 10억 달러로 추산된다. 이만큼 버는 동안 회사가 거래한 금액은 10조 달러에 이른다(이는 미 정부 부채를 계산할 때 쓰는 단위다. 정말 어마어마한 금액이다).

CRT는 대박을 노리지 않는다. 시장이 비효율적일 때마다 생기는 투자 기회를 찾아 수익을 차곡차곡 쌓는다. 이 거래소의 한 옵션이 다른 거래소의 같은 옵션보다 조금 더 비싼가? 그렇다면 CRT는 첨단 정보 시스템을 이용해 싼 옵션은 사고 비싼 옵션은 판다. 어느 옵션이 그 옵션의 기초자산보다 위험 대비 수익이 크거나 작은가? 그러면 CRT는 위험 대비 수익이 큰 옵션은 사고 그 반대인 옵션은 판다. 이와 비슷하게 그야말로 수천 가지는 아니지만 수백 가지 방법으로 돈을 번다.

CRT는 정교한 트레이딩 모델로 전 세계 19개 거래소 75개 시장을 쉬지 않고 추적한다. 이 모델은 어느 자산이 상대적으로 싸고 비싼지를 찾아 바로 신호를 보낸다. 다른 모델은 순노출도를 제로로 줄이겠다는 목표로 회사 전체 포지션의 순위험도를 끊임없이 평가한다. 이런 작은 수익 기회를 노리면서 위험 수준을 최소화한다는 점에서 CRT는 돈을 벌어주는 기계를 만드는 회사와 같다고 할 수 있다.

CRT는 어떻게 운영될까? 장내 브로커는 회사 자체 컴퓨터 모델에서 출력된 시트를 활용한다. 이 시트에는 지수대별로 사거나 팔 수 있는 옵션가격이 적혀 있다. 이 가격은 옵션가격 결정 이론뿐만 아니라 옵션이 회사 전체 투자 포지션에 미치는 영향까지 고려해 계산된다. 예를 들어 어느 옵션이 회사 순위험도를 거의 제로로 줄이는 데 도움을 준다면 이 옵션 매수호가를 조금 더 올릴 수 있다.

객장 내 트레이더는 가격 변동과 끊임없이 바뀌는 회사 포트폴리오가 옵션 가치에 미치는 영향을 추적하는 컴퓨터를 사용하는 객장 밖 트레이더 무리의 도움을 받는다. 객장 밖 트레이더는 장내 트레이더에게 최신 정보를 쉬지 않고 제공한다. 시장이 많이 출렁이는 날에는 컴퓨터에서 나오는 값이 자주 바뀌어 객장 내 트레이더에게 시트를 스무 번이나 전달하기도 한다.

장내 트레이더가 옵션을 거래하면 바로 반대 포지션을 구축한다. 예를 들어 어느 트레이더가 미 국채를 기초자산으로 하는 행사가격 98달러짜리 콜옵션을 팔면 이 포지션을 상쇄하는 국채선물도 함께 매수한다. 이 헤지거래는 바로 실행한다. 장내 트레이더는 옵션을 거래하자마자 15미터쯤 떨어진 국채선물거래 구역 맨 위 계단에 서 있는 중계 직원에게 수신호를 보낸다. 그러면 1~2초 안에 국채선물 트레이더가 상쇄 주문을 내고 거래가 끝난다.

처음 시장에서 상쇄하는 거래를 하면 단기적으로 큰 위험은 거의 사라진다. 하지만 시장이 오르내리면서 두 포지션 사이의 균형이 깨지기 시작한다. 첫 거래와 이를 상쇄하는 헤지거래가 체결된 뒤에는 포지션 관리 책임은 객장 밖 포지션 관리자에게 넘어간다. 이 관리자는 쉴 새 없이 바뀌는 회사 포지션의 위험도를 할 수 있는 한 제로(0)로 유지할 책임이 있다. CRT는 위험관리 체계가 매우 엄격해 위험관리 그룹을 겹으로 두고 있다. 이 위험관리 그룹은 1987년 10월 주가 대폭락이나 걸프 전쟁으로 촉발된 엄청난 가격 급등락처럼 아주 극단적인 사건이 일어나도 문제가 없도록 늘 대비한다.

가격과 포지션이 계속 바뀌는 상황에서도 트레이더 수백 명이 주문한 복잡한 포지션을 모두 살피고, 세계 이곳저곳에서 거래되는 서로 다른 투자 수단 수천 개를 재평가하여 회사 포트폴리오 위험 수준을 끊임없이 추적하려면 엄청난 컴퓨터 시스템이 필요하다. CRT는 회사 건물 한 개 층을 모두 컴퓨터실로 사용한다. 새로운 소프트웨어 개발을 전담하는 부서도 있을 뿐만 아니라 현장에서 하드웨어를 고쳐주는 팀도 있다.

CRT가 사용하는 컴퓨터 소프트웨어 프로그램은 매우 정교하다. 눈으로 볼 수 있으면 정보를 훨씬 더 쉽게 받아들일 수 있다고 믿고 데이터를 그래픽으로 보기 위해 온갖 노력을 기울였다. 개발 마지막 단계에 있는 CRT의 신세대 소프트웨어는 정보를 3차원으로 보여준다. 행사가격과 만기별 옵션 포지션이 모두 3차원으로 표시되며 포지션 규모에 따라 색깔이 다르게 표시된다.

CRT 직원들에게 첨단 기술 이외에 회사가 성공한 이유를 물으면 그들은 단연코 팀워크 덕분이라고 말한다. 진부하게 들릴 수도 있지만 팀워크는 분명

CRT의 가장 중요한 철학이다. 팀워크를 중시하는 회사 철학을 체득하지 못하면 이 회사에서 일할 수 없다. 아무리 재능이 뛰어나도 자기 주장만 지나치게 앞세우는 사람은 이 회사에 지원해봐야 소용없다.

지금은 다른 여러 업무를 맡고 있지만 장내 트레이더로 근무했던 어느 직원은 팀워크가 장점인 CRT와 다른 회사를 다음과 같이 비교한다. "객장 밖 사람이 나를 비난하지 않는다는 믿음이 있으면 업무하기 훨씬 쉽습니다. 장내에서 일하다 보면 서로 비난을 피하려고 언성을 높이는 경우가 종종 있습니다. 브로커는 사무원을 나무라고, 사무원은 전화 상대방을 탓합니다. 전화 상대방은 잘못을 고객에게 돌리지요. CRT에서는 결코 이런 일이 벌어지지 않습니다. 500계약짜리 주문이 들어오면 제 판단으로 바로 체결합니다. 하지만 경쟁회사에서는 주문 규모가 50계약이 넘으면 위층에 연락해 허락을 받아야 합니다."

CRT에서 일하는 다른 트레이더도 비슷한 얘기를 했다. "다른 경쟁회사에서는 만기일에 트레이더가 사무원에게 특별히 잘 봐달라며 100달러를 주어야 합니다. 하지만 우리 회사에서는 그럴 필요가 없습니다. 저는 사무원에게 그를 믿고 회사도 그를 존중한다는 사실을 알립니다. 다른 회사에서는 브로커가 사무원에게 100달러를 주면서 억지로 서비스를 받지만 저희 회사에서는 사무원을 존중함으로써 마음에서 우러나오는 서비스를 받습니다." 보상에도 팀워크를 중시하는 철학이 녹아 있다. 한 직원이 이렇게 털어놓았다. "조 리치는 어떻게 해서든 부를 나누려고 합니다. 직원들에게는 조금만 주고 나머지를 모두 챙기려 하는 것이 아니라 이익을 직원들과 공평하게 나누려고 노력합니다."

내가 마크 리치에게 CRT를 한번 둘러보겠다고 하자 커다란 트레이딩룸을 보여주었다. 그곳은 아주 멋지고 쾌적해 보였다. 하지만 뭔가 어색하다는 느낌이 들었다. 마치 어린 시절 많이 했던 '틀린 그림 찾기' 퍼즐 같았다. 우리가 안내 데스크를 지나칠 때 마크 리치를 찾는 전화가 와 있었다. 그가 통화하는 동안 마침내 어색한 느낌이 들었던 이유를 알게 되었다. 트레이딩룸이 너무나 조용했다! 마치 대학이나 법무법인 사무실 같았다. 고함, 혼돈, 부산함, 근심,

스트레스, 환호, 욕으로 뒤섞인 보통 트레이딩룸과는 딴판이었다.

CRT는 매매를 계획하고 실행하고 살필 때에도 쥐 죽은 듯 조용했지만 여러 부분에서 다른 회사와 아주 달랐다. 특별히 선호하지 않으면 양복을 입거나 넥타이를 맬 필요가 없다. 보통 청바지나 셔츠를 입는다. 트레이딩룸 한가운데에 직원 누구나 이용할 수 있는 식당이 있다. 다른 회사 식당과 달리 음식은 인스턴트 식품이 아닌, 직접 손으로 만든 것이다. 휴게실까지 있었다. 우리가 흔히 보던 트레이딩룸이 아니었다.

이어지는 16, 17챕터에는 CRT를 창립한 네 명 중 두 사람인 마크 리치와 조 리치를 인터뷰한 내용을 실었다. 마크 리치는 회사 경영에 얽매이지 않고 매매에 전념하려고 몇 년 전 CRT를 떠났다. 하지만 조 리치는 CRT에 남아 경영에 깊이 관여하고 있다. 조 리치는 회사의 일상 업무는 임원에게 맡겼지만 여전히 직원들에게 비전을 제시하며 회사를 이끌어가고 있다. 마크 리치는 CRT를 더 이상 경영하지 않지만 인터뷰 순서대로 그를 먼저 소개하겠다.

Chapter 16

거래소의 신
마크 리치(Mark Ritchie)

　이 챕터의 부제목은 마크 리치의 색다른 경험과 매매 이야기를 아주 교묘하게 엮어 자신의 정신세계를 드러낸 그의 자서전에서 따왔다. 하지만 그가 자신의 매매 솜씨가 신처럼 뛰어나다고 여긴다는 뜻은 분명 아니다. 반면 이 부제목에는 그가 신이 늘 자신 곁에 있다고 확신한다는 점을 암시한다.

　보통 교육적 배경과 매매를 따로 떼어 설명하기 힘들다. 하지만 마크 리치는 신학교를 다녔다(물론 기도가 매매에 도움을 주지는 못한다). 그는 학교를 다니면서 교도소에서 밤 근무도 하고 트럭도 운전하며 이런저런 아르바이트를 했지만 돈을 모으기 힘들었다. 형편이 너무 어려워 트럭에 기름을 넣지 못할 때도 있었다.

　그는 형 조 리치를 따라 시카고상업거래소를 처음 찾아가자마자 바로 매매에 빠져들었다. 마크 리치는 시카고상업거래소에서 주로 대두선물을 매매하며 경력을 쌓았다. 그는 거래소에서 꾸준히 수익을 올렸지만 5년 전 거래소 밖으로 나와 매매하기로 마음먹었다.

밖은 익숙한 거래소와는 아주 다르다는 사실을 알고 이런저런 투자 방식을 개발하는 데 온 힘을 기울였다. 하지만 첫해에는 경험 부족 탓에 좋은 실적을 내지 못했다. 초기에는 거래소 밖에서 매매하는 일이 어려웠지만 마침내 훌륭한 실적을 거둘 수 있었다. 1987년 100만 달러로 운용을 시작한 뒤 5년 동안 연평균 수익률 50퍼센트를 기록했다.

마크 리치는 매매 세계뿐만 아니라 다른 여러 분야에도 관심이 많다. 얼마 전부터는 자선 활동에도 깊이 관여해 아마존 원주민을 돕고 있다. 재정 지원에 그치지 않고 원주민이 사는 마을을 여러 번 찾아가 함께 머무르기도 했다. 최근 초고를 마친 《잘못된 생각의 피해자》라는 책에 원주민들로부터 들은 이야기를 싣기도 했다.

마크 리치가 내 책에 대한 온갖 찬사와 더불어, 자신이 쓴 《거래소의 신》(1989년 맥밀란 출판)을 내게 보냈을 때 그와 처음 연락했다. 내가 답장을 보낸 뒤에도 서로 편지를 주고받았다. 하지만 인터뷰 내용을 적은 이 책을 계기로 그와 처음 만났다. 마크 리치는 아주 기품 있고 겸손했을 뿐만 아니라 솔직하기까지 했다. 인터뷰는 CRT 사무실에서 여러 차례 나누어 진행했다.

▌선생님께서는 거래소에서 오랫동안 매매하는 동안 철저한 윤리의식을 유지하셨기 때문에 제 질문에 답하기에 가장 적합한 분이라고 생각합니다. 최근 시카고선물거래소에 대한 미국연방수사국(FBI)의 함정 수사에서 볼 수 있듯이 장내 브로커의 도덕성 문제가 화두로 떠오르고 있습니다. 이 사건은 어느 회사에서나 있을 수 있는 작은 일에 지나지 않습니까, 아니면 큰돈의 유혹에 넘어가 도덕성을 심각하게 훼손한 사건입니까? 물론 실명을 거론하지 말고 말씀해주십시오.

제가 실명을 말해도 책에는 싣지 않으시겠죠. 당연히 못 싣겠죠. (웃으며 말했다.) 아주 어려운 이야기로 시작하시는군요. 사실 거래가 이루어지는 장소마다 다르고 저마다 특성이 있습니다. 저는 대두선물을 거래하는 곳에서 제 시간의 90퍼센트를 보냈습니다. 그곳에서 함께 일하던 트레이더들은 이제까지 만난 사람 가운데 가장 친절하고 정직했습니다. 이 업계는 고개만 살짝 끄덕여도 엄청난 돈이 오가기 때문에 어떤 면에서는 엄청나게 정직해야 합니다. 사실 속임수를 쓸 수 있는 방법은 수만 가지나 있죠. 그렇지만 배관공이나 변호사보다 부정이 많다고 생각하지는 않습니다.

■ 요즘에는 어처구니없는 광고도 있습니다. '가장 정직한 변호사'라고 적어 놓고 할인판매를 하는 시골 가게도 있으니까요.

(웃으며 말했다.) 아마 그 광고는 지금도 사용하고 있을 듯합니다. 아직도 그 가게를 팔려고 내놓고 있을 테니까요! 부정이 없는 회사는 없습니다. 정치인을 사기꾼에 빗댄 농담을 생각해보세요. 다른 곳과 마찬가지로 트레이딩 업계도 어느 정도는 정직하지 못한 사람이 있다고 생각합니다. 하지만 부정직한 행위로 얻는 대가가 다릅니다. 공짜로 수익을 낼 수 있는 기회를 이용하려고 실제 돈을 입금하지 않고 허위 주문을 내는 사람도 있습니다. 그러다 걸리면 천연덕스럽게 돈을 입금하는 브로커까지 있다고 들었습니다. 제게 이 이야기를 들려준 브로커는 자기 계좌와 고객 주문 사이에 이해관계가 너무 커 고객 주문을 거절해야만 잠을 이룰 수 있다고 털어놓았습니다.

■ 미국연방수사국의 함정 수사를 어떻게 보십니까? 그 수사로 문제가 제대로 밝혀졌다고 생각하십니까, 아니면 이야기가 부풀려졌다고 생각하시나요?

이 업계에서 일하는 정직한 사람들은 드디어 문제가 터졌다는 점을 고맙게 여긴다고 생각합니다. 스스로 자정하려고 노력하지 않으면 다른 누군가가 개입해 처리할 수밖에 없고, 그러면 우리에게 좋을 리 없다고 오래 전부터 말해왔습니다. 외부에서 개입하면 칼로 썩은 부분만 도려내려 하지 않고 전기톱을 사용해 무리하게 문제를 해결하려고 합니다.

■ 주제를 바꿔보죠. 거래소에서 매매하는 사람들 가운데 실제로 몇 퍼센트가 제대로 돈을 번다고 생각하십니까?

잘 모르겠습니다. 하지만 굳이 추측한다면 아마 10퍼센트는 잘하고 1퍼센트는 아주 뛰어나다고 생각합니다. 그렇지만 이는 추정일 뿐입니다. 다른 의견도 있을 수 있습니다.

■ 성공할 확률이 그리 높지 않군요. 사람들 대부분 돈을 벌지 못하는 까닭이 무엇이라 생각하십니까?

이 업계에는 스스로 성공했다고 하는 사람들 가운데 실제로는 그렇지 않은 사람들이 아주 많습니다. 제가 아는 어떤 사람은 오늘날까지도 투자 잡지에 기고하고 언론에도 자주 거론되지만 투자의 기본도 모릅니다. 제가 크게 오르내리는 이자율 차이를 이용하는 스프레드 거래를 한 적이 있습니다. 하지만 제 생각과 반대로 움직여 걱정스러웠습니다. 그런데 이 친구도 저처럼 이자율 스프레드 거래를 한 뒤 불안한 듯 물었습니다.

"제가 지나치게 많이 투자했다고 생각하십니까?" 그에게 계좌가 얼마나 크고 몇 계약을 투자했는지 물었습니다. "계좌 규모는 2만 5,000달러인데 이번에 50계약 투자했어요. 돈을 잃으면 큰일 납니다."

저는 놀라 입이 딱 벌어졌습니다. 제 계좌 규모는 100만 달러인데 이번에 100계약밖에 투자하지 않고도 마음이 편하지 않았습니다. "당연히 지나칩니다. 두말할 필요도 없이 과도한 투자입니다." 제가 말했습니다.

그는 절반을 정리한 후 자신 있게 말했습니다. "이제 괜찮죠?"

"괜찮지 않습니다. 문제를 없애려면 아직 멀었습니다." 저는 그에게 대놓고 말해주었습니다.

이런 사람과는 의사소통을 할 방법이 없습니다. 이 친구의 주문을 체결해주는 사람들에게 그가 걸어 다니는 시한폭탄이라고 말했던 기억이 떠오릅니다.

▎그는 결국 돈을 모두 날렸습니까?

물론입니다. 엄청난 빚을 지고 청산소를 떠났습니다.

▎포지션 규모가 지나치게 큰지는 무엇을 보고 판단하십니까?

잠자리에 들 때에도 제 포지션이 생각나면 이튿날 아침 포지션을 정리하기 시작한다는 규칙을 세워두었습니다. 이 말은 오해할까봐 꺼내기 망설여지는군요. 아시다시피 저는 늘 기도합니다. 언제든 제 포지션에 대해 기도를 해야 하는 상황이 되면 바로 처분합니다. 기도하는 상황이라면 파국에 이를 수 있다는 뜻이니까요. 아무리 하느님이라도 시장을 좌지우지하지는 못합니다. 자신이 시장을 뒤흔들 수 있다고 믿는 트레이더가 있었는데, 그 트레이더는 결국 파산하고 말았습니다.

▎매매 규모가 지나치게 커지거나 손실이 적정한 선을 넘어서는 부분에 민감하게 대응하는 원칙도 주요 성공 요인인 듯하군요.

물론입니다. 손실과 이익이 얼마나 큰지는 전적으로 포지션 규모에 달려 있습니다. 성공하려면 반드시 포지션 규모를 잘 관리해야 합니다. 하지만 수많은 성공 요인 중에서 이 부분이 가장 덜 거론됩니다.

포지션 규모는 탐욕과 연결되어 있습니다. 제가 조금 전에 말한 트레이더가 왜 그토록 소중한 2만 5,000달러를 모두 투자했을까요? 저는 다른 사람을 심판하려는 생각은 추호도 없습니다. 다만 제가 던진 질문에 대한 답을 곰곰이 생각해보아야 합니다. 인간의 탐욕이라는 악을 쉽게 생각해서는 곤란합니다. 트레이더로 성공하려면 자신의 욕심을 알고 통제할 수 있어야 합니다. 돈을 벌었다고 들뜨거나 손해를 봤다고 침울해하면 시장이 아니라 라스베이거스에 맞는 사람입니다.

■ 트레이더로 성공하려면 또 어떤 특징을 갖춰야 한다고 생각하십니까?

공포로 가득한 상황에서도 제대로 판단하고 결정을 내릴 수 있어야 합니다. 마구 흔들리는 시장은 돈을 벌 수 있는 좋은 기회이기도 하니까요. 미쳐 날뛰는 시장에서는 노련한 트레이더도 선뜻 투자하지 못합니다. 이때가 바로 돈을 벌 수 있는 기회입니다. 이런 격언이 있습니다. "남들이 당황할 때 침착하면 돈을 벌 수 있다."

■ 사실 마지막 줄은 "그런데 아직 이 소식을 듣지 못했군요"라는 말로 끝나는 줄 알았습니다.

(그가 웃었다.) 맞습니다. 그럴 위험이 있습니다. 남들이 다 아는 정보를 모를 수도 있습니다. 하지만 종종 그럴 때가 기회일 수 있습니다. 믿을 수 없을 정도로 좋아 보일 때 내가 모르는 정보를 다른 사람들이 알 수도 있습니다. 하지만 이 업계에서는 "믿기 힘들 정도로 좋아"라고 말하고 투자를 하지 않아 기회를 놓칠 때가 많습니다. 우리가 모르는 정보를 남들이 다 알고 있다고 여기는 경우가 너무 많습니다. 하지만 이는 엄청난 실수입니다.

다음과 같이 말하며 좋은 아이디어를 무시하는 사람을 얼마나 많이 보아 왔습니까? "아이디어가 그렇게 좋으면 왜 사람들이 가만히 있을까?" 하지만 이는 늘 돈을 벌지 못하는 사람들이 둘러대는 핑계에 지나지 않습니다. 잘 생각해보세요. 따지고 보면 모두 좋게 여기는 투자 기회는 좋은 기회가 아닙니다. 저는 늘 대중과 반대로 하라고 권합니다. 시장이 한쪽 방향으로 지나치게 움직이는 이유는 모든 사람이 잘못 행동하고 있기 때문입니다. 탁월한 트레이더는 늘 자신의 판단을 믿고 "남들은 왜 이렇게 하지 않을까?"라는 대중의 말을 귀담아 듣지 않습니다. 남들처럼 반대로 생각하면서 견딜 수 있을 만큼만 보수적으로 투자합니다. 그러면서도 자신이 틀렸으면 바로 빠져 나옵니다. 손절 매매는 바로 이럴 때 해야 합니다.

　　대중에 맞서 스스로 판단하고 실행할 수 있어야 합니다. 저는 이를 비행술을 배울 때 절실히 깨달았습니다. 비행 이론은 배웠지만 경험은 많지 않을 때 두세 번 착륙 연습을 해야 했습니다. 활주로 위 7~8미터까지 내려왔을 때 느닷없이 돌풍이 불어왔습니다. 조종간을 붙들고 역사상 가장 형편없는 착륙을 시도했죠. 끝내 착륙은 했지만 너무 서툴러 웃음만 나왔습니다. 교관이 무슨 말을 할지 궁금했습니다.

　　"아주 인상적이었습니다." 그가 말했습니다.

　　그 말을 듣고 저는 웃음을 그친 뒤 이렇게 말했습니다. "인상적이었다고요? 사실 형편없었잖아요."

　　그가 대답했습니다. "당신 같은 초보자는 처음 봅니다. 다른 초보자들은 조종간을 놓아버리고 제가 대신 착륙시켜 주기를 바랍니다. 하지만 당신은 끝까지 꿋꿋이 버티고 착륙을 마칠 때까지 프로그램대로 했습니다." 그는 잠시 말을 멈춘 뒤 덧붙였습니다. "하지만 당신 말대로 착륙은 형편없었습니다."

　　나중에 곱씹어보니 매매할 때에도 이처럼 해야 한다는 생각이 들었습니다.

▌어떻게 해야 한다는 말씀이십니까?

어떤 악조건 속에서도 자신의 아이디어를 실행할 수 있어야 한다는 뜻입니다. 시장에 쉬운 기회는 없습니다.

▌스스로 판단하고 남들이 공포에 휩싸일 때 과감히 실행할 수 있어야 성공할 수 있다는 의미입니까?

물론입니다.

▌그런 능력은 타고나는 것입니까? 하지만 선생님은 타고난 능력 없이도 그렇게 할 수 있도록 길들일 수 있으시지요?

잘 모르겠습니다. 타고났다고는 생각하지 않습니다. 실행에 옮길 때 "좋은 생각이 있습니까? 그다음은 어떻게 할 생각인가요?"라고 소리쳐 주는 사람이 있다면 게임 플랜을 세워 잘 대처할 수 있습니다. 투자도 마찬가지죠. 시장이 엉뚱한 방향으로 움직일 때에도 대응할 수 있는 계획이 있어야 합니다. 인간은 어려운 상황에 처하면 망설일 수밖에 없기 때문입니다.

▎어떻게 미리 준비하시나요?

머릿속으로 그려봅니다. X, Y, Z라는 사건이 벌어질 때 어떻게 대응할지 미리 결정을 준비합니다. 미리 준비하지 않으면 대중과 다르지 않죠.

▎선생님께서 쓰신 《거래소의 신》이라는 책에는 아주 개인적인 경험이 들어 있더군요. 개인적 이야기를 공개하는 데 망설여지지 않으셨습니까?

어느 독자가 '당황스러울 정도로 개인적'이었다고 후기를 적었습니다. 물론 제 사생활을 드러내는 데 망설였습니다. 책이 출판된 뒤 몇 개월 동안은 제 책을 읽었다는 독자의 눈을 똑바로 쳐다볼 수 없었습니다. 저에 대해 너무 자세히 안다고 느꼈기 때문입니다.

▎여러 번 생각해보았다는 뜻입니까? 그럼 다음에도 똑같이 하시겠습니까?

그렇습니다. 사람들이 제 책을 읽고 솔직하게 자신을 되돌아보고 다른 사람들과의 관계, 신과의 관계에 대해 깊이 생각해보기를 희망합니다. 제가 다음에도 똑같이 할 수 없다면 어떻게 다른 사람들이 이 문제들에 직시하기를 바라겠습니까? 제 책을 읽은 사람들이 실제로 저를 만나면 실망할 것이라고 생각합니다. 저는 책에 적힌 대로 정직하려고 애썼지만 사실 그렇지 못했기 때문입니다.

▎어떻게 이 업계에 발을 들여놓으셨습니까?

1970년대 초에 제 형인 조 리치는 로스앤젤레스에서 은화를 거래하는 일을 하고 있었습니다. 어느 날 형이 시카고와 뉴욕 시장 사이에 은을 사고팔아 차익을 얻는 사업을 구상하려고 시카고를 방문했죠.

> 은은 뉴욕과 시카고 시장에서 거래된다. 이론적으로 두 곳 가격은 같아야 한다. 하지만 때때로 매수/매도 주문이 한 시장에 엄청나게 몰리면 두 시장 사이에 가격이 일시적으로 달라진다. 차익거래자는 가격이 낮은 시장에서 은을 사자마자 높은 시장에서 팔아 이익을 챙긴다. 순간적 가격 차이를 이용해 이익을 챙기려는 차익거래자가 많기 때문에 두 시장에서 거래되는 은가격의 차이는 크게 벌어지지 않는다. 기본적으로 차익거래자는 비효율적 시장 상황을 아주 재빨리 찾아 매매함으로써 사실상 위험을 떠안지 않고 작은 이익을 챙긴다.

형은 저에게 시카고거래소에 가자고 했습니다. 형도 양복을 빌려야 했습니다. 그때 저는 양복이 딱 두벌밖에 없었습니다. 하나는 많이 해졌고 다른 하나는 할인점에서 60달러에 산 양복이었습니다. 거래소에 가면 형이 나서서 말해야 했기 때문에 형에게 좋은 양복을 입으라고 했습니다.

거래소에 도착해 사장실로 가서 회원권과 회원이 누리는 특권에 대해 물었죠. 한 직원이 우리를 머리에서 발끝까지 쭉 훑어본 뒤 이렇게 말했습니다. "잘못 찾아오셨습니다!"

▎거기서 대화가 끝났습니까?

아닙니다. 하지만 첫 대화가 그렇게 시작되었던 만큼 분위기는 내내 어색했습니다. 제 형은 회원권을 얻을 수 있는지 물었지만 그 직원의 얼굴에 비웃는 표정이 떠나지 않았죠. "회원이 되기 위한 조건을 알기나 하세요?"라며 경멸하는 투로 말했습니다.

▎그 조건을 알고 계셨습니까?

물론 몰랐습니다. (그가 웃었다.) 전혀 몰랐습니다. 회원권 가격이 얼마인지 맞추려 했어도 자릿수를 두 개 넘게 틀렸으리라 생각합니다. 대화 전체가 마치 한심한 농담 같았습니다. 제가 나서서 말하지 않아 참 다행이라고 생각했습니다.

어처구니없는 대화를 마친 뒤 방문객들이 둘러볼 수 있는 곳으로 갔습니다. 그때까지만 해도 거래소 객장은 엄청나게 떠들썩하다고만 알고 있었습니다. 사람들 모두 이리저리 움직이고 소란스러웠지만 예상했던 만큼 떠들썩하지 않았습니다. 그런데 갑자기 귀가 찢어질 듯한 종소리가 들리더니 거래소 안이 흥분의 도가니로 바뀌었습니다. 우리는 시장이 열리기 직전의 모습을 보고 있었던 것입니다. 그날은 분명 거래소가 정신없이 바쁜 때였습니다. 그야말로 사람들이 이리저리 뒤섞여 물결에 휩쓸리는 듯했습니다. 그 광경에 너무 놀란 나머지 입을 다물 수 없었습니다. 그 순간 형과 저는 그곳이 바로 우리에게 딱 맞는 일터라 직감했습니다. 거래소에서 일하면 엄청나게 재미있을 것 같았습니다.

▎그때 다른 일을 하고 계셨습니까?

사실 그때 신학대학에 들어가 종교철학을 공부할 계획이었습니다. 자정부터 아침 여덟 시까지 교도관을 돕는 일을 하고 있었습니다. 그 일로 번 돈으로는 집세와 학비를 대기 빠듯했습니다.

▎신학대학을 졸업하셨습니까?

네, 이 사업을 시작하고 한참 뒤에 졸업했습니다. 학위를 받는 데 7년이나 걸렸습니다.

▎종교 관련 일을 할 계획이셨습니까?

성직자로 일할 수도 있었지만 그럴 생각이 없었습니다. 신학을 공부한 이유는 저를 개인적으로 괴롭혔던 영적 문제에 대한 답을 찾기 위해서였습니다. 다른 계획은 없었습니다.

▎정말 무엇을 하며 먹고살지 고민하지 않으셨습니까?

네, 너무 이상적으로만 생각했습니다. 그때는 1960년대 말에서 1970년대 초 즈음이었습니다. 옳은 일을 하면 모든 일이 저절로 해결될 것이라고 생각했죠. 아주 순진한 생각이었죠.

▎어떤 계기로 거래소 객장에서 일하기 시작하셨습니까?

거래소를 방문한 뒤 여섯 달쯤 지났을 때 형은 회사로부터 자금 지원을 받아 은 거래를 시작했습니다. 일곱 달 뒤 저는 거래소 객장에서 전화를 받는 직원으로 일하기 시작했습니다. 그런데 1973~1974년까지만 해도 엄청났던 은가격 변동성이 이후 크게 줄어들면서 재정 거래 기회도 말라버렸습니다. 더욱 정확히 말하면 기회는 있었지만 비회원이 내야 하는 수수료를 감당할 정도로 크지 않았습니다. 어쨌든 저는 회사를 떠나야만 했습니다.

▎관련 분야에서 계속 일하려고 노력하셨습니까?

대중에게 상품 옵션을 파는 회사에 들어갔습니다.

▎제가 틀렸으면 지적해주십시오. 제 기억으로는 그때는 거래소에서 옵션이 거래되기 훨씬 전이었고 회사들이 일반인에게 옵션을 터무니없이 비싸게 팔고 있었습니다.

믿기 어려울 정도로 바가지를 씌웠습니다. 이윤을 100퍼센트나 남겼습니다. 예를 들어 2,000달러에 산 뒤 4,000달러에 팔았으니까요.

▎인터뷰하실 때 회사에 들어가면 어떤 일을 하는지 알고 일자리를 거절하셨나요?

어떤 일을 하는지 전혀 몰랐습니다.

▌그 회사에 들어갔습니까?
네.

▌그 뒤 어떤 일이 일어났죠?
하루가 지나자 전혀 모르는 사람들에게 전화하는 일이 회사 업무 전부라는 사실을 알게 되었습니다. 회사는 투자할 만한 사람들의 목록을 가지고 있었고, 직원들은 이들에게 전화해 옵션을 사라고 설득해야 했습니다.

▌다시 말해 불법 텔레마케팅 업무였군요.
맞습니다. (웃으며 말했다.) 이 업계의 다른 면을 볼 수 있었습니다. 채용된 뒤 옵션을 파는 방법을 가르치는 교육을 받았습니다. 그때 미국 거래소에는 옵션이 없었기 때문에 런던에서 옵션을 사온 뒤 이윤을 남기고 대중에게 팔았죠. 옵션을 파는 방법을 적어놓은 설명서도 있었습니다. 누군가에게 전화해 이렇게 말하며 구슬리죠. "홍길동 님, 안녕하세요. 홍길동 님께서는 돈이 많으신 투자자라고 알고 있습니다. 그리고 이런 투자 기회를 잘 아실 만큼 똑똑하실 것이라고 믿습니다."

저는 트레이더라는 생각으로 일했습니다. 그래서 누군가에게 상품을 팔려면 그 상품에 투자한 사람이 돈을 얼마나 벌었는지 알아야 한다고 생각했습니다.

▌옵션 판매 기법을 가르치는 강사에게 물어보았습니까?
물론입니다. 그가 대답했습니다. "이 상품에 투자한 고객은 돈을 법니다."

그래서 제가 물었죠. "얼마나요? 제가 전화하는 사람들에게 기대 수익률이 몇 퍼센트라고 말해야 합니까?"

그는 제가 쓸데없는 질문을 한다는 표정을 짓고는 의심하는 눈초리로 쳐다보며 이렇게 말했습니다. "꼬치꼬치 캐묻는 이유가 뭡니까?"

▌한마디로 그는 선생님께서 쓸데없는 질문을 한다고 생각했군요.
네, 맞습니다. 그가 말했습니다. "옵션을 사도록 하는 일이 중요합니다."

▌잠재 고객에게 전화했을 때 그들이 옵션에 투자하면 얼마나 벌 수 있는지 물으면 어떻게 대답해야 했습니까?
"우와, 돈을 많이 벌 수 있습니다! 설탕가격이 두 배는 오를 테니까요!" 아니면 특별할인을 한다며 구슬립니다. 때로는 4,000달러짜리 옵션을 3,000달러에 특별할인을 한다고도 하죠. 제 추측으로는 2,000달러에 산 옵션이 만기에 이르러 가치가 떨어지자 서둘러 처분하려 했던 것으로 보였습니다. 그래서 사람들에게 전화해 특별히 할인해 판다고 그럴듯하게 꾸미죠.

▌잠재 투자자가 옵션에 투자했던 사람이 얼마나 벌었는지 물으면 어떻게 대답해야 했습니까?
저도 똑같이 질문했습니다. 그가 다음과 같이 대답했죠. "기록에 따르면 투자한 고객 가운데 62퍼센트가 돈을 벌었습니다."

▌새빨간 거짓말이었습니까?
저는 성과를 분석한 자료가 있다고 생각했지만 그가 두루뭉술하게 말하는 바람에 무슨 뜻인지 잘 몰랐습니다. 한두 번 투자해 돈을 번 적이 있는 사람이 전체 투자자의 62퍼센트라는 의미 같았습니다. 그렇지만 제가 알기로 투자자 대부분이 돈을 날렸습니다. 그래서 제가 끝까지 물고 늘어졌습니다.

▌그가 귀찮게 굴지 말라는 식으로 반응했습니까?
끝까지 그랬습니다! 어쨌든 저는 계속 추궁했습니다. "옵션을 4,000달러에 팔면 이 옵션을 산 사람은 얼마에 되팔 수 있습니까?" 늘 상대방 입장을 생각해보면 가격이 적절한지 쉽게 알 수 있으니까요.

그가 우스꽝스럽다는 표정으로 말했습니다. "고객이 왜 옵션을 팔겠습니까? 옵션을 사면 돈을 많이 벌 때까지 계속 보유하겠죠."

제가 캐물었습니다. "옵션을 산 고객이 다음날 판다고 가정하면 얼마에 팔 수 있습니까? 제가 알기로 시장에는 늘 사는 사람과 파는 사람이 있습니다." 그는 계속해서 답을 피했고, 질의응답을 조금 더 주고받은 뒤 제가 마지막으로 물었습니다. "4,000달러에 파는 옵션을 얼마에 샀습니까?"

그가 한숨을 푹 쉬고는 책상에 기대며 이렇게 말했습니다. "이봐요. 가구점에 가서 판매원에게 가구를 얼마에 샀는지 알려줄 때까지 사지 않겠다고 버텨도 그 판매원은 원가가 얼마인지 알려주지 않아요. 하루 종일 물고 늘어진다면 결국 그 판매원은 당신에게 꺼져버리라고 하겠죠. 나도 그 판매원과 똑같이 말하고 싶군요." 교실에 한동안 침묵이 흘렀습니다.

▍강사와 티격태격하는 동안 다른 사람들 반응이 어땠습니까?

무슨 말을 주고받는지 전혀 알지 못하는 초보자도 있었습니다. 판매원이 코르벳 스포츠카를 몰고 다니는 모습을 보고 바로 지원한 교육생도 있었습니다.

▍강사가 교실에서 나가라고 했습니까?

나가라고는 하지 않았지만 저는 꽤 당황스러웠습니다. 결국 저는 "옵션에 투자한 사람 대부분이 돈을 벌면 큰 문제가 없을 텐데"라고 중얼거리며 넘어갔습니다.

▍하지만 여전히 의구심이 남아 있었죠?

물론 그랬습니다. 사실 언젠가 전화벨이 울렸을 때 전화를 받은 강사가 이렇게 대답한 적이 있었습니다. "그는 거래소 객장에 나가 있습니다. 제가 데려오

겠습니다." 저는 속으로 생각했죠. '이 건물에는 거래소와 같은 객장이 없을 텐데.'

많은 책상이 있고 사람들로 꽉 찬 커다란 방에 들어가자 그는 있는 힘껏 목청 높여 소리쳤습니다. "밥, 어서 전화 받아요!"

사실 불법 텔레마케팅 사무실이라 불러야 마땅한 그 방을 그는 거래소 객장이라 불렀죠. 이 회사 사람들은 거래소에서나 볼 수 있는 떠들썩한 분위기를 좋아했습니다. 저는 속으로 생각했습니다. '불법 사무실을 거래소 객장이라고? 이 사람들이 자기 자신들을 속이고 있군.' 사실 이 업계에서 일어나는 수많은 부정들은 사람들이 스스로 속일 때 싹틉니다.

▎ 내용을 정확히 파악하지 않고 대충 얼버무리고 넘어가기 때문에 대중을 속이고 바가지를 씌운다는 사실을 잘 모르는군요.

그렇습니다. 사기꾼 대부분 스스로 거짓말을 너무 많이 하기 때문에 죄의식이 없습니다. 예컨대 아까 얘기했던 미국연방수사국의 함정 수사에 걸린 거래소 내 브로커들은 하나같이 다음과 같이 변명합니다. "이봐요. 남들이 하지 않는 짓은 전혀 하지 않았습니다." 이 말은 사실이 아니지만 그들은 사실이라고 믿습니다.

▎ 그때 그 회사를 그만두셨습니까?

교육을 받고 이틀날 내키지는 않았지만 전화를 몇 통 해봤더니 이는 사기가 분명하다는 느낌이 들었습니다. 그래서 두말없이 회사를 나왔습니다.

▎ 특별히 기억에 남는 매매 사례가 있습니까?

포클랜드 전쟁이 터진 날에 있었던 일이 떠오르는군요. 거래소 밖 사람들은 거래소에서 일하는 트레이더가 정보를 가장 빨리 얻는다고 믿었습니다. 하지만 사실은 전혀 그렇지 않습니다. 시장은 우리가 정보를 얻기 훨씬 전부터 치솟았습니다. 우리는 시장을 움직이는 이유를 가장 늦게 알았죠. 그날 저는 대두선물이 헐값이라 생각하고 엄청나게 많이 투자했습니다. 하지만 바로 손절해야만 했습니다. 단 1분 만에 10만 달러를 잃었죠.

▌기억에 남는 다른 사례가 또 있습니까?
저는 늘 수익은 느릿느릿 올리는 반면, 손해는 빨리 봅니다. 1979년부터 1980년대 초까지 금가격이 치솟았을 때 기억이 생생합니다. 이란이 인질을 억류했을 즈음 금가격은 1온스에 400달러 언저리에 있었습니다. 저는 인질 문제로 긴장이 고조되면 금가격이 더욱 오를 것이라고 믿었죠. 하지만 시장 반응이 미지근해 머뭇거렸습니다. 그러다 금가격이 더욱더 올라 다음달 거의 500달러에 이르렀죠. 이는 매매를 실행했어야 하는데도 그렇지 못한 전형적인 사례입니다.

▌다시 말해 매매에서 성공하려면 갖추어야 하는 자질 가운데 하나인 결단력이 부족하셨군요.
맞습니다. 미적거리다 끝내 500달러 바로 밑에서 사고 말았습니다. 추측하다시피 제가 산 날 금가격은 하한가로 곤두박질쳤습니다. 사실 하한가에 물려 오도가도 못하는 상황에 빠졌죠.

▌그때 빠져 나오려 생각하셨습니까?
아니오. 인질 문제가 아직 해결되지 않았거든요. 더군다나 소련이 아프가니스탄을 침공했습니다. 그래서 금가격이 결국에는 오를 것이라고 믿고 포지션을 꼭 붙들고 있었습니다. 물론 아시다시피 금가격은 다시 급격히 솟구쳤습니다.

▌포지션을 정리할 계획이 있으셨나요?
네, 꼭지에서 10퍼센트 떨어지면 청산할 계획이었습니다.

▍한마디로 시장이 줄곧 오르다 조정다운 조정이 올 때 처분할 생각이셨군요.

그렇습니다. 하지만 불행히도 시장이 떨어지는 바람에 하루 만에 가치가 25퍼센트나 내려갔죠. 당연히 아주 고통스러웠습니다. 그런데도 저는 이 거래에서 엄청난 수익을 올렸습니다.

사실 이 거래는 하락폭을 어떻게 보아야 하는지를 고민하게 합니다. 사람들은 손해를 보고 있을 때의 하락과 이익을 보고 있을 때의 하락을 잘 구분하지 못합니다. (마크 리치는 이를 다르게 보아야 한다고 생각한다.)

이익을 보고 있을 때의 하락을 손해 보고 있을 때 하락만큼 걱정스러워한다면 결코 장기 상승 추세에 편승해 돈을 벌 수 없습니다. 아무리 좋은 위험관리 도구를 사용해도 그런 장기 상승 추세 도중 크게 흔들리면 견디지 못하고 처분할 수밖에 없습니다.

▍한마디로 엄청난 수익을 거두려면 장기 상승 도중에 크게 하락해도 참아야 한다는 뜻이군요.

다른 방도가 없다고 생각합니다. 이익이 줄어든다고 지나치게 걱정스러워하면 큰돈을 벌 수 없습니다.

▍매매할 때 어느 정도까지 손해를 감수하십니까? 돈을 벌고 있을 때가 아니라 처음 투자할 때 기준으로 말씀해주시기 바랍니다.

대략 자산의 0.5퍼센트입니다. 매매할 때 시간을 낭비한다고 생각될 정도로 적게 투자해야 한다고 생각합니다. 늘 너무 작다싶을 만큼만 투자해야 합니다.

▍매매를 시작한 이래 10년 동안 거래소에서 개인 사무실을 차리셨죠? 거래소에서 매매하실 때 성과가 아주 뛰어났는데 거래소 밖으로 나오신 이유가 궁금합니다. 먼저 거래소에 계실 때 매달 수익을 거두셨다고 해도 과언이 아니죠?

네, 그렇습니다.

■ 조금 더 자세히 묻겠습니다. 주 단위로는 돈을 번 주가 전체의 몇 퍼센트 정도였습니까?

90퍼센트였습니다.

■ 사람들이 이렇게 말하겠네요. "와우, 이 사람이 10개 주 가운데 9개 주에서 돈을 번답니다!" 그런데 왜 거래소를 떠나셨나요?

짧게 말씀드리겠습니다. 나이가 들었기 때문입니다. 더군다나 대두시장 변동성이 작아져 돈을 벌 기회가 줄어들었죠. 적당한 때 나왔다고 생각합니다.

■ 거래소 객장 밖으로 나오셨을 때 따로 계획한 매매 기법이 있으셨나요?

없었습니다. 이것저것 검토했습니다. 자문 서비스도 많이 시도해보았지만 일부러 시간을 내 설명을 들을 만큼 가치 있지 않았습니다. 결국 스스로 매매 시스템을 개발하는 쪽으로 가닥을 잡았습니다. 놀랍게도 소위 업계 전문가가 제공하는 정보조차 믿을 수 없었습니다. 예를 들어 제가 시스템을 시험하고 개발할 때 '영구'계약이라 부르는 가격 데이터를 샀습니다.

영구가격은 가장 만기가 가까운 두 선물가격을 연결해 구한다. 이렇게 하면 일정한 기간(예를 들어 90일)마다 값이 끝없이 이어진다. 이는 서로 다른 두 가격을 이용해 구한 이론가격이기 때문에 현실에 들어맞을 리 없다.

저는 이 데이터를 6개월 동안 쓴 뒤에야 현실에 맞지 않는다는 사실을 깨달았습니다. 예를 들어 이 영구 데이터 시리즈는 실제 나타나기 힘든 엄청난 가격 움직임을 보여주기까지 했습니다. 물론 가격이 그렇게 크게 움직인다면 돈을 벌 수 있었겠죠. 그 데이터가 아무짝에도 쓸모없다는 사실을 안 순간 저는 의자 뒤로 넘어갈 뻔했습니다. 매매를 해보았다는 사람이 그런 쓰레기 같은 데이터를 개발했다는 사실을 믿을 수 없었죠.

저에게 이렇게 물어보았습니다. "알 만한 전문가들이 어떻게 이런 바보 같은 데이터를 만들었을까?" 이는 답하기 너무 쉬운 질문이었습니다. 어쨌든 저는 이 데이터를 6개월 동안이나 썼습니다. 결국 처음부터 다시 시작해야 했습니다. 그 뒤로는 다른 사람이 개발한 시스템은 결코 믿지 않습니다.

그즈음 매매 시스템을 구입해 사용해본 적이 있으십니까?

네, 두어 개 샀습니다. 그중 하나는 기본적으로 시뮬레이션 시스템이었습니다. 어느 회사 시스템인지는 밝히지 않겠습니다. 저는 최적 매매 시스템을 개발할 수만 있다면 단순히 그래프만 분석해 투자하는 경우보다 1,000배나 더 효율적일 수 있을 것이라고 생각했죠.

최적화란 시스템에 여러 값을 집어넣은 뒤 과거에 가장 높은 수익을 가져다주었던 값을 찾아내도록 시험하는 절차를 말한다. 시뮬레이션으로 과거에 높은 수익을 올릴 수 있는 방법을 찾았더라도 실제로는 그렇게 좋은 성과를 내기 힘들다.

알고 보니 시스템이 쓸모없었죠. 사람들이 무식하게도 그런 시스템을 개발해 판다는 사실에 또 놀랐습니다.

어떤 면에서 쓸모없었나요?

그 소프트웨어는 죽을 때까지 시스템을 최적화할 수 있도록 설계되어 있었습니다. 사실 이 제품을 파는 회사는 매주 시스템을 업데이트하라고 권유하기까지 했죠. 한마디로 프로그램에 지난 주 데이터를 집어넣어 이번 주에도 지난 주에 했어야 하는 거래처럼 매매하라는 뜻이었습니다. 그 시스템을 개발한 사람들이 매매를 한번이라도 해보았는지 정말 의심스러웠습니다.

▍그 사람들이 매매를 해본 적이 없다는 사실을 밝혀냈습니까?

(그가 한숨을 내쉬며 말했다.) 제가 물었습니다만 그들은 대답을 피했습니다. 사실 그 회사 판매원들이 제게 데이터를 손으로 직접 입력하는 법을 보여준 적이 있었죠. 사실 저는 데이터를 손으로 일일이 집어넣으면 너무 시간이 많이 걸린다고 생각했기 때문에 컴퓨터로 입력하고 싶었습니다. 어쨌든 트레이딩한다는 그 판매원이 말했습니다. "저는 〈월스트리트저널〉을 제 돈 내고 보지 않아요. 가격이 나오는 쪽을 복사해주는 친구가 있거든요." 이 말을 듣고 저는 속으로 생각했죠. '최고 트레이딩 시스템을 파는 사람이 〈월스트리트저널〉을 사볼 수 없을 정도로 여유가 없다니 믿을 수 없군.'

▍그 시스템으로 실제 매매를 해보셨나요?

네, 하지만 어쩌다 한두 번 맞을 정도로 형편없었습니다. 더욱이 블랙박스 매매 시스템(매수/매도 신호는 주지만 그 신호가 왜 나타나는지 알려주지 않는 소프트웨어)으로 매매한다는 사실이 너무나도 불편했죠. 앞으로는 블랙박스 매매 시스템은 절대 사지 않겠다고 굳게 다짐했습니다.

▍다른 사람이 개발한 시스템을 그대로 믿지 말고 스스로 연구하라는 충고인가요?

제 충고는 늘 한결같습니다. 남을 따라 하지 마세요. 대중과 완전히 다르게 투자해야 합니다. 초보자가 믿을 수 없을 정도로 복잡한 이 업계에 들어와 돈을 벌려고 하는 행위는 돈을 조금 더 벌겠다고 주말에 뇌수술을 하는 행위와 같습니다.

함께 경주용 종마에 투자한 세 명의 의사를 알고 있는 한 친구가 있었습니다. 의사들은 말을 인도받았을 때에야 말이 거세되었다는 사실을 알았죠. 그 친구는 의사들에게 말이 거세되었는지 확인이나 했느냐며 놀려댔습니다. 믿을 수 없겠지만 알고 보니 그들은 생각만 하고 실제 확인하지 않았습니다. 그래서 그 친구가 이렇게 말했습니다. "자네들은 의사잖아. 그런데도 허리를 구부려 아래에 생식기가 있는지 확인조차 하지 않았다고?"

지금 그 의사들에게 실수가 무엇이었는지 묻는다면 그들은 분명 말이 가치 있는지 살펴보았어야 했다고 말하겠죠. 하지만 대답이 이렇다면 그들은 아직 다음 교훈을 터득하지 못했다고 봐야 합니다. "자신이 모르는 분야에는 투자하지 마라." 그 의사들이 다시 말에 또 투자한다면 거세된 말에는 투자하지 않겠죠. 하지만 터무니없는 또 다른 실수를 저지를 것입니다.

▌차라리 국채에 투자해야 한다는 뜻입니까?

운용 성과가 검증된 운용회사나 자문사를 활용할 수도 있습니다. 하지만 "과거 성과가 미래 성과를 보장하지 않는다"라는 류의 문구를 꼭 읽어야 합니다. 더욱이 손해를 감수할 각오가 없다면 돈을 벌 수 없습니다. 투자해놓고 잠을 이룰 수 없다면 자신의 투자 성향과 맞지 않는다고 봐야 합니다. 제가 돈을 벌 수 있었던 비결은 손해를 감수했기 때문입니다.

▌사람들 대부분 그렇지 못하죠?

그렇습니다. 사람들 대부분 투자하면서 돈을 잃지 않으려고 합니다. 더욱이 기대 수익률이 터무니없이 높습니다. 운 좋게 뛰어난 자문사를 골랐어도 얼마 지나지 않아 하락폭이 커지면 바로 돈을 인출합니다. 그래서 계속 붙들고 있었으면 수익을 거둘 수 있는 상황에서도 결국 돈을 잃고 맙니다.

▌사실 제가 조사한 결과도 결론이 똑같았습니다. 몇 년 전 저는 외부 자문사 평가를 담당한 적이 있었는데, 그 일을 하면서 아주 재미있는 사실을 발견했습니다. 해마다 수익을 올리는 자문회사가 꽤 많았지만 이 자문회사에 돈을 맡긴 뒤 인출한 투자자 가운데 돈을 번 사람은 절반에도 미치지 못했습니다. 사람들이 투자 시점을 잘못 잡는다는 사실을 다시 확인할 수 있었죠. 사람들

은 본능적으로 실적이 계속 좋을 때 투자하고 연이어 나쁠 때 빼려는 습성이 있습니다.

▎선생님은 사람들에게 투자 업계에 발을 들여놓지 말라고 조언하시지만, 만약 누가 찾아와 꼭 트레이더가 되겠다고 하면 뭐라고 말씀하시겠습니까?

선생님 책을 홍보한다고 생각하실지 모르겠지만 솔직히 선생님께서 쓰신《선물시장을 위한 완벽 가이드(The Complete Guide to the Futures Markets)》를 읽어보라고 말하겠습니다. 그 책 절반을 소화한 뒤 다시 찾아오라며 진정시키겠습니다. 하지만 저는 그들 대부분이 결코 제 말대로 하지 않을 것이란 사실을 잘 알고 있습니다.

▎그런 식으로 말함으로써 사람들이 이 업계에 발을 들여놓지 못하도록 하시는군요. 하지만 지금까지 들어본 제 책에 대한 찬사 가운데 가장 훌륭합니다.

사실 그 책 첫 장을 펼치기만 해도 만만치 않다는 사실을 알 수 있죠. 솔직히 선생님 책을 읽으면 트레이딩으로 돈을 벌려면 엄청나게 노력해야 한다는 사실을 깨달을 수 있습니다.

▎돈을 벌어 수익금 일부를 기부하려고 매매하십니까?

그렇게 노골적으로 말하고 싶지는 않지만 사실은 그렇습니다. 저는 젊었을 때 너무 이상만을 추구한 나머지 인류에게 고귀한 선을 행하려면 돈을 불경스럽게 여겨야 한다고 생각했죠. 하지만 결국 돈에는 엄청난 내재가치가 있다는 사실을 깨달았습니다. 굶고 있는 누군가에게 필요한 것은 바로 돈입니다.

▎선생님께서는 이미 오래 전에 먹고살 수 있을 만큼 충분히 돈을 벌고도 남는다고 알고 있습니다. 자선사업을 하려는 마음이 없었다면 아직까지 매매하고 계실까요?

잘 모르겠습니다. 정말입니다. 그런데 '자선'이라는 표현을 고쳤으면 합니다.

글자 그대로 자선사업을 하려고 매매하지는 않았습니다. 대신 가난한 사람들에게 투자하려고 합니다. 굶주리는 사람에게 동전 한 닢 준다면 이는 남에게 손을 벌리라고 가르치는 짓이나 마찬가지입니다. 하지만 저는 헐벗은 사람에게 투자하고 싶습니다. 자본을 줘 생산성을 높이도록 하겠다는 뜻입니다. 그들은 자급자족할 수 있는 가내공업 같은 일자리가 필요하죠. 그런 식으로 지원하겠다는 뜻입니다. 우리가 흔히 아는 자선사업과는 다릅니다.

제가 지금 드리는 말씀은 오해하기 쉽지만, 제가 가난한 사람으로부터 돈을 벌 수 있는 시스템을 만든다면 제 목적은 이루었다고 말할 수 있습니다. 이상하게 들릴 수도 있습니다. 물론 굶주린 사람을 착취해 돈을 벌려는 의도가 결코 아닙니다. 하지만 돈만 받는 사람은 남에게 기대려는 마음이 생길 수 있습니다. 바로 이 점 때문에 가난을 타파하려고 추진한 '위대한 사회' 프로그램이 실패했습니다. 반면 헐벗은 사람들이 투자 자금을 돌려줄 수 있도록 일하게 한다면 지속성이 있겠죠.

▌수입 가운데 몇 퍼센트를 굶주린 사람을 돕는 데 사용하는지 말씀해주시겠습니까?

대략 말씀드리자면 3분의 1은 정부 자선 단체에, 3분의 1은 투자 규모를 늘리려고 제 계좌에 다시 집어넣습니다. 나머지는 이런저런 프로젝트에 사용합니다.

▌이웃 부족을 죽이는 일까지 서슴지 않는 아마존 인디언도 지원한다고 알고 있습니다. 그곳을 방문하기가 두렵지 않았습니까?

무섭지 않았습니다. 그들은 서로를 죽이지만 외부인은 신경 쓰지 않습니다. 그곳 원주민들은 부족민이 죽으면 옆 마을 부족민을 죽여야 원한이 풀린다고 믿습니다. 옆마을 주민이 살해되면 이들도 복수하려 하기 때문에 결국 복수가 되풀이됩니다.

▎**누군가 죽을 때마다 그 죽음을 이웃 부족 탓으로 돌린다는 뜻이군요. 그렇다면 머지않아 살아남는 사람이 아무도 없겠네요.**

그들은 노인과 젊은이의 죽음은 이웃 부족의 악령 탓으로 돌리지 않습니다. 하지만 그 밖의 사람들이 죽으면 선생님 말씀대로 이웃 부족민을 죽입니다. 다행히도 사람들을 빨리 죽이지는 못합니다. 그렇지만 지난 세월 동안 원주민 수가 급격히 줄었습니다. 질병과 영양실조뿐만 아니라 이런 특이한 관습 때문이었습니다. 덧붙이자면 제가 방문한 부족은 기독교로 개종한 덕분에 이웃 부족민을 죽이는 관습을 버렸죠.

▎**원주민들을 어떻게 도우셨습니까?**

1982년 이후 원주민 마을에 네다섯 번 찾아가 오래 머물렀습니다. 주로 그들이 발전할 수 있도록 도왔습니다. 예를 들어 그들이 제재소를 세울 수 있도록 이리저리 도왔습니다. 최근 그곳에 다시 찾아갔더니 정말 멋진 집을 짓고 있었습니다. 새집은 원주민들이 이전에 살던 불결한 곳에 비하면 낙원 같았습니다. 예전에는 아이들이 더러운 바닥에 기어 다니는 바퀴벌레를 가지고 놀았을 뿐만 아니라 얼굴에는 더러운 것들을 묻히고 다녔습니다.

▎**원주민 마을을 서구화시키면 그들 고유의 생활방식이 파괴되어 결국 그들에게 해가 될 수 있다고 생각하지 않으셨나요?**

이곳 서구 문명사회에서는 원주민들의 문화와 생활방식을 가치 있게 여기고 보존해야 한다고 여기는 사람들이 많습니다. 낭만적이고 멋진 생각이죠. 이를 비웃는 원주민이 없다면 저도 이에 공감합니다.

비(Bee)라는 인디언에게 그들의 아름다운 문화에 대해 쓴 신문기사를 읽어준 적이 있습니다. 그러자 비가 물었습니다. "도대체 이런 바보 같은 기사를 쓴 사람은 어디에 사나요?" 카라카스에 산다고 말해주었더니 따지듯 내뱉더군요. "편안한 사무실에 앉아 우리에 대해 터무니없는 기사를 쓰는 까닭이 뭡니까? 우리와 함께 아름다운 경치나 실컷 즐길 수 있도록 가족과 함께 이곳으로 와보라고 해보세요." 그들은 동점심이 없는 우리를 보고 어리둥절해 합니다. 학계에서는 인디언 문화를 아름답게 미화하면서 설득력 있는 주장을 펼칩니다만, 저는 인디언들과 생각이 같습니다.

■ 일반적으로 인디언들이 서구 문명을 받아들인다는 뜻인가요?
저는 발전을 꺼리는 인디언을 본 적이 없습니다. 물론 전통 신앙과 관습을 유지하려는 사람들도 있지만 문명의 혜택을 싫어하는 인디언은 없습니다.

> 나는 문명이 원주민 사회에 이롭다는 일반적 주장에 의문을 제기했지만 마크 리치가 쓴 《잘못된 생각의 피해자》를 읽은 뒤로는 원주민 전통이 사라진다는 사실이 덜 안타깝게 여겨졌다. 마크 리치는 원주민으로부터 들은 이야기를 토대로 상상할 수 없을 만큼 비참한 생활상을 이 책에 담았다.

■ 아마존 이야기에서 투자 세계로 이야기를 돌리겠습니다. 개인 자금을 운용하고 계신 선생님께서 공모펀드 운용을 고려하고 계시다고 알고 있습니다. 벌써 뛰어난 실적을 올리셔서 꽤 큰돈도 모으셨으니 계속 같은 일을 하시면 훨씬 편하지 않으실까요? 골치 아픈 일이 많은 공모펀드를 굳이 운용하시려는 까닭은 무엇입니까?
운용 자금이 엄청나게 늘어나 매매할 때마다 얻는 수익이 크게 줄어든다면 선생님 의견이 옳을 수 있습니다. 수익에 대한 인센티브가 수익 감소를 충분히 보상하지 못할 수도 있죠.

■ 하지만 선생님의 경우 매매 규모가 커져도 전혀 문제가 없지 않으신가요?
맞습니다. 장기로 투자하기 때문입니다.

▎**구체적으로 말해 한 시장에서 평균적으로 1년에 몇 번 정도 단기에서 장기로 또는 장기에서 단기로 바꾸라는 신호가 나옵니까?**

일반적으로 시장마다 1년에 1~5번 정도 나타납니다.

▎**생각보다 훨씬 적군요.**

맞습니다. 물론 저는 1년에 한 번 매매하면 좋다고 생각합니다. 사실 제가 가장 수익을 많이 올린 거래는 4년 넘게 보유한 경우였습니다.

▎**어떤 거래였습니까?**

대두박에는 매수 포지션, 대두유에는 매도 포지션을 취한 뒤 만기 때마다 계속 연장했습니다.

▎**왜 그렇게 오랫동안 보유했습니까?**

매달 수익이 났기 때문이었죠.

이때 조 리치가 커피와 디저트를 들고 방으로 들어왔다. 조 리치와 한 인터뷰는 다음 챕터에서 볼 수 있다. 마크 리치의 뛰어난 실적의 기반은 다음 다섯 가지 원칙이 이루고 있다.

첫째, 스스로 연구하라.
둘째, 시간 낭비라고 여겨질 정도로 조금씩만 투자하라.
셋째, 문제가 없다면 이익을 내고 있는 포지션을 인내심을 가지고 몇 년이라도 계속 보유하라.

넷째, 이익을 내고 있는 포지션의 위험과 처음에 투자할 때의 위험을 다르게 평가하라. 수익을 거두고 있는 포지션에서 최대한 많이 벌려면 처음에 설정한 위험 수준보다 더 큰 위험을 견뎌야 한다.

다섯째, 자신의 욕심을 파악하고 통제하라.

Chapter 17

직감까지 뛰어난 분석가

조 리치(Joe Ritchie)

　　CRT 창립자인 조 리치는 아직도 회사를 이끄는 견인차 구실을 하고 있다. 실례로 복잡한 회사 전략의 청사진이 된 기본 개념과 이론도 그가 마련했다. 조 리치는 고등 수학을 배운 적이 없지만 사람들은 그가 타고난 수학 천재라고 생각한다. CRT가 쓰는 복잡한 수학적 트레이딩 모델을 감안할 때 사실 그렇게 불러도 마땅하다. 조 리치는 수학을 거의 느끼거나 직감적으로 이해하는 것이라고 여긴다.

　　조 리치는 CRT의 성공이 자기만의 공이 아니라는 사실을 누구보다 앞서 강조한다. 사실 회사가 발전하는 데 크게 기여한 사람은 많다. 조 리치는 인터뷰할 때 내가 CRT에서 일하는 다른 직원들도 만나 보아야 한다고 고집했다. CRT에서 중요한 일을 맡고 있는 어느 직원이 조 리치의 철학을 다음과 같이

주 : 이 장에 나오는 옵션 매매 관련 내용을 이해하기 어려운 독자는 '부록 옵션기초부터 파악하기'를 먼저 읽어보기를 바란다.

밝혔다.

"조 리치는 직원들에게 기꺼이 자율권을 줍니다. 직원들을 믿기 때문입니다. 우리가 수익을 많이 거둘 수 있었던 까닭은 분명 우리가 마음 편히 위험을 감수할 수 있는 분위기를 조성해주었기 때문입니다."

조 리치는 사업을 벌일 때 주로 사람을 보고 결정한다. 사업성이 아무리 좋아 보여도 사람이 마음에 들지 않으면 망설이지 않고 발을 뺀다. 반대로 그저 악수만 나누고도 커다란 사업을 추진하는 인물로 알려져 있다.

최근 구소련에 컴퓨터 합작회사를 세운 경우가 이에 딱 맞는 사례다. 합작 프로젝트는 소프트웨어 개발, 하드웨어 수입, 서비스와 영업센터 설립, 배송 시스템 가동을 포함해 생산부터 판매까지 아우르는 일이었다. 이 복잡한 합작회사가 탄생할 수 있었던 까닭은 그가 만난 러시아 사람의 기업가 정신이 아주 투철했기 때문이다. 조 리치는 오로지 이 사람만 믿고 투자하기로 마음먹었다. 한 CRT 직원이 예를 들어주었다. "구소련 지역에 합작회사를 설립하는 미국 회사치고 빠져 나갈 구멍을 만들기 위해, 잘 살펴보면 앞뒤도 맞지 않는 300쪽 짜리 계약서를 쓰지 않는 회사는 없습니다. 하지만 조 리치는 그 러시아 사람에게 공정하다고 생각하는 계약서를 마련하라고 한 뒤 다음에 모스크바에 다시 갔을 때 바로 계약했습니다."

세계에서 가장 성공한 트레이딩 회사를 세운 사람에게서 기대할 수 있듯이 조 리치는 활동적이고 열정적이며 총명하기까지 하다. 더불어 끝없이 바뀌는 퍼즐과 같은 일에 도전하기를 정말 좋아한다. 하지만 조 리치가 일을 즐기는 까닭은 사람 때문이기도 하다.

그는 소리 높여 말한다. "저는 출근길이 행복합니다." 정말 그렇다. 조 리치는 자기가 하는 일을 좋아할 뿐만 아니라 CRT를 가족이라고 생각한다. 직원들을 정말 사랑하는 마음이 온몸에서 배어나오는 듯하다.

▍선생님께서 시작하신 은 차익거래는 이미 다른 사람이 하던 일이었습니다. 성공하기 위해 남달리 하신 일이 있으십니까?

시장들이 서로 어떻게 연결되어 있고 차익거래 확률이 얼마인지 알려고 더욱더 노력했습니다. 거래당 이윤은 적었지만 다른 브로커보다 더 자주 매매했습니다. 그로부터 몇 년 뒤 옵션도 비슷하게 거래했습니다. 그때는 더욱 정교한 가격비교 모델을 이용해 경쟁자들이 이윤을 남길 수 없다고 여길 정도로 매수/매도 스프레드가 아주 좁은 상태에서도 주문을 낼 수 있었습니다. 훌륭한 모델을 사용해 가격 차이를 정확히 계산해낼 수 있으면 스프레드가 좁은 상태에서도 자주 매매해 돈을 벌 수 있습니다.

▍다른 브로커들이 어떻게 반응했습니까?

아주 싫어했습니다. 우리가 공격적으로 매매해 그들의 영역을 잠식했기 때문이었습니다.

▍하지만 그때 선생님의 자금 규모는 아주 작았다고 생각합니다. 그런데 어떻게 경쟁자들이 위협을 느꼈을까요?

사실 자금 규모는 아주 작았습니다. 장내 브로커 가운데 가장 작지 않았나 싶습니다. 큰손들은 한꺼번에 500계약을 거래할 때 우리는 아무리 많아야 50계약밖에 주문할 수 없었으니까요. 하지만 우리는 아주 공격적으로 사고팔았죠. 그래서 건당 매매 규모와 걸맞지 않게 전체 거래량은 아주 많았습니다.

▍다른 브로커들이 위협을 느낀 까닭은 주로 선생님께서 마진이 박해도 남들보다 더욱 적극적으로 매매했기 때문입니까?

물론 그 이유도 있습니다. 하지만 다른 까닭도 많습니다. 예를 들어 더 나은 전화요원을 활용하여 시카고와 뉴욕 은시장 사이에서 더욱 빠르게 의사소통했기 때문이기도 합니다.

▎이해할 수 없군요. 모두 전화를 사용하지 않았습니까? 다른 사람보다 얼마나 빨랐습니까?

믿기지 않으시겠지만 저희가 시카고에 처음 왔을 때 은 차익거래를 하는 많은 사람이 돈을 아끼려고 전화요원을 쓰지 않았습니다. 대신 이들은 섬광등이 달린 전화기를 사용했습니다. 시카고 시장이 바뀌면 뉴욕거래소 객장에서 일하는 사람이 전화를 받습니다. 그러면 시카고거래소에 있는 전화기에서 섬광등이 번쩍입니다. 이 불빛을 본 브로커는 전화기로 달려가 호가를 확인한 뒤 전화를 끊고 다시 객장으로 뛰어가 주문을 냅니다. 이렇게 하면 시간이 많이 걸리기 때문에 전화요원을 활용하면 이들보다 더욱 빨리 매매할 수 있다고 생각했습니다.

▎사람들 대부분이 섬광등이 달린 전화기를 사용했나요?

절반 정도가 그랬습니다. 하지만 전화요원을 쓰는 사람들도 매매하는 데 3~10초 정도 걸렸습니다. 우리는 훌륭한 전화요원들을 고용해 이들에게 동기를 부여한 뒤 그 밖의 일들을 착오 없이 진행해 시간을 2초 정도로 줄일 수 있었습니다.

▎기본적으로 선생님께서는 더욱더 빠르게 움직이셨을 뿐만 아니라 다른 사람들이 매매할 수 있을 만큼 스프레드가 벌어지기 전에 서둘러 이익을 챙기셨군요. 이 때문에 사람들이 선생님을 싫어했겠네요.

아주 싫어했습니다. 사실 우리를 쫓아내려고까지 했습니다.

▌무슨 근거로요?

규칙 위반을 근거로 들었습니다. 전화요원이 말로 주문을 냈기 때문입니다. 규정상 주문을 내려면 종이에 써서 심부름하는 직원에게 전달해야 했습니다. 그렇지만 사람들 모두 말로 주문을 냈습니다. 거래소도 이 사실을 알았지만 매매가 더욱 원활하게 이루어지기를 원했기 때문에 이 규칙을 강요하지 않았습니다. 하지만 거래소는 다른 사람들이 우리를 징계위원회에 회부하는 일을 막지는 못했습니다. 그렇지만 결국은 없던 일로 끝났습니다. 우리에게만 규칙을 지키라고 하고 다른 사람 모두에게는 예외를 허용할 수 없는 노릇이었기 때문이었습니다.

▌일종의 텃세였군요.

맞습니다.

▌다른 거래소도 마찬가지였습니까?

(그가 깊은 한숨을 내쉬었다.) 거래소마다 천차만별이었습니다. 하지만 전반적으로 지금은 옛날보다 훨씬 나아졌습니다. 경쟁이 변화를 몰고 왔다고 봐야죠.

▌은 차익거래가 끝내 사라졌습니다. 도대체 무슨 일이 벌어졌나요?

1973~1974년 사이에 은 차익거래는 아주 수익성이 좋았습니다. 시장이 크게 오르내렸기 때문이었습니다. 하지만 1975년에는 변동성이 쪼그라들어 은 차익거래가 크게 줄어들었습니다. 저는 회사 지분을 들고 있던 친구에게 다른 거래를 해야 한다고 설득했습니다. 그때 저는 대두 관련 사업에 기회가 많다고 생각했습니다.

> 대두를 압착하면 대두박과 대두유가 나온다. 대두가 대두 제품에 비해 싸면 대두를 압착하는 공장은 대두를 산 뒤 같은 규모의 대두 제품을 팔아 많은 이익을 고정시킬 수

있다. 이런 차익거래가 이루어지면 대두 제품에 대한 대두의 상대가격은 오른다. 반대로 대두가 대두 제품에 비해 비싸면 대두 압착 마진이 작거나 심지어 역마진까지 생겨 대두를 압착하는 공장은 가동률이 떨어진다. 그러면 대두 수요가 줄어 대두가격이 내려간다. 더불어 대두 제품은 공급이 줄어 가격이 오른다. 기본적으로 이런 경제원리 때문에 대두가격과 대두 제품(대두박과 대두유) 가격이 서로 일정한 범위 안에서 움직인다. 대두를 매매하는 트레이더는 대두 제품에 대한 대두의 상대가격이 낮으면 대두를 사고, 대두 제품을 판다. 대두가 상대적으로 비싸면 반대로 매매한다.

▎선생님께서는 대두를 매매하는 다른 브로커와 어떻게 차별화하셨습니까?

아주 간단합니다. 은 차익거래를 할 때와 비슷했습니다. 높은 임금을 주고 가장 훌륭한 직원을 채용하여 성장할 수 있는 기회를 줌으로써 동기를 부여했습니다. 여러 대두박과 대두유 가격조합에 해당하는 대두의 내재가격을 대략적으로 보여주는 계산자도 만들었습니다. 이 계산자 덕분에 시장에서 가격이 움직일 때마다 차익거래 가치를 바로 계산할 수 있어 주문을 더욱 빨리 낼 수 있었습니다. 이유는 모르겠지만 다른 사람들은 그렇게 하지 않았습니다.

▎그때 처음 일하셨던 회사에서 계속 근무하셨습니까?

네. 은 차익거래 대신 대두를 매매하기로 회사와 계약을 맺었습니다. 손해가 나면 모두 제가 책임 지는 대신 이익이 생기면 회사와 반반씩 나누기로 했습니다.

▎좋은 계약 같아 보이지 않는군요. 동전을 던져 앞면이 나오면 50을 벌고 뒷면이 나오면 100을 잃는 게임 같으니까요. 그런 조건을 받아들인 까닭이 무엇입니까? 회원권이 필요했기 때문인가요?

아닙니다. 이전에도 늘 그랬기 때문이기도 했고, 이 분야에서 매매할 기회를 준 회사에 대한 보답 때문이기도 했습니다. 하지만 저는 끝내 회사를 차렸습니다.

▍그때 차린 회사가 CRT였습니까?

그렇습니다. 하지만 나중에 사명과 지분구조를 바꿨습니다. 대두 매매에 뛰어든 사례는 우리의 사업 철학을 잘 보여주었습니다. 즉 한 분야에만 얽매이지 않고 수익성이 있다고 판단되면 어느 사업이든 뛰어들 수 있다는 원칙이었습니다. 처음 회사를 세웠을 때에는 회사 이름이 시카고 보드 크러셔였습니다. 그 뒤 시카고 리서치 앤드 트레이딩으로 바꿨죠.

마크 리치가 끼어들며 말했다.
"우리가 사명을 바꾼 이유는 비서가 널빤지를 부숴달라는 전화에 너무나 많이 시달렸기 때문입니다."

▍농담이시죠?

아닙니다. 정말입니다.

▍방금 가장 좋은 투자 기회가 있는 시장으로 언제든 뛰어들 수 있다고 말씀하셨습니다. 제 기억으로 선생님께서는 1979~1980년 즈음 시장이 크게 오르내릴 때 다시 은시장에 뛰어드셨습니다. 그때 차익거래 하셨습니까? 아니면 방향성 매매를 하셨습니까?

주로 차익거래 치중했습니다. 변동성이 엄청나게 커지면 차익거래 기회가 아주 많아집니다. 하지만 방향성 매매를 한 적이 한 번 있었습니다. 똑똑해도 돈을 잃을 수 있는 반면 멍청해도 수익을 낼 수 있다는 사실을 잘 드러낸 경우였습니다. 1979년 초 이름을 알 수 없는 어느 투자자가 은시장에 들어와 선물을 2만 계약이나 매수했습니다. 그가 누군지 아무도 몰랐죠. 하지만 제가 뒷조사를 해본 결과 파키스탄 사람이 매매에 연루되었다는 사실을 알아냈습니다.

파키스탄 상류층 한 사람과 알고 지내던 저는 파키스탄에는 상류층이 많지 않다고 알고 있었습니다. 그래서 그녀에게 그렇게 많은 돈을 가진 파키스탄 사람이 있는지 물었습니다. 그녀가 대답했습니다. "없어요. 하지만 사우디 사람을 대신해 돈을 운용해주는 파키스탄 사람이 두 명 있어요." 그러고는 그 두 사람 이름을 제게 알려주었습니다. 당연한 일이지만 은밀히 조사해 두 사람 가운데 한 명이 은 선물을 매매했다는 사실을 밝혀냈습니다. 저희는 꽤 좋은 정보를 가지고 있다고 생각했습니다.

그때 은옵션은 런던에서만 거래되었습니다. 외가격 콜옵션이 아주 낮은 가격에 거래되고 있었습니다. 거래량이 많지 않았지만 저는 콜옵션을 엄청나게 샀습니다. 하락 위험이 크지 않다고 판단하고 제 계좌 규모에 걸맞지 않게 지나치게 많이 매수했죠.

기본적으로 외가격 콜옵션은 현재 가격보다 높은 가격을 살 수 있는 권리다. 만기 때 시장가격이 행사가격에 미치지 못하면 이 옵션 가치는 휴지조각으로 전락해 투자한 돈이 모두 날아간다. 반면 시장가격이 행사가격을 넘으면 콜옵션 가치가 올라가 이익이 생긴다. 시장가격이 행사가격보다 훨씬 높으면 이익이 엄청나게 커질 수 있다.

우리는 은선물을 누가 사는지 알고 있었습니다. 하지만 예기치 못한 일이 벌어졌습니다. 댈러스에 있는 증권회사에서 2,000만 달러짜리 수표가 부도나는 사건이 생겼습니다.

▌이 사건과 사우디 사람 사이에 무슨 관계가 있었죠?
수표를 부도낸 사람은 사우디 사람과는 아무런 관계가 없었습니다. 우리는 아주 영리하다고 생각했지만 사실 우리 분석에는 부족한 부분이 있었습니다. 증권회사는 부정수표에 연루된 자를 잡아 그가 가진 포지션을 청산했습니다. 그 바람에 은가격이 6달러로 미끄러졌습니다. 하지만 거래량이 많지 않은데다 제 포지션 규모가 너무 커서 시장에서 빠져 나올 방법이 없었습니다. 결국 오도가도 못하는 상황에 빠졌습니다.

그때 저는 운 좋게도 휴가를 떠난 상태였습니다. 그 사이 헌트라는 회사가 은을 매집한 덕분에 은가격이 다시 치솟았습니다. 휴가를 가지 않았다면 원본 수준으로 회복되었을 때 포지션을 정리했을 것입니다. 휴가에서 돌아왔을 때 시장가격이 행사가격을 넘어서 콜옵션은 내가격으로 바뀌었습니다.

가격이 더 오르리라 생각했지만 변동성을 이겨낼 자신이 없었습니다. 어느 날 시장 분위기가 어떤지 알아보려고 객장으로 나갔습니다. 일단 상황을 지켜보기만 하자고 다짐했습니다. 확인해보니 은가격이 7.25달러에서 맴돌고 있었습니다. 전체 포지션의 절반인 25계약을 처분해 이익을 챙기려고 마음먹었습니다. 하지만 저도 모르게 모두 처분해버리고 말았습니다. 은가격은 만기 시점에 8.5달러까지 올랐습니다.

■ 1979년부터 1980년 사이 은가격이 유래가 없을 정도로 급등했습니다(은가격이 1년 남짓 만에 온스당 5달러에서 50달러까지 폭등했다). 은가격이 더 오를 것이라고 예상하셨나요?

전혀 예상하지 못했습니다. 사실 10달러도 지나치게 비싸다고 생각했습니다. 저는 은을 싸게 산 뒤 20달러 넘는 가격에 판 사람은 보지 못했습니다. 가격이 3, 4, 5, 6달러로 오르는 사이 은을 매수한 사람은 다음 둘 중 하나밖에 하지 않았습니다. 7, 8, 9달러로 오르는 동안 포지션을 처분하든지 아니면 가격이 폭등한 뒤 폭락할 때까지 그대로 두었습니다. 물론 예외도 있었겠지만 그런 예외 사례는 본 적이 없습니다. 하지만 9~10달러로 오르자 지나치게 많이 올랐다고 여기고 은선물을 매도해 자금을 모두 날린 사람도 있었습니다. 이들 가운데 은시장에서 내로라하는 전문가도 끼어 있었습니다.

■ 만기 때 거래가 몰리는 상황을 피하기 위해 거래소가 개입해 규정을 바꿔 청산거래만 하도록 제한했다면 헌트사가 매매 차익을 남길 수 있었을까요?

헌트사가 만기 때 인도받지 못하도록 거래소가 규정을 바꿀 필요가 없었습니다. 규정에 따르면 거래소는 언제든지 다음과 같이 말할 수 있었습니다. "은을 살 수는 있습니다. 하지만 인도일을 분산해야 합니다." 아니면 청산거래만 허용할 수도 있었습니다. 거래소가 팔짱을 끼고 투기거래를 방치했다면 책임을 다하지 못했다고 할 수 있습니다.

그때 선도가격이 4월 만기 선물가격보다 훨씬 더 싸게 거래되고 있었습니다. 그런데도 헌트사는 4월 만기분을 꼭 인도받기를 원했습니다. 4월 만기 때 꼭 인도받아야 하는 상황이 아니었는데도 말입니다. 헌트사가 은을 보유하기만 바랐다면 4월 만기 선물을 선도시장에서 거래되고 있는 훨씬 더 유리한 계약으로 바꿔 큰돈을 절약할 수 있었을 뿐만 아니라 그 사이에 돈을 굴릴 수도 있었습니다. 아니면 4월물이 50달러일 때 현물시장에서 35달러에 거래되는 은화를 살 수도 있었습니다. 경제적으로 유리한 대안이 있었는데도 4월물 인도를 고집한 점으로 미루어보아 헌트사가 장난치고 있었음이 틀림없었습니다. 시장은 이런 짓을 하도록 만들어진 곳이 아닙니다. 결국 저는 헌트사가 이번 기회에 한탕하려고 작정했다고 판단했습니다.

헌트사의 행동 때문에 아무 잘못도 없는 투자자들이 수없이 피해를 보았습니다. 은 생산원가가 5달러에도 미치지 못하는 페루 광산을 예로 들겠습니다. 은 가격이 15달러로 치솟으면 은 채굴업체는 향후 2년 동안 생산하는 은에 대해 선물시장에서 15달러로 고정하는 헤지거래를 함으로써 엄청난 이익을 챙기려 하겠지요. 이는 분명 경제적으로 타당한 거래입니다. 그렇지만 은가격이 20, 25, 30, 35달러로 솟구치면 은 채굴업체는 은선물 매도 포지션에 대해 증거금을 더욱더 많이 쌓아야 합니다. 그러다가 끝내 돈이 모자라 포지션을 정리해야만 하는 지경에 빠지면 파산하고 맙니다.

■ **제가 알기로 CRT는 기본적으로 옵션 차익거래에 치중했습니다. 하지만 방향성 매매도 하셨는지 궁금합니다.**

제 계좌로는 방향성 매매를 했습니다. 늘 저는 기술적으로 매매하면 돈을 벌 수 있다고 생각했습니다. 그래서 가끔씩 이 분야에 손을 댔고 결과도 아주 좋았습니다. 하지만 방향성 매매를 할 때마다 주의가 산만해진다는 점이 문제였습니다. 그래서 투자 아이디어가 생기면 기술적 매매에 관심도 많고, 그 분야에서 실력도 있는 CRT 직원들에게 건네줬습니다. 이들로 하여금 제가 낸 아이디어를 근거로 기술적 매매 시스템을 만들어 투자하게 한 뒤 거래 현황을 날마다 점검하도록 했습니다. 저는 시스템은 거의 들여다보지 않는 대신 가끔 투자 결과만 살펴보았습니다.

■ 그 시스템은 얼마 동안 사용했습니까?

5년간 사용했습니다.

■ 결과가 어땠습니까?

거래했던 5년 가운데 4년 동안 수익을 거두었습니다. 전체적으로는 연수익률이 40퍼센트에 이르렀습니다.

■ 손해를 보았던 해에는 다른 방식으로 매매하셨습니까?

얄궂게도 손실을 기록한 해에 출발은 기가 막히게 좋았습니다. 그해 중반 즈음 시스템이 정말 잘 들어맞는 바람에 우리는 포지션 규모를 아주 빠르게 늘렸습니다. 거의 3배까지 올린 듯합니다. 매매 규모를 그토록 급격히 올린 경우는 그때가 처음이었습니다. 결과적으로 포지션 규모를 늘리지 않고 계속 일정하게 유지했었다면 돈을 벌었을 것입니다.

■ 그 시스템 매매에 사람의 판단이 개입되었습니까? 아니면 완전히 기계적으로 매매하셨나요?

초기 6개월 동안은 사람의 판단이 개입되었습니다.

▎사람의 판단이 개입되면 결과가 좋지 않았습니까?

믿을 수 없을 정도로 좋지 않았습니다.

▎놀랍게도 사람의 판단이 개입되면 성과가 나빠지는 경우가 많군요.

모두가 그렇게 말합니다.

▎기본적 분석과 기술적 분석에 대한 선생님의 견해를 말씀해주시겠습니까?

1970년대 후반 저는 어느 세미나에서 기술적 분석에 대해 강연한 적이 있습니다. 점심시간에 리처드 데니스와 같은 테이블에 앉았죠. 그에게 기술적 분석과 기본적 분석을 각각 어떤 비율로 사용하는지 물었습니다. 리처드 데니스가 어이없다는 투로 대답했습니다. "기본적 분석을 쓰는 비율은 제로입니다." 괜히 물었나 싶었을 정도로 대답이 단호했습니다. 그러고는 저에게 이렇게 물었습니다. "기본적 분석 정보가 이미 가격에 반영되어 있다는 주장을 어떻게 생각하십니까?"

제가 되물었죠. "모든 기술적 분석 정보가 이미 가격에 반영되어 있다고 주장하면 어떻게 대답하시겠습니까?"

그가 대답했습니다. "생각해보지 않았습니다." 존경할 만한 대답이었습니다. 그가 크게 성공한 이유 가운데 하나는 겸손했기 때문이라고 생각합니다.

똑같은 정보로 기술적 분석을 하는 사람은 수없이 많지만 그 정보를 얼마나 잘 활용하느냐에 따라 결과가 크게 달라질 수 있다는 점을 말씀드리고 싶습니다. 기본적 분석도 마찬가지 아닐까요? 모든 정보가 가격에 반영되었다고 해서 그 정보를 다른 사람보다 더 잘 활용하지 못한다고 할 수는 없습니다.

▎CRT는 옵션에서 가장 뛰어나다 해도 과언이 아닙니다. 사실 CRT는 옵션시장에서 가장 큰손입니다. 제 기억으로 선생님께서는 철학을 전공하셨습니다. 수학을 배우지 않으신 분이 어떻게 고도의 계량 분석이 필요한 옵션 세계에

서 일하게 되셨나요?

고등학교 때 배운 이래 수학을 공부한 적이 없습니다. 그런 의미에서 저는 숫자에 강하다고 할 수 없죠. 그렇지만 저는 수학을 잘하는 사람과 다르게 수학 문제를 직관적으로 풉니다. 옵션가격 계산을 예로 들겠습니다. 저는 미적분학은 모르지만 교과서에 나오는 대로 옵션을 계산하듯 계산 방식을 머릿속으로 그릴 수 있습니다.

▌언제 옵션 매매를 시작하셨습니까?

1975~1976년에 사이 시카고옵션거래소에서 개별주식 옵션에 조금 손댔지만 계속 거래하지는 않았습니다. 그 뒤 선물을 기초자산으로 하는 옵션을 거래하면서 본격적으로 옵션 세계에 뛰어들었습니다. 그 즈음 1975년 블랙-숄즈 옵션가격 결정모델을 TI-52 공학계산기에 집어넣었습니다. 거기에 다른 변수 몇 가지를 덧붙여 옵션가격을 13초 만에 계산할 수 있었습니다. 정교하지는 못했지만 장님들만 사는 마을에 사는 외눈박이 같았습니다.

▌그때는 옵션시장이 태동하는 시기여서 옵션가격이 잘못 매겨지는 경우가 많았죠? 그래서 주로 왜곡된 가격을 활용해 수익을 올리는 전략에 초점을 맞추셨나요?

물론입니다. 미 국채선물을 기초자산으로 하는 옵션을 처음 매매했을 때가 떠오릅니다. 국채선물 옵션시장이 열린 지 몇 개월밖에 지나지 않았을 때였습니다. 누군가 제게 다가와 원월물 시장을 조성해달라고 부탁했습니다. (그때는 원월물은 근월물보다 거래량이 훨씬 적었다.) 저는 처음으로 거래하는 초보였기 때문에 다른 사람들과 보조를 맞춰야 한다고 생각했습니다. 그래서 당황스러웠지만 시장을 조성해주기로 마음먹었습니다. 100계약을 주문하면서 매수/매도 스프레드를 50포인트로 좁게 잡았습니다. 그리고 이렇게 말했습니다. "오늘은 제가 처음 매매하는 날입니다. 더욱이 원월물은 좀처럼 매매하지 않습니다. 미안합니다만 이것밖에 해드릴 게 없습니다."

상대가 놀라 입을 딱 벌린 뒤 말했습니다. "100계약을 주문하는데 스프레드가 50틱이라고요!" 매수/매도호가를 그렇게 좁게 잡았다는 사실을 믿을 수 없다는 표정이었습니다.

▌그 당시에는 매수/매도호가 차이가 컸습니까?

그렇습니다. 거래량도 지금보다 훨씬 적었습니다. 50~100계약짜리 주문은 정말 크다고 여겼습니다.

▌시장에 큰 차익 거래 기회가 생겨 포지션을 구축했다면 위험을 줄이기 위해 헤지 포지션을 취하셨으리라 생각합니다. 하지만 상쇄거래를 실행하려 했을 때 스프레드가 너무 넓다는 문제에 맞닥뜨리지 않으셨습니까?

먼저 거래량이 훨씬 많은 현물시장에서 반대 포지션을 취해 보유한 옵션을 헤지합니다. 그러고는 문제를 일으킬 수 있는 포지션을 줄입니다. 방법은 여러 가지가 있습니다. 예들 들어 맨 처음 콜옵션을 매도했다면 이를 헤지할 수 있는 다른 콜옵션을 사기 위해 알아봅니다. 이때 거래소에서 가장 유리한 호가를 제시합니다.

▌분명 초기에는 옵션시장이 아주 비효율적이었습니다. 그런 상황에서는 가격이 많이 왜곡되었을 때 산 뒤 바로 위험을 헤지하면 돈을 많이 벌 수 있습니다. 하지만 지난 수년간 거래량이 폭발적으로 증가하는 바람에 시장이 효율적으로 바뀌어 그런 투자 기회도 사라졌습니다. 요즘 같은 효율적 시장에서 수익을 올리려면 어떤 방법을 사용해야 할까요?

경쟁이 이전보다 훨씬 더 심해졌지만 우리도 경쟁력이 나아졌습니다. 남들보다 한발 앞선다면 이익을 많이 거둘 수 있는 기회는 여전히 존재합니다.

▍**아직도 시장에 가격 왜곡이 있다고 생각하십니까?**

물론입니다. 시장에서는 가격 왜곡 현상이 늘 나타납니다. 시장이 정확히 이론 가격대로 움직인다는 의미는 보유하는 데 따르는 대가가 없다는 뜻입니다. 대가가 없다면 누가 하겠습니까? 다른 노동과 마찬가지로 시장을 조성하는 서비스도, 무료로 식사 시중을 드는 정도를 넘어서 아무런 대가 없이 하려는 사람은 없습니다. 노동이 수반되고 위험도 따릅니다. 시장은 이 일을 하는 사람에게 대가를 지불해야 합니다. 다만 대가가 얼마인지가 문제입니다.

▍**시장을 조성하는 대가가 매수/매도 스프레드입니까?**

그렇습니다. 스프레드가 없다면 누군가 시장에 들어와 대규모 매수나 매도 주문을 낼 때 이를 받아줄 사람이 누가 있겠습니까?

> 다음 부분은 옵션 이론 관련 질문을 다뤘다. 비전문가를 위한 자세한 설명은 괄호에 담았다.

▍**선생님께서는 표준 옵션가격 모델에 개념적으로 어떤 결함이 있다고 생각하십니까?**

우리가 꺼내고 싶지 않은 정보를 누설하지 않고는 이 질문에 대답하기 어렵습니다.

▍**제가 먼저 시작하겠습니다. 예를 들어 표준 옵션가격 모델에서는 극단적 가격 움직임에 비중을 충분히 크게 두지 않습니다. 달리 말하면 실제 가격분포 그래프는 정규 분포 곡선보다 꼬리가 더욱 두텁다는 의미입니다. 그래서 표준 모델을 사용하는 사람들은 외가격 옵션을 실제보다 더 싸게 팔려는 경향이 있습니다.**

맞습니다. 그 부분이 표준 블랙-숄즈 모델의 단점입니다. 우리가 처음 옵션거래를 시작했을 때 우리의 최대 경쟁자도 이를 알지 못하는 듯했습니다. 그래서 우리는 그 틈새를 노려 돈을 많이 벌었습니다. 하지만 지금은 이름 있는 경쟁자는 모두 이것을 압니다. 더군다나 이를 반영해 시판하는 모델도 많다고 생각합니다.

그렇지만 현실에서는 꼬리가 정규 분포일 때보다 더 두텁다는 사실을 아는 것과 이에 대응하는 문제는 별개라는 점을 덧붙이고 싶습니다. 예를 들어 분포도를 과거 데이터에 끼워 맞춰 옵션가격을 계산해야 할까요? 이 방법에는 심각한 결함이 있습니다. 아니면 헤지 전략을 고려해야 할까요? 현재 나와 있는 모델에서는 전혀 고려하지 않는 다른 변수를 감안해야 할까요? 설령 그 변수를 집어넣으면 모델이 거추장스러울 정도로 복잡해질 수도 있지 않겠습니까?

달리 말해 현실에서는 대수 정규 분포하지 않는다는 사실을 안다고 해도 문제를 해결하기 쉽지 않습니다. 하지만 솔직히 그때 경쟁자들이 적어도 문제는 제기했어야 한다고 생각합니다.

▌**제가 대신 대답해드릴 수 있습니다. 특정 확률 분포를 고려해 만든 표준 분포도도 꼬리가 두텁지 않기 때문입니다.**

대부분 그렇습니다. 실제 나타나는 가격 분포가 수학자 머릿속에 있는 확률 분포와 맞아떨어진다고 가정하기 때문입니다. 하지만 그렇게 가정했다가는 비싼 대가를 치를 수 있습니다.

▌**다른 이유도 있을 듯합니다. 표준 옵션가격 결정모델은 가격 중립적입니다. 즉 가장 흔히 나타나는 가격이 바뀌지 않는다고 가정합니다. 선생님의 옵션가격 모델은 추세편향을 감안하기 때문에 이와 다릅니까?**

다르지 않습니다만 다른 사람들은 우리 모델이 다르다고 생각합니다. CRT가 가격 중립적 모델을 사용하고 헤지거래도 한다고 해놓고 실제는 방향성 매매로 돈을 번다는 헛소문이 나돈 적이 있었습니다. 우리는 굳이 해명하려 하지 않았습니다. 우리처럼 매매하는 사람이 많아질 것이라고 우려했기 때문입니다. 하지만 이제는 비밀이 드러났기 때문에 사실을 밝힐 수 있습니다. 우리가 사용하는 옵션가격 모델은 가격 중립적입니다.

▍시장 방향을 맞출 확률이 60퍼센트인 모델을 개발했다고 가정해보죠. 추세를 예측하는 데 이 모델을 사용하면 선생님의 옵션가격 결정모델은 가격 중립적이지 않은 모양으로 바뀌고 이론적으로도 수익을 더 잘 낼 수 있겠죠?

이에 대한 제 대답은 간단명료합니다. 방향성 편향이 있다고 생각하신다면 별도로 계좌를 개설한 뒤 가격 중립적일 때와 똑같이 매매해보세요. 결과는 같을 것입니다. 그렇게 하면 적어도 각각 어떤 결과를 얻는지 알 수 있겠지요.

▍장기적으로 옵션을 파는 사람이 유리하다고 생각하십니까?

제가 아는 한 그렇지 않습니다.

▍미래 변동성을 예측하는 데 역사적 변동성이 낫나요? 아니면 내재 변동성이 더 낫습니까?

제게는 내재 변동성이 더 좋아 보입니다.

옵션 가치를 추정하는 데 사용하는 이론적 모델에서는 기초자산의 현재가격과 잔존만기처럼 알려진 정보와 만기까지의 시장 변동성처럼 아주 중요한 알려지지 않은 정보가 사용된다. 만기까지의 미래 변동성은 알 수 없기 때문에 모든 표준 옵션가격 결정 모델에서는 미래 변동성이 최근 변동성과 같다고 가정한다. 이렇게 가정해 산출한 옵션가격을 적정 가치라고 부른다. 옵션시장 가격이 적정 가치보다 높으면 옵션이 과대평가되었다고 하고 적정 가치보다 낮으면 과소평가되었다고 한다.

만기까지의 변동성이 최근 변동성인 역사적 변동성과 다르다고 가정하는 방법도 있다.

시장가격에 내재된 변동성을 내재 변동성이라고 부른다. 미래 변동성을 예측하는 데 옵션가격이 역사적 변동성보다 더 쓸모 있다면 옵션이 과대평가되었다든지 과소평가되었다든지 등을 따지는 문제는 무의미할 뿐만 아니라 실제로 혼란만 초래한다. 기본적으로 이 문제는 옵션이 적정 가치보다 낮을 때 산 뒤 높을 때 파는 전략이 유효한지를 묻는 질문과 같다.

▌개념적으로 그렇습니까? 경험적으로 그렇습니까?

분명 내재 변동성이 개념적으로 더 낫다고 봅니다. 시장 참가자 모두가 미래 변동성을 제대로 반영하는 변동성이 내재 변동성이라고 생각합니다. 역사적 변동성은 과거 변동성을 보여주는 숫자일 뿐입니다.

▌하지만 옵션시장이 아주 비효율적이었던 초창기에 선생님께서는 옵션가격이 역사적 변동성에 근거한 적정 가치보다 낮을 때 사서 적정 가치보다 높을 때 파는 전략을 사용하셨죠?

아닙니다. 우리는 그때에도 그런 식으로 매매하지 않았습니다. 역사적 변동성으로 옵션의 진정한 가치를 도출할 수 있다고 생각한 적은 결코 없습니다.

▌그렇다면 옵션가격이 적정가격을 벗어났는지 여부는 무엇을 보고 판단하셨습니까?

변동성 위험 없이 이익을 낼 수 있는 옵션 짝을 찾아 한쪽에서는 사고, 다른 쪽에서는 파는 거래를 했습니다. 어느 옵션이 다른 옵션에 비해 싼지 비싼지만 판단했을 뿐 옵션의 기초가 되는 시장과 비교해 가격이 적정한지 여부를 계산하지 않았습니다.

▌옵션가격 결정모델을 발전시키려는 연구가 오랫동안 진행되어 왔습니다. 하지만 모델로 도출한 가격이 현재 시장가격만큼 옵션의 진정한 가치를 잘 반

영하지 못한다면, 옵션 가치를 도출하는 데 쓰이는 이론적 모델이 정말 쓸모 있다고 말할 수 있을까요?

쓸모 있다고 생각합니다. 하지만 상대 가치를 결정하는 모델이 있어야 합니다. 다시 말해 한 옵션이 다른 옵션에 비해 과대평가되었는지 과소평가되었는지를 계산하는 모델이 필요합니다. 절대적 가치를 찾아낼 필요는 없습니다. 두 옵션의 상대 가치를 계산하는 두 모델이 도출한 결과가 서로 다르면, 이 두 모델을 사용하는 사람들이 서로 거래할 경우 두 가지 모두 돈을 벌 수는 없다는 논리가 성립됩니다. 이 경우에는 어느 쪽이 비싸다거나 싸다고 딱 잘라 말할 수 없습니다.

■ 표준 옵션가격 결정모델보다 더욱 정확하게 옵션 상대가격을 도출할 수 있는 가격 결정모델을 개발할 수 있는 능력이 CRT의 성공 요인 가운데 하나라고 생각하십니까?

모델도 중요합니다만, 저희 회사의 핵심 성공 요소는 바로 사람입니다. 이처럼 큰 회사를 시계처럼 정교하게 굴러가게 하려면 아주 비범한 사람이 있어야 합니다.

> 인터뷰하는 과정에서 CRT 직원 세 명(진 프로스트, 거스 펠리치, 닐 닐슨)이 방에 들어와 인터뷰에 참가했다.

■ 인력 차원에서 CRT가 다른 회사와 어떻게 다릅니까?

거스 펠리치 | 저희 회사에서 인터뷰한 사람들은 하나같이 말합니다. 다른 회사는 교육 수준과 경험처럼 겉으로 드러난 능력에만 관심을 보이지만 우리 회사는 그렇지 않다고요. 한마디로 CRT에서는 인성이나 다른 직원들과 얼마나 잘 어울리는지도 중요하게 여깁니다.

CRT는 어떤 사람을 채용하십니까?

진 프로스트 | 초기에는 주로 매우 똑똑한 사람을 뽑으려고 했습니다. 그래서 바둑 세계 챔피언을 채용하기도 했습니다. 그는 천재였습니다. 인간 컴퓨터 같았죠. 그런데 어느 날 그 친구가 잘못 매매한 뒤 공포에 휩싸인 나머지 포지션을 청산하지 못하고 있었습니다. 더욱이 자신의 실수를 인정하려 하지 않았습니다. 그래서인지 장이 마감할 때까지도 포지션을 처분하지 않았습니다. 다행히 밤에 조 리치가 실수를 저질렀다는 사실을 알아냈지만 손실이 벌써 10만 달러에 이르렀습니다. 이 친구는 머리는 좋았지만 실수를 바로 잡지 못하는 성격이었습니다. 일을 망친 까닭이 남에게 나쁘게 보이지 않으려는 불안감 때문이었는지는 모르겠지만, 결국 성격에 문제가 있다는 점은 확실했습니다. 조 리치는 똑똑하지만 믿을 수 없는 사람보다는 차라리 매매를 잘하는 믿을 수 있는 친구가 더 낫다고 말한 적이 있습니다. 저희는 사람을 고용할 때 세 가지를 중요하게 여깁니다. 첫째도 성격, 둘째도 성격, 셋째도 성격입니다.

거스 펠리치 | 저희는 이 업계 관행과는 다르게 덜 자기중심적이고 팀을 더욱 중요하게 생각하는 사람을 채용하려고 노력합니다. 다른 회사도 그렇게 하겠다고 떠들지만 이를 우리만큼 중요하게 여기지 않는 듯합니다. 사실 저희라고 늘 그렇다는 뜻은 아니지만 우리가 그렇게 하려고 애썼기 때문에 다른 회사보다 앞설 수 있었다고 생각합니다.

조 리치 | 우리 직원들은 팀이 잘되어서 얻는 기쁨도 개인적 성공에서 누리는 기쁨 못지않게 크다고 여깁니다. 저희는 남을 위해 자기만 희생하는 사람은 원하지 않습니다. 대신 서로 협력해 좋은 성과를 거둠으로써 기쁨을 함께 누릴 줄 아는 사람을 원합니다. 이런 태도를 보이는 사람은 주변 동료 모두의 가치도 올라가게 합니다. 인정받지 못할까봐 걱정하는 성격을 지니지 않은 사람을 모아 놓으면 경쟁에서 크게 앞설 수 있습니다.

▮ 많은 사람이 합심해 최종 결과를 얻으면 각자 얼마나 기여했는지는 어떻게 압니까?

조 리치 | 알아낼 수 있습니다. 함께 일한 사람들이 알기 때문에 이들에게 물으면 각자 얼마나 공헌했는지 확인할 수 있습니다. 최근 한 직원이 얼마나 성과를 냈는지 검토한 적이 있습니다. 그는 여러 페이지에 걸쳐 자신이 무슨 일을 했는지 그리고 남보다 얼마나 뛰어난지를 자세히 적었습니다. 그 친구가 쓴 내용을 한 시간 정도 검토한 뒤 물었습니다. "자신이 어떻게 일했다고 생각하나? 스스로 평가해보겠나? 바쁘게 열심히 일했다는 내용 말고, 정말 어떻게 일했는지 판단해보게.

그는 잠시 생각한 뒤 말을 꺼냈습니다. "저는 해고되어야 마땅하다고 생각합니다." 그러고는 자신의 단점을 포함해 스스로를 솔직하게 평가했습니다. 그는 어깨너머로 보는 저보다 자기가 무슨 일을 하고 있는지 더 잘 알았고 정말 올바른 선택을 했습니다. 제가 직원을 믿고 스스로 평가하라고 하면 보통은 자신을 가장 혹독하게 평가합니다. 일을 잘하지 못하는 사람은 늘 있습니다. 이곳에 들어와 다음과 같이 솔직하게 말하지만 사실 능력이 떨어지는 사람도 있을 것이라고 생각합니다. "저는 CRT가 정말 좋습니다. 팀에서 동료들과 함께 일하고 싶습니다." 일을 잘할 수 있다고 생각했지만 나중에 알고 보니 그렇지 못한 경우도 있겠지요. 업무 처리를 빨리 못하거나 지나치게 감정적인 사람도 있을 것입니다. 이런 경우는 늘 있게 마련이지요.

▮ 이런 경우 CRT에서는 어떻게 합니까?

조 리치 | 다른 회사와 마찬가지입니다. 하지만 차이가 한 가지 있습니다. 저희 직원은 덜 자기중심적이기 때문에 자기가 하는 일이 적성에 맞지 않는다는 사실을 훨씬 더 쉽게 알아낼 수 있습니다. 그래서 더욱더 빨리 인정합니다. 생각이 똑바른 사람은 일을 할 수 없다고 판단되면 제 발로 찾아옵니다.

▎팀에서 일하는 다른 직원이 찾아와 "이 친구는 이 일에 맞지 않습니다"라고 말하는 경우도 있습니까?

닐 닐슨 | 물론 그럴 때도 있습니다. 그런 일이 벌어지면 그 친구 적성에 맞는 다른 업무가 있는지 찾으려고 많이 노력합니다. 이런 경우는 늘 생깁니다.

▎그에게 적성에 맞는 다른 업무를 찾아주려는 노력이 효과가 있습니까?

닐 닐슨 | 태도가 바르다고 여겨지는 직원이라면 다른 일을 찾아줌으로써 잘 풀린 사례가 그렇지 못한 경우보다 훨씬 더 많습니다.

▎성공한 트레이더와 실패한 트레이더를 구분 짓는 특징은 무엇이라 생각하십니까?

조 리치 | 성공한 트레이더는 지나치게 분석만 하기보다 직감에 의존하는 특징이 있습니다.

▎왜 지나치게 분석만 하면 훌륭한 트레이더가 될 수 없나요?

조 리치 | 직감 능력을 가리기 때문입니다. 사실 분석을 기가 막히게 잘하는 사람이 트레이딩에서는 가장 뒤떨어지는 경우가 많습니다.

▎훌륭한 트레이더를 구분 짓는 특징에는 또 무엇이 있을까요?

조 리치 | 겸손입니다. 그리고 잘못을 받아들이는 능력입니다.

▎CRT와 같은 정교한 전략을 사용해 매매하는 회사가 더욱더 많아지면서 CRT가 매매할 때마다 얻는 이익이 줄어들지 않았습니까?

거스 펠리치 | 줄어들었습니다. 거래 건당 수익률이 이전보다 훨씬 낮아졌습니다.

■ 수익성 악화 문제에 어떻게 대처하셨습니까?

조 리치 | 마진을 줄였지만 대신 거래량을 늘렸습니다. 어느 사업이든 마진은 일정 수준까지만 내려갑니다. 사업을 효율적으로 꾸려나가는 사람까지 먹고 살기 힘들 정도로 줄어들지는 않죠. 그래서 가장 효율적일 수 있다면 늘 이윤을 남길 수 있습니다. 돈을 날마다 벌지는 못하겠지만, 장기적으로는 수익을 거둘 수 있습니다. 이는 어느 사업이든 마찬가지라고 생각합니다.

■ CRT는 이 분야에서 가장 뛰어납니다. CRT가 다른 회사와 다른 점은 무엇입니까?

조 리치 | CRT는 직원들이 서로 협력할 때 가장 좋은 성과를 낼 수 있다는 철학을 믿는 회사입니다. CRT가 성공한 이유가 비밀스런 컴퓨터 모델 덕분이라고 말하는 사람들이 있습니다. 하지만 CRT는 팀워크가 좋았기 때문에 성공했습니다. 우리는 직원들에게 자율권을 주고 가치 있는 만큼 보상하려고 노력했습니다. 저는 CRT의 성공 비결을 묻는 질문을 받을 때마다 숨김없이 말해줍니다. 하지만 그들은 제 말을 믿지 않을 뿐만 아니라, 설령 믿더라도 우리처럼 사람을 신뢰하고 전적으로 자율권을 주는 일을 실천하지 못하기 때문입니다.

저희와 비슷하게 매매하는 사람들 가운데 너무 기계적으로 접근하는 사람들이 종종 있습니다. 수학에 치우친 사람들은 공식만 제대로 알면 문제를 모두 풀 수 있다고 믿습니다. 하지만 그렇지 않습니다. 한 사람이 지시하고 다른 수많은 사람이 기계적으로 따르기만 하면 그만이라고 생각하는 사업가가 많습니다. 질적으로 다르게 기여하는 수많은 머리를 사용할 수 있는 기계를 만드는 일은 예술의 영역입니다. 사람들 대부분 이런 식으로 하기 싫어합니다. 사람들은 보통 자기 마음대로 기계를 작동시키기를 원할 뿐 다른 사람에게는 신뢰와 책임을 충분히 주지 않으려는 경향이 있습니다.

우리 회사에서는 그렇게 하지 않습니다. 저희 회사에는 마법 같은 것이 있습니다. 하지만 선생님께서 이를 알아차릴 수 있을지 모르겠습니다. 이 마법이 없었다면 CRT는 훨씬 더 작은 회사에 그쳤을 것입니다. 수익을 거두며 이 업계에 남아 있을 수 있었겠지만 지금과는 비교할 수 없을 규모이겠죠.

▌선생님께서 말씀하신 '이것'은 사람들 사이의 상호관계를 일컫습니까?

조 리치 | 그 마법이 바로 직원들이 열정적으로 일할 수 있게 하는 원동력입니다. 저는 이런 분위기에서 직원들과 함께 일할 수 있어서 정말 운이 좋다고 생각합니다.

조 리치는 복잡한 분석보다 창조적 생각이 훨씬 더 강하다는 점을 실제로 증명했다. 그가 수학을 정식으로 배운 적은 없지만 옵션가격이 어떻게 움직이는지를 단지 머릿속으로 그려서 옵션가격 결정모델을 개발했다. CRT가 이 모델을 사용해 훌륭한 성과를 거둔 사실로 미루어보아 그가 개발한 모델은 온갖 이론을 동원한 수학적 모델보다 더 낫다고 결론지을 수 있다.

CRT가 하는 트레이딩은 개별 트레이더에게 의존하는 방식이 아니다. 인터뷰하면서 얻은 가장 중요한 교훈은 매매보다는 경영과 더 관련이 있다. CRT가 엄청난 수익을 올리고 직원들의 충성심도 강한 이유는 분명 책임을 나누고 이익을 공유한다는 조 리치의 경영 철학 덕분이다. 이 정책이 효과가 엄청난데도 왜 다른 회사들이 이를 채택하지 않는지 궁금할 것이다. 수많은 미국의 경영자들이여, 제 말 듣고 있습니까?

Chapter 18

이기는 전략을 갖추어라

블레어 헐(Blair Hull)

　블레어 헐은 블랙잭 게임을 하는 도박 업계에 몸담은 뒤 트레이딩 세계에 발을 들여놓았다. 이는 전혀 이상하게 들리지 않는다. 사실 이 둘 사이에 비슷한 점이 많기 때문이다. 도박에서는 운이 좋으면 돈을 벌 수 있지만 매매에서는 결코 그럴 수 없다는 사실을 알아야 한다. 도박이든 매매든 꾸준히 돈을 벌기 위해서는 운이 아니라 전략과 절제가 필요하다. 한두 번은 운으로 돈을 벌 수 있다. 하지만 돈 관리를 제대로 하지 못하면 나중에 이 운 때문에 좋지 않은 결과가 생길 수 있다.

　블레어 헐은 블랙잭으로 돈을 버는 전략이 카지노 측에 노출된 뒤 확률 이론을 적용해 돈을 벌 수 있는 다른 수단을 찾았다. 그러던 중 옵션시장에도 가격 왜곡 현상이 나타나기 때문에 카지노에서와 같은 전략을 사용하면 돈을 벌 수 있다는 사실을 알았다. 1976년 말 2만 5,000달러로 투자를 시작한 블레어 헐은 1979년 초까지 원금을 20배로 불렸다. 그 뒤에도 꾸준히 수익을 거두었다. 휴가를 다녀온 해를 제외한 기간에 올린 수익률은 연평균 100퍼센트였다.

1985년 블레어 헐은 자신의 매매 전략을 폭넓게 응용하기 위해 헐 트레이딩 컴퍼니(이하 HTC)라는 회사를 설립했다. 처음에는 다섯 명으로 시작했지만 이후 빠르게 성장해 1991년 중반에는 직원이 100명에 이르렀다. 직원 수가 산술적으로 늘었다면 컴퓨터 프로그램도 기하급수적으로 성장했다고 할 수 있다. 컴퓨터 시설이 건물 한 층 전체를 차지할 정도였다. HTC가 입주한 건물의 한 사무실을 사용하는 시카고옵션거래소의 다른 회원이 우스갯소리로 이렇게 말했다. "HTC 컴퓨터가 시원한 공기를 모두 빨아들이기 때문에 건물 옥상에 엄청나게 큰 에어컨을 따로 설치해야 했습니다."

HTC는 수많은 옵션시장에서 거래되는 옵션을 정교하게 분석한 뒤 일시적 가격왜곡을 찾아내 매매한다. 그러면서 순위험노출 수준을 낮출 수 있는 데까지 낮췄다. HTC는 시카고옵션거래소, 시카고상업거래소, 아메리칸증권거래소, 뉴욕증권거래소와 여러 외환시장에서 시장을 조성하는 일도 한다. 시장을 조성하는 수많은 옵션시장에서 거래되는 전체 거래량의 10퍼센트는 HTC 몫이다.

HTC 트레이더 25명이 취하는 포지션 전체는 늘 실시간으로 모니터된다. 회사가 보유한 전체 포지션과 옵션가격이 바뀜에 따라 운용 전략도 끊임없이 수정한다. 시간 차이는 2초에 불과하다. HTC가 왜 그런 엄청난 컴퓨터가 필요한지 이제는 이해할 수 있을 것이다.

HTC가 거둔 수익률은 매매 시스템을 파는 다른 회사의 광고에 나오는 수익률과 비슷하다. 차이가 있다면 HTC가 올린 수익률은 진짜라는 점이다. 1985년 100만 달러로 시작한 원금은 1991년 중반 비용을 제외하고 9,000만 달러로 늘어났다. 비용까지 포함하면 100만 달러는 1억 3,700만 달러로 늘어난 것이다. 엄청난 수익을 올리면서도 위험은 크지 않았다는 점에서 실적이 아주 탁월했다고 할 수 있다. 비용을 뺄 경우 전체 운용기간 69개월 중 58개월에서 수익을 거두었다. 비용 차감 전 기준으로는 단지 5개월 만 손실을 기록했다.

인터뷰는 HTC 건물 회의실에서 진행했다. 블레어 헐은 비교적 편안해 보였고 자신의 경력에 대해서도 솔직하게 이야기해주었다. 블랙잭을 했던 경험도 숨김없이 말한 점이 특히 마음에 들었다.

▎처음 시장에 발을 들여놓은 계기가 무엇입니까?

시장에 대한 관심은 제 할아버지가 주가 그래프를 그렸던 때로 거슬러 올라갑니다. 그때는 할아버지가 하는 일이 무엇인지 잘 몰랐지만 투자 자금이 불어난다는 사실이 정말 신기했습니다. 금융시장에 대해 더욱더 깊이 공부하고 싶어 산타클라라대학 경영학과에 들어갔습니다. 졸업 후 블레어앤드컴퍼니에서 주식 애널리스트로 일했습니다. 하지만 1969년 시장이 약세장으로 돌아선 탓에 입사 뒤 정확히 3개월 만에 웨스트 코스트 리서치 부서가 해체되었습니다.

▎그곳에서 잠깐 일하는 동안 무엇을 배우셨습니까?

애널리스트가 무슨 일을 하는지 알았습니다. 그레이엄과 도드 그리고 기본적 분석에 대해 배웠습니다. 하지만 접근 방법이 너무 주관적이라고 생각했습니다. 계량화하거나 시스템화할 수 없다는 점이 마음에 들지 않았습니다. 그래서 그와 관련된 일은 하고 싶지 않았습니다.

▎리서치 부서가 해체된 뒤 다른 곳에서 애널리스트로 일하셨습니까?

아닙니다. 대형 컴퓨터 회사에서 일했습니다. 하지만 사실 담당 업무는 마케팅이었던 반면, 저는 분석하는 일에 더 마음이 끌렸습니다. 1년 뒤 회사를 떠나 카이저 시멘트라는 회사로 옮겨 경영 분석 업무를 담당했습니다. 저는 그즈음 에드워드 소프가 쓴 《딜러를 이겨라(Beat the Dealer)》라는 책을 읽은 뒤 블랙잭 게임에 빠져들었습니다. 1971년부터 1975년까지 네바다 주에 있는 카지노에 자주 찾아갔습니다.

▎그때 네바다 주에 사셨나요?

아닙니다, 캘리포니아 주에 살았습니다. 하지만 틈만 나면 블랙잭을 하러 네바다 주로 갔습니다. 그때는 한 달에 5일 정도를 네바다 주에서 보냈습니다. 어떤 의미에서 제 성공은 네바다 주 덕분이라고 할 수 있습니다. 블랙잭 덕분에 초기 매매 자금을 마련할 수 있었을 뿐만 아니라 트레이더로서 성공하는 데 밑바탕이 된 경험도 많이 쌓을 수 있었기 때문입니다.

▎어떤 의미에서는 에드워크 소프가 쓴 책 덕분에 트레이더로 성공할 수 있었다 해도 과언이 아니겠군요?

분명 그 책에서 블랙잭에서 이기는 방법을 배웠습니다. 제가 블랙잭을 공부하지 않았다면 오늘날 트레이딩 업계에 몸담고 있지 않았을 것입니다.

▎그 책에서 소개한 기본 전략은 무엇이었습니까?

기본적으로 블랙잭은 하우스가 이길 확률이 조금 더 높은 반면, 베팅하는 사람에게 약간 불리한 게임입니다. 그렇지만 숫자가 큰 카드가 주로 배포되어 덱에 10번 카드와 에이스가 많이 남아 있으면 베팅하는 사람이 이길 확률이 하우스보다 1~2퍼센트 정도 더 높아집니다(참고로 10번 카드뿐만 아니라 그림이 있는 카드도 10번 카드로 간주한다).•

• 블랙잭은 카드 숫자의 합이 21점이나 21점에 가장 가까운 사람이 이기는 게임이다. 각 카드 앞면에 쓰인 숫자가 그 카드의 점수이지만, 예외적으로 그림 카드는 10점짜리라고 간주하고 에이스는 1점이나 11점으로 쓸 수 있다. 받은 카드 두 장이 10점짜리와 에이스이면 합이 21점이 되어 블랙잭이 된다. 플레이어가 블랙잭이 들어오면 승리해 베팅 금액의 1.5배를 받는다. 하지만 이때 딜러도 블랙잭이 들어오면 비긴다. 딜러 혼자 블랙잭이 들어오면 모든 플레이어는 자동으로 진다. 플레이어는 손에 든 카드의 숫자 합이 21점을 넘지 않는 한 카드를 얼마든지 더 뽑을 수 있다. 그렇지만 21점이 넘어서는 순간 자동으로 진다. 카드 덱에 10점짜리와 에이스가 더욱 많이 몰려 있을수록 플레이어가 이길 확률이 커진다.

▌어떤 카드가 배포되는지 계속 파악하면서 에이스와 10번 카드가 많이 배포될 때마다 아주 작게 베팅하거나 아예 베팅하지 않으셨군요?

맞습니다, 바로 그렇게 했습니다. 그런 식으로 한 시간에 다섯 번 정도만 베팅했습니다.

▌앉아서 블랙잭 게임을 하다 보면 카드를 끊임없이 받습니다. 실제로 서툴러 보이지 않으면서 골라서 베팅하기가 쉽지 않으셨을 텐데요?

패가 유리할 때에만 베팅하는 전략을 썼습니다. 그렇지 않을 때에는 뒤로 물러서서 남이 들고 있는 카드와 덱에 남아 있는 카드를 머릿속으로 계산하는 백 카운팅을 사용했습니다. 조금씩만 베팅하니까 그렇게 해도 이상해 보이지 않았습니다.

▌그 전략을 사용해서 바로 돈을 따셨습니까?

사실 처음에 그런 식으로 50번 정도 베팅한 뒤 계산해보았더니 결국 손해였습니다. 그때부터 장기적으로 돈을 벌려면 몇 번 정도 베팅해야 하는지 계산하는 데에 더욱더 관심을 기울이기 시작했습니다.

▌다시 말해 돈을 따지 못한 이유는 손익분기점에 이르기에는 베팅 횟수 50번이 너무 적었기 때문이군요.

맞습니다. 제 전략에 따라 계속 투자했다면 끝내 돈을 땄을 것이라고 생각합니다. 그래서 에드워드 소프가 쓴 책에서 배운 대로 120달러로 베팅을 시작했습니다. 한 번에 1~4달러씩 베팅해 2년 뒤 1만 달러 넘게 벌었습니다.

그즈음 저와 같이 게임하던 한 친구가 블랙잭을 아주 잘하는 팀에 대해 말해주었습니다. "아주 비밀스런 팀이 있습니다. 그 팀 리더 이름을 알려줄 수는 없지만 그 리더에게 당신에 대해 말해주려 합니다. 그러면 그쪽에서 당신에게 연락할지도 모릅니다." 두어 달 뒤 제게 비밀스런 팀에 대해 말해준 그 친구가 교통사고로 사망했습니다. 그래서 그가 말한 팀과 연락할 길이 막막해졌습니다. 그런데 1년 뒤 그 팀을 만든 사람으로부터 연락이 왔습니다.

사실 그 사이 저는 팀을 짜려고 했습니다. 하지만 알맞은 사람을 찾지 못했습니다. 어느 날 제가 늘 게임하던 라스베이거스 사하라에서 팀에 들어올 사람을 만나기로 했습니다. 하지만 그가 라스베이거스에도 사하라가 있는 줄 모르고 타호 호수에 있는 사하라로 갔습니다. 주말 내내 그를 찾았지만 끝내 만날 수 없었습니다.

▎홀로 게임하는 대신 팀을 만들어 게임하는 데 관심을 기울인 까닭이 무엇입니까?

블랙잭을 하든지 매매를 하든지 이길 확률은 남보다 얼마나 앞서는지와 그 앞선 전략을 얼마나 자주 사용하는지에 달려 있습니다. 팀으로 접근하면 두 가지 면에서 유리합니다. 먼저 주말마다 게임할 때 이길 확률이 3분의 2라고 가정해봅시다. 다른 사람과 팀을 이루어 게임하면 매매할 수 있는 날이 두 배로 늘어나고, 그 결과 이길 확률도 4분의 3으로 높아집니다. 팀을 이루는 사람이 많아질수록 이길 확률이 더욱더 높아집니다.

▎다시 말해 이길 확률이 높으면 베팅 횟수를 크게 늘림으로써 성공할 확률을 더욱 확실하게 굳히는 것이군요. 카지노 안에 하우스가 이길 확률이 아주 낮은 카지노를 만드는 것처럼 들립니다. 선생님께서 아까 말씀하신 다른 유리한 점은 무엇입니까?

팀을 짜면 베팅할 수 있는 최대 금액을 늘릴 수 있습니다. 이론적으로 최대 베팅 한도는 전체 자금의 50분의 1이어야 합니다. 1,000달러를 가지고 있다면 한 번에 베팅할 수 있는 한도는 20달러여야 한다는 뜻입니다. 하지만 1,000달러씩 가진 사람 다섯이 모이면 최대 베팅 한도는 100달러로 늘어납니다.

▎각자의 위험이 커지지 않은 상태에서 다섯 사람의 자본을 더한 금액을 토대로 최대 베팅 한도를 각자 결정할 수 있다는 말입니까?

그렇습니다.

▎그 팀이 선생님을 멤버로 받아들였습니까?

회원으로 가입하려면 여러 시험을 통과해야 했습니다. 저는 게임을 아주 잘한다고 생각했지만 사실 시험에서는 떨어졌습니다. 회원이 되기 위해서는 기술을 더 익혀야 했습니다.

▎어느 분야에서 실력이 부족하셨습니까?

모든 분야에서 부족했습니다. 기본 전략에도 문제가 있었습니다. 카드를 빠르게 세지도 못했고 덱에 카드가 얼마나 남아 있는지도 정확히 추산하지 못했습니다.

▎덱에 남아 있는 카드는 어떻게 추정하십니까?

카지노는 보통 딜링 박스에 카드를 4벌씩 넣습니다. 그 팀은 2분의 1벌만큼씩 늘린 서로 다른 덱을 여덟 벌 마련했습니다. 그러고는 방 이곳저곳에 있는 서로 다른 덱을 확실히 구분할 수 있을 때까지 연습했습니다.

▎그 팀은 어떤 방법으로 카드를 추적해 계산했나요?

그들은 리비어 어드밴스 포인트 카운트라는 방법을 썼습니다. 즉 2, 3, 6번 카드에는 +2, 4번 카드에는 +3, 5번 카드에는 +4, 7번 카드에는 +1, 8번 카드에는 0, 9번 카드에는 -2, 10번 카드에는 -3이라는 값을 주고 에이스는 따로 계산했습니다. 배포된 카드에 해당하는 값의 합이 클수록, 즉 숫자가 큰 카드가 덱에 더 많이 남아 있을수록 플레이어가 이길 확률이 높아집니다.

▎그런 식으로 계산한 뒤 남아 있는 카드 수를 감안해 조정해야 했습니까?

네, 위와 같이 추적해 계산한 값을 남아 있는 카드 벌 수로 나눠야 합니다. 계산 값이 +10이고 카드가 두 벌 남았다면 최종값은 +5입니다. 하지만 카드가 2분의 1벌 남았다면 최종값은 +20이죠. 덱에 남아 있는 카드 중 숫자가 큰 카드가 얼마나 많이 남아 있는지 아는 것이 가장 중요합니다.

▎에드워드 소프가 책에서 소개한 전략도 이와 비슷합니까?

에드워드 소프는 처음에 숫자가 10인 카드와 그렇지 않은 카드만 나눠 계산했습니다. 하지만 두 번째 책에서는 2~6번 카드에는 +1, 7~9번 카드에는 0, 10번 카드와 에이스에는 -1이라는 값을 주는 방식으로 바꿨습니다.

▎기본적으로 리비어 어드밴스 포인트 카운트 방식은 소프가 소개한 방법보다 더 정교하군요.

맞습니다. 그렇지만 정확도가 올라갈수록 셈하기는 더욱더 어려워집니다. 리비어 방식조차도 확률 이론을 바탕으로 한 최적의 해결책을 제시하지는 못합니다. 하지만 정확도를 올리기 위해 더욱더 정교한 방법을 사용하면 실수를 더 자주 할 수밖에 없습니다.

▎최종값을 추적하기 어렵지 않으셨습니까?

연습을 아주 많이 해 몸에 익혀야 합니다. 더욱이 빠르게 암산하는 훈련도 해야 합니다. 예를 들어 5번과 10번 카드가 동시에 나왔다면 머릿속에 +1이라는 숫자가 바로 떠올라야 합니다. 5번 카드는 +4, 10번 카드는 -3이기 때문에 더한 값은 +1이 됩니다.

▎셈법을 익히는 데 실제로 얼마나 걸렸습니까?

처음에는 아주 오래 걸렸습니다. 하지만 얼마 뒤 카지노에 갈 때마다 두어 시간만 연습해도 별 문제가 없었습니다.

▮팀에 들어가기 위한 시험에서 떨어졌을 때 충격을 받으셨나요? 그 뒤 어떻게 되셨나요?

서로 다른 시험이 열 가지나 있었습니다. 제가 어느 부분이 부족했는지 파악한 뒤 한 달 내내 연습했습니다. 결국 시험을 다시 치러 통과했습니다.

▮그때 팀원은 몇 명으로 이루어졌습니까?

제가 팀에 들어갔을 때에는 여덟 사람이었지만 결국 스무 명으로 늘었습니다.

▮팀이 잘 돌아가려면 서로 믿고 마음도 솔직히 터놓아야 하죠? 판돈은 하나로 뭉치고 게임은 각자 한다면 다른 팀원들이 제대로 하는지 어떻게 확인할 수 있습니까?

나중에는 거짓말탐지기를 사용하기도 했습니다. 저도 두 차례 테스트를 받아 결과를 확인했습니다. 하지만 초기에는 서로 믿어 거짓말탐지기를 사용하지 않았습니다.

▮언제부터 팀원끼리 의심하기 시작했습니까?

(그가 쓴 웃음을 지었다.) 팀원 한 사람이 돈을 조금씩 빼돌린다는 사실이 분명해졌을 때부터입니다.

▮거짓말탐지기에 대해 논란이 많습니다. 탐지 결과를 믿으셨는지 궁금합니다.

일반적으로 정확도가 85퍼센트 정도라고 알고 있습니다. 저는 네 차례 테스트를 받았고 다른 팀원이 받은 테스트 결과를 여섯 번 검사했습니다. 거짓말탐지기를 설치하고 테스트하는 과정에서 정보를 캐낼 수 있다는 사실은 분명합니다. 예를 들어 제가 질문을 던질 때 테스트를 받는 사람의 얼굴에서 실제로 핏

기가 가시는 경우도 보았습니다. 탐지를 시작하기 전뿐만 아니라 마친 뒤에도 정보를 얻을 수 있습니다. 드러난 정보가 비용을 정확히 계산하지 않은 경우처럼 하찮을 수도 있습니다. 하지만 중요한 정보가 밝혀질 때도 있습니다. 예를 들어 우리 팀원 가운데 한 명이 다른 팀에도 소속되어 게임한 경우도 있었습니다. 그는 우리만 아는 정보를 경쟁 팀에 넘겼습니다.

▎선생님께서 소속된 팀은 조직적으로 잘 굴러갔습니까? 아니면 판돈만 더했을 뿐 사실은 따로따로 게임했습니까?

팀마다 굴러가는 방식이 다릅니다. 구성원이 많았던 우리 팀은 큰손 한 사람만 많이 베팅하고 나머지 팀원은 카드를 추적해 계산했습니다. 계산하는 사람은 여러 테이블로 갈라져 조금씩만 베팅했습니다. 이들이 계산한 결과값이 우리에게 아주 유리할 때마다 큰손에게 신호를 보냈습니다.

▎눈에 잘 띄지 않도록 했습니까?

그렇습니다. 하지만 큰손이 카드를 보고 있지 않다면 어떻게 카드를 셀 수 있겠습니까?

▎얼마나 지났을 때 팀으로 게임한다는 사실을 카지노가 알았습니까?

6개월이 조금 지난 뒤였습니다. 우리는 크게 베팅하기 시작했습니다. 베팅 금액을 계속 늘려 곧 최고 한도까지 올리자 카지노 측이 우리가 누군지 알아냈습니다.

▎카지노가 선생님 팀을 알아냈습니까? 아니면 각자 따로 게임하는 줄로만 알았습니까?

팀원 하나하나를 찾아내더니만 나중에는 우리가 한 팀이라는 사실을 알아냈습니다. 카지노는 카드를 추적 계산하는 사람을 찾아내는 탐정요원을 고용했습니다. 그 탐정요원들은 카드를 계산하는 사람을 주사위 게임에서 속임수를 쓰는 사기꾼이나 슬롯머신에서 돈을 훔치는 도둑으로 취급했습니다. 한마디로 카지노는 돈을 많이 따가는 노련한 플레이어를 원치 않았습니다. 충분히 이해는 갑니다. 제가 카지노 주인이었어도 마찬가지였을 테니까요.

▍카드를 받을 때마다 베팅하지 않았기 때문에 쉽게 발각되었나요?

매번 베팅해도 발각되기 쉽습니다.

▍돈을 딸 확률이 낮을 때에는 조금만 베팅하면서 베팅 금액을 조절하기 때문입니까?

네. 제가 크게 베팅하는 사람 뒤에 서 있다면 그 사람이 유리할 때와 불리할 때 어떻게 베팅하는지 알 수 있습니다.

▍발각되기 전 팀이 오랫동안 유지될 것이라고 생각하셨습니까?

우리가 조금 더 신중했다면 팀이 더욱 오래 유지될 수 있었다고 생각합니다. 한 팀원이 계속 돈을 버는 것보다는 책을 쓰는 데 더 관심이 많았다는 점이 문제였습니다(블레어 헐이 말하는 책은 켄 우스톤이 쓰고 1977년 홀트, 라인하트, 윈스턴 출판사가 펴낸 《더 빅 플레이어》다). 얄궂게도 이 친구가 큰손 역할을 맡아야 한다고 다른 팀원을 설득한 사람이 저였습니다.

그때부터 팀이 무너지기 시작했습니다. 사람은 원래 남이 알아주기를 바라는 마음이 있습니다. 그 친구도 마찬가지였지만 카지노까지 자기를 알아주기 바랐다는 점이 문제였습니다. 우리가 게임을 금지당하기 전까지 카지노는 우리가 뛰어난 플레이어라는 사실을 알지 못했습니다. 트레이딩 세계도 아주 비슷합니다.

▍어떻게 비슷한지 말씀해주세요.

아주 비슷합니다. 위대한 트레이더로 알려지기를 원하는 사람은 위대한 트레이더라고 할 수 없습니다. 매매 과정에 자아가 개입되기 때문이죠. 제 생각에는 거래소에서 가장 많이 거래한다고 소문 나기를 원하는 사람은 결코 없을 것이라고 생각합니다.

▎블랙잭과 매매가 서로 어떻게 비슷한지 논의하기에 앞서 궁금한 점이 한 가지 있습니다. 지금도 카드를 추적 계산하면 돈을 벌 수 있습니까?

물론입니다. 제가 한 푼도 없다면 분명 어디로 가야 하는지 알고 있습니다.

▎그렇다면 왜 카지노가 더 많은 덱을 사용하거나 카드를 더욱 자주 섞어 플레이어가 카드를 잘 세지 못하도록 하지 않을까요?

먼저 블랙잭 전략을 소개하는 책이 유행하면 블랙잭으로 돈을 벌 수 있다고 생각하는 사람이 많아지기 때문에 결국 카지노에 도움이 됩니다. 더군다나 계산만 잘해서는 돈을 벌 수 없습니다. 전략을 끝까지 지킬 수 있어야 합니다. 이기는 전략을 익히는 사람도 드물지만, 돈을 잃어도 감정을 억누르고 전략을 고수하는 사람은 더욱더 드뭅니다. 아마도 500명 가운데 한 사람 정도만 성공에 필요한 절제력을 발휘할 수 있지 않을까 생각됩니다.

▎팀을 짜서 게임했기 때문에 더욱더 절제할 수 있었습니까?

팀을 짜서 게임을 하면 어느 정도는 절제력이 생깁니다. 특수한 상황에서 일정 수준의 임무를 수행해야 하고 특정 기술을 연마해야 하는 군대와 비슷합니다. 군대에서는 부대원 전체가 함께 훈련받습니다. 그런 훈련을 혼자 받는다면 사실 감당하기 매우 어렵습니다.

▎블랙잭에서 이기는 전략을 알고도 이를 제대로 실천하지 못하는 사람이 아주 많기 때문에 플레이어가 카드를 계산해 돈을 벌 수 있도록 카지노가 허용

하는군요.

맞습니다.

■ 어떤 점에서 블랙잭을 한 경험이 트레이딩으로 돈을 버는 데 도움을 주었다고 생각하십니까?

돈을 연달아 잃어도 제 전략을 믿고 끝까지 지킨 경험이 나중에 거래소에서 매매하는 데 크게 도움이 되었습니다. 위험을 관리하는 습관도 아주 쓸모 있었습니다. 블랙잭 게임을 하다 보면 이길 확률이 높은데도 돈을 많이 잃을 때가 있습니다. 그럴 때에는 자칫 돈을 모두 날릴 수 있기 때문에 베팅 금액을 줄여야 합니다. 원금의 절반을 잃으면 베팅 금액을 반으로 줄여야 합니다. 하지만 돈을 많이 잃으면 그렇게 하기 아주 어렵습니다. 그러나 살아남으려면 이 원칙을 꼭 지켜야 합니다.

■ 말씀을 듣고 보니 블랙잭과 트레이딩이 아주 비슷하군요.

그렇습니다. 확률이 높을 때 많이 베팅하고 자금을 잘 관리해야 살아남을 수 있습니다. 나머지는 크게 신경 쓰지 않아도 별 문제 없습니다.

■ 팀이 발각된 뒤 무슨 일을 하셨습니까?

한동안 더 작은 팀을 꾸려 똑같은 전략으로 게임했습니다. 신분을 숨기기 위해 애틀랜틱시티 같은 곳으로 옮겨 큰손 역할은 하지 않고 카드만 계산하는 식으로 게임에 참여했습니다. 하지만 이동거리가 너무 멀어 확률 이론을 적용할 수 있는 다른 게임을 찾으려 애썼습니다. 그래서 포커도 시도해보았습니다. 그렇지만 저는 계산 능력은 탁월했지만 표정을 감추는 기술은 부족했습니다. 제가 좋은 패가 들어와 베팅을 많이 하면 상대방이 모두 판을 접었고, 제가 좋지 않은 패로 허풍을 떨 때에는 모두가 계속 베팅했습니다.

▌제 말이 틀리면 지적해주십시오. 블랙잭에서는 규칙이 확실히 정해져 있습니다. 딜러는 자신이 가진 카드에 따라서 다른 카드를 뽑든지 아니면 그대로 있어야 합니다. 그렇지만 포커에서는 선택의 여지가 더 많고 상대를 읽는 능력도 중요합니다. 따라서 아무리 수학을 잘해도 상대에게 표정을 읽히거나 상대의 표정을 읽지 못하면 돈을 딸 수 없죠.

맞습니다. 그러면 십중팔구 돈을 잃습니다. 포커에서 허풍은 아주 중요합니다. 포커 전략에 대해 아주 훌륭한 책을 쓴 어느 수학자가 있었습니다. 하지만 그는 포커로 돈을 벌지는 못했습니다.

▌거래소에서 매매하는 트레이더 가운데 다른 사람의 마음을 잘 읽어 성공하는 사람이 있다고 생각하십니까?

물론입니다. 어떤 사람이 거래하다 위험에 빠지면 이를 어느 정도는 알아챌 수 있습니다. 다시 말해 그 사람이 25센트에 판다고 하면 그 친구가 궁지에 몰렸음을 알 수 있죠. 25센트에 사도 좋지만 기다리면 더 싸게 살 수 있습니다. 결국 그가 가격을 절반으로 내릴 수밖에 없다는 사실을 알기 때문입니다. 하지만 저는 그런 식으로 돈을 벌지는 않았습니다. 주로 적정 가치를 벗어난 경우를 찾아 매매해 수익을 올렸습니다.

▌실제로 언제부터 매매를 시작하셨습니까?

블랙잭에서 손을 떼기 시작하면서 옵션가치 평가모델을 연구하기 시작했습니다.

▌연구하신 모델은 블랙–숄즈 모델 같은 표준 모델과 비슷했습니까?

1973년에 블랙–숄즈 모델에 관한 논문이 발표되었습니다. 하지만 저는 그 논문이 나온 사실을 모른 채 그와 비슷한 모델을 개발하느라 힘을 쏟았습니다. 1976년 말 시장 조성자로 일하려고 퍼시픽증권거래소에 지원했습니다.

▌어떤 방법으로 거래하셨습니까?

날마다 컴퓨터 프로그램을 돌려 각 주가 수준에 해당하는 옵션의 이론 가치를 뽑아냈습니다. 그러고는 거래소 객장 안에서 가격을 살피다가 옵션이 이론 가치를 벗어날 때마다 사고팔았습니다.

▌옵션 매매를 처음 시작하실 때에는 이론가격을 벗어난 옵션을 찾아 거래하셨군요.

그렇습니다.

▌재미있는 질문을 하나 하겠습니다. 선생님께서 계산해 사용하신 이론 가치는 역사적 변동성을 토대로 하고 있습니다. 따라서 이는 역사적 변동성이 내재 변동성보다 미래가격을 더 잘 예측할 수 있다는 뜻 아닌가요(이 문제에 깔려 있는 개념에 대한 자세한 논의는 414~415쪽에 조 리치와의 인터뷰를 참조)?

그렇지 않습니다. 실증 연구 결과 미래가격을 예측하는 데에는 내재 변동성이 역사적 변동성보다 더 낫다고 밝혀졌습니다.

▌그렇다면 역사적 변동성을 이용해 계산한 이론 가치로 어떻게 돈을 벌 수 있었습니까?

가장 중요한 상대 가치를 이용했기 때문입니다. 어느 모델을 이용하든 그 모델을 모든 옵션에 동일하게 적용하면 아무런 문제가 없습니다. 제가 가장 관심을 둔 부분은 옵션 사이의 상대가격이었습니다. 등가격 옵션의 내재가격이 시장가격과 같도록 모델에서 내재가격을 조정합니다. 예를 들어 모델로 산출한 등가격 옵션은 3인데 그 옵션이 실제 3.5에 거래된다면 등가격 옵션이 3.5가 되도록 모델에서 가정한 변동성 값을 올립니다. 이렇게 조정하면 다른 모든 옵션의 가치도 각각 시장가격과 같아야 합니다. 그런 뒤 상대적으로 싼 옵션은 사고 비싼 옵션을 팔기만 하면 그만입니다.

▌다시 말해 시장가격이 모델에서 계산한 이론 가치와 다른지를 보지 않고 특정 시장의 개별 옵션들의 상대가격에 초점을 두셨다는 말씀이시군요.

그렇습니다. 초기에 저는 주로 그런 식으로 매매해 돈을 벌었습니다.

▌수학적 모델이 과거 변동성을 이용해 미래 변동성을 예측할 수밖에 없다는 문제점 이외에 다른 잠재적 문제가 또 있습니까?

수학적 모델은 대부분 주식옵션이 대수 정규 분포한다고 가정합니다. 하지만 모든 금융시장에서 나타나는 실제 가격 분포는 대수 정규 분포의 경우보다 꼬리 위험이 더 큰 경향이 있습니다.

▌쉽게 풀어 설명하자면 표준 수학 모델은 실제 금융시장에서 나타나는 옵션의 가격 움직임을 정확히 반영하지 못한다는 뜻이군요. 즉 현실에서는 가격이 극단적으로 움직이는 사례가 표준 모델에서 가정하는 경우보다 더욱더 많다는 의미인가요?

맞습니다.

▌그렇다면 표준 모델에서 제시하는 규모보다 더 깊은 외가격 옵션을 많이 사는 전략이 유용할 수도 있겠군요.

맞습니다. 특히 인수합병 가능성이 있을 때 더욱 그렇습니다.

▌그렇다면 다른 옵션보다는 깊은 외가격 옵션을 필요 이상으로 많이 팔려는 유혹에 이끌릴 수도 있지 않을까요?

물론입니다. 표준 모델을 믿는다면 깊은 외가격 옵션을 더욱더 팔려고 하겠지요.

▌그렇게 매매해서 돈을 잃으셨습니까?

아닙니다. 저는 꾸준히 돈을 벌었습니다. 재앙이 일어나지 않는 한 깊은 외가격 옵션을 파는 전략으로 수익을 계속 올릴 수 있습니다. 그러다 엄청난 사건이 일어나면 돈을 다 날릴 수도 있습니다.

▌**선생님께서는 다행스럽게도 대재앙을 당하지 않으셨군요.**
그럴 수 있었는데도 다행히 제가 파산할 정도로 엄청나게 큰 재앙은 만나지 않았습니다.

▌**손해 본 사례를 말씀해주시겠습니까?**
1981년에 저는 아메리칸증권거래소에서 일하는 한 트레이더에게 돈을 대주고 인수합병 가능성이 있는 기업의 외가격 옵션을 팔도록 했습니다. 그 거래로 전체 투자 자금의 3분의 1을 잃었습니다. 저는 충격을 잘 견뎠습니다. 하지만 불행히도 일주일 뒤 케니코트 광산업체 외가격 콜옵션을 매도했다가 다시 많은 돈을 날렸습니다. 얄궂게도 포지션 규모가 작았는데도 밤 사이 주가가 엄청나게 움직이는 바람에 손실이 눈덩이처럼 불었습니다. 저는 이 두 매매로 전체 자금의 절반을 잃었습니다.

▌**그때는 매매 경력을 얼마나 쌓으신 상태였습니까?**
그때 매매 경력이 4년 반 정도였습니다.

▌**제 말이 맞는지 모르겠습니다. 단 두 차례의 실수로 그때까지 수천 번 거래해 번 돈의 절반을 날리셨다는 말씀이군요.**
맞습니다.

▌**그렇게 돈을 잃기 전 4년 반 동안 실적이 어떠셨습니까?**
첫 두 해 동안 잇달아 연 400퍼센트 수익률을 기록했습니다. 그 뒤 연평균 100

퍼센트 안팎의 수익률을 거두었습니다.

┃큰 손실을 두 차례나 겪은 1981년에는 어떠셨습니까?

한해 전체로는 조금이나마 수익을 올렸습니다.

┃오로지 가격 오차만 이용해 돈을 버셨습니까?

그렇습니다. 보통 투기 목적으로 매매하는 사람들은 한쪽 방향으로만 투자합니다. 예를 들어 이들은 외가격 콜옵션을 삽니다. 반대로 기관 투자자들은 주식을 매입하면서 동시에 만기가 긴 콜옵션을 팝니다. 영리한 투자전문기관은 위험을 일정 부분 전가시킵니다. 이들은 기관으로부터 콜옵션을 산 뒤 투기 목적으로 매매하는 사람들에게 다른 콜옵션을 팝니다. 이렇게 서로 반대되는 포지션을 구축함으로써 위험을 최소화합니다.

┃포지션을 늘 완벽하게 헤지하십니까?

최대한 헤지하려고 노력합니다. 그렇지만 인수합병 관련 기업의 옵션에 투자할 때에는 충분히 헤지했다고 생각했는데도 가격이 너무 갑작스럽게 움직여 일부 포지션이 위험에 노출될 수 있습니다.

┃선생님께서는 투기 목적으로 거래하는 사람들은 보통 옵션을 산다고 말씀하셨습니다. 사람들이 주로 옵션을 사려 하기 때문에 가격 오차가 생긴다고 보십니까?

여러 시장에서 거래되는 옵션의 내재 변동성과 역사적 변동성의 과거 그래프를 비교해보면 분명 내재 변동성이 더 크다는 것을 알 수 있습니다. 이로 미루어 가격 오차가 있다고 추정할 수 있습니다.

┃그렇다면 옵션을 파는 전략으로 꾸준히 수익을 거둘 수 있겠네요?

늘 옵션을 파는 측이 유리하다고 보고 있습니다. 하지만 내재된 위험이 너무 크기 때문에 저라면 그렇게 하지 않겠습니다. 하지만 굳이 선생님 질문에 답을 하자면, 일반적으로 옵션을 사는 사람이 불리하다고 봅니다.

┃기업이 인수합병에 연루되어 옵션가격이 느닷없이 일정 범위를 크게 벗어나기 시작하는 경우처럼 큰일이 벌어질 수 있는 단서가 나타날 때가 종종 있지 않습니까?

물론입니다. 사실 몇 해 전부터 감독기관이 이를 주시하기 시작했습니다. 늑대 탐지기라 불리는 지표를 사용하는 트레이더들도 있습니다. 이 트레이더들은 시장을 주시하고 있다가 옵션의 기초자산인 개별 기업의 주가가 비정상적으로 움직인다든지, 거래량이 갑자기 폭증한다든지, 외가격 옵션의 내재 변동성이 치솟을 때를 노려 매매합니다. 말하자면 이 지표들은 밖에 늑대가 서성거린다는 경고 신호입니다. 하지만 저는 이 방식으로 매매하지 않습니다.

┃개별 기업의 깊은 외가격 옵션 매도 포지션을 들고 있는데 관련 기업이 갑작스럽게 인수합병 논란에 휘말리면서 가격이 급등하는 경우에는 어떻게 대처하십니까?

개별 기업 옵션을 매매할 때에는 시가총액이 큰 기업 위주로 거래합니다. 이런 기업들은 정보가 주가에 이미 반영된 경우가 많습니다. 시가총액이 큰 대형주 위주로 매매하면 갑작스런 소식에도 가격이 그리 크게 움직이지 않습니다.

┃방향성 매매도 하십니까?

확신이 강할 때에만 1년에 한두 번 매매합니다. 이런 식으로는 자주 거래하지는 않지만 보통은 돈을 법니다.

┃예를 하나 들어주시겠습니까?

퍼시픽증권거래소에서 매매할 때 맥도널 더글러스 콜옵션을 수천 계약 매수했습니다. 그때 DC-10 비행기가 여러 차례 추락했기 때문에 그 기종은 결국 날아다니지 못하리라는 소문이 무성했습니다. 집에 돌아온 뒤 아내에게 그 회사 옵션을 많이 샀다고 털어놓았습니다. 아내는 깜짝 놀라며 말했습니다. "DC-10 기종은 결코 날 수 없을 거예요. 이제 우리는 망했어요."

▎**그때 언론이 그 소식을 앞 다투어 전했기 때문이었습니까?**

그렇습니다. 대중의 공포가 커질 대로 커진 상태였습니다. 제 아내가 공포에 사로잡힌 모습을 보고 제가 역발상으로 투자할 수 있었습니다. 그 거래로 시장에 대해 많이 배웠습니다. 아무도 사려 하지 않을 때가 투자할 때라는 교훈을 터득했습니다.

▎**한쪽 방향으로 투자한 사례가 또 있습니까?**

1987년 10월 19일 시장이 공포에 휩싸이고 청산회사가 필요 자본금 기준을 올리는 바람에 다우지수가 508포인트나 폭락한 다음날 시카고상품거래소의 MMI지수 주문을 체결해줄 사람이 없었습니다. 그래서 저는 객장 안으로 직접 들어가서 매매할 수밖에 없었습니다.

    그때 시카고상업거래소가 거래를 중지시키려 한다는 소문이 돌았습니다. (시카고상업거래소에서는 S&P500 주가지수선물이 거래된다.) 그 소문이 사실이라면 참으로 엄청난 효과가 있을 터였습니다. 그래서 바로 직원에게 전화해 거래가 정지되면 어떤 일이 벌어질지 검토해보라고 지시했습니다. 하지만 30분이 지났는데도 답이 없었습니다. 그 순간 거래소가 거래를 정지시킬 것이라고 직감해 다시 직원에게 연락해 단단히 일러두었습니다. "거래가 정지되면 반드시 매수해야 하네."

▎**왜 매수해야 한다고 생각하셨습니까?**

공포가 지나쳤기 때문입니다. 그래서 사야 한다고 생각했습니다. 저희는 시장에 늘 유동성을 공급하자는 철학이 있었습니다. 마침내 거래소가 거래를 중지시켰습니다. 3분 뒤 한 증권회사 브로커가 100계약 팔자 주문을 낸 뒤 매수자를 기다리고 있었습니다. 290에 매도 주문을 냈으나 사려는 사람이 아무도 없었습니다. 제가 285에 매수 주문을 내자 그 브로커가 제게 100계약을 팔았습니다. 몇 분 뒤 저는 같은 가격에 50계약 더 샀습니다. 285에 체결된 거래는 그 매매가 전부였습니다. 그날 시장은 400에 끝났습니다.

▮물론 뒤돌아보면 아주 싸게 샀기 때문에 아주 훌륭하게 매매했다고 할 수 있습니다. 하지만 공포가 지나쳤기 때문에 매수해야 한다는 논리라면 다우지수가 500포인트 넘게 폭락한 전날에도 샀어야 하지 않나요?
폭락한 다음날에는 특별한 사건이 있었기 때문입니다. 시카고상업거래소가 매매를 중지시켰거든요.

▮기억에 남는 다른 방향성 매매 사례가 또 있으십니까?
1991년 1월 15일 아침 부시 대통령이 후세인에게 처음으로 최후통첩을 보냈을 때 매수 주문을 냈습니다. 사람들은 하나같이 전쟁이 터지면 시장이 150포인트 넘게 고꾸라질 것이라고 생각했습니다. 하지만 저는 다르게 생각했습니다. "전쟁을 얼마나 오래 끌겠어?"

▮부시 대통령이 전쟁을 빨리 끝낸다고 판단하셨습니까?
상황이 확실해질 수밖에 없기 때문에 매수해야 한다고 생각했습니다. 부시 대통령이 정한 시점이 다가오기 직전에 절반을 사고, 전쟁이 터질 때 나머지 반을 사려고 계획했습니다.

▮전쟁이 터지기 전에 절반을 사려는 계획은 분명 옳은 전략으로 드러났습니

다. 하지만 전쟁이 시작한 뒤에 사지 않고 그 전에 투자하신 까닭은 무엇입니까?

전쟁 직전에 시장이 공포에 휩싸였고 상황이 아주 불확실했기 때문입니다. 그때 헤드 트레이더가 '신통한 계좌'에 있는 돈으로 매수에 나섰습니다. 몇 년 전 제가 데리고 있던 차익거래 전문 트레이더가 순매수 포지션을 취했을 때 제가 다음과 같이 비난한 적이 있습니다. "자네가 신통한 계좌라도 가지고 있다고 생각하나?" 그 뒤 헤드 트레이더는 '신통한 계좌'라는 말을 써가며 저를 놀렸습니다.

▍전쟁이 터진 뒤 나머지 절반을 사셨습니까?

아니오. 시장이 열릴 때 주가가 내려가면 사려고 계획했습니다. 하지만 크게 치솟았습니다.

▍선생님께서는 주로 방향성 매매로 돈을 벌지는 않죠?

저희가 투자한 S&P500 주가지수선물 포지션 가치는 단 30분 만에 400만 달러로 솟구쳤습니다. 그 덕분에 그날 꽤 많이 벌었습니다. 하지만 이와 같이 방향성 매매로 거두는 수익은 전체 수익의 5퍼센트에 지나지 않습니다. 기본적으로 우리는 저평가된 증권을 사고, 고평가된 증권을 파는 전략을 추구합니다. 이는 블랙잭을 할 때 적용했던 철학과 같습니다. 즉 경쟁력 있는 방법으로 수없이 거래하면 결국 돈을 번다는 철학입니다.

▍상대적으로 싼 옵션은 사고 비싼 옵션은 파는 기본 전략을 바꾸셨습니까?

속도가 더욱더 중요해졌기 때문에 전략도 이전보다 훨씬 더 복잡하게 바뀠습니다.

▍쉽게 돈을 벌 수 있는 기회가 사라졌기 때문입니까?

경마와 비슷합니다. 아주 빨리 달리지 않으면 따라잡힙니다.

▌시장 안에 있던 차익거래 기회가 사라졌기 때문에 이제는 시장 내 거래보다 시장 간 거래에 더욱더 초점을 두십니까?

물론입니다. 시장 간 거래를 하지 않으면 수익률이 아주 낮을 수밖에 없습니다.

▌CRT처럼 선생님과 비슷한 매매 전략을 사용하는 큰 회사가 많습니다. 이들과 직접적으로 경쟁하는 경우도 있습니까? 서로 부딪히지 않으려고 어떻게 노력하십니까?

누가 시장을 주도하는지 알아야 합니다. 거래를 원하는 기관 투자자가 없다면 우리도 매매할 수 없습니다. 기관들은 위험 수준을 조절하기 위해 매매하고, 우리는 그 반대편에서 거래합니다. 더욱이 우리는 이들 대형 회사와는 달리 완벽하게 헤지할 수 없는 곳에서도 매매합니다.

▌왜 그런지 좀 더 자세히 설명해주시겠습니까?

거래소에서 일하던 습관 때문입니다. 저는 거래소에 있던 트레이더 가운데 가장 느렸습니다. 좋은 거래 대상은 늘 다른 사람들이 먼저 차지했기 때문에 저는 다른 곳을 찾아야 했습니다. 즉 상관관계가 아주 높지 않은 시장에서 헤지 거래를 해야 했습니다. 예컨대 OEX 옵션가격이 비싸다고 여겨지면 차익거래를 하는 사람들은 이 옵션을 팔면서 S&P500 주가지수선물을 매수해 헤지했습니다. 하지만 저는 뉴욕선물거래소나 MMI를 통해 헤지했죠. OEX에서 옵션을 판 다른 트레이더들이 S&P500 주가지수선물의 거래를 선점했기 때문입니다.

> OEX 옵션의 기초자산은 S&P100이다. S&P100은 S&P500과 상관관계가 아주 높지만 뉴욕선물거래소나 MMI와는 상관관계가 낮다.

▮선생님의 운용 시설을 둘러보니 아직도 더디게 매매한다고 보기 어렵습니다.
지금은 더 이상 더디지 않습니다. 대부분 자동화되어 있기 때문입니다. 하지만 거래소 객장에서 매매한 경험 때문인지 저희는 완벽하게 헤지할 수 없는 시장에서도 잘 매매합니다. 즉 상관관계가 높지 않은 시장에서도 투자 기회를 찾습니다.

▮회사 전체 투자 포지션을 늘 헤지해놓으십니까?
시장이 어느 방향으로 움직여도 위험이 없도록 델타를 제로로 만들려고 노력합니다. 트레이더가 새로운 거래를 할 때마다 2초 안에 이 거래 포지션까지 포함해 회사 전체 포지션의 순델타 값을 다시 계산합니다. 그 뒤 이 정보를 트레이더에게 바로 전달해 어느 방향으로 거래해야 하는지 알 수 있도록 합니다.

▮다시 말해 회사 전체 포지션이 순매수 상태이면 트레이더가 순매수 부분을 상쇄할 수 있는 매도거래를 찾도록 하는군요.
맞습니다. 기본적으로 각 트레이더는 회사 전략에 따라 매매합니다.

▮모든 트레이더가 자신의 거래를 직접 헤지해야 합니까?
아닙니다. 저희 회사에는 25명의 트레이더가 있습니다. 그 가운데 헤지 담당자 한 명이 회사 전체 순위험을 제로에 가깝도록 헤지거래를 합니다. 비행장에서 항공기 움직임을 관리하고 통제하는 관제사 같다고 할 수 있습니다.

▮관제사 역할을 하는 트레이더가 회사 전체 포지션의 순위험을 거의 제로에 가깝도록 해주기 때문에 개별 트레이더는 한 방향으로 매매하는 거래를 하지만, 무엇이든 싼 것은 사고 비싼 것은 파는 거래를 할 수 있군요.
맞습니다. 수익을 거둘 수 있는 확률이 높은 매매 기회가 있을 때 그 거래로 거의 확실히 돈을 벌기 위해서는 헤지거래를 함으로써 수익 기회 일부를 다른 누군가에게 넘겨줘야 합니다. 저희 시스템은 헤지 비용이 아주 작다는 점이 장점입니다.

▎주식을 사고 그 주식의 콜옵션을 파는 커버드콜 전략은 흔히 사용하는 매매 기법입니다. 우리 모두 알다시피 커버드콜은 사실상 풋옵션 매도와 같습니다. 풋옵션을 매도하는 대신 커버드콜 전략을 사용해야 하는 특별한 이유라도 있습니까? 커버드콜을 장려하는 이유는 수수료를 두 번 챙길 수 있기 때문인가요? 아니면 두 방식이 효과가 같은데도 커버드콜이 풋 매도보다 덜 위험해 보이기 때문입니까?

때때로 대중을 상대로 저지르는 사기를 어떻게 설명해야 할지 모르겠습니다. 브로커가 장려하는 투자 기법 가운데 고객의 이익에 반하는 경우가 아주 많습니다. 저도 커버드콜 포지션을 매수하는 고객의 반대편에 서서 거래할 때에는 조금 죄책감이 듭니다. 그 고객은 틀림없이 제대로 이해하지 못하고 거래하기 때문입니다.

▎그렇다면 주식 매수와 콜옵션 매도 포지션을 동시에 구축하고, 청산하는 커버드콜 전략을 사용하지 말고 차라리 그냥 풋옵션을 매도하는 편이 더 낫다고 보십니까?

그렇습니다. 열등한 전략을 구사하고 싶다면 커버드콜 기법을 사용하세요.

▎그런지 전혀 모르고 있었습니다.

이제야 아셨군요.

▎옵션 만기일에는 옵션의 기초자산인 개별 기업의 주가가 조금만 움직여도 옵션가격이 크게 움직여 돈을 엄청나게 많이 벌거나 잃을 수 있습니다. 옵션 포지션을 많이 들고 있는 사람은 만기일에 해당 기업의 주가를 흔들고 싶은

유혹이 아주 강할 것이라고 생각됩니다. 실제 개별 기업의 주가를 흔드는 경우가 있습니까?

제가 퍼시픽증권거래소에서 거래할 때 있었던 일입니다. 시장조성을 담당하던 소규모 전문 투자기관 두 곳이 옵션 만기일에 특정 기업의 주가를 행사가격에 고정시키기를 원했습니다. 만기일에 그 주식을 팔아 콜옵션과 풋옵션을 모두 휴지조각으로 만들려고 했죠. 이를 위해 시장을 조성하는 대형 전문 투자기관을 끌어들였습니다. 그 대형 기관은 이들을 도와 해당 기업의 주가를 행사가격에 고정시키기로 약속했습니다. 하지만 그 대형 기관은 약속과는 반대로 매매함으로써 공모한 두 기관을 크게 골탕 먹였습니다. (그는 이 사건을 회상하며 웃었다.)

사실 옵션 만기일에 주가는 행사가격이나 그 주변에서 끝나는 경향이 있습니다. 몇 년 전 저는 〈월스트리트저널〉에 통계 분석 사례를 기고한 적이 있습니다. 투기 목적으로 거래하는 사람들은 보통 얕은 내가격 옵션을 산 뒤 만기 때까지 기다리지 않고 만기 전에 청산하는 특징을 보였습니다. 예를 들어 주가가 60.5달러에 거래된다고 가정해봅시다. 그러면 투자자들은 행사가격이 60달러인 콜옵션을 주로 삽니다. 그리고 만기가 다가오면 이 옵션을 팝니다. 이들의 반대편에 서서 거래하는 시장조성 기관은 포지션을 헤지하기 위해 해당 주식을 팝니다. 이런 식으로 서로 얽혀 있기 때문에 만기에 다다를 즈음에는 주가가 행사가격에 거의 붙는 현상이 나타납니다. 통계 분석을 해보았더니 이처럼 서로 얽히는 경우에는 옵션 만기 때 주가가 행가격으로부터 0.25포인트 범위 안으로 들어올 확률이 그렇지 않을 때보다 두 배나 상관관계가 높았습니다.

▎이 통계 분석 결과를 아직도 활용하십니까?

그렇습니다. 이 전략은 유용하기 때문에 지금도 활용하고 있습니다.

▎옵션을 투자하는 개인들에게 해줄 수 있는 조언이 있으십니까?

OEX RAES(원거리 자동 주문 시스템)는 개인들이 활용할 만합니다. 주문을 10초 안에 실행해줍니다.

▌왜 이 시스템이 대중에게 유용하다고 생각하십니까?

시장조성 기관은 반대편에 서서 거래에 응해주기로 약속했기 때문입니다. 시장이 아주 크게 흔들릴 때에는 시장조성 기관이 호가를 빠르게 수정하여 제시하지 못합니다. 그래서 이 시스템을 사용하면 시장이 급격하게 움직일 때 아주 유리합니다.

▌사람들이 자동 주문 시스템을 사용할 수 있는데도 왜 공개호가 주문을 내는 것일까요?

이 원거리 자동 주문 시스템은 10계약까지만 주문을 받기 때문입니다. 이 한도를 넘기지 않는다면 이 시스템을 사용하는 편이 유리합니다.

▌훌륭한 옵션 트레이더가 되려면 어떤 자질을 익혀야 합니까?

소문에 현혹되어서는 안 되고 사실만 믿어야 합니다. 논리적으로 타당한 투자 기법을 찾아 이를 적용하는 훈련을 해야 합니다. 자신의 감정도 통제할 수 있어야 합니다.

▌또 어떤 노력이 필요합니까?

홈런을 노리기보다 작지만 꾸준히 수익을 올릴 수 있도록 노력해야 합니다.

▌탁월한 트레이더가 되기에 가장 알맞은 성격은 무엇이라 생각하십니까?

제가 고용한 트레이더들과 함께 일한 경험으로 미루어볼 때 블랙잭, 체스, 브리지 같은 게임에 뛰어난 사람들이 옵션 매매도 잘할 수 있다고 생각합니다.

▌사람들이 시장에 대해 오해하고 있는 것들은 무엇일까요?

소문에 현혹되는 경우가 많습니다. 누가 사고파는지에 지나치게 관심을 기울입니다. 사람들은 그런 정보가 중요하다고 여기지만 사실은 대부분 쓸모없습니다.

▌선생님께서 과거에 팀을 짜 블랙잭 게임을 한 경험이 팀을 구성해 매매하는 데 도움이 되었다고 생각하십니까?

팀을 이루어 블랙잭 게임을 한 경험은 트레이딩 팀을 성공적으로 꾸려나가는 데 도움이 되었습니다.

▌트레이딩 업계에 첫발을 내딛을 때 홀로 매매하기보다는 팀을 꾸려 매매할 생각이셨습니까?

완전히 자동화해 기계가 모든 일을 처리하도록 할 생각을 하면서 트레이딩 업계에 뛰어들었습니다.

▌완전 자동화가 불가능하다는 사실을 언제 아셨나요?

불가능하다고 생각하지 않습니다. 아직도 자동화하려고 애쓰고 있습니다. (그는 이 말을 하면서 웃었다.) 저희는 자동화하는 데 기여한 사람에게는 충분히 보상합니다. 이 목적을 위해 함께 일할 사람이 필요합니다.

이렇게 말하는 사람들이 있다. "매매 전략이 나빠도 자금관리를 잘하면 돈을 벌 수 있다." 이 주장은 완전히 틀렸다. 전략이 나쁘면 자금관리를 아무리 잘해도 소용없다. 단지 돈을 잃는 속도만 줄여줄 뿐이다. 예를 들어 룰렛 게임에서는 자금관리를 아무리 훌륭하게 해도 결국 돈을 잃는다. 확률이 불리하기 때문이다. (블랙잭을 예로 들면 1 이상 숫자에서는 확률이 정확이 반반이지만 제로와 더블 제로 때문에 결국 하우스가 유리하다.) 사실 확률이 낮은 게임에서 돈을 벌려면 가장 나쁜 자금관리 방법을 사용해야 한다. 즉 가진 돈을 한꺼번에 베팅해야 한다. 이길 확률이 낮은 게임은 오래할수록 결국 돈을 다 잃을 확률이 더욱 높아지기 때문이다.

트레이딩에서 성공하기 위해서는 확실한 매매 전략, 즉 경쟁력 있는 특별한 매매 기법이 반드시 있어야 한다. 블레어 헐처럼 저평가된 증권을 사고, 고평가된 증권을 파는 방법일 수도 있다. 그리고 이길 확률이 높은 방향성 매매 전략일 수도 있다. 이처럼 이기는 매매 전략이 없으면 결국 돈을 잃을 수밖에 없다. 거래비용 차감 전 승률이 절반을 넘지 못하기 때문이다. 자신의 전략이 무엇인지 모른다면 전략이 없는 것이나 마찬가지다. 예를 들어 처남 말만 믿고 주식을 샀다면 전략 없이 투자했다고 봐야 한다.

블레어 헐과 인터뷰하면서 훌륭한 전략을 수반한 매매와 도박은 분명히 다르다는 사실을 확인할 수 있었다. 시장 참가자들 가운데 확실한 전략도 없이 매매하는 사람은 카지노에서 아무렇게나 도박하는 사람과 같다. 매매든 블랙잭이든 전략이 좋으면 도박이 아니라 사업이라고 할 수 있다. 카지노에서는 도박을 아주 잘하면 쫓겨날 수 있다. 하지만 매매는 그렇지 않다. 시장에서는 트레이딩을 아무리 잘해도 쫓겨나지 않는다. 많은 사람을 수없이 당황스럽게 만들지 않는다면 쫓겨날 이유가 없다. 우리가 시장을 이기는 전략을 고안하더라도 거래소 직원이 다가와 이렇게 말할 수 없다. "돈을 너무 많이 버셨습니다. 죄송합니다만 이제 이곳에서는 더 이상 매매할 수 없습니다."

이기는 전략도 중요하지만 극단적 사건 때문에 파산하는 경우를 피하기 위해서는 자금관리도 잘해야 한다. 전략이 좋아도 돈을 다 잃을 수 있다는 사실을 잊지 말아야 한다. 그래서 실패할 확률을 거의 없앨 수 있을 만큼 조금씩만 투자해야 한다. 앞에서 인용한 "매매 전략이 나빠도 자금관리를 잘하면 돈을 벌 수 있다"라는 잘못된 표현은 다음과 같이 바꿔야 한다. "아무리 훌륭한 전략이 있어도 자금관리를 제대로 못하면 돈을 잃을 수 있다."

블레어 헐이 인터뷰에서 밝힌 블랙잭 팀에 대해 켄 우스톤이 쓴 《더 빅 플레이어》에 자금관리의 중요성이 적나라하게 설명되어 있어 관련 내용을 인용하려고 한다.

켄은 배리가 털어놓은 끔찍한 이야기를 들은 뒤, 몇 주 전 카드를 세는 일을 맡았던 한 브로커 친구가 아파트에 찾아왔던 기억을 떠올렸다. 그 친구는 자신이 가장 좋아하는 얘기를 꺼냈다. 돈을 잃는 방법에 대한 얘기였다. 그 친구는 몇 년 전 라스베이거스에서 도박을 하다가 자금관리를 잘못하는 바람에 돈을 다 날린 뒤 블랙잭을 조심스럽게 하는 버릇이 생겼다고 했다. 그는 켄에게 팀이 베팅 금액을 지나치게 많이 올리고 있다며 주의해야 한다고 경고했다. "케니, 베팅 금액이 너무 많아. 다시 말하지만 그러다 큰코 다칠 수 있어. 조심해야 해. 지금까지는 운이 좋았지만 언제든 잘못될 수 있어."

블레어 헐이 트레이딩뿐만 아니라 블랙잭에도 적용한 원칙은 이기는 전략이 있다면 돈을 잃을 때에도 그 전략을 끝까지 고수해야 한다는 점이다. 단, 돈을 잃는 기간에는 원금 대비 위험이 일정하게 유지될 수 있도록 베팅 금액이나 매매 규모를 줄여 위험을 낮춰야 한다.

블레어 헐은 분명 차익거래 전문가이지만 때때로 방향성 매매에서도 꽤 많은 수익을 올렸다. 구체적으로 언급하지는 않았지만 블레어 헐이 방향성 매매를 하면서 적용한 원칙은 다음과 같다고 추론할 수 있다.

첫째, 자주 매매하지 말고 확신이 강할 때에만 거래하라.
둘째, 시장에 퍼진 소문에 이끌리는 대중과 반대로 매매하라.
셋째, 극단적 공포에 휩싸이게 하는 사건이 터질 때 투자하라.

Chapter 19

수학처럼 정교한 매매 전략

제프 야스(Jeff Yass)

제프 야스는 1981년 필라델피아 증권거래소 객장에서 옵션 거래를 시작했다. 그는 옵션에 반해 대학 친구 몇 명을 설득해 옵션 트레이더의 길을 가도록 권유했다. 더욱이 1980년대 초에는 친구 여섯 명을 가르쳐 트레이더 전문가로 키웠다. 그러다 1987년 친구와 함께 서스퀘하나 인베스트먼트 그룹을 세웠다. 회사가 빠르게 성장한 덕분에 전체 직원이 175명, 트레이더는 90명에 이를 정도로 성장했다. 서스퀘하나는 세계에서 가장 큰 옵션 투자 회사이자 프로그램 매매를 가장 많이 하는 회사 가운데 하나다.

제프 야스는 표준 옵션가격 결정모델을 정교하게 다듬어 가격이 비효율적으로 움직일 때를 찾아내려 한다. 하지만 기본적으로 그는 더 좋은 모델을 만들려는 데 관심을 기울이기보다는 이길 확률을 높이기 위해 수학적 게임 이론을 사용하는 원칙을 적용하는 데 더욱 중점을 둔다. 제프 야스는 시장을 거대한 포커 게임장이라고 생각한다. 그래서 상대방의 실력이 어느 정도인지도 아주 중요하게 따진다. 그는 포커 게임에 빗대어 설명한다. "당신이 세계에서 포커를 여섯 번째로 잘한다고 해도 가장 잘하는 다섯 명과 게임을 하면 결국 집니다. 반면 당신의 수준이 그렇고 그렇다 해도 당신보다 못한 사람과 게임을 하면 돈을 딸 수 있습니다." 제프 야스는 거래 상대방의 기술과 지식이 어느 정도인지 파악한 뒤 이를 전략에 반영한다. 더불어 정보력이 뛰어난 트레이더들이 어떻게 움직이는지 보고 시장에 대한 자신의 견해를 기꺼이 바꾼다.

제프 야스는 머리 회전도 빠르고 말도 속사포를 쏘는 듯했다. 우리는 장이 마감된 뒤 필라델피아에 있는 그의 사무실에서 인터뷰를 시작했지만 마지막에는 레스토랑으로 자리를 옮겼다. 나는 제프 야스가 레스토랑을 고르는 눈이 있는지 의심스러웠지만(곧 이유를 확실히 알 수 있었다) 음식은 훌륭했다. 불행히도 레스토랑은 음식이 뛰어난 만큼 수많은 손님으로 북적댔다. 너무나 시끄러워 녹음 테이프 내용을 확인하려면 CIA 정도의 암호 해독 능력이 필요할 정도였다. 이상해 보였는지 옆에서 식사했던 사람들은 자리를 뜨면서 우리가 왜 녹음하는지 물었다.

▎언제 시장에 발을 들여놓으셨습니까?

어릴 때부터 주식시장에 아주 관심이 많았습니다. 아버지가 신문을 보고 계시면 제가 다가가 주식 시세가 나오는 부분을 찢어달라고 할 정도였으니까요.

▎어렸을 때에도 주식을 매매하셨습니까?

저는 간단히 조리해 먹을 수 있는 포장식품인 TV디너를 아주 즐겼습니다. 스완슨에서 만든 TV디너를 처음 먹었을 때 맛도 있었고 제품 아이디어도 훌륭하다고 생각해서 그 회사 주식을 사면 좋겠다고 생각했습니다. 확인해보니 스완슨은 캠벨이 소유하고 있었습니다. 그래서 아버지를 설득해 그 회사 주식을 10

주 샀습니다.

▎아직도 TV디너를 좋아하십니까?

네, 비행기 안에서 먹는 기내식도 좋아합니다. 저는 기내식이 맛없다고 주장하는 사람을 믿을 수 없다고 말한 조안 리버스와 생각이 같습니다.

▎나중에 선생님께 저녁을 대접힐 기회가 있을지 모르겠습니다. 어쨌든 켐벨 주식은 어떻게 되었습니까?

꼼짝도 하지 않았습니다.

▎놀랍지 않군요.

하지만 결국 올랐습니다. 30년 동안 들고 있었다면 좋았을 텐데 아쉽네요.

▎그때 처음 주식을 거래하셨습니까?

그렇습니다.

▎그때가 몇 살이었습니까?

11살이었습니다.

▎다른 주식도 사셨나요?

13살 때 이스턴 에어라인을 샀습니다. 플로리다로 여행갈 때 탄 적이 있었는데 좋은 항공사라는 생각이 들었습니다. 부동산 업체 주식도 샀지만 그 회사는 결국 망했습니다. 투자할 때마다 돈을 잃었죠. 그즈음 아버지께서 하신 말씀이 기억납니다. "주식은 네가 사기 오래 전부터 있었단다. 네가 샀다고 바로 오르지는 않지."

고등학교 시절 옵션을 알게 되었습니다. 늘 옵션 종가를 확인하다 보니 엄칭난 가격 왜곡이 있다는 사실을 발견할 수 있었습니다. 예를 들어 알코아 주가가 49달러로 끝났을 때 행사가격이 45달러인 콜옵션이 행사가격이 50달러인 콜옵션보다 2.5달러밖에 비싸지 않았습니다. 그래서 행사가격이 45달러인 콜옵션을 사고 행사가격이 50달러인 콜옵션을 팔 경우, 주가가 4달러 넘게 내려가면 2.5달러만 잃지만 1달러 넘게 오르면 2.5달러를 벌 수 있었습니다. 아주 좋은 기회로 보였습니다. 그래서 아버지를 설득해 저 대신 거래해달라고 부탁드렸습니다. 결국 주가가 올랐고 돈을 벌었습니다.

■ 고등학교 이후에 다른 옵션거래도 하셨습니까?

아니오, 신문에 나오는 옵션 종가는 그날 마지막으로 거래된 가격이지만, 마감시간 훨씬 전 가격일 수도 있다는 사실을 발견했습니다. 예를 들어 마지막에 매수호가가 11달러이고 매도호가가 12달러로 끝나도 그날 최종 거래가격이 13달러면 신문에는 종가를 13달러로 인쇄했습니다. 신문에 나오는 가격이 최종 호가가 아니라는 사실을 알면서 제가 발견했다고 생각했던 거래 기회가 실제는 존재하지 않는다는 사실도 깨달았습니다.

■ 어떻게 고등학생 시절부터 옵션을 알 수 있었습니까?

아버지께서 일하시던 회사는 기업이 상장할 때 워런트를 발행했습니다. 아버지께 워런트가 무엇인지 설명해달라고 부탁했죠. 워런트가 사실상 장기 옵션과 같다고 설명해주셔서 기본 개념을 쉽게 이해할 수 있었습니다.

■ 대학을 마친 뒤 대학원에 진학하셨습니까? 아니면 직장에 들어가셨습니까?

졸업 후 1년 정도 쉬면서 미국 대륙을 여행할 계획이었습니다. 하지만 이름을 밝힐 수 없는 어느 투자 회사에서 인터뷰할 기회가 생겼습니다. 그 회사 옵션 트레이딩 부장이 저를 인터뷰했습니다. 하지만 그를 모욕하는 바람에 떨어진 듯합니다.

▌회사 이름을 밝힐 수는 없겠지만, 내용은 자세히 설명해주시겠습니까?

대화가 다음과 같이 이어졌습니다. 옵션 트레이딩 부장이 이런 말을 꺼냈습니다. "옵션 매매로 돈을 벌 수 있다고 생각하는군." 저는 옵션시장에서 수익을 올리는 데 무엇이 중요한지 그에게 설명했습니다. 그가 물었습니다. "올해 IBM 주식의 최고가와 최저가를 알고 있나?"

제가 대답했습니다. "최저가는 260달러이고 최고가는 320달러라고 생각합니다. 하지만 이는 전혀 중요하지 않습니다. 쓸데없는 것에 시간을 낭비해봤자 전혀 도움이 되지 않는다고 생각합니다."

그가 반박했습니다. "으음, 나도 알 만큼 아네. 최고가와 최고가는 아주 중요하다네." 저도 물러서지 않았습니다. "훌륭하십니다. 저를 채용하시면 그것들이 왜 중요하지 않은지 설명해드리겠습니다."

이어진 대화에서 그가 베타(전체 시장에 대한 개별 주식의 상대 변동성을 설명할 때 쓰는 전문 용어)의 개념을 모른다는 사실이 탄로 났습니다. 그러자 그는 이렇게 말했습니다. "그런 쓸데없는 것은 신경 쓰고 싶지 않네."

제가 맞받아쳤습니다. "대단하시군요. 저를 고용하십시오. 그러면 베타가 무엇이고 어떻게 사용하는지도 말씀해드리겠습니다." 그리고 저는 면접에서 떨어지고 말았습니다. (그는 당시를 떠올리며 껄껄 웃었다.)

▌포커를 할 때 블러핑을 아주 잘할 뿐만 아니라 포커에서 쓰는 전략을 옵션에도 적용하신다고 들었습니다. 언제부터 포커에 관심을 갖게 되셨나요?

대학에 다닐 때 포커를 시작했습니다. 친구들과 저는 포커에 깊이 빠져들었습니다. 저희는 포커는 운에 의존하는 게임이 아니라 기술을 엄청나게 연마해야 하고 세밀하게 분석해야 하는 게임이라는 사실을 깨달았습니다. 그래서 수학적으로 접근하기 시작했습니다.

▌카지노에서도 포커를 하셨겠죠. 라스베이거스에서 포커 게임을 하는 사람들

을 어떻게 분류하는지 궁금합니다.

일반적으로 포커 게임을 하는 8명 가운데 3명은 프로, 나머지 3명은 세미 프로, 마지막 2명은 관광객이라고 보면 적당합니다.

┃분명 관광객이 돈을 따기 아주 어려운 구성이군요.

정말 뛰어난 플레이어가 아니고서는 장기적으로 돈을 벌기 어렵습니다.

┃게임에 일가견이 있는 선생님께서는 돈을 딸 확률은 몇 퍼센트라고 생각하십니까?

평균적으로 55퍼센트 정도라고 봅니다.

┃돈을 잃으면 많이 괴로워하십니까?

전혀요. 제가 제대로 게임하고 있어도 운이 나쁘면 어쩔 수 없다는 사실을 잘 알기 때문입니다. 단기적으로 돈을 잃어도 이는 제가 실력이 부족해서가 아니라 운이 나빠서라는 점을 알기 때문에 웬만해서는 자책하지 않습니다.

┃포커 게임에서는 카드 조합이 나올 확률을 외우는 일이 가장 중요합니까?

그렇지 않습니다. 암기는 작은 역할을 할 뿐입니다. 패에 따라 베팅을 할지 말지 제대로 판단할 수 있을 정도로 확률을 완전히 숙지하는 일도 중요합니다만, 이는 기본 기술에 지나지 않습니다. 게임을 정말 잘하려면 베팅 전략을 잘 이해해야 합니다. 다음과 같은 문제까지 생각해야 해요. 상대가 베팅할 때 무슨 정보를 얻을 수 있을까? 내가 베팅할 때와 베팅하지 않을 때 어떤 정보를 흘릴까? 우리는 옵션 트레이더를 교육할 때 실제 포커 전략을 가르칩니다. 두 전략이 서로 긴밀히 연관되어 있기 때문입니다. 포커를 잘할 수 있도록 가르칠 수 있다면 옵션도 제대로 할 수 있도록 교육시킬 수 있다고 생각합니다.

▍구체적인 예를 들어주시겠습니까?

제가 가장 좋은 패를 든 상태에서 마지막 카드가 막 돌려졌다고 가정해보죠. 이때 어떻게 해야 할까요? 초보자는 이렇게 말합니다. "최고 한도까지 베팅하겠습니다." 하지만 상대도 베팅하며 카드를 보자고 한다면 이는 올바른 전략이 아닐 수 있습니다. 왜 그럴까요? 때로는 제가 배팅하지 않고 순서를 넘겨 상대가 배팅하면 제가 다시 베팅 금액을 올릴 기회를 얻어 결국 베팅 금액의 두 배를 딸 수 있기 때문입니다. 상대가 저를 따라 베팅할 확률이 50퍼센트가 넘을 것이라고 판단되면 베팅하지 않고 넘기는 전략이 더 낫습니다. 이 전략을 쓰면 베팅한 금액만큼은 확실히 딸 수 있을 때 추가로 돈을 더 따지 못할 수도 있습니다. 하지만 베팅 금액의 두 배를 따는 경우도 많습니다. 따라서 장기적으로 이 전략이 더 좋습니다. 결국 가장 좋은 패를 들었을 때에는 반드시 베팅해야 한다고 생각할 수 있지만 사실은 이보다 더 나은 전략이 있을 수 있습니다.

▍포커에서 사용하는 이 전략을 옵션을 예로 들어 설명해주시겠습니까?

포커든 옵션이든 가장 중요한 목표는 승률을 최대한 올리는 것이 아니라 수익을 가장 많이 거두는 일입니다. 예컨대 적정가격이 3.25달러로 여겨지는 옵션 100계약을 3달러에 사서 2,500달러를 벌 수 있는 기회가 있다고 가정해봅시다. 이 경우 시장을 조성하는 딜러는 대부분 옵션을 그냥 3달러에 사서 이익을 확정하라고 부추깁니다. 하지만 그렇게 쉽게 결정해서는 안 됩니다. 예를 들어 똑같은 옵션을 2.75달러에 살 수 있는 확률이 60퍼센트라면 돈을 다 잃을 확률이 40퍼센트라 하더라도 2.75달러에 사는 전략이 가장 좋습니다. 왜냐하면 5,000달러를 벌 수 있는 확률이 60퍼센트이기 때문입니다. 즉 장기적으로 5,000달러의 60퍼센트인 3,000달러를 벌 수 있기 때문입니다. 이는 확실하게 2,500달러를 버는 전략보다 낫습니다.

▍옵션거래를 시작하실 때 옵션과 포커 전략이 서로 비슷하다는 사실을 아셨

습니까?

네, 포커 세계는 경쟁이 워낙 치열하기 때문에 좋은 패를 최대한 활용하지 못하면 살아남을 수 없습니다. 제가 거래소에서 옵션을 본격적으로 매매하기 시작할 즈음 이 개념을 확실히 알고 있었습니다. 저는 옵션 매매 전략을 경제학 과목을 수강해서 배웠다기보다 포커 게임을 하면서 터득했다고 해도 과언이 아닙니다.

▎포커와 옵션 전략이 서로 비슷한 사례를 또 말씀해주시겠습니까?

저희는 교육생들에게 늘 다음 사례를 제시합니다. 세븐 카드 게임에서 마지막으로 베팅할 때라고 가정해봅시다. 제 손에 쥔 카드는 3장이고 펼쳐진 카드 4장은 모두 에이스입니다. 상대는 2번과 3번 클럽, 9번 다이아몬드, 퀸 스페이드를 펼친 상태라고 가정합시다. 펼쳐진 제 카드는 모두 에이스이기 때문에 제가 더 유리합니다. 이 경우 다음과 같이 묻습니다. "제가 어떻게 해야 할까요?" 그러면 보통 이렇게 대답합니다. "최대한 베팅해야 합니다. 펼쳐진 카드가 모두 에이스여서 돈을 딸 확률이 아주 높기 때문입니다." 하지만 사실은······.

▎베팅하지 말고 패스해야 합니다. 상대가 이길 자신이 없다고 판단하면 접을 테고 반대로 이길 수 있다고 생각해 베팅 금액을 올리면 제가 질 수 있기 때문입니다.

맞습니다. 상대가 4번, 5번, 6번 클럽을 쥐고 있을 수 있기 때문입니다. 그러면 저는 이길 방법이 없습니다. 무조건 집니다. 상대는 제가 무엇을 쥐었는지 알지만 저는 상대가 어떤 패를 들고 있는지 모르는 상황이기 때문이죠.

▎이 포커 전략을 옵션에 어떻게 적용하시는지 설명해주세요.

제가 어느 옵션의 적정 가치를 3달러라고 생각하고 있습니다. 이럴 때 보통 저는 매수호가를 2.875달러에 제시하고 매도호가는 3.125달러에 냅니다. 그런데 정보력이 뛰어난 한 브로커가 제게 호가를 제시해달라고 부탁했습니다. 이때 제가 매수/매도 스프레드를 좁게 제시해서는 좋을 게 없습니다. 왜냐하면 제가 호가를 옳게 제시하면 그가 응하지 않고 가만히 있을 테고, 제가 호가를 잘못내면 그가 이에 재빨리 대응해 호가 차이를 챙겨갈 것이기 때문입니다.

같은 맥락으로 정보력이 뛰어난 어느 브로커가 제가 생각하는 적정 가치보다 훨씬 더 높은 가격에 매수호가를 제시한다면 이는 그럴만한 충분한 이유가 있기 때문이라고 여겨야 합니다. 그렇기 때문에 겉으로는 매력적으로 보이는 기회가 있어도 이에 선뜻 응하지 않는 게 좋습니다.

옵션거래에서는 조건부 확률을 토대로 의사결정을 내려야 합니다. 어느 옵션의 가치가 X라고 생각했는데 다른 누군가가 X+Y로 가격을 제시하면 이 옵션의 가치를 다시 추정해보아야 합니다. 저희는 트레이더들에게 너무 뻔해 보이는 기회는 다시 검토해야 한다고 가르칩니다.

몇 년 전 블랙-숄즈 옵션가격 결정모델을 제시한 피셔 블랙이 낸 퍼즐이 이 개념을 잘 보여주는 아주 훌륭한 예입니다. 제가 〈렛츠 메이크 어 딜(Let's make a deal)〉이라는 텔레비전 프로그램에 출연해 세 개의 문 중 하나를 골라야 한다고 가정해보죠. 제가 첫 번째 문을 선택하자 프로그램 진행자인 몬티 홀이 말합니다. "좋아요, 두 번째 문을 열어보죠." 하지만 값진 경품은 두 번째 문 뒤에 없습니다. 물론 몬티 홀은 값진 경품이 몇 번째 문 뒤에 있는지 알고 있습니다. 그는 프로그램을 진행하면서 뒤에 경품이 숨어 있는 문은 결코 열지 않습니다. 몬티 홀이 묻습니다. "세 번째 문으로 바꾸시겠습니까?" 이때 제가 그대로 첫 번째 문을 고집해야 할까요? 아니면 세 번째 문으로 바꿔야 할까요?

계속 읽어나가기 전에 독자 여러분들도 답을 생각해보기 바랍니다.

분명 문을 바꾸든 바꾸지 않든 차이가 없다고 답하는 경우가 많지만 사실은 그렇지 않습니다.

세 번째 문으로 바꾸는 것이 정답입니다. 원래 제가 고르지 않은 두 문 뒤에 경품이 있을 확률은 3분의 2입니다. 몬티 홀이 그 두 문 가운데 하나를 열었는데 그 문 뒤에 경품이 없다고 해서 원래의 확률이 바뀌지 않습니다. 그는 늘 경품이 없는 문을 열기 때문입니다. 그러므로 원래 두 번째 문이나 세 번째 문 뒤에 경품이 있을 확률이 3분의 2였다면, 열지 않은 첫 번째 문이나 세 번째 문 뒤에 경품이 있을 확률도 그대로 3분의 2입니다.

▌이해할 수 없습니다. 수백만 명이 이 프로그램을 오랫동안 시청했는데도 처음에 선택하지 않은 다른 문으로 바꿔야 경품이 나올 확률이 높다는 사실을 아무도 알지 못했군요!

프로그램을 구경하는 사람들이 문을 열 수 있는 기회를 얻으려고 토끼 귀 모양의 우스꽝스러운 모자를 써야 하는 쇼이기 때문에 그럴 수 있습니다. 사람들은 몬티 홀이 문을 무작위로 열지 않는다는 사실을 모릅니다. 만약 그가 문을 무작위로 연다면 제가 고르지 않은 두 문 뒤에 경품이 있을 확률은 각각 반반입니다. 물론 몬티 홀이 두 문 가운데 하나를 무작위로 열면 때로는 그 두 문 중 하나 뒤에 경품이 있겠지만, 그럴 일은 결코 일어나지 않죠.

몬티 홀이 문을 무작위로 열지 않는다는 점이 핵심입니다. 그는 늘 뒤에 경품이 없는 문을 열고 이 때문에 확률이 바뀝니다. 이 얘기는 조건부 확률의 고전적 사례입니다. 두 번째 문이나 세 번째 문 뒤에 경품이 있을 확률이 3분의 2인데 두 번째 문 뒤에 경품이 없다면 세 번째 문 뒤에 경품이 있을 확률은 얼마일까요? 물론 정답은 3분의 2입니다.

공교롭게도 제프 야스를 인터뷰한 뒤 4주가 지났을 때 〈뉴욕 타임스〉에 위 문제에 대한 기사가 났다. 마릴린 보스 사반트가 〈퍼레이드〉라는 잡지에 어느 독자가 요청한 위 질문에 답을 정확히 설명하자 내용을 오해한 수학자와 과학자 수천 명이 그녀를 비난하는 편지를 보냈다. 이 기사가 나가자 편집자에게 편지 수천 통이 왔다고 한다. 이 가운데 정답을 아주 설득력 있게 명확히 설명한 몇 통을 골라 아래에 인용한다.

편집자님께

"몬티 홀 프로그램에 나오는 문에 대한 확률 논쟁의 답은?"이라는 제목의 7월 21일자 1면 기사를 보고 편지를 보냅니다. 사람들이 두 개의 문 뒤에는 염소가 있고 나머지 한 개 뒤에는 자동차가 있는 문제를 제대로 풀지 못하는 까닭은 문이 오직 3개뿐이기 때문입니다. 그래서 그럴듯해 보이지만 사실은 틀린 확률(2분의 1)이 실제 확률(3분의 1)에 아주 가깝다고 착각해 답을 찾기 어렵다고 직감합니다. 문을 한 개 고른 뒤 남아 있는 두 개의 문 중 하나로 바꿔야 하는 문제를 알기 쉽게 설명하기 위해 문이 3개가 아니라 100개가 있다고 가정하겠습니다. 즉 문이 100개 있고 이 중 99개의 문 뒤에는 염소가 있고 나머지 하나의 문 뒤에는 자동차가 있다고 가정합니다.

이 경우 처음에는 뒤에 자동차가 있는 문을 고를 확률이 100분의 1로 아주 낮다는 사실을 압니다. 하지만 몬티 홀이 뒤에 염소가 있는 문 98개를 연다면 고르지 않은 나머지 문에 자동차가 있을 확률은 100분의 99로 아주 높다는 점이 분명해집니다. 몬티 홀이 뒤에 염소가 있는 98개의 문을 연 경우에는 이미 고른 문과 열지 않은 문 가운데 뒤에 자동차가 있을 확률은 문이 3개뿐일 때처럼 반반씩으로 보이지 않습니다. 그래서 문을 바꿔야 한다고 직감할 수 있습니다.

1991년 7월 23일, 시카고코리 프랭클린

편집자님께

저는 학교에 다닐 때 혼란스러운 확률 문제를 풀 때는 이길 확률보다는 질 확률을 계산하면 더욱 풀기 쉬웠다고 기억합니다. 세 개의 문 가운데 두 개의 문 뒤에 염소가 있습니다. 따라서 장기적으로 문을 세 번 열면 두 번은 염소가 나옵니다. 그런데 이미 연 문 뒤에 염소가 있는 것으로 드러났습니다. 따라서 남아 있는 다른 문에 염소가 있을 확률은 3분의 1입니다. 바꿔 말하면 남아 있는 문 뒤에 자동차가 있을 확률이 3분의 2라는 뜻입니다. 그러니 문을 바꾸면 유리합니다.
1991년 7월 22일, 샌디에고칼 아마트닉

마지막으로 편지 한 통을 더 인용한다.

편집자님께,
몬티 홀 문제 논쟁에 대한 귀사의 7월 21일자 제1면 기사는 사람들이 자동차보다 염소를 더 좋아할 수 있다는 사실을 간과했다고 생각합니다. 염소는 붙잡아 놓기 힘들기는 해도 사랑스러운 동물입니다.
1991년 7월 22일, 뉴욕로어 시걸

요점은 감각만 믿어서는 속기 쉽다는 사실이다. 언뜻 보기에는 첫 번째 문과 세 번째 문 뒤에 자동차가 있을 확률이 반반처럼 보인다. 하지만 처음에는 확실해 보이지 않지만 찬찬히 분석해보면 세 번째 문으로 바꿔야 훨씬 유리하다. 이 사례에서 배울 수 있는 교훈은 다음과 같다. 첫 직감이 틀린 경우가 많기 때문에 매매할 때에는 상황을 가능한 한 여러 각도에서 분석하려고 노력해야 한다는 점이다. 확실해 보이는 기회에서는 결코 돈을 벌 수 없다.

▌기회가 명백해 보이지만 사실은 그렇지 않은 사례를 들어주시겠습니까?

주가가 50달러에 거래되고 있는데 어느 기관이 행사가격이 45달러인 콜옵션을 4.5달러에 팔겠다고 제안했습니다. 그러면 언뜻 다음과 같이 생각하기 쉽습니다. '좋은 기회야! 이 콜옵션을 4.5달러에 사고 주식을 50달러에 팔면 앉아서 0.5달러를 벌 수 있겠군.' 하지만 사실 이 기관이 콜옵션을 4.5달러에 팔겠다고 하는 까닭은 십중팔구 주가가 내려간다고 보기 때문입니다.

▌기관이 옵션을 내재가치보다 낮은 가격에 파는 일이 정말 벌어집니까(앞에서

최소 이론 가치는 주가와 행사가격의 차이인 5달러다)?

늘 일어납니다.

▍이해할 수 없군요. 내재가치보다 낮게 매도하는 까닭이 무엇입니까?

제가 말씀드린 앞의 예에서 기관이 주가가 49.5달러 아래로 내려간다고 확신했기 때문입니다. 그래서 행사가격이 45달러인 콜옵션을 4.5달러에 파는 행위는 불합리하다고 할 수 없습니다.

▍기관이 주가가 내려간다고 믿더라도 언제 떨어질지 어떻게 확신할 수 있죠?

제 대답은 간단합니다. 이 기관은 팔아야 할 이 주식을 수백만 주나 들고 있어서 이를 처분하려면 기꺼이 49달러에 내놓아야 하는 상황일 수 있기 때문입니다. 이 경우도 조건부 확률에 해당하는 사례입니다. 이 기관이 내재가치 아래로 옵션을 판다고 할 때 다음 중 타당한 이유는 무엇일까요? 기관이 너무나도 착해 2만 5,000달러짜리 수표를 끊어주고 싶기 때문일까요? 아니면 우리가 모르는 정보를 알고 있기 때문일까요? 기관이 이 거래를 하기 원한다면 확실히 우리에게 불리할 확률이 큽니다.

제가 초보일 때에는 내재가치보다 낮게 제시되는 옵션이 있으면 늘 사려고 달려들었습니다. 앉아서 이익을 챙길 수 있다고 생각했기 때문이었죠. 저는 거래소에 있는 다른 똑똑한 트레이더들이 왜 그런 좋은 기회를 잡으려 하지 않는지 도무지 이해할 수 없었습니다. 하지만 결국 저는 그들이 내재가치보다 싸게 제시되는 콜옵션을 사지 않는 이유가 일반적으로 그런 옵션을 사면 밑지는 장사라는 사실을 알고 있기 때문이라는 사실을 깨달았습니다.

▍기관들이 보유 주식을 처분할 때마다 그 주식의 콜옵션을 팔면 슬리피지에 따른 손실을 일부 보충할 수 있을 것으로 보입니다. 이 방법이 불법이 아닐 텐데 왜 그렇게 하지 않죠?

사실 이는 기관들이 흔히 쓰는 방법입니다. 하지만 시장조성 기관도 그에 못지 않게 영리해졌습니다.

▎지난 10년 동안 옵션시장은 어떻게 바뀌었습니까?

1981년 처음 옵션 거래를 시작할 즈음에는 표준 블랙-숄즈 옵션 모델과 상식만 알면 돈을 벌 수 있었습니다. 1981년대 초 주로 사용하던 전략은 내재 변동성이 상대적으로 작은 옵션은 사고, 큰 옵션은 파는 방법이었습니다. 예를 들어 대규모 매수 주문이 들어와 어느 콜옵션의 내재 변동성이 28퍼센트로 치솟았는데 같은 주식의 다른 콜옵션은 내재 변동성이 25퍼센트라면 변동성이 큰 옵션을 매도하면서 변동성이 작은 옵션을 사서 포지션을 상쇄하는 것입니다.

▎그때에는 시장이 꽤 비효율적이었기 때문에 그런 차익거래 기회가 있지 않았나 싶은데요.

맞습니다. 그때는 옵션 트레이더 대부분 변동성과 기본 옵션 이론은 잘 알지 못했습니다. 예컨대 기초자산은 같고 행사가격만 다른 콜옵션들에 비해 변동성이 25퍼센트로 상대적으로 낮은 콜옵션을 살 경우, 이는 꼭 이 옵션의 기초자산가격이 오를 것이라고 전망해서가 아니라는 사실을 모르는 트레이더가 많았습니다. 그 주식에 대해 비관적으로 전망해도 이를 기초자산으로 하는 저평가된 콜옵션을 사면서 관련 주식을 팔아 전체 포지션이 풋 매수와 같은 효과를 내도록 할 수 있습니다. 수학적 이론에 정통한 시장조성 기관은 이런 관계를 잘 이해해 가격 차이가 생기면 이를 잡아내 이익을 챙길 수 있었습니다. 하지만 이제 모두가 이런 관계를 알고 있습니다. 그래서 그럴만한 근본적 이유가 있지 않는 한 기초자산이 같은 옵션들의 변동성이 서로 많이 달라지는 경우를 더 이상 볼 수 없습니다. 지금은 모두가 변동성을 잘 알기 때문에 주로 옵션가격에 왜곡이 생기는 경우를 놓고 다툽니다.

■ '가격 왜곡'이 무슨 뜻인지 좀 더 자세히 설명해주시겠습니까?

예를 들어 설명해드리겠습니다. 오늘 OEX지수가 355포인트였습니다. 관련 지수옵션 호가를 잘 살펴보면 행사가격이 345포인트인 풋옵션이 365포인트인 콜옵션보다 훨씬 더 비싸게 거래되고 있음을 확인할 수 있을 것입니다(사실 표준 옵션 가치 평가모델에서는 행사가격이 365포인트인 콜옵션을 345포인트인 풋옵션보다 조금 더 비싸게 평가한다).

■ 옵션가격이 늘 이와 같은 방향으로 뒤틀립니까? 다시 말해 외가격 풋옵션이 이에 상응하는 외가격 콜옵션보다 가격이 항상 높습니까?

대부분 풋옵션이 콜옵션보다 가격이 높습니다.

■ 이렇게 가격이 한쪽으로 치우치는 타당한 이유가 있습니까?

두 가지 타당한 이유가 있습니다. 한 가지는 말씀드릴 수 있지만 다른 하나는 말씀드리지 못하겠습니다. 가장 근본적인 이유는 시장이 폭등할 확률보다 폭락할 확률이 훨씬 더 크기 때문입니다. 예를 들어 다우지수가 500포인트 넘게 곤두박질칠 때는 종종 있습니다. 하지만 500포인트 이상 솟구치는 경우는 아주 드뭅니다. 속성상 시장이 크게 고꾸라질 가능성이 고삐 풀린 망아지처럼 하룻밤 사이에 폭등할 확률보다 훨씬 더 큽니다.

■ 그런 까닭에 풋옵션이 이에 상응하는 콜옵션보다 가격이 늘 높습니까?

아니오. 1987년 10월 주가대폭락 이전에는 그렇지 않았습니다. 하지만 늘 저는 시장이 큰 폭으로 오를 확률보다 같은 폭으로 내릴 가능성이 훨씬 더 크다고 생각합니다.

■ 그와 같은 결론은 과거 자료 분석에 바탕을 두고 있으신가요?

아니오, 그 정도로 정교하게 분석하지는 않았습니다. 그저 경험상 가격이 오를 때보다 내릴 때가 움직이는 폭도 크고, 속도도 훨씬 빨랐습니다.

▎그런 가격 왜곡은 주가지수 옵션에만 있습니까? 아니면 개별주식 옵션에도 나타납니까?

시가총액이 큰 대부분의 대형주도 마찬가지로 풋옵션이 콜옵션보다 비쌉니다. 느닷없이 폭락할 때가 훨씬 더 많기 때문이죠. 그렇지만 기업이 인수합병 소문에 휘말리면 외가격 콜옵션이 외가격 풋옵션보다 더 비싸집니다.

▎선생님께서 거느리고 계신 트레이더들은 기본적으로 선생님의 옵션가격 평가모델을 사용해서 매매합니까?

저희 옵션모델을 포함한 모든 모델은 현실 세계를 제대로 반영할 수 있을 만큼 정교하지 못합니다. 더욱이 시장 상황을 정확히 설명하는 모델은 개발할 수 없습니다. 저희는 시장 조성을 담당하는 트레이더들에게 우리 모델에 깔려 있는 기본 가정을 이해하고 그 가정이 얼마나 단순한지 알도록 가르칩니다. 그리고 나서 더욱더 정교한 가정을 세우고 그 가정이 가격에 미치는 영향이 어떤지 교육합니다. 얼마나 적절하게 가정하느냐는 늘 판단의 문제입니다. 저희는 영리하고 머리 회전이 빠른 사람은 얼마든지 트레이더로 키울 수 있다고 봅니다. 트레이더는 만들어지는 것이지 타고난다고 생각하지 않습니다.

▎기본적으로 처음에는 표준모델로 시작한 뒤 현실과 다른 부분이 있으면 그에 맞도록 가정을 바꿔나가시는군요.

맞습니다.

▎실제로 어떻게 조정하시는지 예를 들어주시겠습니까?

현재 사례를 들겠습니다. NCR은 AT&T가 인수합병하려는 기업입니다. AT&T는 대략 106달러 주변에서 거래되고 있는 NCR을 주당 110달러에 사려고 합니다. 인수합병이 성공하면 기존 NCR 주주들은 주당 2달러의 차익을 챙길 수 있습니다(현재가격과 인수합병 제시가격과의 차이의 반은 주식 보유에 따르는 이자비용이다). 반면 전문가들은 인수합병이 실패하면 주가가 75달러로 추락한다고 예상하고 있습니다. 이와 같은 예외적인 경우에는 행사가격이 110달러 언저리에 있는 콜옵션은 사실상 휴지조각이나 마찬가지입니다. 주가가 110달러 위로 올라가기 어렵기 때문입니다. 반면 행사가격이 90달러인 외가격 풋옵션은 인수합병이 실패할 경우 가격이 폭등할 가능성이 있습니다. 따라서 인수합병 상황에서는 외가격 풋옵션이 이에 상응하는 외가격 콜옵션보다 훨씬 더 비쌉니다.

▍**한마디로 이는 옵션가격 결정모델이 현실을 얼마나 잘못 반영할 수 있는지 잘 보여주는 사례군요.**

맞습니다. 표준모델에서는 주가가 오르거나 내릴 확률이 반반씩이라고 가정하기 때문입니다. 하지만 위와 같은 상황에서는 확률이 반반이라고 할 수 없습니다. 가격이 크게 오를 가능성보다는 크게 내릴 확률이 훨씬 더 크기 때문입니다. 모델을 신줏단지처럼 믿는 수학자 같은 트레이더라면 제가 말씀드린 위 상황에서 외가격 풋옵션이 비싸다고 판단하고 이를 팔겠죠. 하지만 감이 빠른 트레이더는 상황을 파악한 뒤 인수합병 실패로 주가가 정말로 폭락할 수도 있다고 여깁니다. 상식대로 매매하는 트레이더는 수학자 같은 트레이더로부터 외가격 풋옵션을 사서 큰돈을 손에 쥘 수 있죠. 하지만 수학자 같은 트레이더는 끝내 낭패를 보게 됩니다.

▍**평소 매매할 때 기본모델부터 살펴본 뒤 시장 상황을 반영해 조정해나가십니까?**

맞습니다. 우리는 시장의 의견을 존중한다는 기본 철학이 있습니다. 예컨대 우리가 한 옵션의 가치가 2달러라고 믿는데 식견 있는 어느 딜러가 2.5달러에 매수호가를 제시할 경우 저희는 십중팔구 그가 옳다고 여깁니다. 그는 한 회사만 매매하는 반면, 저희는 500개에 이르는 회사를 거래하기 때문입니다. 그런 뒤 그가 왜 2.5달러에 팔려 하는지 파악해봅니다. 이유를 알아본 결과 우리가 옳다고 판단하면 2.5달러가 비싸다고 보고 그 옵션을 팝니다. 하지만 열에 아홉은 그가 우리보다 더 많이 알고 있다고 보고 기초자산이 같은 다른 옵션들의 가치를 조정한 뒤 이 옵션들이나 이들의 기초자산인 주식을 삽니다.

▌다른 누군가가 선생님이 계산한 적정 이론가격보다 호가를 높게 제시하기 때문에 옵션 가치를 조정할 때 단순하게 해당 옵션 관련 회사에 대해 그 사람이 선생님보다 더 잘 안다고 가정하나요?

네, 정보가《파이낸스 101》같은 책에서 가르친 대로 꼭 완벽하게 흐르지는 않습니다. 현물시장보다 옵션시장에서 정보가 먼저 도는 경우도 흔합니다. 불법행위로 걸린 내부거래자 가운데 옵션에 투자한 사람들이 아주 많습니다. 그래서 돈을 잃는 사람은 우리일 수 있습니다.

바로 오늘 매리언 랩스 직원이 내부자 거래 혐의로 붙잡혔습니다. 그는 다우가 자기 회사를 인수한다는 사실을 알았습니다. 그래서 7월 25일 만기 콜옵션 500계약을 1달러에 샀습니다. 이튿날 이 옵션은 10달러로 치솟아 하룻밤 사이에 10배나 벌었습니다. 옵션이 없던 옛날에는 내부 정보를 가진 사람들이 주식을 샀지만, 주가가 50퍼센트가 올라도 옵션을 사는 경우보다 이익은 못하죠. 하지만 이제는 내부거래자들이 옵션을 매매해 엄청난 이익을 챙길 수 있습니다. 저는 이런 내부거래자들이 안쓰러워 보일 때가 있습니다. 부당 내부거래에 대한 언론의 관심이 급증한 최근까지도 내부거래자들이 법을 어긴다는 사실조차 모르는 경우가 많기 때문입니다. 그렇지만 이들이 옵션시장부터 기웃거리기 때문에 상대편에서 거래하는 저희는 불이익을 당하게 됩니다.

▌이해할 수 없군요. 인수합병이 있을 때에는 의심스러운 주문이 있는지 증권거래위원회가 주문 내역을 조사하지 않습니까?

그렇습니다. 사실 증권거래위원회는 부당 내부거래를 아주 잘 잡아냅니다. 더욱이 부당 내부거래로 피해를 본 상대방에게 돈을 되찾아주는 경우도 더욱더 많아졌습니다. 하지만 초기에는 돈을 되찾아주는 데 너무 오래 걸렸습니다.

유명한 사례가 하나 있죠. 1981년 쿠웨이트 사람들이 산타페라는 정유회사를 인수합병하려 한 적이 있었습니다. 이 회사 주가가 25달러에 거래되고 있을 때 거래소 객장 안에 있던 어느 옵션 트레이더가 행사가격이 35달러인 콜옵션을 1.16달러에 1,000계약 매도했습니다. 하지만 곧 45달러로 치솟는 바람에 콜옵션이 10달러로 솟구쳤습니다. 이 트레이더는 하룻밤 사이에 거의 100만 달러나 날렸습니다. 돈을 돌려받기는 했지만 회수하는 데 여러 해가 걸렸습니다. 만약 시장조성 역할을 하는 트레이더가 이런 일을 당해 돈을 모두 날렸다면 투자 자금을 돌려받을 때까지 기다리는 일을 결코 즐거울 수 없습니다. 더욱이 이런 일을 언제 또 당할지 모른다는 두려움 속에서 살아야 합니다.

사실 누구든지 내부거래자에게 걸려들 수 있습니다. 이를 완벽하게 피하려고 한다면 좋은 투자 기회까지 놓칠 수 있기 때문입니다. 요약하자면 너무 보수적이면 아무 거래도 할 수 없고 지나치게 공격적이면 내부거래자에게 말려들 가능성이 커집니다. 그래서 둘 사이에서 적절히 균형을 유지해야 합니다.

▌부당 내부거래자에게 걸려든 최근 사례가 있으십니까?

퍼시픽증권거래소에는 컴버스천 엔지니어링이라는 회사의 옵션이 거래되고 있었습니다. 하지만 거래량은 그리 많지 않았습니다. 어느 날 아침, 중개를 담당하는 어느 브로커로부터 전화를 한 통 받았습니다. 옵션 수백 계약을 사려는 주문이 들어왔는데 우리에게 팔 의향이 있는지 묻는 전화였습니다. 그때 이 회사 주가는 25달러에 거래되고 있었습니다. 그래서 행사가격이 25달러인 콜옵션 300계약을 2.5달러에 팔았습니다. 그런데 10분 뒤 주식거래가 정지되고 말았습니다. 한 유럽 회사가 이 회사를 합병한다고 발표했기 때문이었습니다. 몇 분 뒤 거래가 재개되었을 때에는 주가가 이미 39달러를 웃돌았고 저희는 단 몇 분 만에 35만 달러나 날렸습니다. 조사 결과 옵션을 산 사람은 이 유럽 회사의 임원이었음이 드러났습니다.

▌그래서 결국 어떻게 되었습니까?

결국 우리는 이 거래에서 잃었던 돈을 돌려받았습니다. 증권거래위원회가 범인을 재빨리 찾아냈습니다. 또 이 일을 저지른 자신이 범인은 한 거래가 불법인지조차 몰랐고, 그 회사 고위 임원이었기 때문에 돈을 순순히 돌려줬습니다.

▌이 사건 때문에 평소 거래량이 적은 시장에서는 대규모 주문을 내는 데 늘 주저하게 되셨습니까?

네, 그렇습니다. 하지만 이 업계에서 계속 일하려면 이런 종류의 주문도 내야 합니다. 더군다나 대부분 주문은 불법이 아니어서 아무 일도 일어나지 않습니다. 더욱이 저희는 평소 옵션 매매 주문을 내면 이 옵션 포지션을 바로 헤지합니다. 컴버스천 엔지니어링 사건의 경우 옵션 포지션을 헤지하기 위해 이 회사 주식을 사기 전에 주식이 거래가 정지되었습니다. 저희가 헤지할 수 있었다면 돈을 잃었더라도 전혀 헤지하지 않은 경우보다는 손실이 작았을 것입니다.

증권거래위원회가 내부 정보를 이용해 매매하는 사람을 더욱더 잘 잡아낼수록 (최근에는 모두 잡는 듯하지만) 매수/매도호가는 더욱 좁아진다고 봐야 합니다. 호가에는 상대방이 내부 정보를 이용해 매매할 가능성에 대한 위험 프리미엄까지 포함되어 있습니다. 따라서 증권거래위원회가 내부 거래자를 모두 잡아낸다고 모든 사람이 확신한다면 이 추가 위험 프리미엄을 호가에 반영시킬 이유가 없습니다. 결국 매수/매도호가를 넓게 제시함으로써 상대방이 내부거래자일 가능성에 대한 위험 프리미엄을 지불하는 사람은 전문성이 떨어지는 평범한 트레이더라고 보아야 합니다.

▌어느 회사 주가가 밤 사이 급격하게 움직이는 경우에는 보통 그 전에 이 주

식의 옵션 거래량이 증가합니까?

대부분 그렇습니다. 인수합병된 회사의 주식 거래량을 살펴보면 합병 전에 그 회사의 옵션 거래량이 엄청나게 늘어나는 경우가 대부분임을 알 수 있습니다.

▌방향성 매매도 하십니까?

아니오. 저는 시장이 저보다 훨씬 뛰어나다고 확신합니다. 저는 물건의 가치를 가장 잘 반영하는 것은 바로 시장가격이라 생각합니다. 이상하게 들릴지 모르지만, 시장이 효율적이라는 사실을 믿는다는 말은 시장 앞에서 자신의 신념과 에고(ego)를 내세우지 말아야 한다는 뜻입니다.

몇 년 전 시장 이자율이 8퍼센트를 넘었을 때 미 예산관리국장은 장기 이자율이 5~6퍼센트 수준까지 떨어진다고 가정하고 예산을 짜야 한다고 말한 적이 있습니다. 시장 이자율은 날마다 채권시장에서 치고받으며 싸우는 수천 명의 지능의 총합을 반영한다고 볼 수 있습니다. 이에 반해 예산관리국장 개인의 의견은 보잘것없는 수준에 불과합니다. 시장에서 예상하는 장기 이자율이 8퍼센트인데도 5~6퍼센트까지 내려갈 것이라는 가정하에 예산을 짠다면 이는 국가에 커다란 해를 끼치는 행위입니다. 그가 이자율을 시장보다 더 잘 예상할 수 있을 만큼 똑똑하다면 채권 매매로 떼돈을 벌 수 있겠죠. 하지만 분명 그는 그럴 능력이 없습니다.

저는 20년 뒤 이자율을 어떤 경제학자보다도 더 잘 예측할 수 있습니다. 채권 시장만 살펴보면 그만이기 때문입니다. 즉 시장 이자율이 8퍼센트라면 바로 이 8퍼센트가 제 추정치입니다. 정교한 이자율 예측모델을 개발하기 위해 수백만 달러를 쓰는 사람이 있다고 가정해봅시다. 그렇더라도 장기적으로는 이 모델에서 추정하는 이자율보다 채권시장에서 예상하는 이자율이 더 정확합니다. 일반적으로 자신의 에고를 버리고 시장이 말하는 얘기에 귀를 기울인다면 엄청난 정보를 얻을 수 있습니다.

▌선생님께서는 매매하려는 사람들에게 "시장을 이기려 하지 마라"고 늘 충고하십니다. 시장에 참여하는 사람들에게 해주고 싶은 다른 조언이 또 있으신가요?

분산투자하지 않으면 그야말로 돈을 버리는 짓이나 마찬가지입니다. 분산투자가 기대 수익을 떨어뜨릴 수 있을지라도 그 이상으로 유익하다는 사실을 깨닫지 못하는 사람들이 많습니다. 분산투자가 좋은 까닭이 무엇일까요? 나눠 투자하면 위험을 더욱더 줄일 수 있기 때문입니다. 따라서 분산투자한 뒤 마진을 이용하여 분산투자하지 않았을 때의 위험 수준까지 레버리지를 올리면 더욱더 많은 수익을 거둘 수 있습니다.

▌공감이 가는 얘기군요. 분산투자는 금융시장에 유일하게 남아 있는 공짜 도시락이나 마찬가지이니까요.

분산투자를 하지 않는다면 이는 공짜 도시락을 창밖으로 내던지는 행위나 마찬가지입니다. 투자 자산을 분산하지 않으면 이는 해마다 지폐를 태우는 짓과 같습니다.

제프 야스가 하는 전문적 옵션 차익거래는 대부분의 트레이더가 관심을 기울일 만한 내용은 아니다. 그렇지만 중요한 메시지가 있다. 가장 중요한 조언은 이기는 횟수보다 수익 극대화에 더욱더 초점을 두어야 한다는 사실이다. 알기 쉽게 설명하면 다음과 같다. 매매 스타일에 관계없이 성공 확률이 높다고 판단되는 거래에 베팅 금액을 늘리는 전략을 사용하면 최종 성과가 더욱더 나아진다는 사실이다. 제프 야스가 강조한 점이 또 있다. 첫 느낌이 틀릴 수도 있다는 사실이다. 즉 너무 뻔해 보이는 기회는 조심해야 한다.

매매 심리학

PART 7

20 | 매매의 선과 예술, 수억 달러를 번 어느 트레이더
21 | 성공한 사람들의 사고방식, 찰스 포크너(Charles Faulkner)
22 | 잠재의식의 기능, 로버트 크라우츠(Robert Krausz)

Chapter 20

매매의 선과 예술

수억 달러를 번 어느 트레이더

　이런 종류의 책을 쓰면서 곤란한 경우는 250쪽에 이르는 어지러운 원고를 엄청난 노력을 기울여 25쪽으로 깔끔하게 요약했는데 인터뷰에 응한 사람이 인터뷰 내용을 공개하지 못하게 했을 때다(나는 인터뷰에 응한 사람이 이야기를 거리낌 없이 털어놓을 수 있으려면 마지막 정리 내용이 마음에 들지 않을 경우 책에 싣지 못하게 할 수 있는 선택권이 있어야 한다고 생각했다). 인터뷰한 사람 가운데 회사에 수억 달러를 벌어준 한 트레이더가 있었다. 하지만 이 트레이더는 자신의 직관, 꿈, 동양철학, 매매 사례가 담겨 있는 다음 내용 때문에 기관 고객들이 자기를 이상하게 여길까봐 걱정했다. 하지만 나는 그와의 인터뷰 내용이 매매에 색다른 통찰력을 제시할 수 있다고 판단하고, 익명을 전제로 일부 내용을 싣겠다며 그를 설득했다.

▌저는 아직도 선생님의 매매 기법을 잘 이해하지 못하겠습니다. 어떻게 화면만 바라보고 매매하면서 그렇게 엄청난 돈을 벌 수 있었습니까?

매매 시스템은 따로 없습니다. 단지 다음과 같이 매매합니다. "시장이 올라갈 것 같아, 그러니 사야겠군", "충분히 올랐으니까 이제 팔아야지." 이렇듯 순전히 마음이 끌리는 대로 매매합니다. 자리에 앉아 매매 계획을 구상하는 일 따위는 하지 않습니다. 직관이 어디서 나오는지 모르겠습니다. 물론 가끔 틀릴 때도 있습니다.

▌직관이 맞아떨어지지 않을 때인지는 어떻게 아십니까?

세 번 연속 틀리면 직관이 통하지 않는다고 여기고 매매를 중단합니다. 그러고는 잠시 모의투자만 합니다.

▌얼마 동안 모의투자를 하십니까?

제가 다시 시장과 흐름을 맞출 수 있다고 여길 때까지입니다. 모든 시장은 리듬이 있고 트레이더는 이 리듬을 타야 합니다. 리듬에 맞춰 매매할 때에는 실제 제가 매매한다는 느낌이 들지 않습니다. 매매가 저절로 이루어지는 듯한 기분입니다. 다시 말해 제 의지가 개입되지 않는 느낌입니다.

▌의지가 개입되지 않는다는 말이 무슨 뜻입니까?

사고파는 행위는 있지만, 제 의지나 자아(ego)의 개입 없이 매매가 그냥 물 흐르듯 이루어진다는 의미입니다. 이럴 때에는 만족스럽다는 느낌도 들지 않습니다. 완전히 제3자 관점에서 객관적으로 바라보는 상태죠. 혹시 《궁술의 선과 예술》이라는 책을 읽어보셨습니까?

▌아니오, 아직 읽어보지 못했습니다.

요점은 화살이 저절로 날아가도록 해야 한다는 것입니다. 즉 자아를 개입시키지 말라는 얘기입니다. "내가 활을 쏜다거나 당긴 화살을 놓는다"라는 생각이 든다면 명중시킬 수 없고, 화살이 스스로 날아가도록 하면 늘 적중시킬 수 있습니다.

매매할 때에도 마찬가지입니다. 자아를 개입시키지 않고 그저 일어나는 일을 인지해야 합니다. 다시 말해 어떤 일이 일어나길 바라는 마음이 없어야 하고 일어날 일을 인식하는 데 그쳐야 합니다. 일어날 일은 직감으로 알 수 있습니다.

궁술에서와 마찬가지로 매매에서도 노력, 억지, 긴장, 버둥거림, 애쓰는 행위 따위가 개입되면 실패할 확률이 큽니다. 그러면 시장과 어긋나 조화를 이룰 수 없습니다. 별다른 노력을 기울이지 않고도 매매할 수 있어야 완벽하다고 할 수 있습니다.

▌앞으로 일어날 일을 아시는 듯 말씀하시는군요. 예를 들어 말씀해주시겠습니까?

저는 지금처럼 엔화 대비 마르크화 가치가 떨어진다는 점은 알고 있었습니다.

▌마르크화 가치는 하락세로 돌아서기 전에 꽤 오랫동안 상승하고 있었습니다. 추세가 바뀌는 시점을 어떻게 맞출 수 있었습니까?

사실 프로이트적 말실수에서 비롯되었습니다. 엔/마르크 환율이 87.80에서 거래되고 있을 때 저는 다른 트레이더와 엔/마르크 환율에 대해 얘기하고 있었습니다. 제 입에서 무심코 77.80이라는 숫자가 계속 나왔습니다. 마침내 상대 트레이더가 내뱉었습니다. "도대체 무슨 소리를 하는 겁니까?" 저는 10이나 차이 나는 환율을 말하고 있었습니다. 분명 제 잠재의식 속에는 환율이 이 수준까지 내려가리라고 믿었던 듯합니다. 한마디로 이것이 밖으로 표출되었다고 할 수 있습니다.

Chapter 21

성공한 사람들의 사고방식

찰스 포크너(Charles Faulkner)

찰스 포크너는 신경 언어학 프로그래밍(Neuro-Linguistic Programming, 이하 NLP)을 공동 연구한 리처드 밴들러와 존 그라인더가 함께 쓴 두 책을 읽고 NLP에 홀딱 반해 대학원까지 그만두었다(당시 그는 노스웨스턴대학에서 심리 언어학을 공부하고 있었다). 찰스 포크너는 1981년부터 차례로 존 그라인더, 리처드 밴들러 그리고 다른 주요 NLP 개발자들과 연구에 몰두해 결국 1987년에는 공인 NLP 트레이너가 되었다. 특히 가속학습, 의사들의 의사결정 과정, 선물 매매에서의 우수성 모델을 집중 연구했다. 컨설턴트이자 NLP 세미나 리더일 뿐만 아니라 프로그램 디자이너인 찰스 포크너는 NLP 기법을 테이프에도 녹음했다.

나는 선물 업계 심포지엄에서 연설을 한 적이 있었다. 발표를 마치자 찰스 포크너가 나를 찾아왔고 그때 그를 처음 대면했다. 연설하는 도중에 절반쯤 마친 이 책에 대해서도 잠깐 언급했다. 그는 트레이더들이 성공하는 데 걸림돌이 되는 심리적 문제를 극복하는 데 초점을 둔 연구를 해왔고 실제 그와 관련하여 조언도 하고 있다고 말했다. 그가 말한 내용이 내가 쓰고 있는 책에 실기에 적합하다고 판단한 나는 그의 연구에 아주 관심이 많다고 털어놓았다. 하지만 이번에는 일정이 빡빡해 그와 인터뷰할 시간가 없다고 했다. 그러자 그는 테이프가 담긴 박스를 내게 건네며 내용을 확인한 뒤 의견을 달라고 했다.

테이프에는 NLP를 활용해 성공을 여러 각도에서 분석하는 내용이 녹음되어 있었다. 매매와 연결짓기 어려운 부분도 많았지만, 일부는 아주 유용했다. 뿐만 아니라 동기를 부여하고 목표에 더욱 집중하는 데에도 쓸모 있어 보였다. 결국 찰스 포크너가 전해준 테이프 내용에 깊은 인상을 받은 나는 그를 인터뷰하기 위해 따로 시간을 내어 시카고에 가기로 마음먹었.

NLP 연구 중 일부는 사람들이 몸짓이나 눈짓, 말이나 억양 따위로 드러나는 신호와 관계가 있다. 찰스 포크너는 이런 신호를 해석하는 기술을 완전히 통달했을 뿐만 아니라 이 분야에 일가견이 있음이 분명해 보였다. 사려 깊게도 그는 내 이동 시간을 아껴주기 위해 공항에서 가까운 호텔에 회의실까지 따로 빌렸다.

▌선생님은 신경 언어학 프로그래밍을 가르치고 계십니다. 이 분야는 이 책의 독자 대부분에게는 생소할 것이라고 생각합니다. 먼저 NLP를 전혀 모르는 사람들을 위해 알기 쉽게 설명해주시지요.

사실 NLP는 '자연적 학습 과정(Natural Learning Processed)'이라는 이름이 더욱더 잘 어울립니다. NLP는 정보 과학자인 리처드 밴들러와 언어학 교수인 존 그라인더가 처음으로 공동 연구한 분야입니다. NLP는 인간의 우수성을 연구하는 학문이라고 할 수 있습니다. 즉 뛰어난 성과를 거둔 사람들의 정신 프로그램을 연구합니다. 다시 말해 탁월한 성과를 거두기 위해 뇌를 어떻게 사용하는지를 탐구합니다. NLP 연구가들은 타인의 삶을 긍정적으로 변화시키는 데 지속적으로 두드러진 성과를 보인 전문 치료사부터 분석했습니다. 이들은 이 분야에서의 성공을 바탕으로 경영자, 협상가, 운동선수, 예술가를 포함해 타 분야에서 성공한 사람들로 연구 대상을 넓혔습니다. 즉 이들이 두드러진 성과를 내기 위해 무엇을 했는지 탐구했습니다. 이들이 각 분야에서 엄청난 성과를 거두는 데 사용된 자연적 학습 과정 모델은 성공하고 싶은 사람이라면 누구나 활용할 수 있습니다.

NLP가 무엇인지 알기 쉽게 설명하기 위해 현대의 스키를 예로 들겠습니다. 1950년대까지 사람들 대부분은 스키를 잘 타는 기술은 타고난다고 믿었습니다. 능력이 타고난 사람은 잘 타고 그렇지 못한 사람은 잘 타지 못한다고 여겼습니다. 하지만 이 스포츠를 획기적으로 바꾼 사건이 일어났습니다. 유럽에서 스키를 가장 잘 타는 사람들의 동작 하나하나를 분석하기 위해 이들의 움직임을 동영상으로 촬영한 연구가 진행된 적이 있습니다. 그 결과, 이들이 공통적으로 사용하는 기술이 있음이 밝혀졌습니다. 또한 스키를 남달리 잘 타는 사람의 기술을 누구든 배울 수 있다는 사실이 드러났습니다. 남녀노소 가리지 않고 기술을 제대로만 배우면 스키를 잘 탈 수 있다는 결론이었습니다. 뛰어난 스키 선수들의 몸동작, 즉 핵심 기술을 찾아내 가르치면 된다는 내용이었습니다. NLP에서는 이 핵심 기술을 모델이라고 부릅니다. 똑같은 기본 원리가 다른 분야나 인간관계에도 그대로 적용될 수 있습니다. 저는 NLP가 인간의 뇌에 입력된 소프트웨어 프로그램 같다고 생각합니다. 즉 새로운 능력을 개발하거나 더욱 많은 경험을 할 수 있도록 만드는 정신 프로그램과 같습니다.

▎NLP의 중간 이름에서 알 수 있듯 언어학은 NLP에서 핵심 역할을 한다고 생각합니다. 어떻게 언어가 행동에 엄청나게 영향을 끼칠 수 있는지 잘 모르겠습니다. 예를 들어 설명해주시겠습니까?

인간의 뇌는 언어를 어떻게 처리할까요? 그야말로 문자 그대로 처리합니다. 사람들은 종종 이렇게 말합니다. "걱정하지 마", "너무 신경 쓰지 마." 제가 선생님께 어떤 문제에 대해 신경 쓰지 말라고 하면 무슨 일이 일어날까요? 문제에 대해 신경 쓰지 말라고 해도 선생님은 문제에 대해 고민합니다. 우리의 뇌는 접수된 내용을 부정적 틀에서 보지 못하기 때문입니다. 뇌는 어떤 문제에 대해 고민하지 않는 방법을 알아내기 전에 문제를 먼저 생각합니다.

노련한 트레이더가 초보 트레이더에게 다음과 같이 말했다고 가정합시다. "돈에 지나치게 신경 쓰지 마세요. 다시 강조하지만 돈에 매달리면 곤란합니다." 이는 훌륭한 조언처럼 보입니다. 하지만 실제 어떤 일이 일어날까요? 초보 트레이더는 이 조언을 여러 번 되뇌지만 결국 돈에 집착하고 맙니다.

우리 뇌는 언어를 문자 그대로 처리하기 때문에, NLP 전문가들은 부정적 의미라도 이를 긍정적 틀에 담아 말하라고 조언합니다. 바라지 않는 것을 말하는 대신, 원하는 것을 말하라고 가르칩니다. 초보 트레이더에게 "돈에 집착하지 마세요"라고 말하지 말고 다음과 같이 표현하면 훨씬 더 효과적입니다. "원칙을 지키는 데 집중하세요."

▎NLP 기본 원칙들에는 무엇이 있습니까?

NLP는 심리학과는 다른 원칙에 기반을 두고 있습니다. 다음 다섯 가지 기본 원칙 또는 전제가 NLP의 근간을 이룹니다.

첫째, 생각과 느낌이라는 지도는 영역이 정해져 있지 않다고 가정합니다. 여기서 지도는 생각과 감정이고, 영역은 실체입니다. 우리는 실체에 대한 우리의 생각과 감정에 반응합니다. 우리가 실체에 반응하는 것이 아닙니다. 이는 좋은 소식입니다. 더 나은 지도를 갖는 일, 즉 더 잘 생각하고 느끼는 것이 가능하기 때문입니다.

둘째, 경험에는 틀이 있다고 여깁니다. 다시 말해 기억이 우리 머릿속에 어떻게 정리되는지에 따라 의미가 바뀔 수 있고 우리에게 미치는 영향도 달라질 수 있다고 가정합니다. 이는 기억의 틀을 바꾸면, 살면서 겪는 일들을 다르게 경험할 수 있다는 뜻이기도 합니다. 즉 생각의 구조를 바꾸면 우리 경험도 저절로 바뀝니다.

셋째, 사람이 할 수 있는 일은 누구든 배우면 할 수 있다고 가정합니다. 이런 점에서 NLP는 크나큰 희망을 심어주는 학문입니다. 탁월함과 성취는 누구든 복제할 수 있다고 봅니다. 이미 성공한 사람들의 성공 요인을 모델링함으로써 이들의 경험에서 배울 수 있습니다. 정말 탁월한 사람들처럼 뇌를 사용하는 법을 배울 수 있다면 그들의 탁월한 요소를 내 것으로 만들 수 있습니다.

넷째, 몸과 마음은 하나라고 간주합니다. 어떤 것에 대한 인식을 바꾸면 능력도 바뀐다고 봅니다. 자세나 호흡, 다른 생리적인 부분을 바꾸면 사고도 변합니다. 저명한 정신과 의사인 R. D. 랭 박사는 다음과 같이 말했습니다. "생각을 바꾸면 몸도 바뀝니다. 몸이 변하면 생각도 변합니다."

다섯째, 사람들을 필요한 자원을 모두 가지고 있다고 가정합니다. NLP에서는 이미지, 소리, 느낌 따위가 자원이라고 여깁니다. 뇌는 우리 내면을 볼 수 있는 능력을 가지고 있습니다. 우리 안의 모습이 흐릿하든 명확하든 이들은 잘 조직화하면 엄청난 동기를 부여하는 비전을 만들 수 있습니다. 마음속에 있는 소리는 우리를 비판하기도 하고 격려하기도 하며 안내하기도 합니다. 우리 삶 속에 있는 것이 신념이든 도전이든 불굴의 의지든 이를 한 번밖에 경험하지 않았을지라도, 우리가 원하거나 필요할 때 꺼내 쓸 수 있습니다.

▎**선생님께서 "지도는 영역이 정해져 있지 않다"라고 말씀하셨습니다. 이는 사람들이 실체를 왜곡해봄으로써 잘못된 방향으로 이끌린다는 뜻입니까?**

NLP 전문가들은 어떤 지도(정신적 지도나 물리적 지도)든 실체를 다른 각도에서 보여주거나 일부만 보여준다고 믿습니다. 지형도이든 시가도이든 기후도이든 각 지도가 똑같은 것을 다르게 보여주지만, 이 가운데 틀린 것은 하나도 없습니다. 모두 맞는 지도입니다. 필요나 상황에 따라 원하는 지도를 골라 쓰면 됩니다. 시장 분석 틀도 같은 영역을 다르게 보여주는 지도처럼, 여러 가지가 있을 수 있습니다. 탁월한 트레이더들은 각자 가장 쓸모 있다고 생각하는 방식으로 시장이라는 영역과 가장 일치하는 지도를 그리려고 노력합니다.

물론 모든 지도가 옳거나 쓸모 있지는 않습니다. 트레이더에게 아주 중요한 예를 하나 보여드리겠습니다. 평균회귀 분석과 관련된 내용입니다. 이 수학적 현상은 아주 우수한 성과를 거둔 뒤에는 부진한 실적을 기록하기 쉽고, 부진한 실적을 기록한 뒤에는 아주 뛰어난 성과를 올리기 쉽다는 개념입니다. 평균 법칙에서는 이 패턴이 필연적으로 나타날 수밖에 없다고 간주합니다. 하지만 이 패턴은 트레이더의 생각을 왜곡시킬 뿐만 아니라 운용 성과도 잘못 평가하도록 만드는 경향이 있습니다.

예를 들어 어느 트레이더가 특정 시기에 탁월한 실적을 올린 뒤 평범한 성과를 거둔다면, 그다음에는 부진한 결과를 보일 것이라고 예상할 수 있습니다. 반면 아주 부진한 성과를 기록한 뒤 보통의 성적을 거둔다면, 그다음에는 아주 뛰어난 성적을 올릴 것이라고 예측할 수 있습니다. 어느 경우이든 이 트레이더는 이 같은 성과 변화가 자연적 통계 추세 때문이 아니라 매매 시스템이나 자신의 느낌 때문이라고 여깁니다. 이 개념을 제대로 이해하지 못하는 트레이더는 자신의 매매 능력에 대한 내면 지도를 부정확하게 그립니다. 예를 들어 어느 트레이더가 실적이 좋지 않을 때 시스템을 바꾸었습니다. 그런데 새 시스템이 성능 면에서 이전 시스템과 비슷하거나 이전 시스템보다 못하다고 가정해봅시다. 그 뒤 성과가 좋아졌다면 이 트레이더는 나아진 성과가 시스템 덕분이라고 착각합니다. 반대로 정말 뛰어난 트레이더들은 평균회귀 개념을 제대로 이해하고, 이를 자신에게 유리하게 쓸 뿐만 아니라 이 개념 때문에 잘못 이끌리지도 않습니다.

사람들이 동기부여 세미나를 다녀온 뒤 더욱더 잘할 수 있었다고 말하는 까닭도 이 개념으로 설명할 수 있습니다. 사람들이 언제 동기부여 세미나에 갈까요? 바로 무기력감에 빠질 때입니다. 평균적으로 슬럼프에 빠진 뒤에는 더욱 잘할 확률이 높기 때문에 세미나 참석 여부는 그리 중요하지 않습니다. 다시 말해 세미나에 다녀온 덕분에 슬럼프를 극복한 것이 아닙니다. 하지만 이들은 세미나 덕분에 무기력 증세에서 벗어날 수 있었다고 착각합니다.

▎**방금 말씀하신 세미나 사례에서, 사람들이 무기력감에서 벗어난 이유가 플라시보 효과 때문 아닐까요? 마찬가지로 NLP로 얻은 결과도 플라시보 효과라고 할 수 있지 않을까요?**

어느 정도는 맞는 말씀입니다. 하지만 플라시보 효과라고 주장하시면 이는 흥미롭게도 비판이나 마찬가지입니다. 의학자들은 플라시보 효과를 나쁘게 생각하기 때문입니다. 의학자들은 종종 "플라시보 효과는 배제해야 합니다"라고 주장합니다. 하지만 리처드 밴들러와 존 그라인더는 다르게 생각합니다. 이들은 플라시보 효과를 인간의 자연적 치유 능력이라고 봅니다. 즉 뇌가 신체 나머지 부분을 치유하는 힘이라고 간주합니다. 이들 주장대로라면 흥미로운 일들이 가능해집니다. 우리가 원하거나 필요로 할 때 이 능력을 발휘할 수 있다면 어떤 일이 벌어질까요? 뇌가 우리의 기분을 좋게 할 수 있다면 어떻게 될까요? NLP에서는 결과를 중요시합니다. 좋은 결과가 부분적으로 플라시보 효과 덕분이라면, 즉 뇌가 우리가 느끼고 치유하고 잘 활동할 수 있는 자연적 힘을 가지고 있다면 이를 마다할 이유가 없습니다.

▎**NLP 전문가들은 간단한 정신 훈련으로도 우리의 행동과 감정을 아주 빨리 바꿀 수 있다고 주장합니다. NLP를 전혀 모르는 사람들이 조금이나마 이해할 수 있도록 정신 훈련 사례를 들어줄 수 있으신지요?**

독자 대부분에게 유용해 보이는 예를 하나 들겠습니다. 시장이 우리 포지션과 반대쪽으로 아주 가파르게 움직인다고 가정해봅시다. 이때는 아주 당황스럽고 불안하겠지요. 몇 주 뒤나 몇 개월 후 비슷한 상황이 또 발생한다면 어떤 일이 벌어질까요? 그런 생각만으로도 마음이 불안해지기 시작한다면 파블로프가 개를 대상으로 실험한 결과처럼 자신도 모르는 사이에 특정 조건에 자동적으로 반응하도록 길들여집니다. NLP에서는 이를 '닻 내림'이라고 말합니다. 이런 감정이 매매 의사결정에 걸림돌이 된다면 이를 중화하기 위해 다음의 NLP 요법을 쓰면 좋습니다.

먼저 당황스러웠던 상황을 영화를 보듯 빠르게 상기합니다. 그런 뒤 이 실망스러웠던 경험을 상징할 수 있는 사진 같은 장면을 하나 고릅니다. 그다음 그 정지된 장면 안에 있는 자신의 모습을 자세히 살핍니다. 이때 이전의 그 모습 그대로 보일까요? 일반적으로는 처음에는 그 모습이 자세히 보이지 않습니다. 하지만 마음의 눈을 크게 뜨고 살피면 그 장면이 또렷이 떠오릅니다.

그런 다음 르누아르나 반 고흐 심지어 리히텐슈타인 같은 유명한 화가가 즐겨 쓰는 멋진 배경을 상상합니다. 그 가운데 가장 잘 어울린다고 생각하는 액자에 이 그림을 끼워 넣습니다. 금도금을 한 고풍스런 액자도 좋고 현대식 철제 액자도 괜찮습니다. 여기에 미술관에서처럼 빛이 은은하게 비치도록 해도 좋습니다. 이제 조용히 기억 속의 이 장면을 감상합니다. 그리고 그때의 감정을 생각해봅니다. 대부분은 당황스럽거나 불안한 감정이 크게 줄었거나 거의 없어졌음을 알 수 있습니다. 이 NLP 훈련은 우리의 감정을 기억에서 분리시켜줍니다. 이처럼 리셋 버튼을 누르듯 감정을 재설정하는 과정은 경험에 틀이 있다는 NLP 원칙을 보여주는 실제 사례입니다.

불편한 기억을 바꾸는 방법이 또 있습니다. 먼저, 실망스러웠던 사건을 생각한 뒤 영화처럼 처음으로 되돌립니다. 여기에 〈론 레인저〉 텔레비전 시리즈 주제곡으로 잘 알려진 윌리엄 텔 서곡이나 서커스 음악을 덧붙입니다. 불편했던 기억과는 전혀 어울리지 않는 강렬한 음악이면 더욱더 좋습니다. 그리고 볼륨을 크게 올려 시끄러울 정도로 쾅쾅거리는 상태에서 다시 기억을 떠올립니다. 이 음악과 함께 기억을 끝까지 되새긴 뒤 다시 처음으로 돌아갑니다. 이번에는 같은 장면을 음악 없이 떠올립니다. 그러면서 자신의 반응을 살핍니다. 어떤 사람들에게는 이전의 불편했던 기억이 재미있거나 심지어 우스꽝스럽게 보입니다. 하지만 대부분은 이전의 실망스런 감정이 중화되거나 크게 줄어듭니다.

분명히 첫 번째는 시각, 두 번째는 청각과 관련이 깊습니다. 두 방식 가운데 자신에게 더 잘 어울리는 방법을 사용하면 효과가 더욱 큽니다.

▌좋습니다. 이제 훈련 과정이 어떤지 잘 알겠습니다. 또 다른 방법이 있으면 말씀해주시겠습니까?

이제 과거에 경험했던 자신감이나 다른 감정 상태를 미래 특정 시점으로 옮기는 방법에 대해 말씀드리겠습니다. 다른 여러 NLP 기법처럼 이 방법도 아주 편안하고 방해 요인이 없는 환경일수록 더욱더 효과가 큽니다.

살면서 자신감이 차 있을 때가 많았을 것이라고 생각합니다. 이 가운데 특히 자신감이 아주 넘쳤던 때를 떠올립니다. 그때 보고 들은 일을 회상하면서 그 순간을 머릿속에서 다시 체험합니다. 옛날에 경험했던 자신감이 다시 되살아나기 시작하면, 자신이 서 있는 바닥 주변에 선명한 색깔로 원을 그리는 상상을 합니다. 자신감이 더욱 강해졌다 싶으면 원 밖으로 나오며 숨을 내쉽니다. 이때 자신감은 원 안에 남겨 놓습니다(틀림없이 이 훈련이 아주 우스꽝스럽다고 여길 것이다).

이제 과거에 경험했던 자신감을 다시 체험하고 싶은 미래의 특정 시점을 생각해봅니다. 자기가 원하는 미래 특정 시점과 장소를 골랐으면 다시 원 안으로 들어가 그 자신감을 다시 경험합니다. 이로써 과거에 체험했던 자신감이라는 배를 끌어 미래 특정 시점에 정박시켜 놓았다고 할 수 있습니다. 이 연습이 잘 작동했는지 확인하기 위해 미래 특정 시점을 떠올려보면, 어느새 자신감이 차 있음을 알 수 있을 것입니다. 이제부터는 자신이 생각하는 미래 특정 상황에 맞닥뜨릴 때 이 감정이 저절로 생겨 노력하지 않고도 자신감이 넘치게 됩니다. 이 훈련법은 여러 다른 상황과 감정에도 적용할 수 있습니다.

▌왜 사람들은 성공해도 행복하다고 느끼지 못할까요? 어떻게 하면 성공이 행복을 불러올 수 있을까요?

사람들이 성공을 구태의연한 모델이나 패턴에 바탕을 두기 때문입니다. 예를 들어 근사한 집이나 자동차, 멋진 배우자를 얻어야 성공했다고 생각합니다. 이것들을 성공의 증거로 여깁니다. 하지만 정작 자신은 성공이라는 그림에서 빠져 있습니다. 그러면서 그림에 들어갈 생각조차 하지 않고 이렇게 묻습니다. "내가 정말 이런 삶을 살 수 있을까?" 이런 사람들에게 저는 다음과 같이 조언합니다. 정말 열심히 노력해 누리고 싶은 삶을 상상만하지 말고, 실제 몇 주나 몇 개월 머릿속으로 그 삶을 직접 체험해보라고 합니다. 이 훈련을 하면 바꾸고 싶은 것들이 보입니다. 그러면 저는 그것들을 실제 바꾸라고 조언합니다. 결국 사람들은 원하는 미래를 위해 열심히 노력하기 때문에 목표를 이루면 이를 즐기게 되는 것입니다.

▍사람들이 목표를 이룬 뒤에도 행복을 찾지 못하는 이유가 목표를 잘못 세웠기 때문이라는 말씀이십니까?

자아를 실현시킬 수 있는 목표를 세우지 않기 때문입니다. 사람들은 사회, 가족, 언론에서 부추기는 목표만 얻으려고 애씁니다. 우리는 성공했다고 여겨지는 이미지 홍수 속에 살고 있습니다. 예를 들어 요즘에는 어떤 배우자를 얻어야 성공했다고 여길까요? 우리가 늘 접하는 광고 안에 답이 있습니다. 바로 젊고 예쁜 여자입니다. 하지만 다른 중요한 요인이 분명 있지 않나요? 행복에 이르는 길을 잃고 헤매는 사람들이 종종 있습니다. 이들은 성공이 자신에게 어떤 의미인지 알아보려고도 하지 않습니다.

▍행복을 불러올 수 있는 목표를 어떻게 찾을 수 있습니까?

이 문제를 다루는 NLP 훈련 중 하나는 사람들에게 생을 마감할 때를 상상하도록 하는 방법입니다. 이 훈련을 꺼리는 사람들도 있습니다. 하지만 일단 해보라고 제안하면서, 그들이 아주 오랫동안 건강하고 활기차게 살았을 것이라고 믿는다고 부추기면 기꺼이 응합니다. 그런 뒤 자신의 삶을 되돌아보면서 아쉬웠던 점이나 더 이뤘으면 하는 일이 없는지 살펴보라고 합니다. 사실 이 방법은 심리적 속임수의 일종입니다. 그렇지만 이처럼 죽음을 앞둔 시점으로 가서 생을 되돌아보는 연습을 하면 의식하지 못했던 기대가 겉으로 드러날 뿐만 아니라, 자신의 삶에 진정으로 채우고 싶은 것들을 더욱 쉽게 알 수 있습니다. 그 뒤 훈련을 마친 고객들에게 이렇게 묻습니다. "인생에서 정말 가치 있는 일이 무엇이라 생각하십니까?"

저는 대학시절에 겪은 경험을 계기로 이 훈련을 시작했습니다. 그때 노인들로 가득한 병동에서 잡일을 한 적이 있었습니다. 3년간 근무하면서 죽음을 앞둔 환자 수백 명과 많은 이야기를 나눴습니다. 그들에게 삶이 어땠는지, 자랑스러웠던 때는 언제인지, 후회스러운 점은 없는지 물었습니다.

▎어떤 것들을 알아내셨습니까?

열아홉 살에 사랑에 빠지는 경험이 중요하다는 사실을 알았습니다. 미지의 것을 이루려고 기꺼이 위험을 감수하거나 작은 시골마을을 떠나는 모험이 필요하다는 것도 깨달았습니다. 반면 단지 나이가 들어 은퇴한 일은 가장 큰 실수였다고 털어놓은 노인들이 많았습니다.

정말 놀라운 점은 자신들이 이룬 일을 크게 후회한 사람은 아무도 없었다는 사실입니다. 그렇지만 하지 않은 일은 못내 아쉬워했습니다. 하찮은 일에 시간을 허비한 실수는 후회했습니다. 이들은 정말로 가치 있는 일을 찾지 못하고 사소한 것에 너무나 얽매여 살았습니다. 이 경험에서 배운 교훈은 몇 년 뒤 제가 NLP 훈련에서 강조한 내용과 똑같습니다. 즉 자신에게 정말로 가치 있는 일을 찾아 이를 이루려고 노력하는 삶을 꾸려가지 않으면 실망과 공허를 느낄 수밖에 없다는 것입니다.

▎자신이 추구하는 목표가 자아를 실현시켜 줄 수 있는지 없는지는 어떻게 알 수 있습니까?

미션이라는 관점에서 생각하면 답을 쉽게 찾을 수 있습니다. 미션은 자신을 쥐어짠다고 나오는 것이 아닙니다. 당장의 관심거리에서 나오지도 않습니다. 대신 자신의 내면에서 발견해야 하는 것입니다. 일전에 존 그라인더는 다음과 같은 질문을 던졌습니다. "돈을 내고도 하고 싶을 만큼 사랑하는 일이 있는가?" 정말 가치 있다고 여기는 일이 없으면 미션을 명확히 정의내리기 어렵습니다. 더군다나 목표를 이루려는 욕구도 생기지 않습니다. 하지만 목표가 가치 있다고 여겨지는 일을 뒷받침하면 미션이 더욱 확실해지고 이를 이루려는 동기도 강해집니다.

▎목표를 달성하려는 강한 욕구는 탁월한 트레이더의 공통된 특징입니까?

목표를 이루려는 강렬한 의욕은 어느 분야에서든 뛰어난 사람들의 공통 특징입니다. NLP에서는 동기를 부여하는 방법을 두 가지로 분류합니다. 즉 자신이 원하는 쪽으로 부여하는 방법과 자기가 하지 않는 방향에서 벗어나는 방식으로 나눕니다.

    어느 회사원이 아침 자명종 소리에 반응하는 모습을 예로 들겠습니다. 이 회사원은 첫 자명종 소리에 혼잣말로 이렇게 중얼거립니다. "아, 졸려. 조금만 더 잘 테야." 그러고는 정지 버튼을 누릅니다. 잠시 후 다시 따르릉거리면 서둘러 출근 준비하는 모습을 그리며 다음과 같이 합리화합니다. "조금 더 자도 문제없어. 어제 입었던 옷을 또 입고 아침식사까지 거르면 그만이니까." 그러면서 버튼을 다시 누릅니다. 몇 분 뒤 소리가 거듭 울리면, 회사에 지각해 상사에게 변명하는 모습을 상상하기 시작합니다. 하지만 출근할 때 차를 빨리 몰기로 마음먹고 다시 잠을 청합니다. 그렇지만 자명종이 거푸 울리면 속으로 이렇게 외칩니다. "이제 일어나야 해!" 그 순간, 짜증스런 얼굴을 하며 기다리는 고객뿐만 아니라 해고하겠다고 윽박지르는 상사의 모습이 떠오릅니다. 머릿속에서 이런 모습이 더욱더 뚜렷하게 떠오르고, 상사의 목소리가 더욱더 크게 들리면 그제야 말합니다. "이제 그만 일어야겠어." 이 회사원은 결국 마지막 순간에야 자극을 받아 움직입니다.

어떤 사람은 새벽 자명종이 울리면 그날 이룰 멋진 일들을 상상합니다. 이 사람은 새로운 목표를 어서 빨리 이루고 싶어 서둘러 일어납니다. 앞의 예에서처럼 자극을 받아 움직이지만 자명종 소리가 울리기도 전에 일어납니다.

자신에게 소리치는 상사를 떠올리고 나서야 일어나는 사람은 '원치 않은 것에서 벗어나려는' 동기를 가진 사람입니다. 이는 고통, 불편, 부정적 결과를 피하려는 동기입니다. 이 사람은 주로 자신을 귀찮게 하지 않는 친구를 좋아합니다. 그리고 지금 하고 있는 일이 지겨워질 때에야 직장을 떠납니다. 즉 자신이 하고 싶지 않은 것에서 벗어나려는 특징이 있습니다.

몸이 근질거려 침대에서 어서 빨리 일어나려는 사람은 '원하는 쪽으로 움직이려는' 동기가 강한 사람입니다. 이런 사람은 기쁨, 보상, 목표를 향해 움직입니다. 그래서 자기를 자극해주는 사람과 주로 사귑니다. 그리고 더 큰 기회를 찾아 회사를 옮깁니다. 즉 원하는 쪽으로 움직이려는 특성을 보입니다. 사람들은 보통 '이루려는 동기'와 '벗어나려는 동기'를 모두 가지고 있지만 어느 한쪽으로 치우치는 경향이 있습니다. 이 둘은 아주 다릅니다. 그렇지만 '이루려는 동기'가 쓸모 있는 경우가 있는가 하면, '벗어나려는 동기'가 유용한 때가 있습니다.

▎이루려는 동기가 좋은 점은 꽤 분명해 보입니다. 그런데 벗어나려는 동기는 어떤 경우에 유용한가요?

선생님처럼 질문하는 사람들이 많습니다. 사실 이루려는 동기의 장점은 주변에서 쉽게 찾을 수 있습니다. 우리 사회는 목표를 향해 달려가는 사람들을 높이 평가합니다. 이는 '의욕이 넘치고 열정적인' 사람을 찾는다는 구인광고에서도 쉽게 알 수 있습니다. 하지만 벗어나려는 동기는 부당하게 비난받는 경우가 많습니다. 문제에서 벗어나려는 노력도 이 동기와 관련이 있습니다. 이 동기를 즐겨 쓰는 사람들은 문제 해결 전문가들입니다. 이들은 흔히 이렇게 말합니다. "실례합니다만, 문제가 있습니다." 이 사람들은 문제가 보이면 바로 해결해야 직성이 풀립니다. 더군다나 문제에 지나치게 몰입한 나머지 어디로 가고 있는지 잊을 때도 있습니다. 그렇지만 어쨌든 문제는 해결합니다. 이루려는 동기에 치우친 사람들은 목표에만 열중한 나머지, 닥칠 수 있는 문제나 어려움을 검토조차 하지 않을 때가 있습니다. 결국 두 동기 모두 유용하다고 할 수 있습니다.

▎벗어나려는 동기에 치우친 사람도, 이루려는 동기가 강한 사람 못지않게 성공할 수 있다는 뜻입니까?

맞습니다. 성공 스토리를 주로 다루는 잡지에서는 이루려는 동기가 중요하다고 강조합니다. 하지만 벗어나려는 동기가 강한 사람도 크게 성공할 수 있습니다. 이에 딱 들어맞는 인물은 주가 예측 전문가로 유명한 마르틴 츠바이크입니다. 그는 10억 달러가 넘는 자산을 운용합니다. 이뿐만 아니라 그가 쓴 보고서와 책은 업계에서 높이 평가받습니다. 마르틴 츠바이크는 투자 전략을 제시할 때 다음과 같이 말합니다. "이자율 추세와 싸우지 마라. 탄력을 받아 움직이는 시장을 거스르지 마라." 그는 벗어나는 동기를 활용해 손실을 최소화하려고 노력합니다. 뛰어난 투자자 가운데 "자신을 지켜야 한다"라고 하거나 "손실이 커지지 않도록 많이 신경 써야 한다"라고 말하면서, 벗어나려는 동기를 은연중에 드러내는 사람들이 많습니다. 이들은 매매할 때 손실을 최소화하려고 애씁니다. 폴 튜더 존스는 인터뷰에서 이렇게 말했습니다. "저는 고통을 오래 견디지 못합니다."

▎하지만 벗어나려는 동기에는 틀림없이 단점이 있다고 생각합니다.

물론입니다. 벗어나려는 동기가 강한 사람들은 종종 고통과 걱정에 많이 시달린 뒤에야 자극을 받아 움직입니다. 하지만 이런 시달림 탓에 스트레스가 지나치면 건강을 해칠 수 있습니다. 그래서 스트레스를 관리하는 프로그램에는 이런 사람들로 가득합니다. 하지만 이들은 스트레스를 관리하는 법을 배우기보다 고통이 커지기 전에 행동하는 법부터 먼저 배워야 합니다. 이들에게는 문제에서 멀리 벗어날수록 문제가 덜 심각해 보입니다. 그 결과 동기를 잃어버리는 경우까지 생깁니다. 결국 벗어나려는 동기에 치우친 사람들은 쉽게 달아오르고 쉽게 식는 특징을 보입니다. 더군다나 벗어나려는 동기가 센 사람들은 목표가 불분명한 경우가 많습니다. 원하는 것이 아닌 원하지 않는 것에 초점을 두기 때문입니다.

▎성공한 트레이더들은 이 두 가지 동기 중 어느 한쪽으로 치우치는 특징이 있나요?

성공하고 돈도 벌려는 동기로 무장하여 매매를 시작하는 트레이더들이 아주 많습니다. 이들은 무턱대고 시장에 뛰어듭니다. 하지만 이루려는 동기가 강한 사람들은 적절한 자금관리에 필요한, 즉 벗어나려는 동기를 개발하는 데 많은 시간과 에너지를 쏟아야 합니다. 트레이더들을 대상으로 조사한 결과, 과도한 위험을 피하려는 동기 없이는 사실상 탁월한 트레이더로 성장할 수 없다는 점을 발견할 수 있었습니다.

▎분명 동기는 목표를 이루는 데 꼭 필요한 도구라는 생각이 드는군요. 동기만 중요한 요소인가요? 아니면 다른 요인도 필요합니까?

NLP 전문가들은 목표를 이루려면 다섯 가지 조건을 모두 충족해야 한다는 사실을 밝혀냈습니다.

첫째, 목표를 긍정적 용어로 표현해야 합니다. 예를 들어 "돈을 잃고 싶지 않아"라는 표현처럼 부정적이면 좋지 않습니다. 대신 "내 자산을 지킬 테야"라는 말처럼 긍정적이어야 합니다.

둘째, 목표는 내 것이어야 합니다. "그들은 내가 큰돈을 굴리길 원해"라는 표현은 이 조건을 충족시키지 못합니다. 대신 "시장 상황이 허락하면 투자 규모를 두 배로 늘릴 테야"라고 말하면 목표를 이룰 확률이 더욱 커집니다.

셋째, 목표는 구체적이어야 합니다. 두루뭉술하면 결코 달성할 수 없습니다. 보고, 듣고, 느낄 수 있을 정도로 명확하면 더욱더 좋습니다.

넷째, 목표를 언제 어디서 누구와 이룰지 구체적으로 정해야 합니다.

다섯째, 목표 달성의 효과를 그려 보아야 합니다. 목표가 그 자체로 그리고 효과 면에서 정말 가치 있고 바람직한지 자문해야 합니다.

이 다섯 가지 조건을 충족하는 목표야말로 자아를 실현시켜줄 수 있는, 우리가 진정 바라는 목적이라고 할 수 있습니다.

▌목표를 이루기 위한 첫 번째 조건은 목표를 긍정적으로 표현해야 한다는 점이었습니다. 벗어나려는 동기가 강한 사람들은 이 조건을 충족하기 어렵지 않을까요?

밑에 깔린 동기가 어떤 부정적인 것에서 벗어나려는 욕구일지라도 목표를 긍정적으로 표현할 수 있습니다. 예를 들어 성공하고 싶은 트레이더는 가난에서 벗어나는 꿈이 목표일 수 있습니다. 이 경우 목표를 내년에는 수익을 얼마만큼 거두겠다는 식으로 표현할 수 있습니다. 결국 벗어나려는 동기를 가진 사람도 목표를 긍정적으로 표현함으로써 의욕을 불태워 뛰어난 성과를 거둘 수 있습니다.

▌트레이더들과 함께 일하기 시작한 계기는 무엇이었습니까?

1987년, 피터 스테이드메이어의 시장 논리학 교실을 돕던 스티브 비아누치라는 젊은 채권 트레이더가 저를 찾아왔습니다(피터 스테이드메이어는 나중에 이 논리학 교실을 접었다). 거래소를 떠나 포지션 매매를 시작하려고 마음먹은 이 청년은 정말 NLP에서 가르치는 대로 하면 뛰어난 트레이더가 될 수 있는지 물었습니다. 그때 이 질문에 자극받아 저는 지금까지도 계속하고 있는 NLP 연구를 시작했습니다.

┃어떤 연구 말씀이신지요?

뛰어난 실적을 거둔 트레이더들을 분석해, 탁월한 실적을 올리는 데 기여하는 요인들이 무엇인지 밝혀내는 연구입니다.

┃두드러진 실적을 달성한 트레이더에게 다가가기 어렵지 않으셨습니까? 그들은 자신을 대상으로 자세히 연구하도록 쉽게 허락하지 않았을 것이라고 생각합니다.

《시장의 마법사들》에 나오는 경이로운 실적을 거둔 채권 트레이더인 톰 볼드윈 같은 플로어 트레이더들은 꽤 접근하기 쉬웠습니다. 거래소 안에 들어가기만 하면 그만이었기 때문입니다. 선물 매매에서 탁월한 실적을 올린 피터 스테이드메이어가 자신의 강의를 들어보라고 권한 덕분에 그를 직접 접할 수 있었습니다(참고로 피터 스테이드메이어는 주로 일일 거래량 분석을 토대로 매매하는 '마켓 프로파일'이라는 모델을 개발했다). 마지막으로 정말 위대한 트레이더의 경우에는 한 단계 건너뛰었습니다. 즉 이들의 매매 기법을 설명하는 비디오테이프를 구해보고 언론 인터뷰 내용을 확인했습니다.

《시장의 마법사들》에 나오는 현 세대의 가장 위대한 트레이더인 짐 로저스, 폴 튜더 존스, 리처드 데니스가 이 경우에 해당됩니다. 나중에 선생님께서 사회를 보신 선물협회 패널토의에 나온 리처드 데니스의 설명을 들어본 결과, 제가 그의 매매 전략과 감정관리 방법을 정확히 추정했음을 확인할 수 있었습니다.

┃주로 어떤 트레이더가 선생님께 도움을 청하러 오는지 예를 들어 설명해주시겠습니까?

최근 매매를 꽤 잘하는 한 트레이더를 도운 적이 있습니다. 하지만 그는 매매할 때마다 이전에 벌었던 수익을 토해내는 습관이 있었습니다. 그를 돕는 과정에서 그가 돈을 많이 번 트레이더를 많이 알고 있다는 사실을 알아냈습니다.

하지만 그들은 하나같이 '멋진 삶을 사는 사람들'이 아니었습니다. 그는 뛰어난 트레이더가 되고 싶었지만 그들처럼 살기는 싫어했습니다. 그래서인지 매매를 너무 잘하면 곤란하다는 생각이 내면에 숨어 있었습니다.

그의 신념도 자신의 삶을 강하게 속박하고 있었습니다. 그는 늘 매매를 가장 중요하게 여겼습니다. 매매가 먼저였기 때문에 사생활이나 가족은 뒷전이었습니다. 그래서 NLP 요법을 사용해 사실은 매매를 방해하지 않지만, 방해한다고 여기는 것들에 대한 생각을 개선시키도록 도왔습니다. 그를 도운 일은 제게도 아주 흐뭇한 경험이었습니다. 그가 매매하는 데 걸림돌이라고 여겼던 다른 삶을 되찾을 수 있었기 때문입니다.

최근 그가 제게 전화해 포지션을 3배 늘려 1,000계약 넘게 매매한다고 자랑했습니다. 그는 내부에 숨어 있던 갈등을 해결함으로써 더 큰 기회를 추구할 수 있는 정신력을 발휘할 수 있었고, 매매 실적도 개선할 수 있었습니다.

▮대다수의 평범한 트레이더와 탁월한 트레이더는 어떤 면이 다릅니까?

가장 중요한 차이 가운데 하나는 자신감입니다. 찰스 가필드는 《최고의 성과를 거두는 사람들》이라는 책에서, 탁월한 성과를 올리는 사람들은 모두 자신의 성공을 철저히 신뢰한다고 주장했습니다. 이를 마이클 러너 박사의 연구와 비교해보겠습니다. 마이클 러너 박사는 《지나친 무기력》이라는 책에서 사람들 대부분 자신의 삶을 통제할 수 없다고 결론지었습니다. 그의 결론은 다양한 분야에서 선발한 수천 명을 대상으로 분석한 내용을 토대로 내린 분석입니다. 최고의 성과를 거둔 사람과 일반 대중을 비교해 내린 결론은 탁월한 트레이더와 그렇고 그런 시장 참여자들 사이의 성과 차이를 설명하는 데 똑같이 적용될 수 있습니다. 위대한 트레이더들은 노련함으로 다져진, 이길 수 있다는 자심감에 차 있습니다. 이들과 자신의 시스템이나 매매 기법을 믿지 않고 결과가 나쁘면 남(브로커나 플로어 트레이더)을 탓하는 대다수 트레이더들을 서로 비교해보십시오.

▎성공에 대한 확신 이외에 뛰어난 트레이더가 되기 위한 다른 요인들에는 무엇이 있습니까?

뛰어난 성과를 거두려면 지각 필터를 확실히 익혀야 합니다. 지각 필터란 시장 움직임을 이해하는 데 필요한 매매 기법이나 시스템을 뜻합니다. 엘리어트 파동 이론이나 전통적 차트 분석이 대표적 지각 필터입니다. 연구 결과 지각 필터들 사이에는 특별한 차이가 없다는 사실이 밝혀졌습니다. 흔히 사용하는 차트 분석이든 갠 분석이든 엘리어트 파동 분석이든 마켓 프로파일이든 간에 완벽히 꿰고 제대로 활용하기만 하면 어떤 지각 필터든 쓸모 있습니다.

▎왜 그런지 설명할 수 있습니다.

정말 듣고 싶군요.

▎저는 흔히 사용하는 기법들이 아무짝에도 쓸모없는 경우가 많다고 생각합니다.

(그가 웃으며 말했다.) 정말입니까? 아주 도발적이시군요. 어떤 생각이신지 정말 궁금합니다.

▎이 기법들 모두 가격에 기반을 두고 있습니다. 사실상 이 기법들은 가격을 볼 수 있는 색깔이 다른 유리입니다. 인기 있는 과매수/과매도 지표인 상대강도지수와 스토캐스틱을 즐겨 쓰는 사람들은 가격에서 도출된 데이터 시리즈로 거른 가격 패턴을 봅니다. 갠 분석을 신봉하는 사람들은 갠 분석에 기초한 해석을 통해 가격 패턴을 분석합니다. 어느 기법이든 트레이더들은 보는 각도는 다르지만, 가격 패턴은 아주 능숙하게 봅니다. 그렇지만 아무짝에도 쓸모없는 기법도 꽤 있습니다. 이런 기법을 사용하는 사람들은 가격을 깨끗한 유리를 통해 보지 않고 여러 색을 입힌 유리를 통해 봅니다. 이 기법을 사용하는 이유는 개인의 선호 때문입니다. 비유를 확장해보겠습니다. 이 방법은

설명서가 없는 선글라스와 같습니다. 이런 선글라스를 쓰면 다르게는 보이지만 비전이 개선되지는 않습니다. 결국 좋은 성과를 거두는 이유는 이런 기법들 덕분이 아닙니다. 트레이더들이 가격 움직임을 보는 능력이 뛰어나고 직감이 우수하기 때문입니다.

사실상 선생님 주장은 제 의견과 꽤 일치합니다. 사람들은 자신에게 맞는 지각 필터를 써야 합니다. 지각 필터가 적절한지는, 지각 필터가 가격 움직임을 얼마나 잘 설명하는지 여부로 판단하면 곤란합니다. 대신 트레이더 자신의 심리, 사고방식, 의사결정 방법과 얼마나 잘 맞아떨어지는지 여부로 결정해야 합니다. 어느 지각 필터든 이를 숙달하기만 하면 직감력을 개선시킬 수 있습니다. 경험보다 좋은 방법은 없습니다.

▎**탁월한 트레이더의 특징에는 또 무엇이 있나요?**

뛰어난 실적을 올리려면 반드시 효과적인 매매 전략이 있어야 합니다. NLP에서는 '전략'이란 바람직한 결과인 뛰어난 실적을 올릴 수 있도록 도와주는 마음속의 그림, 단어, 느낌을 뜻합니다. 결단력 있는 트레이더가 있는 반면, 결정을 내리지 못해 쩔쩔매는 트레이더도 있습니다. 차이는 전략이 있는지 없는지에 달려 있습니다.

▎**제 질문을 오해하신 듯합니다. 뛰어난 실적을 올리는 트레이더는 주로 어떤 전략을 사용하는지 편하신 대로 말씀해주시겠습니까?**

효과적인 매매 전략의 특징은 다음과 같습니다.

    첫째, 반사적입니다. 탁월한 트레이더는 각 상황별로 어떻게 움직여야 하는지 잘 알기 때문에 망설이지 않습니다.

    둘째, 좋은 전략은 상충하지 않아야 합니다. 즉 내적 갈등이 없어야 합니다.

    셋째, 위험관리 계획을 구체적으로 준비함으로써, 벗어나려는 동기를 활용합니다.

넷째, 이미지 훈련을 합니다. 즉 실제 매매하기 전에 머릿속으로 투자하면서 잘못된 경우도 그려봅니다.

다섯째, 성과를 측정하는 기준을 갖고 있습니다.

▎성공한 트레이더들을 특징짓는 공통 요소에는 무엇이 있습니까?

매매에서 성공하려면 자신의 감정을 조절하는 능력이 꼭 필요합니다. 탁월한 트레이더들은 어려운 상황도 잘 견뎌냅니다. 시장이 예상과 반대방향으로 움직여도 흔들리지 않고 평정심을 유지하면서 이미 세운 전략에 따라 행동합니다. 이런 능력이 타고난 트레이더가 있는가 하면, 감정을 통제하거나 없애는 법을 익힌 사람도 있습니다. 어쨌든 이들은 자신의 포지션에 감정이 개입되지 않도록 하는 방법을 알고 있습니다. 포지션이 예상과 반대방향으로 움직일 때, 피터 스테이드메이어라면 다음과 같이 말할 것입니다. "흠, 이것 봐라." 이 표현을 보면 매매를 제3자 관점에서 바라보고 있다는 사실을 알 수 있습니다. 뛰어난 트레이더들은 평정심을 유지함으로써 접근 방법을 바꿔야 하는지에 대해 판단하기 위한 피드백을 받아들일 수 있는 여유가 있습니다.

▎적절한 감정상태를 유지하는 능력은 타고납니까? 아니면 누구나 배울 수 있습니까?

둘 다 가능합니다. 평정심을 유지하면서 자신을 객관적으로 바라보는 데 타고난 트레이더가 있는가 하면, 군대에서처럼 감정을 철저히 억제하는 법을 익힌 트레이더도 있습니다. 어느 경우든 쓸모 있지만 감정을 철저히 억제할 수 있는 트레이더는 찾기 어렵습니다. 매매는 이에 맞지 않는 사람들을 끌어들이는 매력이 있습니다. 즉 단숨에 떼돈을 벌려는 사람, 큰 위험을 마다하지 않는 사람, 재미난 일을 추구하는 사람, 사소한 일에 목숨을 거는 사람들까지 유혹합니다.

▌매매를 잘하는 데 적합한 마음상태를 유지하는 방법은 어떻게 가르치십니까?

저는 이들에게 실제로 일어나 물러선 뒤 자신이 의자에 앉아 있는 모습을 상상해보라고 시킵니다. 그런 뒤 의자에 앉아 매매하는 사람이 제3자인 듯 조용히 바라보라고 합니다. 이와 똑같은 효과를 내는 데 필요한 다른 NLP 연습도 활용합니다.

▌단순히 이 연습만으로도 감정을 잘 조절할 수 있습니까? 다시 말해 앞서 말씀하신 예민한 트레이더들도 이런 정신 훈련을 받기만 하면 위기 상황에서 평정심을 유지할 수 있습니까?

특히 예민한 사람은 아주 감정적이기 때문에, 똑같은 결과를 얻으려면 더욱더 노력해야 합니다. 하지만 대체로 이들도 제대로 배우면 감정을 잘 조절할 수 있습니다. 믿기 어렵겠지만 우리 뇌는 아주 빨리 배웁니다. 뇌가 상황을 인지하는 법을 바꾸면 이에 대응하는 법도 영원히 고칠 수 있습니다.

물론 상충하는 상황이 생기기도 합니다. 제가 초기에 만난 어느 고객은 아주 감정적이어서 좋은 시스템을 가지고 있으면서도 이를 잘 활용하지 못했습니다. 그래서 그에게 매매할 때 감정에 휘둘리지 않는 방법을 가르쳐주었습니다. 그리고 그가 이 기법을 잘 활용하는지 유심히 지켜보았습니다. 다행히 실제 배운 대로 감정을 잘 조절했습니다. 그 덕에 불과 몇 시간 만에 7,000달러나 벌었습니다. 하지만 제가 만족스러워할 즈음 그가 제게 다가와 재미없다는 투로 투덜거렸습니다. "지루하네요." 저는 왠지 뒤통수를 맞은 느낌이었습니다. 제가 도와준 덕분에 그가 문제를 해결하고 수백만 달러를 벌어 행복하게 살 수 있게 되었다고 제가 말하려던 참이었기 때문입니다. 하지만 그는 전혀 다르게 생각했습니다. 그는 매매할 때 감정을 개입시키지 않는 법은 배웠지만 이 방법을 매매할 때에는 적용하고 싶지 않았던 것입니다.

저는 이 경험을 통해 흥미를 얻으려고 매매하는 사람들이 있다는 사실을 깨달았습니다. 그 뒤로는 재미를 추구하는 사람들에게 트레이딩이 아닌 다른 분야에서 흥미를 얻는 방법을 찾으라고 가르칩니다. 재미는 추구하되 매매하지 않는 시간에 다른 방법으로 찾을 수도 있다는 사실을 기억하도록 지도합니다.

▌수익을 올리는 트레이더와 돈을 잃는 트레이더를 구분하는 특징이 또 있습니까?

돈을 버는 트레이더와 잃는 트레이더를 구분짓는 마지막 주요 특징은 '조작 비유'라는 것과 관련되어 있습니다. 조작 비유는 우리가 세상을 보거나 신념, 행동, 생활방식을 갖추는 데 영향을 끼칩니다. 트레이더들은 시장을 여자, 전쟁, 게임, 기타 여러 가지로 비유합니다.

리처드 데니스는 매매를 게임이나 퍼즐에 비유하며 이렇게 말했습니다. "매매는 수백 판의 체스를 동시에 하는 것과 같습니다." 피터 스테이드메이어는 "시장이라는 수수께끼를 풉니다"라고 표현했습니다. 폴 튜더 존스는 "매매는 게임과 같으며, 이 게임에서 점수는 돈으로 매깁니다"라고 비유했습니다. 어느 조작 비유를 쓰느냐에 따라, 트레이더의 생각과 시장에 대한 접근 방법이 달라지고 결국 성과까지 차이가 납니다.

제가 방금 설명해드린 비유와 거래소에서 흔히 들을 수 있는 다음 조작 비유를 비교해보시지요. "오늘 갈기갈기 찢겼어"라고 말한 트레이더는 시장을 맹수에 비유했습니다. "오늘 한 방 먹었어"라고 표현한 사람은 시장을 전쟁으로, 자신을 부상병으로 비유했습니다. 다음 중 감정이 가장 덜 개입된 비유는 어느 것일까요? 단순한 게임, 목숨이 걸린 시합, 야수의 공격으로부터 자신을 보호하는 비유 중 어느 것입니까? 답은 명백합니다. 비유가 암시하는 내용에서부터 벌써 차이가 납니다. 매매가 단순한 게임이라면 승자와 패자는 있을지언정 맹수로부터 공격당하는 경우처럼 목숨이 왔다 갔다 하지는 않습니다. 물론 민첩하게 대응해 맹수의 공격을 피할 수도 있지만, 이 비유는 단순한 게임에서 쓰는 전술이나 전략을 배우고 익히도록 북돋지는 못합니다. 조작 비유를 자신의 스타일에 맞게 잘 활용해야 매매로 돈을 벌 수 있습니다.

사람을 딱 보면 매매로 돈을 벌 수 있는지 없는지 판단할 수 있으십니까?

네, 판단할 수 있습니다. 다만 지금까지 논의한 성공하는 트레이더를 특징짓는 항목인 자신감, 지각 필터, 전략, 감정조절 능력, 조작 비유 따위와 얼마나 잘 어울리는지를 토대로 판단할 수 있습니다. 더욱 쉽게 설명하자면 트레이더를 오랫동안 관찰한 결과, 성공 가능성이 가장 큰 사람은 매매하면서 경험을 차근차근 쌓아 실력을 키우는 사람이라고 단순하게 결론지을 수 있습니다. 메뚜기처럼 늘 옮겨 다니면서 이런저런 시스템과 기법을 맛만 보는 바람에 어느 하나도 제대로 익히지 못한 사람은 자신의 실력이 늘지 않는다는 사실을 무의식적으로라도 인정할 수밖에 없습니다. 결국 이런 부류는 6년간 한 가지 기법에만 매달리지 않습니다. 대신 기술을 매년 한 가지씩 겉핥으며 모두 여섯 가지를 시도하지만 어느 하나도 제대로 익히지 못합니다. 반면 탁월한 트레이더들은 어느 기법이든 한 가지에 깊이 파고들어 확실히 자기 것으로 만듭니다.

NLP 전문가들은 의식과 무의식이 어떻게 연관되어 있다고 봅니까?

의식은 현상이나 사물을 되새기는 특징이 있습니다. "나는 지금 내가 바라는 곳에 있나?", "이 매매가 성공할까?" 한마디로 의식은 평가와 연관되어 있습니다. 의식은 어떤 것을 바꾸려는 특징이 없습니다. 제가 콜로라도에 살던 때 겪었던 일을 예로 들겠습니다. 어느 날 아시아에 사는 친구가 저를 찾아왔습니다. 그에게 말을 타러 가자고 제안한 뒤 마구간으로 가 말을 빌렸습니다. 선생님께서는 마구간에서 말을 빌려본 적이 있으신지 모르겠습니다만, 말은 길을 잘 알 뿐만 아니라 자기 등에 올라탄 사람이 말을 탄 경험이 어느 정도인지도 압니다. 저는 말을 타 본 적이 있지만 제 친구는 전혀 없었습니다.

우리가 말에 올라타자 빠르게 걷기 시작했습니다. 한참 밖으로 나가자 앞에 한 줄로 늘어선 나무들이 보였습니다. 말들은 나무에 다가갈수록 더욱더 빨리 달렸습니다. 저는 무슨 일이 벌어지고 있는지 바로 알아챘습니다. 말들은 나무 사이로 달려 우리를 떨어뜨린 뒤 마구간으로 돌아가 하루 종일 쉴 심산이었습니다. 저는 말이 나무 사이를 지나는 순간 머리를 숙였습니다. 그 사이 뒤에서 '쿵' 하고 떨어지는 소리가 들렸습니다. 고삐를 당겨 말을 세우고 뒤돌아보니 제 친구가 굴러 떨어져 있었습니다.

"괜찮아?" 제가 물었습니다.

그가 당황한 듯 말했습니다. "응, 괜찮아."

"어쩌다 이렇게 되었어?" 제가 물었습니다.

"저 멍청한 말이 나무쪽으로 돌진했어. 그래서 뛰어내릴 수밖에 없었어." 그가 답했습니다.

제 친구는 분명 말을 자동차로 착각했습니다. 그는 순간적으로 자동차에 탔다고 의식했습니다. 의식은 말이 가는 방향을 판단했습니다. 말, 즉 무의식은 우리가 원하는 곳으로 가지 않았습니다. 무의식은 지시를 따르지 않거나 나무와 부딪치려는 의도가 없었습니다. 말이 사람들을 떨어뜨리고 마구간으로 돌아가려는 습관대로 움직이듯, 무의식은 과거 경험이나 습관을 토대로 내재된 프로그램을 가장 유리한 쪽으로 작동시킵니다.

NLP 기법을 활용하면 자신이 원하는 곳에 있지 않을 때를 의식이 알아차리게 할 수 있습니다. 이뿐만 아니라 NLP 기술을 이용하면 무의식에 새로운 패턴을 각인시켜 불평하거나 자신이 원하는 위치에 있지 못하는 수천 가지 핑계를 대는 대신, 자신이 바라는 변화를 일으킬 수 있습니다.

▍조금 전 우리는 시간을 내어 목표가 정말 자신이 원하는 것인지 아닌지 살핀 뒤 그 목표를 이루기 위해 온갖 노력을 기울이는 일이 중요하다고 말했습니다. 어떤 사람이 이 방법을 사용할 경우 목표를 실현할 수 있는 가장 좋은 방법에 대해 어떤 조언을 해주시겠습니까?

NLP 훈련 전문가이자 제 친구인 게리 패리스가 겪은 경험을 연결시켜서 설명드리면 가장 좋을 듯합니다. 게리 패리스는 자신이 겪은 흥미로운 사건을 계기로 이 문제를 연구하기 시작했습니다. 게리 패리스는 달리기를 무척 좋아했습니다. 그런데 몇 년 전 캘리포니아 시골길을 달리다 픽업트럭에 치였습니다. 부상이 너무 심해 그를 치료하던 응급실 의사들도 그가 살아날 수 있을지 확신할 수 없었다고 합니다. 하지만 여섯 번이나 해야 하는 수술을 두 차례만 받고 살아났습니다. 의사들은 그가 살아날 수 있었던 이유가 사고를 당하기 전 몸 상태가 매우 좋았기 때문이라고 밝혔습니다. 그렇지만 그가 옛날처럼 정상적으로 걸을 수 없을 뿐만 아니라 결코 달릴 수 없을 것이라고 단언했습니다.

게리 패리스는 그 뒤 2년간 재활 훈련을 받았습니다. 온갖 고통을 이겨내며 몸을 회복시켰습니다. 그 덕분에 지금은 규칙적으로 달릴 뿐만 아니라, 가장 먼저 세운 NLP 기관 중 하나인 NLP 종합 훈련소에서 트레이너로도 일하고 있습니다. 두말할 필요 없이 의사들은 깜짝 놀랐습니다. 의사들은 비슷한 사례의 통계치를 토대로 판단을 내렸던 것입니다. 게리 패리스가 한계를 뛰어넘은 환자라는 사실을 간과한 것이죠.

이 사건을 겪은 직후 게리 패리스는 스포츠 선수 재활훈련에 대해 연구하기 시작했습니다. 그러면서 재활에 성공한 선수들의 공통 특징을 집중 분석했습니다. 특히 이들의 정신 자세를 자세히 살폈습니다. 그 결과 이들을 특징짓는 여섯 가지 정신 자세를 찾아냈습니다.

첫째, 이들은 두 가지 동기를 모두 사용했습니다. 다시 말해 이루려는 동기와 벗어나려는 동기를 모두 활용했습니다. 그리고 이 둘을 엮어 동기를 극대화했습니다.

둘째, 이 선수들은 체력과 건강을 완전히 회복하려고 죽을힘을 다했습니다. 오로지 완벽한 회복만 목표로 삼고 그 이하는 용납하지 않았습니다. 사실 이들 가운데 사고를 당하기 전보다 더 나은 몸 상태를 만들려고 노력한 선수도 많았습니다. 이들은 자신의 능력을 믿었기 때문에 목표를 낮게 잡지 않았습니다. 한마디로 성공할 수 있다는 확신이 강했습니다.

셋째, 이들은 재활 과정을 차근차근 한 단계씩 올라갔습니다. 중상에서 단숨에 회복하려 한다면 극복해야 하는 과정이 막막해 보입니다. 하지만 여러 개로 쪼개면 이루기 쉽습니다. 단계 하나하나가 새로운 목표로 보입니다. 게리 패리스는 걸을 수 있기 전에 먼저 살아남아야 했고 뛰기 전에 걸어야 했습니다. 게리 패리스와 그가 연구한 다른 선수들 모두 각 단계를 마치면서 커다란 성취감을 얻었습니다. 즉 최종 목표에 이르는 길에 놓인 각 이정표에 이를 때마다 뭔가 이뤄냈다는 성취감을 얻을 수 있었습니다.

넷째, 재활에 성공한 선수들은 현재에 초점을 두었습니다. 다시 말해 당장 하고 있는 일에 몰두함으로써 어렵지 않게 성공할 수 있었습니다. 만약 너무 먼 미래에 초점을 두었다면 최종 목표를 달성할 수 있을지 의심하면서 포기했을지도 모릅니다.

다섯째, 자신이 직접 참여했습니다. 염증이 생긴 부위에 얼음을 올려놓는 행위처럼 작은 일에 직접 참여할수록 더욱더 빠르고 완벽하게 회복했습니다. 자신이 관여하면 직접 영향을 끼칠 수 있다는 느낌이 들 뿐만 아니라 더욱더 굳은 각오로 노력하게 됩니다.

여섯째, 자신의 성과와 발전에 초점을 두었습니다. 사람들은 남과 비교하려는 경향이 있습니다. 이런 특징은 어릴 때부터 생긴 뒤 나이가 들면서 습관으로 굳어집니다. 재활 치료를 받는 선수들이 남과 비교하는 습관에 젖어들면 결코 좋지 않습니다. 이들은 부상당한 상태이기 때문에 남과 비교하면 침울해질 수 있기 때문입니다. 성공적으로 재활한 선수들은 오로지 자신이 얼마나 나아졌는지에만 집중합니다. 한마디로 자기 자신과만 비교합니다. 그러면서 이렇게 자문합니다. "지난주나 저번 달에 비해 얼마나 발전했지?"

이와 같은 맥락에서, 아이들에게 자기 자신과 비교하는 습관을 들이도록 가르친다면 이는 정말 멋진 선물을 주는 것과 같습니다. 중요한 것은 자기 자신의 발전이기 때문입니다. 자신과 비교하는 습관을 들이면 타인의 성공을 시기의 눈으로 바라보지 않고, 오히려 찬사도 보내고 모범으로 삼을 수 있습니다.

이 여섯 가지 요소를 묶으면 강한 성취 동기가 생깁니다. 추가로 연구한 결과, 이 여섯 가지 핵심 특징은 모든 형태의 긍정적 태도에 적용될 수 있다는 사실을 발견했습니다. 운동선수든 기업가든 경영자든 자신의 능력을 더욱 강하게 믿을수록 이 여섯 가지 요소를 더욱더 잘 활용했습니다.

▌선생님께서는 NLP와 트레이딩에 깊이 관여하셨습니다. 이 두 분야에 비슷한 점이 있습니까?

트레이딩과 NLP는 거울에 비친 모습처럼 아주 비슷합니다. 트레이딩하면서 가격 패턴을 분석하듯 NLP를 연구하면서 사고 패턴을 찾습니다. 두 가지 모두 이론이 아닌, 손에 잡히는 결과를 다룹니다. 트레이더는 멋지고 복합한 시장 이론이 아니라 계좌에 쌓인 돈으로 평가받습니다. 마찬가지로 NLP 전문가들은 뇌가 작동하는 독창적이고 통찰력 있는 이론이 아닌, 살면서 이루려는 변화를 얼마나 빨리 얻는지 여부로 평가받습니다. NLP가 인간의 성공 모델을 찾는 데 초점을 두듯 트레이딩은 수익을 올리는 데 필요한 행동에 초점을 둡니다. 오로지 소수만 트레이딩으로 돈을 벌 수 있기 때문입니다. 제가 NLP와 트레이딩에 이끌린 이유는 두 가지 모두 실제 결과와 성공에 초점을 두기 때문입니다.

NLP 요법이 효과가 있을까? 이 문제에 대한 내 사견은 한 예에 불과하기 때문에 그리 중요하지 않다. NLP의 효험을 뒷받침하는 이야기는 분명 수없이 많다. 하지만 철저하고 엄격한 과학적 테스트는 아직 많이 실시되지 않았다. 정교한 과학적 실험을 거친 증거가 부족한 까닭은 분명 주로 감정과 믿음을 다루는 NLP 치료 결과를 측정하기 매우 어렵기 때문이다. 그렇지만 NLP는 빠른 결과만큼은 보장한다. 그래서 책이든 테이프든 세미나든 일대일 미팅이든 어느 한 가지라도 접해보면 이 방법이 얼마나 유용한지 바로 확인할 수 있다.

NLP의 폭넓은 장점은 차치하더라도 찰스 포크너가 전하려는 메시지는 아주 의미가 크다. 먼저 미션이라는 개념은 동기를 부여하고 목표에 집중하는 데 매우 쓸모 있다. 나는 찰스 포크너가 녹음한 테이프를 들은 뒤 상품자문업을 더욱더 열정적으로 추진할 수 있었을 뿐만 아니라, 실제 그 분야에서 많은 발전도 이루었다. 더불어 찰스 포크너가 제시한 성공에 이르는 여섯 가지 핵심 단계는 매우 유용하다고 생각한다.

첫째, 이루려는 동기와 벗어나려는 동기를 모두 사용하라.
둘째, 능력을 최대한 활용할 수 있도록 목표를 높이 세우고, 그 이하는 용납하지 마라.
셋째, 달성하기 어려워 보이는 목표를 여러 단계로 쪼개라. 각 단계를 넘어설 때마다 만족감을 얻을 수 있다.
넷째, 오로지 현재에만 집중하라. 먼 목표 대신, 당장 눈앞에 보이는 일에 몰두하라.
다섯째, 목표를 이루는 데 자신이 직접 참여하라(남에게 의지하지 마라).
여섯째, 남과 비교하지 말고 자신이 이룬 성과에만 초점을 두어라.

위 단계는 매매에도 그대로 적용될 수 있다. 예를 들어 자신이 직접 참여하라고 강조한 점은, 다른 사람이 만든 시스템에 전적으로 의존하는 사람은 성공할 수 없다는 점을 암시한다. 또 자신의 성과에만 초점을 두라는 것은 트레이더가 자신의 발전을 남과 비교해 판단하지 말고 자신의 과거 성과와 비교해 결정하라는 교훈을 암시한다.

찰스 포크너가 묘사한 탁월한 트레이더의 이미지는 우리가 흔히 접하는 이미지와는 정반대다. 많은 사람은 위대한 트레이더가 아드레날린이 일으키는 흥분에 이끌려 모험을 감수하는 금융업계의 이블 크니블(모터 사이클 장애물 점프로 유명한 스턴트맨이다) 같다고 생각한다. 하지만 찰스 포크너는 전혀 그렇지 않다고 강조한다. 탁월한 트레이더는 위험을 무리하게 감수하지 않고 피하는 법을 배운 사람들이다. 더욱이 흥미를 위해 매매하는 사람은 거의 없다. 찰스 포크너는 성공한 트레이더들은 매매할 때 평정심과 초연함을 유지한다는 사실을 밝혀냈다. 이들도 살면서 재미를 추구하지만 트레이딩이 아닌 다른 분야에서 찾는다.

찰스 포크너가 던진 메시지는 매매뿐만 아니라 다른 여러 분야에도 적용될 수 있다. 사람들 대부분 찰스 포크너가 한 조언과 NLP 기법을 되새김으로써 성공의 참뜻을 찾을 수도 있다. 그가 수많은 나이 든 환자를 만나 밝혀낸 내용은 내게 정말 충격으로 다가왔다. "자신들이 이룬 일을 크게 후회한 사람은 아무도 없었습니다. 그렇지만 하지 않은 일은 못내 아쉬워했습니다."

Chapter 22

잠재의식의 기능

로버트 크라우츠(Robert Krausz)

나는 트레이딩에 관심이 많은 사람이 쓴 기고문을 주로 싣는 〈클럽 3000〉을 통해 로버트 크라우츠라는 이름을 처음 접했다. 이 잡지에는 영국 최면술사 심사협회 회원인 로버트 크라우츠가 녹음한 잠재의식에 관한 테이프 내용을 듣고 투자 성과를 엄청나게 개선시켰다는 한 트레이더의 이야기가 실려 있었다. 이를 읽고 로버트 크라우츠가 어떤 인물인지 궁금해졌다.

로버트 크라우츠의 삶은 찰스 디킨스와 비슷한 면이 많았다. 그는 2차 세계대전이 한창일 무렵 헝가리 유태인 집단수용소에서 어린 시절을 보냈다. 여덟 살 때 친구와 함께 집단 처형장으로 끌려가던 중 경비병이 한눈을 파는 사이 반대쪽 숲으로 몰래 도망쳤다. 하지만 갈 곳이 마땅치 않아 할 수 없이 다시 수용소로 돌아와 전쟁이 끝날 때까지 그곳에 머물렀다. 로버트 크라우츠는 전쟁 후 오랫동안 고아원을 떠돌다 마침내 남아프리카공화국에 있는 어느 고아원에 자리 잡았다. 그런데 그곳에서 자신을 좋아해주는 다이아몬드 업계의 거물을 만나게 되었다. 이 거부는 일요일마다 고아원에 와서 그를 데리고 나가 하루 종일 시간을 보냈다. 그러는 사이 서로 친해져 결국 입양까지 하기에 이르렀다. 끔찍한 전쟁을 겪은 어린 고아는 결국 남아프리카공화국 거부의 아들로 다시 태어났다.

로버트 크라우츠는 뼈아픈 전쟁을 치른 뒤 이스라엘을 열렬히 지지하게 되었다. 더욱이 나이가 들면서 조국에 충성해야 한다는 생각도 더욱더 굳어졌다. 하지만 남아프리카공화국에 사는 유대인들이 이스라엘 군대에 들어가야 한다고 적극 주장하면서도, 정작 자신은 머뭇거리며 위선적 태도를 보였다. 결국 자신의 이중적 태도에 괴로워하다 입대하기로 결심했다. 사랑하고 존경하는 아버지의 끈질긴 반대를 물리치고 끝내 이스라엘 군에 들어가 1956년 2차 중동전쟁 때 공수 특전사로 근무했다. 하지만 사회주의 색채를 띤 이스라엘 경제에 회의를 느낀 나머지 영국으로 이민을 결정했다.

런던으로 옮긴 로버트 크라우츠는 예술적 기질을 발휘해 디자이너의 길을 걷기 시작했다. 젊은이들의 패션 중심지인 카너비 거리가 활기를 띠고 비틀스가 한창 인기를 끌던 시절에 직접 옷을 디자인하기도 했다. 그 뒤 사업을 확장해 스스로 디자인한 천 무늬와 옷을 외국에 보내 생산한 뒤 완제품을 다시 수입했다. 사업차 여러 해 동안 극동지방 이곳저곳을 돌아다니기도 했다. 사업이 꽤 번창했지만 트레이딩에 점점 이끌려 진로를 바꾸게 되었다. 결국 1988년 초 사업을 접고 미국으로 옮겨 전업 트레이더로서 첫발을 내딛었다.

로버트 크라우츠는 수익을 얼마나 올렸는지 밝히기 꺼렸다. 대신 충분히 먹고살 만큼 벌었다고만 했다. 그는 트레이딩에 대해 말할 때에는 활기가 넘쳤다. "매매는 세상에서 가장 멋진 직업입니다. 이보다 흑백이 확실한 직업이 없거든요. 옳았는지 틀렸는지가 분명하니까요. 매매 성과가 순전히 자신의 능력에 달려 있다는 점도 마음에 듭니다." 그는 자신 있는 어조로 이렇게 말했다(이 말을 내뱉는 순간에도 그가 검은 바지와 하얀 셔츠를 입고 있었다).

인터뷰는 포트로더데일에 있는 그의 집에서 진행했다. 그는 친절하면서도 솔직했다. 한사코 공항까지 직접 마중 나오겠다고 했을 뿐만 아니라 자기 집

옆에 딸린 별장에서 하룻밤 머물도록 배려까지 했다.

하루 종일 이어진 인터뷰는 여러 단계를 거쳐 진행했다. 남아프리카 특유의 억양은 옛 이야기에 색다른 묘미를 더했다. (이에 익숙하지 않은 미국인 귀에는 영국 말투로 들렸을 것이다.) 테라스에 앉아 인터뷰를 시작했다. 그곳에서는 뒤편에 인접한 수로와 열대보호림이 내다 보여 정말 멋졌다. 하지만 플로리다 겨울바람이 점점 더 차갑게 느껴져 결국 안쪽 작업실로 자리를 옮겼다. 금융 업계의 점성술사로 유명한 아내와 함께 사용하는 작업실은 집 너비만큼 길어 한쪽은 바다가, 다른 한쪽은 수로와 보호림이 내다보였다. 부부는 각자 좋아하는 쪽을 골라 반씩 나눠썼다.

작업 테이블이 손으로 직접 그린 가로 90센티미터, 세로 60센티미터 차트로 덮여 있는 모습으로 미루어 그가 차트 분석 전문가라는 사실을 알 수 있었다. 하지만 그 차트는 날짜나 시간을 세로축에 표시하는 보통 차트와는 달랐다. 시메트릭스라는 기법을 사용하여 가격을 표시하는 봉의 넓이가 서로 달라지도록 했다. W. D. 갠의 첫 제자인 조 론디논이 개발한 이 방법은 가격과 시간이 서로 대칭을 이룬다는 가정에 기반을 두고 있다.

잠시 인터뷰를 멈추고 저녁식사를 했다. 로버트 크라우츠가 헝가리 요리만큼이나 매매를 잘했다면 아마 떼돈을 벌었을 정도로 음식이 훌륭했다.

▌선생님께서는 트레이더 전문 최면 치료사가 되려면 반드시 매매 경험이 있어야 한다고 말씀하셨습니다. 트레이딩과 최면술 가운데 어느 것을 먼저 하셨습니까?

저는 트레이딩을 계기로 최면술까지 배웠습니다. 매매는 1979~1980년 금가격이 상승할 때 처음 시작했습니다. 그때는 트레이딩한다고 생각했지만 사실은 착각이었습니다. 트레이딩이 아니라 유치한 수준의 형편없는 투기에 불과했습니다.

▎그때 어떤 계기로 트레이딩을 시작했습니까?

1979년 금 강세장 때 〈파이낸셜 타임스〉가 '금 최고가 경신'이나 이와 비슷한 제목을 단 기사를 이삼일마다 토해냈습니다. 그래서 되풀이되는 금 이야기에 끌렸습니다. 그즈음 금 투자로 돈을 꽤 많이 번 친구가 있었습니다. 어느 날 저녁 그와 식사를 함께 했어요. 자신이 금 전문가라고 착각하던 그 친구가 금시장에 대해 일장 연설을 늘어놓았습니다. 나중에 알고 보니 그는 매매를 전혀 모르는 초보였습니다. 그 친구가 말했습니다. "로버트, 넌 참 바보구나. 일주일 내내 새벽부터 밤늦게까지 고생하지만, 하루 몇 시간밖에 일하지 않는 나보다도 못 버는구나. 그러니 둘 중 누가 더 낫겠니?"

　친구에게 브로커의 연락처를 받은 뒤 계좌를 열었습니다. 그 뒤 끔찍한 일이 벌어졌습니다. 첫 매매에서 큰돈을 번 뒤 두 번째에서도 수익을 거두었습니다. 세 번째에서는 이익도 손실도 없었습니다. 네 번째에서는 수익을 올렸지만 다섯 번째에서는 번 돈을 모두 토해냈습니다. 그런 뒤 여섯 번째에서는 이전에 거두었던 수익을 모두 더한 금액보다 더 많이 손해를 봤습니다. 시장이 약세로 돌아선 줄도 모르고 덤벼들었다가 자본금보다 훨씬 더 많은 돈을 날렸습니다.

▎한마디로 줄곧 마진콜을 당하셨군요.

그렇습니다. 계좌에 돈을 계속 채워야 했습니다. 그러면서 이렇게 생각했습니다. "시장이 곧 방향을 바꿀 거야. 틀림없이 반등할 거야." 하지만 시장은 결코 돌아서지 않았습니다.

▎결국 언제 포기하셨습니까?

정해놓은 손실 수준이 있었습니다. 의류회사 지분 50퍼센트를 들고 있던 저는 손해를 보더라도 사업에는 결코 지장을 주어서는 안 된다고 생각했습니다. 손실이 제가 정한 수준에 이르렀을 때 두 손을 들고 나왔습니다. 큰돈을 날려 마음이 아팠지만 자존심에 커다란 상처를 입어 더더욱 괴로웠습니다. 저는 그때까지 어느 사업이든 실패한 적이 없던 꽤 성공한 사업가였기 때문입니다. 정말 멍청이처럼 투자했다는 사실이 믿기지 않았습니다.

▎**매매를 할 때 스스로 결정을 내리셨나요? 아니면 브로커 말을 믿고 투자하셨나요?**

으음, 그 브로커는 제게 정말 '좋은' 정보를 주었습니다. 나중에 알았지만, 사실 그는 저보다도 몰랐습니다. 그렇지만 늘 저는 제 행동에 책임을 집니다. 그때에도 예외는 아니었습니다.

▎**선생님을 꾀어 금에 투자하도록 한 친구는 결국 어떻게 되었습니까?**

그는 끝까지 고집을 버리지 않았습니다. 그러다 끝내 쫄딱 망하고 말았습니다.

▎**매매로 돈을 잃은 뒤 그 실수 때문에 줄곧 괴로움에 시달리셨습니까?**

저는 오래 전부터 과거 실수에 얽매이면 정말 좋지 않다는 사실을 잘 알고 있었습니다. "그렇게 하지 말았어야 했어"라며 옛 실수를 계속 되뇌면 다람쥐 쳇바퀴 돌듯 발전이 없습니다. 그러면 결국 부정적 메시지가 머릿속에 남아 행동을 바꾸기가 매우 어려워집니다.

돈을 날린 직후 저는 시장이 어떻게 돌아가는지 철저히 파고들든지, 아니면 두 손 털고 시장을 떠난 뒤 다시는 돌아보지 않든지 정해야 한다고 생각했습니다. 저는 도전을 피하는 성격이 아니었기 때문에 결국 시장을 제대로 분석해야겠다고 마음먹었습니다.

그즈음 저는 사업차 먼 극동지역을 자주 다녀야 했습니다. 사실 그 지방은 잘 몰랐기 때문에 여행 중에 딱히 갈 곳이 없어 여유가 많았습니다. 남는 시간을 이용해 시장에 관한 책을 탐독했습니다. 금 시세도 날마다 살피기 시작했습니다. 심지어 함께 일하는 직원에게 부탁해 금 시가와 종가, 고가와 저가를 매일 텔렉스로 보내라고까지 했습니다. 책을 닥치는 대로 읽으면서 새로 나온 기술적 분석에 대한 책은 모조리 구해 열독했습니다. 그러던 중 제목이 확 눈에 띄는 찰스 드러먼드가 쓴 《상품시장에서 떼돈 버는 법》이라는 책을 읽었습니다. 분석 방법이 다른 책과 꽤 달랐습니다. 그 책은 포인트 라인 차트 분석이라는 독특한 기법에 대한 설명으로 가득했습니다. 내용이 그럴듯해 보여 이를 더욱 자세히 다룬 두 번째 책도 샀습니다.

얼마 뒤 이 포인트 라인 차트 기법을 익힌 뒤 다시 매매에 뛰어들었습니다. 하지만 매매할 때마다 주저했습니다. 손실에 대한 두려움이 되살아났기 때문입니다. 그즈음 저는 찰스 드러먼드와 접촉하기 시작했습니다. 만남 초기에는 주로 그가 소개한 기법에 대해 물었습니다. 그에게 텔렉스를 보내 매매 의사결정을 내리기 어렵다고 밝혔더니 이런 답변이 돌아왔습니다. "당신은 '얼어붙음' 증상을 겪고 있습니다. 이는 순전히 정신적 문제입니다."

그 당시 저는 대기업을 운영하는 지인을 만날 기회가 있었습니다. 아주 침울해 보이는 그를 보고 이유를 물었습니다. 그는 아내와 이혼할 지경에 놓였을 뿐만 아니라 사업도 엉망이라고 털어놓았습니다. 3주 뒤 동네 레스토랑에서 그와 우연히 마주쳤습니다. 그런데 놀랍게도 아주 쾌활하게 웃으며 떠들고 있었습니다. 그가 어떻게 갑작스럽게 바뀌었는지 정말 궁금했습니다. 이튿날 점심을 함께 하는 자리에서, 그가 최면요법 전문가를 찾아간 뒤 활기찬 삶을 되찾은 이야기를 들려주었습니다. 저는 최면 전문가의 전화번호를 받았고, 그를 찾아가 매매할 때 망설이는 문제를 상담하기로 마음먹었습니다.

첫 상담 때에는 찰스 드러먼드가 쓴 책을 들고 갔습니다. 그 최면요법 전문가가 제 책을 주욱 넘겨본 뒤 외쳤습니다. "헉, 모두 일본어로 쓰여 있잖아요!" 그는 잘 모르면 늘 이렇게 농담했습니다. 물론 그는 매매를 전혀 알지 못했습니다.

■ 그가 트레이딩을 잘 알지 못한 점이 문제가 되었습니까? 아니면 그와 상관없이 최면요법이 쓸모 있었나요?

물론 쓸모 있었습니다. 상담을 받은 뒤에는 바로 실력이 늘어 적어도 손해는 보지 않았습니다. 제 스스로 많이 발전했다고 생각했습니다. 매매할 때마다 여전히 조금씩 망설였지만 '얼어붙음' 증상도 사라졌습니다. 이 최면요법에 크게 매료된 저는 직접 최면요법 전문가가 되기 위한 방법을 찾기 시작했습니다. 마침내 영국 최면술사심사협회에 이를 가르치는 과정이 있다는 사실을 알아낸 뒤 바로 초급 과정에 등록했습니다.

■ 어느 정도 과정이었나요?

2주 남짓 이어지는 과정이었습니다.

■ 그 과정만 마치면 전문 치료사가 될 수 있습니까?

물론, 아닙니다. 사실 초급 과정에서는 꽤 간단한 기본 기술만 가르칩니다. 이듬해에는 일주일에 한 번씩 존 크로스 교수를 찾아가 실습을 받았습니다. 얼마 뒤 그는 자신이 지켜보는 자리에서 제가 직접 환자들을 치료하도록 했습니다. 그 뒤 저는 고급 과정까지 마치고 협회가 주관하는 자격시험을 치렀습니다.

■ 처음 치료한 고객에 대해 말씀해주십시오.

첫 고객은 성적을 올리려고 찾아온 학생이었습니다. 처음이어서 꽤 긴장했지만 다행히도 그는 쉽게 최면에 걸리는 스타일이었습니다.

■ 최면에 걸릴 수 있는 사람은 몇 퍼센트 정도입니까?

대략 85퍼센트입니다. 통념과는 달리 똑똑하고 창의력이 뛰어난 사람들이 가장 최면에 걸리기 쉽습니다.

▌그렇다면 그 85퍼센트에 해당하는 사람들이 최면요법의 도움을 받으면 생각과 행동을 바꿀 수 있다고 보십니까?

정신이 맑은 상태에서, 하지 않는 행동을 하라고 요구하지만 않으면 가능합니다.

▌그러면 어떻게 최면술사가 관객을 무대 위로 불러 바로 최면을 걸 수 있나요?

속임수가 있습니다. 무대 위로 나오겠다고 자청하는 관객은 남 앞에 나서기 좋아하는 사람들입니다. 이들은 십중팔구 연예 쪽에 재능은 있지만 이를 드러낼 기회를 갖지 못해 틈만 나면 끼를 드러내고 싶어 하는 사람들입니다. 최면술은 의식이 내리는 행동 제어가 힘을 쓰지 못하도록 함으로써, 숨은 기질을 밖으로 불러내는 기술일 뿐입니다. 선천적으로 수줍음을 많이 타는 사람은 좀처럼 최면에 걸리지 않습니다.

▌정말로 최면에 걸렸는지, 아니면 최면에 걸린 듯 거짓 행동을 하는지 어떻게 알 수 있습니까?

이를 구분할 수 있는 방법은 수없이 많습니다. 예를 들어 어떤 사람에게 최면을 시도한 뒤 팔이 단단한 쇠로 만들어졌다고 말하면서 수평으로 들어 올리라고 지시합니다. 정말로 최면에 걸렸다면 아무리 세게 잡아당겨도 팔을 내릴 수 없습니다. 최면에 걸린 사람이 허약해도 결과는 똑같습니다.

▌초창기 시절, 매매 문제를 호소하는 트레이더를 치료한 사례 중 기억에 남는 것이 있습니까?

최면요법이 정말 잘 통했다고 믿었던 사례가 있었습니다. 하지만 그 트레이더는 실적이 하루아침에 개선되지는 않았습니다. 저는 오랜 세월이 지나고 나서야 최면요법이 아주 잘 먹히는 트레이더가 있는가 하면, 그렇지 못한 트레이더가 있다는 사실을 깨달았습니다.

❙ 서로 다른 이유는 무엇입니까?
깨어 있는 상태에서 보기에 만족스러운 백 테스트를 제대로 한 효과적인 매매 기법을 익힌 트레이더들이 있습니다. 이들에게는 최면요법이 유용한 경우가 많습니다. 최면 치료사가 하는 일은 의식 상태에서 좋게 보이는 효과적인 매매 기법을 자신이 숙달했다는 사실을 잠재의식이 알도록 하는 것뿐입니다.

❙ 하지만 먼저 실력이 일정 수준까지는 올라와 있어야 하겠죠.
물론입니다. 초보가 최면요법으로 뛰어난 트레이더로 거듭날 수 있기 바란다면, 이는 체스를 처음 두는 사람이 최면 치료를 받아 하루아침에 체스 명인이 되려는 요행과 같습니다. 최면요법의 도움을 받으려면 어느 정도까지는 실력을 미리 끌어 올려놓아야 합니다.

❙ 선생님께서는 최면요법으로 돈을 잃는 투자자에서 수익을 올리는 트레이더로 변신할 수 있었습니다. 다른 분야에서도 최면요법이 쓸모 있었나요?
최면요법을 배운 덕분에 실체를 보는 눈까지 바뀌었다고 생각합니다.

❙ 어떤 식으로 변하셨나요?
제가 전혀 몰랐던 잠재의식이라는 세계도 있다는 사실을 알았습니다. 무의식이 의식을 이길 힘이 있다는 사실도 깨달았습니다. 물론 요즘에는 꼭 그렇게 여기지는 않습니다. 대신 의식과 무의식이 서로 조화를 이루어야 한다고 생각합니다. 의식과 무의식이 서로 어긋나지 않을수록 더욱더 쉽게 이길 수 있습니다. 하지만 계속 승리하려면 잠재의식 속에는 다음의 한 가지 믿음은 꼭 있어야 합니다. 즉 자신이 승리의 기쁨을 누릴 자격이 충분하다는 사실을 확신해야 합니다.

■ 트레이더들이 돈을 잃는 이유는 그런 믿음이 없기 때문입니까?

아무렴요. 그렇고말고요.

■ 어떻게 그렇게 자신 있게 말씀하실 수 있죠?

그런 경우를 수도 없이 봐왔기 때문입니다.

■ 익명을 전제로 예를 하나 들어주시겠습니까?

몇 년 전, 30년 넘게 아주 뛰어난 실적을 올린 트레이더를 치료해준 적이 있습니다. 꾸준한 성과를 올리던 그가 느닷없이 한 달 동안 수십만 달러나 잃었습니다. 저를 찾아왔을 때에는 이미 큰돈을 5개월 연속 잃은 상태였습니다. 그가 손실을 기록하기 시작한 때는 젊디젊은 아내가 떠난 시점과 맞아떨어졌습니다. 저는 결별이 그의 잘못이 아니라 아내의 사랑이 깊지 않았기 때문도 아니라는 사실을 깨닫도록 도와주었습니다. 그는 도움을 받자마자 매매 성과가 엄청나게 개선되었습니다. 딱 사흘이 지나자 더 이상 돈을 잃지 않았습니다. 또 사흘이 지난 뒤부터는 수익을 올리기 시작했습니다. 수익을 거두기 시작했을 때 그를 다시 불러 최면을 건 뒤 물었습니다.

"매매 기법을 바꿨습니까?"

"아니오." 그가 대답했습니다.

"이제 자신 있습니까?" 제가 또 물었습니다.

"네." 그가 단호하게 말했습니다.

"성과가 개선된 까닭이 무엇이라 생각하십니까?" 제가 캐묻자, "크라우츠 씨, 이제는 제가 이길 자격이 충분하다고 생각합니다"라고 답했습니다.

■ 그가 돈을 잃었던 때에는 왜 승리할 자격이 없다고 느꼈을까요?

바로 제가 던지려던 질문이네요. 그는 분명 파경 원인이 자신이 팔팔한 젊은이만큼 아내를 성적으로 만족시켜주지 못했기 때문이었다고 믿었습니다. 잠재의식 속에 아내를 실망시켰다는 생각이 숨어 있던 탓에, 손실을 기록하면서 자신을 혼내고 있었습니다. 그는 남편으로서 능력이 없기 때문에 더 이상 돈 벌 자격도 없다고 여겼던 것이지요.

트레이더들이 돈을 잃는 이유가 자신들이 그럴 자격이 없다고 여기기 때문이라는 뜻인가요?

아닙니다. 이길 자격이 없다고 생각한 탓에 돈을 잃는 사람도 있지만, 훌륭한 트레이더가 갖춰야 할 기본 기술을 제대로 익히지 않아 손실을 기록하는 트레이더가 더 많습니다.

기본 기술에는 무엇이 있습니까?

첫째, 분석 기법을 숙달해야 합니다. 둘째, 이 기법에서 합당한 매매 계획을 뽑아내야 합니다. 셋째, 세운 계획에 맞는 자금관리 기법을 개발해야 합니다. 넷째, 충분히 긴 기간을 대상으로 백 테스트해야 합니다. 다섯째, 계획을 지킬 수 있도록 훈련해야 합니다. 세상에서 가장 좋은 계획도 제대로 실행하지 않으면 아무짝에도 쓸모없습니다.

매매 실적을 올리려고 찾아오면 보통 어떻게 시작하십니까?

먼저 서른 가지 질문에 답하도록 합니다. 오로지 매매 기법을 제대로 익혔는지 알아보기 위해서입니다.

매매 기법 하나도 제대로 익히지 못했다면 어떻게 하십니까?

딱 잘라 말합니다. "댁으로 돌아가 매매 기법부터 익히세요. 그런 뒤에도 도움이 필요하면 그때 다시 오세요." 최면요법은 만병통치약이 아닙니다. 매매 기법과 계획이 없으면 세상에서 가장 뛰어나다는 최면술사도 아무런 도움을 주지 못합니다.

▌그렇게 되돌려 보내는 경우가 자주 있습니까?

드물지는 않습니다. 도움을 받으러 오는 사람들은 주로 꽤 분석도 하고 이미 매매 계획도 있는 트레이더들입니다. 하지만 과거에 쓴 기법으로 돈을 계속 잃어 아픈 기억이 사무친 경우가 있습니다. 이 경우에는 잠재의식이 새로운 매매 기법을 받아들이려 하지 않기 때문에 이를 고쳐야만 합니다.

▌새로운 기법을 사용하지 못하도록 잠재의식이 방해한다는 뜻인가요?

맞습니다. 손실을 기록할 때마다 이 경험이 잠재의식 속에 각인됩니다. 손실이 크면 클수록 경험이 더욱더 깊이 인식되고 아픔도 더욱더 사무칩니다. A라는 기법으로 매매했는데 돈을 잃었다고 가정해봅시다. 그 뒤 1~2년간 쉬었다고 가정해보죠. 온갖 연구와 테스트를 거쳐, 의식이 정말 쓸모 있다고 여기는 B라는 기법을 개발했다고 합시다. 하지만 이전의 A기법으로 겪은 손실의 아픔이 잠재의식 속에 깊이 각인된 탓에, 새로운 기법으로 매매하려 할 때마다 아드레날린이 분비되어 두려움을 느끼도록 합니다. 실제 매매 의사결정을 내리려는 순간에 얼어붙기까지 하는 사람도 있습니다. 이는 제가 쓰라린 고통을 겪은 뒤 다시 매매하려 했을 때 나타났던 '얼어붙음' 증상입니다.

새로운 기법을 충분히 백 테스트하고 효과적인 매매 계획까지 세웠다면, 의식은 그 효력을 이미 잘 압니다. 올바른 조치를 방해하는 것은 바로 자신의 잠재의식입니다. 새로운 방법이 효과가 있으니 과거에 사용하던 기법은 잊어야 한다고 잠재의식에 확실하게 확신을 주지 않는 한 이 증상은 지속됩니다.

▌어떻게 하면 잠재의식이 새로운 기법을 받아들이도록 할 수 있습니까?

돈을 잃었던 쓰라린 기억을 지운 뒤, 행복하고 자신에 찬 성공한 트레이더 모습을 보여주면서 아름다운 색으로 새로운 그림을 그려야 합니다. 최면을 활용한 이완 기법으로, 비판하려는 의식을 지나쳐 잠재의식에 직접 다가가야 합니다. 이완상태나 최면은 수면상태가 아니라 의식이 있는 상태입니다. 잠재의식은 비판하려는 기질이 없기 때문에 새로 입력되는 내용을 사실로 받아들입니다. 이제 더 이상 과거의 두려움은 없으며 충분히 검증된 믿을 만한 계획이 있다고 잠재의식에 인식시키면, 잠재의식은 이를 새로운 사실로 받아들이기 시작할 것입니다. 의식이 잘할 수 있다고 아무리 우겨도 이를 잠재의식이 완전히 받아들이지 않는 한 뛰어난 매매 성과를 거둘 수 없습니다.

▌트레이더가 되겠다고 찾아왔는데, 최면을 걸어보니 사실은 트레이더가 되고 싶지 않은 것으로 드러난 경우도 있었습니까?

물론입니다. 이런 일은 놀라우리만큼 규칙적으로 생깁니다. 돈을 잃음으로써 자신을 학대하려는 사람들도 있습니다. 물론 잠재의식 속에서 일어나는 일입니다. 다른 사람에게 실제로 또는 속으로 잘못했으니 자신을 처벌해야 한다고 느끼는 사람도 있습니다. 이를 자살로 해결하는 사람도 있고, 일부러 일을 제대로 하지 않는 방식으로 푸는 사람도 있습니다. 매매로 돈을 잃는 방식으로 처리하는 사람도 있습니다. 이들 모두 그렇게 행동하면 안 된다는 사실을 누구보다도 잘 알면서 이 같은 어리석은 선택을 합니다.

간단히 말해, 매매를 해서는 안 되는 사람이 있습니다. 이들에게 최면을 걸어보면 매매가 편하지 않다는 사실을 알 수 있습니다. 한마디로 적성과 어울리지 않는다는 뜻입니다. 이런 결과가 나온 사람들에게는 최면상태에서 벌어졌던 일을 모두 알려주며 이렇게 말합니다. "결과가 이렇게 나왔습니다. 죄송합니다만 도와드릴 수 없네요. 매매할 생각일랑 하지 마시고 가족을 위해서라도 다른 일을 찾아보세요."

▌이런 사람들에게 매매를 그만두라고 하면 주로 어떻게 반응합니까?

말도 안 된다는 식으로 반응합니다. 폭력을 쓰며 협박까지 하는 사람도 있었습니다. 매매를 그만두라고 말을 듣고 "머리통을 부숴버리겠어!"라고 윽박지른 사람까지 있었습니다.

▌더 이상 매매하지 말라고 조언한 사례를 좀 더 자세히 말씀해주실 수 있으신지요?

아내를 지독히 미워했지만 이혼할 용기가 없던 사람이 있었습니다. 얄궂게도 그를 제게 보낸 사람은 그의 아내였습니다. 꽤 성공한 전문 직업인이었던 그는 매매로 2년 내내 돈을 잃었습니다. 최면을 걸어 확인해보니 그는 자신의 딜레마를 극복하는 유일한 방법이 아내가 제 발로 떠날 수 있도록 찢어지게 가난하게 만드는 길뿐이라고 생각하고 있었습니다. 그에게는 매매로 돈을 잃는 전략이 그럴듯해 보였습니다. 직업인으로서는 워낙 뛰어났기 때문에 직업적으로 자신을 나쁘게 보일 방법은 찾지 못했던 것입니다. 그래서 매달 일로 번 돈만큼 원자재시장에서 잃었습니다.

▌이는 모두 그가 최면상태에서 실토한 내용입니까? 아니면 선생님께서 내린 해석입니까?

그에게 최면을 건 상태에서 단도직입적으로 물었습니다. "아내를 골탕 먹이려는 거죠? 매매로 돈을 잃으면 아내가 떠날 것이라 생각하나요?"

그가 외쳤습니다. "맞아요."

▌그가 최면상태에서 대답한 내용입니까?

물론입니다. 하지만 깨어났을 때에는 최면상태에서 말한 내용을 끝까지 부인했습니다.

▌이 사람은 정말 매매하고 싶어 하는 사람이었습니까?

매매를 하고 싶어 했을 뿐만 아니라 자신은 꼭 매매를 해야 한다고도 생각했습니다. 그가 단연코 말했습니다. "매매를 사랑합니다. 제가 하고 있는 일보다 더 좋아합니다."

▎기억에 남는 특이한 사례가 또 있습니까?

제가 런던에 있을 때 우스꽝스러운 일을 겪은 적이 있습니다. 어느 날 한 남자가 찾아와 이렇게 물었습니다. "크라우츠 씨, 선생님에 대해 좋은 말씀 많이 들었습니다. 도움받을 수 있을지 모르겠지만, 혹시 트레이더의 아내도 치료하신 적이 있으신지요?"

"이번이 처음입니다. 하지만 치료할 수 있다고 생각합니다." 제가 솔직히 말했습니다. "무엇이 문제입니까?"

그가 속사정을 털어놓았습니다. "제 브로커가 날마다 잔고통지서를 보내줍니다. 그런데 저는 통지서를 받아본 적이 한 번도 없습니다. 아내가 훔쳐가기 때문입니다."

"아내가 훔쳐간다는 말이 무슨 뜻입니까?" 제가 의아해 물었습니다.

"우편물을 슬쩍 빼돌립니다." "제가 받아보지 못하도록 아내가 미리 집배원을 만나 가로챕니다. 처음에는 무슨 일이 벌어졌는지 몰랐습니다. 나중에 브로커에게 전화해 잔고통지서를 왜 보내주지 않느냐고 따졌습니다. 하지만 그는 통지서를 매일 보낸다고 주장했습니다. 그래서 아내가 훔쳐간다고 확신하게 되었습니다."

그의 말을 듣고 제가 말했습니다. "정말 이상하군요. 그럼 집배원부터 만나야 하지 않을까요?"

그가 소리치듯 말했습니다. "그럴 수 없습니다! 집배원은 매매 시간에 배달합니다. 저는 그 시간에 시세를 보느라 바쁩니다. 그러니 아내가 잔고통지서를 숨기는 이유를 알아내야 합니다."

"그냥 아내에게 물어보면 어떨까요?" 제가 제안했습니다.

그러자 그는 단호하게 말했습니다. "아내가 부인할 겁니다. 직접 전화해보세요. 그러면 모두 숨긴다는 사실을 확인할 수 있을 겁니다."

그래서 그의 아내에게 전화했습니다. "남편께서 제 사무실에 와 계십니다. 잔고통지서를 받지 못했다고 말씀하시는데 혹시 이유를 알고 계십니까?"

그의 아내가 답했습니다. "크라우츠 씨, 저는 잔고통지서에 손댄 적이 결코 없습니다."

제가 캐물었습니다. "그럼 잔고통지서를 누가 받는다고 생각하십니까?"

"남편이 숨깁니다. 하지만 결코 열어보지 않습니다." 그녀가 대답했습니다.

참으로 흥미로운 일이었습니다. 그녀에게 고맙다고 인사하고 전화를 끊은 뒤 남편에게 말했습니다. "지금 선생님께 짧게 최면을 걸어볼까 합니다. 하지만 무료로 해드리겠습니다. 선생님의 문제를 해결하는 데 도움을 드릴 수 있을 듯합니다."

"좋은 생각이십니다." 그가 흔쾌히 수락했습니다.

최면에는 여러 단계가 있습니다. 약 30분 뒤 그의 최면상태가 1단계에 이르자 제가 물었습니다. "브로커가 보낸 잔고통지서가 어디에 있습니까?"

"왜 묻죠? 물론 제가 숨깁니다." 그가 속내를 드러냈습니다.

"통지서를 뜯어보나요?" 제가 다시 물었습니다.

"전혀요!" 그가 느릿느릿 말을 이었습니다. "제가 저지른 실수를 확인하고 싶지 않거든요."

"그러면 손실을 기록한 사실은 어떻게 알 수 있나요?" 또 물었습니다.

"제 브로커가 전화해 증거금을 몇천 파운드를 더 입금해야만 한다고 알려줍니다."

"그러면 돈을 보냅니까?" 거듭 물었습니다.

"물론입니다. 꼭 보내야 합니다. 그렇지 않으면 매매를 그만두어야 하니까요. 그렇지 않나요? 추가로 입금하지 않으면 바로 매매가 정지됩니다." 그가 설명했습니다.

제가 거푸 물었습니다. "매매를 할 수 없어도 괜찮습니까?"

"아니오, 저는 매매를 사랑하거든요!" 그가 소리쳤습니다.

"매매로 돈을 잃는다는 사실을 알고 계시죠?" 제가 질문을 이어갔습니다.

"물론입니다. 전 바보가 아니거든요." 자기를 무시하지 말라는 투였습니다.

"잔고통지서를 어디에 숨겨놓았나요?" 다시 캐물었습니다.

"알려드릴 수 없습니다." 그가 목소리를 낮춰 말했습니다. "아내에게 일러바칠 거잖아요."

"말하지 않겠다고 약속하겠습니다." 그를 안심시키며 물었습니다. "아내가 잔고현황을 보면 어떻게 나올까요?"

"화가 머리끝까지 치밀어 오르겠죠. 저를 집밖으로 내쫓을 겁니다." 그는 단정하듯 말했습니다.

"왜 그렇게 생각하시죠?" 제가 연거푸 물었습니다.

"아내에게 새 옷을 사줄 돈을 잃었기 때문입니다."

저는 그를 도울 수 있는 가장 좋은 방법이 그가 매매를 그만두도록 하는 일이라 판단했습니다. 최면을 푼 뒤 그를 보내며 다음 주에 다시 오라고 일러두었습니다.

그는 떠나기 전에 돌아서 물었습니다. "제 아내가 잔고통지서를 어디에 숨겨두었는지 털어놓게 할 수 있죠?"

저는 답을 미뤘습니다. "그 문제는 다음에 논의하시죠."

"다음에는 아내와 함께 오면 어떨까요?" 그가 거꾸로 제안했습니다.

"아주 좋은 생각입니다." 제가 화답했습니다.

일주일 뒤 약속시간이 다가오자 그가 아내와 함께 찾아왔습니다. 제가 물었습니다. "문제를 해결할 수 있다고 생각하십니까?"

그가 대답했습니다. "물론입니다. 아내가 제 잔고통지서를 훔치는 일을 그만두게만 할 수 있다면요."

그에게 최면을 건 뒤 그의 아내에게 지난번에 있었던 일을 자세히 들려줬습니다. 그의 아내는 태연한 듯 말했습니다. "남편이 통지서를 숨기고 있다는 사실을 알고 있었습니다. 어디에 감췄는지도 알죠. 하지만 말을 꺼낼 수 없습니다. 남편이 크게 낙담할 테니까요."

그녀는 분명 아주 현명했습니다. 제가 최면에 걸린 남편에게 말했습니다. "아내께서 잔고통지서를 모두 돌려주기로 약속했습니다. 더군다나 편지를 절대 가로채지 않겠다고 다짐했습니다. 단 조건이 있습니다. 선생님께서 자신의 행동에 책임지고 바보 같은 짓도 그만두기로 약속해주셔야 한답니다."

"정말입니까?" 그가 믿을 수 없다는 듯 물었습니다.

"정말입니다." 저는 그를 안심시켰죠. "사실 선생님께서 최면에서 깨어나시면 아내께서 바로 확인서를 쓰신다고 합니다."

그가 상기된 어조로 고맙다고 말한 후 저는 제가 그를 최면에서 풀어주었습니다. 사흘 뒤 그의 아내가 제게 전화해 남편이 매매를 그만두었다고 알려주었습니다.

▌그의 매매 동기는 무엇이었습니까?

그저 재미삼아 매매하고 있었습니다. 그는 공무원 생활이 아주 지겨웠습니다. 흥미로운 일을 찾다가 매매까지 하기에 이르렀던 것입니다(그는 하루에 단 몇 시간만 컨설팅해주는 일을 했다. 그래서 낮에 매매를 할 수 있었다).

▌어떤 계기로 매매를 그만둘 수 있었습니까?

이전의 잔고통지서를 모두 돌려주겠다고 서명한 아내의 확인서를 본 순간, 그는 아내가 모든 사실을 알고 있다는 사실을 눈치 챘습니다. 자신이 어디에 숨겨놓았는지 아내가 알지 않고서는 잔고통지서를 그에게 보여줄 방법이 없다고 판단했기 때문입니다. 그 순간 그의 의식이 무슨 일이 벌어지고 있는지 깨달은 것이죠.

이튿날 그의 아내가 제게 털어놓았습니다. 남편이 숨겨두었던 통지서를 꺼내 식탁 위에 놓으며 그녀에게 이렇게 말했답니다. "아, 마침내 잔고통지서를 모두 돌려주기로 결정했군." 아내가 답했습니다. "그래 여보, 여기 있어요. 어서 받아요."

이튿날 남편은 브로커에게 전화해 계좌를 해지했습니다.

■ 최면요법을 연구하시면서 발견한 인간의 행동이나 본성 가운데 놀라운 점이 있었습니까?

인간이 자신을 얼마나 쉽게 속일 수 있는지 깨달았습니다. 사람들이 진실을 진실 그대로 받아들이지 않을 수도 있다는 사실을 알게 되었죠. 중요한 것은 진실 그 자체가 아니라 사람들이 진실을 대하는 태도입니다. 최면요법을 깊이 연구할수록, 어린 시절 경험에 뿌리를 두고 있는 잘못된 믿음에 의해 우리 삶이 자주 왜곡될 수 있다는 사실을 더욱 확신하게 되었습니다. 사람들은 이 그릇된 믿음 때문에 진실을 비뚤어진 시각으로 바라봅니다.

■ 예를 들어주시겠습니까?

다섯 살 어린이가 차고에서 자동차를 고치고 있는 아버지를 보고 있다고 가정해봅시다. 아들은 아버지를 돕고 싶은 마음에 연장을 듭니다. 하지만 아버지는 아이가 다칠까봐 도구를 내려놓으라고 소리칩니다. 이런 일이 두세 번만 되풀이되면 아이 잠재의식은 이 경험을 뇌에 영원히 각인시킵니다.

아들이 열두 살이 되었을 때 똑같은 일이 벌어졌습니다. 이제 아버지는 아들이 도구를 사용하는 법을 배울 준비가 되어 있다고 여기고 아들에게 도와달라고 부탁합니다. 하지만 연장을 집어들 아들은 왠지 불편하다고 느낍니다. 몇 차례 시도하지만 서툴러서 도움이 되지 못합니다. 참다못한 아버지는 아들이 손재주가 없다고 투덜거리며 더 이상 끼어들지 말라고 합니다. 이로써 소년은 자신이 도구를 잘 다루지 못하는 사람이라고 평생 기억하게 됩니다.

아들에게 도대체 어떤 일이 벌어진 것일까요? 다섯 살 때 겪은 경험이 잠재의식 속에 다음과 같이 기억됩니다. "연장에 손대면 아버지가 소리칠 거야. 그러니 만지면 안 돼." 시간이 흘러 열두 살이 된 아들에게 아버지가 도움을 청했을 때에도 아들의 잠재의식 속에 자신이 연장을 잘 다루지 못한다는 그릇된 믿음이 다시 각인됩니다. 이 잘못된 믿음을 뿌리 뽑지 않고 그대로 두면 잠재의식 속에 평생 남게 됩니다.

■ 매매에 빗대어 설명해주시겠습니까?

아까 말씀드린 대로입니다. 효과적인 매매 기법을 개발하더라도 과거의 경험에서 비롯된 그릇된 믿음 때문에 무의식적으로 자신이 형편없는 트레이더라고 믿습니다. 그 결과 걱정할 이유가 없는데도 두려워합니다.

■ 대부분의 트레이더들이 돈을 잃는 이유가 무엇인가요?

최근 트레이더를 돕는 학생 30명을 대상으로 이틀간 워크숍을 연 적이 있었습니다. 그때 학생들에게 설문지를 돌렸습니다. 아래 항목 중 매매할 때 나타나는 약점을 찾아 순서대로 적으라는 질문이었습니다.

1. 실행(방아쇠 당기기)
2. 분석
3. 지식 부족
4. 자신감 부족
5. 매매 계획 부재
6. 개인적 문제
7. 손실에 대한 두려움
8. 전념할 시간 부족

독자들도 다음으로 넘어가기 전에 이 설문에 답해보기 바란다.

놀랍게도 학생의 90퍼센트가 가장 큰 약점으로 다음 네 가지(순서는 달랐지만)를 뽑았습니다.

1. 자신감 부족
2. 매매 계획 부재
3. 실행

4. 손실에 대한 두려움

이 네 가지 가운데 나머지 셋의 원인으로 작용하는 하나는 무엇일까요? 자신감 부족은 어디서 비롯될까요? 왜 손실에 대한 두려움이 생기고 매매를 형편없이 실행할까요? 한마디로 매매 계획이 없기 때문입니다! 바로 이 매매 계획 여부가 돈을 잃는 트레이더와 수익을 올리는 트레이더를 구분 짓는 요인인 것입니다. 백 테스트로 효과가 입증된 매매 계획이 있으면 자신감 부족 문제는 바로 해결됩니다.

▌탁월한 트레이더는 어떤 특징을 보입니까?
끈기, 인내, 위험을 기꺼이 감수하는 자세가 돋보입니다.

▌최면요법으로 선생님 삶은 어떻게 바뀌었습니까?
목표가 실현 가능하다면 독창적 시각화 기법을 활용함으로써 이를 세우고 달성할 수 있다는 사실을 깨달았습니다. 목표를 세운 트레이더보다 목표가 없는 트레이더가 높은 수익률을 이루기가 훨씬 더 어렵게 느낍니다.

▌'독창적 시각화'가 무엇인지 쉽게 설명해주시겠습니까?
매매를 예로 들어 설명해드리겠습니다. 매매 기법을 적용하고 있는 자신의 모습을 충분히 이완된 상태에서 살펴보면, 그 기법이 잘 먹힌다는 사실을 확인할 수 있습니다. 이 이미지를 머릿속에 그려봄으로써 잠재의식 속에 저장된 부정적 믿음을 바꾸고 실제 매매 실적도 개선할 수 있습니다.

▌선생님께서는 최면요법 전문가로서 인간의 다양한 감정을 많이 접해보셨을 텐데요. 성공하려는 트레이더가 매매하는 까닭은 트레이딩을 아주 잘하면 행복해질 수 있다고 믿기 때문이라고 생각합니다. 좀 더 근본적인 질문을 던지

겠습니다. 선생님께서는 행복에 꼭 필요한 요소가 무엇이라 생각하십니까?

자신의 삶을 통제할 수 있는 능력이 행복의 가장 중요한 요소라고 확신합니다. 다른 것들은 부차적 요인에 지나지 않습니다.

로버트 크라우츠는 트레이더들이 실패의 원인으로 지적하는 자신감 부족, 손실에 대한 두려움, 형편없는 매매 실행 같은 중요한 요소 모두 매매 계획이 없는 데에서 비롯된다고 했다. 이 주장이 옳다면 분명 트레이더가 가장 먼저 해야 할 중요한 숙제는 매매 계획을 짜는 일이다. 매매 계획을 세운 뒤에는 매매 기법을 충분히 백 테스트해 이를 사용할 때 전혀 문제가 없다는 확신이 서도록 해야 한다.

이 방법이 믿을 만하지만 아직 널리 사용되지는 않는다. 로버트 크라우츠는 성공적인 매매의 걸림돌은 바로 잠재의식이라는 꽤 독특한 견해를 제시했다. 그는 내재되어 있는 믿음이 행동을 결정한다고 주장했다. 아무리 노력해도 수익을 낼 수 없다는 그릇된 믿음이 과거의 실패한 경험 때문이라고 잠재의식 속에 각인되면, 트레이더가 새로운 효과적인 기법을 개발하더라도 내재된 잘못된 믿음이 이 기법을 활용하지 못하도록 방해한다.

트레이더는 과거 경험에 바탕을 둔 이 그릇된 믿음 탓에 쓸데없이 두려워진다. 그러면 결국 로버트 크라우츠의 정신적 스승인 찰스 드러먼드가 말한 '얼어붙음' 증상에 이를 수도 있다. 그래서 로버트 크라우츠는 효과적인 매매 계획을 세운 뒤에는 잠재의식이 새로운 현실을 깨닫도록 하는 일이 매우 중요하다고 강조했다. 잠재의식과 의식이 서로 조화를 잘 이룰수록 성공할 가능성이 더욱 커진다. 이렇게 잘 어울리도록 하는 방법에는 최면요법, 충분한 이완훈련, 시각화 따위가 있다.

직접 표현하지는 않았지만 로버트 크라우츠의 모토는 이렇다. "우리는 믿는 대로 된다." 이 전제가 옳다면, 심리적 요소가 매매의 성공과 실패를 가르는 중요한 변수라는 사실이 명백해진다.

마감을 알리는 종소리

PART 8

23 | 시장의 마법사들이 남긴 지혜

Chapter 23

시장의 마법사들이 남긴 지혜

이쯤이면 뛰어난 트레이더들이 쓰는 매매 기법이 아주 다양하다는 사실이 분명해졌다. 철저히 기본적 분석만 하는 사람들이 있는가 하면 기술적 분석만 하는 트레이더들도 있다. 이 둘을 섞어 사용하는 사람들도 있다. 이틀이 길다고 생각하는 사람들이 있는 반면, 두 달도 짧다고 보는 트레이더들도 있다. 운용 스타일이 천차만별일지라도 몇몇 원칙은 각양각색의 트레이더에게 유용한 도구가 될 수 있다. 오랜 시장 분석, 매매 경험 그리고 뛰어난 트레이더들을 인터뷰한 내용을 담은 책 두 권을 바탕으로, 매매에서 성공하기 위해 필요한 원칙 42가지를 정리했다.

1. 매매에 대한 열정이 있는지부터 확인하라
먼저 자신이 정말 매매를 원하는지부터 확인하라. 로버트 크라우츠와 찰스 포크너가 여러 트레이더와 일하는 과정에서 확인했듯이 자신이 매매를 좋아하긴 하지만, 사실은 매매에 열정이 없는 사람들이 많다.

2. 자신이 매매하는 동기가 무엇인지 살펴라

자신의 매매 동기를 곰곰이 생각해보라. 재미 삼아 매매하고자 한다면 차라리 롤러코스터나 행글라이더를 타는 편이 더 낫다. 나의 매매 동기는 평정을 잃지 않고 매매하는 것이다. 하지만 트레이딩할 때 평온한 마음을 유지하기란 결코 쉽지 않다. 내가 매매하는 이유가 또 있다. 퍼즐 풀기를 좋아하기 때문이다. 사실 시장은 가장 풀기 어려운 퍼즐이다. 시장 분석은 지적 호기심을 충족시켜 주었지만 매매하면서 감정에 휘둘릴 수 있다는 점은 마음에 들지 않았다. 부정적 동기와 행동이 서로 충돌한 경우에는 꼭 갈등으로 이어졌다. 자신의 매매 동기를 자세히 살펴 이런 갈등이 생길 여지가 있는지 확인해야 한다. 시장은 엄한 스승이다. 승리하려면 거의 모든 일을 옳게 처리해야 한다. 자신의 일부가 조금이라도 반대쪽으로 끌어당긴다면 게임을 시작하기도 전에 지는 것이나 마찬가지다.

나는 이런 갈등을 어떻게 해결했을까? 감정이 개입될 여지를 없애려고 오로지 시스템으로만 매매하기로 결심했다. 그러면서 시스템 디자인에 몰두함으로써 내가 즐기는 부분인 퍼즐 풀기 쪽으로 에너지를 돌렸다. 이런 계기로 여러 해 동안 시스템 매매에 힘을 쏟았지만, 결국 내가 이 분야에 전념하고 싶어 한다는 사실을 깨닫게 되었다. (인간의 판단으로 운용하는 방법보다 기계적으로 접근하는 전략이 더 낫다는 뜻은 아니다. 나의 개인적 사례를 제시했을 뿐이다. 다른 방법도 얼마든지 있을 수 있다.)

3. 자신에게 맞는 매매 방법을 찾아라

자신의 성격과 위험 감내 수준에 맞는 투자 방법을 고르려는 노력은 정말 중요하다. 벌어들인 수익을 토해내는 아픔을 견딜 수 없다면, 아주 훌륭한 전략인 장기 추세추종 방식도 처참한 결과를 낳을 수 있다. 추세를 결코 끝까지 따라가지 못하기 때문이다. 시세 스크린을 하루 종일 지켜보는 일이 지겹다면(또는 지켜볼 수 없다면) 당일치기 매매는 하지 마라. 매매 판단을 내리려고 할 때마다 심리적 부담이 참을 수 없을 정도로 크다면 기계적으로 매매하는 시스템을 개발해보라. 한마디로 편안하게 느껴지는 매매 방법을 골라야 한다. 이는 아무리 강조해도 지나치지 않다. 랜디 맥케이가 한 말을 기억하라. "내가 아는 성공한 트레이더들 모두 결국 자신에게 어울리는 방식을 골랐다."

참고로 구매한 시스템이 아무리 좋아도 돈을 벌어주지 못하는 이유는 그 시스템이 자신의 매매 스타일과 맞지 않기 때문이다. 수익을 내는 시스템을 구할 확률도 50퍼센트 밑이지만 자신에게 맞는 시스템을 얻을 확률은 더욱더 작다. 위험 대비 수익이 높은 시스템을 구입해 이를 효과적으로 사용할 확률이 얼마일지는 독자의 상상에 맡기겠다.

4. 경쟁력을 반드시 갖춰라

경쟁력이 없으면 세상에서 가장 뛰어난 절제력과 자금관리 방법이 있어도 이길 수 없다. 경쟁력이 없는데도 승리할 수 있다는 주장은 완벽한 절제력과 위험관리 방법만 있으면 (장기적으로) 룰렛에서 이길 수 있다는 말과 같다. 하지만 이는 확률 법칙상 불가능하다. 경쟁력을 갖추지 못한 상태에서는 우수한 절제력과 자금관리는 죽음을 연장시킬 뿐이다. 자신의 경쟁력이 무엇인지 모른다면 이는 경쟁력이 없다는 말과 같다.

5. 자신만의 매매 기법을 개발하라

트레이딩으로 수익을 거두려면 자신만의 매매 기법을 확실히 익혀야 한다. 어떤 기법이든 상관없다. 탁월한 트레이더 중에는 기본적 분석만 하는 사람이 있는가 하면, 기술적 분석만 하는 전문가도 있다. 더불어 기본적 분석과 기술적 분석을 혼용하는 투자자도 있다. 각 부류 안에서도 분석 기법이 천차만별이다. 예를 들어 기술적 분석 전문가 중에도 테이프(현재로 치면 스크린에 해당한다)를 읽는 사람, 차트를 살피는 사람, 기계적 시스템으로 매매하는 투자자, 엘리어트 파동을 분석하는 사람, 갠 차트를 보는 전문가 등 각양각색이다. 어느 방법을 사용하는지는 중요하지 않다. 하지만 무엇이든 경쟁력 있는 기법 하나는 꼭 있어야 한다.

6. 경쟁력 있는 기법을 익히려면 엄청나게 노력해야 한다

트레이딩에서 성공에 이르는 지름길은 따로 없다. 자신만의 매매 기법을 익히려면 분석하고 연구하고 노력해야 한다. 한마디로 엄청난 시간과 노력이 필요하다. 자신에게 맞는 경쟁력 있는 매매 기법을 찾기 전에 수많은 시행착오를 겪을 수 있다는 사실도 각오해야 한다. 전문가 수만 명을 상대로 싸운다는 사실을 기억하라. 왜 앞서야 할까? 수익을 올리는 일이 쉬웠다면 이미 트레이딩으로 백만장자가 된 사람이 수없이 많았을 것이기 때문이다.

7. 타고난 재능과 노력

탁월한 트레이더는 타고난 것일까? 아니면 누구나 열심히 노력하면 뛰어난 트레이더가 될 수 있을까? 위대한 트레이더는 재능이 있어야 한다는 점에는 의문의 여지가 없다. 마라톤이 적절한 비유가 될 듯하다. 사실 누구든 충분한 열정을 가지고 열심히 노력하면 마라톤을 완주할 수 있다. 그렇지만 아무리 열심히 노력해도 오직 극소수만 2시간 12분 안에 완주할 수 있다. 마찬가지로 누구나 악기를 배울 수 있다. 하지만 아무리 열심히 연습해도 큰 무대에서 솔로 연주회를 열 수 있는 사람은 타고난 재능이 있는 몇 사람뿐이다. 결국 탁월한 성과를 거두려면 타고난 재능이 있어야 할 뿐만 아니라, 이를 발현시킬 수 있는 엄청난 노력이 필요하다. 능력이 타고나지 않은 사람도 노력으로 어느 정도까지는 실력을 끌어올릴 수 있지만 탁월한 수준까지는 이르지 못한다.

매매도 마찬가지라고 생각한다. 사실 누구든 매매로 돈을 벌 수 있지만 오직 재능이 타고난 사람만 위대한 트레이더가 될 수 있다. 이런 이유로 트레이딩을 가르칠 수는 있지만, 어느 정도까지만 가능하다. 따라서 목표를 현실적으로 세우는 것이 중요하다.

8. 뛰어난 트레이더는 힘들이지 않고 매매할 수 있어야 한다

잠깐만! 조금 전에 훌륭한 트레이더가 되려면 열심히 노력해야 한다고 말하지 않았나? 어떻게 온 힘을 다해 부지런히 노력하면서도 힘들이지 않고 매매할 수 있을까?

언뜻 모순처럼 들리지만 사실은 그렇지 않다. 노력하라는 말은 준비하는 과정에서 노력하라는 뜻이다. 매매하기 전에 충분히 공부하고 연구해야 뛰어난 트레이더가 될 수 있다. 이런 점에서 노력은 비전과 독창력, 끈기와 추진력, 열정과 의지 따위를 의미한다. 매매할 때 힘을 들이라는 뜻이 결코 아니다. 시장과 맞서 싸우라는 의미도 아니다. 힘들이지 않고 자연스럽게 매매할수록 더욱더 좋은 성과를 거둘 수 있다. 《매매의 선과 예술》이라는 책에서 한 익명의 트레이더가 다음과 같이 말했다. "궁술에서와 마찬가지로 매매에서도 노력, 버둥거림, 억지, 긴장, 노력하는 행위 따위가 개입되면 실패할 확률이 큽니다. 그러면 시장과 어긋나 조화를 이룰 수 없습니다. 별 노력을 기울이지 않고 매매할 수 있어야 완벽하다고 할 수 있습니다."

먼저 세계적인 장거리 육상 선수가 시속 20킬로미터로 뛰는 모습을 상상해보라. 그다음 몸무게가 100킬로그램이 넘는 사람이 헉헉거리며 시속 10킬로미터로 달리는 모습을 그려보라. 장거리 선수는 빠른 속도를 유지하며 먼 거리를 힘들이지 않고 미끄러지듯 달린다. 하지만 몸이 천근같이 느껴지는 뚱뚱한 사람은 언덕길을 힘겹게 오르는 고물 자동차처럼 헐떡거리며 발을 내딛는다. 이 둘 중 누가 더 열심히 노력했을까? 누가 더 뛰어날까? 물론 고된 훈련을 이겨낸 육상 선수다. 이처럼 엄청나게 노력해야 세계적인 선수가 될 수 있다.

9. 자금관리와 위험통제

내가 인터뷰한 사람 모두 자금관리가 매매 기법보다 훨씬 더 중요하다고 강조했다. 매매 시스템이나 기법은 아주 좋았지만 이를 사용하는 트레이더가 위험관리를 잘못하는 바람에 처참한 실패로 끝난 경우가 많았다. 위험을 잘 관리하기 위해서 꼭 수학이나 포트폴리오 이론을 공부할 필요는 없다. 다음 세 가지만 지키면 그만이다.

> 첫째, 한번 매매할 때 손실이 전체 자산의 1~2퍼센트를 넘지 않도록 관리하라(매매 방식에 따라 이보다 조금 더 커도 큰 문제는 없다. 하지만 어떤 경우에도 5퍼센트가 넘지 않도록 관리하라).
>
> 둘째, 진입하기 전에 청산가격을 미리 정하라. 인터뷰에 응한 트레이더 대부분 이 원칙을 강조했다.
>
> 셋째, 손실이 초기 자본금의 일정 수준(예를 들어 10~20퍼센트)을 넘어서면 잠시 매매를 멈추고 무엇이 문제인지 살펴라. 자신감을 회복하고 이길 확률이 큰 매매 아이디어가 떠오를 때까지 기다려라. 많은 자금을 운용하는 경우에는 매매를 완전히 중단하는 대신 조금만 매매하는 방법도 괜찮다. 내가 인터뷰한 사람 모두 연이어 손실을 기록할 때에는 매매 규모를 줄이라고 이구동성으로 말했다.

10. 매매 계획

매매 계획도 없이 이기려 한다면 이는 설계도 없이 집을 지으려는 생각과 같다. 그러면 사실상 치명적(피할 수 있는) 실수를 저지를 수밖에 없다. 매매 계획은 단지 자금관리와 진입 규칙을 자신의 매매 기법에 엮는 작업이다. 로버트 크라우츠는 매매하면서 겪는 온갖 어려움은 매매 계획이 없는 데에서 비롯된다고 여겼다. 리처드 드리하우스는 매매 계획을 자신의 핵심 운용 철학을 반영해 짜야 한다고 강조했다. 그렇지 않으면 아주 어려운 시기가 닥쳤을 때 자신의 포지션이나 매매 계획을 고수할 수 없다고 했다.

11. 절제력

절제력은 인터뷰에 응했던 탁월한 트레이더들이 가장 자주 강조한 말이다. 이들은 미안하다는 투로 다음과 같이 말했다. "이 말은 수도 없이 들었으리라 믿습니다만, 정말 아무리 강조해도 지나치지 않습니다." 절제력은 다음 두 가지 중요한 이유 때문에 반드시 필요하다.

첫째, 효과적인 위험관리를 위해서다.
둘째, 절제력이 없으면, 투자할 때 흔들리거나 투자한 뒤 뒤늦게 비판하기 쉽기 때문이다.

우리는 자칫 잘못 투자하기 쉽다. 왜 그럴까? 인간은 편하게 투자하려는 본능이 있기 때문이다. 윌리엄 에크하르트도 비슷한 말을 했다. "편하게 느껴지는 매매는 하면 안 되는 경우가 많다."
이 주제에 대해 마지막으로 하고 싶은 조언은 다음과 같다. "우리는 나쁜 매매 습관에서 결코 자유로울 수 없다. 단지 겉으로 드러나지 못하게 할 수 있을 뿐이다. 이런 습관은 게을러지거나 느슨해지려고 할 때 언제든 튀어나올 수 있다."

12. 책임을 회피하지 마라

이기든 지든 결과에 대해 스스로 책임져야 한다. 브로커가 한 말이나 자문회사가 추천한 내용을 믿고 투자하든, 시스템에서 나온 신호대로 매매하든 이를 믿고 행동에 옮긴 사람은 바로 자기 자신이다. 따라서 손실에 대한 책임은 스스로 져야 한다. 나는 뛰어난 트레이더들 가운데 남에게 책임을 떠넘기는 사람을 본 적이 없다.

13. 스스로 판단하라

스스로 사고해야 한다. 그리고 집단 히스테리에 휩쓸리지 마라. 에드 세이코타가 지적했듯이 강한 추세에 관한 얘기가 전국적으로 유통되는 정기 간행물 표지를 장식할 정도면 그 추세는 이미 막바지에 이르렀다고 봐야 한다.

독립적으로 사고해야 한다는 말은 매매 결정을 스스로 내려야 한다는 뜻이기도 하다. 결코 타인의 말에 현혹되지 마라. 한두 번쯤은 쓸모 있을지언정 자신의 전망을 흐릴 뿐만 아니라 돈까지 잃게 할 수 있다. 마이클 마커스는 《시장의 마법사들》에서 이렇게 말했다. "자신의 불빛을 따라가야 한다. 두 트레이더를 모두 따르려다가는 각자의 나쁜 점만 배울 수 있다."

《시장의 마법사들》을 쓰기 위해 인터뷰한 트레이더와 관련된 비슷한 일화가 있다. 그는 나보다 매매를 훨씬 더 잘했다. 하지만 그는 눈을 가린 뒤 트렁크에 넣어 수영장에 던져도 시장에 대한 내 의견을 궁금해할 인물이었다. 어느 날 내게 전화해 물었다. "엔화에 대해 어떻게 생각하나요?"

엔화는 그때 내가 수익을 올릴 수 있다고 가장 확신하는 몇몇 투자 대상 가운데 하나였다. 차트 패턴을 살펴보니 엔화 가치가 가파르게 떨어질 듯 보여 이렇게 대답했다. "엔화 가치가 급락할 듯해 매도할 생각입니다."

하지만 그는 엔화가 지나치게 많이 떨어져 곧 반등할 수밖에 없다면서 그 이유를 장황하게 설명했다. 나는 전화를 마친 뒤 생각했다. '내일 여행을 떠나야 해. 그런데 지난 몇 주 동안 매매 실적이 좋지 않았어. 지금은 엔화 매도 포지션밖에는 없어. 상황이 이런데 굳이 세상에서 가장 잘 매매한다는 트레이더가 한 말까지 무시할 필요가 있겠어?' 그러고는 포지션을 모두 처분했다.

며칠 뒤 여행에서 돌아와 살펴보니 엔화가 50포인트나 떨어져 있었다. 공교롭게도 그날 오후 그에게서 전화가 왔다. 대화가 엔화 쪽으로 이어져 다음 질문을 하지 않을 수 없었다. "아직도 엔화 매수 포지션을 들고 있습니까?"

"아니오. 매도 포지션으로 바꿔 놓았습니다." 그가 대답했다.

그는 나를 호도할 생각은 없다. 그는 자신의 의견을 말했을 때 시장 방향성에 대해 굳게 확신했을 뿐이다. 그런데도 그는 엔화 매수와 매도 포지션 모두에서 돈을 벌 수 있을 만큼 투자 타이밍을 잘 잡았다. 하지만 나는 처음에 옳게 예상했는데도 결국 수익을 올리지 못했다. 여기서 얻을 수 있는 교훈은 자신보다 훨씬 더 뛰어난 트레이더가 해주는 조언도 자칫 자신에게 해가 될 수 있다는 사실이다.

14. 자신감을 유지하라
내가 인터뷰한 사람들 대부분 언제든 수익을 거둘 수 있다는 확고한 자신감에 차 있었다. 트레이더에 대해 깊이 연구한 《시장의 마법사들》에 나오는 반 타프 심리학 박사도 비슷하게 주장했다. 즉 탁월한 트레이더들의 공통 특징 가운데 하나는 이들이 "게임을 시작하기도 전에 이길 수 있다"라고 믿는다는 점이다.

15. 손실의 아픔도 게임의 일부라고 생각하라
위대한 트레이더들은 손실이 매매라는 게임에 늘 내재된 요소라는 사실을 당연하게 받아들인다. 이렇게 생각하는 이유는 자신감 때문인 듯하다. 탁월한 트레이더들은 장기적으로 수익을 거둘 수 있다고 확신하기 때문에 한두 번 잃어도 크게 개의치 않는다. 실패는 언제든 있을 수 있는 일이라고 생각한다. 린다 라쉬케는 이렇게 말했다. "손실이 나도 전혀 괴로워하지 않는다. 언제든지 복구할 수 있다는 자신감이 있기 때문이다."

손실에 대한 걱정은 실패로 가는 지름길이다. 손실을 견딜 수 없으면 십중팔구 크게 손해를 보거나 엄청난 기회를 놓친다. 그러면 그만큼 성공할 가능성이 줄어든다.

16. 자신감을 잃으면 잠시 쉬어라
수익을 올릴 수 있다는 확신이 설 때에만 매매하라. 트레이더들은 때때로 다음과 같이 투덜댄다. "요즘은 매매할 때마다 돈을 잃는군", "왠지 이번에도 스톱에 걸릴 것 같아." 이처럼 부정적으로 생각한다면 이는 매매를 멈춰야 한다는 신호다. 쉬면서 자신감이 생길 때까지 기다려라. 트레이딩은 차가운 바다와 같다. 뛰어들기 전에 얼마나 차가운지 확인하라.

17. 남의 조언에 귀를 기울이고 싶은 충동

남의 말에 귀를 기울이고 싶은 마음이 생겼다는 것은 자신감을 잃었다는 뜻이다. 린다 라쉬케는 이렇게 말했다. "매매할 때 타인의 의견을 구하고 싶은 충동이 생겼다면 이는 분명 포지션을 청산해야 한다는 신호이다."

18. 인내의 미덕

수익을 올릴 확률이 큰 기회가 올 때까지 기다려라. 날마다 매매할 필요가 없다. 에드윈 르페브르는 《어느 주식투자자의 회상》에서 다음과 같이 말했다. "늘 엉뚱한 짓만 하고 다니는 바보도 많지만 월스트리트에도 쉬지 않고 매매해야 한다고 생각하는 멍청이들이 많다."

짐 로저스도 《시장의 마법사들》에서 인내의 중요성을 매우 흥미롭게 강조했다. "단지 저 편에 돈이 널릴 때까지 기다린다. 제가 하는 일은 그곳에 가서 돈을 줍는 일뿐이다." 이 말은 트레이딩이 바닥에 떨어진 돈을 줍는 일만큼이나 쉬워 보일 때까지 매매하지 않는다는 뜻이다.

《시장의 마법사들》에 나오는 마크 웨인스타인도 다음과 같이 아주 그럴싸하게 비유했다. "치타는 세상에서 가장 빠른 동물이기 때문에 초원에서 어느 동물이든 쫓아가서 잡을 수 있다. 그렇지만 사냥감을 확실히 잡을 수 있을 때까지 기다린다. 풀숲에 숨어 기회가 찾아올 때까지 일주일 넘게 기다리기도 한다. 어린 영양을 노리지만 단순히 어리다고 모두 표적으로 삼지 않는다. 앓거나 절름거리는 영양을 잡으려고 기회를 엿본다. 그러고는 먹이를 잡을 수 있다는 확신이 설 때 공격한다. 매매도 이처럼 해야 성공할 수 있다."

인내라는 주제에 대해 마지막으로 조언하고자 한다. 돈을 잃은 뒤 이를 복구하려는 마음이 앞서지 않도록 각별히 주의하라. 앙갚음하겠다는 자세로 매매하면 반드시 실패한다.

19. 이익 포지션을 유지하는 느긋함도 중요하다

좋은 투자 기회를 기다릴 때에도 인내가 중요하지만 수익이 나고 있는 포지션을 유지할 때에도 참을성이 중요하다. 트레이딩에서 돈을 많이 벌지 못하는 주요 이유는 훌륭한 투자 기회에서 수익을 충분히 거두지 못하기 때문이다. 에드윈 르페브르는 《어느 주식투자자의 회상》에서 이렇게 말했다. "내가 분석을 잘해 수익을 많이 올린 게 아니다. 서둘러 팔지 않고 느긋하게 기다렸기 때문이다. 알겠는가?"

윌리엄 에크하르트도 비슷하게 조언했다. "매매에 대한 아주 잘못된 격언이 있다. 이익을 실현하면 망하지 않는다는 속설이다. 하지만 실제로 이 격언대로 하면 낭패를 보기 십상이다. 아마추어는 미적거리다 더욱더 커진 손실을 늦게 정리하는 바람에 빈털터리가 되고, 전문가는 이익을 너무 빨리 실현해 망한다."

20. 위험이 작은 투자 아이디어를 발굴하라

반 타프 박사가 강연할 때 청중에게 시키는 연습 가운데 하나는 위험이 작다고 생각하는 투자 아이디어를 적어보도록 하는 일이다. 이 훈련의 장점은 매매에 아주 중요한 두 가지, 즉 인내(생각해낸 여러 아이디어 가운데 오직 몇 개만 쓸모 있기 때문이다)와 위험관리(정의상 이 자체가 위험관리이다)를 함께 묶는다는 점이다. 시간을 내어 위험이 작은 투자 기회를 찾아보는 연습은 모든 트레이더에게 아주 유용하다. 시장이나 매매 기법에 따라 아이디어가 다양하게 있을 수 있다. 내가 참석한 세미나에서도 청중들이 저위험 투자 아이디어를 많이 냈다. 그 가운데 하나는 자신이 틀렸다는 확실한 증거를 보여주는 시장 움직임이 거의 없을 때를 노려 투자하는 아이디어였다. 트레이딩과는 전혀 관련이 없지만, 내가 개인적으로 가장 좋다고 생각하는 저위험 사업 아이디어는 이렇다. "경찰서 바로 옆에 도넛 가게를 열어라."

21. 상황에 따라 투자 규모를 조절하라

장기적으로 꾸준히 수익을 내는 트레이더들은 모두 예리한 판단력이 있다. 하지만 예리한 정도는 매매할 때마다 크게 달라진다. 확률이 늘 바뀌는 도박에서 수익을 극대화하려면 베팅 규모를 확률에 맞게 잘 조절해야 한다는 사실은 수학적으로 증명할 수 있다. 이 개념은 블랙잭에서 최적 베팅 금액을 정하는 전략에 아주 잘 녹아 있다(블레어 헐 인터뷰 내용 참조).

예를 들어 (지표가 믿을 만해) 성공 확률이 아주 크다고 확신한다면 더욱더 공격적으로 움직여야 좋다. 스탠리 드러켄밀러가 다음과 같이 말했다. "장기적으로 좋은 성과를 내려면 원금을 지키면서 홈런을 쳐야 한다. 확신이 아주 강하다면 급소를 찌르듯 매우 공격적으로 매매해야 한다. 욕심쟁이가 되려면 용기가 필요하다." 시장의 마법사들이 단지 좋은 성과를 넘어 아주 탁월한 성과를 거둘 수 있었던 이유는 언제 가속페달을 밟아야 하는지를 잘 알고 실제 이를 실행할 수 있는 용기가 있었기 때문이다.

내가 인터뷰한 사람들 가운데 일부는 상황에 맞게 매매 규모를 조절한다고 밝혔다. 예를 들어 랜디 맥케이는 매매 규모가 100배까지 차이가 날 때도 있다고 했다. 그렇게 함으로써 지는 시기에는 위험을 줄이고, 이길 때에는 수익을 더욱더 많이 올릴 수 있었다.

22. 나눠서 사고팔아라

무리하게 한꺼번에 사고팔 필요가 없다. 나눠서 사고팔면 포지션을 미세 조정할 여유가 생길 뿐만 아니라 다른 훌륭한 투자 기회까지 엿볼 수 있다. 트레이더들 대부분 완벽을 추구하려는 본능 탓에 융통성을 별로 중요하게 여기지 않는다(나눠 사고판다는 말은 다른 포지션보다 더 나쁜 가격에 거래할 수 있다는 뜻이다). 빌 립슈츠는 분할 매수/매도 전략을 사용한 덕분에, 이익이 나는 포지션을 다른 트레이더들보다 더 오래 유지할 수 있었다고 밝혔다.

23. 천재가 되려 하지 말고 제대로 매매하려고 노력하라

사람들이 꼭지와 바닥을 잡으려는 이유 중 하나는 자신이 얼마나 똑똑한지 보여주려는 허영심 때문이다. 영웅을 꿈꾸지 말고 이기는 데 몰두하라. 고점과 저점을 얼마나 잘 맞추느냐로 성공 여부를 판단하지 마라. 대신 위험 대비 수익과 이길 확률을 바탕으로 얼마나 좋은 투자 기회를 잡느냐로 결정하라. 완벽하려 하지 말고 꾸준히 수익을 올리려고 노력하라.

24. 어리석어 보일지라도 두려워하지 마라

지난 주 사무실에서 직원들에게 다음과 같이 공언했다고 가정해보자. "자세히 분석해보니 S&P500지수가 바닥을 찍은 듯합니다. 곧 신고점을 경신하리라 봅니다." 하지만 지금 다시 자세히 점검해본 결과 뭔가 문제가 생겼다고 가정하자. 즉 주가지수가 치솟기는커녕 오히려 떨어진다. 그래서 왠지 시장이 허약하다는 느낌이 든다. 자신이 알아차리든 그렇지 못하든 지난 주 자신 있게 내세운 전망이 객관적 판단을 흐리게 한다. 왜 그럴까? 시장이 치솟을 것이라고 공언한 뒤 말을 바꾸면 어리석게 보일까 걱정스럽기 때문이다. 그 결과 시장 움직임을 자신에게 유리한 쪽으로 해석할 가능성이 크다. "시장이 완전히 방향을 틀었다고 볼 수 없어. 단순한 조정에 지나지 않아." 이렇게 자신을 합리화하면서 손실 포지션을 정리하지 못하고 계속 들고 간다. 이 문제를 해결하는 방법은 간단하다. 자신이 보유하고 있는 포지션을 다른 사람이 모르게 하면 된다.

나처럼 시장 방향을 예측해야 하는 분야에서 일하는 사람은 어떻게 해야 할까? 이전에 밝힌 의견을 뒤집는 일이 마음에 걸릴 때마다 그 걱정 자체가 견해를 바꿔야 하는 확실한 신호라고 생각하라. 나는 1991년 초 달러화가 완전히 바닥을 쳤다고 결론을 내린 적이 있다. 그 즈음 어느 강연에서 한 청중이 시장에 대한 내 의견을 물었다. 나는 달러화 가치가 몇 년 동안 강세를 보일 것이라고 자신 있게 대답했다. 하지만 그로부터 몇 개월이 지난 1991년 8월, 소련에서 쿠데타가 있어났다는 소식이 전해지면서 달러화가 이전 상승폭을 모두 반납하고 말았다. 내 판단이 틀렸다는 느낌이 들었다. 몇 개월 전 달러화가 오랫동안 강세를 유지한다고 장담했던 기억이 떠올랐다. 예측이 빗나가 당황스럽고 불편했지만 이는 내 주장을 바꿔야 하는 신호라고 생각했다.

내가 매매를 처음 시작했을 즈음에는 이런 상황에 맞닥뜨릴 때마다 자신을 합리화하기에 바빴다. 그 결과 여러 차례 데인 뒤에야 교훈을 터득할 수 있었다. 위 예에서 내가 기존 전망을 바꿔서 천만다행이었다. 그 뒤 달러화 가치가 고꾸라졌기 때문이다.

25. 때로는 신중함보다 과감함이 더 필요하다

조정을 기다려 사는 전략이 신중해 보일 수 있다. 하지만 신중함 때문에 기회를 놓치는 경우가 많다. 시장 분석과 매매 기법뿐만 아니라, 느낌마저 조정을 기다리지 말고 매수하라는 신호를 보내면 주저하지 말고 매수하라. 이전에 더 좋은 가격에 진입할 수 있었다고 아쉬워하는 마음 때문에 망설이는 일이 없도록 하라. 특히 (종종 중요한 긴급뉴스 때문에) 시장이 갑작스럽게 크게 움직이는 경우에는 멈칫거리지 않아야 한다. 시장이 쉬지 않을 것 같은 기분이 들면 이전의 아쉬움은 잊어라.

조정을 기다리지 않고 과감히 실행하는 일은 쉽지 않다. 하지만 이런 어려움을 거슬러 매매하면 성공하는 경우가 많다. 이에 딱 들어맞는 예가 있다. 빌 립슈츠와 함께 일하던 트레이더가 G7 회의 뒤 시장이 폭락할 때 달러화를 공격적으로 매도한 사실을 떠올려보라. 적절한 예가 또 있다. 리처드 드리하우스는 기업 실적 발표 뒤 주가가 급등하자 과감히 추격 매수했다. 발표된 실적이 주가를 더욱더 끌어올리기에 충분하다고 판단했기 때문이다.

26. 추세의 일부만 잡아도 충분하다

새로운 큰 추세의 앞부분을 놓쳤다고 해서 이 추세에 편승하지 못할 이유가 없다. 스톱 포인트만 제대로 설정하면 별 문제 없다. 추세에서 가장 매매하기 쉬운 영역은 가운데 부분이라는 랜디 맥케이의 말을 떠올려보라. 이는 추세의 첫 부분을 놓친다는 뜻이기도 하다.

27. 자주 이기려 하지 말고 많이 버는 데 초점을 두어라

윌리엄 에크하르트는 인간은 본능적으로 수익을 극대화하기보다 이길 확률을 올리는 데 더욱더 중점을 둔다고 주장한다. 이 때문에 수익이나 손실 규모에 덜 신경 쓰고 결국 최적의 성과를 거두지 못한다. 그는 이렇게 단정했다. "통계 분석 결과, 이길 확률은 뛰어난 성과를 올리는 데 가장 덜 중요한 요소라고 밝혀졌다. 심지어 좋은 성과와 반대의 상관관계를 보이기도 한다." 제프 야스도 비슷한 주장을 했다. "포커를 하든 옵션을 하든, 목표를 자주 이기는 데 두지 말고 이익을 극대화하는 데 두어야 한다."

28. 배신하는 법도 배워라

가족이나 친구, 애완동물의 경우에는 충성이 미덕일 수 있다. 하지만 매매에서는 치명적인 단점일 수 있다. 기존 포지션을 너무 사랑하지 마라. 초보는 자신의 포지션에 지나치게 매달린다. 이 때문에 자신이 틀렸다는 사실을 보여주는 신호를 무시한 채 훌륭한 성과를 얻을 수 있다는 허황된 꿈을 꾸면서 커지는 손실을 제어하지 못한다. 자금관리의 중요성을 잘 아는 경험 많은 트레이더는 자신이 틀렸다고 판단하는 순간 바로 빠져 나온다. 하지만 정말 노련한 투자자는 시장이 자신의 예상과 반대로 움직이기 시작했다고 믿는 순간 방향을 180도 바꿔 손실 포지션을 바로 정리한 뒤 반대쪽으로 투자하기까지 한다.

1987년 10월 19일 주가 대폭락 바로 전날, 스탠리 드러켄밀러는 매도 포지션을 매수 포지션으로 바꾸는 치명적 실수를 저질렀다. 하지만 그는 자신의 실수를 바로 인정했다. 더욱 중요한 점은 엄청난 손실을 감수하고 매수 포지션을 매도 포지션으로 과감히 돌렸다는 사실이다. 이 덕분에 그 해 10월,

감당할 수 없을 정도로 커질 뻔했던 손실을 피하고 작게나마 수익을 거둘 수 있었다.

29. 이익이 났으면 조금이라도 인출하라

이익이 났으면 절제하는 힘이 느슨해지지 못하도록 조금이라도 인출하라. 계좌에 이익이 쌓여 있으면 '아직도 이익인데 뭘'이라고 생각하며 과도한 투자를 합리화하거나 손실 포지션을 청산하는 일을 자꾸 미루기 쉽다. 계좌에서 인출한 이익이야말로 진짜 돈처럼 보인다.

30. 희망이라는 단어는 욕이라 생각하라

트레이더는 희망이라는 단어를 멀리해야 한다. 희망이 크면 손실이 커져도 다시 이익으로 바뀔 수 있다는 바람 때문에 손절을 자꾸 미룬다. 더군다나 더 좋은 기회가 오기만을 기다리는 바람에 투자 기회를 놓친다. 투자하려는 방향이 정말 옳다면 기다리는 조정은 더더욱 오지 않는다. 이 경우 투자할 수 있는 유일한 방법은 스톱 수준을 설정한 뒤 바로 매매하는 길뿐이다.

31. 편하게 보이는 매매는 하지 마라

윌리엄 에크하르트는 인간은 편하고자 하는 본능 탓에 무작위로 하는 경우보다 더 나쁘게 선택하는 경향이 있다는 꽤 도발적인 주장을 폈다. 이는 본능을 좇아 매매하면 성과가 동전을 던지거나 다트를 던져 투자 의사결정을 내릴 때만도 못하다는 말과 같다. 좋은 투자 원칙과 맞부딪히는 인간의 본능에는 다음과 같은 것들이 있다. 이길 확률이 낮은데도 돈을 거는 행위, 확실한 이익을 챙기려는 욕심, 시장이 강할 때 팔고 약할 때 사는 행동, 과거 데이터에 지나치게 잘 들어맞는 매매 시스템을 설계하거나 구매하는 행위 따위가 있다. 여기에는 편안함만 좇아 매매하지 말고 올바르게 투자하라는 메시지가 함축되어 있다.

32. 꼭 이겨야 한다는 절박함이 매매를 그르칠 수 있다

월스트리트에 퍼져 있는 격언이 하나 있다. "목숨 같은 돈으로 투자하면 결코 이길 수 없다." 이유는 아주 간단하다. 목숨 같은 돈으로 매매하면 트레이딩하면서 겪는 온갖 부정적 감정에 쉽게 휩싸이기 때문이다. 스탠리 드러켄밀러가 회사를 살리겠다는 절박한 심정으로 '가진 돈을 한꺼번에 투자'한 사건이 이 격언에 가장 잘 들어맞은 사례다. 그는 미 국채시장이 정확히 바닥을 찍기 일주일 전에 투자했지만 투자한 돈을 모두 날리고 말았다. 이기려는 마음이 앞서면 실수를 저지르기 쉽다. 앞의 예에서처럼 레버리지를 지나치게 많이 쓰거나 매매 계획이 치밀하지 못할 수 있기 때문이다. 시장은 절망에서 비롯된 부주의한 투자는 좀처럼 용서하지 않는다.

33. 시장이 청산할 기회를 너무 쉽게 준다면 바로 처분하지 말고 다시 생각하라

예상보다 더 좋은 가격에 처분할 기회가 쉽게 생긴다면 걱정했던 포지션을 서둘러 정리하지 마라. 갑작스런 뉴스나 기술적 반작용 때문에 밤이나 주말 사이 가격이 거꾸로 움직여 걱정이 태산 같다면 다른 사람들도 마찬가지라고 생각하자. 시장이 예상보다 크게 반대로 돌아서지 않는다면, 이는 원래 전망했던 쪽으로 움직이는 힘이 아주 강하다는 반증이다. 《시장의 마법사들》에 나오는 마티 슈워츠가 처음 제시한 이 개념은 빌 립슈츠가 정말 두려웠다고 시인했던, 이 책에도 나오는 청산 사례에도 잘 나타나 있다. 실례로 달러화 가치가 솟구치고 있을 때 달러화 매도 포지션을 엄청나게 들고 있던 빌 립슈츠는 유동성이 조금 더 풍부한 도쿄 외환시장이 열리기만 기다려 포지션을 청산하려 했다. 하지만 도쿄 시장에서 달러화가 예상보다 약하자 포지션을 성급하게 정리하지 않았다. 그는 본능적으로 처분을 미룬 뒤 훨씬 더 유리한 가격에 빠져 나올 수 있었다.

34. 마음을 열어놓아라

개방적 태도는 탁월한 트레이더들의 공통적인 특징이다. 예를 들어 길 블레이크는 가격이 무작위로 움직인다는 사실을 친구에게 증명해 보이려다 투자 업계에 발을 들여놓게 되었다. 자신이 틀렸다는 사실을 깨달은 뒤 매매에 뛰어들었다. 리처드 드리하우스는 마음이 펼쳐질 때에만 제 구실을 하는 낙하산에 비유했다.

35. 시장은 재미 삼기에는 너무 비싼 곳이다

매매하는 광경이 아주 흥미로워 보일지 모르지만, 사실 흥미는 매매로 탁월한 수익을 올리는 일과 아무런 관계가 없다(오히려 재미 삼아 매매하다 돈을 잃을 수 있다).《시장의 마법사들》에는 래리 하이트가 컴퓨터 매매 시스템에 매달리는 모습을 이해하지 못한 한 친구와 나눈 이야기가 적혀 있다. 친구가 물었다. "래리, 시스템으로만 매매하면 지루하지 않니?" 그러자 래리 하이트는 이렇게 답했다. "나는 돈을 벌려고 매매할 뿐 재미를 얻자고 트레이딩하지는 않아." 이 대화는 찰스 포크너가 들려준 이야기를 떠올리게 한다. 수익을 올려주고 있던 매매 기법이 너무 지루하다고 생각한 어느 트레이더가 이를 버리는 바람에 망했다는 얘기다.

36. 평정을 유지하라

성공적인 매매와 관련된 감정 상태가 있다면 이는 흥분과 정반대 편에 있는 감정이다. 찰스 포크너는 자신이 직접 관찰한 내용을 근거로, 뛰어난 트레이더들은 시장 움직임에 상관없이 늘 평온함과 초연함을 유지할 수 있는 사람들이라고 했다. 그는 피터 스테이드메이어가 자신의 투자 포지션과 반대쪽으로 시장이 움직이면 늘 다음과 같이 초연한 듯 반응한다고 했다. "흠, 이것 봐." 톰 바소도 매매할 때 초연함을 유지하면 좋다는 점을 강조했다. "'이 매매를 하겠어'라고 생각하기보다 '내가 이 매매를 어떻게 하는지 보겠어'라고 말하면 자기도 모르게 매매가 훨씬 쉬워진다."

37. 스트레스의 원인을 찾아 없애라

매매하면서 스트레스에 시달린다면 이는 뭔가 문제가 있다는 뜻이다. 스트레스를 받는다면 원인을 찾아 없애려고 노력하라. 예를 들어 스트레스의 가장 큰 원인이 손실 포지션을 정리하지 못하는 우유부단함 때문이라고 가정하자. 이 문제는 쉽게 해결할 수 있다. 진입할 때마다 보호 스톱 주문을 내면 그만이다.

개인적 예를 하나 들겠다. 내 업무 중 하나는 회사 내 브로커에게 매매 추천 의견을 내는 일이다. 이 일은 매매와 아주 비슷하다. 모두 해본 결과 추천하는 일이 매매보다 더 어렵다는 생각이 들었다. 한동안은 추천 의견이 잘 맞아떨어졌지만 어느 순간부터인지 계속 빗나가기 시작했다. 추천하는 족족 틀렸다. 시장 방향을 제대로 맞췄을 때에는 추천 매수가가 조금 더 낮거나 매도가가 너무 높았다. 매매 업무에서도 방향은 옳았지만 가격이 조금 더 뻗어나가는 바람에 간발의 차이로 스톱에 걸렸다.

이를 해결하기 위해 컴퓨터 매매 프로그램과 기술적 지표를 여러 가지 개발했다. 이로써 회사에 매매 의견을 아주 다양하게 줄 수 있었다. 지금도 날마다 시장 방향에 대해 의견을 내지만 정확히 맞추지 않아도 문제없도록 갖춰놓았다. 투자 의견을 다양하게 제시하고 개인적 부담을 컴퓨터 시스템이 떠안도록 바꿔놓음으로써 스트레스의 원천을 거의 없앨 수 있었을 뿐만 아니라, 리서치 보고서의 질도 개선할 수 있었다.

38. 직관에 귀를 기울여라

내 생각에는 직관은 잠재의식 속에 내재된 경험일 뿐이다. 우리는 깨어 있는 상태에서 시장을 객관적으로 분석하려고 애쓴다. 하지만 기존 전망을 바꾸고 싶지 않은 마음이나 자신의 투자 포지션 같은 온갖 종류의 외부 변수 때문에 객관성을 유지하기 어렵다. 그렇지만 잠재의식 속에 내재된 것들은 이런 요인의 영향을 전혀 받지 않는다. 하지만 불행히도 우리는 이런 잠재의식 속으로 쉽게 다가갈 수 없다. 그렇지만 이런 잠재 경험이 직관이라는 모습으로 나타날 때 이에 귀를 기울여야 한다. 《매매의 선과 예술》이라는 책에서 익명의 트레이더가 다음과 같이 말했다. "어떤 일이 일어나길 바라는 마음이 없어야 하고 일어날 일을 인식하는 데 그쳐야 한다."

39. 시장의 마법사들에게는 매매가 천직이자 애인이다

이 책에 나오는 사람들과 얘기하면서 확실히 느낀 점은 많은 사람이 매매를 천직, 즉 삶의 미션으로 생각한다는 사실이었다. 찰스 포크너가 인용한 존 그라인더가 미션에 대해 남긴 말을 떠올려보라. "돈을 내고도 하고 싶을 만큼 사랑하는 일이 있는가?" 나는 내가 인터뷰한 시장의 마법사마다 트레이딩을 정말 사랑한다는 사실에 놀랐다. 이들은 매매를 게임처럼 즐겼다. 진정 이런 애착이야말로 성공에 이르는 열쇠가 아닐까 싶다.

40. 성공에 이르는 6단계 전략

재활에 성공한 육상선수를 대상으로 진행한 게리 패리스의 연구를 토대로 찰스 포크너가 정리한 성공에 이르는 6단계 전략은 매매에도 그대로 적용될 수 있을 듯하다. 이 6단계 전략은 다음과 같다.

첫째, '벗어나려는' 동기와 '향하려는' 욕구를 모두 활용하라.
둘째, 용납할 수 없는 목표가 아닌 한 자신의 능력이 닿는 데까지 높게 세워라.
셋째, 감당할 수 없을 듯한 목표라면 단계별로 작게 쪼개라. 단계별 목표를 이룰 때마다 성취감을 얻을 수 있다.
넷째, 먼 목표보다는 당장 주어진 한 가지 일에 몰두하라.

다섯째, 남에게 의존하지 않고 스스로 목표를 이루도록 노력하라.

여섯째, 자신이 얼마나 발전했는지 수시로 측정하라.

41. 가격은 무작위로 움직이지 않는다. 따라서 시장을 이길 수 있다

먼로 트라우트는 시장이 무작위로 움직인다고 믿는 학자들을 가리켜 이렇게 말했다. "그렇기 때문에 그들이 교수로 남아 있는 반면, 뛰어난 트레이더들은 나처럼 매매로 돈을 버는 것이다." 가격이 무작위로 움직이는지에 대한 논쟁은 아직 끝나지 않았다. 하지만 이 책과 이전 책인《시장의 마법사들》을 쓰기 위해 인터뷰한 뒤 랜덤워크 이론이 틀렸다고 확신하기에 이르렀다.

시장의 마법사들이 '큰돈'을 벌었다는 점이 아니라 '꾸준히' 수익을 올렸다는 사실이 내 확신을 뒷받침해주고 있다. 가장 두드러진 예는 길 블레이크가 거둔 실적이다. 그는 수익을 올린 달이 손실을 기록한 달보다 25배나 더 많았다. 연수익률은 45퍼센트로 엄청나게 높았던 반면, 연도별 최대 하락폭은 5퍼센트에 머물렀다. 몇몇 트레이더끼리 경쟁한다면 모를까 서로 치고받으며 싸우는 트레이더가 가득한 매매업계에서 이처럼 탁월한 결과를 순전히 우연으로 얻었다고는 생각하기 어렵다. 시장에서 수익을 거두는 일은 분명 어렵다. 전문 투자자 비중이 점점 커지고 있어서 더더욱 그렇다. 그렇더라도 수익을 올릴 수 있다고 생각한다.

42. 매매를 균형 잡힌 시각으로 보라

매매가 인생의 전부는 아니다.

트레이딩에 대한 회고

이 책과 첫 책인 《시장의 마법사들》을 쓴 뒤 매매 실력이 늘었느냐는 질문을 자주 받는다. 사실 그렇다고 할 수 있다. 하지만 묻는 사람이 기대하는 정도는 아니다. 인터뷰한 사람 가운데, 시장에 숨어 있는 엄청난 비밀이나 시장이라는 아주 풀기 어려운 수수께끼를 푸는 비법을 알려준 사람은 아무도 없었다(이런 비법들은 아주 쉽게 구할 수 있다. 금융 잡지에 나오는 광고를 보면 된다). 인터뷰하면서 얻은 가장 중요한 교훈은 반드시 자신에게 잘 들어맞는 매매 기법을 익혀야 한다는 사실이다.

내가 매매를 좋아하는 까닭은 시장이라는 퍼즐을 풀기 좋아하기 때문이라는 사실을 오랜 경험을 통해 깨달았다. 시장이라는 경기장에서 어떻게 하면 승리할 수 있을까? 이길 수 있는 실마리가 적힌 조각들은 널려 있을 뿐만 아니라 이를 짜 맞추는 방법도 수없이 많다. 우리의 상상력이 허락하는 수준만큼 많다. 그런데 흥미롭게도 곳곳에 함정이 많다. 더불어 게임 규칙도 교묘하게 끊임없이 바뀐다. 더욱이 게임을 결코 이길 수 없다고 주장하는 지식인도 많다. 정말 재미있는 점은 퍼즐이 복합한 만큼 푸는 방법도 천차만별이고, 늘 더 나은 해결 방법이 있다는 사실이다. 내게는 이 경이로운 퍼즐을 푸는 일이 정말 즐겁다.

하지만 나는 매매 자체는 좋아하지 않는다. 하루에도 몇 번씩 매매 판단을 내리는 일은 내 스타일이 아니다. 돈을 잃으면 화가 나고, 반대로 연이어 수익을 올려도 마음이 불안해진다. 줄곧 수익을 내기 어렵다는 사실을 알기 때문이다. 한마디로 내 성격과 맞지 않는다. 반면 매매를 즐기는 뛰어난 트레이더도 많다. 이들 가운데 가장 먼저 떠오르는 사람은 《시장의 마법사들》을 쓰려고 인터뷰한 폴 튜더 존스다. 처음 보는 순간 그가 활력이 넘친다는 사실을 바로 알 수 있다. 늘 에너지가 넘치고 여기저기서 흘러들어오는 정보를 활용해 순식간에 의사결정을 내린다. 재미난 스포츠를 즐기듯 매매한다. 그가 탁월한 트레이더 반열에 오를 수 있었던 이유는 매매를 사랑했기 때문이다.

나는 여러 해 동안 시장을 예측해 매매하기도 하고 시스템을 바탕으로 운용하기도 했다. 그런데 우연의 일치는 아니지만, 이 책을 쓰면서 시스템 트레이딩이 내 성격에 맞는다는 결론에 이르렀다. 시스템 매매에 온갖 노력과 정성을 기울이다 보니 실력도 빠르게 늘었고 이 방법이 손에 잘 맞는 장갑처럼 딱 들어맞는다고 느끼게 되었다.

내게 어울리는 방법을 찾는 데 꼬박 10년이 걸렸다. 잠시 멈추고 지금 가는 길이 정말 자신이 원하는 방향인지 심각하게 고민해보라고 제안한다. 기나긴 여정이 짧아질 수도 있을 테니까.

옵션 | 기초부터 파악하기

옵션에는 두 가지 기본 형태인 콜옵션과 풋옵션이 있다. 콜옵션을 사면 매수자는 만기일까지 옵션의 기초자산을 행사가격에 살 수 있는 권리를 얻는다. 반대로 풋옵션을 사면 매수자는 만기일까지 옵션의 기초자산을 행사가격에 팔 수 있는 권리를 얻는다. 풋옵션 매수자는 시장이 하락할 때 수익을 거두는 반면, 콜옵션 매수자는 시장이 상승할 때 수익을 얻는다. 옵션의 가격을 프리미엄이라고 한다. IBM 4월 130 콜옵션을 매수한다는 말은, 4월 만기까지 IBM 주식 100주를 130달러에 살 수 있는 권리를 얻는다는 뜻이다.

콜옵션 매수자는 매수가격을 고정시킴으로써 가격 상승에 따른 이익을 추구한다. 콜옵션 매수자의 최대 손실은 옵션을 살 때 지불한 금액을 넘어서지 않는다. 콜옵션을 만기까지 계속 보유했는데 만기 때 행사가격이 시장가격 위에 있으면 프리미엄만큼 손해다. 예를 들어 IBM 콜옵션의 행사가격은 130달러인데 만기에 가격이 120달러로 끝나면 이 옵션은 휴지조각이 된다. 하지만 만기 때 시장가격이 행사가격 위에 있으면 이 옵션은 가치가 있기 때문에 권리가 행사될 것이다. 그렇지만 시장가격에서 행사가격을 뺀 금액이 프리미엄보다 작으면 손실이다. 콜옵션 매수로 이익을 보려면 시장가격과 행사가격을 뺀 금액이 옵션을 살 때 지불한 프리미엄(제반 수수료 포함)보다 커야 한다. 만기 때 시장가격이 행사가격보다 크면 클수록 이익은 더욱더 커진다.

풋옵션 매수자는 매도가격을 고정시킴으로써 가격 하락에 따른 이익을 추구한다. 콜옵션을 매수하는 경우와 마찬가지로 풋옵션 매수자의 최대 손실은 옵션을 살 때 지불한 금액을 넘어서지 않는다. 풋옵션을 만기까지 계속 보유했는데 만기 때 행사가격이 시장가격보다 높으면 이 두 가격 차이에서 프리미엄(제반 수수료 포함)을 뺀 금액만큼 이익이 된다.

콜옵션이나 풋옵션을 사는 사람은 위험은 한정되어 있지만 잠재이익은 끝이 없다. 옵션 매도자는 그 반대다. 옵션 매도자는 상대방이 옵션을 행사했을 때 이를 행사가격에 응할 의무를 지는 대가로 프리미엄을 받는다. 예를 들어 콜옵션 매도자는 콜옵션 매수자가 옵션을 행사하면 기초자산을 행사가격에 팔아야 할 의무가 있다. 콜옵션 매수자가 옵션을 행사한다는 말은 기초자산을 행사가격에 매수하려 한다는 뜻이기 때문이다.

시장이 횡보하거나 조금만 하락할 것이라고 기대하는 사람은 프리미엄을 챙기기 위해 콜옵션을 판다. 횡보 국면이나 하락장에서는 콜옵션을 팔아 프리미엄을 얻는 전략이 아주 매력적일 수 있다. 하지만 시장이 크게 내려갈 것이라고 전망한다면 주가지수 선물 매도나 개별주식 공매도 또는 풋옵션을 매수하면 더 큰 수익을 거둘 수 있다. 마찬가지로 시장이 횡보하거나 조금만 상승할 것이라고 기대하는 사람은 프리미엄을 얻기 위해 풋옵션을 판다.

손실은 한정되어 있는 반면, 이익은 무한대인 옵션 매수가 옵션 매도보다 더 매력적이라고 생각하면서 많은 사람이 옵션 매수를 선호하지 않는다고 의아해하는 초보들이 있다. 이렇게 착각하는 이유는 확률을 고려하지 않았기 때문이다. 이론적으로 옵션 매도자의 손실은 제한되어 있지 않더라도 시장가격이 옵션 매도자에게 유리한 수준에 있을 확률이 훨씬 커 결국 옵션 매도자가 수익을 더 많이 올린다. 일반적으로 옵션 매수자는 돈을 벌 때 많이 벌 수 있지만, 돈을 벌 확률은 작다. 반대로 잃을 때 적게 잃지만 잃을 확률은 크다. 반면 옵션 매도자는 벌 때 조금 벌지만 벌 확률은 크다. 반대로 잃을 때 많이 잃지만 잃을 확률은 작다. 효율적 시장에서는 장기적으로 옵션 매도자나 옵션 매수자

중 어느 한쪽이 유리하다고 할 수 없다.

옵션 프리미엄은 다음 두 가지, 즉 내재가치와 시간가치로 이루어져 있다. 콜옵션의 내재가치는 현재 시장가격에서 행사가격을 뺀 금액이다. 반대로 풋옵션의 내재가치는 행사가격에서 현재 시장가격을 뺀 금액이다. 사실상 내재가치는 옵션을 현재 행사했을 때 실현할 수 있는 프리미엄의 일부다. 내재가치는 옵션의 최저 가격 구실을 한다. 이유는 무엇일까? 프리미엄이 내재가치보다 작다면 누구든 옵션을 산 뒤 바로 권리를 행사하면 앉아서 이익을 챙길 수 있기 때문이다(여기서 거래비용은 없다고 가정한다).

내재가치가 존재하는 옵션을 내가격 옵션이라고 부른다. 내재가치가 없는 옵션은 외가격 옵션이라고 한다. 행사가격이 시장가격에 거의 붙어 있는 옵션은 등가격 옵션이라 일컫는다.

내재가치가 제로인 외가격 콜옵션도 가치가 있다. 만기 전에 시장가격이 행사가격 위로 올라갈 수도 있기 때문이다. 내가격 옵션은 가치가 내재가치보다 더 크다. 이 옵션이 기초자산보다 더 선호되기 때문이다. 왜 그럴까? 시장이 유리한 쪽으로 움직였을 때 이 옵션과 기초자산 모두 이익이지만, 이 옵션은 손실이 한정되어 있기 때문이다. 옵션 프리미엄에서 내재가치를 뺀 부분이 시간 가치다.

옵션의 시간 가치에 영향을 끼치는 가장 중요한 요소는 다음 세 가지다.

첫째, 행사가격과 시장가격 사이의 관계

깊은 외가격 옵션은 시간 가치가 거의 없다. 만기 때까지 시장가격이 행사가격 위로 올라갈 확률이 아주 작기 때문이다. 깊은 내가격 옵션은 시간 가치가 거의 존재하지 않는다. 옵션이 옵션의 기초자산과 포지션이 비슷해지기 때문이다. 즉 가격이 불리한 쪽으로 아주 크게 움직이지 않는 한, 둘의 손익이 거의 같기 때문이다. 다시 말해 깊은 내가격 옵션은 행사가격이 시장가격과 아주 멀리 떨어져 있기 때문에 위험이 매우 작다.

둘째, 만기까지 남아 있는 기간

만기까지 남은 기간이 길수록 옵션 가치는 더 커진다. 남은 기간이 길수록 내재가치가 올라갈 확률이 커지기 때문이다.

셋째, 변동성

시간 가치는 만기까지 남은 기간의 시장 변동성 추정치와 밀접하게 연동되어 움직인다. 변동성이 커지면 시장가격이 위아래로 크게 움직임으로써 내재가치가 올라갈 확률이 커지기 때문이다.

변동성이 옵션 프리미엄을 결정하는 아주 중요한 요소이기는 하지만, 시장의 미래 변동성을 정확히 예측하기 어렵다는 사실을 꼭 기억해야 한다(하지만 만기까지 남은 기간이 얼마인지는 언제든지 알 수 있다. 더욱이 현재 시장가격과 행사가격과의 차이도 언제든 구할 수 있다). 따라서 변동성은 항상 역사적 변동성을 기초로 추정해야 한다. 시장가격에 내재된 미래 변동성 추정치(역사적 변동성보다 클 수도 작을 수도 있다)를 내재 변동성이라고 한다.

용어 해설

- **P&L**(P and L) | 이익과 손실의 약자

- **가격대**(Trading range) | 특정 기간 중 거래가 이루어진 가격 범위. 방향성 없이 횡보하는 시장을 뜻하기도 한다.

- **가격 제한폭**(Limit price move) | 거래소는 대부분의 선물 계약에 대해 하루에 움직일 수 있는 가격 한도를 정해놓는다. 하루 동안 오를 수 있는 최고 한도 가격을 상한가, 내릴 수 있는 최저 한도 가격을 하한가라고 한다. 가격 제한이 없는 상태의 균형가격이 제한폭 밖에 있다면 가격은 제한폭까지 움직인 뒤 거래가 멈춘다. 가격이 제한폭까지 올라 거래가 멈추면 상한가에 잠겼다고 하고 제한폭까지 내려가 거래가 멈추면 하한가에 잠겼다고 한다.

- **강세장**(Bull market) | 가격이 올라가는 시장

- **갠 분석**(Gann analysis) | 20세기 전반, 주식과 원자재 트레이더로 이름을 날렸던 윌리엄 갠이 개발한 다양한 기술적 분석에 기초를 둔 시장 분석

- **갭**(Gap) | 거래가 없는 가격대. 예를 들어 20달러를 넘지 않던 주가가 이튿날 22달러에서 시작한 뒤 계속 오를 경우 20~22달러 사이가 갭이다.

- **거래량**(Volume) | 특정 기간에 거래된 총 주식 수나 계약 수

- **거짓 돌파**(False breakout) | 반대쪽으로 확실히 방향을 틀기 전에 이전 꼭지나 바닥을 돌파하는 짧은 가격 움직임. 예를 들어 지난 6개월 동안 18~20달러 수준에서 움직이던 주가가 21달러로 오른 뒤 18달러 밑으로 가파르게 떨어진다고 할 때, 잠깐 21달러로 오르는 현상이 거짓 돌파다.

- **계약**(Contract) | 미래 특정일에 일정 수량의 원자재나 금융자산을 미리 정한 가격에 인도하거나 결제하기로 하는 표준화된 계약으로서 선물시장에서 거래된다.

- **곰**(Bear) | 가격이 떨어진다고 믿는 사람

- **과매수/과매도 지표**(Overbought/oversold indicator) | 가격이 지나치게 빨리 가파르게 오르내려 방향이 반대로 틀기 쉬운 때가 언제인지 알아내려는 기술적 지표. 이 과매수/과매도 개념을 활용해 대다수 트레이더가 시장을 낙관적 또는 부정적으로 볼 때에도 시장이 이와 반대로 움직일 수 있다고 판단할 수 있다.

- **기계적 시스템**(Mechanical system) | 매수/매도 신호를 생성하는 (주로 컴퓨터) 매매 시스템. 기계적 시스템으로 운용하는 사람은 자신의 판단에 의존하지 않고 시스템에서 나오는 신호에 따라 매매한다.

- **기본적 분석**(Fundamental analysis) | 가격을 예측하기 위한 경제 데이터 분석. 예를 들어 통화에 대한 기본적 분석은 양국의 상대 인플레이션, 상대 이자율 수준, 경제 성장률 차이, 정치적 요소 따위에 초점을 둔다.

- **기술적 분석**(Technical analysis) | 가격, 거래량, 미결제 약정 규모를 분석해 가격을 예측하는 기법. 경제지표를 살피는 기본적 분석과는 반대되는 개념이다.

- **내재 변동성**(Implied volatility) | 현재의 옵션가격에 내재된 미래의 가격 변동에 대한 시장의 기대

- **네이키드 옵션**(Naked option) | 현물 포지션이 뒷받침되지 않은 옵션을 말한다. 예를 들어 원자재나 금융상품을 보유하지 않은 상태에서 옵션을 매도한 경우 네이키드 옵션을 들고 있다고 한다.

- **다이버전스**(Divergence) | 어떤 시장이나 지표가 신고가나 신저가를 기록했는데도 이와 관련된 시장이나 지표가 이를 따라가지 못하는 현상을 말한다. 이와 같은 불일치를 고점이나 바닥이 임박했다는 신호로 여기는 분석가도 있다.

- **단기 급등락**(Spike) | 가격이 이전 고점(저점)을 갑작스럽게 뚫고 올라가면서(내려가면서) 만드는 새로운 고점(바닥)을 말한다. 매수(매도) 압력이 일시적으로 강할 때 나타나며 결국 최고점이나 최저점을 형성하고 반대쪽으로 돌아서는 경우가 많다.

- **당일치기 매매**(Day trade) | 당일 구축한 포지션을 같은 날 청산하는 거래

- **돌파**(Breakout) | 이전 최고점이나 최저점을 뚫거나, 이전 범위를 벗어나는 가격 움직임

- **되돌림**(Retracement) | 이전 추세를 거스르는 가격 움직임. 상승 추세에서 60퍼센트 되돌렸다는 말은 이전 상승폭의 60퍼센트만큼 내렸다는 뜻이다.

- **등락주선**(Advance Decline Line) | 뉴욕증권거래소에 상장된 종목 가운데 오른 종목 수에서 내린 종목 수를 뺀 값을 누계한 수치다. 등락주선과 다우존스 같은 시장지수가 서로 다르게 움직이면 이는 의미 있는 신호로 본다. 예를 들어 다우존스가 하락한 뒤 새로운 고점 수준까지 반등하는데도 등락주선이 따라 오르지 못하면 이는 시장이 약하다는 뜻으로 해석한다.

- **레버리지**(Leverage) | 투입한 자본보다 더 많은 값어치의 원자재나 금융상품을 통

제할 수 있는 힘을 말한다. 레버리지가 클수록 잠재 이익이나 손실이 더욱 커진다.

- **로컬(Local)** | 플로어 트레이더를 뜻한다. 거래소에 회원으로 등록해 자기매매 업무를 하는 트레이더

- **롱(Long)** | 가격이 오르면 수익을 거둘 수 있도록 매수 주문으로 형성된 포지션을 말한다. 매수 포지션을 취한 사람이나 기관을 뜻하기도 한다.

- **링(Ring)** | '피트'와 같은 의미이다.

- **물타기(Averaging losers, averaging down)** | 투자한 뒤 가격이 원치 않는 방향으로 움직일 때 더 투자하는 전략

- **미결제 약정(Open interest)** | 선물시장에서는 매수 포지션과 매도 포지션 규모가 늘 똑같다. 선물시장에서 청산되지 않고 남아 있는 매수/매도 포지션 계약 수를 미결제 약정이라고 한다. 특정월 만기 선물의 거래가 개시될 때에는 미결제 약정 잔고가 제로이지만 이후 점차 증가한 뒤 만기일이 다가오면 다시 감소한다.

- **반등 또는 반락(Reaction)** | 가격이 한쪽으로 두드러지게 뻗어나간 뒤 반대방향으로 움직이는 현상

- **반전일(Reversal day)** | 시장이 신고점이나 신저점을 찍은 뒤 반대쪽으로 움직여 직전이나 최근 일 종가보다 낮은(높은) 수준에서 마감한 날. 반전일에 거래량이 많고 특히 가격이 오르내리는 폭이 크면 더욱 의미가 있다.

- **변동성(Volatility)** | 가격 변동을 측정하는 지표. 변동성이 큰 시장은 가격이 크게 오르내리는 시장을 말한다.

- **분산(Diversification)** | 위험을 줄이기 위해 여러 시장에 투자하는 행위

- **불법 텔레마케팅 영업(Boiler room operation)** | 불법 또는 사이비 텔레마케팅 영업을 일컫는 용어. 미숙한 투자자를 속여 금융상품이나 원자재에 대해 지나치게 높은 수수료를 물리거나 이를 터무니없이 비싼 가격에 사도록 한다. 예를 들어 귀금속이나 이를 기초자산으로 하는 옵션을 정상적인 시장가격보다 훨씬 높게 판다. 때로는 고객을 완전히 속여 있지도 않은 상품을 파는 짓도 저지른다.

- **상대강도(Relative strength)** | 주식시장에서 특정 주식이 지수와 비교해 얼마나 강한지를 나타내는 정도. 넓은 의미로 과매수/과매도 지표의 일종이다.

- **상승 추세(Uptrend)** | 시장에서 가격이 줄곧 오르는 모양

- **선물시장(Futures)** | 4 챕터 '선물시장, 기초부터 파악하기' 참조

- **선행 매매**(Front-running) | 브로커가 가격에 영향을 미칠 수 있다고 판단되는 고객 주문을 실행하기 전에 자신의 주문을 먼저 내는 비윤리적 (때로는 불법적) 매매 행위

- **쇼트**(Short) | 매도 포지션을 뜻하며 가격이 떨어질 때 수익을 거둔다. 매도 포지션을 취한 사람이나 기관을 의미하기도 한다.

- **스캘퍼**(Scalper) | 거래소에서 자기 계산으로 매매하면서 작은 가격 변동을 이용해 짧게 거래하는 트레이더

- **스키드**(Skid) | 이론적 주문 실행가격(매수호가와 매도호가의 중간값)과 실제 체결가격의 차이

- **스톱 주문**(Stop order) | 시장가격보다 높게(낮게) 지정해낸 주문으로서 실제 이 가격에 이르면 시장가 주문으로 바뀌는 매수(매도) 주문. 새로운 포지션을 구축할 때 사용하기도 한다. 하지만 대부분은 손실을 제한할 때 사용하며 이 경우 손절 주문이라 부른다.

- **스프레드 거래**(Spread) | 선물이나 옵션을 산 뒤 이와 같거나 관련된 시장에서 이를 상쇄하는 다른 선물이나 옵션을 사는 행위를 말한다. 예를 들어 6월 만기 미국채선물을 사고 9월 만기 국채선물을 파는 거래가 스프레드 거래다. 독일 마르크화를 매수하고 스위스 프랑화를 매도하거나, 행사가격이 130달러인 IBM 주식옵션을 사고 행사가격이 140달러인 IBM 주식옵션을 파는 것도 스프레드 거래다.

- **슬리피지**(Slippage) | '스키드' 참조

- **시가평가**(Mark to the market) | 포지션 가치를 시장가격으로 평가한다는 의미이다. 이렇게 시장가격으로 평가하면 실현 손익과 미실현 손익 사이에 차이가 없어진다.

- **시스템**(System) | 한 시장이나 여러 시장에서 매수/매도 신호를 만들어내는 데 사용되는 매매 규칙

- **시스템 트레이더**(System trader) | 자산의 판단보다는 시스템에 의존해 매수/매도 시점을 잡는 트레이더

- **아웃라이트 포지션**(Outright position) | 순매수나 순매도 포지션을 의미한다. 관련 금융상품으로 균형을 잡아주는 포지션을 취하는 스프레드나 차익거래와 반대되는 의미로 쓰인다.

- **약세장**(Bear market) | 가격이 내려가는 시장

- **약정**(Lot) | 선물시장에서 쓰는 용어로서 '약정'을 의미한다.
- **업틱룰**(Uptick rule) | 공매도할 때 이전 종가보다 높은 가격에서만 매도할 수 있도록 하는 규정
- **엘리어트 파동 이론**(Elliott Wave analysis) | 랄프 넬슨 엘리어트가 세운 이론에 바탕을 둔 시장 분석 기법을 말한다. 꽤 복잡하기는 하지만 기본 이론은 시장이 파동을 이루며 움직인다는 개념에 기초를 두고 있다. 기본 파동은 5개 주요 파동과 이와 반대방향으로 움직이는 3개 조정 파동으로 이루어진다. 더 큰 파동의 일부인 이 개별 파동은 다시 3~5개의 작은 파동으로 세분할 수 있다.
- **역발상**(Contrary opinion) | 일반적으로 대다수 투자자와는 반대로 투자해야 수익을 올릴 수 있다는 의견이다. 예를 들어 대부분의 투자자가 시장이 오를 것이라고 예상한다면 이들은 이미 살 만큼 샀으므로 앞으로는 가격이 내릴 가능성이 더 크다고 가정한다. 반대의 경우도 마찬가지다. 여러 서비스 업체들이 트레이더, 뉴스레터 제공기관, 투자 전문가들을 대상으로 조사해 역발상 의견을 가진 사람들 수를 집계해 발표한다.
- **연방준비제도이사회**(Federal Reserve Board) | 미국 연방준비제도를 다루는 회의체. 통화 정책을 실행함으로써 경기를 조절하려고 노력한다.
- **옵션**(Option) | 부록 참조(559페이지)
- **위험관리**(Risk control) | 매매 규칙을 적용해 손실을 제한하려는 노력
- **위험수익비율**(Risk reward ratio) | 추정 이익 대비 예상 손실 비율. 이론상 이익과 손실 확률까지 감안해 계산해야 하지만 단지 이익이나 손실 금액만으로 계산하는 경우가 많다.
- **유동성**(Liquidity) | 시장에서 거래가 이루어지는 정도
- **유동성이 풍부한 시장**(Liquid market) | 가격에 큰 영향을 마치지 않고도 합리적 수준의 매수 매도 주문이 실행될 수 있을 만큼 거래량이 풍부한 시장
- **이동평균**(Moving average) | 시장 추세를 더욱 쉽게 파악하기 위해 가격을 평탄하게 하는 기법을 말한다. 단순 이동평균선은 최근 며칠 동안의 평균가격으로 이루어진 선이다. 단순 추세추종 시스템에서는 가격이 이동평균선을 아래에서 위로(또는 반대로) 뚫으면 이를 매수(또는 매도) 신호로 여긴다.
- **일임 트레이더**(Discretionary trader) | 일반적으로는 고객 계좌를 사전 허락 없이 자의적 판단으로 매매하는 사람을 일컫는다. 그렇지만 컴퓨터 시스템에서

나오는 신호에 따라 매매하지 않고 본인 스스로 시장 방향을 판단해 매매하는 사람을 뜻하기도 한다.

- **주가수익비율**(Price earnings ratio) | 주가를 주당순이익으로 나눈 값
- **자금 관리**(Money management) | 매매할 때 쓰는 다양한 위험관리 기법의 한 가지
- **자본**(Equity) | 계좌의 금전적 가치 합계
- **저항**(Resistance) | 기술적 분석 용어로 가격이 쉽게 치솟지 못하게 할 만큼 매도 압력이 강한 가격대
- **조정**(Congestion, Consolidation) | 가격이 꽤 오랫동안 횡보하는 상황
- **주당순이익**(Earning per share) | 회사의 세후 이익을 보통주식 수로 나눈 주당 이익
- **지지**(Support) | 기술적 분석 용어로 가격이 쉽게 무너지지 못하게 할 만큼 매수 압력이 강한 가격대
- **차익거래**(Arbitrage) | 서로 관계가 깊은 두 시장의 가격 차가 정상적인 수준을 벗어날 때 한쪽은 사고 다른 쪽은 팔아 차익을 추구하는 전략
- **차익거래자**(Arbitrageur) | 차익거래 전문 투자자를 말한다. 차익거래자는 시장 방향을 잘 예측해 수익을 올리려 하지 않고, 서로 관계가 밀접한 두 시장의 가격이 일시적으로 어긋날 때를 이용해 작은 이익을 얻는다.
- **차트**(Chart) | 시장의 가격 움직임을 보여주는 그래프이다. 가장 많이 쓰는 그래프는 봉 하나에 당일의 저가, 고가, 종가가 표시되어 있는 일봉 차트다.
- **차트 분석**(Chart analysis) | 과거 가격 상승이나 하락에 선행하는 패턴을 찾기 위한 가격 차트 분석이다. 과거에 나타났던 모양과 비슷한 패턴이 나타나면 가격이 과거와 유사하게 움직일 수 있다는 가정에 기반을 두고 있다. 차트 분석 전문가를 종종 차티스트나 기술적 분석가라고 부른다.
- **추세**(Trend) | 가격이 오르든 내리든 어느 한쪽으로 줄곧 움직이려는 경향
- **추세 역행 투자자**(Contrarian) | 추세와 반대 방향으로 투자하는 사람
- **추세추종 시스템**(Trend following system) | 추세가 한번 형성되면 그쪽으로 계속 움직이는 경향이 있다고 가정하고, 일단 새로운 추세가 나타나면 이를 좇

아 매수/매도하라는 신호를 나타내는 시스템

- **콜옵션(Call option)** | 주어진 기간 안에 주식, 주가지수, 원자재 같은 기초자산을 정해진 가격에 살 수 있는(사야 하는 의무가 아님) 권리

- **테이프 리더(Tape reader)** | 시세 화면에 나타나는 가격과 거래량을 자세히 살펴 단기적 시장 방향을 예측하려는 트레이더

- **투기적 거래자(Speculator)** | 가격이 자신이 예측한 방향대로 움직일 것이라고 기대하고 금융상품이나 원자재를 매수하거나 매도하면서 위험을 기꺼이 받아들이는 투자자

- **투자심리지표(Sentiment indicator)** | 시장을 좋게 보는 사람과 나쁘게 보는 사람 수를 비교한 지표. 이 지표는 역발상 매매에 쓰인다. 풋/콜 비율도 투자심리지표의 일종이다.

- **틱(Tick)** | 최소 호가 단위

- **패턴 분석(Pattern recognition)** | 현재 상황에 응용하기 위해 과거 차트 패턴을 분석하는 가격 예측 기법

- **페이드(Fade)** | 시장 신호(또는 분석가)와 반대쪽으로 매매하는 행위. 예를 들어 기술적 분석 전문가가 매수 신호로 여기는 횡보국면 뒤의 상승 돌파 때 매도 포지션을 취한다면, 이를 가격 돌파를 페이딩한다고 한다.

- **포지션 보유한도(Limit position)** | 투기적 거래자가 보유할 수 있는 최대 포지션 규모나 계약 수. 대부분의 선물 계약은 정부가 한도를 정해 관리한다.

- **풋/콜 비율(Put call ratio)** | 풋옵션 거래량을 콜옵션 거래량으로 나눈 값. 이 비율도 과매수/과매도 지표의 일종이다. 이 비율이 높으면, 즉 콜옵션보다 풋옵션 매수 잔고가 많으면 시장을 부정적으로 보는 트레이더가 너무 많아 결국 시장이 올라갈 수 있다고 본다. 반대로 이 비율이 낮으면 시장이 내려갈 수 있다고 여긴다.

- **풋옵션(Put option)** | 옵션 매수자가 일정 기간 안에 관련 금융상품이나 원자재를 팔 수 있는 권리가 있는 옵션

- **플로어 트레이더(Floor trader)** | 거래소에 회원으로 등록해 자기매매 업무를 하는 트레이더

- **피라미딩(Pyramiding)** | 기존 포지션에서 이익을 기록하고 있을 때 포지션 규모를 더욱 늘리는 매매 기법. 이 기법을 쓸 때 레버리지를 증가시키면 위험뿐만 아니라 잠재 이익도 올라간다.

- **피보나치 되돌림(Fibonacci retracement)** | 가격 되돌림 현상이 나타날 때 종종 이전 움직임의 38.2퍼센트나 61.8퍼센트 정도까지 되돌린다는 개념. 이 수치는 피보나치수열에서 나왔다.

- **피보나치수열(Fibonacci sequence)** | 1, 1로 시작해 끝없이 이어지는 수열로써 뒤이은 값은 이전 두 숫자를 더해 구한다. 따라서 이 수열은 1, 1, 2, 3, 5, 8, 13, 21, 34, 55, 89 등으로 이어진다. 숫자가 커질수록 어느 숫자든 바로 뒤이은 숫자로 나누면 값이 0.618로 수렴한다. 더욱이 숫자가 커질수록 어떤 숫자든 한 칸 건너뛴 숫자로 (예를 들어 21은 한 칸 건너뛴 55) 나누면 0.382로 수렴한다. 이 두 비율인 0.618과 0.382는 가격이 되돌리는 정도를 추정할 때 많이 쓰인다.

- **피트(Pit)** | 거래소에서 선물이 거래되는 장소. 링(Ring)이라 부르기도 한다.

- **하락 추세(Downtrend)** | 특정 시장에서 가격들이 전반적으로 내려가는 추세

- **하락폭(Drawdown)** | 계좌 자산 가치의 하락폭을 말한다. 일정 기간 중 꼭지에서 뒤이은 바닥까지의 하락폭 가운데 가장 큰 경우를 맥시멈 드로다운 또는 최대 하락폭이라 한다. 트레이더가 직접 운용하든 시스템으로 매매하든 하락폭을 작게 유지하면서 좋은 성과를 올려야 잘했다고 할 수 있다.

- **헤저(Hedger)** | 가격 변동 위험을 줄이기 위해 헤지거래를 하는 사람을 의미한다. 헤저의 위험 포지션은 가격 변동을 예측해 수익을 얻으려는 투기적 거래자의 포지션과 정반대다.

- **헤지(Hedge)** | 재고 위험이나 미래의 매수도 계약과 관련된 위험을 상쇄하기 위한 포지션이나 거래를 말한다. 예를 들어 만기가 옥수수 수확 시점 직후인 옥수수 선물을 옥수수가 자라는 시기에 매도하면 수확 시점의 판매가격을 미리 고정시킬 수 있다. 이렇게 하면 판매가격 변동에 따른 위험을 줄일 수 있다.

- **환매(Cover)** | 기존 포지션을 청산하는 거래(기존에 매수했으면 매도하고 반대의 경우에는 매수하는 거래)를 말한다.

- **황소(Bull)** | 가격이 오른다고 믿는 사람

- **회원권(Seat)** | 거래소 회원권

- **휩소(Whipsaw)** | 갑작스런 추세 반전이 반복적으로 나타나는 가격 패턴을 말한다. 추세가 없는 횡보 국면에서 추세추종 전략을 사용함으로써 자주 손실을 보는 경우에도 이 용어를 쓴다. 옆으로 움직이는 시장에서 추세추종 시스템을 사용하면 하락세로 돌아서기 직전에 매수하거나 상승세로 바뀌기 직전에 매도하는 경우가 많다.

새로운 시장의 마법사들

초판 1쇄 발행 2015년 9월 25일
초판 10쇄 발행 2025년 8월 8일

지은이 잭 슈웨거
옮긴이 오인석

펴낸곳 (주)이레미디어
전　화 031-908-8516(편집부), 031-919-8511(주문 및 관리)
팩　스 0303-0515-8907
주　소 경기도 파주시 문예로 21, 2층
홈페이지 www.iremedia.co.kr
이메일 mango@mangou.co.kr
등　록 제396-2004-35호

편　집 정은아, 최연정
디자인 에코북디자인
마케팅 김하경

저작권자 ⓒ 잭 슈웨거, 2015
이 책의 저작권은 저작권자에게 있습니다. 서면에 의한 허락 없이 내용의 전부 혹은 일부를 인용하거나 발췌하는 것을 금합니다.

ISBN 979-11-86588-31-4 13320

-책값은 뒤표지에 있습니다.
-잘못된 책은 구입하신 서점에서 교환해드립니다.

이 책은 투자참고용이며, 투자 손실에 대해서는 법적 책임을 지지 않습니다.

이 도서의 국립중앙도서관 출판예정도서목록(CIP)은 서지정보유통지원시스템 홈페이지(http://seoji.nl.go.kr)와 국가자료공동목록시스템(http://www.nl.go.kr/kolisnet)에서 이용하실 수 있습니다.(CIP제어번호: CIP2015016937)